重访五四新文化

陈平原

闻一多 *Before The Audience*（《演讲》）

清华学校辛酉级（1921）毕业纪念册《清华年刊》插画

YE BOOK

洞 见 人 和 时 代

Revisiting the
May Fourth New Culture Movement

重访石四新文化

文化与社会 CULTURE AND SOCIETY

王风　袁一丹

主编

四川人民出版社

图书在版编目（CIP）数据

重访五四新文化：文化与社会／王风，袁一丹主编.
成都：四川人民出版社，2025.3. -- ISBN 978-7-220-
13881-2

Ⅰ. K261.107

中国国家版本馆 CIP 数据核字第 20247G69L3 号

CHONGFANG WUSI XIN WENHUA:WENHUA YU SHEHUI

重访五四新文化：文化与社会

王　风　袁一丹　主编

出 版 人	黄立新
策划统筹	封 龙
责任编辑	李沁阳　苏 玲
版式设计	张迪茗
封面设计	宋 涛
责任印制	周 奇

出版发行	四川人民出版社（成都市三色路238号）
网 址	http://www.scpph.com
E-mail	scrmcbs@sina.com
新浪微博	@四川人民出版社
微信公众号	四川人民出版社
发行部业务电话	（028）86361653　86361656
防盗版举报电话	（028）86361653
照 排	四川胜翔数码印务设计有限公司
印 刷	成都东江印务有限公司
成品尺寸	145mm×210mm
印 张	22.625
字 数	490千
版 次	2025年3月第1版
印 次	2025年3月第1次印刷
书 号	ISBN 978-7-220-13881-2
定 价	96.00元

总　序

王　风

　　"五四新文化"合称，其固定化虽晚到抗战前夕，但于今也可算是由来已久，而多已连用不可分别。不过揆诸实际，二者确是原非一体。严格意义上说，"五四运动"是发生在1919年5月4日，也可算上延伸到此后一段时间的学生和社会抗议活动，并有"火烧赵家楼"之类的"武化"之举。而所谓"新文化运动"的说法，发生于"五四"之后，与新思想、新思潮，以及文化运动，甚至新文学运动，可算是先后伴生的称谓。按周作人后来的说法，"五四从头到尾，是一个政治运动，而前头的一段文学革命，后头的一段新文化运动，乃是焊接上去的"（王寿遐：《北平的事情》，《子曰丛刊》第六辑，1949年4月1日）。从还原历史情境的视域而言，至少就《新青年》集团的角度，文学革命、五四运动、新文化运动，确实可以看作当年的"三段论"。

　　而对于"五四"和"新文化"，当事人的态度并不一致。如可被看作主角的胡适，就认为"在1919年所发生的'五四运动’，实是这整个文化运动中的一项历史性的政治干扰。它把一个文化运动转变成一个政治运动”（唐德刚：《胡适口述自传》第九章）。持有类似倾向看法的，在当年尤其师长辈中，其实相当普遍。

“政治”抑或“文化”，确是回望“五四”的纠结点。只是以今视之，“五四运动”的发生，固然打断了《新青年》上诸多的话题，也埋下了同人分裂的因子。但此前的“文学革命”，即便有思想等方面的论题，主体上还是集中于文学变革，甚至越来越偏于书写语言方面，很大程度上可看作晚清以来“白话文运动”与“拼音化运动”的变体再起。虽有“通信”栏沟通内外，大体上还是同人间的讨论，并未对社会产生多大影响。“五四运动”确是“搅散”了《新青年》集团。但这表面上的“中断”，毋宁说是“新文化”实质上的“打开”。正由于其刺激，诸公各自前路，使得论题更形多元，并辐射到外部，而成为全国性的公共话语，由此开创了新的文化时代。

“五四”时期的话题，很难说哪一项是原生性的，诸如文学、语言、妇女、儿童、国体、政教、民主、科学，乃至社会主义、无政府主义等等新型主张，基本上皆肇端于甲午以来的晚清民初。但这些观念结为合体，并逐渐发展成重大的全社会的方向共识，正在于有“五四运动”冲溃讨论圈子。这一运动，自身是单纯的政治抗议，无关文化。虽然早在晚清国会请愿运动中，“读书人”已经走出书斋，介入社会，推动变化。但“五四”这一天，则是以“青年”为主体，走出校门，其影响广被，方始造就中国现代的"智识阶层"。从这个意义上说，"新文化"固非"五四"的命题，但确由"五四"所成就。

"五四运动"在当年几乎马上成为反顾的基点，从周年纪念开始，至今没有中断。而最早的众声喧哗，师长们的主流意见，如蔡元培、蒋梦麟、胡适等，是反对学生丢掉主业，"罢课"走上街头。但也有另一种声音，则是联结文化，弱化运动政治性的一面。1920年5月4日《晨报》"五四纪念特刊"，主笔渊泉（陈博生）"论评"题为《五四运动底文化的使命》；梁启超《"五四纪念日"感言》，宣称"此次政治运动，实以文化运动为原动力"。至若陶孟和，则以"民国八年五月四日"，作为"新思潮"引发"弥漫全国的'精神唤醒'"的"诞生日"。

不过"五四"毕竟本质上是公民抗议的社会运动，同时作为"始作俑"的象征，历年的"纪念"，不可避免地成为各方政治势力争夺解释权的场域。北洋政府时期，共产党的纪念，直到抗战前，大体上成为"红五月"，亦即五一、五三、五四、五五、五七、五九，以及五卅系列的一个环节，"五四"被界定为现代史上人民风起云涌觉醒反抗的代表性事件之一。至于国民党方面的解读，总体上是将之归于三民主义延伸到社会层面的回声与响应。而到北伐成功，国民政府掌权，面对此起彼伏的学生运动，作为统治者，其天然反应在于维稳，因而每逢"五四"则多言其"失败"，其意自然是劝说学生安心课堂，压抑其走上街头"干政"的冲动。

相对国民党对"五四"的有意消解，共产党方面，1935年的"一二·九运动"和1936—1937年的"新启蒙运动"，某种意义上同构于十六年前的"五四运动"和"新文化运动"。有张申府、陈伯达、艾思奇、何干之等，在"启蒙"的维度上重新定义"五四运动"。经过一系列论述的铺陈，领袖毛泽东一锤定音了"五四"的性质。1940年1月9日，毛泽东在陕甘宁边区文化协会第一次代表大会上演讲《新民主主义的政治与新民主主义的文化》，随后改题《新民主主义论》（据太岳新华书店1949年5月版）。这一理论入手点在文化和思想，根本上却是为中国共产党建立历史叙述的合法性。《新民主主义论》论及："在中国文化战线或思想战线上，'五四'以前与'五四'以后，划分了两个不同的历史时期……在'五四'以后，中国产生了完全崭新的文化生力军，这就是中国共产党人所领导的共产主义的文化思想，即共产主义的世界观与文化革命论。"如此，"五四"被赋予了新的历史原点的意义，而"新文化"之"新"则在于有共产主义以为核心要素。这一合法性的阐释，让"五四"与"新文化"在全新的意义上结合起来。

这一过程中，1939年3月18日，陕甘宁边区西北青年救国联合会提议"定5月4日为'中国青年节'"。同年5月4日，在延安青年纪念五四运动20周年大会上，毛泽东将"革命青年"的标准，直接界定为是否能与"工农群众结合在一块"。并称："五四运动所反对的是卖国政府，是勾结帝国主义出卖民族利益的政府，是压迫人民的政府。"（《在延安五四运动二十周年纪念大会的演讲》，《中国青年》第1卷第3期，1939年6月）此层层递进所针对的，明面是汪伪政府，但也不无预留了对蒋政权含蓄的暗指。

"青年节"的倡议，一开始得到全国各方的赞成。但国民党很快警觉到，"五四"已成为被共产党"染红"的节日。1942年，一方面是国民党中央很不得体地宣布："'五四'将届，中央各机关以'五四'在历史意义上虽甚重大，但非法定纪念日，更非青年节，特电各省市，本年应不举行纪念会。"（《青年节日期正在会商中 五四不举行纪念》，《中央日报》，1942年4月29日）另一方面也在努力给出自身的"五四"故事。国民党文化长老吴稚晖强硬关联孙中山："五四运动，是中山先生集了大成，竖起主义，学生起来，发动了一个崭新的划时代的文化运动……划了时代最适时的文化，精神是使用赛先生帮助德先生，物质是请教德先生发达赛先生之谓。适应时代的新文化，变了主义，就是三民主义……主义是三民新主义，文化是两位新先生。"（《五四产生了两位新先生》，《世界学生》第1卷第5期，1942年5月）这一国民党版本的"五四"和"新文化"的联结，无疑是道生拉硬拽的"截搭题"。而王星拱所撰文，则不顾蔡元培反对学生出校门，随后因而自行离职的事实，将运动归功于"自从蔡孑民先生做了北京大学校长，于是有若干国民党人，以及趋向于同情国民党者"，宣布"五四"是"由国民党所导引的表现民族意识的爱国运动"（《"五四"的回忆》，《世界学生》第1卷第5期）。

但国共两党对"五四新文化"阐释权的争夺，很快以国民党方面的"弃权"而终结。1943年阴历三月二十九日（阳历5月3日）亦即黄花岗烈士殉难纪念日，三民主义青年团第一次全国代表大会，决议每年阳历3月29日为"青年节"。1944年4月16日，中华全国文艺界抗敌协会（"文协"）在六周年年会上，提案"请定五月四日为文艺节"（《文协六年 在文化会堂举行年会 邵梁潘诸氏莅会致词》，《中央日报》，1944年4月17日）。这一主张得到国民政府的事实认可。

于是双方各过各的"五四"。国民党方面虽然不断有要人撰文，将"五四"纳入国民革命的叙事脉络中，但大多不忘限定其历史作用。而延安方面，毛泽东等领袖，以及诸多"文胆"，则持续强化论述。这其中，除了联结"五四运动"与马克思主义输入、中国共产党建立的关系之外，尤其强调其相对于"辛亥革命"，是全新意义的历史起点，所谓"五四运动的杰出的历史意义，在于它带着为辛亥革命还不曾有的姿态，这就是彻底不妥协的反帝国主义与彻底不妥协的反封建"（《新民主主义论》）。意谓"五四"之于"辛亥"，正有新旧之别。对于共产党而言，作为自身的历史"产床"，"五四"不可替代。对国民党而言，"辛亥"是合法性的神主牌，"五四"不可以替代。黄花岗起义斯乃辛亥革命的先声，"七十二烈士"青春献身，正是适合的"青年"榜样。如此"五四"退而局于"文艺"，也是顺理成章的安排。

1949年以后，海峡两岸对于"五四"，自然仍是一迎一拒，各自表述。20世纪50年代到70年代，大陆方面有关"五四"的官方纪念基本没有中断，但在根据时下需要号召青年之外，大多与知识分子改造的话题相关，而受批判的对象主要就以胡适为代表。同时期台湾方面，国民党当局对于"五四新文化"心情复杂，基本已经"失联"。而如罗家伦、毛子水等当事人，及其所影响者，坚持着与胡适同调的叙事路线。1958年4月10日上午，在台北市南港"中研院"第三次院士会议开幕式上，甫就任院长的胡适与蒋介石当面起言辞冲突，可谓是二者之间"道不同"的一个最具象征性的事件了。

胡适对于"五四运动"，对于"新文化运动"，伊始持批评或拒斥的立场。虽在后来的不同时期态度有所变化，但有一点他始终坚持，即将当年的工作，命名为"中国的文艺复兴"。早期可能的根本动因，还是希望归结到自己的核心工作，即他的文学革命，从提倡不避俗语俗字，而最终成功于"国语文学"。此不啻欧洲文艺复兴时期，但丁、路德等人抛弃"神圣语言"（sacred language）拉丁语，各以土语写作，由此开创了欧西各国文学的辉煌，其在中国的翻版。而到后来，他似乎意识到"五四新文化"被普遍解释为"启蒙运动"，日益为马克思主义者掌握了界定权，于是所谓的"文艺复兴"，也就具备了理论对抗的功能。

其实，"五四运动"后不久，胡适所发表《新思潮的意义》，引尼采"重新估定一切价值"（Transvaluation of all Values），认为"新思潮的根本意义只是一种新态度。这种新态度可叫做'评判的态度'"（《新青年》第7卷第1号，1919年12

月），或许更能总体性概括他那个时代。即从"五四"前局于某种立场的"我辈数人"的持论，到"五四"后怀揣不同"药方"的各走各路。正是在这个意义上，无论历史如何逡巡回转，"五四新文化"成为现代中国无论哪个时段，都必须回眸对话的起点。

20世纪80年代的大陆学界，对于"五四新文化"，所呈现的是与时代相吻合的"开放"氛围。外部各种思潮的涌入，使得新起的知识精英阶层，有了表面上类同于"五四"之前的"同人"共识。而到90年代，随着急剧演化的社会阶层分裂，基于不同意识形态立场，则有了类似于"五四"之后的多元裂变。这其中与"五四"的对话所在多是，也极为复杂，"五四"成为显在的基于现实需求而调动的历史资源。

进入新世纪，同样与社会的转变相吻合，有关"五四新文化"的研究与论述，呈现"后出转精"的进化。而总体的倾向，是从思想到观念，从社会到文化，从文学到语言的视角转移。其显著的特点，是由以往聚焦于《新青年》的立论，而扩展到观照那个时代的侧面、反面、地方、民间。或可以说，由"五四"转而为"五四时期"。

中国的现代转型，就过程而言，从甲午到"五四"，可以看作不断演进的漫长"起点"。但1919年"五四"那天的学生运动，赋予了该时期"新文化"以巨大的历史影响。如此，此前的二十多年，成了"五四"的史前时期。其层累的思想资源，很大程度上埋没为地下的矿藏。因而，打开"五四"的空间的同时，打开"五四"的时间，或许是今时后世，需要而必要的路向。

百多年来，"五四新文化"作为现代中国的核心性提问，是不同时代的对话对象和思考动力，摩肩接踵纷至沓来的"重访"，叠加出一个不断生长的基本问题域。无可讳言，肇端于《新青年》上的思考和主张，固是元气淋漓；但因其强烈的对抗性，不免带有仓皇立论的粗糙，和执其一端的偏至。这也是在后世时被诟病的归因，大体上作为"现代"的代表，承担了亏待"传统"的责任。不过无论如何，"五四"从未过去，从未成为"历史"，从来都是"当下"，从来就是进行时；也无论誉之者还是毁之者，即其思维方式，均是"五四"的产儿。于今之世，"五四"似乎渐被推入隐晦，但这也正由于它存在。

本书编辑经年。对于我们几位编者而言，系统阅读数十年来的有关学术成果，也是个重新学习的过程。"五四新文化"研究成果宏富，在上千篇论文中选择这数十篇，事实上是非常困难的。本选集交稿后，每每感到遗珠之憾，可谓所在多有。

自然，我们应该感谢选入作者的慷慨授权，此书的分量不在编者的眼光，而在每篇文章的论述。其中有几篇因版权或其他原因，不能编入，但我们仍保留篇目于"目录"，出处于"来源说明"，以表我们的判断。

书分三卷，依论文性质丛集，但因话题交叉，也只能大致区别。同时基于希望可以通过排序略见学术史面貌的考虑，各卷选文均以发表时间先后排序。国外学者论文，以译成汉文的发表时间为据。也就是说，着重他们对汉语学界产生的普遍性影响。

本书最初动议于我所任职的北大中文系的规划，今也可作为北京大学现代中国人文研究所有关"现代中国人文史"的先期工作。其具体的择取编排，全成于三位年轻学界同道季剑青、袁一丹、王芳，在我只是召集。也得感谢出版社社长老同学黄立新兄接纳选题，封龙兄主持全程，五位责编辛勤付出。最后，谢谢邓百花女史的鼎力支持。

参考文献

罗志田：《历史创造者对历史的再创造：修改"五四"历史记忆的一次尝试》，《四川大学学报（哲学社会科学版）》2000年第5期。

袁一丹：《"另起"的"新文化运动"》，《中国现代文学研究丛刊》2009年第3期。

陈平原：《波诡云谲的追忆、阐释与重构——解读"五四"言说史》，《读书》2009年第9期。

张艳：《"青年节"抑或"文艺节"：20世纪三四十年代的五四纪念节问题探析》，《史学月刊》2015年第8期。

欧阳哲生：《纪念"五四"的政治文化探幽——一九四九年以前各大党派报刊纪念五四运动的历史图景》，《中共党史研究》2019年第4期。

编者前言

袁一丹

近四十年来，五四新文化研究的趋势之一是去中心化。从文化与社会的视角，最能展现从凝固趋于流动的五四新文化图景。在去中心化、去稳定化的研究趋势背后，更深层次的动力是以历史化的方式实现"五四"的去政治化。用舒衡哲（Vera Schwarcz）的话说，历史化"五四"的努力，实则把"五四"重新拉回人的刻度，"'五四'第一次成了一个历史性事件，它正被置身于历史之中并安居其中，而不必导向前方更伟大、更光荣、范围更大的事件"（《"五四"的"老调子"——知识分子自己的看法》，《论传统与反传统：纪念五四七十周年论集》，山东人民出版社1989年版）。历史化的风险在于把"五四"降为一场有限性的运动，"没有被神话的五四运动仅仅具有历史意义，而不牵涉到现时的价值、忠诚及理想"。然而，正如尼采在《悲剧的诞生》中所言，"只有一种由神话所界定的视野，才能完成并统一整个文化运动"。当"五四"从神话"降格"为历史时，由意识形态所支撑的宏大叙事亦随之崩解。持续历史化的结果是从单数的"五四"中衍生出复调的"五四"，大写的"五四"被无数小写的"五四"取代。

言人人殊的小写的"五四"或许比历史教科书中大写的"五四"更为真实可感，与其让青年读者死记硬背"五四"的伟大意义，不如先告诉他们五月四日那一天到底发生了什么。关注"瞬间""私人"与"感性"，从具体而微的角度呈现不同版本的小写的"五四"，是陈平原独辟蹊径的尝试。他从报刊、档案及当事人的回忆中提取历史细节，为我们还原五月四日那一天的现场氛围。自以为熟悉"五四"的读者这才留意到，原来五月四日是个星期天，风和日暖适合出行，此时正值春夏之交，北京街头飘荡着槐花的幽香。气候、花信、衣着等被宏大叙事遗漏的生活细节，都可能影响游行者的心绪、运动的走向及日后的回忆（《五月四日那一天——关于五四运动的另类叙述》，原载《北京文学》1999年第5期，收入《触摸历史与进入五四》，北京大学出版社2005年版）。陈平原充分调动文学史家的技艺，把作为政治文化符号的"五四"从教科书化的叙事模式中解放出来，恢复它的血肉之躯，从而拉近这段历史与一般读者的距离，让"五四"的图景在年轻人的头脑中变得鲜活起来。

除了重回现场的叙事策略外，把"五四"历史化的另一重要突破口就是引入"发生学"的视野。陈万雄从交叠的人事关系网入手，考察以《新青年》和北京大学为中心的新文化运动的倡导力量是如何聚合起来的（《五四新文化运动的源流》，《五四运动与中国文化建设》，社会科学文献出版社1989年版）。通过仔细梳理《新青年》作者群及北大文科教授的人事渊源，陈万雄指出，五四新文化运动的倡导者都不同程度地参与了辛亥革命，他们原是辛亥革命力量的一部分，或者说与辛亥党人基本上属于同一世代。五四新文化运动与辛亥革命不仅在人物系谱上有一脉相承的关系，在思想文化上也有直接渊源。陈万雄认为辛亥之于"五四"的意义，远超出一般前后历史时期的影响关系，因此对五四新文化运动的考察，不可割裂其与辛亥革命的内在渊源。

五四新文化不仅是思想观念的自由结合，其得以发展为席卷各地的全国性运动有赖于地缘、学缘等新旧因素交织成的社会网络。陈以爱在《动员的力量：上海学潮的起源》（台北：民国历史文化学社2021年版）一书中追溯"东南集团"的人际网络及运作模式，分析社会精英对上海风潮的幕后指导。这部大著发端于她对江苏省教育会诸人在蔡元培去职风波中所扮演角色的深入考察。陈以爱利用公开发布的函电、报刊，再辅以日记、书信、传记，通过各类史料的对读，用侦探破案的细密笔法揭示出从1919年5月9日蔡元培辞职离京到9月20日复职期间的种种内幕（《"五四"前后的蔡元培与南北学界》，《论民国时期领导精英》，香港：商务印书馆2009年版）。在此期间，左右蔡元培进退的关键人物，如汤尔和、蒋维乔、袁希涛，无不与江苏省教育会关系密切。在汤尔和的大力举荐下，被蔡元培委以重任，代他主持北大校务的蒋梦麟，也是江苏省教育会培植的干才。以黄炎培为首的江苏省教育会中人善于运筹帷幄，该团体对南北学界的影响力不容轻忽。

在文学社会学成为现代文学研究界流行的研究范式之前，

王晓明便以《新青年》和文学研究会为例，提醒研究者注意文本之外的社会现象，注意"五四"时期由期刊、社团共同构成的文学生产机制，注意与这个机制共生的一系列无形的文学规范（《一份杂志和一个"社团"——重识"五四"文学传统》，《上海文学》1993年第4期）。在王晓明看来，《新青年》就像一把钥匙，可以帮我们打开新文化大厦的许多暗门。刊载于《新青年》上的思想与文章构成一套独特的话语体系，长期占据着中国思想界、言论界的中心位置，因此《新青年》集团的个性也就逐渐扩散为整个新文化运动的共性。文学研究会这样有战略眼光和全局意识的社团的出现，正是《新青年》模式在文学领域内扩散的结果。

五四新文化留给我们的思想遗产，并非纸面上的玄思，而是"行动中之思想"。不同于一般意义上的期刊研究，王奇生以《新青年》为视点，勾勒出新文化从涓涓细流汇成洪波巨浪的"运动"过程（《新文化是如何"运动"起来的——以〈新青年〉为视点》，《近代史研究》2007年第1期）。如王奇生所言，《新青年》最初只是一个由安徽人主导、以青年为拟想读者的地方刊物，其发展为"时代号角"在很大程度上是借重北大的教育权威和文化资源。从钱玄同、刘半农合演的"双簧戏"，林蔡之争引发的社会反响以及陈独秀借"复辟"攻击《东方杂志》等舆论事件可知，《新青年》同人对媒体传播的技巧运用娴熟。早期的五四新文化研究多注重《新青年》同人的思想主张，而对运动过程、运动策略关注不够。王奇生结合传播学、阅读史、地方史的研究方法，综合考察《新青年》同人、论敌及局外人的不同认知，从运动过程的描述中着力还原新文化的历史本相。

《新青年》研究长期聚焦于其作为同人刊物的高光时刻，而忽略了《新青年》后期如何转变为宣传俄国革命和马克思主义的中共中央机关刊物。欧阳哲生利用从胡适长子胡祖望家中发现的一批未刊书信，考察《新青年》从北京迁往上海、广东后编辑方针的转变，呈现《新青年》同人在这一转折期的思想分歧（《〈新青年〉编辑演变的历史考辨——以1920至1921年〈新青年〉同人来往书信为中心的探讨》，《历史研究》2009年第3期）。从这批未刊书信可以看出陈独秀与胡适二人对《新青年》控制权的争夺。欧阳哲生认为，陈独秀作为《新青年》的创办者，其个人意志对杂志的编辑运营方式和政治取向始终起着决定性的作用。陈独秀南下后，《新青年》北京同人中，胡适扮演着召集人的角色，他试图联合众人把《新青年》拖回思想革命、文学革命的轨道上。随着刘半农、钱玄同相继脱离《新青年》阵营，周氏兄弟继续给转向后的《新青年》供稿，和陈独秀仍保持着较密切的合作关系。当《新青年》同人面临办刊方向和思想立场的分歧时，用书信往来交换意见，将彼此的分歧限定在同人内部，而不愿把矛盾公之于众以损害《新青年》的集体形象。

单就思想观念来谈五四新文化，已经很难持续激发出这一话题的活力。针对近代中国思想史研究偏于虚悬的倾向，罗志田提出让思想回归历史，以"由外求内"的方式发掘五四新文化的思想遗产，最好能在立说者与接受者的互动之中展现思想的运动轨迹（《近代中国思想史研究的两点反思》，《社会科学研究》2009年第2期）。就立说者而言，以白话文为旗帜的文学革命试图打破"我们"和"他们"的区隔，胡适诸人既要面向大众发言，又不想追随大众，让出"国人导师"的角色。就接受方而言，五四新文学的实际读者并非"引车卖浆者流"，而是处于底层与精英之间的边缘读书人。合而观之，罗志田认为，文学革命实际上是一场精英气十足的上层革命，能为边缘知识青年提供身份认同与上升阶梯，其社会反响也主要局限在精英分子与向往成为精英的知识青年这个圈层。文学革命的倡导者希冀"与一般人生出交涉"，而他们的启蒙立场和言说姿态已伏下与民众疏离的趋向（《文学革命的社会功能与社会反响》，《社会科学研究》1996年第5期）。此外，若从思想史的社会视角去理解文学革命中陈独秀和胡适合作的意义，罗志田指出二人的联手改变了留美学生群体自说自话的状态，使其与国内思想界有了交集，从而成为引导现代中国思想潮流的一股力量。

梳理五四新文化思潮的形成过程，须结合各种社会条件，以"由外求内"的方式来把握。王汎森认为，思潮与社会条件之间有如火车"转辙器"般交互作用（《思潮与社会条件：新文化运动中的两个例子》，《五四新论——既非文艺复兴·亦非启蒙运动》，台北：联经出版事业公司1999年版）。"转辙器"的意象出自韦伯，借用韦伯的说法，理念创造出来的"世界图景"如转辙器般决定着被现实利益支配的社会行动在哪条轨道上运行。若留意思想史与生活史的交集，就会发现石破天惊的思想多伴随着切肤之痛，常常跟个人遭遇的"纲常之厄"有关。当社会秩序松动以后，纲常礼教逐渐失去建制性的凭借，那些酷烈的沉默、被压抑的呻吟浮出历史地表。一旦蛰伏的异端思想竞相露头，各地零星的火花借"五四"飙风形成燎原之势。新思潮的勃兴为吴虞这样鼓吹"非孝"的异端分子提供了保护伞，使其从地方上的"名教罪人"跃升为全国知名的思想人物。现实生活世界中蓄积的不满与反抗，在社会变动之际与主流思想相应和，生活史与思想史便融为一体。

观察"五四"在各地的风势起伏，成为近十年新文化研究的一大亮点。季剑青、瞿骏、徐佳贵的论文都从地方视野观察五四新文化如何从中心城市传播到各地，通过哪些渠道渗透到市镇乡村一级；地方人士如何回应"五四"事件及随之而来的新思潮，如何在各自的思想脉络中吸纳或拒斥新文化，并赋予其在地化的阐释；五四新文化如何搅动地方社会，在多大程度上重塑了基层权力格局，影响了在地者的生活方式。季剑青以"五四"前后的山东为例，借鉴历史社会学的地方精英理论，考察新文化在地方最初的接受者和参与者是谁，他们的目的、策略和依托的资源为何（《地方精英、学生与新文化的再生产——以"五四"前后的山东为例》，《现代中国文化与文学》2009年第2期）。他认为在五四运动及其后新文化的再生产过程中，最初是地方精英而非学生群体起主导作用。新文化为地方青年提供了更广阔的知识视野和向上流动的机会，同时也给在地的政治精英、教育精英提供了外部的社会资源和象征资本，有助于增强新派的话语权和影响力。新文化引发的社会流动也进一步加剧了近代以来城乡分离的趋势。

较之五四"新人"，清末民初那些半新不旧、似新实旧的人物较少进入思想史家的视野。瞿骏以"老新党"为切入点，考察"五四"风潮在地方如何蔓延，如何改变地方读书人的思想观念和生活世界（《老新党与新文化："五四"大风笼罩下的地方读书人》，《南京大学学报》2017年第1期）。所谓"老新党"是由清末新党转化而来，原系革命党人对保皇派的称呼。这一命名随后被用来泛称那些自甘落伍或被挤到三代以上的新人物。"老新党"的迭代也折射出近代中国革命、革革命、革革革命的历史进程中新旧之间的不断移位。瞿骏此文讨论的"老新党"包括以孙中山、汪精卫为代表的民党势力，以康有为、梁启超为代表的立宪派及以林纾为代表的晚清名士。他还利用新近整理出版的《张棡日记》《徐兆玮日记》，呈现地方上的"老新党"对新文化的适应与排拒。通过考察"老新党"与新文化的互动，能为"五四"风潮的起源、流播与影响边界提供更丰富的历史褶皱，同时也能从长时段的视野把握处于晚清延长线上，作为国民革命"既存状态"的五四新文化。

引入地方视角不只是为了呈现五四新文化在非中心区域的投影，还有可能借助五四新文化的强光，照亮地方社会的隐秘角落。徐佳贵选取浙江温州这一地处边缘但并不闭塞的区域为案例，利用"五四"前后地方人士创办的《瓯海潮》《救国讲演周刊》《新学报》等刊物，将"五四"与"新文化"所指代的时代风潮置于地方肌理中加以考察（《"五四"与"新文化"如何地方化——以民初温州地方知识人及刊物为视角》，《近代史研究》2018年第6期）。作者的关注点不限于五四新文化在地方的传播路径和接受程度，他更关心造成某种接受限度的地方机制。此文的创见在于把"五四"与"新文化"拆分开，从二者的脱榫处入手，剖析不同的地方响应机制。徐佳贵认为"五四"在温州的回响，其实是残存的士大夫传统与近代国族意识的混合物在民初的延伸；而"新文化"的在地传播，则需借助在外密切接触新思潮者与部分地方在校师生的联盟。"五四"与"新文化"的裂隙在地方视野中被凸显出来，徐佳贵的这一洞见是否具有普遍意义，还需更多详实的个案研究来检验。

较之研究者对地方视野的重视，世界视野中的五四新文化还是一个方兴未艾的话题。彭姗姗利用新出版的《杜威通信集》、地方报刊及在华英文报刊中的相关史料，重新考察杜威访华事件，展示出世界视野与地方视野交互联动的可能性（《"五四"期间杜威与中国的一段"交互经验"》，《近代史研究》2019年第2期）。摆脱影响研究的套路，彭姗姗将"五四"时期的杜威与中国都视为未知的变量：一方面，"五四"让中国上下"动"起来，思想、文化、社会均处于急速变化与重新整合的过程中；另一方面，这趟中国之行对杜威而言无异于充满变数的"火星之旅"。杜威在华讲演是哥伦比亚大学、各家邀请方、各级政府、新闻媒体、普通听众及杜威的主观意愿和工作相互协调的结果，亦深受美国国内形势和席卷全球的红色浪潮的影响。

如若把五四新文化比作一场大规模的交响乐，这场交响乐吸纳、混合了不同派别、不同立场的声音，我们需要区分高低声部，留意被主旋律覆盖的不和谐音，进而追问是"谁的五四"。李怡认为"五四"应被视作现代中国共同的思想平台，这是一出由各种思想倾向、政治立场的文化人同台竞演的大戏（《谁的"五四"？——论"五四文化圈"》，《中国现代文学研究丛刊》2009年第3期）。除了处于聚光灯下的《新青年》同人，还有一个更大的参与时代主题的知识人群落，如学衡派、甲寅派、研究系，以及和新文化人唱对台戏的林纾、杜亚泉、梁漱溟等都属于"五四文化圈"的成员。这些看似矛盾的思想倾向比肩并存，恰好证明五四新文化不是一言堂，有其内在弹性和回旋空间。正是"五四文化圈"的存在催生出富有包容性的言论空间，为现代中国的文明再造提供了不同的方案和远景。

对于新文化运动的既有认识，多以《新青年》同人发起的文学革命为起点，并强调其与五四运动的同一性。然而鲁迅却说，"新文化运动"是此前讥嘲《新青年》的人"另起"的名目，后来又把这个名目"反套"在《新青年》身上。袁一丹据此追问："新文化运动"这个词是什么时候出现的，到底是谁的发明？《新青年》提出的文学革命、思想革命与当时所谓的"新文化运动"是什么关系？这个名目是如何被"反套"在《新青年》头上的？（《"另起"的"新文化运动"》，《中国现代文学研究丛刊》2009年第3期）20世纪20年代前期，《新青年》同人普遍认为当时流行的"新文化运动"是在文学革命、思想革命之外"另起"的事业。"新文化运动"一词出现在"五四"以后，这个词的发明权主要归功于以梁启超为首的研究系。新文化运动表面上是作为政治运动的反题出现的，但骨子里是一种泛政治运动，承担着为政党政治换血的功能。

所谓"新文化运动"是多种政治文化势力共同形塑的复合概念，并非北大一家的金字招牌。在我们熟悉的以北大、《新青年》为主线的剧情外，还有不同的故事版本。周月峰以梁启超、张东荪、蓝公武诸人在"五四"前后的思想主张和文化实践为例，讲述了另一个版本的"新文化运动"(《另一场新文化运动——梁启超诸人的文化努力与"五四"思想界》，《"中研院"近代史研究所集刊》第105期，2019年9月)。不同于北大派趋于激进的反传统论调，梁启超诸人借助《国民公报》《晨报》《时事新报》等舆论阵地，通过讲学、论争、组织翻译、网络人才等方式，从事"积极的、基础的、稳固的、建设的"文化运动。周月峰侧重讨论梁启超诸人在"五四"思想界的自我定位，及其与北大派之间求同存异的竞合关系。他认为该群体在新文化运动发展过程中，不仅是跟着《新青年》跑，还试图调整运动的方向和节奏，以实现自家的政治文化诉求。

关于五四新文化的既有论述多围绕新旧之争展开，缺乏对运动过程及走向的关注。张武军认为，"运动"才是将"五四"和"新文化"衔接起来的关键，他沿着"运动"的轨迹，重新探究作为国民运动的"五四"如何发生、发展，进而演变为"新文化运动"(《五四新文化的"运动"逻辑》，《现代中文学刊》2020年第2期)。从"运动"的逻辑来看，"五四"是由学生主导的、溢出校园的国民运动，目的是唤醒国民、再造国民。被新旧之争遮蔽的《国民》杂志社，在五四学生运动的组织、动员过程中发挥着重要作用。新文化运动正是在国民运动的基础上，坚持向外运动的方向，不限于学术、思想、教育层面的常规活动，才走向日后的国民革命。

"五四"本身是政治危机、思想危机的产物。每一次"重访"五四新文化，无异于对危机时刻的再度确认。如果我们从当下的现实处境中感觉不到"五四"所包孕的危机意识，或觉得药不对症的话，仅仅把五四新文化当作常规历史题目加以技术化的处理，也就意味着"五四"作为一种社会思想势能的衰灭，甚至是终结。在五四新文化这个老题目上，新材料、新方法、新范式催生的研究新意总是暂时的；真切的危机意识而非危机修辞，才是更新历史解释的源头活水。或许在刻意的遗忘及四面八方的反对声中，"重访"五四新文化的必要性方才显现出来。

目　录

五四新文化运动的源流 …………………………… 陈万雄　001

"五四"的"老调子"
——知识分子自己的看法 ………… 舒衡哲/著　程　巍/译　025

一份杂志和一个"社团"
——重识"五四"文学传统 ………………… 王晓明　045

文学革命的社会功能与社会反响 ………………… 罗志田　072

思潮与社会条件
——新文化运动中的两个例子 ………………… 王汎森　094

五月四日那一天
——关于五四运动的另类叙述 ………………… 陈平原　136

新文化是如何"运动"起来的
——以《新青年》为视点 ………………… 王奇生　189

《新青年》编辑演变的历史考辨

——以1920至1921年《新青年》同人来往书信为中心的探讨

·· 欧阳哲生　239

"五四"前后的蔡元培与南北学界 ················ 陈以爱　324

谁的"五四"？

——论"五四文化圈" ···························· 李　怡　376

地方精英、学生与新文化的再生产

——以"五四"前后的山东为例 ·············· 季剑青　396

"另起"的"新文化运动" ························ 袁一丹　440

老新党与新文化

——"五四"大风笼罩下的地方读书人 ·········· 瞿　骏　482

"五四"与"新文化"如何地方化

——以民初温州地方知识人及刊物为视角 ········ 徐佳贵　526

"五四"期间杜威与中国的一段"交互经验" ········ 彭姗姗　565

另一场新文化运动

——梁启超诸人的文化努力与"五四"思想界

·· 周月峰　588

五四新文化的"运动"逻辑·····················张武军　637

来源说明 ···　687

主编简介 ···　691

五四新文化运动的源流

陈万雄

众所周知，五四新文化运动尤其在前期，倡导的中心是《新青年》杂志和北京大学。[①]以《新青年》和北京大学为基地的新文化运动的倡导力量是如何结集起来的？倡导者的背景怎样？过往无系统和完整的研究。本文试图就新文化运动倡导力量进行分析研究，从另一角度，显黜五四新文化运动的缘起和性质。

一

五四新文化运动的滥觞，既以《新青年》杂志的创刊号为标志，要研究分析该运动倡导力量的结集过程及其性质，自然也应以《新青年》杂志的作者为对象。

[①] 五四新文化运动的分期，学术界有不同的看法。大体来说，以1919年5月4日"五四"事件为前后期的分界线的看法比较一致。本文大体以此划分。另以1915年《青年杂志》的面世为新文化运动的肇始，参见孙思白《试论五四文化革命的分期及前后期的转化》，《历史研究》1963年第2期；Chow Tse-Tsung, *The May Fourth Movement—Intellectual Revolution in Modern China*, Harvard University Press, 1960, p.1；李新、陈铁健：《伟大的开端：1919—1923》，中国社会科学出版社，1983，第3页。

《青年杂志》（后改名《新青年》）是陈独秀（1879—1942）在1915年9月15日创办的。首卷到次年2月15日止，共6期。首卷作者除主编陈独秀外，有高一涵、汪叔潜、陈嘏、彭德尊、李亦民、薛琪瑛、易白沙、谢无量、刘叔雅、汝非、方澍、孟明、潘赞化、高语罕（淮阴钓叟）、李穆、萧汝霖、谢鸣等。①以上作者，除了用笔名和日后不大见经传者外，较为人熟悉而且是《新青年》杂志主要作者的有陈独秀、高一涵（1885—1968）、易白沙（1886—1921）、刘叔雅（1889—1958）、高语罕（1888—1948）、潘赞化（1885—1959）、谢无量（1884—1964）和汪叔潜（?）诸人。其中谢无量和易白沙非安徽省籍。谢无量虽是四川籍，但父亲历任安徽诸县县长，自己在安徽公学任教，与安徽知识分子熟稔。易白沙虽本籍湖南，却长期居皖从事教育和革命工作，与皖政界和文化界关系极密。

其他人都是安徽籍作者，在《新青年》创刊前即与主编陈独秀熟稔，交谊甚深。潘赞化自1902年起以迄于二次革命，与陈独秀并肩从事教育和革命活动。1916年，潘氏与传奇女性画家潘玉良结婚，陈独秀是唯一的嘉宾，可见两人交情之笃。②高一涵和刘叔雅是安徽公学或安徽高等学堂的学生，与陈独秀似有师生之谊。1914年两人协助章士钊和陈独秀在东京办《甲寅》杂志。高语罕在清末是陈独秀创办并任总会长的"岳王会"外围组织"维新会"成员，有同志关系。另外，在杂志早

---

① 《新青年》（共14册），日本大安株式会社影印本，1962。
② 刘海粟：《女画家潘玉良》，《齐鲁谈艺录》，山东美术出版社，1985，第239页。

期专事西方文学作品翻译的陈嘏，原名陈遐年，是陈独秀兄孟吉的长子。①由作者背景了解，《青年杂志》初办是以陈独秀为首的皖籍知识分子为主的同仁杂志。

首卷完刊后，杂志因战事而中辍了半年。1916年9月1日复刊，更名《新青年》。②第2卷止于翌年2月，刚好主编陈独秀受聘为北京大学文科学长不久。

第2卷的作者除原首卷的作者外，新加入的有李大钊、温宗尧、吴稚晖、胡适、刘半农、马君武、苏曼殊、程演生、程宗泗、李亦民、杨昌济、汪中明、陶履恭、吴虞、光升、陈其鹿、曾孟鸣、李张绍南、陈钱爱琛等。该卷作者为日后杂志主要作者而且有贡献于新文化运动者有李大钊（1889—1927）、胡适（1891—1962）、刘半农（1891—1934）、杨昌济（1871—1920）、马君武（1881—1940）、苏曼殊（1884—1918）、吴虞（1872—1949）、陶履恭（1888—1960）、光升（1876—1963）、吴稚晖（1865—1953）等人。

第2卷加入撰稿的作者中，只有胡适、光升、李张绍南及以书信形式出现的程演生（1888—1955）属安徽籍，其余皆为外

① 参见《北京大学日刊》，1920年4月14日；安庆市历史学会编印《陈独秀研究参考资料》第1辑，1981，第59页。

② 《青年杂志》首卷第6期刚完刊即有易名的提议，非经半年停刊后才决定的。事缘上海青年会写信给杂志发行人，即群益书社东主陈子寿，指出该杂志与他们出版的《上海青年》雷同，要求及早改名。陈子寿商得主编陈独秀同意，遂自第2卷起改为《新青年》，见汪原放《回忆亚东图书馆》，学林出版社，1983，第32、33页；陈独秀1916年8月12日致胡适之信中也曾提及此事，说《青年》以战事延刊时日，兹已拟仍续刊。并依发行者之意，已改名《新青年》，本月内可以出版，见《胡适来往书信选》上册，中华书局，1979，第3页。

省籍人士，这是与首卷不同之处。从第2卷起《新青年》已显然突破了皖籍作者为主力的局面，作者群扩大。虽则如此，以迄于第2卷，该杂志"圈子杂志"的性质仍浓厚，因该卷作者与主编陈独秀大都是熟稔和有一定交谊的朋友。马君武、杨昌济、苏曼殊、光升和吴稚晖都是20世纪初期在东京、上海共事革命活动的同志，陈独秀1903年春初识吴稚晖于上海，《新青年》创办，吴氏似预其事。[1] 陈独秀与苏曼殊关系更是密切，自1902年相识以来，往来不断。柳亚子曾说过，"曼殊生平第一个得力的朋友是仲甫"。[2] 世人印象，陈独秀是一个勇猛精进的革命家和激烈的思想家；曼殊则是一个浪漫文人、传奇和尚，颇不相类。事实上两人性情相契，意气相投，苏氏文学才能有来自陈独秀的启牖和熏陶。光升是皖省最早的留学生，与陈独秀约略同期。陈独秀1904年、1905年在芜湖办《安徽俗话报》和从事革命活动，寄居科学图书馆的时候，光升时抵上址与陈氏等聚谈。[3] 胡适之与陈独秀相识始于何时，尚待考。或早在清末期间，否则在民初，陈氏与章士钊办《甲寅》杂志时，通过汪孟邹互相认识。[4] 作者中，只刘半农在陈独秀办《新青年》时，因

① 参见《吴稚晖先生文粹》第1册，台北：华文书局影印本，1969，第316页。
② 参见柳亚子编《曼殊全集》第5册附录，北新书局，1928，第26页。
③ 芜湖市文化局编《芜湖古今》，安徽人民出版社，1983，第136页。
④ 见汪原放《回忆亚东图书馆》，第45页；石原皋：《闲话胡适》，安徽人民出版社，1985，第61、64页；耿云志：《胡适研究论稿》，四川人民出版社，1985，第271、272页。以上各书大都以陈、胡识于民国后即陈氏办《新青年》杂志时。不过陈在清末曾为汪孟邹编《安徽白话报》，该报后由李辛白主编，胡适曾投稿。另胡适与同乡许怡荪交情极佳，而许与高一涵同时期在日本明治大学读书。高氏期间助章、陈办《甲寅》，而胡适为《甲寅》撰稿，这都是人事渊源的蛛丝马迹。胡适：《许怡荪传》，《名家传记》，新绿文学社，1937。

倾慕而结识，相识较晚。^①

《新青年》第2卷第6期的出版，正是陈独秀被聘请为北大文科学长的时候。杂志正式在北京编辑出版应自第3卷开始。第3卷6期起于1917年3月1日，迄于同年8月1日。该卷新作者，除日后名字不大彰显者外，主要有章士钊（1881—1973）、钱玄同（1887—1939）、蔡元培（1868—1940），以及恽代英（1895—1931）、毛泽东（1893—1976，二十八画生）、常乃惪和凌霜诸人。

《新青年》第3卷终刊后，又中断了4个月。1918年复刊是为第4卷。第4卷新作者主要是周作人（1885—1967）、沈尹默（1883—1971）、沈兼士（1887—1947）、陈大齐（1886—1983）、鲁迅（1881—1936）、林损（1891—1940）、王星拱（1888—1949），以及俞平伯（1900—1990）、傅斯年（1896—1950）、罗家伦（1897—1969）、林玉堂（1895—1976）等。

第3、4卷新加入《新青年》的撰稿者最值得注意。除鲁迅个别人外，几尽是北京大学的教员和学生，第4卷尤其明显。这表明陈独秀入了北京大学主持文科后，《新青年》迅即成为北大革新力量的言论阵地；反过来，《新青年》杂志倡导的新文化运动，得最高学府一辈教授的加盟，声威更盛。一刊一校为中心的倡导势力因而形成。

第3、4卷另外又值得注意的是，恽代英、常乃惪、毛泽东、傅斯年、罗家伦、俞平伯、林玉堂、俞颂华、凌霜等，皆

---

① 见徐瑞岳编《刘半农研究资料》，江苏古籍出版社，1987，第82页。

是北京大学为主的专科院校的学生和职员，比对新文化运动的倡导者来说，是"五四"时期年青的新一代，而且也是五四运动的活跃分子。这新的一代加入《新青年》撰稿行列，表明该杂志已达到创刊初旨，要唤醒青年，推动新的改革。进一步说，新文化倡导力量和新兴青年力量的结合，也标志着《新青年》迈进了一个新的阶段。新文化运动自此的发展，如火如荼，与新文化倡导力量的形成和新兴青年力量结合有不可分割的关系。

《新青年》第5卷是从1918年7月到12月。该卷6期新作者有欧阳予倩（1889—1962）、朱希祖（1879—1944）、陈衡哲（1890—1976）、李剑农。第6卷是从1919年1月到11月，新撰稿者有李次九、任鸿隽、王光祈（1892—1936）、周建人、陈启修（1886—1960）。第7卷从1919年12月到次年5月，新增作者是杜国庠、潘力山、张慰慈、张崧年、孙伏园、高君宇和戴季陶等。

从第5卷到第7卷，也是五四运动前后的一段时期。属于北大教员学生的有朱希祖、陈启修、马寅初、高君宇、张崧年、孙伏园等。其他则是全国各地较活跃的知识分子和青年。这表明《新青年》不仅在北大继续吸纳和凝聚革新力量，使该杂志更具备全国性的基础，鼓动全国范围的新文化运动。

1919年5月4日"五四事件"的发生，固是此前的新文化运动孕育的结果；反过来，五四运动助长了新文化运动的扩大，同时以启蒙运动为主调的新文化运动前期的思潮，随之迅速转化，社会和政治出现了新的形势，第6、7两卷正处于新形势的过渡期。

《新青年》第8卷从1920年9月起，明显成为倡导社会主义的刊物。杂志的编辑出版，再由北京南迁返上海。这个时期的作者，面貌一新。主要作者有李季、李汉俊（1890—1927）、杨明齐、周佛海、李达（1890—1966）、沈玄庐、沈雁冰（1896—1981）、陈望道（1891—1977）、沈泽民、陈公博（1892—1946）、成舍我、施存统等。该等作者在当时容或程度不同、深浅有别，都是社会主义的信仰者。到1923年2月第9卷至1926年7月，《新青年》更成为中共中央的纯理论机关季刊了。

　　以上简单勾勒了《新青年》作者群的结合过程，从另一个角度，提供了我们认识新文化运动形成和发展的轨迹。

　　总的来说，《新青年》从创办至结束，大抵可分三个时期。1915年9月第1卷到1918年6月的第4卷是第一个时期。这个时期的首二卷，是由主编陈独秀结合与他深有渊源的一辈知识分子为主力的时期。倡导力量核心日渐形成。这里要指出的是，这时期的主要作者几全属章士钊、陈独秀办《甲寅》杂志的作者，所以初期《新青年》之与《甲寅》杂志有一定人事和思想渊源。自第2卷起，以陈独秀为主的接连发表了反孔文章和胡适、陈独秀进而提出了文学革命的要求，新文化运动因为有这两个具体内容而引起了重视，也带来了强烈的反响。第3、4卷由于北大革新派加入《新青年》行列，一校一刊作基地的新文化运动倡导核心势力形成。杂志之由陈独秀个人主编，到第6卷由陈、胡适、钱玄同、高一涵、沈尹默、李大钊6人轮流主编，具体而微，显示了核心势力形成。新文化运动前期的《新青年》杂志，以撰稿多寡、内容重要性作衡量，主要而具代表性的作者是陈独秀、高一涵、刘叔雅、高语罕、易白沙，刘半农、胡适、李大钊、杨昌济、吴虞、沈尹默、鲁迅、周作人、陶履恭、蔡元培、王星拱等人。对这个核心的进一步分析，会更清晰地显露"五四"前期新文化运动的性质。

<h1 style="text-align:center">二</h1>

五四新文化运动的倡导中心，《新青年》而外是北京大学。北京大学之能结集一批新文化运动的倡导者，使北京大学成了推动新文化运动的大本营，蔡元培出任北大校长，无疑是人事上的大关键。

蔡元培在1916年12月26日被任命为北京大学校长，次年1月4日正式到校视事。当时北大创校已有将近20年的历史。在这不算长的历史中，北大的嬗变也具体地反映了近代思潮发展的脉络。

简单地说，京师大学堂的创办是在戊戌维新的气运下，在改良派和开明官僚主张设学堂采西学的教育革新要求下产生的。从倡议创办到清朝覆亡，预其事或主其事的如康有为（1858—1927）、梁启超（1873—1929）、孙家鼐（1827—1909，首任管学大臣）、李端棻（1833—1907）、许景澄（1845—1900，管学大臣）、张百熙（1847—1907，管学大臣），吴汝纶（1840—1903，总教习）、柯劭忞（1850—1933，总教习）、劳乃宣（1843—1921，总教习）、林纾（1852—1924，译书局副总办）、孙诒让（1848—1908，经史教习）、张筱浦、严复（译书局总办）、辜鸿铭（1857—1928，副总教习）、屠寄、林启、汪凤藻（1851—1918）、罗振玉（1866—1940）诸人。这些人在当时大都算得上开明官僚和改良派人士。

自创办以来，京师大学堂的发展时遭朝廷保守势力的阻碍，几经惨淡经营，日见规模。论者说在清季，从教育制度以及教学内容和方法来看，京师大学堂实质上处于由封建的太学、国子监向近代大学转变和过渡的阶段。[①]不过，即使到了民国初年，严格来说，距真正近代式的大学尚远，其时设置的课程到任职者的行止，传统科举制度遗貌尚深。

民国后，北京大学到底进入了一个较有发展的时期。最明显的是，北京大学的主持者已由原来的官僚阶层转移到一批开明学者身上。经他们的努力，大学做了相当整顿和兴革，学校规模也有了扩展。譬如严复和何燏时的归并科目，精简机构。到胡仁源担任代理校长，北京大学规模又有扩充。分别调整和充实了本科和预科，学生人数由1913年的781人增加到1919年的1503人。[②]

北京大学之酝酿变革，不全在蔡元培任北京大学校长之后。蔡元培在担任教育总长时，更留意到北大的改造。1912年10月所颁布的"大学令"，则直接关系到北大的改革。令中取消了经学科，改通儒学院为大学院；更本科毕业科名为学士；设校长和各科学长以代替前此的总监督和各科监督；设评议会以

---

① 肖超然等编著《北京大学校史（1898—1949）》（增订本），北京大学出版社，1988。
② 肖超然前引书。

教授治校等措施，皆促进了北京大学向近代大学的转变。

主持者和制度的转变外，学校文风的消长也透露了民国以后北京大学嬗变的脉络。清末的京师大学堂时代，先后主事的吴汝纶、张筱浦、严复、林纾、马其昶、姚永概、姚永朴在当时文坛，都是桐城派的中坚分子。其时主宰北大文风的自然是桐城古文派。这种桐城古文独尊北大的形势到胡仁源代理校长职、夏元瑮（浮筠）和夏锡琪分别主持理科和文科学长后才扭转过来。胡氏和夏元瑮是欧美和日本留学生，不满桐城学风，为此特聘请了黄侃、马裕藻、朱宗莱、沈兼士、沈尹默和钱玄同等一班章太炎门下弟子到北大。自章太炎一系学者陆续进校，北大学风明显而迅速有了改变。当时就读北大的杨亮功事后回忆说："最初北京大学文科国学者，以桐城派文学家最占势力，到了我进北京大学的时候。马通伯（其昶）和姚仲实（永朴）、叔节（永概）兄弟这一班人皆已离开。代之而兴的为余杭派。"[1]这种人事和学风的转变，当事人之一的沈尹默日后分析，将其看作是北大的一种"新旧之争"。甚至有迹象显示，蔡元培之被荐任为北大校长，是北大及与北大人事关系密切的"新派"人物沈步洲、马叙伦、范源廉、汤尔和及夏元瑮等人策划运动的结果。[2]沈尹默所指"新旧"，不是泛指校内新旧人物，而应指其时新派学者和旧派学者的区别，甚至反映到政治倾向上的分野。民元进入北大的一辈，大都是清末革命分子或

① 杨亮功：《早期三十年的教学生活》，台北：传记文学出版社，1980，第13页。
② 沈尹默：《我与北京大学》，《五四运动回忆录》（续编），中国社会科学出版社，1979，第159、160页。

是倾向革命的分子。

民国后北京大学课程、制度的更新，学风之由章太炎派取代桐城古文派，诚然是一种进步。如全面地衡量，这样的转变，应还远落于当时文化教育时势新的要求，北京大学之能有根本的兴革，应是蔡元培主持北大始。蔡元培到任后，立刻援引了陈独秀等人，在内锐意改革校政、学风和课程；在外倡导文化革命，遂而使北大成为推动新文化运动的大本营。在蔡、陈等人主持下，北大转变之大，当时报刊在一二年间，即有很不同的报道。[①] 至于蔡元培在北大时的用人方针，时人或后之研究者，几无异议，说他贵能"兼容并包，崇尚自由主义"。[②] 甚至蔡元培自己也说：

> 我对于各家学说，依各国大学通例，循思想自由的原则，兼容并包。无论何种学说，苟其言之成理，持之有故，倘不达自然淘汰命运，即彼此相反，也叫他们自由发展。例如，陈君介石，陈君汉章一派的文史，与沈君尹默一派不同；黄君季刚一派的文学，又与胡适之的一派不同，那时候各行其是，并不相妨。对于外国语，也力矫偏重英语的旧，增设法、德、俄诸国文学系，即世界语亦列为选科。[③]

---

① 《时报》，1915年4月3日，1917年4月13日。
② 杨晦：《五四运动与北京大学》，《青年运动回忆录》，中国青年出版社，1975，第56页；罗章龙：《回忆五四运动马克思研究会》；何思源：《五四运动回忆》，《文史资料选编》第4辑，文史资料出版社，1979。
③ 蔡元培：《自写年谱（3）》（手稿），蔡怀新先生藏。

事实上"兼容并包，崇尚自由主义"只是蔡氏用人方针的一部分，所以有人指出"所谓兼容并包崇尚自由主义并不是新旧一揽子全包，而主要是罗致具有先进思想的新派人物"。[1]究竟这是凭印象的笼统说法，一直没有人作具体详细的分析，所以对蔡氏这方面用人倾向，也不太注重。

根据蔡元培自己和当时在读的一些学生的回忆，蔡元培整顿北大之初，是从文科开始的。[2]以北大为中心的新文化运动的倡导力量，也是在文科。这里介绍一下"五四事件"前文科职员情况。

根据1917年到1919年有关资料，北大文科（包括法、理文科教员）约60余人。[3]虽不算完备，大体已具，1917年现职教员名录称文科教授、讲师和兼任的接近60人，这些人中，清末已在北大的有张相文、辜鸿铭、陈汉章、沈步洲等人，民初进入北京大学的有黄侃、朱希祖、贺之才、陶孟和、陈大齐、马叙伦、许季上、钱玄同、马裕藻、沈兼士、沈尹默、徐仁镜、朱宗莱、周思恭等。民初进北大的除徐仁镜等一二人不大清楚外，几全是章太炎门下弟子。又除黄侃、徐仁镜外都是浙江籍人士。这些人不少在蔡元培掌北大前，即与他熟悉，甚至

---

① 许德珩：《五四运动六十周年》，《五四运动回忆录》（续编），第40页。
② 蔡元培前引文；《五四运动与北京大学》，《五四运动回忆录》（上），中国社会科学出版社，1979，第209页。
③ 资料主要根据《前任职员录》和《现任职员录》，《国立北京大学廿周年纪念刊》（一）、（二）册，《北京大学日刊》，1917年10月28日、29日、30日，12月5日、12日、15日、16日，1918年1月1日、5日、2月8日、6月20日、7月3日、10月23日，1919年1月25日、4月15日、6月4日、12月2日等。个别人物资料不详录。

是有共事和同志的关系。这是蔡元培之进北大和在北大能顺利从事兴革所不能忽略的人事渊源。至于蔡元培接任北大校长后才进北大的是：陈独秀、周作人、胡适、梁漱溟、刘半农、章士钊、吴梅、叶瀚、杨昌济、刘师培、程演生、何炳松、朱家骅、李石曾、王星拱、刘文典、刘三、钟观光、林损等人。其余的人入北大的时间不能详考，但大都是兼任或普通教员，主要文科教授和教员大都是上述诸人。

蔡元培和陈独秀主持北大后进入北大任教的，《新青年》作者占了很大的比例。胡适、刘半农、杨昌济、程演生、刘叔雅、王星拱等，加上法科的李大钊、高一涵，《新青年》主要作者几乎尽在其中了。另梁漱溟、叶瀚、刘师培、李石曾、钟观光、章士钊、刘三、周作人等人，与蔡陈都是熟人，或者有一定人事关系。由此考察，显示了蔡元培之用陈独秀，以及蔡陈援引胡适诸人，不纯是学术上"兼容并包"的考虑。援引思想先进，改革文化教育，整顿社会风气自是蔡元培和陈独秀在北大初期用人的重要倾向。其实，在1917年蔡氏甫履校长半月不久的1月18日，曾致函吴稚晖，申明了他的用人方针。这是一封最能反映蔡氏当时用人思想的文字记录。信中说：

> 大约大学之所以不满人意者，一在学课之凌杂，二在风纪之败坏。救第一弊，在延聘纯粹之学问家，一面教授，一面与学生共同研究，以改造大学为纯粹研究学问之

机关。救第二弊，在延聘学生之模范人物，以整饬学风。①

所以蔡元培接手北大之初，其用人方针则有两项用人原则。一在纯学术的考虑，在"兼容并包"，以充实北大学术研究和教育水平。一在以"模范人物，整饬学风"。过往人们可惜只注重前者，忽略后者。事实上，蔡氏在北大用人之初，似考虑前者较多。而所谓"模范人物"，验证其时人物，应包含了学问思想以及用心社会专致革新的含意。也只有具备了第二项用人原则，蔡元培才能使《新青年》提倡新文学力量导入北大，使与北大原有改革力量的结合，才使北大成为新文化运动的大本营，这应是无争议的事实，也是倡导新文化力量集结的一大关键。另一方面，陈独秀之进掌北大文科，促使北大原有革新力量成为《新青年》作者，这一刊一校，革新力量的结合，倡导新文化运动才形成了一个集团性的力量。顺带一谈的，蔡元培自要主持北大，则亟亟邀请吴稚晖、李石曾、汪精卫这些一同与他搞"工读"、提倡"进德会"、鼓吹无政府主义的同路人进北大，改革校政，其中邀请吴稚晖作学生监督、汪精卫任国文教授皆不就，只李石曾入了北大。相信也是蔡氏基于"以模范人物，整饬学风"的用心。

当然，自蔡元培和陈独秀主持北京大学后才进入的人物，不尽是支持新文化运动，甚至有持不同见解的。其中如章士钊、叶瀚、黄节、钟观光、刘三、刘师培、梁漱溟、吴梅等。

---

① 《蔡元培全集》第3卷，中华书局，1984。

作为学术导师的考虑固然是原因，但这些人物与蔡陈等早有交谊，甚至在早期思想和政治立场上是同路人这点渊源是不能忽略的。同样我们固然也不能否认，这批人物，除了梁漱溟、刘师培、吴梅个别人外，大都留学欧美多年，是学有专长、有丰富文化活动和教育经验的新型学者。当然政治立场有相同背景，这也是重要的。

<h2 align="center">三</h2>

上述二节，我们分别探讨了以《新青年》和北京大学为中心的新文化运动倡导势力结集的过程，本节进一步探讨该倡导势力所代表的是一种什么力量。笔者在《辛亥革命时期的反传统思想》一文中，曾指出这辈倡导新文化运动的势力，与清末民初革命运动有程度不同的关系，总的来说，他们原是辛亥革命力量的一部分。①简单来说，蔡元培、陈独秀、鲁迅、苏曼殊、高语罕、李辛白（北大庶务主任）、潘赞化、钱玄同、易白沙、刘叔雅、沈兼士、沈尹默、陈大齐、谢无量、马君武、杨昌济、李石曾、吴稚晖都是程度不同地预身辛亥革命运动，甚至可以说，不少是国内革命运动的推动者和组织者。年纪较轻，预身革命活动略后的如李大钊、刘半农、高一涵；虽然并不积极或直接参与革命活动，但立场是倾向和同情革命的有如胡适、陶孟和、周作人等。这样看，五四运动或五四新文

---

① 陈万雄：《辛亥革命时期的反传统思想》，日本广岛大学史学会编《史学研究》1978年第146号。

化运动的倡导者与辛亥革命运动属同一世代。这种历史事实，是理解新文化运动缘起和性质的一个值得关注的问题，一般都将五四新文化运动和辛亥革命人物分成两个世代看，这全非事实。

不仅在人物系谱上，五四新文化运动与辛亥革命有着一脉相承的关系，在文化思想上，也有着一种直接继续发展的条理。作为五四新文化运动重要项目的反传统思想、白话文运动、新思想介绍，与辛亥革命运动的文化革新有源流的关系，或者说使人诧异的，原属辛亥革命的力量而后来致力于五四新文化运动的倡导力量中，不少就是辛亥革命时期的文化革新运动的先驱者。

在辛亥革命勃兴的同时，则出现了反传统的思潮，而且正达到全盘地反省和检讨传统文化的程度。[①]蔡元培办的《警钟日报》在1904年有好几篇文章批判了孔学和儒教。[②]陈独秀和章士钊办《国民日日报》（1903）内中如《箴奴隶》《道统辨》，其反传统的论调异常激烈，有不下于"五四"时代的地方，这些文章或出于陈独秀之手。[③]陈独秀与苏曼殊合译法国雨果的《悲惨社会》，内中不乏攻击孔儒的地方。[④]陈独秀在1905年办的《安徽俗话报》上，揭露和批判旧伦理道德如《恶俗篇》等文章是

---

① 陈万雄：《辛亥革命时期的反传统思想》，《史学研究》第146号。
② 《论孔学不能无弊》《论孔学与政治无涉》等，《警钟报》，1904年12月12日、13日，5月4日，台湾中国国民党"中央"委员会党史史料编纂委员会，1968年影印本。
③ 《国民日日报》，1903年8月8日，10月6日、7日，台湾学生书局影印本。
④ 陈万雄：《谈雨果悲惨世界最早的中译本》，《抖擞》1978年1月。

其中重要的内容。①被称为"只手打倒孔家店"的吴虞，在清末已有激烈非儒文字。②

五四白话文运动是新文化运动的重要环节，甚至可以说是点燃起文学革命的火头。胡适一再强调白话文运动是他偶然在美国发明的。③这种说法不是事实。早在20世纪50年代已有人指出晚清其实有一个"白话文运动"。④不过论述集中在改良派贡献上，缺革命派的贡献。其实清末革命派的文化革新活动才是"五四"白话文直接渊源，胡适在《尝试集自序》和《四十自述》中透露了来自晚清白话报的影响。在前者，他说：

> 我做白话文字，起于民国纪元前六年（丙午1906年），那时我替上海《竞业旬报》做了半部章回小说，和一些论文，都是用白话文做的……自民国前六七年到民国前二年（庚戌），可算是一个时代，这个时代已有不满意于当时旧文学的趋向了。⑤

在后一文，胡适说：

> 在这几十期的《竞业旬报》，不但给了我一个发表思

---

① 沈寂：《陈独秀与安徽俗话报》，《历史论丛》第1辑，齐鲁书社，1980。
② 唐振常：《吴虞研究》，《历史学》，1979。
③ 胡适：《逼上梁山——文学革命的开始》，《四十自述》，台北：远东图书公司，1974。
④ 谭彼岸：《晚清的白话文运动》，湖北人民出版社，1956。
⑤ 胡适：《四十自述》，第75页。

想和整理思想的机会，还给了我许多做白话文的训练……光绪宣统之间，范鸿仙等办《国民白话日报》，李辛白办《安徽白话报》，都有我的文字……我不知道我那几十篇文字在当时有什么影响，但我知道这一年多的训练给了我自己绝大的好处。白话文从此成了我的一种工具。七八年之后，这件工具使我能够在中国文学革命的运动里做一个开路的工人。①

同样，胡适1931年在美国《论坛报》发表《我的信仰》时，不仅以白话文为写作工具，且承认"帮助我启发运用现行口语为一种工具的才能"。②

后来白话写作和提倡，晚清有一时之盛。据不完整统计，晚清出现的白话报刊达70份，这是一个很可观的数字，也是不能小看的一个文化现象。晚清白话报的大规模刊行，是伴随着1903年、1904年国内革命思潮而起的。其时大部分白话报的立场倾向革命。其中五四新文化运动倡导者不少在晚清办过白话报。上面胡适办《竞业旬报》、陈独秀办《安徽俗话报》（1904）、陈独秀和李辛白（日后北京大学庶务主任）主持《安徽白话报》（1907—1909）、钱玄同办《湖州白话报》（1904）、蔡元培等办半文半白《警钟日报》（1904）等等。晚清白话报最重要的作用是"鼓吹革命""启迪民智"，但不能撼拨语言文学改革的本身意义。很多人已提"文言合一"和成立"国语"

① 《胡适文选》，台北：远东图书公司，1968，第166页。
② 《胡适自传》，黄山书社，1986，第91页。

的主张。吴稚晖、朱希祖、钱玄同、马裕藻在民初即办"国语统一会"。陈独秀在《安徽俗话报》上曾建议在蒙学堂增设"国语教育"一科，即推行一种全国通行的官话。[①]晚清白话文运动比之五四时代的白话文运动，虽周匝纤悉有所不如，理论未够系统，观点尚未够明确，但不能不承认，晚清白话文运动是为五四白话文运动奠定了基础，是直接的渊源的事实。

　　以往研究近代新文学发展史者，几乎一致认为在"五四"前，只有代表改良派的文学革新运动，而无视代表辛亥革命思想一部分的文化革新活动和思想。或以《国粹学报》和"南社"作革命派的文学思想的代表，这种看法是不大全面。关于这个问题另撰文论述。以下仅介绍五四新文化倡导者在"五四"前的文学革新活动和言论，以见一斑。胡适曾说，"把法国文学各种主义详细介绍入中国，陈先生（独秀）算是最早的一个，以后引起对各种主义的许多讨论"。[②]胡适所说，似是指陈独秀在《新青年》第1卷第3号（1915年11月）所发表的《现代欧洲文艺史谭》。这篇文章虽确是较早全面介绍欧洲文艺的作品，不过在清末，陈氏在《神州日报》撰写过《论欧洲文学》的文章。[③]1915年陈独秀在苏曼殊的《〈绛纱记〉序》等文章，已涉及当时最新的写实主义和自然主义问题。[④]陈独秀在所办的《安徽俗话报》上撰写过不少要改良中国文学的文字。

---

① 三爱（陈独秀）：《国语教育》，《安徽俗话报》第3期，1904年4月1日，人民出版社，1983，影印本。
② 《陈独秀与文学革命》，陈东晓编《陈独秀评传》，亚东书局，1933。
③ 《秋桐杂志》，《民立报》，1912年3月9日。
④ 章行严编《名家小说》，上海亚东图书馆，1936。

他的《论戏曲》一文，应是清末戏剧革新的重要文献，怪不得论者以《安徽俗话报》思想言论为日后陈独秀办《新青年》的先声。[1]

在清末民初时期，苏曼殊在外国近代文学的译介上应是一个重要启蒙者，近年学术界开始认识到这点，视苏曼殊为中国近代文学的先驱。[2]鲁迅在1906年拟结合苏曼殊办倡导新文学杂志《新生》，就透露了其中意义。苏曼殊在《与高天梅书》中曾论到："近世学人，均以为泰西文学精华，尽集林（纾）严（复）二氏故纸堆中。嗟呼！何吾国文风之不竞之甚也！"另指出了虽则辜鸿铭邃于西学，但訾其缺陷"不在文学，而为宗室侍臣牢其根性"。[3]他对改良文学译介的不满，溢于言表。苏曼殊的小说创作，以近代文学发展史看，有重估的需要。

五四新文学运动另外两位重要人物是鲁迅和周作人兄弟。他们兄弟俩在南京读书时，就已受到西方文学作品的影响。到日本留学，仍保持对西方文学作品的兴趣，涉猎日广，也开始从事译述。1903年译了《月界旅行》《地底旅行》，创作有《斯巴达之魂》。这些译作多少局限于当时译界流行的科学趣味。但自1906年后，鲁迅决意要从事文学工作，文学观念也有进一步发展。拟办《新生》就是要"第二次维新"的宣言。而后译作内容也由科学渐转到更纯粹的文艺作品和思潮上去。1907年

---

① 沈寂前引文。

② Ou Fan Lee（李欧梵），*The Romantic Generation of Modern Chinese Writers*, Harvard University Press, 1973；李泽厚：《二十世纪中国文艺一瞥》，《中国现代思想史论》，东方出版社，1987。

③ 柳亚子编《曼殊全集》。

译了英国H.哈葛德·兰格著的《红星佚史》，撰有《摩罗诗力说》；匈牙利赖息作《裴彖飞诗论》，1909年与周作人分别译出和出版了二册《域外小说集》。鲁迅对该书看重，所以序里说："异域文术新宗，自此始入华土。"不限译作，鲁迅之介绍世界文学思潮，在当时也是令人耳目一新的。如1907年的《文化偏至论》《人之历史》及《摩罗诗力说》都概括地介绍了西方近代文明，尤其《摩罗诗力说》以诗派为中心，全面介绍了19世纪欧洲文艺思潮和文学观念。内中介绍的作家有英国拜伦、雪莱，俄国普希金，波兰密菲凯征支斯、其托句斯奇，匈牙利的裴多菲，等等；或介绍了不少东欧被压迫的少数民族作家。由于鲁迅对世界文学和作品译介的努力，不少研究者视他为近代新文学的先驱。①对这方面的努力，在晚清，鲁迅是相当有贡献的一个，但并非唯一的先驱，而是清末文学革新先驱者之一。

四

根据以上三节的论证，清楚知道五四新文化运动的倡导努力，基本上原属辛亥革命力量的一部分。五四新文化运动的倡导者，尤其在前期，与辛亥革命运动党人，也基本上属同一世代。同时我们也可知道，辛亥革命运动期间，代表革命派的文化层面的革新思想和活动，非如过往所了解得那么沉寂，甚有可观。其中及早从事革新的先行者几全就是10年后的新文化运动的倡导

---

① 　许寿裳：《亡友鲁迅印象记》，香港：上海书局，1973，第19页。

者。由此看来，无论是人脉的谱系或文化思想，"五四"前期的新文化运动与辛亥革命有直接的渊源。后者之于前者，其内涵远超出了一般前后历史时期的影响关系。换言之，考察五四新文化运动断乎不能割裂了与辛亥革命的内在渊源。

近年，国内外学者开始察觉到五四新文化运动倡导势力的"集团性"，也试图在当时既存的政治和社会势力和派系中为之定位。有谓与光复会有关，[1]有谓渊源于晚清的无政府主义者，[2]有归属于同盟会和国民党，[3]有强调与民初政学会等有联系，[4]不一而足。要在既存政治势力和派系中给新文化运动的倡导力量定位是不容易的。倡导力量中人，在民初之有属光复会，有属华兴会，有属同盟会，有属岳王会；民国以后，有属国民党，有属社会党，有属政学会，有崇信无政府主义，有加入"中华革命党"，有的即加入"欧事研究会"，相当纷纭。民国初年政局尤其混乱多变，政治团体起伏不定，也非有长远鲜明的宗旨，难用以拘限新文化运动的倡导力量。

有一点是事实的，即新文化运动倡导势力自一刊一校的革新力量结集起来形成了自我势力，而且直到1920年前，这个势

---

[1] Mary Backus Rankin, *Early Chinese Revolutionaries*: *Radical Intellectuals Shanghai and Chekiang*, *1902—1911*, Harvard University Press, 1971。

[2] 岛田虔次：《辛亥革命时期的孔子问题》，小野川秀英编《辛亥革命的研究》，日本筑摩书房，1978。

[3] 罗家伦：《对五四运动的一些感想》《蔡元培先生与北京大学》，《逝者如斯集》，台北：传记文学出版社，1967，第5、55页；黄季陆：《蔡元培先生与国父的关系》，《传记文学》第5卷第3期，1964；李云汉：《中国现代史专题研究报告》第1辑，台北，1970，第9页。

[4] 斋藤道彦：《五四北京学生运动断面》；末次玲子：《五四运动的国民党势力》，日东中央大学人文科学研究所编《五四运动之再检讨》，中央大学出版部，1986。

力与孙中山领导的主流派或实力派颇为疏离。[1]辛亥革命党组织和党人的观念，与日后革命政党迥异，党人身份和思想差异很大，而整个辛亥革命维系党人的共识主导思想只是"排满革命"。[2]民国成立，"排满革命"主导思想任务完成，思想分歧造成了党人的分化。一个典型的例子，同时期同属于北京大学文科教员的黄侃、刘师培、马叙伦、黄节、章士钊、刘三、陈介石、梁漱溟、朱宗莱、贺之才、叶瀚、朱希祖等，同样是辛亥革命运动的党人，背景与新文化运动倡导者并无二致。他们在"五四"时期却是站在新文化运动相反的阵线，这是思想分化的结果。倡导新文化运动的和反对新文化运动的两股力量之间，原本站在同一阵线，他们之间有着密切的同学、同事和同志的关系，交谊不浅。"五四"时代却分道扬镳，思想分化是主要原因。五四新文化运动倡导势力，所代表的是20世纪初所产生具有较强烈"文化意识的革命知识分子"，是中国真正第一代的"近代主义者"。

新文化运动的倡导者，从年龄上，以蔡元培（1868）、吴虞（1872）、杨昌济（1871）、吴稚晖（1865）几人较长，与戊戌维新一辈人物约略同期。其他如陈独秀（1879）、鲁迅（1881）、马君武（1881）、沈尹默（1883）、苏曼殊（1884）、钱玄同（1887）、易白沙（1886）、高一涵（1885）、周作人（1885）、陈大齐（1886）、刘叔雅

① 陈万雄：《孙中山先生与五四知识分子》，提交1986年11月"孙中山研究国际学术讨论会"论文。
② 王德昭：《知识分子与辛亥革命》，《香港中文大学中国文化研究所学报》第4卷第1期，1971年9月。

（1889）、李大钊（1889）、刘半农（1891）、胡适（1891）等大都是19世纪80年代出生的一代。这代人的教育历程是中国历史上仅见的——传统和近代教育参半，新旧学问兼备，中国和西方思想的影响集于一身。新文化运动倡导者是这一代知识分子的代表者，他们之间虽年龄有差，家庭背景有异，但总的来说，他们大都是"书香世代"的子弟，受过良好的教育，基本上在20岁前受过典型和严格的传统式教育，蔡元培、陈独秀等不少人拥有进士、举人或秀才的科名。他们大都邃于国学，有所专精，能撰述；另一方面，他们也适逢其会，处于1900年前后，晚清前袭600多年的科举和传统教育的废弃，新式学堂和近代教育勃兴的时期。他们大都率先进过新式学堂，继续学习传统知识学问外，也开始系统学习西语西学。更有幸的，他们大都有留学外国的经历，不少受过完整的近代大学或更高学位的教育。新旧学问、中外知识相对均衡集于一身，是他们能推进以启蒙为目的的新文化运动的先决条件。这些条件也造就了他们这一代人独有的历史性格。这种种所有的历史性格，也影响了新文化运动的取向。这些方面的分析，笔者将有另文讨论。

"五四"的"老调子"
——知识分子自己的看法

舒衡哲/著　程　巍/译

> "五四"的老调子不能再弹了。没有"五四"咱们不
> 会有现在；永远胶执着过去的五四精神，咱们也不会有将
> 来。"五四"既然到三十岁了，咱们大家得要拿出成人的
> 气魄来。
>
> ——罗常培《纪念"五四"的第三十年》

1949年中共胜利前夕，语言学家罗常培不无理由地惊异于"五四的老调子"。[①]1919年的五四运动将从知识分子的手中滑落，仅仅成为"革命史"的一页。1949年夏，国共两党决战正酣。不管在军事战场上是胜是负，都不得不在重述历史的战场上争战不休。五四运动是而且仍是过去的一部分，也是国共两党共同拥有的历史遗产中的一部分。两党都将回顾孙逸仙、1911年的民主革命以及1919年的学生运动。此后40年里，两党都试

---

① 引自罗常培《纪念"五四"的第三十年》一文，该文见于《五四卅周年纪念专辑》，（上海）新华书店，1949，第184页。

图赋予这段历史以某种意义，以紧随当下的政治需要。因而，在台湾，"五四"逐渐被作为纯粹的民族主义运动受到纪念；而在大陆，"五四"则被视为更大范围的文化革命。这两种意义都是知识圈子之外的人强加的。

现在，我们正临近五四运动七十周年。孔子的比喻在我们思考这场众人记忆犹新的反传统运动时不无启发。[①]孔子说，他行年六十达到耳顺之境，行及七十便进入更自由的状态："从心所欲不逾矩。"[②]1979年五四运动已届六十周年，为大陆和台湾在世的五四运动的参加者提供了共同拥有"真理"的良机。这些年事已高的当事人，例如许德珩、张申府、茅盾、叶圣陶、俞平伯等，开始重述他们的往事，与此前相比，他们现在较少受到意识形态的限制。到1989年，几乎再没有可以讲述"本来如此"的五四运动的当事人了。孔子谈及的那种真正的自由状态，这些年迈之士不可能亲身经历。然而，他们的后继人，五四运动的研究者，将最终摆脱那曾经把五四运动涂上说教色彩的众多"应该如此"的解释，对1919年这场运动进行研究。

我认为，目的论屡屡歪曲着"五四"的历史。五四运动再三地被从1919年年阶上挪开，导向另外一些事件。这种"从-到"的历史观有其学术方面以及纯粹政治方面的实践者。前者中最有洞察力的有1963年的研究论文《从五四启蒙运动到马克

---

① 罗常培文中孔子言论的回声十分清晰。实际上，他把1919年事件人格化，以在读者心目中唤起对《论语》中最富于自传色彩的章节的联想。本文中这段引文是由本人翻译的，不过它很接近阿瑟·韦利的《论语》译文。
② 同上。

思主义的传播》的作者们。①后者大多是五四运动的官方评论家，例如1979年《光明日报》的社论以及《中央日报》社论的作者们。在1979年，大陆和台湾的出版物都试图将历史同化于现实。两篇社论都忽视了1919年运动最初参加者自身的问题、疑惑、希望以及央望，而这些运动的参加者在自己的圈子里仍继续讨论"五四"遗产的意义。

现在是透过这层目的论的厚障，看看其后的真实情况的时候了。依我看来，这层目的论厚障的背后隐藏着一种深刻的紧张状态，那种救国与启蒙，也即拯救民族危机与知识启蒙两者之间互相牵掣的紧张状态。这种状态必定铸就了1919年那代人的意识和命运。参与五四运动的那批年轻的知识分子是国立北京大学及其周围院校的学生，他们都试图同时投身于对国人进行文化启蒙和政治动员两项目标之中。这两项目标之间的冲突在1919年天安门事件之后几周，就日趋明显。当青年学生走上街头、历数父权制的种种罪恶、疾呼帝国主义侵略危在旦夕之时，他们发现，他们的宣传不仅令人迷疑不解，而且宣传本身也含混不明。②两个目标难以平衡。因而，许多"五四"宿将在他们整个事业中一直处于精神革新者与爱国宣传者的分裂状态。

从1919年起，救国和启蒙之间的冲突成了一个时间问题，

---

① 1963年的研究论文的作者是丁守和、殷叙彝。他们的研究现在仍值得认真思考。其著作《从五四启蒙运动到马克思主义的传播》对我本人的"五四"研究颇多指导。两位学者还与我进行了长谈，并向我提供了有关"五四"启蒙运动这一问题的最近的阐述。在此向他们表示感谢。

② 有关北京大学平民教育讲演团对五四运动之影响的详细讨论，请参阅舒衡哲的《中国之启蒙运动：知识分子与1919年五四运动的遗产》（伯克利，1986）第三章。

一方面，启蒙需要很长的时间去批评本族的心智习惯；另一方面，救国却是一项迫在眉睫、激情洋溢的急务，使中国能在强国悍族之林图求生存。关心启蒙的知识分子也许会花时间阅读、写作有关文章，讨论"男人–妇女问题"、思想自由与行动自由之关系，作为真正民主世界观前提的个性发展之必需以及分析逻辑、行为心理学的最新研究。所有这些讨论对从中国传统继承而来的直觉世界观是一种有力的矫正。从20世纪第一个十年到第二个十年，五四知识分子与文言进行着私下的或公开的较量，他们把文言视为腐朽、特权之堡垒。文言将学者与平民彼此分隔，而学者们日益关注平民的命运。[1]不必说，这些见解在此后历次民族危机之时，难以证明是适当益时的。

从1919年开始，"五四"知识分子便调整他们对启蒙运动的长远关切，以适应发动群众的需要。当北大学生组织讲演团，走向街头、工厂、农村之时，他们发现，要把他们的启蒙思想灌输给目不识丁、囿于传统的听众不是一件易事。为了使大众能理解，他们常常简化宣传内容以及传达这种内容的语言。他们抛弃了使平民苦恼的那些概念，以便于鼓励平民参加爱国罢工和罢市。因而，远在政治领袖告诫他们哪些主张可以向大众宣传之前，"五四"知识分子出于民族热忱，已经约束了他们的嗓音。

那些坚持批评本族心智习惯的知识分子，可能冒着被指控"削弱民族精神"的危险，因为那时正处在中日战争的危急关

---

[1]　有关北京大学平民教育讲演团对五四运动之影响的详细讨论，请参阅舒衡哲的《中国之启蒙运动：知识分子与1919年五四运动的遗产》（伯克利，1986）第三章。

头。①实际上，这只是由来已久的一项指控。自"五四"知识分子凭借西方思想洞彻中国传统之弊端起，他们就一直被指控为"文化叛徒"。在接踵而来的新文化运动中，他们已经察觉到了这些文化指控背后隐藏的政治守势。青年的大胆及其对动员平民参加拯救民族危亡运动能力的自信，使他们对这些指控者漠然视之。这在20世纪30年代已不可能。政治动乱、白色恐怖、民族危亡的威胁，协力促成了这些"五四"老将对其启蒙主义信仰的怀疑，因而比起早期启蒙运动的理想主义来，救国理想一时占了上风。

　　然而这只是暂时性的胜利，"五四"故事及"五四"历史仍是未竟之事。只要五四运动的参加者在世一日，对"五四"的目的论看法就有可能经受修改。当然，"五四"宿将现在已经岁高龄迈，由于不得不适应多变的政治的要求，他们的嗓音已变得嘶哑。这些在世的见证人的回忆三番五次地经受着"修改"，以支撑这种或那种关于五四运动的争论不休的历史。②从1979年开始，这些年届耄耋的见证人被允许，甚至被鼓励去自由阐述其运动历史。作为对这一鼓励的反应而出现的众多的回忆录，仍为官方历史的属望所限。写作这些回忆录的年迈之士渴望把

① 有关在民族存亡之秋，新的文化价值的实用性这一问题的争论文章的英文节译本，请见萨孟武等人合著的《中国本位的文化建设宣言》以及胡适的回驳《试评所谓"中国本位的文化建设"》两篇文章在W.T.德巴里主编的《中国传统之源泉》（纽约，1960）中有节译，见第2卷，第192—195页。

② 我所使用的这个词语"修改了的记忆"（corrected memory）是受了伯纳德·刘易斯在其《记忆的历史、复原的历史及发明的历史》（普林斯顿，1975）一著中所展开的那一框架的启发，尽管刘易斯的议题是中东历史，他的理论在探索中国当今"纪念"文学中个人记忆与官方历史之间的重叠与分歧时，证明是富有成效的。

自己的著作列在革命史这本更大的史书里。因而，他们在回忆自己的活动时，心中也存有一种目的论。①

然而，这些年迈之士的回忆录仍可以扩充我们对五四运动的理解。回忆录的细节不至动摇、同化1919年事件的那个更大的框架，不过，它们滥用了官方历史的参项。基于这些细节，中外学者开始重新描绘"五四"历史。关于文化启蒙运动的未竟之业，新问题正在提出，而此前这一领地只给关于政治革命的答案发放通行证。因此，简而言之，"五四"第一次成了一个历史性事件，它正被置于历史之中并安居于其中，而不必导向前方更伟大、更光荣、范围更大的事件。也许，"五四"会还其本来面目：一小群企图唤醒自身的知识分子的一次步履蹒跚、疑难重重的运动。

一、历史化"五四"

历史化"五四"的努力实际上是把"五四"重新拉回人的刻度。正如中国近、当代历史中的一些人物一样，"五四"也不断地被神秘化。结果，它变得与环绕它的那段历史极不相称。神秘化过程的最后一步是毛泽东给"五四"下了定义，他

---

① 许德珩是那些撰写了数量最多、最富于目的论色彩的回忆录的"五四"老将之一。他撰写了15本回忆录，从高等学府北大谈到取名为"国民"的学生组织，再谈到1919年5月4日的大逮捕。许一直强调学生爱国热忱的纯洁性。然而，近年来，通过回顾《国民》杂志与《新潮》杂志的合作，许已经不把文化激进分子与爱国学生决然并置，他最近的文章《五四运动六十周年》，见于《五四运动回忆录》第3卷，1979。

称"五四"是"旧"民主向"新"民主的过渡，是资产阶级领导的社会运动和无产阶级、共产党领导的社会革命之间的转折点。五四运动被赋予了这种划时代的意义，因而，这场知识分子的运动与其群众基础及其理想脱离了。

为了向后代意味着什么，五四运动于是被从它的语境中抽出。现在，通过收集被以前的史书清洗掉的二流英雄、次要场所以及次要主题的证据，这个语境正在煞费苦心地重造出来。关于"五四在天津""五四在山东""五四在上海"等等的大量出版物，[①]仅仅是这种地方化、从而历史化1919年运动的努力的一部分。相似地，青年知识分子不胜枚举的传记作品终于使历史学家们把眼光从那些颇多争议的杰出人物如鲁迅、胡适、李大钊及陈独秀等"五四"宿将身上挪开。1919年那一代青年学生通过向警予、恽代英、邓中夏、赵石炎等人正被赋予他们应得的权益。

然而，这类故事仍带有目的论的印迹。它们截取了主人翁的早年生活，并赋予它以主人翁后来的革命活动的目的及意义。尽管这样，也已经有批评家根据自己的见解复原本来面目的五四运动。丁守和是这些试图让过去以尽量大的嗓音说话的历史学家中的一位。在其文《关于近代史人物研究和评价问题》[②]中，他一直试图把复杂性赋予成为一名革命者这一过程。

---

① 若想对近来"五四"研究的出版物有一个简要的了解，可以参阅李宁、冯崇义合著的《建国以来五四运动研究综述》，该文见于《学术研究》1984年第3期。

② 丁守和：《关于近代人物研究和评价问题》，见于《近代史研究》1983年第4期。

他的策略提醒了其他学者：如果我们要使任何一个与革命相关的政治行动产生意义，那么，知识分子的众多独特经历必须纳入考虑之中。

一旦成为革命者这一过程中个性和差异得以认可，那么，"革命"的准确含义也需要重新界定。"五四"知识分子不必再走过由思想到行动、由忠于传统到现代渴望、由知识圈子到群众运动的必经之途。现在可以用精致一点的画笔去描绘他们，与20世纪60年代末标语画的粗笔粗绘不同。原北大学生朱务善是这种研究五四运动的新方法的先驱之一。在1962年他曾试图提出这样一个问题："五四运动是不是一场新民主革命？"[①]朱暂时得出了"否"的结论，这一结论与毛泽东关于1919年运动的解释大相抵牾，因而没有获得应有的关注。二十多年之后，朱务善提出的这一问题可以用不同的方式提出和回答。[②]

把五四运动拉回人的刻度，承认它是一场少数年轻知识分子的思想启蒙运动，这是冒着风险把它降为一场真正有限性的运动。用美国学者约瑟夫·列文森的话来说，一个没有被神话的五四运动仅仅具有历史意义，而不牵涉现时的价值、忠诚及

---

① 朱务善：《五四革命运动是否就是新民主主义革命？》，该文见于《历史研究》1962年第4期。

② 关于这一问题的讨论可参阅李宁、冯崇义合著的《建国以来五四运动研究综述》。该文见于《学术研究》1984年第3期，第59—61页。黎澍一篇才华横溢的短文《关于五四运动的几个问题》（见于《近代史研究》1979年第1期），在毛泽东之后的时期里，把朱务善提出的问题进一步深化。黎澍以"自发性"（spontaneity）一词提出这个问题，相对于五四运动的"有组织性"（organized）。

理想。①这种可能性作为把"五四"置于历史之中的必然后果之一，就五四运动而言，是不大可能的。

也许被历史化了的五四运动变得不那么引人兴趣、激动人心。然而，五四运动不会仅仅成为历史的不动产。有关政治变革之精神前提的问题深嵌在1919年学生的问题中。这一问题尚未解答。这一问题的复杂性和韧性，使五四运动杰出历史家周策纵在结束其1960年的研究论文时，写下如下的话："对这场运动的忠实叙述，对任何权威主义来说，不啻是一种威胁。"②

大量忠于史实的叙述是时代的号令。然而，明显的是，这些研究成果里所呈现的五四运动是一个远离早些时候言过其实的那个运动的运动。现在我们不大可能回到列文森在评价周策纵的著作时的那种极端言论。列文森在其题为《孔子逝日》一文中赋予1919年这场运动以决定性的、划时代的意义，这和毛泽东赋予五四运动区别"新""旧"民主的意义不无相通之处。对于列文森来说，五四运动标志着传统向现代，以及曾经放之四海而皆准的孔教向解决中国之困境的西方途径不可逆转的进步。③

在近来关于五四运动的研究论文中，我们未曾发现绝对声称1919年运动之意义的例子。寻觅文化和政治转折点的癖好已经让位给对"五四"青年知识分子经历与思想的复杂性进行研究的兴趣。这些青年在70年前的一个星期天聚集在天安门广场

---

① 列文森关于"历史意义"这一主题的阐述可参见其三部曲论著的第三部《儒教中国及其现代命运》，1968，尤其是第78—89页。
② 周策纵：《五四运动：现代中国知识分子的革命》，1960，第365页。
③ 约瑟夫·列文森：《孔子逝日》，见于《亚洲研究杂志》第20卷，1961年3月。

上，他们的同学在这一事件之后的数周、数月里在全国传播着新思想和爱国主义。他们现在成了历史中引人注目的中心。深入这些青年生活的生动的复杂性之中，就意味着可能会被其迷离纷乱、前后矛盾所淹没。到底什么是"五四"，历史学家以及在世的五四运动当事人正在提出这一问题。1979年《传记文学》的编辑们提出了这一疑惑重重、复杂难辨的问题：

> 六十年来关于五四运动众说纷纭。有人说它是新思想运动、新文化运动、新文艺运动、白话文运动、现代化运动、西化运动、革新运动、启蒙运动、提倡民主与科学的运动、女权运动、青年运动、群众运动……爱之者唯恐不亲，避之者唯恐不远，"五四运动"何幸？"五四运动"何辜？[①]

这篇文章里蕴含的褒贬之词，显示了编辑们决心要让五四运动对现在意味着什么，他们也是目的论者。然而，这不应抹煞他们的贡献。他们使1919年五四运动的图景复杂化，同时具有"幸"和"辜"两方面的内容。一旦关于五四运动的众多问题复杂化，单个的答案不会再被认为是绝对正确或绝对错误的。所有的可能性都在这片公共领地上占有一席之地。这众多可能性中的一种认为，五四知识分子既非幸也非辜——关于爱国运动和无产阶级革命先锋队的理论可能持有这种非功即过的观

---

① 引自《编者言》，该文见于《传记文学》第34卷第5期，1979年5月，第10页。这篇文章以及其他几篇发表于五四史学研究之转折时期的文章，在Wan Gong wu的论文《五四与GPCR：文化革命之良方》中有精彩、深刻的分析。该文见于《太平洋事务》第52卷第4期，1970—1980。

点——而仅仅"隐含"着中国的过去及其在1919年运动之后的可能变化。

一旦跨越以前"五四"史学研究中那种非此即彼、言过其实的语言，我们就能够去重新勾勒那些被称作五四英雄的形象。也许，到最后，他们根本就不是英雄。他们那种青年的愤激、强迫性的自我怀疑，以及永远徘徊于救国和启蒙两者之间的心态，都应该在这一新范围内加以考察。根据诸如《新潮》成员俞平伯1979年及1981年的回忆录中的表白，以前关于五四运动是不妥协的反传统运动的看法，必须加以摒除。这些材料向我们显示了这位北大运动学生中最年轻的成员生性怯弱，屈服于家长式的权威之下，没有参加"五四"的游行活动。此后不久，俞平伯又屈从于传统包办婚姻以及《文人》杂志的诱惑，终于惹怒了他的北大同志傅斯年。①

然而，俞平伯的瑕疵不减其作为一位疑虑重重的反传统者的意义。这个新形象只不过强调了与一种世界观彻底决裂的实际困难，这种世界观比人们所想象的要更富于美感和韧性。"五四"革命史中根本就不存在一种自信、大胆、愤怒、简单化了的战士。正如鲁迅的狂人一样，1919年五四运动那一代青年人也"未必无意之中，不吃了我妹子的几片肉"。②他们既仔细地阅读儒家传统的典籍，又以焦虑的启蒙运动支持者的面目出现。

---

① 俞平伯发表于1979年的诗作以及傅斯年1921年就俞平伯一事写给胡适的一封苦涩的长信，可见舒衡哲的《中国之启蒙运动：知识分子与1919年五四运动的遗产》（伯克利，1986）第三章和第六章。第六章还收录了本书作者在1981年夏拜访俞平伯时和他进行的讨论。

② 鲁迅：《狂人日记》，见杨宪益和戴乃迭合译的《选集》。

然而，这些青年的确反抗过他们从传统继承而来的价值观，这一事实是毋庸置疑的。尽管心里交织着各种冲突，他们在日劣一日的不利环境中仍一如既往地详细阐述五四启蒙运动的理想。因而，现在是重新发现、重新评价他们这种潜在勇气的时候了。当他们的同代人振臂高呼反传统的口号时，他们的反响却很微弱。傅斯年1919年5月写给鲁迅的信中表达了如下这种沉默心态：

> 我们正当求学的时代，知识才力都不充足，不去念书，而大叫特叫，实在对不住自己。但是现在的中国是再要寂寞没有的，别人都不肯叫，只好我们叫叫，大家叫得醒了……有人说我们是夜猫，其实当夜猫也是很好的：晚上别的叫声都沉静了，乐得有它叫叫，解解寂寞，况且夜猫可以叫醒了公鸡，公鸡可以叫明了天，天明就好了。[①]

傅斯年在这封信中所表达的有限的希望，更贴近于五四运动的真实情况，而与后人回顾"五四"时赋予反传统知识分子的那种确定性相去甚远。新文化运动的支持者青年学生属于反抗的一代，他们清楚地知道自身的弱点。如果不是接二连三的政治事件迫使他们起而行动，他们也许会花更多的时间去从事学业，深化他们对中国传统文化遗产之弊端的批评。事实上，他们在那沉寂的黑暗中也曾振臂高呼，夜猫毕竟觉醒，雄鸡确已

---

① 傅斯年：《答鲁迅》，见《新潮》第1卷第5期，1919年5月，第946页。

高鸣，这种鸣声的高亢震耳，超出乌鸦的想象。因而，天空已依稀显露出淡淡曙色。但是，在那些亲自参加五四运动的知识分子心中，对自身错误的记忆及其自责，在此后的几十年里仍滞留不去。①

二、旧文新读

要理解五四运动在此后几代人心中刻下的难忘的记忆，重要的是回顾一下作为启蒙运动发言人的青年学生的自我怀疑。这种怀疑在"五四"事件发生之后七个月发表的一篇文章中敏感地表达出来，尽管用语躲躲闪闪。这篇文章是罗曼·罗兰《精神独立宣言》的中文注译本。在1919年12月的《新青年》及《新潮》期刊中，我们同时发现了这篇长文。我们要问，为什么出版界在流行于中国的众多西方作品中，独对罗曼·罗兰的《宣言》施以慷慨之意呢？为什么旨在塑造全国师生的思想的这两种主要期刊透露出对努力的怀疑呢？

从表面上看，人们也许认为，北大的文化激进分子由于深陷于政治事件中，既无闲时也无文稿去填空他们的出版物，然而，五四运动以后激进知识分子对新思想所进行的多方面探索这一事实，使这种猜测难以站稳脚跟。这些探索还表现为一些研究特刊的出版，特刊的论文对1919—1920年传入中国的马

① "五四"知识分子之一、《新潮》成员朱自清极其尖锐地表达了对这一错误的觉悟。从20年代晚期到40年代晚期他所著的文章，充满了徘徊于理想主义和行动无力之间的"五四"知识分子的微妙性。在我看来，这些文章中最引人注目的是《那里走》，见于《一般》第4卷第3期，1928年3月。

克思主义、伯特兰·罗素思想、行为心理学等新思想进行了探讨。我认为，把这种筚路蓝缕的宣传努力仅仅视为"五四"知识分子追求时髦的风气——年轻知识分子对来自欧洲、日本、美国的最新思潮不加鉴别地吸收的热情——的另一种标志，也是不公正的。深入这种环绕着法文原本和中文注译本的真正历史语境之中，我们发现，这些试图在民族主义和启蒙主义两种冲突力量之间平衡自身的知识分子的惊人的自我分裂。

在法国，罗兰简短的《宣言》在6月26日的《人文杂志》（L'Humanité）上发表时，这一出版物尚未成为共产主义的喉舌，罗曼·罗兰在该文付梓前的三个月开始写作，把它作为恢复战后各地同道的艺术家以及科学家联系的途径。他的愿望仅仅在于疏通被战争分异离析于各地、饱受战火摧残，而现在聚集一堂在《宣言》上签名的知识分子之间相互理解的渠道。6月26日《宣言》发表之后，有145人签了名。签名者中包括诸如巴比塞、杜阿美、马蒂斯、西尼亚克等法国杰出人物，以及爱因斯坦、克罗齐、罗素、泰戈尔和厄普顿、辛克莱等外国人。[①]

《宣言》充溢着知识分子服务于"真理"（Truth）、"思想"（Thought）、"人道"（Humanity）的能力与职责的理想主义。表示这些理想的单词用大写字母作为开头印刷，以引起我们对罗兰文章中崇高思想的注意。然而，《宣言》还有另一方面。在《宣言》那种过分渲染的言语之下，读者可以察觉到那些不久

① 《精神独立宣言》法文注释本（包括此后罗兰与巴比塞就知识分子的信仰问题的通信），见于让·阿尔贝蒂尼编《罗曼·罗兰》，巴黎，1970，第69—80、179—190页。巴黎中国研究中心的同事们以及威士棱的奥利维·霍姆斯曾帮助我重建罗兰1919年文本的法国语境。在此向他们表示感谢。

前曾背叛自己理想的知识分子的深刻、感人的忏悔。这个潜在文本必须从实际文本中发掘出来。实际文本开篇呼唤着"志同道合的精神劳动者",篇尾表达了这种愿望:人民,尽管盲目奋斗于各自分散的目标,也许会意识到他们——和那些高尚的知识分子一样——也在寻求"自由、永恒"的精神。①

一旦我们跨过抽象,我们发现那些为民族战争的缘故而践踏"真理""人道"理想的艺术家、科学家和其他思想家的自我谴责:

> 这一次战争把我们的侪辈既投入迷离骚乱之地。大多数的知识界的人都把他们的学、他们的术、他们的聪明材力,供他们的政府之用。我们现在并不要归罪那一个,也非要弄些什么谴责的话。我们晓得个人精力之薄弱,伟大的集合潮流之天然力量,这一次因为未预筹有抵拒之方,顷刻间遂被他们这种潮流扫荡一空。但是无论怎样,这一次的经验,对于我们将来,至少总要使他有用。②

中国在地理位置上远离同盟国战场(她曾卷入此次战事,且是战胜国之一)使罗兰的告诫并不显得紧迫。然而,令人感兴

① 《精神独立宣言》法文注释本(包括此后罗兰与巴比塞就知识分子的信仰问题的通信),见于让·阿尔贝蒂尼编《罗曼·罗兰》,巴黎,1970,第180页。
② 同上,第69—80页、第179—190页。巴黎中国研究中心的同事们以及威士棱的奥利维·霍姆斯曾帮助我重建罗兰1919年文本的法国语境。在此向他们表示感谢。

趣的是，它被置于"五四"知识分子自身的困境之中，那种难以在启蒙运动和迫在眉睫的救亡运动二者之间平衡自身的困境。罗曼·罗兰的文章在欧洲发表之后不到两个月，就被译成中文。这一事实揭示了中国知识分子全神贯注地寻觅外国借鉴，然而这些借鉴可能扩大他们在国内的困境。现在他们远离了对外国思潮的亦步亦趋——尽管以前他们曾经这样做过——文化激进分子期望着能对自己曾经采取的立场进行一番思考。通过这个文本，他们承认了自己已经深深陷入战后欧洲知识分子的困境。

当罗兰把"精神的劳动者"解释为在黑暗时代高举真理火炬的勇士时，中国读者已经明白了自己的使命，即"先知先觉悟者"的使命。当罗兰号召知识分子服务于人道而非不同的民族时，五四运动的宿将正在重温鲁迅的号令"救人救世救国"。[①]最终，当这些"儒-仕"传统的继承人，各派知识团体的先驱者禁不住颤抖于这一使命时，罗兰正在剖析知识分子对批评理性的背离，他说"许多的思想家，许多艺术家，对于蚀耗欧洲肉灵的凶厄灾难……从他们知识、记忆、想象之武库，为怀恨、为结怨找出许多旧的、新的理由，许多历史的、科学的、逻辑的、诗的理由……他们原本是思想的代表，他们这样子作去，遂把思想大大的损坏、玷污、贬落、糟蹋了"。[②]

1919年秋、冬二季，"五四"知识分子已经吐露了这一预

---

① 有关罗兰《宣言》问世之时中国的知识语境的讨论。可参阅舒衡哲的《中国之启蒙运动：知识分子与1919年五四运动的遗产》，尤其是引言和结论部分。

② 阿尔贝蒂尼《罗曼·罗兰》，第181页。——作者注；这段译文摘自张申府的《宣言》译文，张译见于《新青年》第7卷第1期，1919年12月。——译者注。

感，即与"集合潮流之天然力量"相比，批评理性仅是一种微弱的历史力量。《宣言》的中译者，《新青年》《新潮》两刊上《宣言》译文之长篇附录的撰写者张申府（张崧年），毫不怀疑精神自由只是一个虚幻的理想。他在新文化运动中所写的一些文章，隐约显露出为哲学真理辩护的姿态，同时，他又声称中国传统的伦理性、社会性及政治性。他的《宣言》译文问世不到一年，他便参加了李大钊、陈独秀的中共建党筹备工作。因而，正是在1919年学生运动与1920—1921年中共筹建之间短暂的间隙，张申府呼吁同道知识分子，考虑一下他们作为精神的劳动者所负的使命。

张申府给《精神独立宣言》译文所撰的长篇附录，在本质上是五四启蒙运动之混乱状态与折衷主义的一面镜子。这篇附录收录了张申府自认为中国读者尤感兴趣的那些签名者的简历及其加注的书目，他们是小说家罗曼·罗兰、巴比塞、黑塞以及门恩，诗人杜阿美，剧作家伊兹雷尔·赞格威尔，传记作家乔治·尼科莱，历史学家克罗齐，哲学家伯特兰·罗素。罗素的小传占了附录的大部分，这反映了张申府本人对数理逻辑的强烈兴趣及其对罗素近期社会理论的不倦的兴趣，不管这些社会理论当时是什么样的。对欧洲知识分子的总体考察，使张申府能论述等待着任何想要成为精神自由公开辩护者的种种危险。

张申府选择争议颇大的伯特兰·罗素而非精神洋溢的罗曼·罗兰作为他个人的楷模，这样使得中国读者以一种近乎挑战的姿态阅读《宣言》。在概括罗兰文章的要旨时，张申府写道，当他人渴望取媚于权威人物之时，（罗兰的《宣言》）却号召我们勇于发肺腑之言，采取一定立场，表达不媚于世的思想。当然，这招致公众对罗素战时不抵抗主义的批评。在张申府看来，罗素在世风溺于谄媚的时代勇于"表达不媚于世的思想"，是出于这样一种确信：知识的探求纯为个人自身的缘故，而不是"一个政治的或社会的、党派的，或一个国，一个邦，一个阶级的营私利的用具"。①这便是纯哲学和如此吸引五四运动宿将的社会行动之间的联系。

如何弥合这两者之间的裂痕而又不贬低对真理的信仰，张提出了这一问题，但没有给予回答。然而，在其《译者言》一文结尾，他抛弃了这种抽象的噪音，直接告诫同道知识分子：

> 读者诸君，你们还要晓得假使世界只有武人，假使世界只有财奴，世界也还不会有恶；世界的恶业那一回不是由有思想有知识能说能道的为虎作伥的引导着、帮助着作出来的？那么有思想有知识的人对于世界的罪过怎能不负责？……我们如果愿意世界好，如果虔诚切至愿意世界好，世界当下便会好。世界所以不好，全因人没有那种诚心。②

像罗曼·罗兰本人一样，张申府在这段话里把世界混乱不堪的责任置于知识分子头上。正是这些敏于思想、拥有知识，但缺乏"诚心"的人们，虽曾展望过一个更好的世界，却屡屡不能

---

① 张申府译注的《精神独立宣言》，见于《新青年》第7卷第1期，1919年12月，第30页。
② 同上，第32—33页。

恒长地坚持他们的观点，以使这个世界变得更好。

我认为，正如规模更大的五四运动的潜在文本一样，《精神独立宣言》的潜在文本是，知识分子一会儿是理性的卫士，一会儿是理性的叛徒。正是知识精英的这种双焦点视角，可以解释中国称谓知识界中人的用语"知识分子"一词的含义，字面意义是"拥有知识的分子"。这一名称在20世纪20年代晚期的"五四"继承者们中间开始使用，反映了他们敏锐地意识到了自身破碎的、偶然的社会特性。这一名称直截了当地承认了《宣言》里躲躲闪闪地暗示出来的思想：知识分子的知识常常把他们引入超乎寻常的理想，然而他们又深陷于拯救民族危亡的战斗中，这使他们在民族存亡之秋常常抛弃自己的理想。"五四"知识分子仿佛是一张反映这种社会整体倾向的薄膜，被民族主义和启蒙主义拉扯得千疮万孔。他们远没有超然独立于现实之外，而是在自身的迷离疑惑之中继续揭露现实的种种缺陷。

因而，环绕着1919年政治事件的这场思想运动——如果从其自身的实际状况来考察——可以被认为是一次失败的运动，它没有把中国从封建、专制的过去中解放出来，也没有使科学与民主制度化。科学与民主这两个明确的目标，扎根于那些编辑们的心中，他们曾为《精神独立宣言》贡献了相当数量的版面。

不过，如果我们的眼光掠过"五四"时期众多作品所使用的那种轻率武断、过分自信的语言，情形将是怎样的呢？如果透过罗兰本人给真理、人道和精神下的充满激情的断言，情形又将如何呢？那么，我们将有机会考察现代知识分子的雏形意识。他们从战争中出来，又投入了革命，痛切地意识到自己的理想主义的弱点。远在教条主义权威们指责他们的革命信仰不坚定时，他们早已承认自己对启蒙运动价值的效忠的软弱无力。

然而，软弱无力的理想主义却表现出值得注意的弹性。每当强求一致的压力松懈，五四知识分子就又重新回到《宣言》尚未竟的日程上。"五四"一代人揭出的那些尚未解答的问题，在"文化大革命"之后的中国变得尤其有意义。这里隐含着1919年运动真正的历史意义。

在我看来，这种意义用尼采的话来概括也许是最恰如其分的。我在引用这位德国诗人的语句结束本文时，充分意识到了尼采的内心深处充满了对知识分子无所不能的崇高幻想。而且，在他对"喧哗"的历史的谴责中，我领会到我们能够——并且的确必须——继续思考1919年五四运动这场交织着各种冲突的事件：

> 亲爱的地狱之善闹者啊！相信我罢，伟大的事变——那不是在我们最喧哗，而是我们最沉默的时刻发生的。世界不绕着新闹声之发明者而旋转，它绕着新价值之发明者而旋转；它无声地旋转着。[1]

---

[1] 弗里德里克·尼采：《查拉图斯特拉如是说》，1924，第158页。

一份杂志和一个"社团"
——重识"五四"文学传统

王晓明

每看见"文学现象"这四个字，我头一个想到的就是"文本"，那由具体的作品和评论著作共同构成的文本。但是，这不是唯一的文学现象，在它身前身后，还围着一大群也佩戴"文学"徽章的事物。它们有的面目清楚，轮廓鲜明，譬如出版机构、作家社团；有的却身无定形，飘飘忽忽，譬如读者反应、文学规范。它们从不同的方面围住文学文本，向它施加各种影响。在许多时候，这些影响是如此深入，你单是为了看清楚文本自身的意义，也不得不先花力气去辨识它们。当面对20世纪中国文学的时候，这一点似乎尤其明显，如果没有《新青年》杂志，没有文学研究会和它的机关刊物《小说月报》，"五四"新文学的诞生还会是现在这个样子吗？可惜的是，我读到的许多现代文学史著作，无论是在大陆，还是在香港、台湾出版的，似乎都没有注意到文本以外的这些现象。尽管它们大都从《新青年》开始叙述，讲到《新青年》之后不久，也都会用相当的篇幅介绍文学研究会，但是，它们却往往满足于列举《新青年》上刊发了哪些文章，文学研究会成员又写了哪些作品：还是只看见文本。连杂志和文学社团这样已经被"写"进文学史的现象，最后都会在事实上被排除在文学史之外，其他那些压根儿没被提及的现象，就更不必说了。

因此，我今天重读20世纪中国文学的历史，就特别要注意那些文本以外的现象。也是重读《新青年》，不仅读上面发表的文章，更要读这份刊物本身，读它的编辑方针、它的编辑部、它那个著名的同人圈子；也是重看文学研究会，却不仅看会员写了哪些作品，更要看这个社团本身，看它的发起人名单、它的组织机构、它的宣言和章程。我想看清楚这份杂志和这个社团是如何出现，又如何发展；它们对文学文本的产生和流传，对整个现代文学的历史进程，究竟又有些什么样的影响。

陈独秀在1915年9月创办《新青年》[1]的时候，国内局势正是一团糟。辛亥革命胜利才四年，中央政权已经完全落入北洋军阀的手中。南方的革命党人通过政治斗争来制约袁世凯，结果大失败；又进行武装反抗，结果输得更惨。陈独秀可是个不服输的人，一有机会，他就要和军阀专制再斗一场：以政治和军事方式斗不过你，我就用思想文化作武器，唤醒一代青年人，把整个旧传统都推翻了，看你还能站得稳身？[2]正是这个明确的功利动机，决定了这份月刊的基本面貌：它是继政治、军事之后的第三种战斗武器，所以内容侧重在思想和学术，甚至

---

① 创刊时名为《青年杂志》，第二年改为《新青年》。本文为论述方便，概称为《新青年》。

② 关于陈独秀这一时期的思想状况，可参看李龙牧《五四时期思想史论》，复旦大学出版社，1990。

在创刊号上宣布："批评时政，非其旨也。"它是编给青年人读的，所以刊名叫《新青年》。

陈独秀这样的动机，在当时投身新文化运动的知识分子中间，似乎是相当普遍的。1916年以后陆续参加编辑《新青年》的几位主要人物，几乎都和他不谋而合。胡适后来回忆说："在民国六年，大家办《新青年》的时候，本有一个理想，就是二十年不谈政治，二十年离开政治，而从教育思想文化等等非政治的因子上建设政治基础。"[①]离开是为了更好地返回，从非政治的因子入手，目的却还在政治上面，这就把他们那份深藏的政治动机，表达得更明白了。

当然，编辑部同人也有分歧。你说离开政治是为了返回政治，可何时返回，怎样返回呢？陈独秀性子最急，他当初声明不谈政治，实在是不得已，北洋政府明文规定，所有出版物都要送警察局审查，你怎么能批评时政？可是，随着袁世凯病亡，北洋军阀分裂，政府的文网日渐松弛，他就又按捺不住，想用纸笔介入政治了。站在他对面的是胡适，他显然更重视思想学术对政治的间接影响。因此，他反对那么快就返回政治，就在陈独秀越来越想让《新青年》发挥直接的政治影响的同时，他却一再强调思想启蒙和学术研究的意义，希望杂志和政治保持距离。

这就造成了两种明显不同的编辑方针。在最初的两三年里，陈独秀一直是《新青年》的负责编辑，他那套方针就体现

---

① 《陈独秀与文学革命》，1931年1月30日在北京大学演讲，载《陈独秀评论》，1933。

得比较充分。从创刊号开始，他设立了两个专栏，分别叫"国内大事记"和"国际大事记"，借新闻报道的方式，曲曲折折地议论时政。即便发表学术文章，也总是用各种方法，例如以大字印标题，在句子下面点圈，在文章后面刊登评点式的"编者附志"，等等，突出那些学术议论的政治意义。从1917年开始，《新青年》更开始刊发直接论政的文章，有一篇甚至就用《时局杂感》作题目。既是想发挥直接的政治影响，就必须吸引尽可能多的公众关注《新青年》。在这方面，陈独秀们可谓煞费苦心。他们开辟了一个"通信"栏，专门发表读者来信，每封信后面还附上编者的回信。可是，杂志的销路并不大，开始每期只印一千份，几乎没有什么读者来信。陈独秀只好和几位主要的撰稿人自己充数，或是用化名，或是用真名，有时候一封信后面附上好几封回信，乍一看还真热闹。到了《新青年》四卷三期上，更由钱玄同化名王敬轩，发表攻击白话文运动的长文，刘半农则以"记者"的名义作答，用几乎多一倍的篇幅嘲骂交加，唱了一出著名的"双簧戏"。那种用非学术的方式来扩大"学术"影响的做法，表现得非常露骨。

1918年1月，《新青年》成立编辑委员会，形成了同人共同主持的局面。胡适主张的另一种编辑方针，也就逐渐发生作用。从第四卷开始，《新青年》重申不谈政治的宗旨，取消了那两个"大事记"的栏目。胡适们还运用连续刊发同一论题的文章的方法，增强《新青年》上学术讨论的深度。对钱玄同们的"双簧戏"，他更是提出抗议，认为有失学术刊物的身份，直到六卷四期的"讨论"栏中，蓝公武不指名地批评"双簧戏"一类的文章"令人看了生厌"，他还热烈地表示赞同。两种编辑方针的对立，已经很尖锐了。

到1919年秋天，《新青年》同人的分歧日益扩大，编辑委员会实际解散，剩下陈独秀一个人主持编务。他自然放手大干，不断染浓杂志的政治色彩，还将它移到上海出版，最后办成一个完全政治性的刊物。①胡适等人则不断批评《新青年》的政治化，提议将它迁回北京，"声明不谈政治"。②这当然遭到陈独秀的拒绝。于是胡适在北京创办《努力周报》，干脆竖起了另一面旗帜。

看起来，《新青年》同人的分裂是因为一些人要介入政治，另一些人却想做学术研究，一些人要"救亡"，另一些人却更愿意"启蒙"。其实这是个错觉。陈独秀固然热衷于政治，胡适又何尝独钟情于学术？当初取消那两个"大事记"，固然体现了不谈政治的宗旨，但这不谈政治的范围，却只限于《新青年》。1918年底，陈独秀和李大钊创办《每周评论》，激烈地议论时政，胡适正是热心的支持者。在某种意义上甚至可以说，《新青年》的非政治化，正是以《每周评论》的政治化为前提。五四运动之后，胡适接手主编这份周刊，他自己的第一篇政治文章《问题与主义》，就发表在这上面。不少研究者都很重视这篇文章的针对性，以为它是专门批评李大钊和陈独秀的鼓吹马克思主义。可在我看来，这只说对了一半。在对待马克思主义的态

---

① 从1920年下半年起，《新青年》逐渐成为中国共产党上海小组的机关刊物。

② 胡适和陈独秀等人就这件事通信商讨的详细过程，可参见赵聪《五四文坛点滴》，友联出版社有限公司，1973。

度上，这篇文章的确显示了和陈独秀们的距离，可在对待政治活动的态度上，它却又显示了和陈独秀们的接近。如果你真照胡适说的那样，一心研究具体的社会问题，那就要不了多久，你必然会滑进政治批评的轨道。胡适自己在文章中郑重列出的那些问题，许多本身就是政治性的，像"大总统的权限"，"卖官和卖国"，还有"解散安福部"，在政治上是何等尖锐！难怪陈独秀并不真正站出来反驳胡适，也难怪李大钊虽然著文表示异议，文章一开头却又说他很赞成胡适的基本看法。陈独秀个人主编的第七卷《新青年》，从栏目的基本设计，到一系列重要文章，更是分明体现出"多研究问题"的倾向，[①]其中有些讨论，还是由胡适带头进行的。在《新青年》的历史上，第七卷是个转折点，标志着杂志从学术化向政治化的转变，可恰恰是这个第七卷，处处显示出胡适主张的影响。倘说陈独秀将《新青年》驶入了政治宣传的河道，那他使用的船桨，却正有一支是刻着"多研究问题"。1922年胡适在《努力周报》上提出"好政府主义"，更证实了他和陈独秀的殊途同归。"我们虽抱定不谈政治的主张，政治却逼得我们不得不去谈它"，[②]他自己和盘托出了，还有什么看不明白的？

　　所以，《新青年》同人的意见分歧，并不如通常想象的那么深刻。单看编辑委员会的建立和消散，似乎可以说分歧越来

① 例如连续几期的"社会调查"栏目，第7卷第4期的"人口问题专号"，高一涵的《对于"治安警察条例"的批判》，马寅初的《经济界之危险预防法》，以及第7卷第6期"劳动节纪念专号"中的大部分有关劳工状况的介绍文章。

② 见《陈独秀与文学革命》。

大；但仔细分析几年间刊物的实际编辑设计，从前几卷的杂糅学术研究和时政批评，到第7卷的趋于实际的社会政治分析，我又分明觉出了陈独秀和胡适们在更深层次上的逐渐相通。说到底，他们最关心的都还是如何用刊物去促进实际的社会政治变革，其他的一切，俱在其次。

《新青年》是一份非常主观的刊物，除了"通信"栏，其他版面上概不发表与编者意旨相悖的文字。编辑委员会成立以后，更公开宣布，"所有撰译，悉由编辑部同人共同担任，不另购稿"。[①]在这样一种方针的支配下，杂志当然会形成鲜明的个性，正如同用一个特别的模子，必然全浇出一个同样特别的铸件，连它本身的每一道裂缝，都能从模子本身的不平整中找到出处。

《新青年》个性中最基本的一点，就是实效至上的功利主义。陈独秀在发刊词《敬告青年》中，神色郑重地提出六条希望，其中第五条，就是"实利的而非虚文"；在一卷二期的《今日之教育方针》中，他更提倡一种"现实主义"的观念，说它"见之伦理道德者为乐利主义，见之政治者为最大多数幸福主义，见之哲学者曰经验论曰唯物论，见之宗教者为无神论，见之文学美术者曰写实主义曰自然主义"。可不要小看了这段话，它实际上为刊物的内容划了一个大框框，从第一卷到第六卷，那些最重要的倡议和讨论，"文学革命论"也好，批判"灵学"也好，更不要说鼓吹"德先生"和"赛先生"了，哪一项不是

①　见《五四时期期刊介绍》（上），生活·读书·新知三联书店，1980。

在实践这种"现实主义"？《新青年》上刊登的大多数文章，都惊人地表现出同样的务实倾向，似乎就没有谁把眼光放开一点，想得再"玄"一点，甚至也很少有人表现出对于形而上学的兴趣。李大钊介绍马克思主义，胡适提倡实验主义，大概是《新青年》对西方哲学的两次规模最大的介绍，可恰恰是这两种哲学，反过来增强了杂志的务实倾向。第六卷以后会出现那么多分析中国经济问题的文章，许多文章的题旨会变得那样细碎，与这两种哲学的介绍，显然有很大的关系。

《新青年》强烈的务实倾向，正表现了编、作者对于功利效果的极端重视。陈独秀在一卷二期上断言，"理无绝对之是非，事以适时为兴废"，[①]还在这段话下密密地加了圈点，唯恐读者看漏了。胡适更这样解释实验主义，"一切'真理'都是应用的假设，假设的真不真，全靠他能不能发生他所应该发生的效果"，[②]等于给陈独秀的"适时主义"提供了理论依据。因此，《新青年》的许多作者都不掩饰他们对理论价值的轻视，倘若逻辑上的是非和现实需要发生矛盾，他们常常是站在后者一边。李大钊有一次说，社会的发展有赖于进步力量和保守力量的协调，陈独秀就在"编者附志"中评论："吾国社会，自古保守之量，过于进步，今之立言者，其轻重亦慎所择。"[③]话虽婉转，那层凡立言都须以现实功利为是的意思，却是非常明白的。难怪《新青年》上的许多文章，常常都不及展开对自己

---

① 《今日之教育方针》，《新青年》第1卷第2期。
② 《实验主义》，《新青年》第6卷第4期。
③ 见《新青年》第3卷第2期。

主张的理论论证，就一下子扯到社会实效上去，类似"如果不这样，国家必亡矣"的论证句式，简直随处可见。它把《新青年》的功利主义个性，表现得再清楚没有了。

《新青年》个性的第二个特点，就是那种措辞激烈，不惜在论述上走极端的习气。曾有人批评《新青年》某些作者与人论辩时态度太凶，陈独秀回答说："到了辩论真理的时候，本志同人大半气量狭小，性情真率，就不免辞色俱厉；宁肯旁人骂我们是暴徒，是流氓，却不愿意装出那绅士的腔调，出言吞吐……'除恶务尽'，还有什么客气呢？"[①]陈独秀毕竟心直口快，尽管开头打出"辩论真理"的幌子，两句话一说，还是吐了实情：他们原本就是要攻击旧传统，要"除恶务尽"，怎么会愿意受那套学术辩论规则的束缚呢？黑暗那样深厚，人心那样麻木，要想动摇它，唤醒它，就更只能放大嗓门，制造刺激性的效果。于是吴虞那样对传统斥责不绝于口的文章，立刻被《新青年》编者当作宝贝，连续刊发在醒目的版面上。于是胡适刚发表《文学改良刍议》，陈独秀紧接着就提出《文学革命论》，把口号的战斗性增强了一倍。从钱玄同提倡废除汉字，到张崧年主张"把行了几千年的婚姻制度从根废除"，[②]种种惊世骇俗的主张，从杂志上一个接一个地冒出来。实践上反正要打折扣，理论上自不妨走极端。鲁迅后来说，正因为有钱玄同的废除汉字，白话文才得以取代文言，我不免要猜想，他们当中恐怕是很有一些人，当初就明白作过这一类估量吧。

---

① 见《新青年》第5卷第6期，"通信"栏。
② 《男女问题》，《新青年》第6卷第3期。

这就造成了《新青年》个性的第三个特点：绝对主义的思路。要造成震撼性的效果，最便利的方法，莫过于使用绝对主义的言辞。请看发刊词中的这一段话，"吾国……精之政教文章，粗之布泉水火，无一不相形丑陋……较晳种之所为，以并世之人而思想，差迟几及千载……于此而言保守，诚不知为何项制度文物，可以适用生存于今世。吾宁忍过去国粹之消亡，而不忍现在及将来之民族不适世界之生存，而归消灭也"。这真是把《新青年》上最普遍的一种绝对主义思路，完整地凸显了出来。中国传统一切都坏，现代西方一切都好；两者天差地别，绝无相通之处；中国要想自救，只能弃一取一：《新青年》上大多数文章的基本立论，表述虽不相同，骨子里都是这一套。至于种种斩钉截铁地断语，从"最后觉悟之最后觉悟"，到"根本解决之根本解决"，还有那些浑身"绝对"气的语词，譬如"完全""彻底"，更是遍布杂志的版面，到最后也不见明显减少。

也许可以说，《新青年》这种绝对主义的个性，在很大程度上仅仅属于表述的层次。编辑部同人既是有意矫枉过正，就应该知道自己的过甚其辞。陈独秀虽然附和"废除汉字"，还进一步提出"废除国语"，好像比钱玄同还彻底，心里其实却很明白，这是在"用条石压驼背"，不足为法。[1]越到后来，类似这样的比较清醒的看法，在杂志上还逐渐增加，像常乃惪对孔子学说的分析，[2]高一涵鼓吹"要打破习惯专制……必先从

---

① 　《本志罪案之答辩书》，《新青年》第6卷第1期。
② 　《我之孔道观》，《新青年》第3卷第1期。

我们自己心中打起"，①傅斯年对中国人理解西方时的"误解"的注意，②陈独秀对"急速改造社会"的激进主义的反省，③更不用说胡适提倡"历史的态度"了，都明显跳出了绝对主义的思路。在许多时候，《新青年》同人很可能确是嘴上说一套，心里另外想一套，"心口不一"甚至成为他们的一大特点。但我觉得，这只是事情的一个方面。中国思想传统中本来缺少自我怀疑的因素，陈独秀们接触西方思想的时间又太短，那种不断自我反省的批判意识，在他们心中很难有坚实的基础。即便他们是在利用绝对主义的表述方式，时间一长，也很难避免这种方式对他们深层意识的渗透。面对那样丑恶的社会现实，彻底否定它的激情日益炽热，就更容易和绝对主义产生共鸣。胡适可算编辑部同人中离绝对主义最远的人，在那篇著名的《易卜生主义》中，他甚至已经触到问题的关键："社会国家是时刻变迁的，所以不能指定哪一种方法是救世的良药……适用于日本的药，未必完全适用于中国"，只要再往前走一步，就可以推断出"全盘西化"论的偏执了，可他话头一转："只有康有为那种'圣人'，还想用他们的'戊戌政策'，来救戊午的中国……"又拐回了彻底反传统的老路。他后来会赞同"全盘西化"，绝非偶然。胡适尚且如此，其他人就更可以想象。因此，一旦从《新青年》的第六、七两卷中依然感受到绝对主义的逼人气焰，我就总要担心，这恐怕不仅是一种表述的方式，而更是一

①　《读弥尔的自由观》，《新青年》第4卷第3期。
②　《中国学术思想界之基本谬误》，《新青年》第4卷第4期。
③　《随感录·七三》，《新青年》第7卷第1期。

种思想的方式了。

《新青年》个性还有一个相当重要的方面，就是以救世主自居的姿态。但凡狂热的启蒙主义者，都免不了居高临下的心态；中国又历来有"劳心者治人"的传统，很容易使陈独秀们产生高人一等的想法。一旦他们按捺不住急于求成的冲动，就更会不自觉地摆出一副耳提面命的架势。从第一卷开始，这种架势就已经相当明显，且不说许多文章的论述口气，单是那些题目：《敬告青年》《敬告新的青年》《青年与国家的前途》《一九一七年预想之革命》，甚至还有《人生真谛》这样的题目，并且用特大字体突出文章的结论，教训人的气味也太强烈了。在二卷四期的"通信"栏中，陈独秀断定："社会进化，因果万端，窃以有敢与社会宣战之伟大个人为至要。"这与鲁迅的呼唤"精神界之战士"，意思可说是一模一样。呼唤伟大个人的人，十有八九都会以此暗暗自许，《新青年》的大多数同人，恐怕也都会意识到自己所站的历史位置，以"开风气之先"的使命自励，因此，他们越是相信真理在手，越是看出新文化运动的重大意义，就越不免会强化那份救世主的意识。直到五卷六期的"通信"栏中，陈大齐还吁请钱玄同"代"大众编一部《粪谱》，"中国人苦于没有辨别力，不知道哪种是粪，哪种不是粪……须得先指点指点他们才好"，而钱玄同居然同声附和。陈独秀1919年出狱以后，忽然摆出那样一副基督徒的姿态，赞颂耶稣"崇高的牺牲精神"，"伟大的宽恕精神"和"平等的博爱精神"，[1]大概也正是因为他从耶稣身上，看到了受难的伟大个人的影子。

　　救世主心态深刻地影响了《新青年》上许多文章的风格。不少作者都喜欢作总结，而且你刚刚对这个现象作了总结，我立刻又出来作第二次总结。胡适在七卷一期发表《新思潮的意义》，从几年来新文化运动的态度、手段、趋向、目的，乃至根本意义，一一作了详细的总结。可两个月以后，陈独秀又在七卷三期上发表《新文化运动是什么？》的皇皇大文，再次从科学、宗教、美育几个方面，分析"新文化运动中底误解及缺点"，以及今后"应该注意的三件事"，从过去一直总结到将来。他们这样不断地重新解释新文化运动，当然有各自的目的；但他们不约而同都采用这种方法来达到自己的目的，却正显示出一种以精神领袖自居的心态，似乎毫不怀疑自己有能力把握整个复杂的社会运动。当然，更触目地表现出救世主心态的影响的，还是许多文章的那种开药方的癖好。《新青年》的发刊词就是一帖洋洋洒洒的大药方；越到后来，药方还越开越细，有些简直细致到你无法想象的地步，譬如六卷二期上李次九的《真正永久和平之根本问题》，连裁军后被服之类的军需品如何处置，都有详细的说明。这些文章差不多形成了一种文体，一种先提出主张，再一二三四、甲乙丙丁地陈列措施的"药方体"。它们的作者真是太天真，把复杂的社会生活看得太简单了。

---

① 《基督教与中国人》，《新青年》第7卷第3期。

在1919年以前，《新青年》可说是唯一倡言新文化的大型的文化学术杂志，因此，我们今天谈论它，就不仅仅是谈论一份杂志。在那个社会知识系统大转换的时代，许多人都会有兴趣探讨新思想和新文化，他们的看法也势必是多种多样，各不相同。但是，这些看法大部分都只有通过《新青年》才能变成铅字，[①]这份杂志在整个新文化运动中的意义，也就可想而知。它既是一条通道，使一些看法能够对读者发生影响，也是一种限制，把另一些看法——至少是暂时地——排除在读者的视野之外。《新青年》的个性逐渐扩散为整个新文化运动的个性，它所刊登的文字，也就构成了一整套独特的话语体系，[②]在相当一段时期里占据中国思想界的中心位置，直到今天，仍然对我们有深刻的影响。不仅如此，《新青年》更将一大批出色的知识分子吸引到自己周围，由此形成的编辑部同人，正成为一代知识分子的中坚。尽管后来编辑部解体，同人分道扬镳，尽管后来的社会环境和"五四"时代明显不同，甚至这些人自己的思想也发生很大变化，他们仍然对周围的思想文化状况发生持续的影响，甚至成为不同类型的知识分子的精神领袖，吸引后代人不断产生重返"五四"的梦想。陈独秀如此，胡适如此，鲁迅和周作人更是如此。所以，《新青年》就像是一把钥匙，可以帮助你打开新文化大厦的许多暗门。我甚至想说，能够理解《新青年》，也就能够理解现代中国的新文化。

---

① 1915—1920年间重要的思想文化讨论，绝大部分都是在《新青年》上进行的。

② 对于这一套我称为"新青年话语"的文字–思想规范的框架、特点和中心命题，我将在另一篇专文中作具体描述，这里就不展开了。

比方说，"五四"思潮的一个基本内容，就是提倡个人主义和个性解放，可仔细看看就会发现，许多人其实是从一些非常特别的角度来做这种提倡的。或者强调个人对社会的责任，"小我"与"大我"的关系，竭力把个人主义描绘成勇猛入世的动力；或者号召婚姻自主，冲出旧式家庭，反抗传统道德……把个性解放的标准规定得非常具体，似乎个性受到的全部压抑，都来自传统的社会规范。现在我明白了，这些特别的提倡角度正是《新青年》个性的自然流露。你本来就是想救世，自然会鼓吹个人对社会的责任；你本来就是要反传统，自然会把个性解放的全部矛头都引向它。认真说起来，"五四"时代提倡的个人主义，其实是一种《新青年》版的个人主义，虽还是用同一个名词，与西方的个人主义却有绝大的不同。知道了这一点，也就不用再花冤枉力气，到20世纪30年代以后的中国知识分子身上去寻找西方式的个人主义精神了。

再比方说，"五四"那一代知识分子曾经对"国家""民族"这一类集合概念发动过相当猛烈的抨击，单是《新青年》同人当中，陈独秀、钱玄同、李大钊、鲁迅和周作人，就都批判过这些概念的虚伪性。可是，也就在他们的文章里，不断出现那种"如果不这样，国家必亡矣"的论证句式，国家民族的生死存亡，分明是他们最为关切的东西：怎么会这样自相矛盾？现在我也明白了，根子还是在《新青年》的个性上。这些人本来就是功利主义者，什么武器顺手就用什么，当他们大举批判"国家"和"民族"一类概念的时候，眼睛多半是盯着当时的国家政权：他们的目标在那里。至于这种批判到头来会否定自己救亡的使命感，他们很可能并没有想到，即便想到了，也顾不了那么多。我原先很吃惊，他们在观念上竟能走得这样远，现在想想，恐怕是我自己糊涂了。

《新青年》帮我开启的最大一扇暗门，自然是"文学革命"了。我以前常常纳闷，陈独秀也罢，胡适也罢，更不必说钱玄同了，他们都不是文学家，为什么偏偏来提倡"文学革命"？他们鼓吹文学革命的那些言论，从所谓"今欲革新政治，势不得不革新盘踞于运动此政治者精神界之文学"，[①]到所谓"我们所提倡的文学革命，是要替中国创造一种国语的文学。有了国语的文学，才可以有文学的国语。有了文学的国语，我们的国语才可算得真正国语"；[②]从钱玄同、刘半农讨论书面文字和日常文字的区别，到周作人认定"文学革命上，文字改革是第一步，思想改革是第二步"，[③]立场虽不相同，根本点上却一样：谁都不谈文学本身的意义。尤其有趣的是，他们对待文学，就好像对待裁军或者推广世界语一样，也那样深信不疑地制定种种计划。早在《新青年》一卷四期的"通信"栏中，陈独秀就明白认为："吾国文艺，犹在古典主义、理想主义时代，今后当趋向写实主义，文章以纪事为重，绘画以写生为重……"一直到六卷一期的"通信"栏中，他还大声疾呼，要文学家"必用"写实主义。别的人则连细则都要拟妥，从刘半农的《我之文学改良观》，到胡适的《建设的文学革命论》，一套比

---

① 陈独秀：《文学革命论》，《新青年》第2卷第6期。
② 胡适：《建设的文学革命论》，《新青年》第4卷第4期。
③ 周作人：《思想革命》，《新青年》第6卷第4期。

一套更详尽。譬如胡适的方案，就是先分为"工具""方法""创造"几大部分，每一部分又分为若干大类，大类下面又有若干小类，读上去就仿佛一份施工报告。他们这种自信是从哪儿来的？

现在我明白了，《新青年》同人所以提倡文学革命，本来就不是出于对文学的虔敬，他们不过想从这里打开缺口，为新思想凿通一条传播的渠道。白话文运动岂止是文学语言的变革？它分明是整个社会书面语言的变革。陈独秀们嘴上的"文学革命"，其实是和"思想启蒙"同一涵义的。因此，他们自然不会觉得文学有什么特别，不会因为自己缺乏文学才能，就不敢来谈文学，恰恰相反，他们还捋起袖管、吟诗、作文、写剧本，为新文学创作样板作品。他们也自然要特别来讨论文字和思想的关系，强调文字的工具性。倒不是说他们不屑于谈论文学本身的意义，从他们当时的兴趣出发，他们是觉得这不重要，周作人就明白说："文学这事务，本合文字与思想两者而成。"①而你一旦顺着周作人这样的思路想下去，就更会觉得文学和其他东西没什么两样，完全可以去详细规划它的进程了，对于教育和道德改革的进程，陈独秀们不就是这样规划的吗？当然，对线性进化论的迷信，对欧洲中心主义和历史决定论的迷信，也是他们指点文学的自信的重要来源，陈独秀那个将文学历史划为从古典主义到自然主义四个阶段的概括，就是从对欧洲文学历史的总结中描摹下来的。但是，这些迷信所以会在他们鼓吹

---

① 《思想革命》，《新青年》第6卷第4期。

文学革命的言论中发作得那么厉害，一个基本原因，还是在于他们没有充分意识到文学自身的独特性。①在现代中国，对文学艺术独特性的领悟，恐怕是知识分子从进化论和决定论崇拜那里逃脱的唯一出口，一旦错过了这个出口，就难免陷入其中而不能自拔。

我不禁要问，如果没有《新青年》同人的提倡和鼓吹，中国会不会产生"五四"新文学这一种现象？事实上，20世纪30年代已经有人提出这个问题，陈独秀和胡适还分别给予过不同的回答。陈独秀从历史决定论出发，认为没有他们的提倡，也会有别人出来提倡，他们不过是顺应了历史潮流而已。胡适则断言，倘若没有他们这班人的提倡，白话文学的运动至少要推迟几十年。②我觉得，即便真像陈独秀说的那样，在20世纪10年代，新文学的萌芽势必破土，那最初是谁来掘松土层，将新芽引导出土，又由谁向它施加最初的养料，还是会在很大程度上决定它日后的生长状态。《新青年》同人的努力，至少是极大地影响了中国现代文学的诞生方式：是这一批自身并非文学家的启蒙主义者最先喊出了新文学的口号，正是在他们的提倡、鼓吹、组织和亲身试验下，才产生了最初的一批新文学作品，包括鲁迅的小说。这就使中国现代文学的诞生与我们在欧洲现代文学历史上看到的情形明显不同：它是先有理论的倡导，后

---

① 陈独秀偶有例外，在《新青年》第2卷第2期的"通信"栏中，他就提出应该重视"文学美术自身独立存在之价值"。可惜这样的意见，他在《新青年》上只说过一回，也没有引起别人的重视。

② 关于陈、胡二人对这一问题的回答，详见周策纵《五四运动史》第十四章，《明报》出版部，1981。

有创作的实践；不是后起的理论给已经存在的作品命名，而是理论先提出规范，作家再按照这些规范去创作；不是由几个缪斯的狂热信徒的个人创作所聚成，而是由一群轻视文学自身价值的思想启蒙者所造成。我简直想说，它是一种理智设计的产物了。

"五四"新文学这种独特的诞生方式，正体现出——并且进一步强化了——这样三个观念：第一，文学的进程是可以设计、倡导和指引的；第二，文学是应该而且可以有一个主导倾向的；第三，文学理论非常重要，它完全可以对创作发挥强大的指导和规范作用。我想，对现代中国的思想和文学历史稍有了解的人，都不难看出这些观念对"五四"以后文学进程的深远影响。它们事实上构成了高悬在作家头上最基本的文学规范，正是它们和它们所衍生的其他文学规范，一起制造了20世纪中国文学史上的一系列独特现象。不妨举一个例子来说明这一点，就是文学研究会。

到目前为止的中国现代文学史著作，都把文学研究会看作是一个文学社团，一个现代文学史上最重要的文学社团。可是，它的形成过程和组织形式，却有一些相当特别的地方，使你禁不住要思忖，它究竟是不是一个通常意义上的文学社团。

它那张发起人的名单就耐人寻味。最初提议建立文学研究会的，主要是几个20多岁的年青人，其中为首的是沈雁冰、郑振铎和耿济之。五四运动刚刚过去，知识分子和青年学生正掀起一阵结社的热潮，沈雁冰们所以会起这个意，显然是受了这股风气的影响。但是，他们的做法却和其他人不大一样。不是几个人说干就干，立刻就打出旗号来，而是经过了一个颇为谨慎的酝酿过程。他们一方面访问当时北京文学界的知名人物，例如鲁迅和周作人，征求他们的支持；一方面又和上海商务印书馆的老板交涉，提出改革《小说月报》的具体方案。在这两方面的努力都有了结果以后，他们才列出一张12个人的发起名单。这可是一份颇具匠心的名单，在几个实际的发起人之前，赫然列着北大名教授周作人和朱希祖的名字；甚至还列着一位军事理论家蒋百里，当时正担任北洋政府总统府军事处的参议。这几位当然都和文学有关系，蒋百里有时也写一点散文。但是，在一个由青年人发起的文学社团的发起名单上，看到这几位"头面人物"，总让人有点意外吧。

文学研究会的组织形成也相当特别。《文学研究会章程》第九条明文规定："京外各地有会员五人以上者得设一分会。"①一个文学社团，怎么像政党一样要设支部？虽然文学研究会成立以后，这条章程在一次会员讨论中被否决，但在广州，却确实成立了文学研究会的广州分会，《小说月报》还郑重其事地报道过它的活动。既有总会，又有分会，文学研究会的会员自然不会少，会员册上有172人，还有一些人来不及造进这册子。当时新文学尚在草创阶段，这172人的数字，委实可观。文学研究会的会员不但多，而且杂。除了一批被人目为写实派的小说家，尚有许地山、王以仁、徐雉、老舍这样并非写实的小说家，有梁宗岱、丰子恺这样的散文家，有朱湘、徐志摩、李金发这

---

① 　见贾植芳等编《文学研究会资料》（上），河南人民出版社，1985。

样的诗人，有陈大悲、欧阳予倩、熊佛西、李健吾这样的剧作家，还有李青崖、曹靖华、傅东华、黎烈文这样的翻译家，甚至连王伯祥、金兆梓这样的书局报馆的编辑，陈望道、严敦易、陆侃如、顾颉刚这样的学者，胡愈之这样的国际政论家，黎锦晖这样的音乐家，还有张闻天、瞿秋白、冯雪峰等等，都成了会员。郑振铎甚至写信到日本，请田汉、郁达夫和郭沫若入会。1921年郭沫若到上海，沈雁冰和郑振铎又专门请他吃饭，当面邀请。由这件事推想开去，那张花名册中恐怕有不少人，都是这样应邀入会的吧。应该佩服沈雁冰们的眼力，20年代文坛上的重要人物，几乎都被一网打尽了。

更有意思的是，文学研究会竟然没有自己社团性的文学主张。《文学研究会宣言》有三条宗旨，其中只有第二条涉及对文学的认识："将文艺当作高兴时的游戏或失意时的消遣的时候，现在已经过去了。我们相信文艺是一种工作，而且又是于人生很切要的一种工作；治文学的人也当以这事为他终生的事业，正如劳农一样。"[①]这是说文学并非像旧时那样仅仅是一种副业，而是一种本业，但这是怎样的本业呢？一个字也没有说。除了上海的《小说月报》，文学研究会还在北京办了一个《文学旬刊》，它的发刊辞说："至于主张，则我们几个人对于文学上的各种派别，对于所争执问题，我们绝没有偏见于任何一方的倾向。主义是束缚天才的利器，也是一种桎梏……"[②]这就更明确了，非但不再重复"为人生"那样的笼统之辞，而且公开宣

---

① 贾植芳等编《文学研究会资料》（上）。
② 王统照：《本刊的缘起及其主张》，《晨报副刊》，1923年6月1日。

称自己没有确定的主张。文学研究会的这种态度一直维持到解体，1936年沈雁冰回顾文学研究会的历史，还一再说它没有自己的"集团主张"。[①]真不可思议，一群人所以要结社，总是因为有某种共同的主张，要用结社的方式来发扬。文学社团尤其是如此，它的基础全在成员间文学主张的相近。事实上，文学研究会的主持者分明有自己的文学立场，主张写实主义便是其中基本的一条。为什么他们又那样掩掩藏藏，不把这种立场写进宣言呢？

文学研究会虽没有明确的集团主张，却有颇为强烈的全局意识。《文学研究会章程》的第一条宗旨，就是"联络感情"："中国向来有'文人相轻'的风气；因此现在不但新旧两派不能协和，便是治新文学的人里面，也恐怕因了国别派别的主张，难免将来不生界限。"因此要发起文学研究会，将大家拉到一起，"结成一个文学中心的团体"。不但看到眼前，而且顾及将来，眼光不能不说是相当深远。再看《〈小说月报〉的改革宣言》："同人……将欲取远大之规模尽贡献之责任，则预备研究，愈久愈广愈博，结果愈佳"；"写实主义的文学，最近已见衰歇现象，就世界观之立点言之，似已不应多为介绍；然就国内文学界情形言之，则写实主义之真精神，写实主义之真杰作实未尝有其一二，故同人以为写实主义在今日尚有切实介绍之必要；而同时非写实的文学亦应充其量输入，以为进一层之预

---

① 　见王晓明编《现实主义的初潮——文学研究会作品选》前言，华东师范大学出版社，1986。

备"。①这种全局性的战略运作的思路，又是多么清晰。不妨再看看这样一些文章的题目：《新文学研究者的责任与努力》（郎损，即沈雁冰）、《新文学与创作》（愈之）、《文学的使命》（西谛，即郑振铎）、《新文学观的建设》（西谛）、《文学者的新使命》（沈雁冰）……似乎都是着眼于整个文学的状况，都是想要对整个文学的进程施加影响。似乎文学研究会的意义不是在实现会员自己的文学梦想，而是为文坛提供一个主导性的中心机构。我立刻想起了《新青年》，想起陈独秀们那种强烈的使命感，从着眼于全局的基本思路，到开药方的大致格式，甚至使用的词汇，文学研究会不都是在踩着《新青年》的脚印走吗？

其实，文学研究会的性质，《文学研究会宣言》的第三条早已说得明明白白："是建立著作工会的基础。"沈雁冰们的最终目的，原本就不是建立一个新潮社那样的文学社团，而是建立一个能够代表和支配整个文学界的中心团体，一个类似后来"作家协会"那样的"统一战线"。一旦从这个角度来看，前面那些疑问全都豁然而解。惟其是要建立一个有支配力的中心团体，沈雁冰们当然就要讲究发起人的名单，要尽可能增强它的权威性；当然就要建立庞大的组织机构，尽可能吸纳一切重要的人物；当然就会表现出战略眼光和全局意识；当然也就不便把写实主义规定为集团的文学主张，否则，你怎么邀请那些并不信奉写实主义的作家入会？

难怪自负的郭沫若不肯参加文学研究会，也难怪郁达夫要

---

① 贾植芳等编《文学研究会资料》（上）。

在《创造季刊》的发刊辞里指责文学研究会"垄断文坛"。他们看得很清楚，那可不是一般的文学社团！

在我看来，文学研究会这样独特的团体的出现，正是《新青年》模式在文学领域里扩散的结果。在陈独秀们的棋盘上，新文学仅仅是一枚小卒，所以，他们虽然促成了新文学的诞生，又为它设计了一系列发展方案，却并没有花太多的气力去实现这些方案。真正去实现这些方案的，是文学研究会。比方说，陈独秀们希望中国文学走写实主义的道路，文学研究会使这种希望变成了现实。写实主义——它后来的名称叫现实主义——在现代文学中的主流地位，正是在20世纪20年代前半叶，由沈雁冰等人的提倡，由《小说月报》和《文学研究会丛书》的出版，帮助确立起来的。再比方说，《新青年》开创了一种用翻译和理论来指导创作的风气，文学研究会则把这种风气发扬光大，别的且不说，《小说月报》就是一个常常将理论和翻译置于创作之上的刊物。在20年代初，《小说月报》是唯一倡导新文学的纯文学月刊，你当可想象，它对20年代乃至以后的种种挥舞理论大棒的批评风气，会产生多大的影响。

我特别要说的是，文学研究会毕竟和《新青年》编辑部那样的组织不同。因此，即便沈雁冰们有意实践《新青年》同人制定的文学方案，在这实践的过程中，他们也必然会有自己的创造，把《新青年》造成的文学规划大大地发展一步。譬如，"五四"以后各种社团纷纷成立，本来极有可能形成许多文学流派齐头并进的局面。可是，文学研究会这样自居为中心的团体的出现，以及由此引起的争夺中心的斗争，却在文学界造成一种强烈的印象，似乎文学应该有一个中心，应该有一种文学理论来充当主流。创造社所以要打出他们自己并不十分信仰的为艺术而艺术的旗帜，就是为了同文学研究会争夺理论的主导权。连郁达夫那样比较洒脱的人，也会卷入这种斗争，足见"文学应该有中心"的观念，在当时的影响有多大。至于20世纪20年代末开始愈演愈烈的文学理论上的口号战，从后期创造社、"左联"一直到40年代的各种笔仗和非笔仗，就更是体现了这种观念的深远影响。

不仅如此。文学研究会的许多成员，本来都各有自己的文学见解，就是那批文学研究会的中坚作家，像郑振铎、朱自清、王统照、叶圣陶，甚至沈雁冰，其实都并不真信奉那套写实主义的理论，再例如《〈文学研究会丛书〉缘起》和八人诗歌合集《雪朝》的序言当中，就有好几位明白表示了各不相同的文学见解。可是，出于那种"中国现在需要写实主义""我们文学研究会应该倡导写实主义"的信念，他们当中又有许多人有意无意地朝着写实的路上走，冰心写起了与她那些小诗迥然相异的"问题小说"，许地山则极力将"直面人生"的白描和自己那种宗教感极强的人生玄想糅合到一起。连这两位似乎最不适合写实的作家都如此努力，其他人就更不用说了。自己心里明明有一套，下笔时却偏要照着另一套，这似乎成了文学研究会许多作家的普遍做法。也许应该赞扬他们的牺牲精神，但从另一面看，这种做法的害处也实在不小。20世纪20年代以后，那么多作家都程度不同地放弃个人的文学立场，去实践某种据说应该成为主流的文学观念："革命文学""普罗文学""国防文学""抗战文学"，一直到50年代的"社会主义现实主义文学"，70年代末的"伤痕文学"，80年代中期的"寻根文学"，旗号虽然不同，目的更不一样，但那种轻视个人立场，皈依流行观念的心态，却是大体相通的。这就总要使我回想起文学研究会，回想起那一代自觉选择"心口不一"的写作方式的作家。当《新青年》同人确立了主流文学的构想之后，正是文学研究会为作家们如何适应这种主流文学的格局，提供了具体的榜样。

每当描述20世纪中国文学历史进程的时候，"五四"文学和抗战以后文学的关系，总会成为一个重要的论题。最近十年来，许多研究者都认为，30年代中期以后，中国文学发生了一个非常大的变化，"五四"那种崇尚个性的风气日趋减弱，而由当时的社会现实——例如抗日战争——和党派政治观念——例如文艺为抗战或文艺为工农兵服务——铸造成形的一系列新的文学风尚，逐渐取而代之，将文学引上了一条与"五四"方向明显不同的历史道路。单就现象来看，这样的论断似乎并不错。但是，我们如何解释这个大变化的发生呢？在三四十年代，战争并非中国独有的现象，为什么其他国家的许多作家仍然能坚持个人的文学立场，中国作家却大多数都放弃了呢？在中国作家的这种近乎集体转向的行为背后，是不是还有更为内在的原因呢？

我想，这就牵涉对"五四"文学传统的重新认识了。如果还是像以前那样，仅仅用文本——譬如鲁迅的小说和郭沫若的诗——作为依据，那就自然会得出"五四"文学是崇尚个性的印象，也就自然只能说，这个传统确实在20世纪30年代中期以后的外部压力下逐渐消失了。但是，如果我们换一个角度，不但注意到"五四"那一代作家的创作，更注意到"五四"时期的报刊杂志和文学社团，注意到由它们共同构成的文学运行的机制，注意到与这个机制共生的一系列无形的文学规范，譬如那种轻视文学自身特点和价值的观念，那种文学应该有主流、有中心的观念，那种文学进程是可以设计和制造的观念，那种集体的文学目标高于个人的文学梦想的观念……如果把这一切都看成"五四"文学传统的组成部分，而且是非常重要的组成部分，我们对30年代中期以后文学大转变的内在原因，是不是就能有一些新的解释呢？至少，对那个"五四"文学传统在抗战以后逐渐削弱，以至今天还应该重返"五四"的论断，我们是不会再深信不疑了吧？

文学革命的社会功能与社会反响

罗志田

关于新文化运动时期的文学革命，学界已有的研究不可谓不多，但以当事人胡适晚年的看法，文学革命"这一运动时常被人误解了"。周作人则更早就指出：对民国初年的文学革命，"世上许多褒贬都不免有点误解"。[①]他们所说的误解，到今天仍不同程度地存在。一般对文学革命的成功一面，似乎都有偏高的评估。[②]

胡适早年曾说：文学革命"之所以当得起'革命'二字，正因为这是一种有意的主张，是一种人力的促进。《新青年》的贡献，只在他那缓步徐行的文学演进的历程上，猛力加上了一鞭。这一鞭就把人们的眼珠子打出火来了。从前他们可以不睬《水浒传》，可以不睬《红楼梦》，现在他们可不能不睬《新青

---

① 唐德刚译注《胡适口述自传》（以下径引书名），华东师范大学出版社，1993，第137页；周作人：《看云集·论八股文》，岳麓书社，1988，第82页。
② 参见罗志田《林纾的认同危机与民初的新旧之争》，《历史研究》1995年第5期。

年》了"。①这更多是从立说者一面看问题。在接收者的一面，立说者的鞭子打得再猛，他们也不见得就要理睬。为什么胡适、陈独秀一提倡，举国就能和之？

陈独秀在当时的解释是："中国近来产业发达、人口集中，白话文完全是应这个需要而发生而存在的。适之等若在三十年前提倡白话文，只需章行严一篇文章便驳得烟消灰灭。"②这一说法是否正确且不论，但至少提示了一个从接收者一面考察以认识文学革命的重要路径。

《新青年》已使人"不能不睬"这个历史事实，提示着世风的明显转移。而世风的转移，又与清季废除科举以后的社会变化，特别是读书人上升性社会变动的大调整有关。这一社会变动与思想发展的互动关系，是理解文学革命和新文化运动的一个重要途径。反之，对文学革命这一层面的了解，也能增进我们对近代中国社会变动与思想发展互动关系的认识。全面考察文学革命的社会功能与社会反响，非一篇短文所能为，本文仅试从思想史的社会视角入手，对当时的立说者和接收者进行简单考察分析，希望能对这一运动有深入一步的理解。

一、引言：《新青年》的沟通作用

文学革命在立说者这一面，正如胡适后来总结的，就是要

---

① 胡适：《白话文学史》，上海新月书店，1928，第7页。
② 陈独秀：《答适之》（1923年12月），任建树主编《陈独秀著作选编》第3卷，上海人民出版社，2009，第168—169页。

把"大众所酷好的小说，升高到它们在中国活文学史上应有的地位"。①用余师英时的话说，就是要"把通俗文化提升到和上层文化同等的地位上来"。②而在接收者一面，小说的地位升高，看小说的"大众"（大众中的多数人，那时恐怕不看小说）的地位当然也跟着升高。文学革命无疑给看新小说的边缘读书人提供了方向和出路。当他们从茫然走向自觉时，也必定要想发挥更大更主动的作用。而立说接受双方的共同点，是表达或适应了近代以来边缘向中心挑战的大趋势。

余英时师已注意到，文学革命以至新文化运动的迅速成功，与胡适和陈独秀这两个安徽老白话作家的配合是分不开的。盖"胡适对中西学术思想的大关键处，所见较陈独秀为亲切"；而陈则"观察力敏锐，很快地便把捉到了中国现代化的重点所在"，故能提出"民主"与"科学"的口号。两人在态度的激进与稳重上，也颇能互补。胡适原本预想白话文运动"总得有二十五至三十年的长期斗争"才能成功，所以态度平和，在发表其主张时，不说文学革命而说是什么"文学改良刍议"；而陈独秀则有"必不容反对者有讨论之余地"的气概。胡适自己也说：若没有陈氏这种精神，"文学革命的运动决不能引起那样大的注意"。③两人的协作，真是文学革命的天作之合。

从思想史的社会视角去考察立说者与接收者的关系，胡

---

① 《胡适口述自传》，第229页。
② 参见余英时《中国近代思想史上的胡适》，收在胡颂平编《胡适之先生年谱长编初稿》修订版，台北：联经出版事业公司，1990，第1册，第24页。
③ 余英时：《中国近代思想史上的胡适》，第13—14页；《胡适口述自传》，第149、164页。

陈合作的意义尚不止此，更意味着留美学生与国内思想言说（discourse）的衔接。民初的中国，不仅存在知识菁英与一般平民疏离的现象，还有自晚清以来西洋留学生与国内思想言说的疏离。梁启超在《清代学术概论》中说："晚清西洋思想之运动，最大不幸者一事焉，盖西洋留学生殆全体未尝参加于此运动；运动之原动力及其中坚，乃在不通西洋语言文字之人。"由此生出种种弊端，"故运动垂二十年，卒不能得一坚实之基础，旋起旋落，为社会所轻"。从这一点看，过去的西洋留学生，"深有负于国家也"。①

胡适其实早就认识到梁所指出的弊病。他知道，要"输入新知识，为祖国造一新文明，非多著书多译书多出报不可"。但留美学生中许多人，"国学无根底，不能著译书"。在胡适看来，这就是中国"晚近思想革命、政治革命，其主动力多出于东洋留学生"的根本原因。东洋留学生的学问并不见得高于西洋留学生，就西学言肯定还要差许多，但东洋留学生都能"著书立说"，所以有影响；而不能"著书立说"的西洋留学生，在中国这些思想政治运动中，就只能"寂然无闻"了。②

梁启超所说，当然更多是晚清的现象。入民国后，西洋留学生对推广西学的参与，显然比前增多。问题在于，像胡适这样有意参与的西洋留学生，也常觉参与无由。他曾深有感慨地指出："美留学界之大病，在于无有国文杂志，不能出所学以

① 梁启超：《清代学术概论》，朱维铮校订，上海古籍出版社，1998，第98页。
② 胡适：《非留学篇》（1914），周质平主编《胡适早年文存》，台北：远流出版公司，1995，第356—363页。

饷国人。"[1]其实杂志不是完全没有，但印数少而流传不广。胡适与朋友们的讨论，即使发表在《留美学生月报》（*Chinese Students' Monthly*）上，也只有留学生自己看。

这样，就算有参与的愿望和行动，也多是自说自话，不仅不能像黄远庸所说的"与一般之人生出交涉"，[2]就是与国内的知识菁英，也没有多少沟通。从这个角度言，陈独秀办的《新青年》，无意中起到了使胡适和其他学生"能出所学以饷国人"的作用，从而改变了留美学生自说自话的状态，从此留美学生就成了中国思想言说中的一支生力军。新文化运动时胡陈合作的一个重要社会意义，正在于此。

胡适的《文学改良刍议》就是在《新青年》上发表后颇得"轰动效应"，于是一举成名。对国内的人来说，文学革命的口号应是陈独秀提出的，但陈既然将胡适许为文学革命"首举义旗之急先锋"，许多人也认同于这一观念。在胡适归国前，南社的柳亚子在给杨杏佛的信中，已说胡适"创文学革命"。[3]这个认知出自不太喜欢胡适的人，可知他在国内已是声名远播了。但胡适同时一稿两投，也将文章刊登在《留美学生季报》上，却几乎无人理睬。这最能说明接收一面对文学革命兴衰的重要。

当然，西洋留学生与国内思想言说的疏离并未完全弥合。

---

① 曹伯言整理《胡适日记全编》（以下简作《胡适日记》）第1册，安徽教育出版社，2001，1914年6月29日，第307页。

② 黄远庸：《释言（致甲寅杂志记者）》，《甲寅》第1卷第10号，1915年10月，第2页（通讯栏页）。

③ 《胡适日记》第2册，1917年6月所附"归国记"，第612页。

到1926年，留美学者汤茂如仍在说："中国的学者有一种共同的遗憾，就是没有机会发表他们的所有。不识字的人，自然没有资格听他们的言论；即一般所谓智识阶级，亦不能完全明白领会。"其原因，就在"民众的知识程度太低"。结果，"学者自为学者，很难与社会交换意见"。①

这里区别于"一般智识阶级"的"中国学者"，实即留学生，那种疏离感仍清晰可见。而更重要的，仍是西化知识菁英与"没有资格"作听众的老百姓之间的疏离。这对非常认同"与一般人生出交涉"这一取向，并将其视为"中国文学革命的预言"②的新文化诸贤来说，不能不说是一个诡论性的结局。其原因，恰蕴涵在文学革命自身之中。

二、"我们"与"他们"的困扰

近代士人讲开通民智，以白话文来教育大众，早已不断有人在提倡，陈独秀和胡适都曾参与清末的白话文活动。但是，晚清和民初两次白话文运动，也有很大的区别。胡适说，前者的最大缺点是把社会分作两部分："一边是应该用白话的'他们'，一边是应该做古文古诗的'我们'。我们不妨仍旧吃肉，但他们下等社会不配吃肉，只好抛块骨头给他们去吃罢。"③

---

① 汤茂如：《平民教育运动之使命》，《晨报副刊》，1927年1月25日，第10—11页。
② 胡适：《五十年来之中国文学》（1922），《胡适全集》（2），安徽教育出版社，2003，第309—310页。
③ 胡适：《五十年来之中国文学》，《胡适全集》（2），第329页。

以前的人提倡白话，是为"引车卖浆者流"说法，是要去"启"别人的"蒙"。启蒙者自身，既然不"蒙"，自然可不用白话。所以一般的士大夫，完全可以置之不理。①今胡适所倡导的白话，是为士大夫自身说法，是要"启蒙"者先启自己的"蒙"，这就与以前有根本的区别了。可以作古文的士大夫自己，包括部分留学生，当然不会赞成，后者尤其反对得非常厉害。正因为如此，胡适的白话文主张在美国留学生圈内才几乎完全得不到支持。后来文学革命以及新文化运动最有力的反对者，即是留学生唱主角的《学衡》派。

余师英时以为，胡适答案中关于"我们"和"他们"的分别，"恐怕也包括了他自己早年的心理经验"。但胡适"在美国受了七年的民主洗礼之后，至少在理智的层面上已改变了'我们'士大夫轻视'他们'老百姓的传统心理"。②余先生这里强调的"理智的层面"是一个关键。在意识层面，胡适的确想要借"国语的文学"这一建设性的革命达到整合"他们"与"我们"而融铸中国之"全国人民"的目的；但其潜意识仍不脱"我们"的士大夫意识，他要为"国人导师"的自定位决定了他最多不过做到变轻视"他们"为重视"他们"（没有做到当然不等于不想做到）。

---

① 那被"启"的"蒙者"一边，自己是否承认被"蒙"，或其承认的"蒙"是怎样一种"蒙"（很可能只承认不识字而被"蒙"，却并非缺少新知识那种"蒙"），及其是否想要或愿意其"蒙"被"启"，恐怕都是要打个很大的问号的。但这个问题不是这里所能说清楚的。关于中国读书人在清末"启蒙"方面的努力，可参阅李孝悌《清末的下层社会启蒙运动》，台北："中研院"近代史研究所，1992。

② 余英时：《中国近代思想史上的胡适》，第26—27页。

实际上，胡适不过是依其认知中的"一般人"的标准（实即他自定的标准）来做出判断，他那以白话文学为活文学的主张，在相当长的时间里并未得到真正老百姓的认可。最接近"引车卖浆者流"的读者，反而在相当时期内并不十分欣赏白话文学作品（详后）。

就连新文化人中的周作人，对胡适的"活文学观"也颇有保留，并从影射攻击发展到点名批评。①胡适的《国语文学史》出版后，周作人在1925年说："近年来国语文学的呼声很是热闹，就是国语文学史也曾见过两册，但国语文学到底是怎么一回事，我终于没有能够明了。"因为"国语普通又多当做白话解"，所以，"凡非白话文即非国语文学。然而一方面界限仍不能划得这样严整，照寻常说法应该算是文言文的东西里边也不少好文章，有点舍不得，于是硬把他拉过来，说他本来是白话。这样一来，国语文学的界限实在弄得有点糊涂，令我觉得莫名其妙"。这里语气不像周氏通常文章那么平和，显然是在攻击胡适。周作人自己说他洗手不谈文学已两年，写这篇文章是"不得已攘臂下车"，信非虚言。②

周氏更进而论证说："古文作品中之缺少很有价值的东西，已是一件不可动移的事实。其理由可以有种种不同的说法，但我相信这未必是由于古文是死的，是贵族的文学。"实际上，

---

① 周作人对胡适白话文学主张的批驳，当然不完全是就文学主张而论，大约与新文化人中"英美派"与"留日派"的内斗，具体说就是周氏兄弟和陈源的争战相关。此事已为多人讨论，此不赘。
② 本段及下两段，参见周作人《艺术与生活·国语文学谈》，（上海）中华书局，1936，第121—128页。

"古文所用的字十之八九是很普通，在白话中也是常用的字面。你说他死，他实在还是活着的……或者有人说所谓死的就是那形式——文体，但是同一形式的东西也不是没有好的；有些东西很为大家所爱，这样舍不得地爱，至于硬说他是古白话，收入（狭义的）国语文学史里去了。那么这种文体也似乎还有一口气"。这虽未点名，已明确是专门针对胡适而言了。

在文章最后，周作人用一句话"警告做白话文的朋友们"，要大家"紧防模拟"，并进一步点出了攻击胡适的主题。他说："白话文的生命是在独创，并不在他是活的或平民的。一传染上模拟病，也就没了他的命了。模仿杜子美或模仿胡适之，模仿柳子厚或模仿徐志摩，都是一样的毛病。"[①]的确是"攘臂下车"了。到1932年，周作人在其系列演讲《中国新文学的源流》中，仍就以上诸点正式提出不同意胡适的看法，语气反较平和；盖那时已事过境迁，与胡适的关系也改善了。[②]

但是，作为新文化运动主要人物之一，周作人也面临与胡适相同的"我们"与"他们"问题。在有意地层面，他也像胡适一样强调新文化人与清季人的区别，故指出：清季的"白话运动是主张知识阶级仍用古文，专以白话供给不懂古文的民众；现在的国语运动却主张国民全体都用国语"。在下意识中，周作人自己也仍有明显的"我们"与"他们"之分。他说：对于国语，一方面要"尽量的使他化为高深复杂，足以表现一切

---

① 这里说到徐志摩，提示了周作人不满的出处，显然是在继续与所谓"东吉祥胡同"诸人战。不过胡、徐二位恰都是"英美派"中与他关系较佳者，所以也的确是有点"不得已"。

② 周作人：《中国新文学的源流》，岳麓书社，1989，第18、55—56页。

高上精微的感情与思想，作为艺术学问的工具；一方面再依这个标准去教育，使最大多数的国民能够理解及运用这国语"。这意思，也就是先由"我们"来提高，再普及给"他们"。①

普及与提高孰先孰后，是文学革命发展到更具建设性的国语运动后越来越受到注意的问题。主要的趋势显然是先要普及。周作人在1922年观察到：那时已有人认为民初的白话文仍"过于高深复杂"。他认为，国语运动中这种专重普及的趋势看上去似乎更大众化，其实正体现了清季白话运动由菁英面向大众这一取向的遗绪。那种"准了现在大多数的民众智识的程度去定国语的形式的内容"的态度，恰是仍在分"我们"与"他们"的心态，以为国语也不过是"供给民众以浅近的教训与知识"。用一句大陆二三十年前通行的话说，这很有些"形左实右"的味道。

周氏提出，国语更主要是作为"建设文化之用，当然非求完备不可"。而民初白话文的缺点，正"在于还未完善，还欠高深复杂"。要建设，就要改造，而改造的主要方向仍是提高。他说："我们决不看轻民间的语言，以为粗俗，但是言词贫弱，组织简单，不能叙复杂的事情，抒微妙的情思，这是无可讳言的。"因此，"民间的俗语，正如明清小说的白话一样，是现代国语的资料，是其分子而非全体。现代国语须是合古今中外的分子融合而成的一种中国语"，除民间现代语外，还要"采纳古代的以及外国的分子"。

---

① 本段及以下两段，参见周作人《艺术与生活·国语改造的意见》，第107—115页。

到1925年，周作人的心态仍徘徊于既想要不分而实则仍在分"我们"与"他们"之间。他说："我相信古文与白话文都是汉文的一种文章语，他们的差异大部分是文体的，文字与文法只是小部分。中国现在还有好些人以为纯用老百姓的白话可以作文，我不敢附和。我想一国里当然只应有一种国语，但可以也是应当有两种语体，一是口语，一是文章语。口语是普通说话用的，为一般人民所共喻。文章语是写文章用的，须得有相当教养的人才能了解；这当然全以口语为基本，但是用字更丰富，组织更精密，使其适于表现复杂的思想感情之用。这在一般的日用口语，是不胜任的。"不过，周氏强调，文章语要"长保其生命的活力"，其"根本的结构是跟着口语的发展而定"的。①

观此可知，胡适、周作人那辈新文化人，一方面非常认同于"与一般人生出交涉"的观点（这里仍有"我们"与"他们"的区别），一方面又要保留裁定什么是"活文学"或"国语文学"这个裁判的社会角色。关键是，一旦"与一般人生出交涉"成为宗旨，什么是活文学便不是胡适等所能凭一己之爱好而定，而实应由"一般人"来定。换言之，面向大众成了目标之后，听众而不是知识菁英就成了裁判。在胡适等人的内心深处，大约并未将此裁判的社会角色让出。胡适关于历代活文学即新的文学形式总是先由老百姓变，然后由士人来加以改造确认，即是保留裁判角色的典型表述。

---

① 周作人：《艺术与生活·国语文学谈》，第123—124页。

这就造成了文学革命诸人难以自拔的困境：既要面向大众，又不想追随大众，更要指导大众。梅光迪、任鸿隽、林纾都在不同程度上意识到了这一点。梅氏以为，如用白话，"则村农伧父皆是诗人"。任鸿隽有同感，他在给胡适的信中说，"假定足下之文学革命成功，将令吾国作诗者皆京调高腔"。[①]而林纾则对"凡京津之稗贩，均可用为教授"这种潜在可能性深以为戒。[②]

在这一点上，"旧派"比"新派"更具自我完善性。传统的士大夫的社会角色本来就是一身而兼楷模与裁判的，分配给大众的社会角色是追随；追随得是否对，仍由士大夫裁定。两造的区分简明，功能清晰。但对民初的知识人——特别是有意面向大众的知识人——来说，事情就不那么简单了。所有这些士大夫的功能，现代知识人似乎都不准备放弃；但他们同时却又以面向大众为宗旨。这里面多少有些矛盾。关键在于大众如果真的"觉醒"，自己要当裁判时，知识人怎样因应。假如稗贩不再是"可用为教授"，而竟然"思出其位"，主动就要作教授，那又怎么办？林纾已虑及此，新文化人却还没来得及思考这一问题。

整个五四新文化运动期间及以后相当长一段时间里，这是努力面向大众的知识菁英所面临的一个基本问题，也是新文化人中一个看上去比较统一而实则歧异甚多的问题。鲁迅似比一

---

① 《胡适日记》第2册，1916年7月22、30日，第440、450页。
② 林纾：《致蔡元培函》，附在高平叔编《蔡元培全集》第3卷，中华书局，1984，第274页。

般新文化人要深刻，他已认识到"民众要看皇帝何在，太妃安否"，向他们讲什么现代常识，"岂非悖谬"？[1]正如汤茂如在1926年所说："梁启超是一个学者，梅兰芳不过是一个戏子。然而梁启超所到的地方，只能受极少数的知识阶级的欢迎；梅兰芳所到的地方，却能受社会上一般人的欢迎。"所以鲁迅干脆主张"从智识阶级一面先行设法，民众俟将来再说"。[2]

这里还有着更深层的因素——"文学"本是一个近代才引进的新概念，那时正发生着双重的改变。如朱维之所说："从前的小说与戏剧，不过是消闲品或娱乐品；而今却于娱乐中发扬时代的精神，以艺术为发挥思想与感情的工具，且批评人生、指导人生的工具。其使命之重大，和从前相去更不可以道里计了。"进而言之，"从前的文字是贵族的，是知识阶级的专有物，平民不能顾问"。现在刚好反过来，大家"不重视贵族文学，而重视平民文学了"。[3]

中国传统最重读书，对读书识字的推崇，几乎已到半神话的"敬惜字纸"程度：凡有字之纸皆具象征性的神圣地位，不能随便遗弃，须送到专门的容器中焚烧，而不是作为"资源"回收。今日已不多见的"字纸篓"，在民初是个与"故纸堆"相

---

① 鲁迅：《致徐炳昶》（1925年3月29日），《鲁迅全集》（3），人民文学出版社，1981，第24—25页。
② 汤茂如：《平民教育运动之使命》，《晨报副刊》，1927年1月25日，第10—11页。
③ 朱维之：《最近中国文学之变迁》，《青年进步》第117期，1928年11月，第36页。

关联的概念，常用来指谓"落伍"；[1]其实也是"敬惜字纸"传统的延续，即"字纸"必须与其他废弃物有所区分。这样对文字的推崇，透露出对学问（或今人爱说的知识）的特别尊重。高本汉（Bernhard Karlgren）对此深有体会，他说，中国人"对文字特别的敬爱"，是"西洋人所不能理会的"。这是因为，"西洋文字是由古代远方的异族借得来的"，而"中国文字是真正的一种中国精神创造力的产品"。[2]

在这样的文化传统里，当文学是文字之学甚至"经国之大业、不朽之盛事"（曹丕语）的时候，它既是"载道"的工具，也常常是读书人身心的寄托。到近代成为literature意义的"文学"时，其社会地位已大不相同了。以前广义的文学还可能是贵族的，同时也可以具有某种指导性的功能；当文学从广义变为近代西方那种狭义时，排除了贵族性，也扬弃了曾经的指导功能。

问题是，在文学从广义变为狭义的同时，它的功能却又在发生根本的质变。小说、戏曲一类狭义的文学，乃是过去上层读书人不齿或虽参与（包括创作和欣赏）却不标榜的内容；如今其功能又从消遣上升到指导，转变不可谓不大。而这类"文学"的作者和读者，又都在发生类似的从"贵族"到"平民"的转变。且此转变不仅限于"文学"层面，也表现在思想和社

---

[1]　如许德珩就曾主张"把旧时读死书的书呆子从字纸篓里拖出来，放到民族自救的熔炉里去"。许德珩：《"五四运动"的回忆与感念》，《世界学生》第1卷第5期，1942年5月，第9—10页。

[2]　高本汉：《中国语与中国文》，张世禄译，（上海）商务印书馆，1933，第84页。

会层面。

胡适曾自称他的新诗像一个缠过脚又放大的妇人，[1]后来也多次引用这一比喻。则其对自己的文学定位，似乎也有所自觉（虽不一定方位准确）。他在推动文学"革命"的同时，潜意识中确实暗存传统的菁英观念。朱维之就注意到，胡适在其《五十年来中国之文学》中，把严复、林纾、谭嗣同、梁启超、章太炎、章士钊等人的文章作为"近二十年来文学史上的中心"。其实"他所说的文学，不过是'文章'而已"，并不是"近十年来一般青年的文学观念"。[2]

这里"文学观念"的不同，正隐含甚至明示着代际的差别。胡适比喻中的那些"天足"女子，其实已是另一代人。很多白话文的作者，从思想到社会的认同，都更接近"平民"，并有自己的"文学观念"。他们一面追随着"贵族"，一面又对其"指导"心存疑虑。其结果，就像梁启超当年所说的"新民"——"新民云者，非新者一人，而新之者又一人也，则在吾民之各自新而已"。[3]既不很愿意接受"贵族"的"指导"，便只能自己指导自己，在游泳中学习游泳。

转变中的文学，又遇到了革命，其多重的尴尬，还不止此。所谓的新"文学观念"，正像胡适等提倡"国语"，本受到外在的影响。胡适主张"国语的文学，文学的国语"，其思想资

---

[1] 胡适：《尝试集·四版自序》（1922年3月），《胡适全集》（10），第43—44页。

[2] 朱维之：《十年来之中国文学》，《青年进步》第100期，1927年2月，第209页。

[3] 梁启超：《新民说》，《饮冰室合集·专集之四》，第3页。

源正是欧洲文艺复兴以国语促民族国家的建立的先例。[①]但他在具体的论证中，明显是重"白话"而轻"文言"。朱经农看出了其间的紧张，以为"'文学的国语'，对于'文言''白话'，应该并采兼收而不偏废"。其重要之点，"并非'白话'，亦非'文言'；须吸收文字之精华，弃却白话的糟粕，另成一种'雅俗共赏'的'活文学'"。[②]

当年意大利的方言，针对着大一统的拉丁文；而中国的"白话"和"文言"，却皆是本土的。朱经农看出胡适因新旧之争而无意中带有些"去国"的意味，故强调应把"国"置于新旧之上。当"过去是外国"时，学文言略近于学外文。这"外文"确有非我（非当下之我）的一面，也承载着某种超越特性。且其"非我"仅体现在时间上，那异己程度远非真正的外文可比。这样，以前中国人的教育，类似于从小学外文，又借助这超越的文字，克服空间和时间之方言的隔阂。如高本汉所说：在中国"这个大国里，各处地方都能彼此结合，是由于中国的文言，一种书写上的世界语，做了维系的工具"。中国历代"能保存政治上的统一，大部分也不得不归功于这种文言的统一势力"。[③]

在士为四民之首时，读书人本是社会的榜样，于是通过能够运用此"超越文字"的群体，形成思想和社会的重心，以

---

① 胡适：《建设的文学革命论——国语的文学，文学的国语》（1918年4月），《胡适全集》（1），第52—68页。
② 《朱经农致胡适》（1918年6月），收入《答朱经农》，《胡适全集》（1），第80页。
③ 高本汉：《中国语与中国文》，第49—50页。

凝聚整个的民族。近代民族主义学理传入，基本在读书人中讨论，因早有书面文字的一统，中国不像欧洲那样特别需要一个独立的口语。但当一部分士人想要跨出传统论域而诉诸菁英以外的追随者时，白话和国语（统一的口语）的重要性随之而增；而白话和国语的兴起，又进一步使民族主义走向下层。然从更具体的层面细看，更本土的"国语"，功效反而不如带有欧化色彩的"白话"。因前者面向大众，而后者更多针对边缘知识青年。那时颇具理想主义且真想做点什么，是边缘知青而不是大众。换言之，新文化人想要生出交涉的"一般人"，并非一个整体。

过去研究文学革命，虽然都指出其各种不足，但一般尚承认其在推广白话文，即在试图"与一般人生出交涉"方面的努力和成功。其实恰恰在这一点上，文学革命只取得了部分的成功。胡适晚年自称："在短短的数年之内，那些（白话）长短篇小说已经被正式接受了。"①实际上，最接近"引车卖浆者流"的读者反而在相当时期内并不十分欣赏白话文学作品，张恨水就同样用"古文"写小说而能在新文化运动之后广泛流行，而且张氏写的恰是面向下层的通俗小说。这很能说明文学革命在白话方面的"成功"其实还应做进一步的分析。

从销售的数量言，20世纪二三十年代文言小说恐怕不在白话小说之下。美国学者林培瑞已做了很大努力去证实读文言小说的那些人，就是以上海为中心的"鸳鸯蝴蝶派"早已生出交

---

① 《胡适口述自传》，第164页。

涉的"一般人"。①不过,文言小说在相当时期里的风行虽然可用统计数字证明,文学革命许多人自己的确没有认识到,恐怕也不会承认,他们在"与一般人生出交涉"方面竟然成功有限。很简单,他们自己的文学作品也确实很能卖,同样是不断地再版。这就提出一个新的问题,文学革命者们到底与什么样的"一般人"生出了交涉呢?或者说,究竟是谁在读文学革命者的作品呢?

三、新文学作品的实际读者

后来的事实表明,在相当长的一段时间里,接受白话小说者只是特定的一部分人。他们中许多是从林译文言小说的读者群中转过来的,有的更成了后来的作者(如巴金)。另一些大约也基本是向往新潮流或走向"上层社会"的知识青年,如鲁迅所曾见的以带着体温的铜元来买新小说的学生。②

新文学作品的实际读者群,就是处于大众与菁英之间的边缘读书人,主要是年轻人。前引陈独秀所说"中国近来产业发达,人口集中,白话文完全是应这个需要而发生而存在的"一段话,余师英时已用来对新文化运动的社会基础进行了简明的考察分析。③若仔细观察,陈独秀所说白话文的社会背景,实际

① Perry Link, *Mandarin Ducks and Butterflies*: *Popular Urban Fiction in Early Twentieth-Century China*, Berkeley and Los Angeles, 1980.
② 鲁迅:《写在〈坟〉后面》,《鲁迅全集》(1),1926,第285页。
③ 余英时:《中国近代思想史上的胡适》,第25页。

上就是指谓那些向往变成菁英的城镇边缘知识青年。①以白话文运动为核心的文学革命，无疑适应了这些介于上层读书人和不识字者之间，但又想上升到菁英层次的边缘读书人的需要。

像孔子一样，胡适希望能够向学的人都有走进上等社会的机会，所以他特别注重教育与社会需求的关联。他刚从美国回来时就注意到："如今中学堂毕业的人才，高又高不得，低又低不得，竟成了一种无能的游民。这都由于学校里所教的功课，和社会上的需要毫无关涉。"②且不管胡适所说的原因是否对，他的确抓住了城市社会对此类中学生的需要有限这个关键。而高低都不合适，正是边缘知识人两难窘境的鲜明写照。

自己也从基层奋斗到上层的胡适，非常理解那种希望得到社会承认的心态。他后来说："小孩子学一种文字，是为他们长大时用的；他们若知道社会的'上等人'全瞧不起那种文字，全不用那种文字来著书立说，也不用那种文字来求功名富贵，他们决不肯去学，他们学了就永远走不进'上等'社会了！"③

所以他有意识地"告诉青年朋友们，说他们早已掌握了国语。这国语简单到不用教就可学会的程度"。因为"白话文是有文法的，但是这文法却简单、有理智而合乎逻辑，根本不受一般文法转弯抹角的限制"，完全"可以无师自通"。简言之，"学

---

① 关于边缘读书人社群及其与新文化运动的关系，详见罗志田《近代中国社会权势的转移：知识分子的边缘化与边缘知识分子的兴起》，收入其《权势转移：近代中国的思想、社会与学术》，湖北人民出版社，1999，第216—230页。

② 胡适：《归国杂感》，《新青年》第4卷第1号，1918年1月，第26页。

③ 胡适：《中国新文学大系·建设理论集导言》，《胡适全集》（12），1935年9月，第271页。

习白话文就根本不需要什么进学校拜老师的"。实际上，"我们只要有勇气，我们就可以使用它了"。①

这等于就是说，一个人只要会写字并且胆子大，就能作文。这些边缘读书人在穷愁潦倒之际，忽闻有人提倡上流人也要作那白话文，恰是他们有能力与新旧上层菁英在同一起跑线竞争者。一夜之间，不降丝毫自尊就可跃居"上流"，得来全不费工夫，怎么会不欢欣鼓舞而全力支持拥护！到五四学生运动后，小报小刊陡增，其作者和读者大致都是这一社会阶层的人。从社会层面看，新报刊也是就业机会，他们实际上是自己给自己创造出了"社会的需要"。白话文运动对这些人有多么要紧，而他们的支持拥护会有多么积极，都可以不言而喻了。

据邓广铭先生回忆，1923—1927年间他在济南的山东第一师范念书时，参加了"书报介绍社"。该团体"主要是售书，但出售的都是新文化方面的书，如北边的新潮社、北新书局、未名社，南方的创造社、光华书局出的书，我们都卖。我自己每天或隔一天利用业余时间在校门口卖书两点钟"。这就是"新文学"的读者群。邓先生自己因此"对北大特别崇拜，特别向往"，最后终于辗转考入北大念书。②但这些趋新边缘知识青年中未能考上大学的，当大有人在，他们当然支持白话文运动。

胡适曾指出，外界对文学革命的一个误解，是他本人"发明了一种简单化的中国语"（a simplified Chinese language）。不

---

① 《胡适口述自传》，第166、163页。
② 邓广铭：《我与胡适》，收在耿云志主编《胡适研究丛刊》第1辑，北京大学出版社，1995，第213页。

过这误解其实只在"发明"二字。使中国语言"简单化",正是文学革命的主要力量之所在。如胡适自己所说:文学革命之所以能很容易取得成功,其"最重要的因素"就是"白话文本身的简捷和易于教授"。[①]

胡适自己写文章,素来"抱定一个宗旨,作文字必须要叫人懂得";[②]为此而改了又改,就是"要为读者着想"。胡适关怀的不止是我自己是否懂,而且是"要读者跟我的思虑走"。这样努力使自己的文章"明白清楚"的结果是"浅显",而浅显又适应了边缘知识青年的需要。同时,与一般作者不同,他作文不是"只管自己的思想去写",而是"处处为读者着想"。[③]这样一心一意从读者角度出发的苦心,在民初思想接收者渐居主动地位时,也给胡适带来了意想不到的正面回馈。

前已引述,胡适曾明确指出,文学革命就是要提高"大众所酷好的小说"的地位;而看小说者的地位,当然也随之升高。如今不仅读者的地位提高,作者的门槛又大幅降低,能写字者几乎人人都可以成为"作家"。这样的主张既然适应了近代社会变动产生出的这一大批边缘知识人的需要,更因为反对支持的两边都热烈参与投入,其能够一呼百应(反对也是应)、不胫而走,就不足为奇了。

但边缘知识人虽常常代大众立言,却并不是"大众"本

---

① 《胡适口述自传》,第137、154、166页。注意胡适所说的"最重要"是数个并列,而不是通常的唯一之"最"。

② 胡适:《四十自述》(1931—1932年),《胡适全集》(18),第71页。

③ 胡颂平编《胡适之先生晚年谈话录》,中国友谊出版公司,1993,第23、240、66页;唐德刚:《胡适杂忆》,第70页。

身。从接收者一面整体看，可以说，原有意面向"引车卖浆者流"的白话小说，只在上层菁英知识人和追随他们的边缘知识青年中流传；而原被认为是为上层菁英分子说法的"文言"，却在更低层但有阅读能力的大众中风行。

这个极具诡论意味的社会现象说明，胡适提出的"白话是活文学，而文言是死文学"的思想观念，其实不十分站得住脚。孔子说，"我欲仁而斯仁至"。那些关心"皇帝太妃"也欢迎梅兰芳的"一般人"，因其本不向往新潮流，也就不怎么感受到文学革命的"冲击"，自然也就谈不上什么"反应"了。

这就揭示出，关于文学革命"成功"的认知，从新文化运动的当事人开始，就已有些迷思（myth）的成分。胡适等人在意识的一面虽然想的是大众，在无意识的一面却充满菁英的关怀。文学革命实际是一场菁英气十足的上层革命，故其效应也正在菁英分子和想上升到菁英的知识青年中间。新文化运动领路人在向着"与一般人生出交涉"这个取向发展的同时，已伏下与许多"一般人"疏离的趋向。这个现象在当时或尚隐伏，然其蛛丝马迹也已开始显露了。

思潮与社会条件
——新文化运动中的两个例子

王汎森

新文化运动有两个层面，一面是破的，一面是立的。在"破"方面，可以一言以概括之，即"去传统化"；"立"的方面，在思想上是提倡民主、科学、平等、女权等新价值、新观念。学术上则是在"科学"的大纛下，每一种学门都起了根本的变化，有了新的发展，20世纪20年代以后逐步建立了新学术社会。

本文所要讨论的并不是"破"的方面或"立"的方面的思想内容，而是想讨论"新""旧"递嬗中，社会政治条件所发生的类似火车"转辙器"般的作用。这个问题牵涉的范围非常之广，本文只选择了两个例子加以讨论，第一个例子偏重在新文化运动的思想背景方面，以陈独秀和《新青年》的变化为主。第二个例子则是一个地区型人物的变化，我所举的是四川成都的吴虞。把它们放在一起讨论，除了方便入手之外，也是想看看全国性的舞台与地区型知识分子之间的互动。

一

传统思想及伦理纲常至少有四个重要的建制性的凭借：科举、法律、礼仪及政权，它们在20世纪初次第倒台，使得原来紧紧依托于它们的传统思想与纲常伦理顿失所依，从而也使一个广大的群众随着它们的消逝而茫然失措。

科举是1905年废除的。这是当时惊天动地的大事。科举制度原来是举国知识菁英，与国家功令及传统价值体系相联系的大动脉，切断这条大动脉，则从此两者变得毫不相干，国家与知识大众成为两个不相联系的陆块，各自漂浮，社会上也出现了大批的"自由流动资源"（free floating resources），他们为了维持社会菁英的地位，不能再倚赖行之一千多年的这条大动脉，而须另谋他图。它一方面使得吟哦四书五经、牢守功令、恪遵伦理纲常的旧菁英顿时失去凭借，同时也逼使这些漂浮流动的人才面向许许多多可能的事物。在这许许多多的可能性中，当然也包括新事物。

废科举也使得八股文失去了"再生产"的凭借，为一种新的文学运动清除了道路障碍。如果不是废科举使得旧式文章不再与功名利禄连在一起，则白话文不可能得到那么快、那么大的成功，而废科举与甲午及庚子两次战争的失败当然有关，所以提过考篮、得过功名的陈独秀回忆说："倘无甲午、庚子两次之福音，至今犹在八股垂发时代。"①胡适也观察道："倘使科举制度至今还在，白话文学的运动决不会有这样容易的胜利。"②如果科举制度还在，古文与墨义仍是名利的敲门砖，则中国的读书人仍然要"钻在那墨卷古文堆里过日子，永远不知道时文、古文之外还有什么活的文学"。③

传统思想与礼教纲常的另一个屏障是法律。在清代，《大清律例》当然是规范人们行为最为重要的法典，而所谓"无一条非孔子之道"的《大清律例》，④在清廷的最后几年改修，出现大幅模仿西方的《大清新刑律》。到了民国元年，维护礼教纲常的《大清律例》被具有平等精神的《新刑律》所取代，为行为的解放开辟了一个广大的空间。

除上述所列之外，在政治方面，辛亥革命结束了君主政权；在礼仪方面，祭孔典礼是民国元年教育总长蔡元培废除的，同时，蔡元培也以政治力量废除学校读经。以上几种变化，当然都有长远的思想背景，最终在建制的层面上落实，但它们也回过来加速"新""旧"思潮的变换。思潮与社会政治条件之间，殆有如火车"转辙器"般，交互作用。

民国元年以后的几个政治事件，尤其是旧文化势力的回流、袁世凯称帝以及张勋复辟事件，也发挥了"转辙器"的功能。它们逼出了一种深刻的心理变化，使得晚清以来批判传统

---

① 陈独秀：《敬告青年》，《陈独秀著作选》第1卷，上海人民出版社，1993，第133页。
② 胡适：《五十年来中国之文学》，《胡适文存》第2集，第246页。
③ 同前注。
④ 陈独秀：《宪法与孔教》，《陈独秀著作选》第1卷，第229页。

与引介新事物的轨道，有了微妙的改变，它们使得新文化运动能扩大它在新知识分子中的影响，说服了一些持不同意见或迟疑的人。因为这些政治社会事件，与新文化运动有密切的机缘因果关系，所以会有人在民国八年（1919）说："近两年里，为着昏乱政治的反响，种下了一个根本大改造的萌芽。"①不过，我必须声明，我决不是想谈上层建筑与经济基础的关系，也决非否定在一个长时段的思想发展中，存在着内在的逻辑。

任何有关新文化运动的讨论都不能省略《新青年》。《新青年》是近代思想发展的一面镜子，它的变化非常快，几乎每一卷都有新的重心。在"五四"之前，它的发展大约可以分为几个阶段。一开始，它强调"青年文化"，同时也介绍各国的青年文化，这与刊物的名称相符。第二个阶段则刻意批评孔教与军阀因缘为用，并抨击孔子之道与现代生活的不合。第三个阶段提出伦理革命及文学革命。而第四阶段则强调思想革命，认为文学本合文学工具与思想而成，在改变文学的工具之外，还应该改换思想。②在"五四"前后，《新青年》中社会主义的成分愈来愈浓，1919年5月的"马克思主义专号"，即是一个例证。民国十年（1921）以后，《新青年》逐渐成为中国共产党的"机关报"。

---

① 傅斯年：《〈新潮〉之回顾与前瞻》，《傅斯年全集》第4册，第158页。
② 周作人《知堂回想录》（敦煌文艺出版社，1998）说他在民国八年作了一篇《思想革命》，"仿佛和那时正出风头的'文学革命'，即是文字改革故意立异，实在乃是补足它所缺少的一方面罢了"。（第254页）案《思想革命》一文原刊《每周评论》十一号，后载《新青年》第6卷第4号，笔名仲密。当时人清楚觉察到这是一个新方向，如傅斯年《白话文学与心理改革》中便响应"仲密"（周作人）的这篇文章（《傅斯年全集》第4册，第128—138页）。

《新青年》不停地变，新知识分子却不一定能赞同它每一阶段的主张。譬如南社领袖柳亚子，他赞同攻驳孔教，但不同意胡适的文学革命。[①] 又如胡适，他提倡文学革命，却未必赞同《新青年》往社会主义方面发展；而能同意其讨论社会主义的，也不一定同意它成为共产主义的喉舌。所以《新青年》像一部急驶的列车，不断地有人上车，也不断地有乘客下车，能共乘前一段路的，不一定能共乘后一段。

　　与我们这里所要讨论较相关的，是第二、第三及第四阶段。事实上，《新青年》创刊之初，连赠送交换在内只印一千份，使《新青年》销量渐增的是宣扬伦理革命的阶段，尤其在胡适加入以后，文学革命成为讨论的主题；以及民国六年（1917），该刊编辑组迁到北京，北大一批新教授加入笔阵之后。它的销量最高达一万五六千份。[②]

　　陈独秀与陆续加入的几位新文化运动领袖，都与辛亥革命有关，而他们也都牢守民主共和的理想。

　　从甲午到辛亥，中国思想界经历两大阶段。甲午战争失败后，举国上层及中层社会大梦初醒，泰半认为虽圣人亦不废富强之策，康有为、梁启超提倡变法，而新旧之争激烈，旧派走向极端，乃有庚子义和团之乱，经过这次变乱而旧派顿失所依，新派大行。然而康梁所提倡的改革意见，基本集中在"行政制度问题"上，而对于政治之根本问题，距离尚远。清末革

---

① 　《吴虞日记》（上），四川人民出版社，1984，第300页。
② 　关于《新青年》之销售量，见《五四时期期刊介绍》第1集上册，生活·读书·新知三联书店，1978，第37页。

命、立宪两派则辩论民主共和与君主立宪，开始接触到政治的根本问题。辛亥革命成功，使得民主共和的主张得到落实。[1]

这个民主共和的新政体，用体制性的力量，公布了许多合于西方潮流的政策。在1912年的最初三个月间，先后发布了三十几条通除旧布新的文告，它们大多是辛亥革命前十年间，革命党人宣传过的主张，此时则以法令、政策的形式颁行全国。而其中最震动人心的是，教育总长蔡元培所宣布的停止祭孔、中小学废止读经和北京大学废除经科正式命名为文科，周作人说："这两件事在中国的影响极大，是绝不可估计得太低的。"当时即有人以"毁孔子庙罢其祀"形容之。[2]1912年4月，袁世凯就任临时大总统，新思想与新事物失去它在政治上的依靠，这年年底，新文化退潮，而旧文化回流，从中央到地方，新旧两股政治势力和文化势力的斗争与歧异，始终是存在的。旧文化的回潮也有政治力量作后盾，袁世凯就任临时大总统后，尊孔读经之论从广东、山西等地蔓延开来，山西有"宗圣会"，北京有"孔社"，青岛有"尊孔文社"，扬州有"尊孔崇道会"，镇江有"尊孔会"。在蔡元培辞去教育总长后，教育部随即公布了孔子诞辰纪念日，许多地方纷纷组织庆祝"圣诞"之活动。1913年，江苏都督张勋的根据地南京的文化复古风气极盛，这年2月，张勋《上大总统请尊孔教书》，孔教会领导人物集会上海发起孔教会，以"昌明孔孟、救济社会"为宗旨。6月22日，袁世凯发布"尊崇孔圣令"，说"至悍然倡为废祀之说，

① 陈独秀：《吾人最后之觉悟》，《陈独秀著作选》第1卷，第176页。
② 周作人：《知堂回想录》，第222页。

此不独无以识孔学之精微，即于平等自由之真相，亦未有当也。以心不服从为平等，以无忌惮为自由"。8、9月间，孔教会总部迁到北京，宣传只要孔教一昌，当时中国所有的问题都可以一并解决，政局也可以定下来。1914年是旧文化全面扩张并进一步政治化之时，这年年初，北京"孔社"举办"信古传习所"，所习科目以经学为首，北京也有人组成"庚子拜经会"，认为想救国族必自拜经始。4月间，有三十余人向政治会议提出设立经学馆议案，要求将五经流布欧美，此年秋季，袁世凯亲赴孔庙祭孔，行三跪九叩礼。这年冬至，袁世凯着古装在天坛举行民国首次盛大祭礼，各地文武大员纷纷仿行。1915年，全面推行教育复旧、小学读经，当时也出现了小学将废、科举将复的谣言。除了孔教之外，在这几年间，压抑女权的风气亦起。禁止女子参政，发布过女子不得加入政治结社、不得加入政坛集会的命令。1913年《治安警察条例》禁止男女自由交往，褒扬贞节烈女的风潮勃起。1914年3月，袁世凯颁布条例，管制戏园，禁止男女合演。同时宗教力量也逐渐复苏，毁学兴庙之风甚盛。[1]在这波文化风潮中，袁世凯称帝的活动开始登场。1915年8月上旬，袁世凯的宪法顾问古德诺率先发表《共和与君主论》，主张实行君主制，接着日本人有贺长雄亦发表《共和宪法持久策》，为袁氏称帝制造舆论，杨度等人组成的"筹安会"与之呼应，筹安会通电各省军政大员派代表到北京，组织公民请愿团，而袁的各地亲信也上书劝进，请其"速正大位"。

---

[1]　以上全部引自刘志琴主编，罗检秋编《近代中国社会文化变迁录》第3卷，浙江人民出版社，1998，第1—256页。

在所有文化复古运动中，最令人瞩目的是风起云涌的、在宪法中明定孔教为国教的运动。袁世凯表面上虽对国教不置可否，但不断地以言论和实际行动加以支持，后来，《天坛宪草》第十九条也附上了尊孔的条文。

就在推动袁氏称帝的声浪中，陈独秀成立了《新青年》，这个时间上的顺序不能算是偶然。研究陈氏的人不能忘记他在辛亥革命及二次革命中的角色，以及他是个共和政体的信仰者，而袁世凯复辟活动则促使这个革命家猛醒。在当时人的各种回忆中还可以看到类似的例子。以钱玄同为例，他说洪宪纪元像霹雳一声惊醒他迷古的美梦——

> 　　若玄同者，于新学问、新智识，一点也没有；自从十二岁起到二十九岁，东撞西摸，以盘为日，以康瓠为周鼎，以瓦釜为黄钟，发昏做梦者整整十八年。自洪宪纪元，始如一个响霹雳震醒迷梦，始知国粹之万不可保存，粪之万不可不排泄；愿我可爱可敬的支那青年做二十世纪的文明人，做中华民国的新国民。①

在民国元年画出了一个民主共和国的饼之后，紧接着是一连串因对比而形成的失望，而失望与希望的力量至少是一样大的。新思想家们敏感地认为中华民国是"一团矛盾"，对于在共和国

---

① 《保护眼珠与换回人眼》，《新青年》第5卷第6号，1918年12月，第627页。

体之下实际上却是专制政治一事大感奇怪。①陈独秀说：

> 吾人果欲于政治上采用共和立宪制，复欲于伦理上保守纲常阶级制，以收新旧调和之效，自家冲撞，此绝不可能之事。盖共和立宪制，以独立平等自由为原则，与纲常阶级制为绝对不可相容之物，存其一必废其一……②

平等自由、共和立宪的中华民国，却同时持守伦理上的纲常阶级制，这是一个大矛盾。陈氏又说，共和立宪如不出于多数国民之自觉，是"伪共和""伪立宪"。③这就好像民国十年（1921）瞿秋白在提到辛亥革命时所说的，那次革命"成立了一个括弧内的'民国'"。④

李大钊《新的！旧的！》中，则说当日的中国是一团"矛盾"：

> 中国今日的现象全是矛盾现象。举国的人都在矛盾现象中讨生活。

---

① 陈独秀说："三年以来，吾人于共和国体之下，备受专制政治之痛苦。"《陈独秀著作选》第1卷，第176页。
② 《陈独秀著作选》第1卷，第179页。
③ "共和立宪而不出于多数国民之自觉与自动，皆伪共和也，伪立宪也……以其与多数国民之思想人格无变更，与多数国民之利害休戚无切身之观感也。"《吾人最后之觉悟》，《陈独秀著作选》第1卷，第178页。
④ 瞿秋白《饿乡纪程》："政治上，虽经过了十年前的一次革命，成立了一个括弧内的'民国'，而德谟克拉西（La démocratie）一个字到十年后再'发现'。"《瞿秋白诗文选》，人民文学出版社，1982，第36页。

矛盾生活即新旧不调和之生活。①

在所有矛盾中，天坛宪法草案第十九条附以尊孔之文，当然是最刺眼的。1916年11月，陈独秀在《宪法与孔教》中说：

> 吾见民国宪法草案百余条，其不与孔子之道相抵触者，盖几希矣，其将何以并存之？②

同文又说：

> 惟明明以共和国民自居，以输入西洋文明自励者，亦于与共和政体西洋文明绝对相反之别尊卑明贵贱之孔教，不欲吐弃，此愚之所大惑也。③

20世纪初年以来的废科举、废读经、废祭孔，事实上已经将原来是一个有机整体的孔教与国家，分成文化与政治两个不同的领域。这两个领域如果各自活动，问题并不大，甚至是值得赞许的。蔡元培说："孔子是孔子，宗教是宗教，国家是国家，义理各别，勿能强作一谈。"即是这个意思。④陈独秀在《宪法与孔教》中也说："使孔教会仅以私人团体，立教于社会，国家固

---

① 蔡尚思主编《中国现代思想史资料简编》第1册，浙江人民出版社，1986，第125页。
② 《陈独秀著作选》第1卷，第229页。
③ 同前注。
④ 陈独秀《再论孔教问题》中所引，《陈独秀著作选》第1卷，第254页。

应予以与各教同等之自由。使仅以孔学会号召于国中，尤吾人所赞许。"①现在的问题是它们的活动太过接近，也就是李大钊所说的，"新旧性质相差太远，而一切活动相邻太近"，②因为"一切活动相邻太近"，尤其是这两个已经切开的领域，是因为政治强力介入才又合在一起的，更令人产生荒谬的、不能并存、不能调和的感觉。

一种文化符号的形象，与提倡或阐释它的人的身份与形象，不能没有关系。而当提倡孔教的是清一色的军阀时，儒家不可避免地被政治化，更增一般人的恶劣印象。

"孔教"与"共和政体"这两个矛盾太大却又相邻太近的领域，催发出一种思维，这种思维认为社会文化是一个整体，不可能以旧心理去运用新制度，梁启超在《五十年中国进化概论》敏感地说：

> 觉得社会文化是整套的，要拿旧心理运用新制度，决计不可能，渐渐要求全人格的觉悟。③

而在所谓"社会文化整套"观之中，新与旧不但没有渐进调和之可能，甚至是势不两立的，陈独秀借用韩愈《原道》中的话

---

① 《陈独秀著作选》第1卷，第225页。
② 《新的！旧的！》，《中国现代思想史资料简编》第1册，第126页。
③ 梁启超：《五十年中国进化概论》，《饮冰室文集》，（台湾）中华书局，1978，第45页。

强调说："不塞不流，不止不行。"①学生一辈的傅斯年发表于民国八年（1919）的《破坏》一文也说："一个空瓶子，里面并没有多量的浑水，把清水注进就完了。假使是个浑水满了的瓶子，只得先把浑水倾去，清水才能钻进来。"②

为了解决"相邻太近"、矛盾太大的问题，他们所想到的解决办法，有相当的一致性。李大钊说，"为了解决矛盾，只有破除一切"，③陈独秀所得到的结论也相近：

> 这腐旧思想布满国中，所以我们要诚心巩固共和国体，非将这班反对共和的伦理文学等等旧思想，完全洗刷得干干净净不可。④

他在《答钱玄同》中又说，十三经不焚，孔庙不毁，则"共和"的招牌挂不长久：

> 全部十三经，不容于民主国家者盖十之九九，此物不遭焚禁，孔庙不毁，共和招牌，当然挂不长久……⑤

为了挂稳"中华民国"这块招牌，必须毁弃孔庙，焚烧十三

---

① 《新青年》第2卷第3号，1916年11月，《宪法与孔教》，《陈独秀著作选》第1卷，第229页。
② 《新潮》第1卷第2号，《傅斯年全集》第5册，第35页。
③ 《新的！旧的！》，《中国现代思想史资料简编》第1册，第134页。
④ 《旧思想与国体问题》，《陈独秀著作选》第1卷，第297页。
⑤ 《答钱玄同〈世界语〉》，《陈独秀著作选》第1卷，第320页。

经，必须将旧的伦理文学洗刷干净。所以他们反对在许多人看起来要比较合理的新旧调和说（杜亚泉）或渐进改良的观念。

我们知道从晚清以来，非儒反孔的言论已经屡见不鲜了，而且这方面的资料愈发掘愈多，[①]不但思想一线延续，连人物也相重叠，[②]使得人们不自觉地要认为晚清思潮与新文化运动时期没有什么改变。然而只要细心观察，仍可以看出一些微妙的差异。先前偏重在解决黑暗专制的政治是改造旧思想、旧文化的前提，民国初年，人们也多认为专制政权或军阀是一切问题的恶因。但是到了此时，新文化运动的领袖却得出一个新的结论，军阀是"恶果"不是"恶因"。袁世凯死后，上海中西报纸盛传袁世凯未死，陈氏说他也"坚信袁世凯未死"，而且认为如果不能铲除恶因，还会有无数的袁世凯——

> 袁世凯之废共和复帝制，乃恶果非恶因，乃枝叶之罪恶，非根本之罪恶。若夫别尊卑、重阶级、主张人治、反对民权之思想学说，实为制造专制帝王之根本恶因。吾国思想不将此根本恶因铲除净尽，则有因必有果，无数废共和废帝制之袁世凯，当然接踵应运而生。[③]

同时，他们也开始从新的角度来看当时的政治问题。在此之前，解决政治问题的办法无非是政论。

---

① 关于这方面的研究，如我的《章太炎的思想》，陈万雄的《五四新文化的源流》，（香港）三联书店，1992。
② 见陈万雄《五四新文化的源流》第一章"《新青年》及其作者"。
③ 《陈独秀著作选》第1卷，第239—240页。

1905—1915年是政论发达的时代，但在袁世凯称帝之后，连篇累牍的政论却退潮了，许多政论机关也烟消云散，胡适在《五十年来中国之文学》中观察说：

> 民国五年以后，国中几乎没有一个政论机关，也没有一个政论家；连那些日报上的时评也都退到纸角上去了，或者竟完全取消了。这种政论文字的忽然消灭，我至今还说不出一个所以然来。[1]

政论文退潮的里程碑，是一向以政论生色的《甲寅》在1915年底停刊。政论文之退潮，当然与袁世凯的压制有关，但它还有更深层的理由，也就是政论家们的无力感，一边是政治评论家们成篇累牍地征引西方各种政治理论来讨论中国的政治，另一边是梁士诒、杨度、孙毓筠们把宪法踏在了脚底下，[2]所以黄远庸在《甲寅》的最后一期说：

> 愚见以为居今论政，实不知从何处说起……至根本救济，远意当从提倡新文学入手……[3]

黄远庸认为"居今论政，实不知从何处说起"，认为根本解决政治的办法在提倡新文学。章士钊的答书代表另一种思想，那是

---

[1] 《胡适文存》第2集，第226页。
[2] 同前注。
[3] 黄远庸给章士钊的信，在《甲寅》第1卷第10号，《通讯》，第2页。同时收入《远生遗著》卷四，第189页。

民国成立以来的主流观点。他不赞成黄远庸。他"认为政治好了，而后有社会之事可言，文艺其一端也"。①由这样一封简单的信可以看出当时的两条路：一条是以新文学来解决中国政治问题，一条是十年来政论文字的老路，以为政治是解决政治及包括文艺在内的所有问题的根本。从此之后，新思想领袖们有了新发现：解决政治的问题靠伦理与文学。伦理与文学对当时中国的意义，到这时候才被以一种全新的方式去了解，从此，谈民初政治的乱象才有了一个新的起点。

　　陈独秀显然是与黄远庸同一路的。所以在《新青年》的第1卷第1号中，他在答王庸工谈筹安会等问题的来信时，便宣称"批评时政非其旨也"。②《甲寅》时期的陈独秀，一直相信多数国民的爱国心与自觉心是解决政治问题的办法，③他后来虽然没有完全放弃这个主张，但是重心开始转移到别处，认为"学术""政治"已经不够了；认为继今以往，应该是伦理革命以及文学革命，故他说"伦理的觉悟，为吾人最后觉悟之最后觉悟"；④认为伦理问题不解决的话，"则政治、学术，皆枝叶问题，纵一时舍旧谋新，而根本思想，未尝变更，不旋踵而仍复旧观者，此自然必然之事也"。⑤又主张"今欲革新政治，势不

---

①　《甲寅》第1卷第10号，《通讯》，第5页。
②　《新青年》第1卷第1号，1915年9月，《通讯》，第2页。
③　如发表在《甲寅》第1卷第4号的《爱国心与自觉心》，《陈独秀著作选》第1卷，第113—119页。
④　《吾人最后之觉悟》，《陈独秀著作选》第1卷，第179页。
⑤　《宪法与孔教》，《陈独秀著作选》第1卷，第224页。

得不革新盘据于运用此政治者精神界之文学"。①陈独秀坚持文学、伦理、政治是"一家眷属"。所以当易宗夔投书《新青年》表示目前文学革命只要限于言文一致即可，不必推翻孔学，不必改革伦理，陈的回答是："旧文学、旧政治、旧伦理本是一家眷属，固不得去此而取彼。"②

当时《新青年》的路数显然相当新颖，所以成都的孙少荆有这样的印象：该刊三卷二期上特书一行字——"主张伦理改革、文学改革惟一之杂志"。③我在《新青年》三卷二期上并未能发现这一行字，孙少荆不知何所据而言然，但是孙氏的话似乎间接说明了当时人已清楚感觉《新青年》是提倡伦理革命及文学革命的刊物，而且是唯一的刊物。

《甲寅》停刊，《新青年》继起，《甲寅》的陈独秀、李大钊、高一涵，也都成为《新青年》的编者或作者，但在这两个时期，他们所写文章的重点有相当的不同。从《甲寅》到《新青年》，其实代表着对民初政治现象两种不同的认知。而这一个思维上的变化，与袁世凯称帝的刺激是分不开的。

民国六年（1917）7月间的张勋复辟，则是牵动思潮变化的另一事件，它为《新青年》的扩大影响与深化提供了助缘。周作人《知堂回想录》说，此后蓬勃发展的文化运动，多是受复辟的刺激而兴旺的：

---

① 《文学革命论》，原刊《新青年》第2卷第6号，《陈独秀著作选》第1卷，第263页。
② 他们的讨论见1918年10月《新青年》第5卷第4号，第431—433页。
③ 吴虞引其友孙少荆语，《吴虞日记》（上），第313页。

> 复辟这出把戏，前后不到两个星期便收场了，但是它却留下很大的影响，在以后的政治和文化的方面，都是关系极大……因为以后蓬蓬勃勃起来的文化上诸种运动，几乎无一不是受了复辟事件的刺激而发生的、兴旺的。

周作人还以《新青年》前后的发展为例，说明这个历史事件：

> 即如《新青年》吧，它本来就有，叫做《青年杂志》，也是普通的刊物罢了，虽是由陈独秀编辑，看不出什么特色来……我初来北京，鲁迅以《新青年》数册见示，并且述许季茀的话道："这里边颇有些谬论，可以一驳。"大概许君是用了民报社时代的眼光去看它，所以这么说的吧。但是我看了却觉得没有什么谬，虽然也并不怎么对，我那时也是写古文的，增订本《域外小说集》所说梭罗古勃的寓言数篇，便都是复辟前后这一个时期所翻译的。[1]

周作人告诉我们，在复辟之前，他自己是写古文的，而《新青年》是"普通的刊物"，许寿裳认为其中有许多谬论，周作人本人虽不认为是谬，但也不认为怎么对。经过复辟事件的刺激，他们翻然改变，"因为经历这次事迹，深深感觉中国改革之尚未成功，有思想革命之必要"[2]：

---

[1]　《知堂回想录》，第224页。
[2]　《知堂回想录》，第215页。

经过那一次事件的刺激，和以后的种种考虑，这才翻然改变过来，觉得中国很有"思想革命"之必要，光只是"文学革命"实在不够，虽然表现的文字改革自然是连带的应当做到的事，不过不是主要的目的罢了。[①]

鲁迅也是在复辟之后，才决定告别隐默抄碑的日子，写起小说来——"这也是复辟以后的事情"，"结果是那篇《狂人日记》，在《新青年》次年四月号发表……如众所周知，这篇《狂人日记》不但是篇白话文，而且是攻击吃人的礼教的第一炮，这便是鲁迅、钱玄同所关心的思想革命问题，其重要超过于文学革命了。"[②]

二

在北京这个全国思想的中央舞台，沸沸扬扬进行中的新文化运动，牵动了各地的知识分子。许多地方都有"新""旧"两派人在争执、对立，它也吸引了一些呼应新文化主张的人向北京发展，其中包括远在四川的一个不得意的读书人吴虞（又陵）。

被胡适称为"只手打倒孔家店的老英雄"，吴虞靠着《新青年》中的几篇文章，在新文化运动之后，从一个不见容于成都的士人，一跃而为全国思想舞台中的重要人物，并于民国十年

① 《知堂回想录》，第224页。
② 《知堂回想录》，第225页。

（1921）离开四川，成为北京大学教授。民国六年（1917）《新青年》三卷一号中，将一、二卷目录特列一页，上署大名家数十名执笔，其中赫然有吴虞的名字。吴虞在日记中写下这样一段感受：

> 不意成都一布衣，亦预海内大名家之列，惭愧之至，然不经辛亥之事，余学说不成，经辛亥之事而余或不免，四川人亦无预大名家之列者矣，一叹。[①]

这一段告白很可玩味，它透露了几层意思：第一，吴虞认为他非儒反孔、痛批中国传统家族主义的思想言论，与辛亥年的经历有关，此即"不经辛亥之事，余学说不成"[②]之意。第二，辛亥年之事是有生命危险的，故说"经辛亥之事而余或不免"。[③]吴虞经辛亥年之事而发展成的学说是什么？非常赏识这位"老英雄"的胡适，在为《吴虞文录》作序时，曾特别指出吴氏思想的两个重点，其一是指出孔子之道与现代生活不合，并主张"非孝"；其二便是批评中国的法律因为受传统纲常名教的影响而异常落后。[④]吴虞在新文化运动中最为人们重视的这两种论点，都有其"存在的基础"（existential basis）。吴氏在辛亥年前后与其父吴士先之间惨酷的争执，与其"非孝"思想有关，就

---

① 《吴虞日记》（上），第310页。
② 《吴虞日记》（上），第208页。
③ 同前书，第342页。
④ 本文完成后，偶然发现小野和子有《吴虞与刑法典论争》一文，刊《中国文化》第11期，1995年7月，第230—241页，请读者参阅。

在父子争讼的过程中，他因痛感旧律将"不孝"置于"十恶"之中，而对《大清律例》产生严重的不满。

吴虞在他的日记中一贯以"老魔"称呼自己的父亲，他们父子究竟因何启衅？同为川人的李璜说：辛亥年吴虞曾在成都散发传单，攻击其父对媳妇之丑行。[①]不过，除了李璜之外，目前还未见到相同的说法。我们可以确定的是，1910年11月，吴虞因为不满其父的丑行而发生冲突，被其父告到官府，成了轰动成都教育界的大事，虽经审断，理亏的是他父亲，但吴虞却遭到四川教育文化界谴责，认为是大逆不道的行为，吴虞乃油印了《家庭苦趣》一文，散发各学堂。时任四川教育总会长的徐炯特别召开了一次教育会，申讨这个"投畀豺虎，豺虎不食，放畀有北，有北不受"的名教罪人，将之公逐出教育界，咨议局亦进行纠举。[②]

《家庭苦趣》一文曾刊于《蜀报》第八期，[③]述及其父与前后两个续娶妇人的种种丑秽，以及父亲、继母对他们夫妇的虐待，这就是他后来所说的"家庭惨酷……外遭社会之陷害，内被尊长之毒螫"，[④]及"早受家庭严酷摧残，几不免死"。[⑤]

但吴虞还和父亲争夺财产。吴虞在1911年从逃遁的山间回

---

① 《学钝室回忆录》，台北：传记文学出版社，1973，第12—13页。
② 赵清、郑城编《吴虞集》前言，四川人民出版社，1985，第4页。余英时《中国现代价值观念的变迁》中提到吴虞与其父公开争讼是受清末新思潮影响的结果，见余先生的《现代儒学论》，香港：八方文化企业公司，1996，第85页。
③ 以下所引《家庭苦趣》一文具见《吴虞集》，第18—20页。
④ 《吴虞日记》（上），第83页。
⑤ 同前书，第335页。

到成都后，曾向妻弟借了一本《大清律例》，翻查卷九《田宅条例》：

> 告争家财田产，但系五年之上，并虽未及五年，验有亲族写立分书已定，出卖文约是实者，断令照旧管业，不许重分再赎，告词立案不行。①

查完此律之后，吴虞在日记中抄录光绪十九年（1893）其父在亲友见证之下所立的约定：

> 恁族众亲友议定，以新繁祖遗龙桥场水田一百零三亩零载粮一两五钱三分，正房屋俱全合付与儿子永宽一手掌理，至士先手内自置水田六十余亩留作养膳。将来如再有子息，此项儿子永宽即不得与闻……②

光绪十九年的这个约定，是其父第一次再娶之后所立定的。③也就因为先前立有此约，所以吴虞在武昌起义之后返回成都，急忙查《大清律例》卷九《田宅条例》，确定"但系五年以上，并

---

① 《吴虞日记》（上），第9页。唯日记中标点有误，此据新校本《大清律例》（天津古籍出版社，1995）第212页改正。
② 《吴虞日记》，第9—10页。
③ 而此约显然大有讲究，也就是将"祖遗"与吴父自置的田产分开。依照当时的惯例，一家之长虽有权支配财产，但是祖先留下的田产仍宜由子孙继承，一家之长不便任意处置，而"自置"的部分则可以自由处分。关于"祖遗"与"自置"财产的问题，此处参考了滋贺秀三《中国家族法の原理》，创文社，1990，第211—212页。

虽未及五年，验有亲族写立分书已定"者，"不许重分再赎"。
照吴虞在《家庭苦趣》中的说法，其父于第二次再娶后，继母
即将田房衣服器具变卖罄尽，两人并作文书于东岳庙诅咒吴虞
夫妇死亡，此时吴父显然不愿遵照光绪十九年（1893）所立约
定实行，而希望最少能再分得部分财产，但脾气强硬乖拗的吴
虞坚决不同意。《吴虞日记》上说："老魔欲分租房押银百金，吴
（庆熙）摇手止之曰：'不行。'老魔又欲请断田五十亩，吴复
曰：'他尚有一大家人，要缴你二人一月十二元尽足用了。'"①
从光绪十九年到1911年已经超过法律规定的五年，当时武昌起
义虽已成功，但仍沿用《大清律例》，所以如依《大清律例》审
断，则对吴虞有利。但是在传统中国，儿子控告父亲是不得了
的罪状，不管法理如何，"不孝"的罪名是没有人承受得起的，
更何况吴虞不单将父亲的丑行印成传单，并且公然刊发报纸。
除了和父亲争讼外，1910年，吴虞因为编《宋元学案粹语》，在
例言中引李卓吾的话，清政府曾令四川学政赵启霖查禁，不准
发售。1911年他又为文反对儒教及家族制度，四川护理总督王人
文曾移文各省逮捕，其中有"就地正法"之语，吴虞乃逃出成
都到山间避难。②而所谓避难山间，似乎是逃到其舅刘藜然家，
刘是哥老会首领。③

　　从以上看来，吴虞所谓"辛亥之难"有两个层次，第一个
罪状是发表非孔非孝的言论，这些言论在辛亥以前几年，便陆

① 《吴虞日记》（上），第11页。
② 《吴虞略历》，《吴虞日记》（上），第1—2页。
③ 《吴虞集》前言，第5页。

续隐现在他的诗注中。但在辛亥年前后却公开发表出来。他的第二个罪状是不孝，为了争田产而与父亲大吵，被父亲状告官府。这两个罪状都使他不见容于成都以礼教自持的旧派人物，以徐炯为首的旧派人物，发起成都教育界将他公逐。同时他也不见容于清朝的大僚，欲将他"就地正法"，当然他也不能在一开卷便是五服图及以"不孝"为"十恶"之一的《大清律例》中得到公平的审判，而必须逃离成都，遁居山中。

但是武昌起义的消息却使这个"罪人"一步一步离开山中，一步一步接近成都，也使得个人的问题与历史的剧变发生交会。细察他的日记，可以看出旧政权的崩裂，如何松动了礼教秩序，如何使得以它为凭借的旧知识分子、旧官僚失去依恃，也使得旧思想失去建制性的依靠，使得非孝、非孔的罪人，可以逐渐解除头上的紧箍咒。

四川铁路国有之争是辛亥革命的前奏，从这年8月起，四川政局便已激烈动荡，1911年9月16日，当时不在四川的一个年轻学生在日记上便记着："前数日报上已有四川宣告独立之电矣，何以独立之旗犹未见拂拂于蜀山顶上也？"[1] 9月22日，他的学堂监督在训话中便已"劝吾侪剪指爪去发辫也"。[2] 到了10月12日，便有"课毕后阅报纸，见专栏电中有云：武昌已为革党所据，新军亦起而相应，推黎元洪为首领……此事也，甚为迅速与机密，出其不意，遂以成事。武昌据天下上游，可以直捣金

---

① 乐齐编《叶圣陶日记》，山西教育出版社，1998，第11页。
② 乐齐编《叶圣陶日记》，第13页。

陵，北通燕赵。从此而万恶之政府即以推倒亦未可知也。"[1]10
月28日记"汇各报而统计之，则十八省省城，只一南京尚未动
也"，"从此以后，腥膻尽涤，大耻一洗，汉族同胞共歌自由，
当即有一共和政体之中华民国发现于东半球之东，乐矣哉"！[2]
这份日记，大致反映当时人从报纸所了解的革命发展情况，因
为它所记的消息得自新闻报道，与实际历史发展有不吻合之
处，尤其是"十八省省城只一南京未动"并不确实。但是到了
10月28日，几个省城都已易帜。成都光复虽晚，全国局势已
定，人们主观上也相信"中华民国"将出现于东亚。

　　我们再回过头来看看《吴虞日记》。现存《吴虞日记》的第
一条是10月31日，"同白仲琴由黐厂起身，轿子雇至眉州"，然
后至彭山城外，然后到成都，暂住其妻弟处，与其妻见面。[3]由
他的行止可见，他因见到旧政权已近崩溃，通缉令失效，故决
定回到满布敌人的成都。选在这个时候回到成都，当然是出于
一种估算：随着旧政权的崩溃，旧官僚、旧人物、旧道德、旧
法律皆将动摇，对他这个"大逆不道"的新派人物是有利的。

　　在新旧政权递嬗中，旧官僚阶层暂时失势。他们之中有许
许多多人后来虽然都以不同的方式回流，不过已经不再能享受
清代的权威。吴虞在1911年12月22日的日记中这样写着："早饭
后闻赵季鹤、王寅伯已就戮。周孝怀正在逮捕中，此人上半年
欲杀余，不意今日竟不能免，此亦积恶之报也。后悉周、王二

---

① 乐齐编《叶圣陶日记》，山西教育出版社，1998，第22页。
② 乐齐编《叶圣陶日记》，第32页。
③ 《吴虞日记》（上），第3页。吴虞日记以旧历记载，以下引用皆换成新历，
　　以便比较。

人十八日之变即远行，未常（尝）获也。"①这一段话中说周孝怀、王人文在辛亥革命成功后不久遁逃，②他们是清代四川的主政者，也是旧传统之维护者，曾经要把吴虞"就地正法"。在晚清，当新旧两种思想态度激烈冲突时，旧政权常常是旧思想的凭借，但是因为政治巨变，使得旧思想的守护者成为新通缉犯，而非儒非孝的旧通缉犯吴虞却危机顿除。

除了官僚阶层因政权之更迭而有起落外，地方上的文化菁英也一样。

四川与当时中国许多地方一样，有新旧两种文化菁英，而改朝换代却使旧派人物顿失依靠。在1912年1月5日的日记中，吴虞写下"周择、刘彝铭、赁溶、康千里、曾颐、周邦勤、叶茂林、徐炯、朱华国，以上诸人皆小人之尤，不能再与修好。且此等小丑本不足道，与之往还徒污人耳。周善培、康汝声外间自有公论，亦不足较也。此后外交，注意欧阳党、客籍党、蒲党，或联络之或解释之，则周择、徐炯之党势自孤耳"。③前述九位也就是他所谓"小人之尤"者，其实就是他在四川教育文化界的死对头，其中徐炯曾发起将他公逐出教育界。徐炯是四川华阳人，字子休，号霁园，学者称为霁园先生，拥有举人的功名，在四川以道学闻名。后来袁世凯当国，孔教运动高涨，徐炯在四川成都及华阳两县成立孔教会的支会，而且在北

---

① 《吴虞日记》（上），第7页。
② 案：四川军政府成立之后，原总督赵尔丰拥兵驻于旧督署，在1911年12月8日趁机唆使属于旧势力的巡防军哗变，四川军政府遂攻入督署中枪杀赵氏。吴氏日记所谓十八日之变，即指巡防军之变。
③ 《吴虞日记》（上），第12页。

京孔教总会发表尊孔演讲，攻击民国。1914年1月的《孔教会杂志》（卷一第十二号），刊载他批评民国"其污俗者乃不惟不变，又加甚焉"，又说"孔子之教真足使国利民福"。1918年，他创"大成会"，担任会长：1923年办大成中学校，任校长，足见他是尊孔复古派的代表人物。①在政治上，他亲近满人，辛亥年四川军政府诛杀赵尔丰时，成都八旗官民疑惧，军政府曾遣他出面劝谕旗兵投降，②足见他与旗人的关系密切，故吴虞说"旗人多依附徐炯"。③徐氏后来曾经是袁世凯称帝的劝进者，所以吴虞曾印刷《四川劝进人表》，揭露徐炯等人拥袁事迹。④

徐炯所代表的旧知识群体很快地失势了。徐氏当时是通省师范监督，1912年4月26日，该校学生在桥工公所开大会，"研究徐炯"，说他"引用私人，朋比宵小，敷衍学务，假充道德"，并且声言徐炯："如敢再来，必全体辍学，并通告教育司、教育总会及中央教育部云。"⑤四天后，吴虞于午饭后游公园："见各处贴通省师范学生宣布伪道学徐炯罪状书。"⑥隔天，"早起往半边桥看徐炯罪状书，则已撕去。饭后游公园，沿途罪状书尚多"。两天后，"《公论日报》登通省师范学生昨日于教育总会召集全体学生开会，到者千余人，议决徐炯罪状……"⑦5月18

① 以上引隗瀛涛等《四川近代史》，四川省社会科学院出版社，1985，第668页。
② 同前书，第579页。
③ 《吴虞日记》（上），第288页。
④ 唐振常：《章太炎吴虞论集》，四川人民出版社，1981，第96页。
⑤ 《吴虞日记》（上），第34页。
⑥ 吴虞又说："甚为痛快。各学生尚须在教育总会开特别大会，研究处理徐炯之方法。已贴广告矣。"同前书，第35页。
⑦ 《吴虞日记》（上），第35页。

日，吴虞高兴地记下："徐炯已倒，由沈与白代理。"①徐炯被学生以"假道学"等罪名，逐离通省师范监督之职，足见新旧政权之更迭，也为旧派文化菁英的消逝，提供了社会条件。

此外，政权更迭也导致新旧刑律的改换。这使得在旧刑律之下，犯了"十恶"之一"不孝"之罪的吴虞，突然间得到了生机。

关于新旧刑律的更迭，有一段复杂曲折的历程，其中牵涉旧礼教与旧道德之处甚巨。这里需要将《大清新刑律》的内容及其引起的争论稍作说明。《大清新刑律草案》是在清朝最后几年由沈家本主持，请日本法学家冈田朝太郎等人起草的。它虽也参考了中国的旧律，但主要是依据德国的最新刑法，其特色便是法律与礼教分离，即法律之前，人人平等。但是这一部新刑律命运多舛，从一开始便引起道德礼教派的激烈攻击，认为它将法律与礼教分离，违背三纲，不合国情。张之洞代表学部对这份草案逐条签驳。他认为自古以来因伦制礼，据礼制刑，刑之轻重等差，根据"伦之秩序，礼之节文"，故无礼于君、父，刑罚特重，而西方各国因主张平等，故父子可以同罪。《新刑律》不根据服制，张之洞则主张将《五服图》重新列入。②劳乃宣、刘廷琛等人也有攻驳。③沈家本所代表的法治派虽加以反

①　同前书，第36页。而吴虞在4月28日（6月13日）特地将徐炯罪状书寄上海商务馆编辑所（《吴虞日记》，第39页），欲将他的"恶名"播于外省。

②　以上根据潘念之主编，华友根、倪正茂《中国近代法律思想史》上册，上海社会科学院出版社，1992，第210—215页。

③　劳乃宣、刘廷琛在《奏新刑律不合礼教条文请严饬删尽折》中说，新刑律不合礼教处甚多，而最为悖谬的，是子孙违犯教令及无夫妇女犯奸不加罪数条。同前书，第219页。

击，但最后由礼教派订了五条《暂行章程》，附在《大清新刑律》之后加以颁行。①这五条暂时性章程附于正条之后，可以在适当时候更改或取消。但《新刑律》在清朝最后几年，并未执行，民国元年3月，袁世凯就职临时大总统，下令暂行《大清新刑律》，司法总长伍廷芳则于元年3月24日，要求删去侵犯帝室之罪全章及关于内乱罪之死刑等"与民国国体抵触"之条文，并取消该律后所附之五条暂时章程，余均由国民政府声明继续有效，并由参议院议决通过，易名为《暂行新刑律》。②

吴虞本来就是留学日本学法政的，他说在日本时，即已"闻宪法、民、刑法，归国后，证以《大清律例》《五礼通考》及各史议礼、议狱之文，比较推勘，粗有所悟入"——他所悟出的当然就是《大清律例》与西方民刑法之根本差异。而在辛亥年逃遁山间、几遭不测时，新旧刑律的不同，对他有生命存在的立即感。他"日读《庄子》、孟德斯鸠《法意》，于专制立宪之优劣，儒家立教之精神，大澈大悟，始确然有以自信其学

---

① 五条《暂行章程》的第一条是凡侵犯皇室罪、内乱罪、外患罪、杀或伤亲属罪处死刑的，由原来的绞刑改为斩刑。第二条，凡犯发冢和损坏遗弃盗取尸体、遗骨、遗发及殓物罪，包括对尊亲属在内的罪，本处二等以上有期徒刑或无期徒刑的，改处死刑。第三条是强盗罪，应处一等有期徒刑，以及强盗行为应处无期徒刑或二等以上有期徒刑的，改为死刑。第四条是无夫妇女犯奸，由无罪改为有罪，而且上告论罪与否，完全由此妇女的尊亲属决定。第五条是对尊属有犯，不得适用正当防卫的条例，即使对尊亲属行正当防卫，亦应治罪。以上见同前书，第227—228页。

② 张国福《关于暂行新刑律修订问题》说：《暂行新刑律》不是公布于民国元年3月30日，南京临时政府法制局未对《大清新刑律》进行删修，孙中山也未曾公布暂行新刑律，根据民元10月15日北洋政府《司法公报》及同年4月份北洋政府《临时公报》之记载，可以认定其为袁世凯公布的。见《北京大学学报（哲学社会科学版）》1985年第6期，第123—124页。

矣"。①《大清律例》以儒家的礼教纲常为其基础，与立宪国家法律之平等精神南辕北辙。而《大清新刑律》则通篇不见一个"孝"字，所以对背负不孝罪名的吴虞而言，《大清新律例》的命运，其实也就是他个人的命运。民国伊始，他就密切注意与这部新刑律有关的消息。

1912年3月3日吴虞在日记上写着："孙逸仙以改订清律为第一要事，可谓知本。以伍廷芳任司法卿，因其曾改订新律也。"②后又记"《公论日报》登：《中央临时约法》及此间《法制局呈请实行新刑律文》，皆有绝大关系"。③6月12日则以欣喜兴奋之情记："昨日《共和报》载：'中央法部暂行新律颁到，现行刑律废止。'真第一快事。去年新律后附暂行章程五条概行删去，尤快也。"④这部通篇四百一十条不见一个"孝"字的新刑律，⑤对吴虞非常有利，6月15日的日记又记"司法司令通行新刑律"，又记商务印书馆新出书可买者即有《新刑律释义》，⑥此后便不时记他看新刑律或买新刑律。⑦

这部新刑律确实使旧礼教纲常失去其建制性的凭借。吴虞相当留意与《新刑律》有关之判例，譬如奸通无夫之妇女，在《大清律例》中要治罪，而且亲族都可以举控，但在《新刑律》中，因为根据外国法典的精神，故不治罪。他说根据报载：

① 《吴虞日记》（上），第208页。
② 《吴虞日记》（上），第24页。
③ 《吴虞日记》（上），第34页。
④ 《吴虞日记》（上），第39页。
⑤ 吴虞：《说孝》，《吴虞集》，第177页。
⑥ 《吴虞日记》（上），第40页。
⑦ 《吴虞日记》（上），第47、56、61页。

"新繁孀妇陈姓某氏，少年失偶，暗中与冯定国往来，日前被族人陈浩查觉，捉赴地方检查厅呈控。惟按照新律无夫奸律无正条，判事讯明认为无罪。此实用新律殊可喜也。"①由吴虞对奸通无夫妇女获判无罪而感到"殊可喜"，足见其意态。②

又如殴父，在旧刑律中是滔天大罪，但吴虞记："王意先来，言成都一疯子殴死其父，拟办永远监禁。法部驳下谓精神病者无罪。"吴虞高兴地评论说疯子杀父而判无罪，是"此家族制将消灭之证也。然成都人惊矣"！③

上述两个案件，一通奸，一杀父，在旧律中皆是重罪，但在新刑律中却有完全不同的判决，这对受困于礼教纲常的吴虞，不啻是感同身受，也难怪他鼓掌叫好，又不无幸灾乐祸地说"成都人惊矣"。就在《新刑律》之下，吴虞的父亲虽仍屡次告他，却都有惊无险地度过了。④

但是，就像法国大革命之后新旧势力纠缠不息，1912年4月1日袁世凯就任临时大总统之后，四川政治文化界中的旧势力也跟着复苏。这年夏天，吴虞还一度为了躲避风声，到四川嘉定担任县政府的科长。1914年，吴氏在成都《醒群报》投稿，发表家庭革命与宗教革命的文章，被四川尊孔的邵从恩、罗纶向

① 《吴虞日记》（上），第93页。

② 又如1912年10月8日（9月28日），其友方琢章判一重婚案监禁两年，也是用新刑律。《吴虞日记》（上），第60页。

③ 《吴虞日记》（上），第66页。

④ 新的执法者对吴虞也处处显得通融。1911年底当吴虞的父亲控告他时，步军统领吴庆熙便带兵多人到吴虞处，表示他"当为余将此事了结，以便出来做事"。然后吴庆熙当着吴父之面作出完全偏向吴虞的判决，并宣布"吴氏父子之事我已了息。吴又陵并非不孝之士，此后诸人不得讥侮之，违者我即不能答应"。同前书，第10—11页。

内务部报告，内务部朱启钤还电令四川总督胡景伊封禁该报。①
袁世凯提倡尊孔时，徐炯等旧派人士也在四川热热闹闹地办孔
教支会，当时批判孔教显然有某种程度的危险，所以廖平一度
劝吴虞言论宜稍平和，以免触忌。②但是已经推倒在地的，虽然
有时卷土重来，其威信早已失去，虽能造成骚扰与不安，却不
会再有"就地正法"的危险了。

吴虞"发迹变泰"，从地方上的不祥人物上升到全国舞台
的转折点，是与全国思潮变化，尤其是与《新青年》密切相
关的。

刘师培早就已经说过，四川思想风气的开通比其他省份要
晚十年。③民国初年，吴虞先是在四川《醒群报》刊《李卓吾别
传》，再是在上海与日本等地的《妇女杂志》《进步》《小说日
报》《甲寅》发表文章，到了1916年底，他因为看了《新青年》
中有《孔子平议》这类激烈文字，觉得主张相近，故与《新青
年》的主编陈独秀联络上了，陈独秀回信赞同他说儒术孔道与
近世文明决不兼容，认为儒学一贯的伦理政治纲常阶级之说如
不"攻破"，则"吾国之政治、法律、社会道德，俱无由出黑

---

① 　《致陈独秀》，《吴虞集》，第385页。又参隗瀛涛等《四川近代史》，第
　　669页。
② 　《哭廖季平前辈》诗："四十非儒恨已迟（予非儒之说，年四十始成立），
　　公虽怜我众人嗤（袁世凯尊孔时，公与予步行少城东城根，劝予言论宜稍
　　和平，恐触忌）。"《吴虞集》，第378页。
③ 　《吴虞日记》（上）："（民国元年）申叔请余勿辞公论报社事，余以川人知
　　识芒昧，于近处法学尚不能研究，真难与言。申叔谓余言在南边十年前或
　　有诧者，今日则固不怪矣。川人到南人程度尚待十年后也，悲夫。"第48—
　　49页。

暗而入光明"。①此后,《新青年》在二卷六号及三卷的一至五号,连续发表他攻击儒家及家庭制度的文章,这几篇文章都是在他主动与陈独秀联络前后陆续写成,②而"成都报纸不甚敢登载",③一旦它们陆续在《新青年》上披露,吴虞的大名遂不胫而走。

非孝、反孔这些几乎夺去他生命的思想观点,却在新的文化风潮下成为思想进步、到处受人赞美的资本,陈独秀即盛称他为"蜀中名宿大名家"。④过去是要命的坏思想,如今成为了不得的长处,过去是罪案,如今成为敲门砖。吴虞那些"成都报纸不甚敢登载"的文章,一旦连续披露在《新青年》这份举国闻名的文化刊物时,作者马上成为名震全国文化界的大人物。而且,在1917年8月以后,长期被排斥在教育界之外的吴虞,又重新在四川的几个学校教书。

从1917年上半年连续刊在《新青年》中的《家族制度为专制主义之根据》《礼论》《儒家主张阶级制度之害》《儒家大同主义本于老子论》《读荀子书后》及《消极革命之老庄》,以及1919年在《新青年》发表的《吃人与礼教》,都猛烈抨击传统,而其根源则皆与其父有关。在1910年底散发的传单《家庭苦趣》的结尾中,他已批评中国伦理纲常的不平等——"中国偏

---

① 《新青年》第2卷第5号,1917年1月1日,第4页,又见《陈独秀著作选》第1卷,第258页。
② 故吴氏《致陈独秀》中已列篇名,并表示"暇当依次录上,以求印证"。《吴虞集》,第385—386页。
③ 吴虞:《致陈独秀》,《吴虞集》,第385—386页。
④ 《吴虞日记》(上),第311页。

于伦理一方，而法律亦根据一方之伦理以为规定，于是为人子者，无权利之可言，惟负无穷之义务。而家庭之沉郁黑暗，十室而九"。①他后来不断地在传统中搜寻与自己经历有关的历史事迹，譬如明代的郑鄤，因为被诬为"不孝"而被磔死，吴虞便对他发生兴趣，到处搜寻他的材料。②为了非孔，他也到处搜寻明代激烈思想家李卓吾的事迹，③最后写成《李卓吾别传》。翻前人之案，实即所以翻自己之案，这些举措都不是偶然的。

在他形诸理论的文字中，譬如脍炙人口的《家族制度为专制主义之根据论》，便对"五刑之属三千，罪莫大于不孝"，以及《大清律例》于"十恶"之中列有"不孝"，深为不满，说："盖孝之范围无所不包，家族制度之与专制政治，遂胶固而不可以分析……其于销弭犯上作乱之方法，惟恃孝弟以收其成功。""其主张孝弟，专为君亲长上而设。但求君亲长上免奔亡弑夺之祸，而绝不问君亲长上所以致奔亡弑夺之故，及保卫尊重臣子卑幼人格之权。"他主张废弃孔子孝弟之义，代之以老子的"六亲不和有孝慈"——"然则六亲苟和，孝慈无用，余将以'和'字代之。既无分别之见，尤合平等之规，虽蒙'离经叛道'之讥，所不恤矣"。④在《说孝》一文中说："我的意思，以为父子母子不必有尊卑的观念，却当有互相扶助的责任。同为人类，同做人事，没有什么恩，也没有什么德。要承认子女自

---

① 《吴虞集》，第20页。
② 《吴虞日记》（上），第200、201页。
③ 《吴虞日记》（上），第206、214页。
④ 以上皆见《新青年》第2卷第6号，1917年2月1日，又见《吴虞集》，第61—66页。

有人格，大家都向'人'的路上走。"[1]上面几段引文彷佛都是他对自己痛苦遭遇的告白，而1919年11月在《新青年》六卷六号刊出的《吃人与礼教》，语气更激烈——"孔二先生的礼教讲到极点，就非杀人吃人不成功，真是惨酷极了。一部历史里面，讲道德、说仁义的人，时机一到，他就直接间接的都会吃起人肉来了"。"吃人的就是讲礼教的！讲礼教的就是吃人的呀"！[2]也彷佛是在说那些想将他"就地正法"，想将他逐出教育界的、他所谓的"伟人大儒"们。[3]

又如他对新旧刑律的注意，当然也与他个人挥之不去的"不孝"之罪有关。如《家族制度为专制主义之根据论》中，深为新刑律中把《大清律例》"十恶"中的"不孝"诸条"一扫而空之"喝彩，表示"此即立宪国文明法律与专制国野蛮法律绝异之点"，[4]又如他调查《新刑律》四百一十条，不见一个"孝"字，[5]那种欢欣鼓舞，也多少反映了这个一直被"不孝"罪名缠身的人的境遇。

当他的《家族制度为专制主义之根据论》在《新青年》刊出后，他在日记上写着："余之非儒及攻家族制两种学说，今得播于天下，私愿甚慰矣。"[6]显示除了纯思想的兴趣之外，还与个人的存在境遇有关。

---

[1]　《吴虞集》，第177页。
[2]　同前书，第171页。
[3]　关于吴氏笔下的"伟人大儒"，见《吴虞日记》（上），第316页。
[4]　《吴虞集》，第64页。
[5]　《说孝》，同前书，第177页。
[6]　《吴虞日记》（上），第295页。

其实像吴虞那样有家庭苦趣之经验的人，是无时无刻不存在的，可是在一个礼教秩序及政治秩序相对稳定的时代，这些境遇通常压在意识的最底层，即使爆发出来，也马上被文化、政治或法律规范扑灭，像旋起旋灭的泡沫。但是当礼教及政治秩序松动，而旧礼教与纲常的建制性凭借逐渐消失之时，那些可能是千年以来无时不有的生活境遇，却可能从意识的底层被解放出来，形成反思性的言论，并汇聚点滴成为江河。一旦蛰伏的力量形成一股思潮，走到舞台的中央，它又像是一个"乾坤袋"般，把各地零星的力量吸纳进去。新思潮一旦成了气候，它便像是一顶保护伞，为人们正当化（legitimize）了许许多多的行动；它也提供了一套语言，使得原先不知如何说、也不知如何解释的生活经验有了一套反思性的说辞，新思潮甚至也提供了新出路，使得反传统成为社会名利的敲门砖。此后，不一定是理想，而可能是人们的自私自利，使某些思想扩大晕染，蔚为风潮。思潮的历程当然远比上面说的要复杂得多，但是上面这些也不能不考虑进去。

思想不能与存在的境遇画上等号，一代思潮的形成，更不能简约地与一代人的存在境遇，轻易地联结在一起。不过，近代"去传统化"的过程中，起过决定性角色作用的谭嗣同、钱玄同、吴虞的存在境遇却不能忽视。谭嗣同自述"吾少至壮，遭纲伦之厄"，[①]在相当程度上转化为《仁学》中的冲决三纲五常之网罗。而钱玄同的"铲伦常、覆孔孟"也不能说与他少遭

---

① 关于谭嗣同的存在境遇，见张灏《烈士意识与批判意识》，台北：联经出版事业公司，1988，第14—15页。

伦常之厄无关。[①]吴虞亦复如此。我们还可以举出其他不少例子。同样的，五四青年中，也有许许多多人是因为目睹旧家庭的黑暗而批判家族制度，也有许多人是受害于旧式婚姻，转而批判传统婚姻制度。上述种种生活世界中的不满与反抗，在大变动的时刻与历史会遇，生活史与思想史便融合为一了。

此外，在新旧转变的过程中，有许多地方上的人物因为与轴心思潮相应而上升到全国舞台，吴虞是一个例子。刘半农是另一个例子。刘氏原来是在上海《礼拜六》之类鸳鸯蝴蝶派刊物上写文章的油滑少年，也因为《新青年》中几篇响应文学革命的文章而洗尽洋场孽少的习气，顿时从地方走向全国舞台，执教北大，成为新文化运动的旗手。[②]

三

一种思想运动，产生困难，维持与扩散亦不易，而研究者们却常常忽视这一点。在维持与扩散方面，当然也牵涉社会政治条件等复杂的问题。"五四"与新文化运动，一个是政治运动，一个是文化运动，它们通常被视为一体，但也有人主张应该细分为二，至少亲历其境的胡适是这样主张的。而"五四"这个政治运动，也确实为新文学运动的传播，提供有利的条件。胡适说：

---

① 黎锦熙：《钱玄同先生传》，见沈永宝编《钱玄同印象》，学林出版社，1997，第69页。
② 鲍晶编《刘半农研究资料》，天津人民出版社，1985，第69—71页。

民国八年的学生运动与新文学运动虽是两件事，但学生运动的影响能使白话的传播遍于全国，这是一大关系；况且五四运动以后，国内明白的人渐渐觉悟"思想革新"的重要，所以他们对于新潮流，或采取欢迎的态度，或采取研究的态度，或采取容忍的态度，渐渐的把从前那种仇视的态度减少了，文学革命的运动因此得自由发展，这也是一大关系。因此，民国八年以后，白话文学的传播真有"一日千里"之势。①

民国八年这一年中，至少出现了四百种白话报。白话文学的力量甚至连染扩大到旧势力中——"时势所趋，就使那些政客军人办的报也不能不寻几个学生来包办一个白话附张了"。民国九年（1920），白话文终于得到建制性的支持，教育部颁了一个部令，要求国民学校一、二年的国文，从该年秋季起，一律改用国语。②同时因为新文化运动带出了一个新的"阅读大众"（reading public），为了营利，出版商也随机而变。以商务印书馆为例，它的领导阶层很快就北上向新人物们请教，它的几个持重的大杂志《东方杂志》《小说月报》渐渐改成白话，并出版合于新潮流的书籍。同时，许许多多的出版业者也都有类似的转向。

在五四新文化运动之后，几乎全国各地都有"新""旧"之分，校园中尤其厉害。"新学生"与"旧学生"，对许许多多事

① 胡适：《五十年来中国之文学》，《胡适文存》第2集，第255—256页。
② 同上。

情的看法都截然不同，除了我们所习知的家庭、婚姻、爱情等问题外，连读书做学问的方式也不一样，青年冯友兰便亲眼观察到：

> （一）新学生专心研究学问，旧学生专心读书。（二）新学生注意现在和未来，旧学生注意过去。（三）新学生之生活为群众的，旧学生之生活为单独的。（四）新学生注重实际，旧学生注重空谈。[①]

这一类事情，也就是新文化运动在小地方、小范围中运作的情况，从未像占据全国舞台中央的《新青年》或《新潮》那样引起足够的注意，但它们都是使这个思潮扩散深化的要素，也都展现了一种新的"说服""压倒"旧的过程。而当新力量取得优势之后，"五四"也慢慢成了一块敲门砖，后来甚至有人观察到："北伐成功以来，所谓吃五四饭的飞黄腾达起来，都做了新官僚。"[②]

"五四"带来一种新的政治文化。政治家与军阀们认识到，不只是军队和政党是一种政治力量，在物理力量之外，还有一种新的政治力量，那便是学生、思想、文化。孙中山在五四运动之后的《告海外同志书》中，要求募款建立一个像商务印书馆那样的出版机关来从事宣传，而且马上办了《建设》。

[①] 冯友兰：《新学生与旧学生》，原刊《心声》创刊号（1919），《冯友兰全集》第13卷，河南人民出版社，1994，第619—623页。
[②] 周作人：《知堂乙酉文编》，台北：里仁书局，1982，第122页。

我觉得胡适的观察非常值得注意。他说:"到了'五四'以后,大家看看,学生是一个力量,是个政治的力量,思想是政治的武器,从此以后,不但国民党的领袖孙中山先生,后来国民党改组,充分地吸收青年分子。在两年之后,组织共产党,拼命拉中国的年青人。同时老的政党,梁启超先生他们那个时候叫研究系,他们吸收青年……所以现在那些小的政党都是那个时候出来的。中国国民党的改组和共产党都是那个时候以后出来的。"[①]严格说来,北伐的胜利,也与这一般青年文化的运动有密切的关系。

"五四"以后,思想界很快地分裂了。新文化运动与俄国大革命(1917)及一次大战的结束(1918)几乎同时。一次大战欧洲文化的破产,使得许多中国知识分子对1840年以来所追求的西方,开始有所怀疑。受梁启超《欧游心影录》影响,思想界出现了一个所谓"东方文化派",在当时人心目中,梁启超、张君劢、张东荪、梁漱溟、章士钊都可以算进这一派。他们虽然不是旧式的保守主义者,但是希望能以东方的思想文化来补西方之不足。同时,因为俄国大革命的成功,马克思主义对西方资本主义文明不留情的批判,并提出构建一种新社会的理想,也使得另一部分知识分子在英美法为代表的"西方"之外,发现了另一个"西方"。使得原本非常单纯的模仿、参照系统发生了变化。同时,对于"德先生""赛先生"的诠释很快地发生分裂。究竟是谁的"民主",究竟是哪一种"科学"?

---

① 《五四运动是青年爱国的运动》,《胡适讲演集》(三),台北:远流出版公司,1986,第134—135页。

"民主"是不是就是西方议会式民主？民主是某一阶级的事，或应该"是全世界、全社会、各民族、各阶级的'直接的民主'"？[①]"科学"究竟应该是像"实验主义"那种西方资产阶级的科学，还是马克思主义的社会科学？

"五四"提倡个人主义，提倡批判传统，但是到了五卅（1925），思想界已明显地由批判传统转移到反帝国主义，从个人主义的立场转移到反个人主义的立场。[②]对于19世纪40年代以来所追求的"富强"，也产生了根本的怀疑，转而反对资本主义（富）与帝国主义（强）。以俄国为代表的另一个"西方"，吸引了许多新知识分子的注意力，而新文化运动所争论的许多盘根错节的问题，皆可以用一个更犀利有效的武器来解决，那便是马克思主义。

我们读《独秀文存》时会得到一种印象，先前许多困难的问题或两端的意见，后来都逐渐找到一个会通解决的办法，那便是用社会主义来重新考虑那个问题；原先是泥中斗兽，此时都有另进一境、豁然开朗的感觉，而《独秀文存》竟像是一部《天路历程》般。就以科学与人生观论战来说，"科学派"与"玄学派"在那边争得不可开交，但陈独秀却以马克思主义的理论概括而通解之，在《科学与人生观序》的最后，陈独秀说："我们相信只有客观的物质因素可以变动社会，可以解释历史，可以支配人生观，这便是'唯物的历史观'。我们现在要请

---

① 瞿秋白：《革新的时机到了》（1919年11月），《中国现代思想史资料简编》卷一，第644页。
② 阿英：《小品文谈》，《阿英文集》上册，（香港）三联书店，1979，第100页。

问丁在君先生和胡适之先生，相信'唯物的历史观'为究竟真理呢？还是相信唯物以外，像张君劢等类人所主张的唯心观，也能够超科学而存在？"[1]

青年们努力寻找另一个"根本的觉悟"，"社会"是他们的答案。"社会"才是解决一切问题的关键。而且这个社会基本上不是继承自传统的社会，而是用人的理性能力规划的新"社会"。当时许许多多新青年们毫不迟疑地主张建造一个"新社会"，才是"彻底"解决所有问题的办法，建造一个新的社会才是"吾人最后觉悟之最后觉悟"。旧伦理、旧思想、旧文学、旧秩序的权威都一扫而空了，那么，在这个全新的社会中，合理的规范与秩序，究竟应该是什么？旧道统去了，补充空虚的"新道统"是什么？"主义"的崇拜成了一个"新道统"。新青年们认为有主义总比没有主义好。王光祈在《少年中国学会之精神及其进行计划》中说，少年中国学会的工作，是训练使用各种"主义"的人。他说："我们学会会员对于各种主义的态度，极不一致，而且各会员对于他自己所信仰的主义，非常坚决，非常彻底，这是有目共睹的。但是我们有一个共同的趋向，就是承认现在中国人的思想行为，无论在什么主义之下，都是不成功的。若要现在的中国人能有应用各种主义的能力，必先使中国人的思想习惯非彻底的改革一番不可。""少年中国学会的任务，便是从事各种主义共同必需的预备工夫。"[2]目迷

---

[1] 陈独秀：《科学与人生观序》（1923年11月13日），《陈独秀著作选》第2卷，第554页。

[2] 《中国现代思想史资料简编》第1册，第449、452页。

五色的各种"主义"在中国竞逐，再理想、再荒谬的"主义"都有人提出过，而且带有异常浓厚的实验色彩。如所周知，在各种"主义"的竞逐声中，最后是马克思主义脱颖而出。

五月四日那一天
——关于五四运动的另类叙述

陈平原

一、关于五四运动

在20世纪中国，五四运动是个使用频率极高的专有名词，老百姓耳熟能详，学界更是了如指掌。作为一门新崛起的显学（相对于四书五经或唐诗宋词），关于"五四"的研究著作，确实称得上"车载斗量"。80年来，当事人、反对者、先驱、后学，无不激扬文字，留下各自心目中的"五四"。仔细分梳这些色彩斑斓而又互相抵牾的图景，那是专家学者的工作；至于一般读者，只需要对这场影响极为深远、不断被后人挂在嘴边的群众运动，有个大致的了解。

于是，我选择了权威的《简明不列颠百科全书》，希望能得到一个简明扼要的答案。因为，与"成一家之言"的专家著述不同，辞书讲究准确、简要、平实。谁都知道，若想尽快进入某一特定语境，没有比借助辞书更合适的了。可不看不知道，一看吓一跳。纷纭复杂的"五四"，固然并非三言两语就能打发；可"百科全书"出现如此多的错漏，毕竟出人意料。看来，"耳熟能详""了如指掌"，云云，需要打点折扣。

以下抄录《简明不列颠百科全书》中"五四运动"这一词条，然后略做补充、辨析。文中*号为笔者所加，目的是提供对照阅读的线索。

五四运动（May Fourth Movement）　1919年5月4日中国发生的一次群众运动，其宗旨在反对帝国主义和北洋军阀政府。一般认为，这次运动是现代中国的一场文化和思想上的启蒙运动*。1919年1月，各协约国谈判对德和约，消息传到中国，中国人得悉和会决定将原德国在中国山东省的特权转交给日本，同时日本政府对以军阀袁世凯为首的北京政府发出最后通牒，提出二十一条要求，企图独自支配全中国*。当北洋政府即将签订和约并答应二十一条要求的消息传开时，北京13所大专院校的3000余名学生举行罢课*，提出"外争国权，内惩国贼""取消二十一条""拒绝和约签字"等口号，同时举行游行示威。政府军警对运动实行镇压，逮捕学生32人，这立即引起北京各校学生举行总罢课，随后全国各地学生纷纷走上街头，举行示威游行，召开宣传大会，并实行抵制日货。6月3—4日，北洋政府进行了大规模逮捕，仅北京一地，即有千名学生被捕。运动声势波及各大城市，上海、南京、天津及其他各地的工人举行罢工，上海各家商店举行罢市，以声援学生和工人，全国文化界也表达了对这次群众性斗争的同情，斗争随即发展成为全国性的革命运动。北洋政府最后被迫释放全部被捕学生，将三名亲日的内阁总长撤职*，并答应将不签订和约及二十一条要求*。

五四运动前夕，一些激进的知识分子如李大钊、陈独秀、毛泽东开始创办刊物、发表文章，提倡民主和科学，批判中国传统文化，传播马克思主义思想，推动新文化*。温和派知识分子以胡适为代表，反对马克思主义，却强烈支持文学改革，主张用白话文代替古文；提倡婚姻自由，反对父母包办；主张取缔娼妓；并以实用主义代替儒家学说*。五四运动既加速了国民党的改组，也为共产党的建立提供了理论上和组织上的基础。

——录自《简明不列颠百科全书》（中国大百科全书出版社，1986）

关于五四运动，不同政治立场及思想倾向的论者，会有相去甚远的解释。注重思想启蒙的，会突出《新青年》的创办、北京大学的改革以及新文化运动的勃兴对五四事件的决定性影响，因此，论述的时间跨度，大约是1917至1921年；表彰爱国主义的，则强调学生及市民之反对北洋军阀统治，抵制列强霸权，尽量淡化甚至割裂5月4日的政治抗议与此前的新文化运动的联系。但不论哪一种，都不会只讲"文化和思想"，而不涉及"政治和社会"。承认5月4日天安门前的集会游行具有标志性意义，那么，所论当不只是"思想启蒙"，更应该包括"政治革命"。

"二十一条"乃日本帝国主义妄图灭亡中国的秘密条款，由日驻华公使于1915年1月当面向袁世凯提出。同年5月7日，日本提出最后通牒，要袁世凯在四十八小时内答复。两天后，袁除对五号条款声明"容日后商议"外，基本接受日本要求。1919年1月，中国代表在巴黎和会上，要争取的是废除"二十一条"，归还山东，取消列强在华特权等，而不是是否答应"二十一条"。另外，袁世凯死于1916年6月6日，"同时"一说，令人误会1919年的中国，仍由袁执政。其时中华民国的总统乃徐世昌，总理为钱能训，外交部长则是率团出席巴黎和会的陆徵祥。

　　"北京13所大专院校的3000余名学生"举行的不是"罢课"，而是示威游行——事件发生在1919年的5月4日。由于政府采取高压政策，逮捕了32名学生，第二天方才有各专门以上学校的学生代表集会，决议自即日起一律罢课，同时通电全国并上书大总统。而"上大总统书"上签字的北京专门以上学校有23所，代表9860名学生。

　　北洋政府被迫释放全部被捕学生，是在6月7日。免去曹汝霖、章宗祥、陆宗舆的职务，则是6月10日。不过，三位亲日派，并非如文中所说都是"内阁总长"——曹时任交通总长，章乃驻日公使，陆则是币制局总裁。

　　罢免亲日派曹、章、陆后，北洋政府仍然准备对列强屈服：17日电令和谈代表签字，23日改为让代表"相机行事"。因国内压力日益增大，徐世昌总统25日方才通知在巴黎的中国代表团，可以拒绝签字。根据当时的通讯条件，政府的电报6月28

日夜里才送达，而和约则定在当天上午签字。据陆徵祥、顾维钧日后撰写的回忆录，他们的拒绝签字纯属"自作主张"。另据《时事新报》和《民国日报》大同小异的报道，28日那一天，众多旅法华工和学生包围了专使寓所，"以致专使等不能赴会签字"。

《晨报》1919年7月5日发表《我国拒绝签字之经过》，介绍7月3日晚收到的陆徵祥等6月28日所发电文，至此，国人对于拒签经过方才有比较详细的了解。陆等称"不料大会专横至此，竟不稍顾我国几微体面，曷胜愤慨"，"不得已当时不往签字"，作为和谈代表，未能尽职，只好辞职并准备接受惩戒。7月11日《晨报》刊出《政府训电专使之内容》："某方面消息云，政府前日（9日）电巴黎专使转各国云：中国之不签字，系国民反对甚烈，政府顾全民意，是以拒绝签字。惟中国极希望于得满意之妥协后，当即行补签。望和会延长期限，俾得从容讨论云云。"不难想象，此则被公开曝光的"训令"，激起了极大的公愤。5月15日《晨报》又发《政府对外态度之近讯》，称国际上确有要求中国政府"补签"的巨大压力，日本舆论表现得尤其露骨，"惟政府方面对于训令补签之说，仍极力否认；据云，政府本无签字之成心"——如果说前者真假难辨，后者则是公开撒谎。

谈论影响五四运动之得以形成与展开的"知识分子"，李、陈、毛的排列顺序令人费解。就算排除"温和派"的蔡元培与胡适，影响最大的"激进派"，也仍非陈独秀莫属。尤其是谈论"创办刊物"，还有比陈之主编《新青年》更值得夸耀的吗？至于毛泽东在湖南主办的学联刊物《湘江评论》，总共只出版了五册（1—4号，加上临时增刊1号，刊行于1919年7—8月），文章质量再高，也无法挤进"五四"时期重要刊物的前三名。更值得注意的是，《湘江评论》创刊号出版于1919年7月14日，将其放在"五四运动前夕"论述，无论如何不恰当。

作为一种思想方法的"实用主义"，与作为一种价值体系的"儒家学说"，二者并不完全对等。"五四"时期，批判"儒家学说"的，远不只胡适一派；而胡适之接受西学，也不局限于"实用主义"。谈"问题与主义"之争，"实用主义"可以派上很大用场；可新文化人之"打倒孔家店"，从终极目标到理论武器，均与"实用主义"没有多大关系。将"五四"时期的思想潮流，简化为李大钊为代表的马克思主义与胡适为代表的实用主义两大流派的斗争，此乃50年代全国上下批胡适留下的后遗症。

这里仅就史实考辨而言；至于意识形态与解释框架如何制约着五四运动的意义阐发，牵涉的问题更多，暂不涉及。

其实，以上所述，没有惊世骇俗的高论，也谈不上独创性。之所以选择具有权威性而又代表一般知识体系的"百科全书"，目的只是说明一点：纪念了几十年的"五四"，未必真的为大众与学界所了解。

那么，五四运动到底是如何爆发，又如何被后世纪念与诠释的呢？

二、五月四日那一天

谈论影响整个20世纪中国人精神生活与社会变迁的五四运动，思路及策略千变万化：可以长时段研究，也可以瞬间描述；可以全景透视，也可以私人叙述；可以理性分析，也可以感性复原。鉴于有关"五四"的研究成果多偏于前者，本文希望拾遗补阙，关注"瞬间""私人"与"感性"，希望从具体而微的角度，展现那不大为今人关注的另一种"五四"风貌。

本文假定读者对五四运动的产生与发展已有总体印象，需要了解的是，5月4日那天发生在北京天安门前的政治抗议的具体细节。在众多关于五四运动的描述中，我选中《晨报》1919年5月5日题为《山东问题中之学生界行动》的文章，作为基本的叙事线索。因其系记者的"现场报道"，虽也有明显的倾向性，但比起日后各路人马越来越丰富的追忆，显然更接近"真相"——假如承认有"真相"一说的话。以下的叙述，先引一段上述《晨报》的文字，而后才是我的考辨与发挥。希望如此古今重叠，能帮助我们穿越历史时空，重睹当年情景。

花开春日

昨日为星期日，天气晴朗，记者驱车赴中央公园游览。至天安门，见有大队学生，个个手持白旗，颁布传单，群众环集如堵，天安门至中华门沿路，几为学生团体占满。记者忙即下车，近前一看……

1919年的5月4日乃"星期日"，这点至关重要。因为，学生之所以游行至东交民巷，目的是向美英等国公使递交说帖，表明誓死收回山东权益的民意，并"请求贵公使转达此意于贵国政府、于和平会议，予吾中国以同情之援助"。①寄希望于美、英等国主持公道，是否过于天真，这且不论。倘若并非星期日，起码美国公使可以出面接纳说帖，若如是，学生之激愤将得到很大缓解，事件很可能不会进一步激化。无论是当时文件，还是日后追忆，都表明学潮的组织者事先并无"火烧赵家楼"的计划。

历史本来就是"万花筒"，充满各种偶然因素。当初事态紧急，群情激昂，没人顾及星期天是否有人接受说帖这样的细节，后人更无另做假设的权利。相对于无可争辩的"星期日"，伸缩度很大的"天气晴朗"，更值得留意。一心救国的青年学生，不会分心考虑阴晴冷暖；可游行当天的天气情况，切实制约着大规模群众集会的效果。尤其是集会天安门前、受气东交民巷、火烧赵家楼等戏剧性场面，实际上都与天气状况不无关系。

更何况，对于后人之进入"五四"的规定情境，需要虚拟的，第一便是此并非无关紧要的"天气晴朗"。

"五四"那天的天气，不受时人及史家的关注。不像6月3日——那天北京学生大规模上街演讲，军警包围北大三院，将其作为临时监狱——竟以"狂风怒号""黑云遮天"进入史册。军

---

① 《学生团上美公使说帖》，《晨报》，1919年5月6日。

警捕人与狂风怒号，二者刚好配对，很容易大作文章。先是6月5日《晨报》发表"时评"：

> 前天下午，北京的天气，忽然间大变起来，狂风怒号，阴云密布，继之以打雷，闪电，下雨，一时天地如晦。本馆的电话也坏了，电灯也灭了。记者这个时候，不禁发了悲天悯人的感想。何以故呢？因为当老天大怒的时候，正是那几百位青年学生被围的时候。记者此时想到北河（沿）一带的光景，不觉于电光闪闪之中，发了一声长叹，说道："咳！这是什么景象。"①

接着，6月8日出版的《每周评论》第25号，又有陈独秀以"只眼"笔名发表的文章，提及政府派军警抓捕上街演说的学生：

> 这时候陡打大雷刮大风，黑云遮天，灰尘满目，对面不见人，是何等阴惨暗淡！②

这既是写实，也属象征，特别适合表达某种政治倾向。故史家在论及"六三"时，均喜欢引用陈等颇带文学色彩的描述。6月3日那天确有风雨，但似乎不像《晨报》记者和陈独秀说的那么严重。《鲁迅日记》对天气的记载，历来很仔细；那天的日记

---

① 《咳，这是什么景象》，《晨报》，1919年6月5日。
② 只眼（陈独秀）：《六月三日的北京》，《每周评论》第25号，1919年6月8日。

是："晴，下午昙。同徐吉轩往护国寺一带看屋。晚大风一阵后小雨。"[①]

同样依据《鲁迅日记》，我们可以大致复原1919年5月初的天气：1日有雨，2日放晴，3日夜里起风，4日"昙"（即多云）。[②]这样的天气，无疑很适合室外活动。1919年的5月4日，农历四月初五，立夏前两天，气候宜人。旧京风俗，四月初一至十五，妙峰山举行庙会，据称"香火之盛，实可甲于天下矣"；[③]另一盛事则是四月初八的浴佛会，"街衢寺院搭苫棚座，施茶水盐豆，以黄布帛为悬旌，书曰普结良缘"。[④]"五四"时期的中国，古都北京的气候及习俗，与清代没有多大变异。春夏之交，依然最值得留恋，最适合于郊游。

就像郁达夫所说的，北国的春天，来得迟，去得早："春来也无信，春去也无踪，眼睛一眨，在北平市内，春光就会同飞马似的溜过。屋内的炉子，刚拆去不久，说不定你就马上得去叫盖凉棚的才行。"[⑤]正因为北京的"春光"稍纵即逝，"踏青"成了雅俗共赏的游戏。称"妙峰山虽热闹，尚无暇瞻仰"的周作人，[⑥]对北京人之热心于游春，也颇为欣赏。

只是1919年的5月，国难当头，绝非表达文人雅兴的恰当时刻。可有趣的是，日后回忆，时常会带出春天的芬芳。"五四"

---

① 《鲁迅全集》第14卷，人民文学出版社，1981，第358页。
② 《鲁迅全集》第14卷，第355页。
③ 富察敦崇：《燕京岁时记》，《帝京岁时纪胜、燕京岁时记》，北京古籍出版社，1981，第63页。
④ 潘荣陛：《帝京岁时纪胜》，《帝京岁时纪胜、燕京岁时记》，第18页。
⑤ 郁达夫：《北平的四季》，《北平一顾》，宇宙风社，1936。
⑥ 周作人：《北平的春天》，《风雨谈》，北新书局，1936。

当天被捕的学生之一杨振声，日后撰写文章，称："五月四日是个无风的晴天，却总觉得头上是一天风云。"①这"一天风云"的说法，大概属于象征，与鲁迅日记中的"多云"没有多大关系。另一个北大学生范云，风云之外，终于注意到周围环境："一九一九年的五月初，在北京是春暖花香的日子，人们的爱国热情也在一天天地高涨。"②还是不满足于写实，非要将"春暖花开"作为"爱国热情"的起兴不可。

大概也只有文学家，才会如此关注这些日常生活细节。冰心40年后追忆，念念不忘的是"那天窗外刮着大风，槐花的浓香熏得头痛"。③王统照的描述更仔细：

> 天安门前，正阳门里大道两旁的槐柳，被一阵阵和风吹过，摇曳动荡，而从西面中山公园（那时叫中央公园）的红墙里飘散出来各种花卉的芬芳，如在人稀风小的时候，也还可以闻到。④

当然，就像王统照补充说明的，那天学生们并没有赏花的"闲情逸致"，一心想着的是"国亡了，同胞起来呀"！可对于复原历史事件的现场气氛，红墙里飘散出来的芬芳，并非可有可无的闲笔。清末民初的北京城，"本来就是一个只见树木不见屋顶的绿色的都会"，春天里，最让郁达夫难以忘怀的，就是"城厢

---

① 杨振声：《回忆五四》，《人民文学》1954年第5期。
② 范云：《五四那天》，《北京日报》，1957年5月4日。
③ 冰心：《回忆五四》，《人民文学》1954年第5期。
④ 王统照：《三十五年前的五月四日》，《人民文学》1954年第5期。

内外的那一层新绿，同洪水似的新绿"。①对于代表着春天的花木之鉴赏，北京人历来十分敏感。所谓"花名玫瑰，色分真紫鹅黄；树长娑罗，品重香山卧佛"；②或者"四月花开时，沿街唤卖，其韵悠扬；晨起听之，最为有味"。③而据《中央公园廿五周年纪念刊》所列"本园花信表"，自四月中旬至五月中旬，该公园依次有下列花开迎宾：紫丁香、山芝兰、杏花、白丁香、紫荆、海棠、榆叶梅、月季、黄刺梅、藤萝、白牡丹、各色牡丹、蔷薇、芍药、玫瑰等。④"纪念刊"出版于十多年后，可"花信"不会有多大改变。

可惜的是，1919年的春天，却被北京人普遍冷落。迫在眉睫的亡国危机，使得世人的目光，转而投向天安门前呐喊的青年学生。

以红墙为背景而又无意于观花赏木的三千青年学生，手举白旗，列队示威，除了记录在案的标语口号，其衣着如何，是我们复原现场的另一重要因素。五四运动后15年，钱玄同曾对孙伏园说："你穿着夏布大褂，戴着蒙古式毛绒帽子，我记得清清楚楚的。"孙当时没有反应，事后想想不对，很明显，五月初"还不会穿夏布大褂"。⑤可春夏之交北京的气候，实在说不准。用周作人的话来说，在北京，"春天似不曾独立存在，如不

---

① 郁达夫：《北平的四季》，《北平一顾》，宇宙风社，1936。
② 潘荣陛：《帝京岁时纪胜》，《帝京岁时纪胜·燕京岁时记》，第20页。
③ 富察敦崇：《燕京岁时记》，《帝京岁时纪胜·燕京岁时记》，第64页。
④ 《本园花信表》，《中央公园廿五周年纪念刊》，中央公园事务所，1939，第122—123页。
⑤ 孙伏园：《回忆五四当年》，《人民文学》1954年第5期。

算他是夏的头，亦不妨称为冬的尾，总之风和日暖让我们着了单袷可以随意徜徉的时候真是极少，刚觉得不冷就要热了起来了"。①"一清早虽还有点微凉之感，午间却已烦热"，你爱穿什么衣服，其实无所谓。根据王统照的回忆，学生中"穿长袍的占大多数，也有穿短黑制服的"。②而上述那篇《晨报》的报道，提及步军统领李长泰出现在天安门红墙旁时，"身穿旧式天鹅绒织花马褂，褐色呢袍"。从现存照片看，确实是春夏衣着夹杂。

如果说考证衣着，只是为了视觉形象；衣着与天气配合，却关系游行者的心境。不少回忆文章都提到，那天中午以后，天气渐热——大热天里，在东交民巷等候将近两个小时，这对于"酝酿情绪"，不无帮助。借用《五四》一书的说法，便是："此一心一德三千学生同暴于烈日之下，虽无厌倦之容，难免忿恨之态。"③

三、集会天安门前

记者到时，学生不过六七百人。少顷，各大队学生手持白旗，纷纷由东西南各方云集而来……（法政专门学校代表称）等大家到齐，我们便要游街示众，叫我们国民也都知道有这种事体。游街后再到东交民巷英、美、法、

① 周作人：《北平的春天》，《风雨谈》，北新书局，1936。
② 王统照：《三十五年前的五月四日》，《人民文学》1954年第5期。
③ 蔡晓舟、杨景工编《五四》，《五四爱国运动》上册，中国社会科学出版社，1979，第454—455页。

意各国使馆提出说帖，表示我们的意思。完后还要转到这里，开会商议善后办法……（教育部某司长劝说无效、步军统领李长泰出现在天安门红墙旁）学生代表又向李统领婉言曰："我们今天到公使馆，不过是表现我们爱国的意思，一切的行动定要谨慎，老前辈可以放心的。"各学生大呼走走。李统领亦无言，旋取下眼镜，细读传单，半晌后对群众曰："那么，任凭汝们走么。可是，千万必要谨慎，别弄起国际交涉来了。"言毕，嘱咐警吏数语，即乘汽车而去。学生全体亦向南出发。

以天安门红墙为背景举行集会，学生自然只能来自"东西南"三个方向，而不可能从北边的故宫冲杀出来。看来，记者的用词还是蛮讲究的，比起日后众多"四面八方"之类的概说，报道中之"找不着北"更为准确。可这不能理解为当年北京的专门以上学校均集中在天安门的东西南三个方向。恰恰相反，当天参加游行的13所学校，处在东西长安街以北的就有8所。这13所学校当年的校址以及学生数，现列表如下。（见表1）

表1

学校	校址	学生数
北京大学	北沙滩、景山东街、北河沿	3000/2400人
北京高等师范学校	和平门外厂甸	925/700人
北京法政专门学校	西城太仆寺街	700人
北京工业专门学校	西四牌北祖家街	200/150人

续表:

学校	校址	学生数
北京农业专门学校	阜成门外罗道庄	200/150人
北京医学专门学校	前门外后孙公园	200/130人
铁路管理学校	西单李阁老胡同	200人
高等警官学校	北新桥以西	300人
北京税务学校	朝阳门内大雅宝胡同	320人
中国大学	前门内西城根	1450/1400人
汇文大学	崇文门内盔甲厂	80人
民国大学	宣武门外储库营	300人
朝阳大学	东四海运仓	350/200人

表中学生数目有二，均为略数（如"300余人"以300人计），前者见静观《北京专门以上学校新调查》，[1]后者依据1919年5月5日学生所呈《上大总统书》上的签署。[2]至于校址，根据各种资料综合而成。

为了让读者对当年天安门前游行学生的"来龙去脉"有感性的了解，这里根据侯仁之先生主编《北京历史地图集》[3]中的"民国北京城"（1917），编制成"参加1919年5月4日天安门集会游行的北京13所学校位置示意图"（见图1）。北京农业专门学校地处阜成门外，不在原图范围内；民国大学1917年方才正式

---

① 静观：《北京专门以上学校新调查》，《申报》，1919年7月12日。
② 《上大总统书》，《晨报》，1919年5月7日。
③ 侯仁之主编《北京历史地图集》，北京出版社，1988。

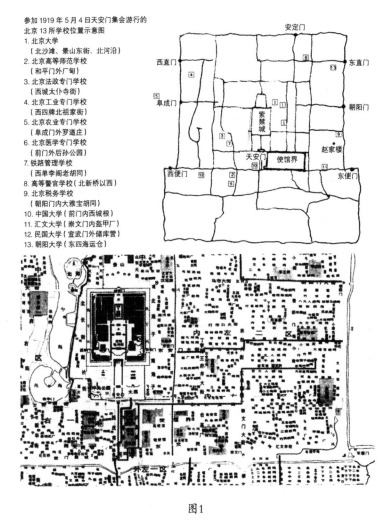

参加 1919 年 5 月 4 日天安门集会游行的
北京 13 所学校位置示意图
1. 北京大学
   （北沙滩、景山东街、北河沿）
2. 北京高等师范学校
   （和平门外厂甸）
3. 北京法政专门学校
   （西城太仆寺街）
4. 北京工业专门学校
   （西四牌北祖家街）
5. 北京农业专门学校
   （阜成门外罗道庄）
6. 北京医学专门学校
   （前门外后孙公园）
7. 铁路管理学校
   （西单李阁老胡同）
8. 高等警官学校（北新桥以西）
9. 北京税务学校
   （朝阳门内大雅宝胡同）
10. 中国大学（前门内西城根）
11. 汇文大学（崇文门内盔甲厂）
12. 民国大学（宣武门外储库营）
13. 朝阳大学（东四海运仓）

图1

参加1919年5月4日天安门集会游行的北京13所学校位置示意图

招生，原图未来得及标上。余者，对照阅读附图，不难"按图索骥"。锁定各校位置，对于今人之想象学生如何走向天安门，相信不无帮助。

《晨报》文章提及参加集会的若干学校，可就是没有唱主角的北京大学。这反而证实了记者确系"有闻必录"，忠实于自己的眼睛。北大学生因与前来劝说的教育部代表辩论，耽误了不少时间，故最后一个到达天安门前。

记者所录法政学校代表的谈话，并未歪曲学生的意愿，最早的设计，确实就只是提交说帖，表达民意。这一点，从北大学生罗家伦所拟的《北京全体学界通告》，可以看得很清楚。罗不愧为胡适的高足，用白话文草拟群众集会的传单，显然更适合于传播。这份沿途散发的传单，"最简单明白"（《晨报》记者全文引录时所加的评判），故流传也最为广泛。

现在日本在万国和会要求吞并青岛，管理山东一切权利，就要成功了！他们的外交大胜利了！我们的外交大失败了！山东大势一去，就是破坏中国的领土！中国的领土破坏，中国就亡了！所以我们学界今天排队到各公使馆去要求各国出来维持公理。务望全国工商各界一律起来设法开国民大会，外争主权，内除国贼。中国存亡，就在此一举了！今与全国同胞立两个信条道：

中国的土地可以征服而不可以断送！

中国的人民可以杀戮而不可以低头！

国亡了，同胞起来呀！①

此通告虽慷慨激昂，其实没有采取激烈行动的想法，只是呼吁国民起来关注青岛问题。所谓"外争主权，内除国贼"，也只是寄希望于"国民大会"之召开。相比之下，另一位北大学生许德珩所拟的《北京学生界宣言》，可就激进得多了。

我同胞有不忍于奴隶牛马之苦，极欲奔救之者乎？则开国民大会，露天演说，通电坚持，为今日之要着。至有甘心卖国，肆意通奸者，则最后之对付，手枪炸弹是赖矣。危机一发，幸共图之！②

虽然只是字面上的暴力除奸，游行学生并没真正准备"手枪炸弹"（据高师的匡互生称，他们有此设想，可并没弄到手）。晚清之侠风高扬，暗杀成风，国人记忆犹新。民国建立后，政府严禁会党活动，谴责政治暗杀（起码表面上如此），而"宣言"之放言"手枪炸弹"，与其时之流行无政府主义思潮，不无关系。两份主要文件的微妙差别，隐约可见学潮中的不同声音。

从步军统领李长泰的劝说看，当局最担心的是引起国际纠纷。显然，政府并未意识到即将到来的学潮的巨大能量，以及可能引发的严重的社会后果。也不是学生使用计谋蒙骗当局，游行一开始确实显得比较平和。如果不是被激怒的学生临时转

---

① 《北京全体学界通告》，《晨报》，1919年5月5日。
② 《北京学生界宣言》，《时报》，1919年5月6日。

向赵家楼，"五四"那天的游行，大概也不会出什么大事。可所有自发的群众运动，无不充满各种变数，随时可能改变方向。更何况，学生中还有温和派与激进派的区别。不只李统领预料不到事态的严重性，政府及军警也都没想到会如此急转直下。这才能解释何以曹汝霖已经知道街上学生的游行口号，仍没感觉到危险，参加完总统的午宴后照样回家。

学生之所以集会天安门前，因此处及西侧的中央公园，乃民初最为重要的公共活动空间。天安门附近，明清两代均为禁地。民国肇兴，方才对外开放，东西长街顿成通衢。"遂不得不亟营公园为都人士女游息之所。社稷坛位于端门右侧，地望清华，景物钜丽，乃于民国三年十月十日开放为公园。"①民国初年，京城里文人雅集，往往选择中央公园；至于大型群众集会，则非天安门前莫属。

天安门原名承天门，始建于明永乐十五年（1417），是皇城的正门。清顺治八年（1651）重建，并改用现名。此后三百多年，城楼的基本格局没有大的改变。从天安门到与之相对的中华门（即原大明门、大清门）之间，即为御道，两旁为明清两代的中央政府机关。即便进入民国，户部街、兵部街、司法部街等地名，依旧提醒你此处乃无可替代的政治中心。从皇帝举行颁诏仪式的神圣禁地，变为青年学生表达民意的公共场所，天安门的意义变了，可作为政治符号的功能没变。集会、演讲、示威于天安门前，必能产生巨大的社会影响，这几乎成了

① 朱启钤：《中央公园记》，《中央公园廿五周年纪念刊》，第131页。

20世纪中国政治运作的一大诀窍。地方宽敞当然不无关系，可更重要的，还是因其象征着政治权力。

天安门前的那对精美绝伦的华表，见识过多少激动人心的政治场面！远的不说，19年前八国联军的炮火、七八年前隆裕太后之颁布溥仪退位诏，还有半年前北京六十多所大、中、小学校三万余名学生为庆祝协约国胜利举行盛大集会游行，都可由天安门前的华表作证。1918年的11月15、16日两天，也就是集会游行后的第二、三天下午，北京大学还在天安门前举行针对民众的演讲大会，由蔡元培、陈独秀、胡适、陶孟和、马寅初、陈启修、丁文江等轮流登台讲演。[1]

这一回的集会可大不一样，组织者既不是政府，也不是学校，是学生们自己。走上街头的学生，其抗议游行，既指向列强，也指向当局。集会上，最引人注目的标语，一是北大法科学生谢绍敏前天晚上咬破中指撕下衣襟血书的"还我青岛"四个大字；另一则是高师学生张润芝所撰挽联：[2]

> 卖国求荣，早知曹瞒遗种碑无字；
>
> 倾心媚外，不期章惇余孽死有头。
>
> 　　北京学界同挽。卖国贼曹汝霖、章宗祥遗臭千古。

---

[1] 参见《申报》1918年11月16日及《北京大学日刊》1918年11月27日的报道，以及《新青年》第5卷第5、6号所刊蔡元培、李大钊、陶孟和、胡适等人的演讲稿。

[2] 参见宋宪亭《五四天安门大会上一副引人注目的对联之来历》，《五四运动与北京高师》，北京师范大学出版社，1984。

而这，恰好对应了"外争主权，内除国贼"的学界宣言及游行口号。

1919年7月出版的《五四》一书，不只记载了上述宣言、传单、标语、挽联等，还用简洁的语言，渲染集会氛围：

> 最先至者为高师、汇文两校，北大因整队出发时，有教育部代表及军警长官来劝阻，理论多时，故到天安门最迟。凡先到者辄欢迎后来者以掌声，而后来者则应和之以摇旗，步法整齐，仪容严肃，西人见者，莫不啧啧称赞。[①]

报以掌声、和以摇旗，以及"步法整齐，仪容严肃"等，作为一种政治抗议的示威游行，其仪式已经基本确立。不同于一般"骚乱"，学生游行并不妨碍"治安"，故被作为文明社会的表征，得到相当广泛的同情。

至于偌大广场，没有扩音设备，三千学生如何集会？有称站在天安门前石狮子头上作演讲的，[②]但我更倾向于王统照的说法，演讲者是站在方桌上；而且，现场中大部分人实际上听不清演讲内容，只是因为有很多标语，加上不时呼口号，知道大致意思。[③]但这已经足够了，读过宣言，呼过口号，队伍开始向南、向东、向北移动。

---

① 蔡晓舟、杨景工编《五四》，《五四爱国运动》上册，第454—455页。
② 夏明钢：《五四运动亲历记》，见《五四运动与北京高师》。
③ 王统照：《三十五年前的五月四日》，《人民文学》1954年第5期。

四、受气东交民巷

学生欲通过（东）交民巷往东而行，该处警察竟然不许通行。学生颇受激刺，不得已折而往北，出王府井大街，经东单牌楼，向赵堂子胡同，入赵家楼曹汝霖之住宅。

关于五月四日学生游行的路线，众多事后追忆，差别不是很大。起码东交民巷受阻、而后才转向赵家楼这一强烈印象，保证了所有回忆文章的大致方向不会有误。差别只在于转折的路口，以及经过的具体街巷。相对来说，记者的现场报道比较可靠；但比起原北洋政府陆军部驻署京师宪兵排长白歧昌的报告，还是小巫见大巫：

该学生团于午后二时三十分整队出天安门，折东进东交民巷西口，至美国使馆门首，遂被阻止。该代表等从事交涉，仍未允通行。后即转北往富贵街，东行过御河桥，经东长安街南行，经米市大街进石大人胡同，往南小街进大羊宜宾胡同，出东口北行，向东至赵家楼曹宅门首。[①]

职务所在，当年跟踪学生队伍的宪兵排长，其所提供的报告，

---

① 《五四爱国运动史料》，《历史教学》1951年6月号。

应该说是"最具权威性"的。两点半方才起行,四点左右已到达赵家楼(这点为不少回忆文章所证实),那么,东交民巷耽搁的时间,就不可能像许多回忆录所说的"足足有两小时"。

即便如此,受阻于东交民巷,依旧是事件发生逆转的关键所在。宪兵排长只说学生代表交涉而未获允许,自是不如《晨报》之注意到"学生颇受激刺"。《五四》一书,更将游行队伍之转向赵家楼,直接归因于使馆界口的等待:

> 学生既在使馆界口鹄立两小时之久,而市民之加入者亦甚众,当时群众义愤填膺,急欲得卖国贼而一泄之。于是议定先寻曹氏,次寻章、陆。[①]

为何由使馆界口受挫,便"急欲得卖国贼而一泄之"?除了此次运动"外争主权,内除国贼"的宗旨,更因东交民巷这种"国中之国",本身就是主权丧失的表征。恳求列强"维护公理"说帖没被接收,反而目睹使馆区骄横的巡捕、狰狞的兵营,更强化了中国人的耻辱感。

罗家伦等四位学生代表前往美国使馆交涉,公使不在,只是留下言辞恳切的"说帖"。其时国人对于美利坚合众国及其总统威尔逊大有好感,故"直率陈词","请求贵公使转达此意于本国政府,于和平会议予吾中国以同情之援助"。英、法、意诸国使馆也有学生代表前往交涉,可都只是答应代为转呈说帖。

---

① 蔡晓舟、杨景工编《五四》,《五四爱国运动》上册,第454—455页。

至于申请穿越使馆区游行，始终未得到允许。学生们之所以希望"往东"而不是"向北"，明显是冲着仅有一街之隔的日本使馆。三千热血沸腾的青年学生，被堵在狭隘的东交民巷西口，这景象，与半年前三万大中小学生集会天安门前庆祝协约国胜利时，美、英、法等国公使相继登台演说，形成了鲜明对比。这里有技术性的原因，各使馆确实星期天不办公，美国公使等并非故意回避；但巴黎和会上中国人合理权益之被出卖，也凸显了国际关系中的"弱肉强食"。而正是这一点，使得国人的民族主义情绪日渐高涨。

至于具体到东交民巷之不让游行队伍通过，有中国政府的关照，也有《辛丑条约》的限制。东交民巷最初叫东江米巷，明、清两代属于天安门前"五部六府"范围。乾嘉年间，出现供外国使臣临时居住的"迎宾馆"；鸦片战争以后，更陆续设立英、俄、德、法等国使馆。庚子事变中，那拉氏纵容甚至怂恿义和团围攻东交民巷使馆区，导致八国联军入侵北京。第二年，清廷被迫与八国联军签订丧权辱国的《辛丑条约》（1901），此后，东交民巷就成了变相的"租界"。清末仲芳氏《庚子记事》辛丑年五月十五日记曰：

> 东交民巷一带，东至崇文大街，西至棋盘街，南至城墙，北至东单头条，遵照条约，俱划归洋人地界，不许华人在附近居住。各国大兴工作，修盖兵房、使馆，洋楼高接云霄。四面修筑炮台以防匪乱，比前时未毁之先雄壮百倍，而我国若许祠堂、衙署、仓库、民房，俱被占去拆毁

矣。伤心何可言欤！[①]

除了"四面修筑炮台"，还在使馆区内建立了一整套独立于中国政府的行政、司法、经济、文化管理机构，再加上东西两端由外国军警日夜把守的铁门，这里成了道地的"国中之国"。不但中国官员、百姓不能随意进入，连人力车都得有特殊牌照才允许通行。在这个意义上，巡捕及警察之阻止学生队伍通过，并非故意刁难。

可对于青年学生来说，"和约"是一回事，"公理"又是一回事。没有大总统令以及外交照会就不准进入使馆区游行，此说依据的是"和约"；学生们要追问的是，如此不平等的"和约"符合"公理"吗？经过新文化运动的熏陶，新一代读书人已经学会独立思考："从来如此，就对吗？"东交民巷西口巡捕及警察的"合法"阻拦，不仅没有平息学生的抗议活动，反而激起强烈反弹："学生已觉刺激不浅，以为国犹未亡，自家土地已不许我通行，果至亡后屈辱痛苦又将何如？"[②]40年后，杨晦撰写回忆文章，再次强调游行队伍无法通过使馆区时学生们愤怒的心境：

> 青年学生的热血沸腾，但是摆在眼前的，却是一个铁一般的冷酷事实：使馆界，不准队伍通过！气炸了肺，也

---

① 仲芳氏：《庚子记事》，收入中国科学院历史研究所第三所编辑的《庚子记事》（科学出版社，1959）一书。
② 蔡晓舟、杨景工编《五四》，《五四爱国运动》上册，第454—455页。

是无济于事的呀！为什么我们自己的国土，不准我们的队伍通过？使馆界！什么是使馆界？是我们的耻辱！①

正当"大家都十分气愤，也十分泄气"的时候，听说"还去赵家楼，情绪就又振奋了一下"。杨晦的这一描述，与"急欲得卖国贼而一泄之"的说法，不谋而合。

根据匡互生的回忆，长时间受阻于东交民巷的游行队伍，决定直扑曹汝霖家时，"负总指挥的责任的傅斯年，虽恐发生意外，极力劝阻勿去，却亦毫无效力了"。②傅斯年、罗家伦等"新潮社"同人，关注的主要是思想文化革新，对实际政治运动兴趣不太大，也不主张采取激烈的手段，其劝阻直扑赵家楼，自在意料之中。问题在于，学生之转向曹宅并采取暴力行动，是群情激奋呢，还是有人暗中策划？

曾为北京学联代表的高师学生熊梦飞，20世纪30年代初撰文纪念匡互生，提及天安门前集会时，有往总统府、往外交部，还是往英美使馆之争（此说不太可信。学生游行之目的，"说帖"和"通告"都已表白无遗，直奔使馆区早在计划之中，无待天安门前表决），"互生是时，意固别有所在，集其死党为前驱"。到了东交民巷游行受阻，"前驱者大呼'直奔曹宅'！群情愤慨，和之，声震屋瓦"。③言下之意，将学生队伍引向赵家楼的，是匡互生及其"死党"，而且是蓄意谋划的。另一

---

① 杨晦：《五四运动与北京大学》，《光辉的五四》，中国青年出版社，1959。
② 匡互生：《五四运动纪实》，《五四运动回忆录》，中国社会科学出版社，1979。
③ 熊梦飞：《忆亡友匡互生》，《师大月刊》第5期，1933年7月。

位高师同学俞劲，也提及游行队伍本该向总统府请愿，"但走在队伍前面的人（有些是参加"五四"前夕秘密会议的），却有目的地引导队伍浩浩荡荡向赵家楼曹汝霖公馆走去"。①

然而，当时与匡互生同行的周予同和张石樵，都没提及匡转移游行队伍的努力。据周称，游行的前一天晚上，他们的小组织有过秘密集会，希望采取激烈手段而不是和平请愿。可游行当天，匡等并无到曹家的计划。"但当游行队伍经过东交民巷口以后，有人突然高呼要到赵家楼曹汝霖的住宅去示威。在群情激愤的时候，这响亮的口号得到了群众一致的拥护。"②而张石樵作为同窗好友，与匡互生一路同行，听说直奔曹家，认为有理，"也正合我们早就商量好的"惩罚卖国贼的计划。③这两位当事人，只是强调转赴赵家楼的提议符合自家意愿，并没提及匡所发挥的作用。

依我看，此等"神来之笔"，正是群众运动特有的魅力。说不清是谁的主意，你一言，我一语，群情互相激荡，一不小心，便可能出现"创举"。匡互生说得对，"这时候群众的各个分子都没有个性的存在，只是大家同样唱着，同样走着"，④很难确定谁影响谁。日后追根溯源，非要分出彼此，弄清是哪一个首先喊出"直奔曹宅"的口号，其实不太可能，也没必要。作为一个基本上是自发的群众运动，"五四"与日后众多由党派

---

① 俞劲：《对火烧赵家楼的一点回忆》，《五四运动回忆录》（续），中国社会科学出版社，1979。
② 周予同：《五四回忆片断》，《展望》1959年第17期。
③ 张石樵：《怀念五四壮士匡互生》，《五四运动与北京高师》。
④ 匡互生：《五四运动纪实》，《五四运动回忆录》。

策动的学潮的最大区别，正在于其"著作权"的不明晰。

五、火烧赵家楼

时正下午四钟，且见火焰腾腾，从曹宅屋顶而出。
起火原因如何，言人人殊，尚难确悉……至六时许，火光
始息，学生仍将整列散归，而警察乃下手拿人。学生被执
者，闻有数十人之多。

游行队伍向北，向东，再向北，再向东……浩浩荡荡，扬
起一路灰尘。"北京的街道在那时本来就是泥沙很多，正是春末
夏初，阵风一起，加上这几千人的步行蹴踏，自然有一片滚滚
的尘雾，直向鼻孔口腔中钻来。"①只是群情激昂之际，没人顾
及此等小事，学生们照样高呼口号，散发事先印好的传单。

下午四点半左右，据说仍然排列整齐的游行队伍，终于来
到离外交部不远的赵家楼2号曹汝霖的住宅。这是一幢两层的
西式洋房，所有门窗紧闭，周围有二百军警把守，按理说，不
该出现如下戏剧性的场面：赤手空拳的学生破窗入室、打开大
门，殴打章宗祥并火烧赵家楼。事后大总统徐世昌发表命令，
责备警察"防范无方，有负责守"；②曹汝霖则认定是警察总监
吴炳湘与他作对，纵容学生放手表现。将警察之"防范无方"，
归咎于上司示意放水，或者像众多回忆录所说的，被学生的爱

---

① 王统照：《三十五年前的五月四日》，《人民文学》1954年第5期。
② 《大总统令》，《晨报》，1919年5月8日。

国热情所感化，恐怕均非事实。持枪的警察，面对如此果敢的学生，仓促之间，确实不知如何处置。

"赵家楼"这场戏，乃"五四"抗议游行的高潮，从事发当天到现在，出现无数版本，实在耐人寻味。其中有两个关键性的情节，历来众说纷纭，需要进一步确认。一是何人冒险破窗，二是何以放火烧房。

匡互生撰于1925年的《五四运动纪实》，只是说"那些预备牺牲的几个热烈同学，却趁着大家狂呼的时候，早已猛力地跳上围墙上的窗洞上，把铁窗冲毁，滚入曹汝霖的住宅里去"。[1]30年代初匡逝世时，同学熊梦飞撰写纪念文章，称"互生纵身跃窗户，以拳碎其铁网而入"。[2]到了50年代，匡的另一位高师同学周予同进一步证实："他首先用拳头将玻璃窗打碎，从窗口爬进入，再将大门从里面打开。"理由是，游行当晚，周回学校时，见匡满手鲜血，说是敲玻璃敲的。[3]后来，关于匡击破铁窗的故事，便越传越玄，几乎可与武侠小说相媲美。

60年代初，高师学生俞劲在《对火烧赵家楼的一点回忆》中称："突然有领队某君（参加'五四'前夕秘密会人员之一，湖南人，高师数理部学生，曾习武术，膂力过人）奋不顾身，纵步跳上右边小窗户。"接下来，便是警察拉后腿，众学生帮忙解脱；"某君头向里面一望，内面还有数十名警察，正枪口对着他"，于是开始演说，终于警察良心发现，把枪放下。[4]

① 匡互生：《五四运动纪实》，《五四运动回忆录》。
② 《忆亡友匡互生》，《师大月刊》第5期，1933年7月。
③ 周予同：《五四回忆片断》，《展望》1959年第17期。
④ 俞劲：《对火烧赵家楼的一点回忆》，《五四运动回忆录》（续）。

70年代末，另一位高师学生夏明钢（原名夏秀峰）《五四运动亲历记》的描述更精彩："匡济从西院窗口将铁栅扭弯了两根（匡在少年时就练就了一手好内功，他只要用手一捏，就能够把弯的铁门扣捏直，其气力之大有如此者），打开了一个缺口，他从缺口爬进去，摔开守卫的警察，将大门打开，群众便蜂拥而入。"①

80年代中，又出现新的版本，开始注意曹宅院子的高墙。写作者仍是高师同学，名叫张石樵，在《怀念五四壮士匡互生》中称："匡互生发现曹宅有个窗户，他就利用从小练就的一身功夫，在同学们的帮托下，一拳打开了窗子，跃身而下。"②

但是，擅长武功的匡互生第一个跳进曹家院子的故事，受到另外两条材料的挑战。以下两篇文章的作者，也都是"五四"那天的活跃人物，而且均于当天被捕。一是匡的高师同学陈荩民（原名陈宏勋），在撰于1979年的《回忆我在五四运动的战斗行列里》中，有这么一段：

> 我身材较高，就踩在高师同学匡互生的肩上，爬上墙头，打破天窗，第一批跳入曹贼院内。我和同学把大门门锁砸碎，打开大门，于是，外面的同学一拥而入。③

另一个自称踩在匡君肩上爬上墙头的，是北大学生许德珩。在

① 夏明钢：《五四运动亲历记》，《五四运动与北京高师》。
② 张石樵：《怀念五四壮士匡互生》，《五四运动与北京高师》。
③ 陈荩民：《回忆我在五四运动的战斗行列里》，《北京师大》，1979年5月8日。

《五四运动六十周年》中，许称匡日休个子高，站在曹宅向外的两个窗户以下：

> 我们趁军警不备之际，踩上匡日休的肩膀，登上窗台把临街的窗户打开跳进去，接着打开了两扇大门，众多的学生蜂拥而入。[①]

陈自称"第一批"跳入曹家院里，而许所说登上窗台的是"我们"，都没有一口咬定是自己独自一人首开纪录。问题是，如果陈、许的说法属实，"甘当人梯"的匡互生，便不可能第一个跳进院里。可谁又能保证陈、许60年后的回忆准确无误？

高师另一被捕学生初大告，大概意识到两种说法互相矛盾，于是兵分两路，互不干涉："高师同学匡日休奋勇踏着人肩从门房（传达室）后窗爬进，打开大门，另外一个高师同学陈荩民越墙而入，学生们一拥而入，发现曹汝霖等已经听到风声从后门逃走。"[②]让匡、陈分开突破，表面上解决了高师内部说法的矛盾，可还有北大学生许德珩的脚下到底何人，有待进一步考证。

比打开天窗更具有戏剧性、也更扑朔迷离的，是"火烧"赵家楼。1919年7、8月间出版的《五四》和《青岛潮》，都反对学生放火一说。前者列举曹宅起火原因共四说，结论是："四说

---

① 许德珩：《五四运动六十周年》，《五四运动回忆录》（续）。
② 初大告：《五四运动纪实》，《五四运动与北京高师》。

皆有理由，究竟如何起火，至今尚无人能证明之者。"①后者更将电线走火与曹家放火捏合在一起，创作出如下绝妙画面："时正酉正，电灯已燃。未几，火起，众大愤，始知曹将烧死学子，以为泄怨计。"②40年后，杨晦还是一口咬定曹家自己放的火，理由很简单："这些无耻政客，国都可以卖，还有什么事做不出来？一放火，造成学生的刑事犯罪，岂不就可以逮捕法办了吗？"③杨文"政治正确"，但没提供任何新证据，曹家自己放火一说，很难坐实。

当年警察厅关于曹宅起火原因的调查，并无一定结论。因为，若断学生点火（不管是把曹宅床上的罗帐点着，还是将汽油倒在地毯上烧），势必追究学生的刑事责任；若说曹的家人点的火，准备趁火打劫，或曹授意家人纵火，以便烧死冲入曹宅的学生，则必须谴责甚至惩罚曹或曹的家人。既然两头都不能得罪，可供选择的最佳方案，便是"电线走火"。这么一来，谁都没有责任，而且，所有取证、起诉、审判等麻烦手续，均可一笔勾销。英文《字林西报周刊》（1919年5月10日）的描述最为精彩："当时与警察争执之际，竟将电灯打碎，电线走火，遂肇焚如。"该报还称，教育部为了息事宁人，也"答应以曹家着火乃因电线走火的说法以争取释放被捕学生"。5月7日政府被迫释放学生，不再追问曹宅起火原因，似乎利用了这一绝妙的

①　蔡晓舟、杨景工编《五四》，《五四爱国运动》上册，第454—455页。
②　龚振黄编《青岛潮》，《五四爱国运动》上册，第168页。
③　杨晦：《五四运动与北京大学》，《光辉的五四》。

台阶。[1]

可正像当年就读北京工业专门学校的尹明德所说的，谁都明白，火确实是学生放的，只是不能承认。"当时在黑暗专制反动时期，学生不敢承认放火，恐贻反动派以口实，伪称系曹宅自行放火，借此驱散群众。军警机关既未在学生身上搜出火柴，也不敢贸然加以学生放火之罪。"[2]当年为了政治斗争的需要，抵死不能承认学生放火；等到时过境迁，"火烧赵家楼"成了名扬四海的壮举，可又说不清到底是谁、用什么方式点的火了。

有说是学生们"搜索到下房，有人发现半桶煤油，就起了'烧这些杂种'的念头"；[3]也有人说是"群众找不着曹汝霖更加气愤，有人在汽车房里找到一桶汽油，大家高喊'烧掉这个贼窝'。汽油泼在小火炉上，当时火就烧起来了"；[4]还有说是"有一个同学抽烟，身上带有火柴，看到卧室太华丽，又有日本女人，十分气愤，就用火柴把绿色的罗纱帐点燃了，顿时室内大火，房子也就燃起来了"。[5]以上三家，均为在场的北大学生，既然都没指定具体的纵火者，可见闻见尚虚。

根据现有资料推断，纵火者大概非北京高师学生莫属。如此巨大的光荣，似乎没有其他学校的学生前来争领。历来自居

---

① 参阅1919年7月出版的《上海罢市救亡史》，见《五四爱国运动》下册，第236页，以及周策纵《五四运动：现代中国的思想革命》中译本，江苏人民出版社，1996，第166页。

② 尹明德：《北京五四运动回忆》，《五四运动回忆录》（续）。

③ 杨振声：《回忆五四》，《人民文学》1954年第5期。

④ 范云：《五四那天》，《北京日报》，1957年5月4日。

⑤ 许德珩：《五四运动六十周年》，《五四运动回忆录》（续）。

老大的北京大学，对此事也只能含糊其词；甚至还出现了北大中国文学门学生萧劳也都站出来作证，将"放火"的光荣拱手相让：

> 我行至曹家门外，看见穿着长衫的两个学生，在身边取出一只洋铁偏壶，内装煤油，低声说"放火"。然后进入四合院内北房，将地毯揭起，折叠在方桌上面，泼上煤油，便用火柴燃着，霎时浓烟冒起。我跟在他们后面，亲眼看见。大家认得他俩是北京高等师范的学生。[1]

至于高师的学生，早就不客气地将此壮举收归名下。差别只在于，到底是哪一位高师学生放的火。

高师学生张石樵自称："亲眼看到北京高师一同学用煤油把房子点着了，我还添了一把火，赵家楼顿时火起……至今仍有不少人误把匡互生说成是烧国贼的放火者，这应该加以更正，真正放火者为俞劲（又名慎初）。我们不能为此而改写历史。"[2]可俞劲本人，20世纪70年代末撰写《对火烧赵家楼的一点回忆》时，却将此光荣归诸匡互生。[3]匡互生呢？1925年写作《五四运动纪实》时，只提学生放火是"以泄一时的忿怒"，而没说火是谁点的。[4]

倒是1957年《近代史资料》重刊此文时，附有老同学周为

---

① 萧劳：《火烧赵家楼的片断回忆》，《五四运动与北京高师》。
② 张石樵：《怀念五四壮士匡互生》，《五四运动与北京高师》。
③ 俞劲：《对火烧赵家楼的一点回忆》，《五四运动回忆录》（续）。
④ 匡互生：《五四运动纪实》，《五四运动回忆录》。

群所作补充材料，确认曹宅的火确系匡互生所点。而且，还加了如下意味深长的一段话：

> 学生群众走进曹宅，先要找卖国贼论理，遍找不到，匡互生遂取出预先携带的火柴，决定放火。事为段锡朋所发现，阻止匡互生说："我负不了责任！"匡互生毅然回答："谁要你负责任！你也确实负不了责任。"结果仍旧放了火。[1]

段锡朋是北大的学生领袖，而北大又是学运中坚（当年即有"罢不罢，看北大"的说法），因而，段和游行总指挥傅斯年一样，自认是要对此次活动"负责任"的。可群众运动就是这么回事，总是有"组织者""领导者"控制不了的时候。理由很简单，既然敢于起来反抗权威，就不会将"临时指挥"的命令奉若神明。该自己做决定的时候，傅斯年也罢，段锡朋也罢，其实是左右不了局面的。那么，谁能左右局面？准确地说：没有。但最激进的口号和举动，在群众运动中最有诱惑力，在这个意义上，所谓的"局面"，容易受相对激进而不是温和的学生的影响。

　　当年对放火曹宅不以为然的，不只是段锡朋一人，据周予同回忆，"这一举动没有得到所有在场同学的赞同"。"有些同

---

[1] 1957年第2期《近代史资料》重刊匡互生《五四运动纪实》时，附有此段文字，并称提供材料的是"某先生"；1979年第3辑《新文学史料》再次刊发匡文，方才说明此老同学名周予群。

学，尤其是法政专门学校的学生，他们认为放火殴人是超出理性的行动，是违反大会决议案的精神，颇有些非议。"[1]可倘若不是这一把"超出理性"的无名之火，军警无法"理直气壮"地抓人，学生以及市民的抗议也就不会如火如荼地展开。那样，五四运动将是另一种结局。

在这个意义上，北大、法政等校学生的讲究"文明"与"理性"，反倒不及匡互生们不计一切后果的反抗来得痛快淋漓，而且效果显著。

六、夜囚警察厅

> 学生被执者，闻有数十人之多。但所执者，未必即为打人毁物之人。昨夕，已有人为之向警厅取释，以免再激动群情云……

就像匡互生所说的，等到军警正式捕人时，"那些攻打曹宅用力过多的人，这时多半也已经筋疲力尽地跑回学校休息去了"。[2]剩下少数维持秩序、零星掉队或围观的，在大批因警察总监及步军统领的督阵而变得积极起来的警察包围下，只好束手就擒。32名被捕的学生中，北大20名、高师8名、工业学校2名、中国大学和汇文大学各1名。

当晚七点，游行学生被捕的消息传遍九城内外，各校学生

---

① 周予同：《五四回忆片断》，《展望》1959年第17期。
② 匡互生：《五四运动纪实》，《五四运动回忆录》。

纷纷举行集会，紧急商议营救策略——因传说被捕学生将被"军法从事"。[①]其中北大三院的集会气氛最为热烈，更因蔡元培校长出席讲话，对学生的爱国动机表示同情，而得到广泛的报道与追忆。

至于当晚的若干秘密会议，若曹汝霖与其党羽如何六国饭店窥测时势并确定反攻战略、钱能训总理又如何在家中与内阁成员商议惩戒大学处理学生，还有上述报道提及的保释被捕学生的努力（后者很可能指的是汪大燮、林长民等），因《晨报》乃梁启超这派政治文人所办，对"鼓动学潮"的国民外交协会之内情了解较多；而报道所提的保释理由，如"以免再激动群情""所执者未必即为打人毁物之人"等，与汪等第二天具呈警厅要求保释之文大致相同。

比起政界诸多说不清道不明的秘密活动，被捕学生的命运，更牵动时人及后世读者的心。狱中学生备受虐待，但依旧抗争——此类想当然的戏剧化描写，很难满足读者了解具体细节的欲望。当事人的回忆，让我们有身临其境的感觉，可未必准确。

被捕的高师学生陈荩民，在《回忆我在五四运动的战斗行列里》中，谈到被捕后关进步军统领衙门，当晚押解到警察厅。被捕学生分数间关押，"我和高师同学向大光及其他学校学生共七人关在一间牢房内，共用一盆洗脸水，待遇虽十分恶劣，但大家精神抖擞，毫不畏惧"。[②]而北大学生许德珩则称：

---

① 参见《学界风潮纪》上编第2节，《五四爱国运动》上册，1919，第375页。
② 陈荩民：《回忆我在五四运动的战斗行列里》，《北京师大》，1979年5月8日。

我们三十二人被囚禁在步军统领衙门的一间监房里，极其拥挤肮脏，只有一个大炕，东西两边各摆着一个大尿桶，臭气满屋。每半小时还要听他们的命令抬一下头，翻一个身，以证明"犯人"还活着。①

两相比较，自是许说更为精彩。其实，二说均有纰漏，合起来，方才是完整的图景。因为，"五四"那天被捕的学生初分两处（步军统领衙门十二人，警察厅二十人），到了深夜，方才全部集中到警厅。三十二人共一屋，那是第一夜的情况；六七人关在一间牢房，则是翌日的调整。至于待遇恶劣，也在情理之中。只是以此前此后监狱里之动辄刑讯拷打，想象"五四"被捕学生之悲惨命运，实多有差谬。

5月6日的《晨报》上，刊有《学生界事件昨闻》，共分九个小标题："昨日各校之罢课""被捕学生之姓名""学生被捕后之况状""各校长之会议""北京社会之不平""汪王林等请保释""教育厅长之辞职""六国饭店之会议""章宗祥之伤势"。其中"学生被捕后之况状"一则，对我们了解被捕学生在狱中的生活状况，有直接的帮助：

各学生被捕入警厅后，前夕即由该厅略加讯问，未有结果。闻厅中对于学生尚不苛待，前夕共腾出房子三间，使三十二人者分居之。而学生则不愿分居，仍在一处住。

① 许德珩：《五四运动六十周年》，《五四运动回忆录》（续）。

昨日由该厅备饭，每餐分为五桌，每桌坐六人或七人。有前往看视者，学生皆告以我辈在此尚未所苦，惟外交问题如何则极为关念。中有托人带信，勉勖同学仍以国家为重者，并谓在厅阅报等尚颇自由云。[1]

是否《晨报》记者刻意美化当局，修饰血腥的监狱生活？恐怕未必。在整个五四运动期间，《晨报》始终旗帜鲜明地支持学生、抨击政府，即便屡被警厅告诫，也仍不改初衷。更何况，这篇报道的基本情节，可在陈独秀主编的《每周评论》上得到印证。

1919年5月11日的《每周评论》上，发表亿万的《一周中北京的公民大活动》，其中述及被捕学生在狱中的遭遇，与《晨报》所言大同小异：

游缉队捕几个人到步军统领衙门去，很虐待的，曾把他们放在站笼里登了几点钟。当晚十二点钟送到警察厅去了。巡警、宪兵捕去的稍须好些。但是被捕之时，也不免捶几下打。到警察厅的第一天，很受罪，行动言语都不自由。第二天早晨吴炳湘去看，待遇就好些，可以在院子里自由行动。第三天给了一份《益世报》。从他们警厅方面看来，也算优待……[2]

---

① 《学生界事件昨闻》，《晨报》，1919年5月6日。
② 亿万：《一周中北京的公民大活动》，《每周评论》21号，1919年5月11日。

牢房不比旅店，自是诸多不便。但我想说的是，步军统领衙门与警察厅，在对待学生的问题上，有相当明显的差别。孙伏园在《回忆五四当年》中称，被移送警厅后，学生们的情绪开始稳定。"这时同学有一个普遍的心情是：在步军统领衙门随时可以被枪毙或杀头，到京师警察厅以后可能要文明些了。"①

学生及传媒为何对警厅颇有恕词？除了当天在现场，警察厅总监吴炳湘本不想捕人，在曹汝霖的压力下方才下令镇压；第二天吴又亲自前往探监，并迅速改善学生待遇——移住较宽大之室、解除谈话禁例、赠送报纸以供消遣，以及伙食按警厅科员标准每人每餐费洋一毛有零等，②还有一点，后人一般不察，即清末民初的"警厅"，其实也属"新学"。倘若不是长官强令弹压，警察未必愿与学生为敌。

据报称，吴炳湘之所以主张"优待"被捕学生，是因深知"事体重大"，被捕学生"与寻常罪犯不同"。当然，还必须考虑到，政府对如何处理学潮举棋不定，社会各界又对滥捕爱国学生纷纷表示抗议，作为警察总监，自然有所忌惮。可为何步军统领衙门就没有此等顾忌，可以大打出手？其实，这涉及作为"新学"的警察厅之特殊地位。

民初京城的社会治安，一如清末，由步军统领衙门和警察厅共同管理。后者乃晚清新政的产物，创设于庚子事变之后，"乃效法近代文明国家而组织之警察机关"。1907年，时任京师大学堂正教习的文学博士服部宇之吉，主编出版了囊括"有关

① 孙伏园：《回忆五四当年》，《人民文学》1954年第5期。
② 参见《五四》第2章，《五四爱国运动》上册，第456—457页。

北京的一切事项"的《北京史》。其中提到中国之公堂积弊丛生，而巡警厅的创立，"一扫贿赂之弊端"。强调新设立的"巡警厅"之不同于源远流长的"刑部"及"步军统领衙门"，在于其"能精勤其事务，洗雪冤枉，伸理屈辱"，或许太理想化了。但这种依靠"法律条文"——而不是诉诸行政长官的"贤明"或幕友书吏之"智慧"——来管理社会治安的思路及实践，毕竟透露了强烈的近代气息。故服部等人对此评价甚高，认为"此乃清国司法事务之可喜现象"。[①]

对待"五四"游行的学生，步军统领衙门的虐待与警察厅的相对宽容，并非偶然现象，而是与这两个暴力机关的不同渊源大有关系。5月8日的《晨报》上，有一则小文，题为《北京警察之爱国》，其中有云："此次逮捕学生一事，警厅举动极为文明，待遇亦佳，逮诸人释放后，北京全体学生联合会特派代表一人，持函前往致谢。"这大概不是"黑色幽默"。如果考虑到参加游行的13所学校中，还包括内务部直属的高等警官学校，更不敢将民初的警察说得一无是处。不过，《晨报》记者的社会设计，显然还是过于理想化。强调警察与学生之互相理解，似乎想表达这么一种信念：维持秩序与表达民意，各有各的道理，也各有各的权限。果真如此，双方的举动，确实"极为文明"。

可惜，北洋政府没有这种"雅量"，绝不允许年轻的学生挑战其权威，一开始就决定采取高压政策，因而激起日益强烈

---

① 　《清末北京志资料》（即服部宇之吉主编《北京志》的中译本），燕山出版社，1994，第122—123页。

的反弹。于是，学生的思想越来越激进，政府的手段越来越卑鄙，二者互相激荡，最明显的后果，就是此后入狱的学生，不再像"五四"那次一样受到"特别优待"了。不只"斯文扫地"，而且"知识越多越反动"，在很长时间里，学界成了警厅的重点防范对象。对于一个正常运转的社会来说，如此强烈的警、学对立，无疑是十分可悲的。

不满足于只是"纪实报道"，在《山东问题中之学生界行动》的结尾部分，热情洋溢的记者终于跳出现场，纵论起天下大势：

> 综观以上消息，学生举动诚不免有过激之处，但此事动机出于外交问题，与寻常骚扰不同。群众集合，往往有逸轨之事，此在东西各国数见不鲜。政府宜有特别眼光，为平情近理之处置，一面努力外交，巩固国权，谋根本上之解决，则原因既去，必不至再生问题矣。[①]

不幸的是，此后的事实证明，记者以及无数平民百姓的善良愿望彻底落空。政府未尝"谋根本上之解决"，学生举动也就"不免有过激之处"。需要有一种"特别眼光"，"平情近理"地看待"五四"那天的示威游行。

---

① 《山东问题中之学生界行动》，《晨报》，1919年5月5日。

七、如何进入历史？

1919年5月20日的《晨报》，报道"北京学生联合会日前开会决议，从昨日起一律罢课，以为最后的力争"，并载录学生的《罢课宣言》和《上大总统书》。我感兴趣的是，上述两份文件已经正式使用"五四运动"这一概念。前者将五四运动的性质，定义为"外争国权，内除国贼"；后者则称曹、章、陆之卖国与攘权，"舆论不足以除奸，法律不足以绝罪"，故"五四运动实国民义愤所趋"。①这两份文件的作者不详，倒是5月26日出版的《每周评论》上，罗家伦以笔名"毅"发表《五四运动的精神》，开篇即是"什么叫做'五四运动'呢"。罗文着力表彰学生"奋空拳，扬白手，和黑暗势力相斗"的"牺牲精神"，并且预言："这样的牺牲精神不磨灭，真是再造中国的元素。"②

对于这场刚刚兴起的运动，国人投入极大的热情，报刊上的文章几乎一边倒，全都认定学生不但无罪，而且有功。而《上海罢市实录》（6月）、《民潮七日记》（6月）、《上海罢市救亡史》（7月）、《五四》（7月）、《青岛潮》（8月）、《学界风潮记》（9月）等书的出版，更令人惊讶于出版界立场之坚定、反应之敏捷。

一个正在进行中的群众运动，竟然得到如此广泛的支持，而且被迅速"命名"和"定位"，实在罕见。从一开始就被作

---

① 《学界风潮越闹越大》，《晨报》，1919年5月20日。
② 毅（罗家伦）：《五四运动的精神》，《每周评论》23号，1919年5月26日。

为"正面人物"塑造的五四运动，80年来，被无数立场观点迥异的政客与文人所谈论，几乎从未被全盘否定过。在现实斗争中，如何塑造"五四"形象，往往牵涉能否得民心、承正统，各家各派全都不敢掉以轻心。五四运动的"接受史"，本身就是一门莫测高深的大学问。面对如此扑朔迷离的八卦阵，没有相当功力，实在不敢轻举妄动。

于是，退而求其次，不谈大道理，只做小文章。相对于高举经过自家渲染与诠释的"五四旗帜"，若本文之"小打小闹"，只能自居边缘。

边缘有边缘的好处，那就是不必承担全面介绍、评价、反省五四运动的重任，而可以仅就兴趣所及，选取若干值得评说的人物与场面，随意挥洒笔墨。举个例子，谈论"五四"游行对于中国社会的巨大冲击，历来关注的是学生、市民、工人等群体的反应，而我更看重个体的感觉。众多当事人及旁观者的回忆录，为我们进入历史深处——"回到现场"，提供了绝好的线索。几十年后的追忆，难保不因时光流逝而"遗忘"，更无法回避意识形态的"污染"。将其与当年的新闻报道以及档案资料相对照，往往能有出乎意料的好收获。

至于"五四"那天下午，在东交民巷的德国医院里陪二弟的冰心，从前来送换洗衣服的女工口中，知道街上有好多学生正打着白旗游行，"路旁看的人挤得水泄不通"；[①]而住在赵家楼附近的郑振铎午睡刚起，便听见有人喊失火，紧接着又看见警

---

① 冰心：《回忆五四》，《人民文学》1959年第5期。

察在追赶一个穿着蓝布大褂的学生；[①]从什刹海会贤堂面湖的楼上吃茶归来的沈尹默，走在回家路上，"看见满街都是水流，街上人说道是消防队在救赵家楼曹宅的火，这火是北大学生们放的"；[②]学生游行的消息传到北京西郊的清华园，闻一多写了一张岳飞的《满江红》，当晚偷偷贴在食堂门口[③]……诸如此类生动有趣的细节，在为"五四"那天的游行提供证词的同时，也在引导我们进入"观察者"的位置。这些注重细节的追忆，对于帮助我们"触摸历史"，比起从新文化运动或巴黎和会讲起的高头讲章，一点也不逊色。

正如孙伏园所说，"五四运动的历史意义，一年比一年更趋明显；五四运动的具体印象，却一年比一年更趋淡忘了"。[④]没有无数细节的充实，五四运动的"具体印象"，就难保不"一年比一年更趋淡忘了"。没有"具体印象"的"五四"，只剩下口号和旗帜，也就很难让一代代年青人真正记忆。这么说来，提供足以帮助读者"回到现场"的细节与画面，对于"五四"研究来说，并非可有可无。

古希腊的哲人早就说过，"人们无法两次进入同一条河流"。所谓"回到现场"，只能是借助于各种可能采取的手段，努力创造一个"模拟现场"。而创造的"过程"本身，很可能比不尽如人意的"结果"更为迷人。听学者们如数家珍，娓娓

---

① 郑振铎：《前事不忘》，《中学生》，1946年5月号。
② 沈尹默：《五四对我的影响》，《解放日报》，1950年5月4日。
③ 闻一多：《五四历史座谈》，《闻一多全集》第3册，生活·读书·新知三联书店，1982，第535页。
④ 孙伏园：《回忆五四当年》，《人民文学》1954年第5期。

而谈，不只告诉你哪些历史疑案已经揭开，而且坦承好多细节众说纷纭，暂时难辨真伪。提供如此"开放性的文本"，并非不负责任，而是对风光无限的"回忆史"既欣赏，又质疑。对于五四运动的当事人来说，"追忆逝水年华"时所面临的陷阱，其实不是"遗忘"，而是"创造"。事件本身知名度极高，大量情节"众所周知"，回忆者于是容易对号入座。一次次的追忆、一遍遍的复述、一回回的修订，不知不觉中创作了一个个似是而非的精彩故事。先是浮想联翩，继而移步变形，最终连作者自己也都坚信不疑。面对大量此类半真半假的"五四故事"，丢弃了太可惜，引录呢，又不可靠。能考订清楚，那再好不过；可问题在于，有些重要细节，根本就无法复原。"并置"不同说法，既保留丰富的史料，又提醒读者注意，并非所有的"第一手资料"都可靠。

八、回到"五四"现场

半个世纪前，俞平伯在《人民日报》上发表《回顾与前瞻》，谈到作为当事人，"每逢'五四'，北京大学的同学们总来要我写点纪念文字，但我往往推托着、延宕着不写"。之所以如此"矜持"，表面的理由是作为"一名马前小卒，实在不配谈这光荣的故事"；可实际上，让他深感不安的是，关于"五四"的纪念活动，很大程度上已经蜕变成为"例行公事"。

从1920年5月4日《晨报》组织专版纪念文章起，谈论"五四"，起码在北京大学里，是"时尚"，也是必不可少的

"仪式"。如此年复一年的"纪念",对于传播五四运动的声名,固然大有好处;可反过来,又容易使原本生气淋漓的"五四",简化成一句激动人心、简单明了的口号。这可是诗人俞平伯所不愿意看到的,于是,有了如下感慨:

> 在这古城的大学里,虽亦年年纪念"五四",但很像官样文章,有些朋友逐渐冷却了当时的热情,老实说,我也不免如此。甚至于有时候并不能公开热烈地纪念它。新来的同学们对这佳节,想一例感到欣悦和怀慕罢,但既不曾身历其境,总不太亲切,亦是难免的。①

出于对新政权的体认,俞平伯终于改变初衷,开口述说起"五四"来,从此一发而不可收。几十年间,忠实于自己的感觉,拒绝随波逐流,基本上不使用大话、空话、套话,使得俞先生之谈论"五四",始终卓然独立。读读分别撰于1959和1979年的《五四忆往》《"五四"六十周年忆往事》,你会对文章的"情调"印象格外深刻,因其与同时代诸多"政治正确"的"宏文"味道迥异。

有趣的是,用如此笔墨谈论"五四"的,不只俞氏一人;以下所列十位当事人的回忆文章,大都有此倾向,只是作者的"兴致"与"才气"不一定像俞先生那么高而已。

---

① 俞平伯:《回顾与前瞻》,《人民日报》,1949年5月4日。

杨振声（1890—1956），北京大学学生

《五四与新文学》，《五四卅周年纪念专辑》，新华书店，1949。

★《从文化观点上回首五四》，《观察》第6卷第13期，1950年5月。

★《回忆五四》，《人民文学》1954年5月号。

孙伏园（1894—1966），北京大学学生

★《五四运动中的鲁迅先生》，《中国青年》1953年第9期。

★《回忆"五四"当年》，《人民文学》1954年5月号。

王统照（1897—1957），中国大学学生

《"五四"之日》，《民言报》，1947年5月4日。

★《三十五年前的五月四日》，《人民文学》1954年5月号。

许钦文（1897—1984），北京大学旁听生

★《五四时期的学生生活》，《文艺报》1959年第8期。

★《忆沙滩》，《文汇报》，1959年5月4日。

★《鲁迅在五四时期》，《人民文学》1979年第5期。

郑振铎（1898—1958），北京铁路管理学校学生

★《前事不忘——记五四运动》，《中学生》1946年5

月号。

《五四运动的意义》，《民主周刊》第29期，1946年
5月。

《"人"的发现——为纪念"五四"作》，《新民晚
报》，1948年5月4日。

★《记瞿秋白早年的二三事》，《新观察》第12期，
1955年6月16日。

周予同（1898—1981），北京高等师范学校学生

《五四的前夕——悼匡生兄》，载1933年出版的《追
悼匡互生先生专号》，另见《五四运动与北京高师》，北
京师范大学出版社，1984。

★《五四和六三》，《解放日报》，1959年5月4日。

★《五四回忆片断》，《展望》1959年第17期（1979年
所撰《火烧赵家楼》，大致同此）。

闻一多（1899—1946），清华学堂学生

《五四历史座谈》，《大路》1944年第5号。

《"五四"运动的历史法则》，《民主周刊》第1卷第
20期，1945年5月10日。

《"五四"断想》，西南联大"悠悠体育会"《五四
纪念特刊》，1945年5月。

俞平伯（1900—1990），北京大学学生

《回顾与前瞻》，《人民日报》，1949年5月4日。

★《五四忆往——谈〈诗〉杂志》，《文学知识》，1959年5月。

《"五四"六十周年忆往事》（十首），《文汇报》，1979年5月4日。

冰心（1900—1999），北京协和女子大学学生

★《回忆"五四"》，《人民文学》1959年5月号。

《回忆五四》，《文艺论丛》第8辑，上海文艺出版社，1979年9月。

《从"五四"到"四五"》，《文艺研究》创刊号，1979年5月。

川岛（1901—1981），北京大学学生

★《少年中国学会》，《北大周刊》，1950年5月4日。

★《五四回忆》，《文艺报》1959年第8期。

★《五四杂忆》，《北京文艺》1959年第9期。

（有★号者，已收入中国社会科学出版社1979年版《五四运动回忆录》及其"续编"，其中不少文章被编者删节或改题）

五四运动值得纪念，这点毫无疑义；问题在于，采取何种

方式更有效。大致说来，有三种策略可供选择。第一，"发扬光大"——如此立说，唱主角的必定是政治家，且着眼于现实需求；第二，"诠释历史"——那是学者的立场，主要面向过去，注重抽象的学理；第三，"追忆往事"——强调并把玩细节、场景与心境，那只能属于广义的"文人"。无论在政坛还是学界，前两者的声名远比个人化的"追忆"显赫；后者因其无关大局，始终处于边缘，不大为世人所关注。

我之所以特别看重这些个人化的叙述，既基于当事人的精神需求，也着眼后世的知识视野。对于有幸参与这一伟大历史事件的文人来说，关于"五四"的记忆，永远不会被时间所锈蚀，而且很可能成为伴随终身的精神印记。20世纪50年代中期，王统照撰文追忆"五四"，称"我现在能够静静地回念三十五年前这一天的经过，自有特殊的兴感。即使是极冷静的回想起来，还不能不跃然欲起"；70年代末，当来客请周予同讲讲他参加五四运动的情况时，"他感慨地说：'老了老了！'激动地哭了，很久才平静下来"。① 至于闻一多之拍案而起，与其发表追忆五四运动的文章同步；冰心之谈论从"五四"到"四五"，更是预示着其进入80年代以后的政治姿态。可以这么说，早年参加五四运动的历史记忆，绝不仅仅是茶余饭后的谈资，更可能随时召唤出青春、理想与激情。

至于俞平伯所说的"不曾身历其境"、虽十分仰慕但"总不太亲切"的后来者，其进入"五四"的最大障碍，不在理念的差

---

① 参见王统照《三十五年前的五月四日》（《人民文学》1954年第5期），云复、侯刚：《访周予同先生》（《五四运动与北京高师》，第182页）。

异，而在实感的缺失。作为当事人，孙伏园尚且有"五四运动的具体印象，却一年比一年更趋淡忘了"的担忧，从未谋面的后来者，更是难识庐山真面目。借助俞、谢等先辈们琐碎但真切的"追忆"，我们方才得以比较从容地进入"五四"的规定情境。

倘若希望"五四"活在一代代年轻人的记忆中，单靠准确无误的意义阐发显然不够，还必须有真实可感的具体印象。对于希望通过"触摸历史"来"进入五四"的读者来说，俞平伯、冰心等人"琐碎"的回忆文字，很可能是"最佳读物"。

随着冰心老人的去世，我们与五四运动的直接联系，基本上已不再存在。20世纪三四十年代，活跃在中国政治、学术、文化舞台上的重要人物，大都与五四运动有直接间接的关联；五六十年代，"五四"的当事人依然健在，加上新政权的大力提倡，五四运动的历史意义家喻户晓。但随着时间的推移，我们距离"五四"的规定情境越来越远，更多地将其作为政治/文化符号来表彰或使用，而很少顾及此"血肉之躯"本身的喜怒哀乐。

对过分讲求整齐划一、干净利落的专家论述，我向来不无戒心。引入"私人记忆"，目的是突破固定的理论框架，呈现更加纷纭复杂的"五四"图景，丰富甚至修正史家的想象。而对于一般读者来说，它更可能提供一种高头讲章所不具备的"现场感"，诱惑你兴趣盎然地进入历史。当然，岁月流逝，几十年后的回忆难保不失真，再加上叙述者自身视角的限制，此类"追忆"，必须与原始报道、档案材料等相参照，方能真正发挥作用。

人们常说"以史为鉴"，似乎谈论"五四"，只是为了今日的现实需求。我怀疑，这种急功近利的研究思路，容易导致用今人的眼光来剪裁历史。阅读80年来无数关于"五四"的研究著述，感触良多。假如暂时搁置"什么是真正的五四精神"之类严肃的叩问，跟随俞平伯等人的笔墨，轻松自如地进入历史，我敢担保，你会喜欢上"五四"，并进而体贴、拥抱"五四"的。至于如何理解、怎样评判，那得看各人的立场和道行，实在勉强不得。

开列十位当年北京学生的回忆文章（除周予同日后成为学者，余者均为作家；川岛和许钦文五四运动爆发半年多后才到北京，但仍能感受到那一时代特殊的精神氛围），目的是让对"五四"真感兴趣的读者，从当事人的眼光来解读那一场不只影响20世纪中国历史进程，而且注定成为下个世纪长期谈论的话题以及重要思想资源的伟大事件。

说白了，我的愿望其实很卑微，那便是：让"五四"的图景在年轻人的头脑里变得"鲜活"起来。

新文化是如何"运动"起来的
——以《新青年》为视点

王奇生

新文化运动以1915年《新青年》(首卷名《青年杂志》)创刊为开端,以"民主""科学"为旗帜。这一说法,早已成为学界高度认同的经典表述。然而,在"新文化运动"这一概念最初流传之际,时人心目中的"新文化运动"多以"五四"为端绪;而且身历者所认知的"新文化""新思潮",其精神内涵既不一致,与后来史家的惯常说法亦有相当的出入。后来史家所推崇、所眷顾的一些思想主张,在当时未必形成多大反响,而当时人十分关注的热点问题,却早已淡出了史家的视野。

数十年来,学界对以《新青年》为代表的新文化运动之历史叙事,日益趋同。[①]与此同时,学界对《新青年》文本的诠释

---

① 陈平原先生即注意到,中外学界对五四运动和新文化运动历史的叙述,差异最小的是关于《新青年》部分。他举美国学者周策纵与中国学者彭明的研究为例,说明即使是政治立场迥异的学者,对《新青年》历史功绩的描述却颇为接近。见陈平原《触摸历史与进入五四》,北京大学出版社,2005,第116页。

仍不绝如缕，更有历久弥新的趋向。①依据留存下来的《新青年》文本解读其思想意蕴，是既存研究较普遍的范式。而思想演变与社会变迁的互动关系，则多为研究者漠视。《新青年》并非一创刊即名扬天下，景从如流；"新文化"亦非一开始就声势浩然，应者云集。《新青年》从一"普通刊物"发展成为"时代号角"，"新文化"由涓涓细流汇成洪波巨浪，实都经历了一个相当的"运动"过程。过去较多关注"运动"的巅峰状态，而不太留意"运动"的前期进程。对"运动家"们的思想主张非常重视，对"运动家"们的文化传播策略与受众的关联互动则甚少注目。本文拟以《新青年》为视点，综合考察《新青年》同人、论敌及局外各方的不同认知，尽可能"重返""五四"前后的历史现场，从"过程"的描述中着力"还原"新文化运动的历史本相。

一、"普通刊物"

今人的视线，早被"一代名刊"的光环所遮蔽，甚少注意陈独秀于1915年创办《青年杂志》时，其实并没有什么高远的志怀和特别的诉求。《青年杂志》没有正式的"发刊词"。创刊号上只有一简单的"社告"，内中除申言"欲与青年诸君商榷将来所以修身治国之道"，以及"于各国事情学术思潮尽心灌输"

---

① 参见杨士泰《近二十年国内"新文化运动"研究综述》，《廊坊师专学报》2000年第3期；董秋英、郭汉民：《1949年以来的〈新青年〉研究述评》，《近代史研究》2001年第6期。

外，其他均属于编辑体例的具体说明。[①]创刊号首篇是陈独秀撰写的《敬告青年》一文。该文虽有几分"发刊词"的意味，[②]但其所揭示的六条"新青年"准则（"自主的而非奴隶的""进步的而非保守的""进取的而非退隐的""世界的而非锁国的""实利的而非虚文的""科学的而非想象的"），论旨其实十分空乏，且在晚清以来的思想言论刊物中，类似的论旨并不稀见。创刊号中另有陈独秀答王庸工的信，声称"改造青年之思想，辅导青年之修养，为本志之天职"。[③]这样的说辞，不过强调预设的读者对象。一年以后，杂志改名为《新青年》，陈独秀也顺撰《新青年》一文。[④]该文常被后来史家当作"准发刊词"解读，其实除了要青年树立正确的人生观外，并无多少特别内容。可以说，初期的《新青年》是一个名副其实的以青年为拟想读者的普通杂志。在郑振铎的回忆中，《青年杂志》是一个提倡"德智体"三育的青年读物，与当时的一般杂志"无殊"。[⑤]

就作者而言，《新青年》第一卷几乎是清一色的皖籍。第二卷虽然突破了"地域圈"，但仍局限于陈独秀个人的"朋友圈"内。[⑥]杂志创刊号申称"本志执笔诸君，皆一时名彦"，[⑦]大抵

① 《社告》，《青年杂志》第1卷第1号，1915年9月。
② 唐宝林、林茂生编《陈独秀年谱》将《敬告青年》视作《青年杂志》的正式发刊词。见唐宝林、林茂生编《陈独秀年谱》，上海人民出版社，1988，第68页。
③ 《王庸工致记者》，《青年杂志》第1卷第1号，1915年9月。
④ 陈独秀：《新青年》，《新青年》第2卷第1号，1916年9月。
⑤ 郑振铎：《中国新文学大系·文学论争集·导言》（1935），收入《郑振铎文集》第4卷，人民文学出版社，1985，第413页。
⑥ 陈万雄：《五四新文化的源流》，生活·读书·新知三联书店，1997，第1—12页。
⑦ 《社告》，《青年杂志》第1卷第1号，1915年9月。

类似自我张扬的"广告"。论者常以《新青年》作者日后的成就和名望来评断其撰作阵营。实际上，早期《新青年》作者大多是在"五四"以后才逐渐成名的，有的一直名不见经传。如第一卷的作者有高一涵、高语罕、汪叔潜、易白沙、谢无量、刘叔雅、陈嘏、彭德尊、李亦民、薛琪瑛、汝非、方澍、孟明、潘赞化、李穆、萧汝霖、谢鸿等人。内中高一涵当时尚在日本留学，1918年才进北京大学任教。高一涵在"五四"前后的知名度，可举一小事为证：1924年，高撰文发泄对商务印书馆不满，原因是他觉得商务只知敷衍有名人物，自己因为没有大名气而受到薄待。①

陈独秀本人在民初的知名度其实也不能高估。1915年10月6日，陈独秀之同乡好友汪孟邹致函在美国留学的胡适，介绍陈独秀与《青年杂志》说："今日邮呈群益出版青年杂志一册，乃炼（引注：汪自称）友人皖城陈独秀君主撰，与秋桐亦是深交，曾为文载于《甲寅》者也。"②1916年底，吴虞第一次与陈独秀通信并给《新青年》投稿时，亦不知陈独秀何许人也。次年1月21日，吴虞才从朋友处打听到陈独秀的情况，并记在日记中。③

---

① 《朱经农致胡适》（1924年11月30日），中国社会科学院近代史研究所中华民国史组编《胡适来往书信选》上册，中华书局，1979，第280页。
② 引自唐宝林、林茂生编《陈独秀年谱》，第69页。
③ 《吴虞日记》载："陈独秀，安徽人，年四十余，独立前看《易经》，写小篆，作游山诗，独立后始出而讲新学，人之气象亦为之一变。长于英文，近于法文亦进。曾游日本，归国后充当教习。盖讲法兰西哲学者。住上海一楼一底，自教其小儿，其长子法文极佳，父子各独立不相谋也。"《吴虞日记》（上），四川人民出版社，1984，第281页。

1916年《新青年》杂志在《申报》上发布广告，除了介绍主编陈独秀的主张，同时还介绍了主编的履历：

独秀先生精于国学及英、法、日三国文字，尤究心于哲学、教育学、历史学、地理学。癸卯甲辰之交任上海《国民日日报》《安徽白话报》撰述，皆以主张急进为当道所忌，先后停刊。继复在安徽公学、安徽高等学校从事于教育实际。[①]

陈独秀与蔡元培相知较早。当蔡元培决意聘陈独秀任北大文科学长时，陈独秀以"从来没有在大学教过书，又没有什么学位头衔"而缺乏足够的自信。[②]为使陈独秀能够顺利出任北大文科学长，蔡元培在向教育部申报时，不但替陈独秀编造了"日本东京日本大学毕业"的假学历，还替他编造了"曾任芜湖安徽公学教务长、安徽高等学校校长"的假履历。[③]

据汪原放回忆，陈独秀自主创办杂志的想法可以追溯到"二次革命"失败之后："据我大叔回忆，民国二年（1913），仲甫亡命到上海来，'他没有事，常要到我们店里来。他想出一本杂志，说只要十年八年的功夫，一定会发生很大的影响，叫我认真想法。我实在没有力量做，后来才介绍他给群益书社陈

---

① 《申报》，1916年9月3日，第1版，《新青年》广告。
② 唐宝林、林茂生《陈独秀年谱》，第76页。
③ 庄森：《一份特别的履历书——陈独秀出任北大文科学长的前前后后》，《社会科学战线》2006年第1期。

子沛、子寿兄弟。他们竟同意接受'。"①汪原放所称的"大叔"
乃陈独秀的同乡好友汪孟邹。汪孟邹于1913年春天到上海开办
亚东图书馆,原本是陈独秀"怂恿"的。陈独秀最初有意与亚
东图书馆合作出刊。而汪孟邹以"实在没有力量做"为辞拒绝
了陈独秀的办刊诉求,却接受了章士钊创办于日本的《甲寅》
杂志的出版。汪孟邹之所以在章、陈之间做出厚此薄彼的选
择,显然是基于章的声望以及《甲寅》杂志已具之影响。当时
陈的名气固不若章氏,新刊若需"十年八年功夫"才能开创局
面,显然是一个处于初创阶段的书局所不敢冒险投资的。②

　　1916年9月,《青年杂志》改名为《新青年》。改名的原
因,是上海基督教青年会指责《青年杂志》与他们的刊物在名
称上有雷同、混淆之嫌,要求改名。③作为办刊者,陈独秀大
概不便直白将改名的真实原因广而告之。他向读者解释说:"自
第二卷起,欲益加策励、勉副读者诸君属望,因更名为《新青
年》。"④后来史家据此推断说:"添加一个'新'字,以与其鼓
吹新思想、新文化的内容名实相符。"⑤这一推断正中陈独秀的
圈套。为了扩大杂志影响,陈独秀刻意声称:自第二卷起,将
得一批"当代名流"相助撰稿。⑥检视名单,尚在美国留学的青

①　汪原放:《亚东图书馆与陈独秀》,学林出版社,2006,第33页。
②　"二次革命"中,章士钊曾任黄兴的秘书长。"二次革命"失败后,章流亡
　　日本,于1914年5月创办《甲寅》杂志,抨击袁世凯政府。《甲寅》杂志总
　　共出了10期(1915年10月终刊,历时一年零五个月),前4期在日本出版,
　　后6期由亚东图书馆在上海出版。
③　汪原放:《亚东图书馆与陈独秀》,第33页。
④　《通告》,《新青年》第2卷第1号,1916年9月。
⑤　萧超然:《北京大学与五四运动》,北京大学出版社,1986,第38页。
⑥　《通告》,《新青年》第2卷第1号,1916年9月。

年胡适也赫然在列，显有虚张声势之嫌。一年之后，陈独秀故伎重演，将一、二卷作者汇列于《新青年》第3卷第1号上，并夸大其词地署上"海内大名家"数十名执笔。吴虞见自己也列名其中，不无惊诧。他感叹说："不意成都一布衣亦预海内大名家之列，惭愧之至。"[1]

因陈独秀协助章士钊编过《甲寅》，不仅早期《新青年》的作者与《甲寅》有渊源，刊物形式亦继承了《甲寅》的风格。如其借以招徕读者的"通信"即是《甲寅》的特色栏目。[2]《新青年》在形式上借鉴《甲寅》本在情理之中。但陈独秀有意将《新青年》打造为《甲寅》的姊妹刊物，在"通信"栏中通过真假难辨的读者来信，反复宣传《新青年》与《甲寅》之间的传承关系，[3]就不无"假借"之嫌。

既无鲜明宗旨，又少有真正"大名家"执笔，早期《新青年》没有多大影响亦在情理之中。每期印数仅1000本，[4]承印的上海群益书社每期付编辑费和稿费200元。以当时商务印书馆的例规，在不支付编辑费的情况下，至少需销数2000本以上，出版商才有可能赚钱。[5]群益之出《新青年》，显然勉为其难。

---

① 《吴虞日记》（上），第310页。
② 杨琥：《〈新青年〉与〈甲寅〉月刊之历史渊源》，《北京大学学报》2002年第6期。
③ 《新青年》第2卷第1号"通信"栏中，有"贵阳爱读贵志之一青年"的读者来信；第2卷第2号"通信"栏中，有署名王醒侬的读者来信；第3卷第3号的"通信"栏中，有"安徽省立第三中学校学生余元浚"的读者来信，均强调《新青年》（《青年杂志》）乃继《甲寅》杂志而起者。
④ 汪原放：《亚东图书馆与陈独秀》，第33页。
⑤ 《胡适致高一涵（稿）》（1924年9月8日），《胡适来往书信选》上册，第259页。

鲁迅首次接触《新青年》并与陈独秀联系，大约在1916年底或1917年初。其时鲁迅在北京政府任教育部社会教育司第二科科长。可能是陈独秀赠送了10本《新青年》给他。他看完后，将10本《新青年》寄给了远在绍兴的弟弟周作人。[①]鲁迅的这一举动，应可解读为对《新青年》怀有好感。然而鲁迅后来在《〈呐喊〉自序》中却称：那时的《新青年》"仿佛不特没有人来赞同，并且也还没有人来反对。"[②]周作人晚年也回忆说，印象中的早期《新青年》，"是普通的刊物罢了，虽是由陈独秀编辑，看不出什么特色来"；"我初来北京，鲁迅曾以《新青年》数册见示，并且述许季茀（引注：即许寿裳）的话道：'这里边颇有些谬论，可以一驳。'大概许君是用了民报社时代的眼光去看它，所以这么说的吧。但是我看了却觉得没有什么谬，虽然也并不怎么对"。[③]

周作人到北京的时间，是1917年4月。3个月前，陈独秀到北京就任北大文科学长。此前《新青年》已经出版了两卷。在后来史家眼中，前两卷《新青年》中，颇不乏思想革命的"经典"之作，如陈独秀的《敬告青年》《法兰西人与近世文明》《东西民族根本思想之差异》《吾人最后之觉悟》《驳康有为致总统总理书》《宪法与孔教》，高一涵的《民约与邦本》，易白

---

① 唐宝林、林茂生编《陈独秀年谱》，第79页。
② 鲁迅：《〈呐喊〉自序》，《鲁迅全集》第1卷，人民文学出版社，1981，第419页。
③ 周作人：《知堂回想录》，香港：三育图书有限公司，1980，第333—334页。值得注意的是，周作人所称"虽是由陈独秀编辑，看不出什么特色来"，其潜台词亦以陈独秀早已是"大名家"。

沙的《孔子平议》，李大钊的《青春》，吴虞的《家族制度为专制主义之根据论》等文章，多为后来学界反复引述和称赞。胡适的《文学改良刍议》和陈独秀的《文学革命论》更被称作新文学运动之"元典"。然而这些在后来史家看来颇具见地的文章，在当时周氏兄弟眼中，既不怎么"谬"，也不怎么"对"。整个杂志就是一个既无人喝彩，也无人反对的"普通刊物"。对此，张国焘晚年的回忆亦可参证。张说：《新青年》创办后的一两年间，北大同学知道者非常少。[①]既往有关《新青年》早期就已"声名远扬"以及"壮观的作者队伍"之类言说，多半是后来史家的"后见之盲"。

《新青年》随陈独秀北迁后，编辑和作者队伍逐渐扩大。第3卷的作者群中，新增了章士钊、蔡元培、钱玄同等资深学者。但也有恽代英、毛泽东、常乃德、黄凌霜等在校青年学生投稿。恽是私立武昌中华大学的学生，毛是湖南省立第一师范学校学生。两人就读的学校，以当时恽代英的说法是"内地一声闻未著之学校"。[②]恽投给《新青年》的文章是《物质实在论》和《论信仰》。毛投给《新青年》的文章是《体育之研究》。两人的文章平实无华。此类在校学生的课业式文章也能在《新青年》发表，大体可佐证周作人的"普通刊物"之说。

1917年8月，《新青年》出完第3卷后，因发行不广，销路不畅，群益书社感到实在难以为继，一度中止出版。后经陈独秀

---

① 张国焘：《我的回忆》（1），东方出版社，1991，第39页。
② 中央档案馆等编《恽代英日记》，中共中央党校出版社，1981，第264页。

极力交涉，书社到年底才勉强应允续刊。[1]陈万雄在《五四新文化的源流》中写道：《新青年》自第2卷起，接连发表了反孔文章，胡适、陈独秀进而提出了文学革命的要求，"新文化运动因为有这两个具体内容而引起了舆论的重视，也带来了强烈的反响"。[2]这一结论显然与实际不符。

二、"复活"与"渐兴旺"

1918年1月，《新青年》在中断4个月之后重新出版。与前三卷不同的是，第4卷起改为同人刊物。《新青年》四卷三号登载编辑部启事称：

> 本志自第四卷一号起，投稿章程，业已取消。所有撰译，悉由编辑部同人，公同担任，不另购稿。

《新青年》如此自信地对外宣示，一个关键的因素是陈独秀出掌北大文科学长。杂志主编被教育部任命为全国最高学府的文科学长，[3]本身就是一种无形的"广告"。那时的北大文科学长有多大分量，可引胡适的话为佐证。胡适后来分析文学革命成功的因素时指出：陈独秀担任北大文科学长后，其文学革命主

---

① 1918年1月4日鲁迅致许寿裳信中提到："《新青年》以不能广行，书肆拟中止；独秀辈与之交涉，已允续刊，定于本月十五出版云。"见《鲁迅全集》第11卷，第345页。
② 陈万雄：《五四新文化的源流》，第19页。
③ 教育部的任命函，见唐宝林、林茂生编《陈独秀年谱》，第77—78页。

张乃成了"全国的东西"，成了一个"严重的问题"。①当时北大在全国读书人心目中的地位由此可见。

当然，并非陈独秀一出任北大文科学长，杂志即随之改观。更为实际的是，陈独秀入北大后，一批北大教授加盟《新青年》，使杂志真正以全国最高学府为依托。除第3卷的章士钊、蔡元培、钱玄同外，第4卷又有周作人、沈尹默、沈兼士、陈大齐、王星拱等人加入。与此同时，杂志的编务，也不再由陈独秀独力承担。从第四卷开始，采取轮值编辑制。轮值编辑一人一号、各负其责。第四、五卷的轮值编辑，是陈独秀、钱玄同、刘半农、陶孟和、沈尹默、胡适。第六卷的轮值编辑，由高一涵、李大钊顶替预备出国的陶孟和、刘半农。②这些轮值编辑均为北大教授或职员。《新青年》遂由一个安徽人主导的地方性刊物，真正转变成为以北大教授为主体的"全国性"刊物。如果说之前的"名彦""名流""名家"执笔，多少有些虚张声势的话，如今由"货真价实"的"北大教授"担任撰译，对一般青年读者之号召力，当不难想象。一位署名"爱真"的读者给陈独秀写信说："我抱了扫毒主义已有七八年了。无如寻小力微，所以收得的效果很小。先生等都是大学教授，都是大学问家，寻大力大，扫起来自然是比人家格外利害。"③正是北大教授的积极参与，使《新青年》大壮声威，以至于"外面的

① 胡适：《陈独秀与文学革命》（1932），载中国社会科学院近代史研究所编《五四运动回忆录》（上），中国社会科学出版社，1979，第166页。
② 张耀杰：《北大教授：政学两界人和事》，文汇出版社，2008，第67—92页。
③ 爱真：《五毒》，《新青年》第5卷第6号，1918年12月。

人往往把《新青年》和北京大学混为一谈"。①《新青年》编辑部为此大加"辟谣"。此举虽有减轻校方压力的考量，但也不排除有反用"欲盖弥彰"策略之意。《学衡》派后来对《新青年》很不服气，除了理念不同外，认为《新青年》及其同人之"暴得大名"，在很大程度上是"借重"北大的教育权威和文化资源。②

　　除了作者队伍、思想主张以及社会时代环境之变动外，③《新青年》影响的扩大，与陈独秀等人对媒体传播技巧的娴熟运用亦大有关系。《新青年》以前，陈独秀曾独自主办过《安徽俗话报》，又与章士钊合办过《甲寅》杂志，按理积累了丰富的办报办刊经验。没想到《新青年》办了两年还无声无臭，一度面临关门的局面。这实在大出陈独秀的意料。

　　陈独秀对舆论"炒作"早有一套自己的看家本领。办《甲寅》杂志时，他就采用过"故作危言，以耸国民"以及"正言若反"等手法。④《新青年》创刊伊始，即仿照《甲寅》开辟了一个"通信"栏目，发表读者来信。陈独秀开辟此栏目固然有激发公众参与讨论的考量，同时也是刻意营造"众声喧哗"的氛围，带有相当的"表演"成分。1917年7月，刚从美国留学归

① 　《编辑部启事》，《新青年》第6卷第2号，1919年2月。
② 　如梅光迪指出："彼等之学校，则指为最高学府，竭力揄扬，以显其声势之赫奕，根据地之深固重大。"梅光迪：《评今人提倡学术之方法》，《学衡》第2期，1922年2月。参阅陈平原《触摸历史与进入五四》，第105页。
③ 　学界对《新青年》之思想主张，已有较为深入的研究。本文不侧重思想史考察，并不意味着漠视和否认其重要性。下节有关《东方杂志》角色转换的论述亦同。
④ 　唐宝林、林茂生编《陈独秀年谱》，第64页。

来的胡适在日本东京读到《新青年》第3卷第3号，即在日记中写道："《新青年》之通信栏每期皆有二十余页（本期有二十八页）。其中虽多无关紧要之投书，然大可为此报能引起国人之思想兴趣之证也。"[①]刚从美国回来的胡适难免被陈独秀"忽悠"，但在鲁迅这样目光老辣的读者面前，《新青年》"不特没有人来赞同，并且也还没有人来反对"的本相实在难以掩饰。面对这样一种冷清的局面，《新青年》编者们竟大胆而又别出心裁地上演了中国近代报刊史一曲前所未有的"双簧戏"。

"双簧戏"上演的时间是1918年3月，主角是钱玄同与刘半农。先由钱玄同化名"王敬轩"，以读者名义致一长函于《新青年》，肆意指责《新青年》排斥孔子，废灭纲常，尤集矢于文学革命。再由刘半农代表《新青年》逐一批驳。拟态的正方反方各尽意气之能事，指责者百般挑衅，批驳者刻薄淋漓，极具戏剧性和观赏效果。胡适将此事内情告诉好友任鸿隽后，任氏担心伪造读者来信将有损《新青年》信用，而任妻陈衡哲则认为此举具有"对外军略"的意义。[②]"双簧戏"显然取得了一定的"炒作"效果，聚集了受众相当的注意力。胡适最初提出文学"改良刍议"时，曾学究气地表示"甚愿国中人士能平心静气与吾辈同力研究此问题"。而陈独秀以"老革命党"的气势将其提升为你死我活的"文学革命"，并以十分决绝的口吻表示"必不容反对者有讨论之余地，必以吾辈所主张者为绝对之是，而

---

① 曹伯言整理《胡适日记全编》（2），安徽人民出版社，2001，第615页。
② 《任鸿隽致胡适》（1918年9月5日），《胡适来往书信选》上册，第14页。

不容他人之匡正也"。①从"双簧戏"的表演来看，陈独秀当初的决绝表示，大有"正言若反"的意味：即故意挑衅反对者出来论辩，以激发公众舆论的关注。"双簧戏"显示《新青年》同人对于媒体传播的技巧运用得相当娴熟。

"王敬轩"来信发表后，真的引来了一批反对者。值得注意的是，当真的反对者出来辩驳时，《新青年》同人却表现出无法容忍的态度。如北大学生张厚载批评《新青年》所发表的白话诗及对中国旧戏的看法不当时，不仅陈独秀、胡适、钱玄同、刘半农四人群起围剿，钱玄同甚至对胡适刊发此信十分生气，扬言要因此脱离《新青年》。胡适则认为，"无论如何，总比凭空闭户造出一个王敬轩的材料要值得辩论些"。②因《新青年》同人态度十分决绝，落笔时只求痛快，语调不无刻薄，遂激起部分读者反感。如一位自称"崇拜王敬轩"的读者来信说："王先生之崇论宏议，鄙人极为佩服；贵志记者对于王君议论，肆口侮骂，自由讨论学理，固应又（原文如此，似为"如"之误——引注）是乎！"③胡适的好友任鸿隽也劝《新青年》同人"勿专骛眼前攻击之勤"，更不应"徒事谩骂"，立论"勿太趋于极端"。任鸿隽还特意提醒："趋于极端与radical（激进）不同。"④

① 胡适、独秀：《通信》，《新青年》第3卷第3号，1917年5月。
② 《新文学及中国旧戏》，《新青年》第4卷第6号，1918年6月；《胡适致钱玄同》（1919年2月20日），《胡适来往书信选》上册，第24—25页。
③ 崇拜王敬轩先生者：《讨论学理之自由权》，《新青年》第4卷第6号，1918年6月。
④ 《任鸿隽致胡适》（1918年9月5日、11月3日），《胡适来往书信选》上册，第15—17页。

事实上，致函《新青年》表达不同意见者，态度尚属平和。激烈的反对者开始借助其他报刊加以攻击。其中以林琴南的攻击最为恶辣，也最具影响。1919年二三月间，林琴南于上海《新申报》接连以小说形式诋毁《新青年》同人，[①]继而在北京《公言报》以公开信的形式两度致书蔡元培，[②]攻击《新青年》与北大。

　　林琴南的公开信发表后，蔡元培亦借助媒体复信驳辩。[③]因林、蔡均系学界名流，两人的论辩迅速引发舆论关注。一时间，京沪各大报刊在转载林蔡往还书牍的同时，竞相发表评论。各报且将"林蔡之争"冠以"新旧之争""新旧思潮之冲突""新旧思潮之决斗"等火药味浓烈的标题。尽管当时以刘师培为首的"正统"旧派并不认同林琴南，新文化诸人也指称林氏"不配"代表旧派，[④]仍无碍媒体在"新旧之争"的名义下加以炒作。当时就有人指出，所谓"新旧之争"完全是媒体虚拟出来的："从《公言报》登了一篇《北京学界思潮变迁之近状》的新闻及林琴南致蔡子民一信，京内外各报都当此为极好资料，大家发抒意见，至再至三……各报所藉以评论的资料，只是靠着一篇《公言报》的新闻和林蔡来往的几封信（林也不是旧的，蔡也不是新的，信中也没有新旧的话），都不能算做事

---

①　如广为人知的《荆生》《妖梦》两篇小说分别发表于《新申报》1919年2月17日、3月19—23日。

②　《林琴南致蔡元培函》，发表于《公言报》，1919年3月18日。

③　有关"林蔡之争"的深入探讨，可参阅罗志田《林纾的认同危机与民初的新旧之争》，载氏著《权势转移：近代中国的思想、社会与学术》，湖北人民出版社，1999，第263—289页。

④　参阅罗志田《林纾的认同危机与民初的新旧之争》。

实……今林琴南来了一封责难的信，我们看来虽然是胡闹，但在大学方面却不能当他胡闹。所以蔡的回答罢，也是尽大学一分子的责任。奈偏偏被一般无知识的人给他一个'新旧战争'的名词。"①

为了吸引读者，夸张的笔法，过激的言辞，本是大众传媒的惯用伎俩。深悉大众传播心理和传媒特点的陈独秀又趁机将这些报道有选择性地转载于《每周评论》，扩大影响。仅《每周评论》第17、19两期就转载了14家报刊的27篇社评。②在新闻媒体的大肆渲染下，原囿于学界的思想分歧，顿时喧哗为大众关注的公共话题。

令林琴南始料未及的是，他对《新青年》的攻击诋毁，招来媒体的广泛报道，无形中为《新青年》作了一次声势浩大的广告宣传。在此之前，新闻报纸几乎没有关注过《新青年》。陈独秀苦心孤诣未能实现的目标，无意中竟由林琴南一手促成。

"林蔡之争"之所以会有如此大的社会反响，还与《申报》的两篇报道有关。1919年3月6日《申报》报道说："日前喧传教育部有训令达大学，令其将陈（独秀）钱（玄同）胡（适）三氏辞退，并谓此议发自元首，而元首之所以发动者，由于国史馆内一二耆老之进言，但经记者之详细调查，则知确无其事。此语何自而来，殊不可解。"③3月31日，《申报》又有消息说，参

---

① 《辟北京大学新旧思潮之说》，转引自《每周评论》第19号，1919年4月27日。

② 《特别附录：对于新旧思潮的舆论》（一）、（二），《每周评论》第17、19号，1919年4月13、27日。

③ 静观：《北京大学新旧之暗潮》，《申报》，1919年3月6日，第6版。

议院议员张元奇拟弹劾教育部，理由是北京大学教授"有离经叛道之鼓吹"，而教育部总长傅增湘并不过问。傅因此乃致函北京大学校长，"令其谨慎从事"。①

第一则消息《申报》虽然明示系不实之传闻，但仍为不少媒体辗转报道。第二则消息确有其事，更有媒体进一步透露张元奇之弹劾案系受林琴南幕后指使。一时间，舆论纷纷指责林琴南等人"欲借政治的势力，以压伏反对之学派，实属骇人听闻"。②《时事新报》描述说："自《申报》电传大学教员陈胡诸君被逐之耗后，举国惊惶，人人愤慨。"③恰在这样一种情景下，林琴南致蔡元培公开信，立即使人联想到"旧派"有意借官方力量打压"新派"。④"新派"一时竟成了令舆论同情的"弱者"。其时黄宗培致函胡适说："弟非谓新党无可反对也，实以言论自由天经地义，旧党不循正当轨辙辩论真理，乃欲以黑暗手段取言论自由之原则而残之，此实世界之公敌，有血气者安可与之同日月耶。"⑤

民国初年，中国知识界的思想环境，在趋新与守旧两端，其实很难断言何者更具市场。"新派""旧派"亦非泾渭分明，

---

① 《京华短简》，《申报》，1919年3月31日，第7版。
② 《酝酿中之教育总长弹劾案》，原载《顺天时报》，《每周评论》第17号转载。
③ 匡僧：《大学教员无恙》，原载《时事新报》，《每周评论》第17号转载。
④ 如《时事新报》称："北京大学新派教员，屡被旧派学者之掊击。近复闻旧派藉某军人与新国会之权力，以胁迫新派文科学家陈独秀先生，有愿辞职以自由主张新学之说。"见匡僧《威武不能屈》，转引自《每周评论》第17号。
⑤ 《黄宗培致胡适》（1919年4月12日），《胡适来往书信选》上册，第36页。

更多的是新中有旧，旧中有新，新旧杂陈。①如柳亚子对陈独秀的"倒孔"主张十分推崇，对文学革命却甚不以为然，申言"《新青年》杂志中陈独秀君巨著，宜写万本，读万遍也"。"唯近信胡适之言，倡言文学革命，则弟未敢赞同"。吴虞在反孔方面比陈独秀更激进，但对文学革命则持保留态度。他曾为此写了一篇《论文学革命驳胡适说》的文章，柳亚子读后"拍案叫绝"。②可见对于新文学，反对者并非全是旧派，新派亦甚有持异议者。

对于《新青年》的其他主张，胡适在美国的一帮朋友也不乏异词。③如张奚若即不客气地批评《新青年》同人的学问强半是"无源之水"，《新青年》的言论"有道理与无道理参半"，其中有些"一知半解、不生不熟的议论，不但讨厌，简直危险"。后来备受称赞的李大钊之《Bolshevism的胜利》一文，在张奚若看来，不过"空空洞洞，并未言及Bolshevism的实在政策"。④

《新青年》同人自然十分在意外界的反应。1919年1月，陈独秀在《本志罪案之答辩书》中坦承："本志经过三年，发行已满三十册；所说的都是极平常的话，社会上却大惊小怪，八面非难，那旧人物是不用说了，就是咭咭叫的青年学生，也把《新青年》看作一种邪说、怪物，离经叛道的异端，非圣无法

---

① 此点罗志田教授多有论及。
② 参阅唐宝林、林茂生编《陈独秀年谱》，第72页；《吴虞日记》（上），第300、309页。
③ 胡适致函朱经农说："美国一班朋友很有责备我的话。"转引自《朱经农致胡适》（1919年8月9日），《胡适来往书信选》上册，第108页。
④ 《张奚若致胡适》，《胡适来往书信选》上册，第30—31页。

的叛逆。"①连"新青年"都未能普遍接纳《新青年》，难怪胡适的朋友朱经农要为"新思潮的潜势力单薄得很"而担忧了。②

令新旧双方都有些始料未及的是，自大众媒体介入并炒作后，《新青年》与"新派""新文化"的声名与日俱增。其时有人投书上海《中华新报》说，听到陈、胡、刘（半农）、钱四君被逐的消息后，并不消极悲观，"至少言之，我知从此以后之《新青年》杂志发行额必加起几倍或几十倍"。③成都《川报》亦发表评论说：北京政府驱逐陈、胡、傅（斯年）、钱四人出校，"从此《新青年》的价值，愈增高了！陈、胡、傅、钱的声名，也是愈增高了"！④《申报》最初报道的是陈、胡、钱三人被逐，经辗转报道后，三人变成了四人，而新增的一位，又有刘半农和傅斯年两说，可见传闻之甚。⑤

当时读书界显已洞悉"越受打压越出名"的社会传播心理。正是1919年春初的这场"新旧之争"，使《新青年》及其同人声名大振。杂志的最高印数达到一万五六千份。⑥对于这

① 陈独秀：《本志罪案之答辩书》，《新青年》第6卷第1号，1919年1月。
② 《朱经农致胡适》（1919年5月21日），《胡适来往书信选》上册，第44页。
③ 志拯：《谁的耻辱》，转引自《每周评论》第19号，1919年4月27日。
④ 因明：《对北京大学的愤言》，转引自《每周评论》第19号。
⑤ 陈独秀终究被撤职。事情的原委是：1919年3月26日，蔡元培开会商讨学校事。会上，汤尔和以外间传闻陈独秀嫖妓事，猛烈攻击陈"私德太坏"。蔡元培为汤议所动，决定撤销陈之文科学长职。胡适后来致函汤尔和说："当时外人借私行攻击陈独秀，明明是攻击北大的新思潮的几个领袖的一种手段，而先生们亦不能把私行为与公行为分开，适堕奸人术中了。"胡适还评论说："独秀因此离去北大，以后中国共产党的创立及后来国中思想的左倾，《新青年》的分化，北大自由主义者的变弱，皆起于此夜之会。"见《胡适来往书信选》中册，第281—283、289—291、294页。
⑥ 汪原放：《亚东图书馆与陈独秀》，第33页。作为一份思想文化类刊物，一万五六千份的印数在当时甚为可观。据称《东方杂志》的最高销量也

一变化，经营亚东图书馆的汪孟邹具有职业性的敏锐感受。他在1919年4月23日致胡适的信中写道："近来《新潮》《新青年》《新教育》《每周评论》，销路均渐兴旺，可见社会心理已转移向上，亦可喜之事也。各种混账杂乱小说，销路已不如往年多矣。"①

汪孟邹以"渐兴旺"三字较为慎重地表达了《新青年》在"五四"前夕的社会影响。1919年5月，《新青年》决定重印前五卷。这无疑是《新青年》销路大开的一个重要表征，也是《新青年》真正成为"名刊"的重要标志。

三、与《东方杂志》竞争

清末民初的报刊，基于不同的运作模式与风格，大致可分为商业报刊、机关团体刊物与学界同人杂志三类。②像《东方杂志》一类注重商业效益的刊物，立论力求"平正通达"，尽量关照各个层面不同观念的读者；像《新民丛报》《民报》一类刊物，因代表党派团体立场，立论力求"旗帜鲜明"，甚至不惜"党同伐异"；而学界同人杂志，既追求趣向相投，又不愿结党营私，立论多据学理，运作不以营利为目标。

《东方杂志》始创于1904年，为商务印书馆所经营。该刊的栏目与内容十分广泛，包括新闻报道、时评政论、文化批

是一万五千份（参见李欧梵《上海摩登》，毛尖译，香港：牛津大学出版社，2000，第48页）。

① 《汪孟邹致胡适》，《胡适来往书信选》上册，第40页。

② 参阅陈平原《触摸历史与进入五四》，第53页。

评、学理文章、文艺作品以及翻译、图片等，形式既不拘一格，观念亦兼容并蓄，虽然缺乏鲜明特色，销量却相当可观，在都市文化界甚具影响。

"五四"以前，《东方杂志》在一般文化人群中流行的程度，可能大大超乎我们的既有认知。吴虞、恽代英等人在1915—1919年间的阅读记录，也许可以提供一些个体例证。

清末民初的吴虞是一个甚不得意的读书人，被成都士绅界目为"大逆不道"的人物。吴虞之"发迹"并上升为全国舞台上的知名人物，与《新青年》杂志密切相关。查吴虞1911—1916年间的阅读记录，他常年订阅的杂志有《东方杂志》《法政杂志》《进步杂志》《小说月报》《国民公报》《学艺》《甲寅》等。其中《东方杂志》又是吴虞最常订阅者。据吴虞日记，他最早知道《新青年》并首次与陈独秀联系，是在1916年12月。[①]吴虞向《新青年》投稿之际，亦开始订阅《新青年》。

吴虞反孔非儒与批判家族制度的文章，成都当地报纸多不敢登载，而陈独秀将其连载于《新青年》，吴虞大为感奋。[②]之后不久，他便开始嫌《东方杂志》"精神上之文字少也"。[③]到1917年7月，吴虞即明确表示以后不再续订《东方杂志》《青年进步》《小说月报》等刊，[④]独钟于《新青年》。

与吴虞相似，恽代英的阅读兴趣也有一个由《东方杂志》转向《新青年》的过程。青年恽代英十分爱看杂志。1917—

①　《吴虞日记》（上），第272—273页。
②　《吴虞日记》（上），第295页。
③　《吴虞日记》（上），第298页。
④　《吴虞日记》（上），第328页。

1918年间，恽氏常年订阅的刊物有《东方杂志》《妇女杂志》《教育杂志》《科学》《大中华》《教育界》《学生界》等数种，此外还零星购买过《进步杂志》《青年进步》《中华教育界》《中华学生界》《妇女时报》《小说海》等刊。[①]恽批评当时的青年学生多"不肯买正当杂志"，"亦多不明看杂志之利益"，[②]而自己大量订阅杂志，显属特例。从订单看，恽代英的阅读兴趣与吴虞颇有不同，唯有《东方杂志》是两人都常订阅的刊物。

恽代英最早接触并投稿《新青年》，与吴虞几乎同时。但与吴虞不同的是，恽代英一直到1919年3月才开始订阅《新青年》。在此之前的两年间，恽代英仅零星购买和偶尔"杂阅"过《新青年》。[③]1919年恽代英不再订阅《妇女杂志》《教育杂志》《科学》等刊，只有《东方杂志》仍在续订中。

恽代英坚持不懈地订阅《东方杂志》，却迟迟不订《新青年》，有些匪夷所思。1917年9月，恽代英在日记中对《新青年》有过如下一番议论：

> 《新青年》杂志倡改革文字之说。吾意中国文学认为一种美术，古文、骈赋、诗词乃至八股，皆有其价值。而古文诗词尤为表情之用。若就通俗言，则以上各文皆不合用也。故文学是文学，通俗文是通俗文。吾人今日言通俗文而痛诋文学，亦过甚也。[④]

---

① 《恽代英日记》，第31—32、445—446页。
② 《恽代英日记》，第263页。
③ 《恽代英日记》，第50、128、149、287页。
④ 《恽代英日记》，第153页。

恽代英对《新青年》印象最深的是其"改革文字之说",而他显然不认同这一主张。次年4月,恽在给一位朋友的信中仍坚持认为,"新文学固便通俗,然就美的方面言,旧文学亦自有不废的价值,即八股文字亦有不废的价值,惟均不宜以之教授普通国民耳"。[①]不仅如此,恽代英甚至对《新青年》同人的"激进"倾向,亦整体不予认同。1919年2月10日,恽代英郑重致函陈独秀,"劝其温和"。[②]

不过到"五四"前后,恽代英对《新青年》与《东方杂志》的态度在逐渐发生变化。4月24日,恽代英在日记中写道:"阅《新青年》,甚长益心智。"[③]6月25日,恽代英又在日记中转引好友的话说:"旧日以为《时报》与《东方杂志》最好,现在仍作此语,有耳无目,可怜哉!"[④]9月9日,恽代英在致王光祈的信中明确表示:"我很喜欢看《新青年》和《新潮》,因为他们是传播自由、平等、博爱、互助、劳动的福音的。"[⑤]

"五四"前后数月间,《新青年》与《东方杂志》在恽代英的阅读兴趣中,发生了一次角色转换。只是这一转换,比吴虞大约晚了两年。吴虞是《新青年》的重要作者。而恽代英虽然也给《新青年》投过稿,其身份更倾向于"读者"一边。从《新青年》"读者"的角度来看,恽代英的情形可能更具代表性。

---

① 《恽代英日记》,第439页。
② 《恽代英日记》,第483页。
③ 《恽代英日记》,第528页。
④ 《恽代英日记》,第568页。
⑤ 《恽代英日记》,第624页。

《新青年》与《东方杂志》的角色转换，除了思想取向和社会时势的契合外，也不应忽视《新青年》同人在大众传播层面的策略运作。1918年9月，《新青年》发表陈独秀的《质问〈东方杂志〉记者——〈东方杂志〉与复辟问题》一文。[1]在此之前，《新青年》与《东方杂志》的思想文化主张虽有不同，但两刊从未正面交锋过。陈独秀此次直接"质问《东方杂志》记者"，单刀直入，显得十分突兀。事缘于《东方杂志》译载日本《东亚之光》杂志上一篇名为《中西文明之评判》的文章。因该文征引了辜鸿铭的大量言论，陈独秀乃借辜氏维护纲常名教与复辟帝制的关联，趁机将《东方杂志》一并推上"复辟"的审判台。陈独秀在正文中虽然没有以"复辟"相责问，却以"《东方杂志》与复辟问题"为副标题，十分醒目。在当时国人对"复辟"记忆犹新且深恶痛绝的时候，陈独秀将"复辟"这顶沉重的黑帽子扣在《东方杂志》头上，无疑极具杀伤力。陈独秀全文以16个"敢问"排比句，甚少学理论辩，却充满浓烈的挑衅意味。这种轶出学理规则，甚至带有"诋毁""攻讦"意气的做法，在当时杂志界同行显属违背常规，极为罕见。

　　学界对"东西文化问题论战"已有相当细致的描画，此处无意否认两刊在思想层面的严重分歧，只是对陈独秀以非常手段"对付"《东方杂志》的"非观念"动机，作一点探奇式的考察。对《新青年》主编陈独秀而言，刊物办了两年多，影响仍然有限，而商务印书馆所经营的《东方杂志》却在都市文化

---

[1]　陈独秀的文章发表于《新青年》第5卷第3期，陈崧编《五四前后东西文化问题论战文选》（中国社会科学出版社，1985）一书有收录。

人中甚为流行，难免心生嫉羡。如何与《东方杂志》争夺读者市场乃至全国读书界的思想话语权，陈独秀不可能不加以考虑。《东方杂志》以迎合读者，推广销路，确保商业利益为第一考量。《新青年》显然不可能像《东方杂志》一样循商业模式来运作。《新青年》要与《东方杂志》竞争，必须以思想主张去吸引读者。就办刊宗旨而论，《东方杂志》力持"平正"，《新青年》则一味激进。但在民初的中国文化界，响应激进者毕竟是少数。恽代英于1919年4月6日的日记中，尚认为办刊物"若取过激标准，则与社会相去太远，易起人骇怪之反感，即可以长进的少年，亦将拒绝不看"。①张国焘也回忆说，1919年以前，他的北大同学中，尊重孔子学说、反对白话文的还占多数，无条件赞成新思潮、彻底拥护白话文者占少数。②

陈独秀借"复辟"做文章攻击《东方杂志》，如同使出一个"杀手锏"，大有拔刀见红之效。《东方杂志》声望和销量很快受到冲击，商务印书馆不得不以减价促销来抵制。③但陈独秀仍不罢休，于1919年2月再次撰文诘难《东方杂志》。无奈之下，商务印书馆在报纸上以"十大杂志"为题，大做广告，力图挽回影响。《东方杂志》列名商务"十大杂志"之首，其广告词称："《东方杂志》详载政治、文学、理化、实业以及百科之学说，

① 《恽代英日记》，第517页。
② 张国焘：《我的回忆》（1），第40页。
③ 张元济：《张元济日记》（上），河北教育出版社，2001，第670页。

并附中外时事、诗歌、小说，均极有关系之作。"①

"十大杂志"广告刊出不久，北大学生罗家伦在《新潮》杂志上发表《今日中国之杂志界》一文，一面对陈独秀主导的《新青年》与《每周评论》大加赞美，一面对商务旗下的几大刊物痛加批贬，如称《东方杂志》是"杂乱派"杂志，《教育杂志》是"市侩式"杂志，《学生杂志》是"一种极不堪的课艺杂志"，《妇女杂志》"专说些叫女子当男子奴隶的话，真是人类的罪人"等，用语十分刻薄。其中对《东方杂志》的具体评价是："毫无主张，毫无选择，只要是稿子就登。一期之中，上至天文，下至地理，古今中外，诸子百家，无一不有……忽而工业，忽而政论，忽而农商，忽而灵学，真是五花八门，无奇不有。你说他旧吗？他又像新。你说他新吗？他实在不配。"②罗家伦的批评虽有合理的成分，但言词充满火药味，褒贬之间不无意气夹存。《新潮》是在陈独秀、胡适指导下由北大学生傅斯年、罗家伦等人所创办。罗家伦之文是否受过《新青年》同人之"指导"不得而知，但与此前陈独秀的"质问"文章无疑起到了唱和的作用。③

---

① 商务印书馆的"十大杂志"是指：《东方杂志》《教育杂志》《妇女杂志》《学生杂志》《少年杂志》《英文杂志》《农学杂志》《小说月报》《英语周刊》和《留美学生季报》。见天津《大公报》1919年3月各期。

② 罗家伦：《今日中国之杂志界》，《新潮》第1卷第4期，1919年4月1日。

③ 时任《东方杂志》编辑的章锡琛后来回忆说：当时高举新文化运动旗帜的刊物，首先向商务出版的杂志进攻，先是陈独秀在《新青年》上抨击《东方杂志》反对西方文明，提倡东方文明，接着北大学生组织新潮社的《新潮》发表了罗家伦的《今日中国之杂志界》一文，把商务各种杂志骂得体无完肤。见章锡琛《漫谈商务印书馆》，《商务印书馆九十年》，商务印书馆，1987，第111页。

《东方杂志》连遭陈、罗的炮轰后，声望暴跌。商务印书馆不得不考虑撤换主编，由陶惺存（又名陶保霖）接替杜亚泉。[①]1919年7月，尚未正式接任主编的陶惺存以"景藏"为笔名，发表《今后杂志界之职务》一文，算是回应罗家伦。[②]1920年7月陶惺存逝世，《东方杂志》主编一职由钱智修接任。

与时代潮流渐相脱节的《东方杂志》，在都市文化界独占鳌头的地位显然受到冲击，至少在青年读书界不得不暂时让位于《新青年》。[③]张国焘回忆说，他在1916年秋入北大后，和当时的许多青年一样，以不甘落伍、力求上进的新时代青年自命，除了功课而外，还经常爱读《东方杂志》《大中华》等刊物，希望从此探究出一些救国治学的新门径。后来看到了《新青年》，觉得它更合乎自己的口味，更适合当时一般青年的需要，转而热烈拥护。[④]"五四"前后，像张国焘这样的"新时代青年"大都经历了一个从爱读《东方杂志》到爱读《新青年》的过程。郑超麟也回忆说，他在法国勤工俭学的时候，羡慕那些在《新

---

① 张元济日记中有关撤换主编的记载：1919年5月24日："与梦、惺商定，请惺翁接管《东方杂志》。"8月5日："《东方杂志》事，惺翁告，亚泉只能维持现状。又云外间绝无来稿。"10月22日："惺言，《东方杂志》投稿甚有佳作，而亚（泉）均不取，实太偏于旧。"10月27日："惺存函商《东方杂志》办法，自己非不可兼，但不能兼做论说，先拟两法：一招徕投稿，二改为一月两期。余意，一月两期既费期，又太束缚，以不改为是。"10月30日："惺存来信，辞庶务部，担任《东方杂志》事。"《张元济日记》（下），第778、828、889、891、893页。
② 景藏：《今后杂志界之职务》，《东方杂志》第16卷第7期，1919年7月。
③ 《新青年》转向宣传社会主义以后，读者群迅速出现分化：一批人重新回归《东方杂志》[如吴虞又重新订阅《东方杂志》，见《吴虞日记》（上），第561页]，另一批人则进一步成为《向导》的热心读者。
④ 张国焘：《我的回忆》（1），第39—40页。

青年》《新潮》《少年中国》等"新思潮"杂志上写文章的人，而对《东方杂志》则已没有敬意。[①]

在恽代英、张国焘、郑超麟这一代五四新青年的阅读史上，大多经历了一场《新青年》与《东方杂志》此起彼伏的"权势转移"过程。

四、新文化形成"运动"

《新青年》由一个"普通刊物"，发展成为"新文化""新思潮"的一块"金字招牌"，经历了一个较长的历史过程。正是在这一过程中，"新文化"由涓涓细流逐渐汇成洪波巨浪。1918年12月和1919年1月，《每周评论》和《新潮》的相继创刊，结束了《新青年》孤军奋战的局面。三刊同声协唱，同气相求，很快产生了群体效应。

与《新青年》相比，《每周评论》直接以"谈政治"为宗旨，言论更趋激烈，煽动性也更大。相对每月一期的《新青年》，以小型报纸形式出现的《每周评论》更显灵活也更具时效。

《新潮》的创刊，意味着学生辈正式以群体的形式加入"运动"中来。在此之前，虽有青年学生给《新青年》投稿，但均是个体行为。《新潮》因系北大学生所创办，更能迎合青年学生的脾胃。时在浙江第一师范就读的施存统致函《新潮》

---

① 郑超麟：《怀旧集》，东方出版社，1995，第165页。

编辑部说："自从你们的杂志出版以来，唤起多少同学的觉悟，这真是你们莫大之功了！就是'文学革命'一块招牌，也是有了贵志才竖得稳固的（因为《新青年》虽早已在那里鼓吹，注意的人还不多）。"[①]施存统的这一说法颇值得注意。因《新青年》自1917年开始倡导"文学革命"，先后发表讨论文章数十篇。在《新青年》所有话题中，以"文学革命"的讨论最为热烈。但在施存统看来，在1919年以前，注意新文学的人还不多。直到《新潮》加盟鼓吹，"文学革命"的招牌才竖稳固。

1922年，胡适应《申报》创办50年纪念之约，撰写《五十年来中国之文学》一文。文中写道：虽然自1916年以来就有意主张白话文学，但白话文真以"一日千里"之势传播，是1919年以后。白话的传播遍于全国，与1919年的学生运动大有关系。因为五四运动发生后，各地的学生团体忽然办了约四百种白话报刊。[②]

胡适的观察，实际上也是对整个新文化运动进程的描述。换言之，新文化真正成为全国性的"运动"，与五四运动大有关系。施存统仅注意到《新潮》的加盟鼓吹，而胡适更重视各地数百种报刊的响应。数百种报刊的群体响应，意味着"新文化"由少数精英的鼓吹，发展为广大青年学生的参与。正是在这一层意义上，"新文化"才真正成为一场空前规模的"运动"。

---

① 《施存统来信》，《新潮》第2卷第2期，1919年12月。
② 胡适：《五十年来中国之文学》，载《最近之五十年——申报馆五十周年纪念》，上海书店影印版，1987。

就《新青年》本身的传播而言，五四运动也是一个重要的契机。湖南要算是《新青年》较早进入的地区之一。但直至"五四"前夕，《新青年》在湖南仍"销行极少"。"自五四运动霹雳一声，惊破全国大梦，于是湘人亦群起研究新文化。"[1]《新青年》的销量才大增。1919年8月长沙文化书社成立，半年之内，该社销售《新青年》达2000本。[2]

据吴虞称，1916年底《新青年》初到成都时只卖了5份。[3]3个月后，销数超过30份。[4]但此后销数未见大的起色。直至五四运动爆发后，《新青年》在成都的销售才顿然改观。1919年底，吴虞在成都销售新书刊最有名的华阳书报流通处，翻阅其售报簿，内中有两处记录令他讶异：一是守经堂亦买《新青年》看；二是成都县中学一次购买《新青年》等杂志22元。[5]吴虞感叹说："潮流所趋，可以见矣。"[6]

在浙江，新思潮虽在"五四"之前便进入到浙江省立第一师范学校，但当时杭州的其他一些学校"无论什么杂志都没有看的"。[7]新文化刊物在杭州的集中出现，是1919年夏秋以后。杭州一地，在短短半年间，便出版了16种以教师学生为主要对

---

① 宫廷章：《湖南近年来之新文化运动》，湖南《〈大公报〉十周年纪念特刊》，1925年9月，转引自湖南省哲学社会科学研究所编《五四时期湖南人民革命斗争史料选编》，湖南人民出版社，1979，第305—306页。

② 《文化书社社务报告》第2期，见张允侯等编《五四时期的社团》（1），生活·读书·新知三联书店，1979，第64页。

③ 《吴虞致胡适》（1920年3月21日），《胡适来往书信选》上册，第87页。

④ 《吴虞日记》（上），第301页。

⑤ 《新青年》全年定价2元。

⑥ 《吴虞日记》（上），第511页。

⑦ 《施存统来信》，《新潮》第2卷第2期。

象的刊物，总期数达到120余卷。[①]

湖南、四川、浙江是全国新文化运动比较发达的地区。即使是这些地区，新文化真正形成"运动"，也是"五四"以后的事。相对而言，其他地区就更滞后一些。据恽代英称，"五四"以后，武汉学生"看杂志的风气才渐开"。1920年初利群书社成立后，武汉才有了专卖新书报的场所。[②]由于书社规模不大，以至于成立半年多后，在汉口明德大学读书的沈均还不知道有此书社。沈是湖南新民学会会员。1920年10月他致信毛泽东抱怨说："学校（引注：指明德大学）除了几份照例的报纸外，想看看什么丛书杂志，那是没有的。最可怪的，以一个天下驰名的汉口，连贩卖新书报的小店子都没有，真是好笑又好急呢。"[③]

新文化运动在福建又是另一番景象。据郑超麟回忆，1920年春，福建的学生才开始闹"五四运动"，开始接触新思潮。1919年11月，刚从福建省立第九中学毕业的郑超麟前往法国勤工俭学。在上船以前，他"不知道五四运动有爱国以外的意义"。在船上，他第一次与"外江"学生接触，发现那些"外江"学生流行看《新青年》等"新思潮"杂志，而此前他只熟悉礼拜六派杂志，对《新青年》一类杂志闻所未闻。与他同船赴法的30多名福建学生也都是到法国以后，才开始阅读从国内寄来的

---

① 引自叶文心《史学研究与五四运动在杭州》，郝斌、欧阳哲生主编《五四运动与二十世纪的中国》（下），社会科学文献出版社，2001，第1102—1103页。
② 恽代英：《利群书社》，《互助》第1期，1920年10月，转引自张允侯等编《五四时期的社团》（1），第124—132页。
③ 湖南省博物馆编《新民学会文献汇编》，湖南人民出版社，1979，第59页。

《新青年》等杂志，在抵法半年乃至一年之后，才学会写白话文，学会谈新思潮。[1]

新文化运动在省际之间不同步，在县际之间更不平衡。作家艾芜、沙汀、何其芳均是四川人。艾芜的家乡新繁县，距离成都只有三四十里路程。他就读的新繁县立高等小学，校长吴六如是吴虞的侄子，五四运动前，学校图书馆就订阅了《新青年》等刊物。故艾芜较早接触到了新思潮。沙汀的家乡安县，地处川西北。直到1921年夏，沙汀还不知陈独秀、胡适、鲁迅是何许人也。1922年秋，沙汀入成都省立第一师范学校，才开始接触新思潮和新文学。与沙汀比，何其芳接触新思潮的时间更晚。直到1927年，在四川万县上中学的何其芳还不知道五四运动，当地教育界依然视白话文为异端邪说。[2]曾彦修先生晚年回忆，他的家乡四川宜宾县城受"五四"的影响不大，但"九一八"以后，左翼文学就深入到了他的县城，甚至乡村小学。[3]大体而言，新文化运动主要在大都市传播，很少深入到县城一级。

新文化运动在全国各地的进程既不一致，新文化刊物在各地的流行也不尽相同。在浙江，《星期评论》就比《新青年》更流行。如浙江第一师范有400多名学生，订阅《新青年》100多

① 《郑超麟回忆录》，东方出版社，1996，第5—21页。
② 参阅申朝晖、李继凯《〈新青年〉在中国西部的传播——以川陕为考察中心》，《湘潭大学学报》2006年第2期。
③ 曾彦修口述，李晋西记录整理《微觉此生未整人——曾彦修访谈录》，香港：天地图书有限公司，2011，第44—45页。

份，订阅《星期评论》400多份。[①]后者几乎人手一份。

在湖南，最畅销的新文化刊物是《劳动界》。长沙文化书社在1920年9月至1921年3月间，共计销售杂志40余种，其中销量最大的是《劳动界》周刊（5000本），其次为《新生活》半月刊（2400本），再次才是《新青年》（2000本）、《少年中国》（600本）、《平民教育》（300本）、《新教育》（300本）、《新潮》（200本）等刊。《劳动界》于1920年8月创刊于上海，是上海共产主义小组向工人进行宣传的通俗小报。在长沙，一般新文化刊物主要限于学界购阅，唯有《劳动界》除学界外，工人购阅者也不少，故其销量颇大。[②]销量排在第2位的《新生活》亦是小型通俗刊物，创刊于1919年8月，编辑李辛白是北京大学出版部主任，办刊宗旨是想将新文化普及于民间，以"平民"为对象，文字通俗简短，定价又十分便宜（1元钱32本），故而销路也很好。[③]排在第3位的才是《新青年》。《新青年》能销2000册已相当可观，但在湖南仍不及《劳动界》与《新生活》之畅销。刊物的销售情形，反映了湖南新文化运动有由精英走向平民的趋势。

当"新文化"真正被"运动"起来后，"新文化运动"这一概念也应运而生。以往多认为"新文化运动"一词是孙中山于

---

① 施复亮：《中国共产党成立时期的几个问题》（1956年12月），中国社会科学院现代史研究室、中国革命博物馆编《"一大"前后》（2），人民出版社，1980，第33页。

② 《文化书社社务报告》第2期，转引自张允侯等编《五四时期的社团》（1），第64页。

③ 中共中央马恩列斯著作编译局编《五四时期期刊介绍》第1集上册，生活·读书·新知三联书店，1978，第297—395页。

1920年1月29日《致海外国民党同志函》中最早提出来的。①实际上，1919年12月出版的《新青年》第7卷第1号上，陈独秀已多次提及"新文化运动"。②1920年3月20日，陈独秀在上海青年会25周年纪念会上以"新文化运动是什么"为题发表演说。③演讲稿随即同题发表于4月出版的《新青年》第7卷第5号上。陈独秀在演讲中提到"新文化运动这个名词现在很流行"。周策纵由此推断："新文化运动"这一名词，大约在五四运动之后半年内逐渐得以流行的。④

对于这一名词的来历，鲁迅曾有过解释。1925年11月，他在《热风·题记》中说：五四运动之后，革新运动表面上"颇有些成功，于是主张革新的也就蓬蓬勃勃，而且有许多还就是在先讥笑、嘲骂《新青年》的人们，但他们却是另起了一个冠冕堂皇的名目：新文化运动。这也就是后来又将这个名目反套在《新青年》身上，而又加以嘲骂讥笑的"。⑤依照鲁迅的说法，"新文化运动"最初实出自讥笑、嘲骂《新青年》的人之口。虽然如此，陈独秀显然坦然接受了。而胡适则一度称作"新思

① 《致海外国民党同志函》，《孙中山全集》第5卷，中华书局，1985，第207—212页。有关孙中山最早提出说，见金耀基《五四与中国的现代化》、冯天瑜《新青年民主诉求特色刍议》，两文均载《五四运动与二十世纪的中国》（上），第62、170页。

② 该期有四篇文章提到"新文化运动"。其中三篇是陈独秀写的《随感录》（《调和论与旧道德》《留学生》《段派曹陆安福俱乐部》），另一篇是《长沙社会面面观》，注明是由上海《时事新报》和北京《国民公报》《晨报》摘出，内中有一节标题是"新文化运动"。此标题很可能也是陈独秀所拟。

③ 《陈独秀演说新文化运动是什么》，《申报》，1920年3月21日。

④ 周策纵：《五四运动史》，岳麓书社，1999，第280页。

⑤ 引自《鲁迅回忆〈新青年〉和文学革命》，见《五四运动回忆录》（上），第153页。

潮运动"。①

对新文化运动与五四学生运动的关系，向来有不同的说法。与后来史家以《新青年》创刊为开端不同的是，在1920年代初，知识界所认知的"新文化运动"多以"五四"为端绪。1920年6月，郑振铎在《新文化运动者的精神与态度》一文中写道："中国的新文化运动自发端以至于今，不过一年多，而其潮流已普遍于全国。自北京到广州，自漳州到成都，都差不多没有一个大都市没有新的出版物出现，没有一个地方没有新文化运动者的存在。这个现象真是极可乐观的。"②同年8月，陈启天在《什么是新文化的真精神》一文中，也申言"新文化运动已有一两年"。③1923年4月，陈问涛在《中国最近思想界两大潮流》一文更明确指出："凡稍能看报纸杂志的人，大概都知道从'五四运动'以来，中国发生了'新文化运动'，随着新出版物一天多一天，所鼓吹的，一言以蔽之，是新思想。"④

就《新青年》和"新文化"在全国各地传播的进程而言，"新文化运动"以"五四"为开端，大体代表了当时人较为普遍的看法。亲身参与过运动的周作人在晚年回忆时仍坚持这一看法："'五四'运动是民国以来学生的第一次政治运动，因了全国人民的支援，得了空前的胜利，一时兴风作浪的文化界

① 见胡适《"新思潮"的意义》，《新青年》第7卷第1号，1919年12月。
② 郑振铎：《新文化运动者的精神与态度》，《新学报》第2号，1920年6月，收入《郑振铎文集》第4卷，第34页。
③ 陈启天：《什么是新文化的真精神》，《少年中国》第2卷第2期，1920年8月。
④ 陈问涛：《中国最近思想界两大潮流》，《时事新报》学灯副刊，第5卷第4册第29号，1923年4月29日。

的反动势力受了打击，相反的新势力俄然兴起，因此随后的这一个时期，人家称为'新文化运动'的时代，其实是也很确当的。"[1]"五四"以前，孤军奋战的《新青年》显然尚未形成"运动"的声势。在郑振铎的语意中，新出版物的大量出现，是"新文化运动"的一大重要表征。郑振铎专门就1919年中国出版界的情形作过分析，认为1919年中国出版界的成绩，亦乐观亦悲观。乐观的是定期出版物的发达，悲观的是大多数文人还不够觉悟，中国思想界没有长进。后者主要指有价值的书籍出版太少。他说他看见许多朋友，每见一种杂志出版，都去买来看，他们的案头却不见有别的科学的书籍。[2]杂志繁荣而书籍冷寂，大概是五四新文化运动的重要景观之一。

值得注意的是，民国时期出版的相关辞书，也几乎一致以"五四"为"新文化运动"之开端。如1930年出版的《中华百科辞典》对"五四运动"的释义："民国八年五月四日北京学界游行示威之国民外交运动也……论者谓为新文化运动之始。"[3]又如1934年出版的《政治法律大辞典》对"五四运动"的释义："五四运动以政治的运动始，以后演为新文化运动，实开中国近代文化运动之新纪元。"[4]1949年出版的《新知识辞典》亦称：五四运动"是中国民众参与政治运动的开始，也是中国新

---

① 周作人：《知堂回想录》，第393—394页。
② 郑振铎：《一九一九年的中国出版界》，《新社会》第7期，1920年1月；收入《郑振铎文集》第4卷，第303—305页。
③ 舒新城主编《中华百科辞典》，中华书局，1930，第94页。
④ 高希圣、郭真编辑《政治法律大辞典》，科学研究社，1934，第40—41页。

文化运动底开始。"①

五、各方视野中的《新青年》

今人谈论新文化运动和《新青年》，印象最深的莫过于"德先生"和"赛先生"。但值得注意的是，自1915年9月问世至1926年7月终刊，《新青年》总计发表各类文章1529篇。②内中专门讨论"民主"（包括"德谟克拉西"、"德先生"、民本、民治、民权、人权、平民主义等）的文章，只有陈独秀的《实行民治的基础》、屈维它（瞿秋白）的《自民主主义至社会主义》和罗素的《民主与革命》（张崧年译）等少数几篇。涉论"科学"的文章同样不多（主要讨论科学精神、科学方法以及科学与宗教、人生观等）。③常乃惪1928年出版的《中国文化小史》一书即说："新文化运动中偏重文学，对科学似注意较少。"④

后来史家认定"科学"与"民主"是五四新文化运动的两

① 顾志坚、简明主编《新知识辞典》，北新书局，1949，第28—29页。
② 此数据由北京大学未名科技文化发展公司、北京大学出版社1999年出版的《新青年》光盘检索统计得到。内中包括"通信"、"随感录"、编辑部通告等各类文字。
③ 金观涛、刘青峰曾对《新青年》杂志中"科学""民主"两词的出现频度作计量分析，统计结果显示，"科学"一词出现了1913次，而"民主"只出现了305次。此外"德谟克拉西"（包括"德先生"）208次，"民治"194次、"民权"30次，"平民主义"53次。参见金观涛、刘青峰《〈新青年〉民主观念的演变》，《二十一世纪》（香港）总第56期，1999年12月。笔者根据同一光盘版检索，所得结果略有出入："科学"1907次，"赛先生"6次，"赛因斯"2次；"民主"260次，"德谟克拉西"（包括"德莫克拉西""德先生"）205次，"民治"70次，"民权"30次，"平民主义"3次。在总字数超过541万字的《新青年》杂志中，"民主"系列主题词的出现频度极低。
④ 常乃惪：《中国文化小史》，中华书局，1928，第179页。

大旗帜，其主要依据是1919年1月陈独秀发表于《新青年》第6卷1号上的《本志罪案之答辩书》。"答辩书"中有这样一段话：

> 本志同人本来无罪，只因为拥护那德莫克拉西（Democracy）和赛因斯（Science）两位先生，才犯了这几条滔天的大罪。要拥护那德先生，便不得不反对孔教、礼法、贞节、旧伦理、旧政治；要拥护那赛先生，便不得不反对旧艺术、旧宗教；要拥护德先生又要拥护赛先生，便不得不反对国粹和旧文学。大家平心细想，本志除了拥护德、赛两先生之外，还有别项罪案没有呢？若是没有，请你们不用专门非难本志，要有气力、有胆量来反对德、赛两先生，才算是好汉，才算是根本的办法。

这段文字被后来史家反复征引。细察陈文之立论，意谓拥护德、赛两先生是《新青年》同人的基本立场，反对旧伦理、旧政治、旧艺术、旧宗教、旧文学等具体主张，均以此为原则。事实上，自晚清以来，民主（民权、立宪、共和）与科学等观念，经过国人的反复倡导（各个时期的侧重点不尽相同），到"五四"时期已成为知识界的主流话语。1923年，胡适为《科学与人生观》一书作序时，曾说过这样一段话：

> 这三十年来，有一个名词在国内几乎做到了无上尊严的地位；无论懂与不懂的人，无论守旧和维新的人，都不敢公然对他表示轻视或戏侮的态度。那个名词就是

"科学"。①

"民主"在国人心目中的地位，也与"科学"相似。正是在这样的语境下，陈独秀才敢向"非难"《新青年》者"叫板"说：

> 要有气力、有胆量来反对德、赛两先生，才算是好汉！

陈独秀高悬"民主""科学"两面大旗，主要想震慑和封堵那些"非难"者，其潜台词是：《新青年》是拥护民主、科学的，谁非难"本志"，便是反对民主与科学。正因为民主与科学的威权在中国已经确立，在无人挑战其威权的情况下，《新青年》甚少讨论民主与科学，自在情理之中。后"五四"时期的"科学与人生观论战"和"九一八"后的"民主与独裁之争"，恰是有人试图挑战"科学"与"民主"的权威而引发。

当"新文化运动"这一名词流传开来后，对于什么是"新文化"，知识界竞相加以诠释，却并没有形成大体一致的看法。此时的胡适更愿意将"新文化"称作"新思潮"。1919年12月，胡适在综览各种解释后指出："近来报纸上发表过几篇解释'新思潮'的文章。我读了这几篇文章，觉得他们所举出的新思潮的性质，或太琐碎，或太笼统，不能算作新思潮运动的真确

---

① 胡适：《〈科学与人生观〉序》，收入蔡尚思主编《中国现代思想史资料简编》第2卷，浙江人民出版社，1982，第108页。

解释，也不能指出新思潮的将来趋势。"胡适认为，陈独秀以"德、赛两先生"概括"新文化运动"的性质和意义，虽然简明，但太笼统。[1]可能是回应胡适的批评，陈独秀又专门撰写了一篇《新文化运动是什么》的文章。在这篇文章中，陈独秀将"新文化运动"限制在"新的科学、宗教、道德、文学、美术、音乐等运动"[2]之狭义范围内，而且完全将"民主"排除在外。阐述虽然具体，却远没有"拥护德、赛两先生"那样具有决绝的气势。亦因为此，陈独秀这篇专门诠释"新文化运动"的文章甚少为后来史家所提及。

由于不满意陈独秀的诠释，胡适提出了自己的看法。他说："据我个人的观察，新思潮的根本意义只是一种新态度。这种新态度可叫做'评判的态度'。"而"'重新估定一切价值'八个字便是评判的态度的最好解释"。"这种评判的态度，在实际上表现时，有两种趋势。一方面是讨论社会上、政治上、宗教上、文学上种种问题，一方面是介绍西洋的新思想、新学术、新文学、新信仰。前者是'研究问题'，后者是'输入学理'。这两项是新思潮的手段。"[3]

就学理而言，胡适用"重新估定一切价值"来概括"新文化运动"，比陈独秀的"德、赛两先生"更为精当切要。然而，胡适的诠释似乎也没有得到一致的认同。1920年8月，陈启天在《少年中国》撰文指出：

---

① 胡适：《"新思潮"的意义》，《新青年》第7卷第1号。
② 陈独秀：《新文化运动是什么》，《新青年》第7卷第5号，1920年4月。
③ 胡适：《"新思潮"的意义》，《新青年》第7卷第1号。

"新文化"，这三个字，在现在个个人已看惯了，听惯了，说惯了；究竟什么是新文化的真精神？现在的时髦，几乎个个人都是新文化运动家，究竟运动的是什么新文化？这个问题，如果自己不能解释出来，那不但不能消除反对派的误解，和疑虑，就是赞成的人，也惝恍不明真相，终久不能得什么好效果，甚至于厌倦，自己抛弃了。所以我们爱想的人，都有这个"什么是新文化的真精神"的疑问，很望那些提倡新文化的学者说个明白才好。然而闹了新文化运动已有一两年，说明新文化是甚么的却很少，只有胡适之的《新思潮的意义》一篇，较为切要……可以稍解我们的烦闷了。却依我的推想，这个新思潮的意义，似乎偏重思想和方法一方面，不能算文化的完全界说。思想和方法，固然在新文化里面占很重要的位置；而人生和社会方面的新倾向，也是新文化里面的一种真精神。所以我解答这问题的意思，分两方面：一、是人生的新倾向；二、是思想的新方法；合起来，才是新文化的真精神。[①]

当年新文化的"运动家"们对什么是"新文化"虽未形成一致的看法，后来史家们却相当一致地认同了陈独秀"拥护德、赛两先生"的说法。1946年，郑振铎在纪念五四运动27周年时即明确指出："五四运动所要求的是科学与民主。这要求在今日也

---

① 陈启天：《什么是新文化的真精神》，《少年中国》第2卷第2期。

还继续着。我们纪念'五四'，我们不要忘记了五四运动所要求而今日仍还没有完全达到的两个目标：'科学与民主。'我们现在还要高喊着，要求'科学与民主'！"[1]此后正是抗战结束后，左翼知识界为反对国民党一党专政，以"科学与民主"来纪念五四运动，显然比"重新估定一切价值"，更具有现实意义。

实际上，后来史家们在考察《新青年》杂志后发现："《新青年》上发表的文章，涉及众多的思想流派与社会问题，根本无法一概而论。"[2]《新青年》涉及的论题包括孔教、欧战、白话文、世界语、注音字母、女子贞操、偶像破坏、家族制度、青年问题、人口问题、劳动问题、工读互助团、易卜生主义、罗素哲学、俄罗斯研究以及马克思主义宣传与社会主义讨论等众多话题。陈独秀创办《青年杂志》时，显然不曾预想四五年后将引发为一场全国规模的"新文化运动"。故上述诸话题不可能是预先设计好的，而是在办刊过程中逐渐"寻觅""发掘"和"策划"出来的。话题中有的产生了重大反响，也有的并未获得成功。[3]

《新青年》在《申报》上发布的广告，在不同时间段亦有不同的表述。如1916年9月3日在《申报》登的广告，这样介绍《新青年》的"主任者独秀先生之主张"：

---

[1] 郑振铎：《五四运动的意义》，《民主》第29期，1946年5月4日；收入《郑振铎文集》第4卷，第187页。
[2] 陈平原：《触摸历史与进入五四》，第63页。
[3] 如《新青年》曾计划邀请"女同胞诸君"讨论"女子问题"就未能落实。参见陈平原《触摸历史与进入五四》，第81页。

1. 提倡旧伦理道德之讨论

2. 介绍西洋近代文艺

3. 输入适于我国之新思潮

4. 鼓吹青年少年团制度

1917年5月2日在《申报》的广告，除介绍《新青年》第3卷第2号的要目，并称《新青年》是"主张伦理改革、文学改革唯一之杂志"。

1918年9月20日在《申报》的广告，除介绍《新青年》第5卷第1号的要目，并称杂志的主旨是"改造国民思想，提倡文学革命"。

1920年1月1日在《申报》发布的广告，则是如下长篇之表述：

新年，恭贺新禧！恭贺新年的进步！

时间又过去一年了，青年诸君的进步如何？由黑暗走到光明的行程，有几何了？

新思想的源泉，可以不穷究吗？要想过真正幸福的日子，可以不由浑浊之流去寻到那澄清之源吗？

《新青年》杂志——新思想的源泉——可以不读吗？

青年诸君要求进步吗？请看最有进步的《新青年》杂志！

《新青年》的特色：

《新青年》是极黑暗时代创刊的杂志，是与恶潮流奋斗出来的杂志，有一定主张的杂志，是极新颖又极正当的杂志，是改造中国现社会最适应的杂志，是材料丰富极有趣味的杂志，是研究现社会实际问题最多的杂志；质而言之，就是中国一种极好而极有力的杂志。

因此一来：

如果不承认西洋有文明不必说。

如果觉得中国甚么事都好也不必说。

如果不要从根本上改决中国许多困难问题也不必说。

如果不想把中国的学术过细比较的研究一下也不必说。

如果自己毫没有求新知识的心也不必说。

假如有一点要向上、要懂得世界新潮流的心思，这《新青年》杂志可以不看吗？

从《新青年》的广告，亦可见杂志虽有一以贯之的激进色彩，而主旨则是多元的、变化的。新文化运动大体有一个从伦理革命—文学革命—思想革命—社会革命的过程，而且转换的速度非常迅速。最初认为伦理的觉悟是最后觉悟，后来认为建造一个新社会才是最后觉悟。

对一个刊物而言，何种主张最为反对派攻击，某种意义上也意味着该主张在当时最具反响。蔡元培总结林琴南对《新青年》的攻击集中于两点：一是"覆孔孟，铲伦常"；二是"尽废古书，行用土语为文学"。①这两点，当时新闻媒体的报道亦可得到印证。如《顺天时报》报道称："自大学校教员陈独秀、胡适之等，提倡新文学，旧派学者大为反对，于是引起新旧思潮之冲突。"②《北京新报》报道称："近时北京大学教员陈独秀、胡适之、刘半农、钱玄同诸君，提倡中国新文学，主张改用白话文体，且对于我国二千年来障碍文化桎梏思想最甚之孔孟学说，及骈散文体，为学理上之析辨。"③《民治日报》报道称："今日新旧之争点，最大者为孔教与文学问题。"④

最值得注意的是《申报》的两次报道。1919年3月6日第一次报道称：

> 国立北京大学自蔡子民氏任校长后，气象为之一新，尤以文科为最有声色。文科学长陈独秀氏，以新派首领自居，平昔主张新文学甚力，教员中与陈氏沆瀣一气者，有胡适、钱玄同、刘半农、沈尹默等，学生闻风兴起服膺师说者，张大其辞者，亦不乏人。其主张以为文学须应世界思潮之趋势，若吾中国历代相传者，乃为雕琢的、阿谀的贵族文学，陈腐的、铺张的古典文学，迂晦的、艰涩的山林文学，应根本推翻，代以平民的、抒情的国民文学，新

---

① 此两点为蔡元培驳复林琴南时所归纳。林、蔡往还书牍收入陈崧编《五四前后东西文化问题论战文选》，第103—116页。
② 《酝酿中之教育总长弹劾案》，原载《顺天时报》，《每周评论》第17号转载。
③ 遽生：《最近之学术新潮》，原载《北京新报》，《每周评论》第17号转载。
④ 隐尘：《新旧思想冲突平议》（一），原载《民治日报》，《每周评论》第17号转载。

鲜的、立诚的写实文学，明了的、通俗的社会文学。此其文学革命之主旨也。自胡适氏主讲文科哲学门后，旗鼓大张，新文学之思潮，益澎湃而不可遏。既前后抒其议论于《新青年》杂志，而于其所教授之哲学讲义亦且改用白话文体裁，近又由其同派之学生组织一种杂志曰《新潮》者，以张皇其学说。《新潮》之外更有《每周评论》之印刷物发行，其思想议论之所及，不仅反对旧派文学，冀收摧残廓清之功，即于社会所传留之思想，亦直接间接发见其不适合之点而加以抨击。盖以人类社会之组织与文学本有密切之关系，人类之思想更为文学实质之所存，既反对旧文学，自不能不反对旧思想也……寄语新文学诸君子，中国文学腐败已极，理应顺世界之潮流，力谋改革，诸君之提倡改革，不恤冒世俗之不韪，求文学之革新，用意亦复至善，第宜缓和其手段，毋多树敌，且不宜将旧文学之价值一笔抹杀也。[1]

1919年11月16日第二次报道说：

（《新青年》提倡白话文）其初反对者，约十人而九，近则十人之中，赞成者二三，怀疑者三四，反对者亦仅剩三四矣，而传播此种思想之发源地，实在北京一隅，胡适之、陈独秀辈既倡改良文学之论，一方面为消极的破

---

① 静观：《北京大学新旧之暗潮》，《申报》，1919年3月6日。

坏，力抨旧文学之弱点，一方面则为积极的建设，亟筑新
文学之始基，其思想传导之速，与夫社会响应之众，殊令
人不可拟议。[①]

综而观之，当时新闻媒体对《新青年》思想主张关注的焦点多
集中于文学革命，其次是反对孔教。其他"新思想"甚少进入
新闻媒体的视野。

三四年后，章士钊发表《评新文化运动》一文，其批评所
向，仍集矢于白话文学。[②]

1928年，常乃惪《中国文化小史》在中华书局出版，内中
对《新青年》与新文化运动的叙述，认为《新青年》"初时尚无
大影响，直到胡适出来主张白话文运动，才有了大影响"。但常
乃惪强调，"《新青年》的最大功效还不在鼓吹新文学，而在反
对孔家学说。陈独秀在这一方面做的工作颇多"。[③]

《新青年》同人似乎更看重杂志在传播"新思想"方面的
价值和意义。1919年底，《新青年》编辑部为重印前五卷，发
布广告称："这《新青年》，仿佛可以算得'中国近五年的思想
变迁史'了，不独社员的思想变迁在这里面表现，就是外边人
的思想变迁也有一大部在这里面表现。"[④]1923年10月，胡适在

① 野云：《白话文在北京社会之势力》，《申报》，1919年11月16日。
② 章士钊：《评新文化运动》，原载《新闻报》，1923年8月21—22日，收入
《中国现代思想史资料简编》第2卷，第440—448页。
③ 常乃惪：《中国文化小史》，中华书局，1928，第174、176页。
④ 《〈新青年〉第一、二、三、四、五卷合装本全五册再版》，《新青年》第7
卷第1号。

其主编的《努力周报》发表他写给高一涵等人的信，信中写道："二十五年来，只有三个杂志可代表三个时代，可以说是创造了三个新时代：一是《时务报》，一是《新民丛报》，一是《新青年》。而《民报》与《甲寅》还算不上。"[①]胡适虽然没有具体解释《新青年》何以能代表一个时代，但从思想史的角度立论则是明显的。

1926年，戈公振撰写了中国第一部《中国报学史》。戈氏著书的时间，正好是《新青年》终刊之际。该书对《新青年》的介绍十分简约："初提倡文学革命，后则转入共产。"[②]"五四"以后，《新青年》转向提倡社会主义，1920年9月改组为上海共产主义小组的机关刊物，1923—1926年成为中共中央的理论刊物。戈公振看到了《新青年》发展的全过程。在今天看来，戈氏的归纳显然不较全面，但戈氏的简约概括，很可能代表了北伐前后人们对《新青年》较为深刻的记忆。

又过了十年，郭湛波出版《近五十年中国思想史》，内称"由《新青年》可以看他（引注：指陈独秀）个人思想的变迁，同时可以看到当时思想界的变迁"[③]，正式坐实了《新青年》同人的自我期待和自我定位。从此以后，从思想史的角度评述《新青年》，日益成为学界的主流话语，而最为时人关注，也最具实绩的文学革命，则渐渐淡出史家的视野。迟迟未能实现的目标常常为人们所眷念，迅速达成的目标也迅速被人们所淡忘。

① 《胡适之的来信》，《努力周报》增刊第75期，1923年10月21日。
② 戈公振：《中国报学史》，中国新闻出版社，1985，第158页。
③ 郭湛波：《近五十年中国思想史》，山东人民出版社，1997据1936年北平人文书店版重印，第82页。

同一个《新青年》，办刊人的出发点，反对方的攻击点，与局外人的观察点既不尽一致，新文化人的当下诠释与后来史家言说的"运动"亦有相当的出入，更不用提后来各方政治力量有关"五四"的种种叙事。微拉·施瓦支在《中国的启蒙运动——知识分子与五四遗产》一书中说过这样一段话："每当救国的压力增强时，他们更多地回忆政治方面的内容；每当社会气氛有利于实现知识分子解放的目标时，他们就回忆适应启蒙的需要开展的文化论战。"①时至今日，仍有研究者倡导"根据现代化建设形势发展的需要，选择那些具有现实意义的问题和方面，进行更加深入的研究"。②当事人的"选择性回忆"既属难免，史家再刻意"选择性研究"，有关"五四"的叙事势必与其历史原态愈趋愈远。

五四运动一周年之际，中国知识界就开始纪念"五四"。从此以后，"五四"的纪念几乎年年进行，不曾间断。近百年来，没有一场运动或事件，像"五四"一样，得到不同党派、政治力量以及官方与民间的共同纪念，并且持久而不衰。

1920年李大钊在纪念"五四"时，说过这样一段话："我盼望，从今以后，每年在这一天举行纪念的时候，都加上些新意义。"后来的"五四"纪念也确如李大钊所期望的，一直都在

---

① 微拉·施瓦支：《中国的启蒙运动——知识分子与五四遗产》，李国英等译，山西人民出版社，1989，第307页。有关五四新文化运动的历史"记忆"与历史"再造"，参阅罗志田《历史记忆与五四新文化运动》，载氏著《近代中国史学十论》，复旦大学出版社，2003，第144~174页。
② 董秋英、郭汉民：《1949年以来的〈新青年〉研究述评》，《近代史研究》2001年第6期。

"与时俱进""与时俱变"，每次都要加上些"新意义"。其结果是，纪念越久，叠加的"新意义"越多，影响也越来越深远，与此同时，五四运动的本相，反而是越纪念越模糊。

本文仅叙述新文化运动是如何起来的，对于新文化运动何时结束，未及讨论。学界多以1923年《新青年》杂志转变为中共机关刊物为新文化运动结束的标志。其实当时人的看法未必如此。常乃惪1928年出版的《中国思想小史》，其最后一章写"新文化运动成绩"，不仅写到了1927年国民党清党前的工人运动与农民运动，而且写到了南京国民政府推行党化教育。1934年伍启元出版的《中国新文化运动概观》一书，堪称是第一部研究新文化运动史的专著，该书从文学革命写到了社会史论战，也大大突破了后来学界对新文化运动的认知，而潘广镕为该书所作序言中更称："所谓中国的'新'文化运动者，是指五四运动以来的文化运动而言……虽然直到如今，新文化运动并没有怎样的结果，当然也不能说告了结束。"①可见在当时人眼中，新文化运动直到20世纪20年代末、30年代初，仍然余波未息，范围也大大超越了以《新青年》杂志为中心、以"民主"与"科学"为宗旨的视域。以此观之，有关新文化运动的历史，学界仍有进一步深入探讨的空间。

---

① 伍启元：《中国新文化运动概观》，现代书局，1934年初版；黄山书社，2008年再版。

《新青年》编辑演变的历史考辨

——以1920至1921年《新青年》同人来往书信为中心的探讨

欧阳哲生

　　《新青年》从1915年9月15日创刊，到1926年7月25日终刊，历时十年十个月零十天。在这十年间，从编辑、作者队伍和思想内容看，它经历了四个阶段：第一阶段从第一卷至第三卷，是陈独秀"主撰"的体制（1915年9月15日至1917年8月1日），作者主要是皖籍学人或陈独秀引为同志的朋友。第二阶段为四、五、六卷（1918年1月15日至1919年11月1日），是由同人轮流负责编辑，作者主要为北大教员和学生。第三阶段为七、八、九卷，它是过渡阶段，从第七卷（1919年12月1日）重新由陈独秀主编，到第八、九卷（1920年9月1日至1922年7月1日）为中国共产党上海发起组所主控，《新青年》逐步从同人刊物向党刊过渡，作者则是原来的北大同人和《新青年》上海、广东编辑部同人共存。第四阶段为1923年6月15日复刊以后的《新青年》（季刊），它是中共中央的纯理论机关刊物，作者则主要为中共党内年轻的理论家。①

　　四个阶段中的第一、二、四阶段编辑变更时并无波澜，唯

---

① 有关《新青年》的分期可谓众说纷纭，傅斯年将之分为三个时期："《新
青年》可以分作三个时期看，一是自民国四年九月创刊至民国六年夏，
这时候他独力编著的。二是自民国六年夏至九年初，这是他与当时主张改
革中国一切的几个同志特别是在北京大学的几个同志共办的，不过他在这
个刊物中的贡献比其他人都多，且他除甚短时期以外，永是这个刊物的编
辑。三是自民国十年初算起，这个刊物变成了共产主义的正式宣传物，北
大的若干人如胡适之先生等便和这个刊物脱离了关系。"参见傅斯年《陈独
秀案》，载《独立评论》第24号，1932年10月30日。《五四时期期刊介绍》
编者认为，《新青年》的发展大体可以分为三个阶段：第一阶段由1915年
到1918年，它是反对封建主义的前期新文化运动的中心。第二阶段从五四
运动前后到中国共产党成立之初，它由一个民主主义的刊物逐渐转变成为
社会主义的刊物。第三阶段在中国共产党成立之后，它曾改组成为中共中
央的理论性的机关刊物。参见中共中央编译局研究室编《五四时期期刊介
绍》第一集上册，生活·读书·新知三联书店，1978，第36页。陈万雄
认为，《新青年》从创刊到终刊"大抵可分三个时期"，1915年9月第一卷
到1918年6月第四卷是第一个时期，是同人杂志时期；从第五卷至第七卷
（1918年7月至1920年5月1日），是北京大学革新派的阵地；1920年9月第八
卷以后直至结束是第三个时期，《新青年》"明显成为倡导唯物思想和社会
主义运动的刊物"。参见氏著《五四新文化的源流》，（香港）三联书店，
1992，第18—19页。叶再生将之分为四个阶段：第一阶段从创刊到五四运
动前，这一阶段的特点是与北大结合，《新青年》同人刊物开始形成，"这
一阶段是《新青年》历史中最为光辉的一页"。第二阶段是从五四运动到中
国共产党成立前后，"从同人刊物转变到政党的机关刊物"。第三阶段是中
国共产党成立前夕至出至九卷六号后停刊（1921年5月到1922年7月），"从
以政治为主兼顾哲学文学的刊物逐步过渡到政治理论刊物"。第四阶段是
从1923年6月15日复刊到1926年7月25日终刊，作为中共的机关刊物。参见
叶再生著《中国近代现代出版通史》第2册，华文出版社，2002，第109、
118、137、140页。陈平原则按编辑地点的变迁将之分为三期："假如以
'同人杂志'来衡量，在正式出版的九卷五十四期《新青年》中，依其基
本面貌，约略可分为三个阶段，分别以主编陈独秀1917年春的北上与1920
年春的南下为界标。""大致而言，在上海编辑的最初两卷，主要从事社会
批评，已锋芒毕露，声名远扬。最后两卷着力宣传社会主义，倾向于实际
政治活动，与中国共产党的创建颇有关联。中间五卷在北京编辑，致力于
思想改选与文学革命，更能代表北京大学诸同人的趣味与追求。"参见陈平
原《触摸历史与进入五四》，北京大学出版社，2005，第60页。由于划分的
标准不一，对《新青年》的分期（特别是前九卷）的歧异很大，我以为应
以编辑（包括人员和办法）、作者变化为划分标准比较适宜。

在第三阶段《新青年》南北同人内部产生了分歧和争议。《新青年》从一个同人刊物转变为一个宣传俄国革命和马克思主义的中共中央机关刊物，这是"五四"时期出现的一个具有重要历史象征意义的事件。它不仅意味着《新青年》杂志本身的办刊宗旨及其内容的重大变化，而且反映新兴的马克思主义者成为《新青年》的主导者，这也预示着"五四"以后中国新思想的主流选择有可能朝向马克思主义方向发展。《新青年》同人内部在这一过程中通过书信往来交换他们对编辑办法和办刊方向的意见，反映了他们的思想演变和交谊变化，故这一过程一直是研究者们讨论的对象。[①]本章以已公布的书信和"新发现的一组书信"为主要材料，与其他体裁的文献材料（如日记、回忆文字等）相互印证，剔伪取真，力图真实地重现这一历史过程的全貌，对过去一些不够确切或似是而非的提法加以订正。

一、见证《新青年》转折的历史文献：同人来往书信

有关《新青年》从一个同人刊物转变为一个宣传马克思主义和俄罗斯革命的中国共产党机关刊物这一历史过程，现已先后公布了三批文献材料：

---

① 有关《新青年》这一转变过程的探讨，代表性的论著参见中共中央马恩列斯著作编译局研究室编《五四时期期刊介绍》第一集上册《新青年》，生活·读书·新知三联书店，1978，第1—40页。丁守和：《陈独秀和〈新青年〉》，载《历史研究》1979年第5期。陈万雄：《五四新文化的源流》第一章《〈新青年〉及其作者》，（香港）三联书店，1992，第1—20页。耿云志：《胡适与〈新青年〉》，收入氏著《胡适新论》，湖南出版社，1996，第14—19页。叶再生著：《中国近代现代出版通史》第2册，第102—164页。

第一批为1954年2月北京中华书局出版的《中国现代出版史料》甲编，内收《关于〈新青年〉问题的几封信》一文。这篇文章共收入1920年陈独秀、胡适、鲁迅、李大钊的六封信：1.陈独秀致胡适、高一涵（1920年12月16日夜）。2.胡适复陈独秀（未署时间，估约1920年12月下旬）。3.胡适致李大钊、鲁迅、钱玄同、陶孟和、张慰慈、周作人、王抚五、高一涵（1920年12月22日）。此信有张慰慈、高一涵、陶孟和、李大钊、周作人、周树人、钱玄同的签注意见（1921年1月26日）。4.鲁迅复胡适（1921年1月3日）。5.李大钊复胡适（未署时间，估在1921年1月22日以后）。6.陈独秀致胡适（1921年2月15日）。这些信注明原件保存在北京大学。但从这六封信写信、复信的人员来看，均有胡适，我推测很可能系胡适保存。[①]因当时胡适私人档案仍存留在北京大学，这些信可能是从胡适私人档案中流出或选出。这组材料成为1979年以前人们讨论《新青年》转折时期各位同人态度的主要依据。

第二批为1979年5月北京中华书局"内部出版"的《胡适来往书信选》上册，内又增收了七封与《新青年》转折时期相关的信：1.陈独秀致李大钊、胡适、张申府、钱玄同、顾孟余、陶孟和、陈大齐、沈尹默、张慰慈、王星拱、朱希祖、周作人（1920年4月26日）。2.陈独秀致胡适（残，1920年8月）。3.陈

---

① 从北大档案馆保存的这些信的影印件可以证明这一点，在1920年12月30日胡适致陈独秀信的后面有胡适留言："附件1.九、十二、三十，我给独秀的信。2.独秀的回信。3.独秀给孟和的信（抄）。此二件（指2、3，引者按），尚未寄到。胡适。廿七、十二、九。"这段附加的留言说明，直到1938年12月9日这些信仍保留在胡适手中，因此这些信无疑应为胡适保存。

独秀致胡适（1920年9月）。4. 陈独秀致李大钊、钱玄同、胡适、陶孟和、高一涵、张慰慈、鲁迅、周作人、王星拱（1920年12月上旬）。5. 陶孟和致胡适（1920年12月14日）。6. 胡适致陈独秀（稿，未署时间，估约1920年12月底1921年初）。7. 钱玄同致胡适（残，1921年1月29日）。这七封信中，除第六封信"胡适致陈独秀"系留稿或抄稿外，其他六封的收信人均为胡适或胡适等。这些信来源于保存在中国社科院近代史研究所的"胡适档案"，毫无疑问系胡适保存。在"胡适档案"中还保有陈望道致胡适（1921年1月15日）一信，当时没有公布，后来收入《胡适遗稿及秘藏书信》第35册（黄山书社，1994）。

第三批是鲁迅博物馆于1979年为纪念"五四"运动六十周年，在《历史研究》（1979年第3期）、《复旦学报》（社会科学版，1979年第3期）发表了一批与《新青年》有关的信件。1980年鲁迅博物馆为纪念"左联"成立五十周年，再次公布其收藏的一批书信。这批书信系鲁迅研究室手稿组辑注，以《胡适、刘半农、陈独秀、钱玄同、郑振铎、傅斯年、陈望道、吴虞、孙伏园书信选（1917年9月—1923年8月）》为题发表在《中国现代文艺资料丛刊》第5辑（上海文艺出版社，1980），内有刘半农致钱玄同（1917年10月16日）、致周作人（1920年1月27日），陈独秀致周作人（1918年12月14日、1920年3月11日、7月9日、8月22日、9月4日、9月28日），陈独秀致鲁迅、周作人（1920年

8月13日、1921年2月15日）^①，钱玄同致周作人（1920年12月16日）、钱玄同致鲁迅、周作人（1921年1月11日），陈望道致周作人（1920年12月16日、1921年1月28日、2月11日、26月13日）^②等信与本主题相关。此外，在《钱玄同文集》第6卷《书信》里还收有一封李大钊致钱玄同（1921年1月）。^③

2002年4月6日我前往华盛顿参加美国一年一度的亚洲学年会时，顺途访问了居住在华盛顿的胡适长子胡祖望先生一家。访谈之余，胡先生出示了一包他保留的未刊书信，外面有一张旧报纸包裹，报上有胡适用红毛笔题写的"李守常、徐志摩、陈独秀、梁任公遗札"字样，内中书信，除了梁启超、徐志摩致胡适信外，其他信与本文主题密切相连，可以说弥足珍贵。这些信为：1. 陈独秀致胡适、李大钊（1920年5月7日）。2. 陈独秀致胡适（1920年5月11日）。3. 陈独秀致胡适（1920年5月15日）。4. 陈独秀致胡适（1920年5月19日）。5. 陈独秀致高一涵（1920年7月2日）。6. 陈独秀致胡适（1920年9月5日）。7. 陈独秀致胡适（1920年12月21日）。8. 陈独秀致胡适等（1921年1月9日）。9. 李大钊致胡适。10. 陶孟和致胡适。11. 钱玄同致胡适

---

① 1979年第5期《历史研究》刊登的鲁迅博物馆供稿、陆品晶注释的《陈独秀书信》和《读新发表的陈独秀四封书信手稿》两文，刊发了四封信。这四封信：第一至三封陈独秀致周启明（1920年3月11日、8月22日、9月28日），第四封陈独秀致周豫才、周启明（1921年2月15日）。《历史研究》发表此文时，说明这四封书信为鲁迅博物馆收藏。
② 这四封信最早刊登于1979年第3期《复旦学报》发表的《陈望道书信》，编者说明这些书信手稿收藏在鲁迅博物馆。1979年10月复旦大学出版社出版《陈望道文集》（第一卷）时又收入该文，改题为《关于〈新青年〉杂志的通信》，并对注释作了删改。
③ 收入刘思源编《钱玄同文集》第6卷《书信》，中国人民大学出版社，2000，第16页。

（1921年2月1日）。12. 周作人致李大钊（1921年2月25日）。13.周作人致李大钊（1921年2月27日）。14. 陈独秀致胡适（1925年2月5日）。15. 陈独秀致胡适（1925年2月23日）（以下冠以题名"新发现的一组书信"）。①有意思的是，这些信中有三封信，即陈独秀致高一涵（1920年7月2日）、周作人致李大钊（1921年2月25日、2月27日），无论写信人或收信人均无胡适，本应与胡适无关，然它们却保留在胡适手中，显然是胡适从高一涵、李大钊手中获得。这些信何时由胡适交其长子保管，并带往美国，我们暂不得而知。

从以上我们所知的在中国大陆（北京大学、中国社科院近代史所、鲁迅博物馆三处）已公布的书信和《新发现的一组书信》来看，这些书信主要来自胡适和周氏兄弟。这些书信的收信者或复信者主要亦为胡适和周作人，其中胡适尤多，不难看出胡适在《新青年》转折这一过程中所扮演的重要角色。1920年2月19日陈独秀只身南下后，《新青年》同人分为南北两股，大部分同人仍留在北京，胡适实为他们的"召集人"，这也就是为什么北京同人的书信绝大部分都与胡适有关的原因。胡适素有"历史癖"，收藏这些信件显然是其有心所为。当然，胡适如此重视这批书信，也反映了他本人对这一历史过程的特别关注。可以说，由于胡适的"历史癖"存心保留了这批书信，后来的历史学者才有可能真正了解《新青年》转折时期各位同人的真实态度及其内部纠葛。研读这些《新青年》同人来往书信，充

---

① 我在整理这批新发现的书信时，曾蒙耿云志、沈寂、杨天石、陈漱渝诸位先生帮助辨认和指教，在此谨致谢忱。

分挖掘内藏的隐秘信息，对我们真实了解《新青年》的历史转变及其同人的态度确是一件颇有学术价值的事。

二、《新青年》前六卷之编辑、发行

在探讨《新青年》转折时期之前，我们有必要先回顾《新青年》前六卷的编辑情况。《新青年》之编辑，第一卷未具名，但主编或主撰为陈独秀，则无可疑。第二、三卷具名"陈独秀主撰"（并不是人们所常用的"主编"）。作为陈独秀"主撰"或主编的最明显特征是第一至三卷的首篇文章均为陈独秀，这显然是陈独秀突出个人的有意安排。有的论者认为：在章士钊等协助下，《新青年》开始招股，酝酿合办同人杂志。其根据是1917年1月13日汪孟邹复胡适信。[①]至于《新青年》何时成为同人杂志，确切的日子尚难肯定。估计在1917年六七月间，最早的社员可能是高一涵等，钱玄同、胡适等加入肯定要在此后。1917年8月1日《新青年》三卷六号刊登的陈独秀复钱玄同信，内有"待同发行部和其他社友商量同意，即可实行"一语，证明此时《新青年》社已有社友，而钱玄同当时并不是。[②]1917年10月16日刘半农致钱玄同信中提到："先生试取《新青年》前后所登各稿比较参观之，即可得其改变之轨辙……譬如做戏，你，我，独秀，适之，四人，当自认为'台柱'，另外再多请名角帮

---

① 该信收入耿云志主编《胡适遗稿及秘藏书信》第27册，黄山书社，1994，第274—275页。
② 叶再生：《中国近代现代出版通史》第2册，第110页。

忙，方能'押得住座'；当仁不让，是毁是誉，也不管他。"①这里的四个"台柱"大概就是《新青年》"四大笔"说的由来。

第四卷改为同人刊物，陈独秀个人角色明显"淡化"。据编辑部公告："本志自第四卷一号起，投稿章程业已取消，所有撰译，悉由编辑部同人公同担任，不另购稿。其前此寄稿尚未录载者，可否惠赠本志？尚希投稿诸君，赐函声明，恕不一一奉询，此后有以大作见赐者，概不酬资。"②这就改变了前三卷由陈独秀主编或主撰的编辑体制。之所以做出这种调整，应与陈独秀入主北大文科，《新青年》作者主要为北大教授，为调动这些名流作者的积极性，将《新青年》作者群凝结成为一个更加坚固的新文化阵营核心有关。

1922年胡适撰写《五十年来中国之文学》一文时，文中提到《新青年》第四卷编辑安排情况："民国七年一月，《新青年》重新出版，归北京大学教授陈独秀、钱玄同、沈尹默、李大钊、刘复、胡适六人轮流编辑。"③胡适开列的这份名单，离1918年不过五年时间，列入名单诸人当时均在，应无问题。《钱玄同日记》1918年1月2日载："午后至独秀处，检得《新青年》存稿。因四卷二期归我编辑，本月五日须齐稿，十五日须寄出

---

① 《刘半农致钱玄同》，载《中国现代文艺资料丛刊》第5辑，上海文艺出版社，1980，第303页。
② 《本志编辑部启事》，载《新青年》第4卷第3号，1918年3月15日。
③ 《五十年来中国之文学》，收入《胡适文存》第2集第2卷。《胡适文集》第3册，北京大学出版社，1998，第255页。这是原来的安排，沈尹默后改由钱玄同、刘半农代。参见沈尹默《我和北大》，收入《五四运动回忆录》（续），中国社会科学出版社，1979，第166页。

也。"①钱氏的记载坐实了胡适的这一说法。只是当时虽为轮流编辑，实际执行时，相互之间仍有配合和协助，如四卷三号原定沈尹默编辑，沈因眼疾请钱玄同、刘半农代编，署名王敬轩（实为钱玄同化名）、记者（半农）的《文学革命之反响》一文即刊于此期。四卷六号"易卜生号"为胡适编辑。有的论者根据鲁迅《忆刘半农君》一文"采取集议制度，每出一期，就开一次编辑会，商定下一期的稿件"②一语，认为第四卷的编辑，是"采取集议制度"，甚至"鲁迅也应邀参加了会议，在会上第一次认识刚刚加入编辑的李大钊"。③这些说法均不确切，第四卷实已为同人轮流编辑。

第五卷继续采取轮流编辑办法。周作人晚年据其1919年10月5日日记，回忆起由陈独秀主编《新青年》第七卷之前的情况时说："在这以前，大约是第五六卷吧，曾议决由几个人轮流担任编辑，记得有陈独秀、适之、守常、半农、玄同和陶孟和这六个人，此外有没有沈尹默，那就记不得了，我特别记得是陶孟和主编的这一回。"周还举陶孟和为其译作《小的一个人》标题加一"小"字为例，力证陶孟和曾任编辑。并特别说明："关于《新青年》的编辑会议，我一直没有参加过，《每周评论》的也是如此，因为我们只是客员，平常写点稿子，只是遇着兴废的关头，才会被邀列席罢了。"④周作人所举陶孟和为

---

① 鲁迅博物馆编《钱玄同日记》第4册，福建教育出版社，2002，第1645页。
② 《忆刘半农君》，收入《鲁迅全集》第6卷，人民文学出版社，1981，第71页。
③ 参见唐宝林、林茂生《陈独秀年谱》，上海人民出版社，1988，第84页。
④ 参见《周作人回忆录》，湖南人民出版社，1982，第338—339页。

其修改的译作《小小的一个人》一文刊登于五卷六号，如果确认陶孟和是这一期编辑的话，周作人开列的这份名单应该就是第五卷的轮流编辑名单，只是排列次序可能需要更为确切的材料加以证明。据1918年2月下旬钱玄同致信胡适云："《新青年》五卷二号，准明晨交仲甫去寄。三号系半农编辑，你如其有大稿，请早日交给他（三号极迟九月十五一定要寄出）。还有孟和的《国民之敌》以下续稿，在你那里，也请你早日改妥了送交半农。"①可见，五卷二号为钱玄同编辑，五卷三号为刘半农编辑，而陈独秀仍为最后定稿者。

第六卷轮流编辑的分工，据《新青年》六卷一号刊登的《本杂志第六卷分期编辑表》所载，一至六号编辑名单依次为：陈独秀、钱玄同、高一涵、胡适、李大钊、沈尹默。②六卷一号刊登的陈独秀《本志罪案之答辩书》，表现了《新青年》同人追求民主（德先生）、科学（赛先生）的共同理想，认定"只有这两位先生，可以救治中国政治上、道德上、学术上、思想上一切的黑暗"。俨然是同人的共同宣言，说明《新青年》同人已经结成坚强有力的战斗群体。该卷每期内容与编辑的个人思想倾向密切相关，如六卷四号由胡适负责编辑，刊首即为胡适的《实验主义》一文。六卷五号由李大钊负责编辑，这一号就设有"马克思研究"专栏，李大钊发表了长文《我的马克思主义观》。

---

① 《钱玄同致胡适》，收入《胡适来往书信选》上册，（香港）中华书局，1983，第13页。
② 《本杂志第六卷分期编辑表》，载《新青年》第6卷第1号，1918年1月15日。

沈尹默在他的回忆文字中提到《新青年》的编辑情况："《新青年》搬到北京后，成立了新的编辑委员会，编委七人：陈独秀、周树人、周作人、钱玄同、胡适、刘半农、沈尹默。并规定由七个编委轮流编辑，每期一人，周而复始。我因为眼睛有病，且自忖非所长，因此轮到我的时候，我请玄同、半农代我编。我也写过一些稿子在《新青年》发表，但编辑委员则仅负名义而已。"①内中除了说明自己"编辑委员则仅负名义"这一点实情外，将周氏兄弟列为编辑，这已为周作人所澄清。周作人的《知堂回想录》对第五、六卷编辑的说明可能即是针对沈尹默开出的名单而发。至于沈尹默所忆胡适不同意钱玄同化名王敬轩与刘半农发表《文学革命之反响》一文，表演"双簧戏"，以将反对"文学革命"者入罪的做法，这是事实。②"并且不许半农再编《新青年》，要由他一个人独编。"的说法，则不可采信。

鲁迅在《忆刘半农君》和《〈守常全集〉题记》两文中关于《新青年》编辑会议的回忆，有两段常被人们引用的文字：

> 《新青年》每出一期，就开一次编辑会，商定下一期的稿件。其时最惹我注意的是陈独秀和胡适之。假如将韬略比作一间仓库罢。独秀先生的外面竖一面大旗，大书道："内皆武器，来者小心！"但那门却开着的，里面有

---

① 沈尹默：《我和北大》，收入《五四运动回忆录》（续），第166页。
② 参见《胡适致钱玄同》（1918年2月20日），收入《胡适来往书信选》上册，第11—12页。

几支枪，几把刀，一目了然，用不着提防。适之先生的是紧紧关着门，门上粘一条小纸条道："内无武器，请勿疑虑。"这自然可以说是真的，但有些人——至少是我这样的人——有时总不免要侧着头想一想。半农却是令人不觉其有"武库"的一个人，所以我佩服陈胡，却亲近半农。①

我最初看见守常先生的时候，是在独秀先生邀去商量怎样进行《新青年》的集会上，这样就算认识了。不知道他其时是否是共产主义者。总之，给我的印象是很好的：诚实，谦和，不多说话。《新青年》的同人中，虽然也很喜欢明争暗斗，扶植自己势力的人，但他一直到后来，绝对的不是。②

它给人一种鲁迅当时参加《新青年》编辑工作或编辑会议的错觉。从鲁迅1918—1919年这两年日记，我们看不到他参加《新青年》编辑会议或编辑工作的任何记录，鲁迅与《新青年》编辑的关系，主要是通过钱玄同、刘半农、沈尹默三人联系，特别是钱、刘两人。所以，我们在这两年的《鲁迅日记》里看到鲁迅与钱、刘二位的往访会面和书信往来的频繁记录。从鲁迅逝世时，陈独秀、钱玄同所写的纪念文字③和周作人晚年撰写的回忆录，我们也看不到提及鲁迅参与编辑《新青年》的

---

① 《忆刘半农君》，《鲁迅全集》第6卷，第71—72页。
② 《〈守常全集〉题记》，《鲁迅全集》第4卷，第523页。
③ 参见陈独秀《我对于鲁迅之认识》，载上海《宇宙风》十日刊第52期，1937年11月21日。钱玄同：《我对周豫才（即鲁迅）君之追忆与略评》，载北平《世界日报》，1936年10月26、27日。

丝毫痕迹。鲁迅在《新青年》中所处的地位应该与其弟周作人同列——客员。鲁迅上面两篇回忆文字，不过是他与《新青年》同人交往时留下的印象罢了，这种印象多少带有演义的成分。1956年沈尹默发表《鲁迅生活中的一节》和1966年撰写的《我和北大》两篇回忆文字，都提到鲁迅担任《新青年》编辑，① 这是《新青年》同人中唯一提到鲁迅担任编辑的回忆文字，也是常被论者引用并被采信的证据。联系20世纪五六十年代的政治背景，沈氏此说无疑带有逢迎当时政治需要的成分。沈氏自曝陈独秀当年评其书法"其俗入骨"，可谓知人之语。1958年1月20日周作人致曹聚仁一信，评及曹著《鲁迅评传》时，已对鲁迅的上述行文作了说明："《鲁迅评传》也大旨看完了，很是佩服，个人意见觉得你看的更是全面，有几点私见写呈，只是完全'私'的，所以请勿公开使用。一、世无圣人，所以人总难免有缺点。鲁迅写文态度本是严肃、紧张，有时戏剧性的，所说不免有小说化之处，即是失实——多有歌德自传《诗与真实》中之诗的成分。例如《新青年》会议好像是参加过的样子（330页），其实只有某一年中由六个人分编，每人担任一期，我们均不在内，会议可能是有的，我们是'客师'的地位向不参加的。"② 以"客师"自居，委婉地道出鲁迅并未参与《新青年》编辑的内情，将鲁迅会晤《新青年》同人的描绘文字解释

---

① 沈尹默：《鲁迅生活中的一节》，原载《文艺月报》，1956年10月号。《我和北大》，系作于1966年1月，收入《五四运动回忆录》（续），第157—170页。两文有关《新青年》编辑情况的文字描述基本一样。

② 周作人、曹聚仁：《周曹通信集》第1辑，香港：南天书业公司，1973，第44页。

为"诗的成分",这种说法似可备一说。在20世纪50年代,鲁迅的声誉正如日中天,周作人以戴罪之身,坦陈历史,毕竟是对历史的一个交代。有的论者根据刘半农在《新青年》四卷三号上发表的《除夕》一诗后附自注:"余与周氏兄弟(豫才,启明)均有在《新青年》增设此栏之意;唯一时恐有窒碍,未易实行耳。"一语,遂断"鲁迅本年(指1918年——作者按)已参与《新青年》的编辑工作"。[1]也显有过度解释之嫌。

关于《新青年》的编辑情形,周作人有一段回忆可供我们参考:"新青年同人相当不少,除二三人时常见面之外,别的都不容易找,校长蔡子民很忙,文科学长陈独秀也有他的公事……平常《新青年》的编辑,向由陈独秀一人主持,(有一年曾经分六个人,各人分编一期)不开什么编辑会议,只有1918年底,定议发刊《每周评论》的时候,在学长室开会,那时我也参加,一个人除分任写文章,每月捐助刊资数元,印了出来,便等于白送给人家的……《每周评论》出了36期,我参与会议就只一次,可是这情景我至今没有忘记。我最初认识守常的时候,他正参加'少年中国'学会,还没有加入共产党。"[2]周氏所说他参加《每周评论》的编辑会议,在其1919年6月23日日记中有记录:"六月廿三日,晴。下午七时至六味斋,适之招饮,同席十二人,共议《每周评论》善后事,十时散。"[3]胡适召开这次会议是在陈独秀被捕之时,胡适接替陈独秀主编《每周评论》,

---

[1] 《鲁迅年谱》(增订本)第1卷,人民文学出版社,2000年,第373页。
[2] 《周作人回忆录》,第443—444页。
[3] 《周作人日记》中册,大象出版社,1996,第34页。

遇事不便自作主张，故请同人开会商量。周作人自居"客员"，并非谦辞。

《青年杂志》创刊号登载的《投稿简章》第一条规定："来稿无论或撰或译，皆所欢迎。一经选登，奉酬现金，每千字自二元至五元。"这一规定执行到第三卷结束。第四卷改为同人轮流编辑后，《新青年》同人撰稿，发表作品，则不支稿费。胡适1918年3月17日《致母亲》信中特别说明了这一点，信曰："昨天忙了一天，替《新青年》做了一篇一万字的文章。这文是不卖钱的。不过因为这是我们自己办的报，不能不做文。昨天一直做到半夜后三点半钟方才做好。这篇文字将来一定很有势力，所以我虽吃点小辛苦，也是情愿的。"①胡适把《新青年》看成"这是我们自己办的报"，《新青年》同人刊物的性质由此可见一斑。《新青年》六卷二号载《新青年编辑部启事》告示："近来外面的人往往把《新青年》和北京大学混为一谈，因此发生种种无谓的谣言。现在我们特别声明：《新青年》编辑和做文章的人虽然有几个在大学做教员，但是这个杂志完全是私人的组织，我们的议论完全归我们自己负责，和北京大学毫不相干。此布。"明确界定了《新青年》的同人刊物性质。

《新青年》前七卷的印刷、发行均由群益书社承担。该社1902年创设于湖南长沙，创办人为陈子沛、陈子寿兄弟。1907年设分社于上海福州路惠福里，1912年迁至河南中路泗泾路口，并

---

① 《胡适全集》第23册，第183—184页。《新青年》这种情形维持到后来，八卷以后独立经营时，仍不支稿费。参与八、九卷编译工作的茅盾对此有所说明："当时我们给《新青年》写稿都不取稿费。"参见茅盾《我走过的道路》上册，人民文学出版社，1997，第197页。

将总社迁至此。1935年停业。①关于群益书社与《新青年》关系的由来，汪原放在《回忆亚东图书馆》一书中有所交代："据我大叔回忆，民国二年（1913），仲甫亡命到上海来，'他没有事，常要到我们店里来。他想出一种杂志，说只要十年、八年的功夫，一定会发生很大的影响，叫我认真想法。我实在没有力量做，后来才介绍他给群益书社陈子沛、子寿兄弟。他们竟同意接受，议定每月的编辑费和稿费二百元，月出一本，就是《新青年》（先叫做《青年杂志》，后来才改做《新青年》）'。《新青年》决定要标点、分段。标点符号的铜模，是陈子寿翁和太平洋印刷所张秉文先生商量，用外文的标点符号来做底子刻成的。子寿翁为排《新青年》而设法做标点符号铜模，大概在商务和中华之前。《新青年》愈出愈好，销数也大了，最多一个月可以印一万五六千本了（起初每期只印一千本）。"②平心而论，群益书社对《新青年》的创刊和以后的发展，确曾发挥过非常重要的作用，这一点不应抹煞。前六卷除六卷六号因陈独秀被捕，停刊约较长时间才出版，其他各期运行大体正常，这与群益书社的财政支持当然分不开。1916年，群益书社、亚东图书馆、通俗图书局三家曾合议成立一个"大书店"，后未果。随着《新青年》的声誉飙升，群益书社从中赚取的利润自然也增大，但群益书社的老板似未改其初时的心态，陈独秀与之矛盾遂不断加剧，以至对簿公堂，最终在《新青年》七卷出版完结后与之脱离关系。

---

① 有关群益书社的简介，参见朱联保编撰《近现代上海出版业印象记》，学林出版社，1993，第382—383页。
② 汪原放：《回忆亚东图书馆》，学林出版社，1983，第31—32页。

三、陈独秀赴沪后《新青年》编辑办法之初议

　　第七卷的情况开始发生微妙的变化。据1919年10月5日《钱玄同日记》载："至胡适之处。因仲甫邀约《新青年》同人今日在适之家中商量七卷以后之办法，结果仍归仲甫一人编辑，即在适之家中吃晚饭。"①周作人同日日记载："下午二时至适之寓，议《新青年》事，自七卷始，由仲甫一人编辑，六时散，适之赠《实验主义》一册。"②鲁迅同日日记载："星期休息。上午得沈尹默信并诗。午后往徐吉轩寓招之同往八道弯，收房九间，交泉四百。下午小雨。"③鲁迅显未参加当天的《新青年》会议，他正在忙于购买八道湾的房子。对这一次议决发生的情形，沈尹默有不同的回忆：由于《新青年》第六卷第五期的"马克思研究专号"集中刊登了一批宣传马克思主义的文章，引起胡适的恐慌和不满。胡在会前对沈尹默等人说："《新青年》由我一个人来编"，反对大家轮流编辑，再度想独揽编辑权。鲁迅对沈尹默说："你对适之讲，'也不要你一人编。《新青年》是仲甫带来的，现在仍旧还给仲甫，让仲甫一人去编吧'！"④这一说法与前述沈尹默的回忆文字似出一辙，明显带有演义的成分。从1920年4月26日陈独秀就《新青年》编辑事务更

---

① 　《钱玄同日记》第4册，第1815页。
② 　《周作人日记》中册，第52—53页。
③ 　《鲁迅全集》第14卷，第368页。
④ 　参见《访问沈尹默谈话记录》（未刊稿），转引自唐宝林、林茂生编《陈独秀年谱》，第106页。此处也不排除为沈氏记忆错误或记录者误记。

改事宜，致函李大钊、胡适等十二人征询意见者来看，鲁迅并未在征求意见者之列，沈氏的上述说法应不可征信。

第七卷重新由陈独秀负责主编，主要是与当时陈独秀离开北大这一因素有关。[1]七卷一号刊登了一篇《本志宣言》，虽未具名，可认定为出自主编陈独秀的手笔，宣言直陈《新青年》同人的共同理想，反映了陈独秀无意改变《新青年》的同人刊物性质。整个《新青年》七卷的版权页注明编辑部设在北京东安门内箭竿胡同9号，实际上1920年2月19日陈独秀离京到沪后，《新青年》编辑事务也随之转移到上海。编辑部设在陈独秀的寓所——上海法租界环龙路渔阳里二号。[2]有的论者认为此时《新青年》分设北京、上海南北两个编辑部，[3]此说还有待确切的材料加以证明。事实上，整个七卷的约稿和编辑都是陈独秀负责组织。从1920年3月11日陈独秀给周作人的信来看，《新青年》七卷前四号应已在北京编定，五、六号在上海编辑。[4]1920年4月26日陈独秀致信李大钊、胡适、张申府、钱玄同、顾孟余、陶孟

---

[1] 《胡适口述自传》中提到："他（指陈独秀——作者按）在上海失业，我们乃请他专任《新青年》杂志的编辑，这个'编辑'的职务，便是他唯一的职业了。在上海陈氏又碰到了一批搞政治的朋友——那一批后来中国共产党的发起人。因而自第七卷以后，那个以鼓吹'文艺复兴'和'文学革命'（为宗旨）的《新青年》杂志，就逐渐变成个中国共产党的机关报；我们在北大之内反而没有个杂志可以发表文章了。"收入《胡适文集》第1册，第355页。陈独秀专任《新青年》主编，有一笔编辑费供其使用。

[2] 关于《新青年》上海编辑部的设立，参见茅盾《我走过的道路》上册，1997，第189—191页。

[3] 参见叶再生《中国近代现代出版通史》第2册，第126—127页。

[4] 参见鲁迅博物馆供稿、陆品晶注释《陈独秀书信》之一，载《历史研究》1979年第5期。又收入《中国现代文艺资料丛刊》第5辑，第307—308页。陈信中说到，收到鲁迅译稿《一个青年的梦》，此文在《新青年》七卷二号至五号连载，说明陈独秀到上海后还在编辑此文。

和、陈大齐、沈尹默、张慰慈、王星拱、朱希祖、周作人十二人："《新青年》七卷六号稿已齐（计四百面），上海方面五月一日可以出版。本卷已有结束，以后拟如何办法，尚请公同讨论赐复：1. 是否接续出版？2. 倘续出，对发行部初次所定合同已满期，有无应与交涉的事？3. 编辑人问题：（1）由在京诸人轮流担任；（2）由在京一人担任；（3）由弟在沪担任。为时已迫，以上各条，请速赐复。"①这是陈独秀南下后，就《新青年》八卷以后如何继续办刊之事第一次向北京同人征询良策，并具体提出三个问题和编辑人的三个选项，供同人思考。信中所提"对发行部初所定合同"系指《〈新青年〉编辑部与上海发行部重订条件》。②第七卷继续由群益书社承担印刷、发行，且正常运行，没有发生延期的情形，到七卷六号临近出版之时，陈独秀提出《新青年》编辑和与群益书社续签合约的问题，事出有因。

北京同人并未迅速作出回应，故陈独秀1920年5月7日致信胡适、李大钊，催促北京同人表态，全信如下（《新发现的一组书信》之一）：

适之、守常二兄：

日前因《新青年》事有一公信寄京，③现在还没有接到回信，不知大家意见如何？

---

① 收入《胡适来往书信选》上册，（香港）中华书局，1983，第89页。
② 参见刘运峰编《鲁迅全集补遗》，天津人民出版社，2006，第375页。该书编者将此合同当作鲁迅佚文收入该集，应有误。
③ 整理者注：指1920年4月26日陈独秀致李大钊、胡适等十二人信，此信收入《胡适来往书信选》上册，中华书局，1979。

现在因为《新青年》六号定价及登告白的事，一日之间我和群益两次冲突。这种商人既想发横财，又怕风波，实在难与共事，《新青年》或停刊，或独立改归京办，或在沪由我设法接办（我打算招股办一书局），兄等意见如何，请速速赐知。

罗素全集事，望告申甫、志希二兄仍接续进行，西南大学编译处印不成，我也必须设法自行出版。

守常兄前和陈博生君所拟的社会问题丛书，不知道曾在进行中否？

我因为以上种种原因，非自己发起一个书局不可，章程我已拟好付印，印好即寄上，请兄等协力助其成。免得我们读书人日后受资本家的压制。此书局成立时，拟请洛声兄南来任发行部经理，不知他的意见如何？请适之兄问他一声。

　　　　　　　　　　　　弟仲白　五月七日

回信皆直寄弟寓，不可再由群益或亚东转交。又白。

这是陈独秀继上信后，就如何继续办刊之事，再次致信北京同人征询意见，并且通报了刚刚发生的与群益书社的冲突。《新青年》七卷六号为"劳动节纪念号"，该号篇幅从原先的每期130至200页不等猛增至400多页，陈独秀考虑到读者对象应是下层的无产阶级，故不希望加价。陈信中所言"现在因为《新青年》六号之价及登告白的事，一日之间我和群益两次冲突"一事，汪原放曾有所回忆："只记得陈仲翁认为《新青年》第七卷第六号'劳动节纪念号'（1920年5月1日出版）虽然比平时的页数要多得多，群益也实在不应该加价。但群益方面说，本期又有锌版，又有表格，排工贵得多，用纸也多得多，如果不加价，亏本太多。我的大叔两边跑，两边劝，无法调停，终于决裂，《新青年》独立了。记得我的大叔说过：'仲甫的脾气真大，一句不对，他竟大拍桌子，把我骂了一顿。我无论怎么说，不行了，非独立不可了。我看也好。我想来想去，实在无法再拉拢了。'"①双方的矛盾激化，陈独秀遂酝酿《新青年》与群益书社脱离关系、自办发行之想法。

由于陈信的催促，北京同人不得不有所计议。据5月11日周作人日记载，这天下午他去中央公园"赴适之约，共议《新青年》第八卷事，共十二人，七时散"。②证之于胡适这天的日记，在"预算"栏中也有简略记载：下午五时"公园，议《新青年》事"。③参加这次会议的十二人应即为陈独秀4月26日信中所指定的十二人，讨论的详细情形如何，不得而知。而同日陈独秀致胡适信，再次催促道（《新发现的一组书信》之二）：

---

① 汪原放：《回忆亚东图书馆》，学林出版社，1983，第54页。汪原放在《亚东六十年》文稿中有类似回忆，《新青年》每号售价二角，每卷六号合订本售价一元。第七卷第六号篇幅扩大一倍。且有照片、图表，群益书社老板未征得陈独秀同意提价至五角出售。陈独秀很不满意，双方发生争执。汪孟邹试图从中调解，无效，陈独秀拍桌大骂。转引自任建树《陈独秀大传》，上海人民出版社，1999，第208页。

② 《周作人日记》中册，第123页。

③ 《胡适全集》第29册，安徽教育出版社，2003，第164页。

适之兄：

　　群益对于《新青年》的态度，我们自己不能办，他便冷淡倨傲令人难堪；我们认真自己要办，他又不肯放手，究竟应如何处置，请速速告我以方针。

　　附上《正报》骂你的文章，看了只有发笑；上海学生会受这种人的唆使，干毫无意识的事，牺牲了数百万学生宝贵时间，实在可惜之至。倘数处教会学校果然因此停办，那更是可惜了。你可邀同教职员请蔡先生主持北大单独开课，不上课的学生大可请他走路！因为这种无意识的学生，留校也没有好结果。政府的强权我们固然应当反抗，社会群众的无意识举动，我们也应当反抗。

　　　　　　　　　　　　　　　　　　弟仲白　五月十一日

道出在沪出版《新青年》之难处，实为群益书社之"冷淡倨傲"而"又不肯放手"之态度所致，陈独秀已下定决心与群益书社脱离关系。

　　5月19日陈独秀致胡适一信，全信如下（《新发现的一组书信》之三）：

适之兄：

　　快信收到已复。十四日的信也收到了。条复如左：

　　（1）"新青年社"简直是一个报社的名字，不便招股。

　　（2）《新青年》越短期越没有办法。准是八卷一号也非有发行所不可，垫付印刷纸张费，也非有八百元不可，试问此款从那里来？

（3）著作者只能出稿子，不招股集资本，印刷费从何处来？著作者协济办法，只好将稿费算入股本；此事我誓必一意孤行，成败听之。

（4）若招不着股本，最大的失败，不过我花费了印章程的九角小洋。其初若不招点股本开创起来，全靠我们穷书生协力，恐怕是望梅止渴。

我对于群益不满意不是一天了。最近是因为六号报定价，他主张至少非六角不可，经我争持，才定了五角；同时因为怕风潮又要撤销广告，我自然大发穷气。冲突后他便表示不能接办的态度，我如何能去将就他，那是万万做不到的。群益欺负我们的事，十张纸也写不尽。

弟仲白　五月十九日

陈独秀在信中提到胡适给他的两封回信，现已不存，其具体内容我们不得而知。但从陈独秀5月19日的信可知，他们是在商量《新青年》摆脱群益书社之办法，胡适应是将他们5月11日在中央公园议决之方案向陈独秀做一汇报，胡适可能提出了以作者提供文稿的方式作为筹措《新青年》的"股份"（经费）的办法，帮助《新青年》渡过难关，并没有就陈独秀在信中提出的"（一）由在京诸人轮流担任；（二）由在京一人担任"这两种编辑方式与陈商量。也就是说，胡适当时并不存趁陈独秀之难，有夺取《新青年》编辑权之意。从胡适日记中获知，5月30

日下午四时他"预算"还有一次"《新青年》会"。① 从陈独秀致胡适这三封信的内容可知，陈独秀、胡适之间继续在编辑、撰稿、筹措经费诸方面保持密切的合作关系，陈对胡颇为倚重，胡适当时在《新青年》北京同人中实际扮演召集人的角色。

5月25日陈独秀致胡适一信，全信如下（《新发现的一组书信》之四）：

适之兄：

群益不许我们将《新青年》给别人出版，势非独立不可。我打算兴文社即成立，也和《新青年》社分立；惟发行所合租一处（初一二号，只好不租发行所，就在弟寓发行），较为节省。如此八卷一号的稿子，请吾兄通知同人从速寄下，以便付印。此时打算少印一点（若印五千，只需四百余元，不知北京方面能筹得否？倘不足此数，能有一半，我在此再设法），好在有纸版，随时可以重印。

吾兄及孟和兄虽都有一篇文章在此，但都是演说稿，能再专做一篇否？因为初独立自办，材料只当加好，万不可减坏。

（1）孟和兄的夫人续译的《新闻记者》。

（2）守常兄做的李卜克奈西传与"五一"节。

（3）申甫兄译的罗素心理学。

（4）启明兄弟的小说。

---

① 《胡适全集》第29册，第179页。

以上四种，请你分别催来。

弟独秀白　五月廿五日

陈再告其与群益书社之矛盾，并向北京同人通报与群益书社脱离关系以后《新青年》八卷一号的安排，催胡适等在京同人寄稿。从此信可知，由于经济上的原因，《新青年》八卷一号的印数只有五千，如果这个数目后来没有变化的话，则比最高印数一万五六千份少了整整一万份。

7月2日陈独秀致高一涵信，全信如下（《新发现的一组书信》之五）：

一涵兄：

你回国时及北京来信都收到了。

《互助论》听说李石曾先生已译成，就快出版。如此便不必重复译了，你可以就近托人问他一声。

西南大学早已宣告死刑了。

你想做的《社会主义史》很好，我以为名称可用《社会主义学说史》，似乎才可以和《社会主义运动史》分别开来。听说李季君译了一本Kirkup的《社会主义史》，似乎和你想做的有点重复。

《新青年》八卷一号，到下月一号非出版不可，请告适之、洛声二兄，速将存款及文稿寄来。

兴文社已收到的股款只有一千元，招股的事，请你特别出点力才好。

适之兄曾极力反对招外股，而今《新青年》编辑同人无一文寄来，可见我招股的办法，未曾想错。文稿除孟和夫人一篇外，都不曾寄来。长久如此，《新青年》便要无形取消了，奈何！

弟独秀白　七月二日

此信一方面表现陈独秀对评介社会主义思想的著译工作的热情，一方面反映了他对北京同人（主要是钱玄同、陶孟和、高一涵）不合作态度颇为不满的情绪。为筹款，陈独秀似在试行胡适提出同人撰文以作为加入股份的办法。这种以作者文稿作为刊物股份的办法，胡适后来在《努力周报》《独立评论》中曾经试行，并行之有效。但陈独秀感到此法难以实行，主要问题在北京同人不肯提供文稿，消极对待陈独秀索稿的要求。高一涵将此信传给胡适阅读，并保存在胡适手里，反映了高、胡两人当时的密切关系。①

8月2日陈独秀致胡适一信，目前仅存残稿，信中告："八卷一号文稿，我已张罗略齐；兄想必很忙，此期不做文章还可以，二号报要强迫你做一篇有精采的文章才好。""《新青年》以后应该对此病根下总攻击。这攻击老子学说及形而上学的司令，非请吾兄担任不可。""吾兄在南京的讲义，务请恳切商之

---

① 当时胡适与高一涵为邻居，一说其住址为竹竿巷（今朝阳门内南小街竹竿胡同）。参见高一涵《从五四运动中看究竟谁领导革命？》，收入中国社科院近代史研究所编《五四运动回忆录》上册，中国社会科学出版社，1979，第336页。

南京高师，特别通融，给新青年社出版。"①从9月1日正式出版的《新青年》八卷一号看，该号刊登了胡适的《中学国文的教授》一文，它应是陈独秀补登了胡适这篇文章。至于陈独秀在信中对胡适提出的其他约稿要求，始终未得到胡适的回应。

在与胡适密切协商的同时，陈独秀为筹措经费事，还另辟蹊径，数度向程演生发信请求资助。6月15日去信程演生，并随信附上《新青年》招商章程："日前寄上招股章程四张，谅已收到了。石寅生兄处的股款，不但大宗无望，并救济眼前的一二千元，也来信说无法可想了。此事果然不出吾兄所料，老夫言过其实，几乎误事！兄前函说颇有人能出一股二股者，倘能实行，请速汇来，以便《新青年》早日印出。"6月17日再次去信程氏仍为此事："石寅生款已分文无望了，《新青年》又急于出版，由兄所接洽的股款，倘能实现，甚望速汇来（汇款事兄倘嫌麻烦，可托章洛声兄办理），以济眉急。前后寄上章程十张，不知够用否？家眷明日可到，暑假中甚望吾兄来申一游。"8月2日第三次去信程氏，并告新青年社成立："新青年发行所布置停妥，日内可始营业了。八卷一号《新青年》九月一日出版。闻吾兄分家可得四千金，前请吾兄以半数付清新青年社股，即官费不成，以二千金赴法八年足用。如得官费，则请以三千金入股。分家倘成，即无官费亦望西游，淹留都中，似觉乏味，尊兄以为如何？《白话文选》已编成否？新青年社初成立，甚空虚无货卖，望兄赶快将此书上编稿寄下，以便付印。

---

① 收入《胡适来往书信选》上册，第108页。

望代催抚五兄速速为新青年做一篇文章。"8月7日第四次去信王星拱、程演生,仍是为了筹款:"新青年社日内即开始营业,八卷一号报准于九月一日出版,此时需款甚急,倘大学款发出,弟希望兄等各筹一百元,送守常或申府手收,以便拨用如何?乞复。"[①]但通过这一途径的努力,也未获成功。尽管如此,陈独秀还是成立了新青年社,开始了自己新的独立运作。

从以上陈独秀南下后与北京同人(主要是胡适)的通信可以看出,陈独秀首先在4月26日信中提出新的编辑办法三个选项供北京同人思考,但并未获得胡适等北京同人的响应。而陈独秀在上海撑持《新青年》的编辑工作,主要困难来自他与群益书社合作的不快、经费困难和北京同人不积极交稿三项。为解决这些问题,陈独秀不得不求助于北京同人的合作,这一段可以说是《新青年》最为困难的一段时期。

四、陈独秀南下后与周氏兄弟的密切合作关系

鲁迅与《新青年》的关系,系由钱玄同促成,鲁迅在《〈呐喊〉自序》中对此有明白地交待。钱玄同本人对此亦有明确说明:

> 我认为周氏兄弟的思想,是国内数一数二的,所以竭力怂恿他们给《新青年》写文章。民国七年一月起,就有

① 上引陈独秀致程演生四信未刊,承蒙沈寂先生提供,特此致谢。

启明的文章，那是《新青年》第四卷第一号，接着第二、三、四诸号都有启明的文章。但豫才则尚无文章送来，我常常到绍兴会馆去催促，于是他的《狂人日记》小说居然做成而登在第四卷第五号里了。自此以后豫才便常又有文章送来，有论文、随感录、诗、译稿等，直到《新青年》第九卷止（民国十年下半年）。[①]

1933年3月5日鲁迅撰写《我怎样做起小说来》一文时，回忆起自己如何走上小说创作道路时，还特别感念当时身陷囹圄的陈独秀，他说：

> 但我的来做小说，也并非自以为有做小说的才能，只因为那时住在北京的会馆里的，要做论文罢，没有参考书，要翻译罢，没有底本，就只好做一点小说的东西塞责，这就是《狂人日记》，大约所仰仗的全在先前看过的百来篇外国作品和一点医学上的知识，此外的准备，一点也没有。
>
> 但是《新青年》的编辑者，却一回一回的来催，催几回，我就做一篇，这里我必得记念陈独秀先生，他是催促我做小说最着力的一个。[②]

---

① 钱玄同：《我对周豫才（即鲁迅）君之追忆与略评》，原载北平《世界日报》，1936年10月26、27日。
② 《南腔北调集·我怎样做起小说来》，收入《鲁迅全集》第4卷，第512页。

证之于陈独秀给周作人的信函，鲁迅所说的这段话确非虚饰之词。陈独秀南下后，为《新青年》筹稿，曾一再给周作人去信，不断索稿催稿，应陈独秀之约请，周作人、鲁迅将其创作或翻译的作品继续投递《新青年》。检索陈独秀主编的《新青年》第七、八卷，周作人发表的作品有：《齿痛》（七卷一号），《新村的精神》、《爱与憎》（诗，七卷二号），《诱惑》、《黄昏》（七卷三号），《晚间的来客》（七卷五号），《玛加尔的梦》（八卷二号），《幸福》、《深夜的喇叭》、《少年的悲哀》、《儿歌》、《慈姑的盆》、《秋风》（八卷四号），《文学上的俄国与中国》、《旧约与恋爱诗》、《野蛮民族的礼法》、《个性的文学》（八卷五号），《愿你有福了》、《世界的霉》、《一滴的牛乳》（八卷六号）。周作人仍是《新青年》的主要作者之一。鲁迅发表的作品相对较少，只有《一个青年的梦》（译作，七卷二至五号）、《风波》（八卷一号）、《幸福》（译作，八卷四号）寥寥几篇。此外，周建人在《新青年》上也开始发表作品。周氏三兄弟（特别是周作人）对《新青年》的积极投稿，反映了陈独秀与周氏兄弟不同寻常的关系。这种关系由于钱玄同逐渐隐退，不愿给《新青年》继续供稿，在北京同人中显得更加突出，因而陈独秀与周氏兄弟之间的关系逐渐超越了他们原来的中介人——钱玄同，这从陈独秀与周作人及后来陈望道与周作人的频繁来往书信可以见出。

1920年3月11日陈独秀复信周作人，告："二月廿九日来信收到了。《青年梦》也收到了，先生译的小说还未收到。""《新青年》七卷六号底出版日期是五月一日，正逢May day佳节，故决计做一本纪念号，请先生或译或述一篇托尔斯泰底泛劳动主义，如何？""我们很盼望豫才先生为《新青年》创作小说，请先生告诉他。""前面有一信寄玄同兄，不知收到否，请你见面时问他一声，我很盼望他的回信。"①这是现存陈独秀南下后向北京同人发出的第一封信。由此信可见，陈独秀在3月11日即已决定出版"劳动节纪念号"，这是他个人的决定，当时还没有成立上海马克思主义研究会。从参加上海马克思主义研究会的李达、陈望道等人的回忆录，我们也未见这一组织有对这一工作的策划。②周作人可能是北京同人中最早与在沪的陈独秀通信，并给《新青年》供稿的作者，反映了周、陈积极合作的一面。

7月9日陈独秀为《新青年》八卷一号约稿事致信周作人："我现在盼望你的文章甚急，务必请你早点动手，望必在二十号以前寄到上海才好；因为下月一号出版，最后的稿子至迟二十号必须交付印局才可排出。豫才先生有文章没有，也请你问他一声。玄同兄顶爱做随感录，现在怎么样？"③但《新青年》八卷一号并未如陈信所说在8月1日出版，而是推迟一月才出版，其中一个原因是《新青年》社独立后经费短缺。

8月13日陈独秀致信鲁迅、周作人："两先生的文章今天收到

---

① 鲁迅博物馆供稿、陆品晶注释《陈独秀书信》之一，载《历史研究》1979年第5期。又收入《中国现代文艺资料丛刊》第5辑，第307—308页。

② 参见李达《关于中国共产党建立的几个问题》、陈望道《回忆党成立时期的一些情况》，收入《"一大"前后——中国共产党第一次代表大会前后资料选编》，人民出版社，1980。宁树藩、丁淦林整理《关于上海马克思主义研究会活动的回忆——陈望道同志生前谈话纪录》，载《复旦学报（社会科学版）》1980年第3期。

③ 《陈独秀致周作人》，收入《中国现代文艺资料丛刊》第5辑，第308页。

了。《风波》在这号报上印出，启明先生译的那篇，打算印在二号报上；一是因印刷来不及；二是因为节省一点，免得暑天要启明先生多作文章。倘两位先生高兴要再做一篇在二号报上发表，不用说更是好极了。玄同兄总无信来，他何以如此无兴致？'无兴致'是我们不应该取的态度；我无论如何挫折，总觉得很有兴致。"①此信对钱玄同的"无兴致"表示不满，钱、陈之间应有半年未通信了。

8月22日陈独秀致信周作人，告："《风波》在一号报上登出，九月一号准能出版。兄译的一篇长的小说，请即寄下，以便同前稿都在二号报上登出。""鲁迅兄做的小说，我实在五体投地的佩服。"②陈独秀向周氏兄弟约稿之殷、之急，此信可见一斑。

9月4日陈独秀致信周作人时，除了告知周"渔阳里是编辑部，大自鸣钟是发行部，寄稿仍以渔阳里二号为宜"。再次表示"玄同兄何以如此无兴致，我真不解。请先生要时常鼓动他的兴致才好。请先生代我问候他"。③对钱玄同的"无兴致"情绪表示热切的关注。

9月28日陈独秀致信周作人，告："二号报准可如期出版。你尚有一篇小说在这里，大概另外没有文章了，不晓得豫才兄怎么样？随感录本是一个很有生气的东西，现在我一个人独占了，不好不好，我希望你和豫才、玄同二位有功夫都写点来。

---

① 《陈独秀致鲁迅、周作人》，收入《中国现代文艺资料丛刊》第5辑，第308、309页。
② 鲁迅博物馆供稿、陆品晶注释《陈独秀书信》之二，载《历史研究》1979年第5期，又收入《中国现代文艺资料丛刊》第5辑，第309页。
③ 《陈独秀致周作人》，收入《中国现代文艺资料丛刊》第5辑，第310页。

豫才兄做的小说实在有集拢来重印的价值，请你问他倘若以为然，可就《新潮》《新青年》剪下处自加订正，寄来付印。"①从此信看得出来，陈独秀极为欣赏鲁迅的随感录、小说，他不仅是周氏兄弟的约稿者、作品爱好者，而且是帮助他们出版作品的策划者，陈独秀与周氏兄弟之情谊非同寻常，鲁迅后来对陈独秀的感念由此可见大半。与陈独秀对周氏兄弟的这种殷切态度形成强烈反差，刘半农明显有被冷落的感觉，1921年9月16日他致信周作人抱怨："仲甫可恶，寄他许多诗，他都不登，偏把一首顶坏的《伦敦》登出。"②陈、刘之嫌隙由此可以窥见。在《新青年》同人圈中，刘半农是第一个"出走"的人。

陈独秀离沪赴粤后，接续《新青年》编辑工作的是陈望道，陈离沪的当日（12月16日）即致信周作人："尊译《少年的悲哀》，已经收到，并已付印了。独秀先生明天动身往广东去，这里收稿的事，暂由我课余兼任。"③从此以后，陈望道代替陈独秀，继续扮演约稿、催稿的角色。

从陈独秀、陈望道与周作人的来往书信可以看出，他们与周作人通信的主要内容均是围绕约稿、催稿和发稿展开。这与同时期陈独秀、胡适之间围绕编辑工作和办刊办法的讨论有一定区别。也就是说，陈、胡之间主要是编辑同人关系，而陈、周之间主要是编辑与作者的关系。由于这两组关系双方态

---

① 鲁迅博物馆供稿、陆品晶注释《陈独秀书信》之三，载《历史研究》1979年第5期，又收入《中国现代文艺资料丛刊》第5辑，第310页。
② 《刘半农致周作人》，收入《中国现代文艺资料丛刊》第5辑，第306页。
③ 《关于〈新青年〉杂志的通信》（一），收入《陈望道文集》第1卷，复旦大学出版社，1979，第555页。

度的区别，后来出现了戏剧性的变化，陈、胡之间因为矛盾，而逐渐分道扬镳，而陈、周之间因为积极配合，则关系越来越密切。在周氏兄弟中，陈独秀为什么主要选择与周作人通信，而不与其兄周树人通信呢？显然，周作人与陈独秀有着更为密切、更为亲近的交谊。周作人与《新青年》的关系比其兄要早，在《新青年》上登载的文章亦多，且周作人是北京大学的专职教授。陈独秀与之既是《新青年》的同人，又曾是北京大学上下级的同事，这两重关系使他俩更容易接近。

鲁迅与《新青年》的另一位同人——李大钊，似有比较亲近的关系，与这位"诚实，谦和，不多说话"的君子保持书信往来。1933年5月鲁迅撰写《〈守常全集〉题记》更是证明了他俩友情的存在。李大钊的名字最早出现在《鲁迅日记》中是在1919年4月8日："下午寄李守常信。"4月16日又载："上午得钱玄同信，附李守常信。"[1]1921年有多处记载，如1月20日"上午寄李守常信"，2月24日"夜得李守常信"，4月19日"午后寄李守常信"，5月19日"寄李守常信"，5月25日"得李守常信"。[2]遗憾的是，这些书信因已遗失，其内容已不得其详。鲁迅与陈独秀的来信往来较少，陈独秀的名字见之于1920年《鲁迅日记》只有两次，一次是在1920年8月7日，"上午寄陈仲甫说一篇"。这里的"说"，是指他刚创作完成的短篇小说《风波》。一次是在11月9日，"下午理发。寄仲甫说一篇"。[3]这里的"说"是指

---

① 《鲁迅全集》第14卷，第352、353页。
② 《鲁迅全集》第14卷，第408、411、415、418、418页。
③ 《鲁迅全集》第14卷，第393、399页。

其译作《幸福》。两次都是为寄稿事。而陈独秀之两次将鲁迅、周作人并列回复，其中一次也是对鲁迅寄稿的答复。

鲁迅与《新青年》之间的关系，前有钱玄同屡次约稿促成，后有陈独秀不断索稿相逼，这对鲁迅"五四"时期的创作冲动有极大的促进作用。鲁迅与钱玄同因为同为章太炎的弟子，其密切关系为人们所熟知。而鲁迅与陈独秀的关系，不太为人们所重视，阅读了上述陈独秀给周作人的信，我们即可看出陈独秀对鲁迅创作的鼓励和重视。鲁迅逝世后，陈独秀撰写的纪念文字《我对于鲁迅之认识》，其中的蕴含颇值得我们嚼味：

> 世之毁誉过当者，莫如对于鲁迅先生。
>
> 鲁迅先生和他的弟弟启明先生，都是《新青年》作者之一人，虽然不是最主要的作者，发表的文字也很不少，尤其是启明先生；然而他们俩位，都有自己独立的思想，不是因为附和《新青年》作者哪一个人而参加的，所以他们的作品在《新青年》中特别有价值，这是我个人的私见。[1]

据统计，在《新青年》前九卷发表作品数量位居第一、二位的作者为陈独秀、胡适，他俩的作品数量远远高于随后的高一涵、钱玄同、周作人、刘半农、鲁迅、李大钊、陶孟和、刘

---

[1]　陈独秀：《我对于鲁迅之认识》，原载上海《宇宙风》十日刊第52期，1937年11月21日。

叔雅诸人。鲁迅的确不是《新青年》的"最主要作者"，但鲁迅的作品诚如陈独秀所说，"在《新青年》中特别有价值"，鲁迅是一个"有文学天才的人"，他之走上文学道路是从《新青年》开始，钱玄同、陈独秀的大力发掘实在功不可没！

五、《新青年》从八卷一号开始为中共上海发起组所主控

在经历了四个月的停刊后，1920年9月1日《新青年》八卷一号出刊。9月5日陈独秀致信胡适，全信如下（《新发现的一组书信》之六）：

> 适之兄：
>
> 《新青年》已寄编辑诸君百本到守常兄处转交（他那里使用人多些，便于分送），除我开单赠送的七十本外，尚余卅本，兄可与守常兄商量处置。
>
> 皖教厅事，非你和叔永不会得全体赞成，即陶知行也有许多人反对，何况王伯秋。
>
> 弟独秀　九月五日

此信前面谈《新青年》八卷一号寄刊之事，在前一天陈独秀致周作人信中亦提及，[①]说明《新青年》八卷一号已于9月1日出版。后面谈推荐胡适出任安徽省教育厅长之事。同月，陈独

---

① 参见《陈独秀致周作人》，收入《中国现代文艺资料丛刊》第5辑，第310页。

秀致胡适信告："我对于孟和兄来信的事，无可无不可。'新青年社'股款，你能否筹百元寄来？八卷二号报准于十月一日出版，你在南京的演讲，倘十月一日以前不能出版，讲稿要寄来，先在《新青年》上登出。"①陈独秀对胡适有两项要求：一是筹款，二是约稿。至于所提陶孟和信应是指8月17日陶孟和致陈独秀、胡适信，陶提议办一日报，以《新青年》的"重要分子"为主体。②

从第八卷开始，《新青年》成为中共上海发起组控制的刊物，之所以这么说，主要基于五个理由：一是在编辑方面，《新青年》虽仍由陈独秀继续主编，但陈氏已经成为中共上海发起组的负责人。中共上海发起组成员李汉俊、陈望道、沈雁冰、袁振英等先后加入《新青年》编辑部，并成为编撰骨干。这样，《新青年》的编辑权实际掌握在中共上海发起组手中。二是印刷、发行，解除原与上海群益书社的关系，成立新青年社，独立自办印刷发行，从而在经济上切断了与群益书社的关系。郭沫若在《创造十年·发端》中说道："新青年社由群益书局独立时，书局的老板提起过诉讼，这是人众皆知的事体。"③陈独秀为《新青年》独立事与群益书社的冲突，我们不得其详，从前此陈独秀致北京同人的书信、汪原放的回忆和郭沫若的提示，可见其颇费周折。而从陈独秀8月2日致程演生一信来看，新青年社在此前刚成立。三是编排形式，从八卷一号起，《新青年》

① 收入《胡适来往书信选》上册，第114页。
② 《陶孟和致陈独秀、胡适》，收入耿云志主编《胡适遗稿及秘藏书信》第36册，黄山书社，1994，第344—346页。
③ 郭沫若：《创造十年》，现代书局，1932，第17页。

的封面正中绘制了一幅地球图案，从东西两半球上伸出两只强劲有力的手紧紧相握。据沈雁冰回忆，这一设计"暗示中国革命人民与十月革命后的苏维埃俄罗斯必须紧紧团结，也暗示全世界无产阶级团结起来的意思"。①这是早期共产党的象征性图案，这实际上等于宣告《新青年》是共产党宣传共产主义的一份刊物。据日本学者石川祯浩考证，这个图案出自美国社会党（Socialist Party of America）的党徽。②除了八卷二号因为是罗素专号，封面刊登的是罗素头像外，八卷三号至九卷结束，封面一直使用的是这个图案。四是在内容方面，开辟了《俄罗斯研究》专栏，直至九卷六号止，共发表38篇文章，这些文章多数译自美国纽约Soviet Russia周报、美国《国民》杂志，另有少数出自俄、英、法、日等报刊所载介绍苏俄的报道、有关列宁生平及其著作的评介。③之所以主要从英语类报刊、书籍取材有关苏俄的介绍，是因中国共产党创始党员中懂俄语的人才几乎没有，故只好采取这种转译的办法。"俄罗斯研究"专栏的设置，成为当时中国读者了解马克思主义和俄国革命的主要窗口。五是在思想倾向上，刷新论说、通信、随感录等栏目，用社会主义、马克思主义的思想言论引导读者。陈独秀在八卷一号没有援引七卷一号的先例，发表一篇表明《新青年》同人共同理想的《本志宣言》，而是发表了一篇《谈政治》，针对胡适

---

① 茅盾：《我走过的道路》上册，人民文学出版社，1997，第191页。
② 参见石川祯浩《中国共产党成立史》，袁广泉译，中国社会科学出版社，2006，第43页。
③ 日本学者石川祯浩对Soviet Russia一刊作了介绍，参见石川祯浩《中国共产党成立史》，袁广泉译，第40—41页。

等北京同人和社会上其他势力表明了自己"谈政治"的抉择，表明他个人新的政治信仰——马克思主义，表明了他"用革命的手段建设劳动阶级（即生产阶级）的国家"的新的政治理想，这也就给以后的《新青年》指出了方向。

产生这些变化的主要推动力，是共产国际当时已与中国共产党（或共产主义小组）建立了联系，并在经费上给予支持。1920年2月19日陈独秀到沪后，积极开展活动，与接受马克思主义思想的学人联系，5月成立了上海"马克思主义研究会"，据参与其中的陈望道回忆："这是一个秘密的组织，没有纲领，会员入会也没有成文的手续，参加者有：陈独秀、沈雁冰、李达、李汉俊、陈望道、邵力子等，先由陈独秀负责（当时就称负责人为'书记'）。"[1]7月成立上海共产主义小组，发起人是陈独秀、李汉俊、李达、陈望道、沈玄庐、俞秀松、施存统。[2]与此同时，共产国际东方局派代表维经斯基到北京与李大钊联系，经李介绍，维氏南下到上海与陈独秀诸人会面并交换意见，共产国际开始与中共上海发起组建立联系，并提供经费资助。[3]这对处在困境中的《新青年》无疑注入了新的血液，从而使陈独秀和他领导的中共上海发起组能根据自己新的信仰和意志编辑《新青年》，重塑《新青年》的形象。

---

① 　陈望道：《回忆党成立时期的一些情况》，收入《"一大"前后——中国共产党第一次代表大会前后资料选编》（二），人民出版社，1980，第20页。

② 　参见茅盾《我走过的道路》上册，第195—196页。李达：《中国共产党的发起和第一次、第二次代表大会经过的回忆》，收入《"一大"前后——中国共产党第一次代表大会前后资料选编》（二），第7—8页。

③ 　关于维经斯基在上海与陈独秀等人接触情况，参见《维经斯基给某人的信》

在《新青年》第七卷编辑结束时，陈独秀曾遭遇了三大困难：与群益书社合作不快、筹措经费困难和北京同人不积极交稿。现在，随着对《新青年》的这一改组，这些问题均迎刃而解。与群益书社解除关系，也就摆脱了群益书社对《新青年》发行、印刷的垄断权。经费上获得共产国际的支持，自然不必再提以作者供稿作为股份的办法或吸收"外股"，更不必向北京同人伸手要钱。有了一批新兴的共产主义者作为供稿来源和作者队伍，原来北京同人的地位和作用自然大大削弱，他们被一批新面孔的作者所取代。①

不过，改组后的《新青年》虽在编辑方针上做了重大调整，但也暂时无法完全切断与原来同人的关系。一方面是由于除李大钊外，其他绝大部分北京同人并不知悉《新青年》已经酝酿这些变化的真正内幕，他们在思想上自然与《新青年》上海编辑部陈独秀、陈望道等共产主义者有很大的距离。另一方面《新青年》也不便于，甚至也不可能暂时彻底改变其原有的形象，这对它的生存、对它在读者中的影响未必有利。陈望道对此有所说明："《新青年》既然已经是马克思主义研究会

（1920年6月）、《维经斯基给俄共（布）中央西伯利亚局东方民族处的信》（1920年8月17日），收入《联共（布）、共产国际与中国革命运动（1920—1925）》，北京图书馆出版社，1971，第28—35页。关于共产国际资助早期中国共产党的情形，参见杨奎松《共产国际为中共提供财政援助情况之考察》，载《社会科学论坛》2004年第9期。共产国际对中共早期的援助及其具体开支情况，因资料缺乏，现仍不得其详。

① 茅盾在回忆录中谈及此时《新青年》作者的变化："陈独秀离沪时把《新青年》编辑事务交给陈望道。那时候，主张《新青年》不谈政治的北京大学的教授们都不给《新青年》写稿，所以写稿的责任便落在李汉俊、陈望道、李达等人身上，他们也拉我写稿。"茅盾：《我走过的道路》上册，第197页。

的刊物了，为什么内容还是那样庞杂？为什么还刊登不同思想倾向的文章？这是因为《新青年》原有的作者队伍本来就是庞杂的，要照顾他们，来稿照用。改组后，我们的做法，不是内容完全改，不是把旧的都排出去，而是把新的放进来，把马克思主义的东西放进来，先打出马克思主义的旗帜。这样原来写稿的人也可以跟过来，色彩也不被人家注意。我们搞点翻译文章，开辟《俄罗斯研究》专栏，就是带有树旗帜的作用。"①改组后的《新青年》需要一个过渡。事实上，当时上海中共发起组内部有一分工，茅盾对此亦有说明："《共产党》是上海共产主义小组成立后出版的第一个秘密发行的党刊，它与《新青年》的分工是，它专门宣传和介绍共产党的理论和实践，以及第三国际、苏联和各国工人运动的消息。写稿人都是共产主义小组的成员。"②也就是说，《共产党》是早期中国共产党的内部机关刊物，在编辑《新青年》第八卷时，共产党仍视《新青年》为一个外围的阵地，因而需要与原来的同人保持联系和合作，继续发挥他们的作用。

《新青年》宣传马克思主义和俄罗斯革命经历了一个过程。从李大钊在五卷五号首先发表《Bolshevism的胜利》《庶民的胜利》两文，到李大钊在六卷五号编辑"马克思研究专号"，这都是属于个人行为，是个人的"私见"，因而并不能改变《新青年》同人刊物的性质。陈独秀决定在七卷六号编辑"劳动节

① 宁树藩、丁淦林整理《关于上海马克思主义研究会活动的回忆——陈望道同志生前谈话纪录》，载《复旦学报（社会科学版）》1980年第3期。
② 茅盾：《我走过的道路》上册，第196页。

纪念号"时，当时还未成立上海马克思主义研究会和上海中国共产党发起组，故这一期拥有国民党名流，如孙中山、蔡元培、吴稚晖等和众多社会知名人士加盟，无论是从其文章内容看，还是从作者队伍看，显然也说不上是宣传马克思主义的刊物。第八卷以后，中国共产党上海发起组已经实际掌控了《新青年》的编辑权、发行权，并在编排形式、栏目设置和作者组织上做了很大调整，但在形式上并未与原来的同人刊物彻底决裂，《新青年》上海编辑部继续向北京同人约稿，并征求其对《新青年》的意见。北京同人虽然对《新青年》上海编辑部的做法持保留意见，仍自认为对《新青年》具有决策权、编辑权和发稿权（实际上此时他们的这些权力只能在配合《新青年》上海编辑部时才能得到有限的发挥），北京同人发表的作品仍占有相当篇幅，从这个意义上说，第八卷的确还是一个过渡。

《新青年》八卷前五期运行正常，没有出现衍期情形，这说明独立的《新青年》社已获得新的经济资助。苏联方面的《中国共产党成立史》披露："《新青年》杂志从1920年秋天开始接受共产国际的资助并逐步转变为共产主义刊物。"[①]但资助的具体情形不详。1921年2月《新青年》八卷六号付排时，稿件被租界巡捕房包探所搜。据1921年5月1日出版的《新青年》九卷一号《编辑室杂记》记载："本志八卷六号排印将完的时候，所有稿件尽被辣手抓去，而且不准在上海印刷；本社既须找寻

---

① K. B. 舍维廖夫：《中国共产党成立史》，彭宏伟、潘荣译，收入《"一大"前后——中国共产党第一次代表大会前后资料选编》（三），人民出版社，1984，第159页。

原稿重编一道，又须将印刷地点改在广东，所以出版便不能如期了。"八卷六号延至1921年4月1日出版。不过，声言移粤出版，据茅盾回忆："此为故意放烟幕，迷惑法捕房。其实仍在上海印刷，不过换了承印商而已。"[1]《新青年》八卷六号所载《本社特别启事》："本社以特种原因已迁移广州城内惠爱中约昌兴马路第二十六号三楼，一切信件，均请寄至此处，所有书报往来办法，仍与在上海时无异，特此奉闻。"负责《新青年》"俄罗斯研究"专栏编辑的袁振英（震寰）提供了对此时《新青年》的回忆："陈独秀到广州后，广东地区的马克思主义宣传有了进一步的发展。《新青年》杂志社也在1920年底由上海迁到广州，编辑部设在广州市泰康路回龙桥一座大楼下（也即看云楼），陈独秀仍任主编，他和李季、潘赞化及我都曾住在这里。《新青年》第八卷第五号仍由上海'群益书局'于1921年1月1日出版，第六号起才移到广州昌兴街二十六号于1921年4月1日出版，但编辑部还在回龙桥看云楼。"[2]袁振英有关《新青年》编辑部从八卷六号以后已迁往广州的回忆文字，可备一说。而从1921年2月23日陈望道致周作人的信中所云："潘君作品，我已在编辑部中搜寻过一番，找不到。当写信去问仲甫先生，如果时间所许，定当编入九卷一号。"和"所谓'周氏兄弟'是我们

---

[1] 茅盾：《我走过的道路》上册，第201页。

[2] 袁振英：《袁振英的回忆》（1964年2—4月），收入《"一大"前后——中国共产党第一次代表大会前后资料选编》（二），人民出版社，1980，第473页。

上海、广东同人与一般读者所共同感谢的"。①两语来看，当时则可能实际存在上海、广州两个编辑部并存的情形。

六、过渡中的矛盾爆发：陈独秀离沪后《新青年》编辑之再议

1920年12月12日广东省省长陈炯明拟废教育厅，设大学委员，主办全省教育，电促陈独秀来粤主持，保证决以全省岁入十分之一以上为教育经费，无论如何，决不短发。②陈独秀赴粤之前，致信李大钊、钱玄同、胡适、陶孟和、高一涵、张慰慈、鲁迅、周作人、王抚五，告："弟日内须赴广州，此间编辑事务已请陈望道先生办理，另外新加入编辑者，为沈雁冰、李达、李汉俊三人。弟在此月用编辑部薪水百元，到粤后如有收入，此款即归望道先生用，因为编辑事很多，望道境遇又不佳，不支薪水似乎不好。""四号报已出版，五号报收稿在即，甚盼一涵、孟和、玄同诸兄能有文章寄来（因为你们三位久无文章来了）。"③由此信可以看出，《新青年》八卷五号以后，编辑工作已交陈望道、沈雁冰、李达、李汉俊，陈望道的编辑费用系从《新青年》原来积累的资金中开支，否则陈独秀无需

① 《陈望道致周作人》，收入《中国现代文艺资料丛刊》第5辑，第361—362页。
② 参见唐宝林、林茂生编著《陈独秀年谱》，第134页。
③ 《陈独秀致李大钊、钱玄同、胡适等》，收入《胡适来往书信选》上册，第117页。编者将此信系于1920年12月上半月。陈望道忆及这一段他与李汉俊、沈雁冰、李达的生活收入来源，主要是靠教书、翻译（卖译稿给商务印书馆），收入不错，未提领取编辑费一事。参见宁树藩、丁淦林整理《关于上

向北京同人报告，三位新加入者亦为共产党人，编辑人员的"共产主义"色彩或倾向明显加重。不过，陈独秀仍希望《新青年》的北京同人（特别是久未寄稿的高一涵、陶孟和、钱玄同）寄稿。胡适在此信后附言："请阅后在自己名字上打一个圈子，并转寄给没有圈子的人。适。昨日知《新青年》已不准邮寄。适。"从陈独秀此信内容看，他并未就编辑办法问题要求北京同人商量，而只是报告自己离沪赴粤，编辑部新增人员，希望北京同人继续寄稿支持。

离沪赴粤当晚（12月16日夜），陈独秀再次致信胡适、高一涵，表示："《新青年》编辑部有陈望道君可负责，发行部事有苏新甫君可负责。《新青年》色彩过于鲜明，弟近亦不以为然，陈望道君亦主张稍改内容，以后仍以趋重哲学文学为是，但如此办法，非北京同人多做文章不可。近几册内容稍稍与前不同，京中同人来文不多，也是一个重大的原因，请二兄切实向京中同人催寄文章。"①陈独秀似有意将《新青年》内容变

海马克思主义研究会活动的回忆——陈望道同志生前谈话纪录》，载《复旦学报（社会科学版）》1980年第3期。李达在回忆中谈及此时的党费和《新青年》编辑费问题："《新青年》社在法租界大马路开了一家'新青年书社'。生意很好，李汉俊向陈独秀写信提议由'新青年书社'按月支二百元做党的经费，陈独秀没有答应。还有陈独秀去广州时，曾对李汉俊约定，《新青年》每编出一期，即付编辑费一百元，后来李汉俊未能按月编出，该社即不给编辑费，因此李汉俊认定陈独秀私有欲太重，大不满意，这是他两人之间的冲突的起源，这时候党的经费是由上海的党员卖文章维持的，往后因为经费困难，《共产党》月刊出至第二期就中止了。"李达：《中国共产党的发起第一次、第二次代表大会经过的回忆》，收入《"一大"前后——中国共产党第一次代表大会前后资料选编》（二），第473页。可见，陈独秀去广州后，《新青年》的编辑费是一笔糊涂账。

① 《关于〈新青年〉问题的几封信》之一，收入张静庐辑注《中国现代出版史料》甲编，中华书局，1954，第7页。

化的一大原因归咎为北京同人来稿减少，以此压迫北京同人寄稿。这似为倒因为果的解释，而北京同人不愿寄稿的诸人（即陈独秀点名的陶、钱两位）正是因为对《新青年》新的"特别色彩"过于浓厚不满，才消极对待陈独秀的约稿。纵览《新青年》八卷，钱玄同未刊一文，李大钊只在第四期刊出一文，高一涵直到第六期才刊出一篇译文，胡适在第一期登载一篇《中学国文的教授》，第二、三、五期登载诗歌九首，陶孟和在第一、二期各载一文，鲁迅小说一篇、译作一篇，周作人发表的作品相对较多，总体来说，来自北京同人的文稿数量明显下降。在将编辑事务交给陈望道等人时，陈独秀做出这种姿态，可能与他觉察到北京同人对八卷一号以后增设的"俄罗斯研究"专栏和马克思主义宣传不满，故想缓和北京同人的情绪，希望获得北京同人的继续合作。

陶孟和阅陈信后，首先于12月14日致信胡适，提出："《新青年》既然不准邮寄，就此停版何如？最好日内开会讨论一番，再定如何进行。"[1]陶孟和要求《新青年》停办说浮出水面。

钱玄同阅信后，12月16日致信周作人表示："我现在对于陈望道编辑《新青年》，要看他编辑的出了一期，再定撰文与否。如他不将他人底稿改用彼等——'哪''佢'……——字样，那就不说什么；否则简直非提出抗议不可了。"[2]钱玄同久未给《新

---

① 收入《胡适来往书信选》上册，第117页。
② 赵丽霞、夏晓静编《钱玄同文集》第6卷《书信》，中国人民大学出版社，2000，第41页。

青年》稿件，除了"懒"这一层原因，现在又多了一重因人事变更产生的原因。

陈独秀到达广州后，未等北京同人回信，12月21日致信胡适（《新发现的一组书信》之七），全信如下：

一涵、适之兄：

十七日由上海动身，昨日到广州，今天休息一天，一切朋友，都尚未见面。

此间倘能办事，需人才极多，请二兄早为留意，一涵兄能南来否？弟颇希望孟和兄能来此办师范，孟余兄能来此办工科大学，请适之与顾、陶二君一商。师范必附属小学及幼稚园，我十分盼望杜威先生能派一人来实验他的新教育法，此事也请适之兄商之杜威先生。

弟独秀　十二月廿一日

刚刚到粤的陈独秀希望借重北京同人的力量，甚至还有美国学者杜威的声望，为南方的革命政府做点实事、大干一场的心情跃然纸上。

在北京同人看完陈独秀从沪上寄来的信后，胡适收集了北京同人的意见，随后复信给在粤的陈独秀："《新青年》'色彩过于鲜明'，兄言'近亦不以为然'，但此是已成之事实，今虽有意抹淡，似亦非易事。北京同人抹淡的工夫决赶不上上海同人染浓的手段之神速。现在想来，只有三个办法：1.听《新青年》流为一种有特别色彩之杂志，而另创一个哲学文学的杂志，篇幅不求多，而材料必求精。我秋间久有此意，因病不能作计划，故不曾对朋友说。2. 若要《新青年》'改变内容'，非恢复我们'不谈政治'的戒约，不能做到。但此时上海同人似不便做此一着，兄似更不便，因为不愿示人以弱。但北京同人正不妨如此宣言。故我主张趁兄离沪的机会，将《新青年》编辑的事，自九卷一号移到北京来。由北京同人于九卷一号内发表一个新宣言，略根据七卷一号的宣言，而注重学术思想艺文的改造，声明不谈政治。孟和说，《新青年》既被邮局停寄，何不暂时停办，此是第三办法。但此法与新青年社的营业似有妨碍，故不如前两法。总之，此问题现在确有解决之必要。望兄质直答我，并望原谅我的质直说话。此信一涵、慰慈见过。守常、孟和、玄同三人知道此信的内容。他们对于前两条办法，都赞成，以为都可行。余人我明天通知。适。抚五看过。说'深表赞同'。适。此信我另抄一份，寄给上海编辑部看。适。"①向陈独秀明确要求将九卷一号移回到北京编辑。

　　显然，《新青年》编辑问题的再起，是与包括胡适在内的北京同人对《新青年》第八卷"色彩过于鲜明"的不同看法有关。趁陈独秀离沪赴粤之际，他们想解决这一问题。胡适此处所提"三个办法"，第三个办法除陶孟和提出，王星拱附和外，其他人（包括胡适在内）都不认同，故不可行；第二个办法胡适已看出陈独秀的为难之处，实际上他本人也很快放弃了"不谈政治"，1922年他创办《努力》周报，即是其"谈政治"的新

---

① 《关于〈新青年〉问题的几封信》之二，收入张静庐辑注《中国现代出版史料》甲编，第9—10页。

举动；故实际可行的只有第一个办法，即"听《新青年》流为一种有特别色彩之杂志，而另创一个哲学文学的杂志"。信前"十六夜你给一涵的信，不知何故，到廿七夜始到"一语，胡适似在暗示陈独秀与他们之间的通信往来有可疑的障碍，可能已被警方监控。

周氏兄弟最先表态。鲁迅1921年1月3日复信胡适表示："寄给独秀的信，启孟以为照第二个办法最好。他现在生病，医生不许他写字，所以由我代为声明。我的意思以为三个都可以。但如北京同仁一定要办，便可以用上两办法，而第二个办法更为顺当。至于发表新宣言，说明不谈政治，我却以为不必。这固然小半在'不愿示人以弱'，其实则凡《新青年》同人所作的作品，无论如何宣言，官场总是头痛，不会优容的。此后只要学术思想艺文的气息浓厚起来——我所知道的几个读者极希望《新青年》如此——就好了。"①因周作人当时生病，鲁迅代笔表态，这是鲁迅就《新青年》编辑事宜给同人留下的唯一一封信。

1月9日陈独秀致胡适等北京同人回信中，对胡适提出的三个办法作了明确表态，坚决不同意胡适所提第二、三条办法（《新发现的一组书信》之八）：

> 适之、一涵、慰慈、守常、孟和、豫才、启明、抚五、玄同诸君：
>
> 　　适之先生来信所说关于《新青年》办法，兹答复

---

① 收入《关于〈新青年〉问题的几封信》之四，收入张静庐辑注《中国现代出版史料》甲编，第12页。

如下：

第三条办法，孟和先生言之甚易，此次《新青年》续出，弟为之甚难；且官厅禁寄，吾辈仍有他法寄出与之奋斗（销数并不减少），自己停刊，不知孟和先生主张如此办法的理由何在？阅适之先生的信，北京同人主张停刊的并没有多少人，此层可不成问题。

第二条办法，弟虽在沪，却不是死了，弟在世一日，绝对不赞成第二条办法，因为我们不是无政府党人，便没有理由宣言可以不谈政治。

第一条办法，诸君尽可为之，此事于《新青年》无关，更不必商之于弟。若以为别办一杂志便无力再为《新青年》做文章，此层亦请诸君自决。弟甚希望诸君中仍有几位能继续为《新青年》做点文章，因为反对弟个人，便牵连到《新青年》杂志，似乎不太好。

弟独秀白 一月九日

再启者前拟用同人名义发起《新青年》社，此时官厅对《新青年》颇嫉恶，诸君都在北京，似不便出名，此层如何办法，乞示知。又白。

陈独秀与胡适有关《新青年》内容和编辑的分歧在南北《新青年》同人圈中迅速传开。据1月李大钊给钱玄同的信称："仲甫由粤寄来信三件，送上看过即转交豫才、启明两先生。他们看过，仍还我，以便再交别人。"①陈独秀从广东致李大钊的这三封信，我们现仅见1月9日这封信，其他两封信内容不得而知，但如此频繁、超乎寻常的通信，可见陈独秀内心之焦虑，以及南北同人之间互动的加剧。无论如何，陈独秀和《新青年》上海编辑部的同人当然不愿放弃利用《新青年》这块金字招牌宣传马克思主义，因而也不可能接受北京同人的"停办说"或"移回北京编辑说"。②在北京同人热议《新青年》如何编辑的问题时，他们将问题转化为北京同人如何处理与《新青年》编辑部的关系问题：要么继续合作，要么各奔前程。1月11日钱玄同致鲁迅、周作人，告："顷得李守常来信，附来信札三件，兹寄上，阅后，请直接寄还守常为荷。初不料陈、胡二公已到短兵相接的时候！照此看来，恐怕事势上不能不走到老洛伯所主张的地位。我对于此事，绝不能为左右袒。若问我的良心，则以为适之所主张者较为近是（但适之反对谈'宝雪维几'，这层我不敢以为然）。"③面对陈独秀与胡适的分歧和对决的态势，钱玄同表示了一种形似"骑墙"而实偏于胡适的态度，并以为陈独秀的思想变化可能受邵力子、叶楚伧、陈望道的影响。

在沪负责编辑《新青年》的陈望道1921年1月15日致信胡适表示："大作已载在《新青年》八卷五号了。《新青年》内容

---

① 收入《钱玄同文集》第6卷《书信》，第16页。
② 参见《关于〈新青年〉问题的几封信》之六，收入张静庐辑注《中国现代出版史料》甲编，第13页。从1921年2月15日陈独秀致胡适信可知，陈独秀此前已表明他"不赞成《新青年》移北京"的态度，这一态度应在陈独秀从粤致李大钊的三封信中有所吐露。
③ 收入《钱玄同文集》第6卷《书信》，第14—16页。

问题，我不愿意多说话，因为八卷四号以前我纯粹是一个读者，五卷（号）以后我也只依照多数意思进行。因病迟复请原谅。"①北京同人对《新青年》内容改变的异议在南方同人中传开，陈望道感到"难辞其咎"的压力，故特别作出这一解释。

1921年1月22日胡适致李大钊、鲁迅、钱玄同、陶孟和、张慰慈、周作人、王抚五、高一涵，对此前的意见又有所修正："第一：原函的第三条'停办'办法，我本已声明不用，可不必谈。第二：第二条办法，豫才兄与启明兄皆主张不必声明不谈政治，孟和兄亦有此意。我于第二次与独秀信中曾补叙入。此条含两层：1.移回北京；2.移回北京而宣言不谈政治。独秀对于后者似太生气，我很愿意取消'宣言不谈政治'之说，单提出'移回北京编辑'一法。理由是：《新青年》在北京编辑或可以多逼迫北京同人做点文章。否则独秀在上海时尚不易催稿，何况此时在素不相识的人的手里呢？岂非与独秀临行时的希望——'非北京同人多做文章不可'——相背吗？第三：独秀对于第一办法——另办一杂志——也有一层大误解。他以为这个提议是反对他个人。我并不反对他个人，亦不反对《新青年》。不过我认为今日有一个文学哲学的杂志的必要，今《新青年》差不多成了 *Soviet Russia* 的汉译本，故我想另创一个专关学术艺文的杂志。今独秀既如此生气，并且认为反对他个人的表示，我很愿意取消此议，专提出'移回北京编辑'一个办法。""诸位的意见如何？千万请老实批评我的意见，并请对于此议下一

---

① 《陈望道致胡适》，收入耿云志主编《胡适遗稿及秘藏书信》第35册，黄山书社，1994，第419页。

个表决。"此信后附有张慰慈、高一涵、陶孟和、王星拱、李大钊、周作人、周树人、钱玄同1921年1月26日阅后的签注意见。北京同人表决的结果：赞成移回北京编辑者：张慰慈、高一涵、李守常；赞成北京编辑，但不必强求，可任他分裂成两个杂志，也不必争《新青年》这个名目者：周豫才、周启明、钱玄同；赞成移回北京，如实不能则停办，万不可分为两个杂志，致破坏《新青年》精神之团结者：王星拱、陶孟和。[①] 从北京同人的表态看，明显倾向于"移回北京编辑"一说。这样一种表态，似多少带有给胡适面子的成分，也与他们试图保持《新青年》原有同人刊物性质的想法有关。

《新青年》北京同人在回复胡适信函时，有的对自己的立场还致信胡适详加说明。现将李大钊致胡适一信照录如下（《新发现的一组书信》之九）：

适之：

我对于《新青年》事，总不赞成分裂，商议好了出两种亦可，同出一种亦可。若是分裂而抢一个名称，若是与《新青年》有关的人都争起来，岂不同时出十几个《新青年》，岂不是一场大笑话！

我觉得你和仲甫都不是一定要抢《新青年》这个名称，还是主义及主张有点不同的缘故。如果主张相同，在那里办，那一个人办，成不了什么问题。但是我觉得你们

---

① 收入《关于〈新青年〉问题的几封信》之三，收入张静庐辑注《中国现代出版史料》甲编，第9—11页。

两人都有点固执，仲甫一定要拿去广东，你一定要拿来北京，都觉得太拘了一点。总之，我的意思不拘《新青年》在那里办，或是停办，总该和和气气商量才是，而且兄和仲甫的朋友交情岂可因此而大伤，《新青年》如演起南北对峙的剧来，岂不是要惹起旁人的笑死，此点愿兄细想一想，我不是说仲甫应该主张在粤办，你不应该主张在京办，不过仲甫的性情我们都该谅解他的——他的性情很固执——总之我很愿意你等他的回信再决定办法。如果你们还是各立于两极端，我想我们只有两个办法：一个办法就是大家公决劝你们二位（恐怕劝也无效）都牺牲了《新青年》三个字吧！停办了吧！一个办法就是听你们两位一南一北分立《新青年》，我们都不好加入那一方，这种结果都是宣告了《新青年》破产，我个人的主张虽与仲甫的主张相近，但我决不赞成你们这样争《新青年》，因为《新青年》如果是你的或是他的，我们都可以不管，如果大家都与他有点关系，我们也不应该坐视你们伤了感情，我想先把你给我的信交给玄同、豫才、起明、一涵、慰慈、孟和、抚五诸兄看过，看我们还有调停的方法没有。

守常

李大钊既不希望《新青年》南北同人分裂，也不愿看到胡适与陈独秀争抢《新青年》的编辑权或名称，所以他想居中调和，"看我们还有调停的方法没有"。但他已看出胡、陈之间"还是主义及主张有点不同的缘故"，"我个人的主张与仲甫的主张相近"，这也表示了他个人的思想立场。

陶孟和致胡适信表示："那第三个办法，照你所说的做去，我也很赞成。"（《新发现的一组书信》之十）李大钊还复信胡适，说明钱玄同和周氏兄弟的态度："前天见了玄同，他说此事只好照你那第一条办法……起明、豫才的意见，也大致赞成第一办法，但希望减少点特别色彩。"[①]北京同人虽态度不一，但都不希望这场争议损坏他们与陈独秀之间已经建立起来的交情，也不愿意让这场争议露布天下，让外界看他们争夺《新青年》的笑话，这是他们面对这场争议的底线。

《新青年》南北同人就编辑方式问题在紧张地相互磋商。1921年1月28日陈望道致信周作人，向北京同人表明《新青年》编辑部的态度："大著小说三篇已登八卷六期；九卷一期稿，请设法搜罗一点来。诗稿也很缺乏，也请先生尽力。胡适先生口说不谈政治，却自己争过自由：我们颇不大敢请教他了。但稿颇为难，在京一方面，只有希望先生与豫才、守常、玄同诸先生努力维持了。先生病好点吗？很记念着。"[②]一方面对胡适的政治倾向表示不满，将《新青年》上海编辑部同人与胡适的思想分歧在同人圈内公开化，并将撰稿的希望寄托在周氏兄弟、李大钊、钱玄同身上，有意孤立胡适；一方面则示意北京同人，上海编辑部不会交出《新青年》的编辑权。

钱玄同已看出与南方的《新青年》同人分裂之趋势不可避

---

① 《关于〈新青年〉问题的几封信》之五，收入张静庐辑注《中国现代出版史料》甲编，第12页。
② 《关于〈新青年〉杂志的通信》（二），收入复旦大学语言研究室编《陈望道文集》第1卷，上海人民出版社，1979，第555—556页。

免，故其1月29日致信胡适（残）表示："与其彼此隐忍迁就的合并，还是分裂的好。要是移到北京来，大家感动（情）都不伤，自然可移；要是比分裂更伤，还是不移而另办为宜。至于孟和兄停办之说，我无论如何，是绝对不赞成的；而且以为是我们不应该说的。因为《新青年》的结合，完全是彼此思想投契的结合，不是办公司的结合。所以思想不投契了，尽可宣告退席，不可要求别人不办。换言之，即《新青年》若全体变为《苏维埃俄罗斯》的汉译本，甚至于说这是陈独秀、陈望道、李汉俊、袁振英等几个人的私产，我们也只可说陈独秀等办了一个'劳农化'的杂志，叫做《新青年》，我们和他全不相干而已，断断不能要求他们停板。这是玄同个人对于今后《新青年》的意见。"①向胡适示意与《新青年》上海编辑部同人脱离干系，听凭《新青年》变成"'劳农化'的杂志"。

2月1日钱玄同再次致信胡适（《新发现的一组书信》之十一），全信如下：

适之兄：

昨晚我接到你请人吃茶的帖子，我今天因为儿子患白喉未愈，亟须延医买药，下午四时恐不能来。

《新青年》事，我的意见已详签注来函之末尾，又前星期六别有一信致足下。即使下午能来，意见亦是如此。

至于决议之结果，我自然服从多数。（若"移京"和"别

---

① 收入《胡适来往书信选》上册，第121—122页。

组"两说，各占半数之时，则我仍站在"别组"一方面）

　　还有要声明者：我对于《新青年》，两年以来未撰一文。我去年对罗志希说，"假如我这个人还有一线之希望，亦非在五年之后不发言"。这就是我对于《新青年》不做文章的意见。所以此次之事，无论别组或移京，总而言之，我总不做文章的。（无论陈独秀、陈望道、胡适之……办，我是一概不做文章的。绝非反对谁某，实在是自己觉得浅陋）

玄同　二月一日

话说到这一步，无疑是声明自己与此后的《新青年》完全脱离关系。实际上，从七卷四号（1920年3月1日）以后，钱玄同就未在《新青年》上发表文章，成为继刘半农、陶孟和之后，表态退出《新青年》同人圈的又一位代表性人物。周作人致信陈望道云："自从钱刘噤口以后，早已分裂，不能弥缝。"[1]如是之谓也。刘半农、钱玄同与陈独秀关系疏远的情形似有区别，刘半农因为没有"博士"帽被同人挤走，而钱玄同退出则是对《新青年》日渐浓厚的政治化色彩不满。

七、一个插曲：怀疑胡适与研究系的关系

　　在南北《新青年》新老同人热议编辑办法的同时，另一个

---

[1]　周作人此语转引自《关于〈新青年〉杂志的通信》（四）《陈望道致周作人》一信，收入《陈望道文集》第1卷，第558页。

问题也牵涉其中，这就是陈独秀和陈望道诸人怀疑胡适与研究系之间存有密切关系。这种怀疑出自1920年12月16日陈独秀致胡适、高一涵的信和大概在此后陈独秀致陶孟和的信。在前一信尾，陈说："南方颇传适之与孟和兄与研究系接近，且有恶评，此次高师事，南方对孟和颇冷淡，也就是这个原因，我盼望诸君宜注意此事。"[①]陈致陶的信现已未见，但从胡适回复陈独秀信所保留的底稿看，陈致陶信的观点有两点极为清楚：一是信中流露出与陶的关系极为紧张的一面，这一点可能对陶孟和的情绪有一定刺激，陶孟和在《新青年》发表的最后一篇文章是刊登在八卷二号（1920年10月1日）上的《六时间之劳动》，从此我们就再也看不到他的文章了。二是怀疑胡适与研究系存有密切关系。胡适在信中对此辩驳说：

> 你给孟和的信与给北京同人（答我）的信，我都见了。
>
> 你真是一个卤莽的人！我实在有点怪你。你在北京的日子也很久了，何以竟深信外间那种绝对无稽的谣言！何以竟写出那封给孟和的决绝信！（你信上有"言尽于此"的话！）你难道不知我们在北京也时时刻刻在敌人包围之中？你难道不知他们办共学社是在《世界丛书》之后，他们改造《改造》是有意的？他们拉出他们的领袖来"讲学"——讲中国哲学史——是专对我们的？……你难道不知

---

① 《关于〈新青年〉问题的几封信》之一，收入张静庐辑注《中国现代出版史料》甲编，第7页。

延聘罗素、倭铿等人的历史？（我曾宣言，若倭铿来，他每有一次演说，我们当有一次驳论。）

　　但是我究竟不深怪你，因为你是一个心直口快的好朋友。不过我要你知道，北京也有"徐树铮陆军总长，陈独秀教育总长"的话，但我们决不会写信来劝你"一失足成千古恨……"！

　　这事，我以后不再辨了。[①]

陈独秀怀疑胡适与研究系的关系一事，在北京同人圈中很快传开，胡适的辩白信内容似也为同人所知。钱玄同致信李大钊表示："至于仲甫疑心适之受了贤人系的运动，甚至谓北大已入贤掌之中，这是他神经过敏之谓，可以存而不论。（所谓长江流域及珠江流域的议论，大概就是邵力子、叶楚伧、陈望道等人的议论）"[②]李大钊复信胡适安抚道："关于研究系谣言问题，我们要共同给仲甫写一信，去辩明此事。现在我们大学一班人，好像一个处女的地位，交通、研究、政学各系都想勾引我们，勾引不动就给我们造谣；还有那国民系看见我们为这些系所垂涎，便不免引起点醋意，真正讨嫌！"[③]陶孟和致信胡适表态："仲甫本是一个卤莽的人，他所说那什么研究系底话，我以为可以不必介意。我很希望你们两人别为了这误会而伤了几年来朋友的感情。你以为然否？""广东、上海本来是一班浮浪浅薄

<hr>

① 《胡适致陈独秀》（稿），收入《胡适来往书信选》上册，第119—120页。
② 收入《钱玄同文集》第6卷《书信》，第14—16页。
③ 《关于〈新青年〉问题的几封信》之五，收入张静庐辑注《中国现代出版史料》甲编，第12页。

的滑头底世界，国民党和研究系，都是'一丘之貉'。我想，仲甫本是老同盟会出身，自然容易和国民党人接近，一和他们接近，则冤枉别人为研究系的论调，就不知不觉地出口了。"（《新发现的一组书信》之十）北京同人对陈独秀怀疑胡适与研究系的关系并不以为然。

梁启超是胡适少年时期崇拜的新思想家，这种情感长存于胡适心中。留学归国后，胡适曾于1918年11月20日就墨学并道求见之意致信梁任公，惜因当时梁任公离开天津，故未曾得见。[①]胡适与梁启超初识是在1920年3月21日，他在当日日记中有明确记载，"宗孟宅饭。初见梁任公。谈"。[②]据胡适晚年回忆此事道："我认识在君和徐新六是由于陶孟和的介绍。他们都是留学英国的。孟和是北京大学的教授，又是《新青年》杂志的社员，新青年社是一个小团体，其中只有孟和和我是曾在英美留学的，在许多问题上我们两人的看法比较最接近。""我认识在君和新六好像是在他们从欧洲回来之后，我认识任公先生大概也在那个时期。任公先生是前辈，比我大十八岁，他虽然是十分和易近人，我们把他当作一位老辈看待。在君和孟和都是丁亥（1887）生的，比我只大四岁；新六比我只大一岁。所以我们不久都成了好朋友。"[③]梁任公及研究系这帮人通过丁文江对胡适这位新的明星级朋友极尽拉拢之能事，与胡适频繁约会，请

① 丁文江主编《梁任公先生年谱长编初稿》将胡、梁初识之会系于1918年11月20日，有误。参见欧阳哲生主编《丁文江文集》第6卷，湖南教育出版社，2008，第681页。
② 《胡适全集》第29册，安徽教育出版社，2003，第121页。
③ 《胡适文集》第6册，北京大学出版社，1998，第439—440页。

胡适为其得意之作《墨经校释》作序（1921年2月26日），邀请胡适出席迎接英国著名哲学家罗素的讲学活动。对于胡适与研究系的这些交往活动，身在南方的陈独秀和他周围的新的共产党人朋友极为敏感，他们自然将胡适对他们的不满言论与此联系起来，这就加剧了双方的矛盾。

1921年2月13日陈望道致周作人一信，将《新青年》南方同人对胡适的不满情绪和盘托出，简直有一吐为快之感：

> 我是一个北京同人"素不相识的人"（适之给仲甫信中的话），在有"历史的观念"的人，自然格外觉得有所谓"历史的关系"。我也并不想要在《新青年》上占一段时间的历史，并且我是一个不信实验主义的人，对于招牌，无意留恋。不过适之先生底态度，我却敢断定说，不能信任。但这也是个人意见，团体进行自然听团体底意志。
>
> 先生们在北方，或不很知南方情形。其实南方人们，问《新青年》目录已不问起他了。这便因为他底态度使人怀疑。怀疑的重要资料：《改造》上梁先生某序文，《中学国文教授》，《少谈主义》，《争自由》。
>
> 胡先生总说内容不对，其实何尝将他们文章撤下不登。他们不做文章，自然觉得别人的文章多；别人的文章

多，自然他有些看不入眼了。①

陈望道信中所云他们怀疑胡适的政治态度及其与研究系关系的证据：1.梁启超在《改造》所刊《前清一代中国思想界之蜕变》（载《改造》三卷三、四、五号）。此文系为蒋百里《欧洲文艺复兴史》作序，开首即曰："旧历中秋节前十日在京师省胡适之病，适之曰：'晚清今文学运动，于思想界影响至大；吾子实躬与其役者，宜有以记之。'适蒋百里著《欧洲文艺复兴史》新成，来索序，吾受而读之，……吾泛泛为一序，无以益其善美，计不如取吾史中类似之时代相印证焉，庶可以校彼我之短长而思所以自淬厉也。"将其序文之深意与胡适的建议联系起来。文中对胡适考证学成就大加奖励："绩溪诸胡而后有胡适者，颇能守清儒治学之方法，俨然正统派之硕果焉。"②2.胡适在《每周评论》发表的《多研究些问题，少谈些"主义"》（第31号）一文。随后研究系成员蓝志先发表《问题与主义》（第33号），李大钊发表《再论问题与主义》，辩驳胡适的观点，胡适与马克思主义者之间的思想分歧初露端倪。3.1920年8月1日胡适领衔与蒋梦麟、陶履恭、王徵、张祖训、李大钊、高一涵联名在《晨

① 《关于〈新青年〉杂志的通信》（四），收入《陈望道文集》第1卷，第557页。该书编者在编注《争自由》一文时，认为《争自由》是指胡适所作《易卜生主义》一文，此处有误，应为《争自由的宣言》一文，该文载《晨报》1920年8月1日，胡适、蒋梦麟、陶履恭、王徵、张祖训、李大钊、高一涵签名。

② 梁启超：《前清一代中国思想界之蜕变》，载《改造》第3卷第3号，1920年11月15日，第1、6页。此文后经修改扩充，独立成书——《清代学术概论》，上引第一句被删节，其他文字亦有修改。

报》发表《争自由的宣言》，它表现胡适对政治的新觉悟："我们本不愿意谈实际的政治，但是实际的政治却没有一时一刻不来妨害我们。""政治逼迫我们到这样无路可走的时候，我们便不得不起一种彻底觉悟，认定政治如果不由人民发动，断不会有真共和实现。"该宣言表现了胡适等对西方式民主共和制的理想追求。对这三例的不同看法，足见《新青年》南方同人对胡适已抱有成见。但《中学国文的教授》一文，也被指称为怀疑的证据，这显是以语文教育和研究见长的陈望道的过敏之处，陈氏后来在《新青年》发表《文章底美质》（九卷一号），隐然有与胡适较劲之意。陈信中所语"团体进行自然听团体底意志"，显示出他所归属的共产党有"团体底意志"，从而将《新青年》上海编辑部的底牌向周作人交底，从周作人2月25、27日致李大钊信可看出，他似已明白此时陈独秀办《新青年》有"宣传机关"的用处。

　　1920年7月中国共产党上海发起组成立之初，共产国际代表维经斯基"首先计划把团结在当时上海办的进步刊物《新青年》杂志、《星期评论》周刊和《时事新报》等刊物周围的力量联合起来，当时估计这些刊物的领导人陈独秀、戴季陶、沈玄庐、李汉俊和张东荪可作为建立中国共产主义政党或社会主义政党的发起人。但是明确地提出这个想法之后，《时事新报》的编辑张东荪就与小组脱离了关系"。[1]可见，共产国际原是有意推动共产党、研究系和国民党在上海实现小联合，构建一个以共产主

---

① K. B. 舍维廖夫：《中国共产党成立史》，彭宏伟、潘荣译，收入《"一大"前后——中国共产党第一次代表大会前后资料选编》（三），第155—156页。

义为理想的革命统一战线。当时加入中共上海发起组的李达、茅盾在回忆中都提到张东荪退出该组织一事。与张东荪熟悉的李达说，张东荪是个政客，"当时也想钻到共产主义者的队伍中来，想捞一把。陈独秀、李汉俊都不要他"。[1]茅盾说："据说张东荪所持的理由是：他原以为这个组织是学术研究性质，现在说这就是共产党，那他不能参加，因为他是研究系，他还不打算脱离研究系。"[2]一个说"不要"，一个说"退出"，哪一说更为真实，现已无从考证。但张东荪确为退出中共上海发起组，随后研究系杂志《改选》刊登了张东荪的《现在与将来》（三卷四号）、梁启超的《复张东荪书论社会主义》（三卷六号）等文，主张中国发展实业，反对在中国建立社会主义政党。尚处在发起过程中的共产党将张、梁的这些论调视为对自己的挑战，双方构怨甚深。1921年以后共产党人开展了对梁启超为首的研究系及其宣传的基尔特社会主义的批判，《新青年》发表了李达的《讨论社会主义并质梁任公》（九卷一号）、陈独秀的《社会主义批评》（九卷三号）等文。国民党人的报刊也展开对自己的宿敌研究系的攻击。置身事外的胡适并不明了这些事情的内幕。胡适与梁启超等人的交往止于学术层面，尚未发生政治关系，固然与其欲自立门户，不看好梁启超的政治前途有关，而南方革命人士的政治动向对阻止他与梁启超为首的研究系发生更为密切的关系，并不致倒向研究系，亦具有一定的警示作用。

---

[1] 李达：《中国共产党成立时期的思想斗争情况》，收入《"一大"前后——中国共产党第一次代表大会前后资料选编》（二），第51页。

[2] 茅盾：《我走过的道路》上册，第196页。

八、《新青年》的归宿：成为中共的纯理论机关刊物

1921年2月，《新青年》编辑部在法租界被搜查，并被勒令停办。2月11日陈望道致信周作人，迅即通报此事："新青年社在阴历年关被法捕房没收去许多书籍，又罚洋五十元，并且勒令迁移。这事究从何方推动，于今还未分明。但事业仍是要进行的。你以为怎样？"[1]接着，2月13日陈望道致信周作人，表示："所谓'周氏兄弟'是我们上海广东同人与一般读者所共同感谢的。多如先生们病中也替《新青年》做文章，《新青年》也许看起来，象是'非个人主义'，'历史主义'，却不是纯粹赤色主义或'汉译本的*Soviet Russia*了！'"[2]以刊登周氏兄弟的作品，说明《新青年》并"不是纯粹赤色主义或汉译本的*Soviet Russia*了"，对胡适的观点作了反驳。借以说明《新青年》上海编辑部有意实行陈独秀1920年12月16日定下的基调："稍改内容"、"趋重于文学哲学"、争取"北京同人多做文章"。

2月15日陈独秀分别致信胡适、周氏兄弟，通报《新青年》将移粤出版。对胡适表示："六日来信收到了。我当时不赞成《新青年》移北京，老实说是因为近来大学空气不大好；现在《新青年》已被封禁，非移粤不能出版，移京已不成问题了。你们另外办一个报，我十分赞成，因为中国好报太少，你们做出来的东西总不差，但我却没有工夫帮助文章。而且在北京出

---

[1] 《关于〈新青年〉杂志的通信》（三），收入《陈望道文集》第1卷，第556页。
[2] 《关于〈新青年〉杂志的通信》（三），收入《陈望道文集》第1卷，第558页。

版，我也不宜做文章。我是一时不能回上海了。你劝我对于朋友不要太多疑，我承认是我应该时常不可忘却的忠告，但我总是时时提心吊胆恐怕我的好朋友书呆子为政客所利用。我仍希望你非候病十分好了，不可上课、做文章，而且很想你来广东一游。"[①]一方面对此前《新青年》南北同人的讨论作出最后的决断，明确表态"不赞成《新青年》移北京"；一方面在政治上忠告胡适不要被北京的"政客所利用"，话中之意仍是希望胡适与研究系和北洋政府划清界限，并表示自己不能给胡适新办的报刊投稿。而同日致周豫才、周启明的信，陈独秀则另有一番表示："《新青年》风波想必先生已经知道了，此时除移粤出版无他法，北京同人料无人肯做文章了，惟有求助于你两位，如何，乞赐复。"[②]将与北京同人合作的希望完全寄托在周氏兄弟身上。《新青年》后来并未移粤出版，仍是在上海印刷，只是换了承印商而已。[③]

对于陈独秀抛出的绣球，病情好转的周作人2月25日（《新发现的一组书信》之十二）、2月27日（《新发现的一组书信》之十三）两次致信李大钊，做了积极回应，现照录如下：

① 《关于〈新青年〉问题的几封信》之六，收入张静庐辑注《中国现代出版史料》甲编，第13页。

② 鲁迅博物馆供稿、陆品晶注释《陈独秀书信》之四，载《历史研究》1979年第5期，第93页。收入《中国现代文艺资料丛刊》第5辑，第311页。

③ 参见宁树藩、丁淦林整理《关于上海马克思主义研究会活动的回忆——陈望道同志生前谈话纪录》附记，载《复旦学报（社会科学版）》1980年第3期。茅盾：《我走过的道路》上册，第201页。

守常兄：

　　来信敬悉。《新青年》我看只有任其分裂，仲甫移到广东去办，适之另发起乙种杂志，此外实在没有法子了。仲甫如仍拟略加改革，加重文艺哲学，我以力之所及，自然仍当寄稿。适之的杂志，我也很是赞成，但可以不必用《新青年》之名。《新青年》的分裂虽然已是不可掩的事实，但如发表出去（即正式的分成广东、北京两个《新青年》），未免为旧派所笑。请便中转告适之。

　　　　　　　　　　　　　弟作人　1921年2月25日

守常兄：

　　来信敬悉。关于《新青年》的事，我赞成所说第二种办法，寄稿一事，我当以力量所及，两边同样的帮忙。我本赞成适之另办一种注重哲学文学的杂志，但名称大可不必用《新青年》，因为：

　　（1）如说因内容不同，所以分为京粤两个，但著作的人如仍是大多数相同，内容便未必十分不同，别人看了当然觉得这分办没有□□必要。（如仲甫将来专用《新青年》去做宣传机关，那时我们的文章他也用不着了；但他现在仍要北京同人帮他，那其内容仍然还不必限于宣传可做了。）

　　（2）仲甫说过《新青年》绝对为"洋大人"所不容，在京也未必见容于"华大人"，这实才是至理名言。我看"华大人"对于《新青年》的恶感，已经深极了。无论内容□□如何改变，他未必能辨别，见了这个名称当然不肯轻易放过，这并不是我神经过敏的话，前年的《每周评论》便是一个实例。

所以我希望适之能够改变意见，采用第二种办法。但北京同人如多数主张用《新青年》的名称，我也不反对。以上所说，只是个人的意见，以备发挥而已。豫才没有什么别的意见。

弟作人　1921.2.27

周作人致李大钊的这两封信，都保存在胡适手中，应是李大钊转交给胡适，说明当时李大钊有意让胡适知道周氏兄弟的态度，并希望胡适与《新青年》上海编辑部继续保持同样的合作关系，即为《新青年》撰写文艺哲学一类的文字。

在陈独秀及《新青年》上海编辑部积极争取周氏兄弟的稿件的同时，胡适对周氏兄弟亦倾力相助。胡适以力荐周作人担任燕京大学国文门主任，拉近他与周氏兄弟的距离。1921年2月14日胡适致信周作人专谈此事，并开出燕京大学方面的优厚条件：1. 薪俸，不论多少，都肯出。2. 全不受干涉。[1]第二年周作人接受了燕京大学方面的聘任。同年8月胡适还为介绍周建人到商务印书馆编译所工作而奔走，向高梦旦、钱经宇打招呼，[2]解决了周建人的工作问题。周氏兄弟一时门庭若市，成为《新青

---

① 《致周作人》，收入耿云志、欧阳哲生编《胡适书信集》上册，北京大学出版社，1996，第274—275页。
② 参见《致周作人》，收入耿云志、欧阳哲生编《胡适书信集》上册，第294页。

年》南北同人争取的对象。

《新青年》从八卷五号（1921年1月1日）以后，直至九卷六号（1922年7月1日）止，陈望道是《新青年》上海编辑部的主要成员。有一种流行的说法，陈望道是《新青年》这一时期的"主编"，陈望道本人垂暮之际在回忆中亦作此说，[①]以至被相关的论著所广泛采纳。此说能否成立，值得商榷。不管是从陈本人当时的资望、学力，还是从《新青年》这一段作者（特别是北京同人）的聚集，陈望道当时都难以负主编之望。《新青年》此前的惯例只有陈独秀被称为"主编"，陈独秀这一主编是与"主撰"联结在一起，后来担任《新青年》主编的瞿秋白也是如此。《新青年》实行同人轮流编辑制时，担负每期编辑者亦不仅承担约稿、编稿任务，而且常常为本期内容的主要策划者和重头文章的炮制者。即使如此，他们也不负"主编"之名。陈望道在《新青年》上只发表过译作《劳农俄国底劳动结合》（日本山川均著，八卷五号）、随感录《性美》、《女人压迫男人的运动》、《从政治的运动向社会的运动》（八卷六号）、演讲《文章底美质》（九卷一号）这样几篇并不起眼的文字。显然，陈氏既难负"主编"之名，且未行"主编"（主撰）之实，陈望道实际负责的应只是上海编辑部的工作而已，从袁振英的回忆

---

① 参见宁树藩、丁淦林整理《关于上海马克思主义研究会活动的回忆——陈望道同志生前谈话纪录》，载《复旦学报（社会科学版）》1980年第3期。

文字看，陈独秀当时仍负主编之名，且有广州编辑部之设。①20世纪50年代，陈望道本人的《回忆党成立时期的一些情况》（1956年6月17日），茅盾的《回忆上海共产主义小组》（1957年4月）、李达的《关于中国共产党建立的几个问题》（1954年2月23日）等文都没有这样的记载和说法，②陈望道担任《新青年》主编这一提法似不宜沿用。

《新青年》九卷一号没有发表新的宣言，也没有显示新的变更的迹象。整个九卷仍大力宣传马克思主义，但削减了原有的"俄罗斯研究"专栏的篇幅。总览八卷五号直至九卷结束这八期《新青年》，大体是按照陈独秀1920年12月16日离沪赴粤时定下的方针"稍改内容"、"趋重于文学哲学"、争取"北京同人多做文章"行事。这样在《新青年》九卷上，我们仍看到鲁迅发表的散文《故乡》、译作《三浦右卫门的最后》（日本菊池宽）、《狭的笼》（俄国埃罗先珂）；周作人发表的作品更多，有杂文三则、文艺论文一篇、翻译小说五篇、杂译日本诗三十首。胡适也发表了《四烈士冢上的没字碑歌》、《死者》（九卷二号）、《国语文法的研究法》（九卷三、四号）、《平民学校校歌》、《希望》（九卷六号），其诗作格调明显倾向进步、革命，发表在《新青年》上颇为协调，这表明胡适接受了李大钊的意

---

① 参见袁振英《袁振英的回忆》（1964年2—4月），收入《"一大"前后——中国共产党第一次代表大会前后资料选编》（二），第473页。《新青年》八卷六号《本社特别启事》亦谓"本社以特种原因已迁移广州城内惠爱中约昌兴马路第二十六号三楼"。

② 这三篇回忆文字，均收入《"一大"前后——中国共产党第一次代表大会前后资料选编》（二）一书。

见，采取了类似周氏兄弟的态度和做法。北京同人李大钊、高一涵、王星拱、张慰慈继续有诗文发表，远在法国的刘半农也刊发了《伦敦》《奶娘》等诗作。这样一来，在《新青年》八卷以后出现的马克思主义宣传、社会主义讨论、"俄罗斯研究"、社会问题和随感录这一类栏目，几乎都由新加入的共产党人或共产主义知识分子所包揽，它们在《新青年》上占有主导地位；而诗歌、小说、戏剧、文学评论这类文艺创作的作品，则主要为胡适、周氏兄弟等北京作者所提供，它们此时在《新青年》处于相对边缘的地位，这种南北同人共存的格局维持到第九卷结束。

1921年9月1日《新青年》出版了九卷五号后，停刊近十个月，直到1922年7月1日补齐了第六号后休刊，停刊的原因是《新青年》上海编辑部发生了一次重大事故。时在《新青年》编辑部的茅盾对此事回忆道："这年残冬，渔阳里二号被法捕房查抄，陈独秀和夫人高君梅，以及当时适在陈寓的包惠僧、杨明斋、柯怪君（庆施）也被带到法捕房拘押。第二天上午九时初审，陈夫人当堂开释。当天黄昏，陈独秀取保释放，包惠僧等三人于五天后才保释。第三国际代表马林对此事是出了力的。他请一个外国律师为陈独秀辩护。结案的罪名是：《新青年》有过激言论，妨害租界治安，姑念初犯，罚款五千元以示警戒。陈独秀何来五千元？这笔钱也是马林出的。"[①]当时被捕的包惠僧对此事的前前后后亦有类似的详细回忆，特别提到马

---

① 茅盾：《我走过的道路》上册，第200—201页。

林在营救他们的过程中所发挥的主要作用：

> 陈独秀是个有影响的人物，被捕后上海闹得满城风雨。第三天褚辅成和张继等就将他保释出去了。马林为营救我们做了不少工作，花了许多钱请律师（律师名巴和，是法国人或英国人）、买铺保。陈独秀只关了两天，我们关了五天后也被保释出来，人放出来，但要随传随到。二十天以后又会审，说陈独秀宣传赤化，最后定案是《新青年》有过激言论。经过马林的种种活动，结果罚款五千元了事。①

这次事故对刚成立的共产党和《新青年》来说，简直是一场劫难。《新青年》因此停刊达十个月之久，这是自创刊以来停刊时间最长的一次。《新青年》社独立以来，连遭三折，先是北京政府要求查禁"停版"，继遭法捕房查禁罚款，再遭此次勒索，其境遇可想而知。陈独秀说《新青年》在上海"绝对为'洋大人'所不容"，周作人称在北京"也未必见容于'华大人'"。陈独秀在北京因遭受"华大人"的压迫，出走上海，藏身十里洋场；没想到在租界里又遭受"洋大人"更为严重的压榨，最后只能求助于共产国际代表马林的帮助而脱险。成立共产党之初，面对共产国际代表马林居高临下的气势，陈独秀颇有独立不羁的做派，认为中共没有必要靠共产国际。②而经此"劫难"

---

① 《包惠僧回忆录》，人民出版社，1983，第372页。
② 参见《我所知道的陈独秀》，收入《包惠僧回忆录》，第370页。

以后，陈独秀和《新青年》的命运与共产国际更为紧密地联系在一起。

1923年6月15日，停刊近一年的《新青年》复刊，在《本志启事》中痛陈："本志自与读者诸君相见以来，与种种魔难战，死而复苏者数次；去年以来又以政治的经济的两重压迫，未能继续出版，同人对于爱读诸君，极为抱叹。""政治的压迫"可想而知，"经济的压迫"则说明此时《新青年》或经费不足，或销路不畅，《新青年》的黄金时代已经过去。从此以后，不仅胡适、周作人、鲁迅、刘半农、高一涵、张慰慈在内的绝大部分原来《新青年》同人因为非共产党员的身份与《新青年》绝缘，而且陈望道、李汉俊、沈玄庐、李达、沈雁冰、陈公博、袁振英（震瀛）这些中共创始党员因为很快脱党也离开了《新青年》这个舞台，就连当时身任中共北京区执行委员会主要负责人的李大钊也未再出现在《新青年》的作者名单里了。代之而起的是瞿秋白、彭述之、郑超麟、蒋光赤、任卓宣、任弼时这些从莫斯科归来，具有"俄罗斯经验"且与共产国际关系密切的年青共产党理论家唱主角。陈独秀因为担任中共总书记的职务，继续在《新青年》发表具有政治指导意见的文章，直到终刊。

《新青年》复刊后，完全成为共产党的纯理论机关刊物，由瞿秋白主编。初定季刊，以后常常延期，实为一不定期刊。第一期为"共产国际号"，瞿秋白亲自题写刊名，设计封面，撰写《〈新青年〉之新宣言》。封面的中心是监狱的铁窗，一只有力的手从中间伸出，手中握着鲜红的绸带。铁窗下写着一句话：

"革命党自狱中庆祝革命之声。"该期十五篇著译文章中，有六篇出自瞿秋白的手笔。第一、二期由广州平民书社编辑、印刷和发行。第三期、第四期（国民革命号）改为陈独秀、彭述之主编，编辑和发行从此也改为广州新青年社。1925年4月22日出版的《新青年》改为月刊，实仍为不定期刊，瞿秋白重新任主编，第一号为"列宁号"，1926年7月25日出至第五号"世界革命号"后终刊。解析这九期《新青年》内容，我们隐然可见中共党内两种思想取向的微妙差别：一种以瞿秋白为代表，紧跟共产国际的步伐，注重宣传列宁主义和苏俄的世界革命理论；一种以陈独秀为代表，注重中国国民革命理论的阐释，强调将列宁主义与中国民族解放运动相结合。受到共产国际强烈支持的瞿秋白已有后来居上的趋势。《新青年》终刊仅一年后，作为大革命失败的主要责任承担者，陈独秀在中共中央的领导职务即被瞿秋白所取代。

《新青年》之能成为一个宣传马克思主义的刊物，陈独秀个人的取向和意志发挥了决定性的作用。他从新成立的中国共产党的利益需要出发，利用《新青年》已经形成的影响，为社会主义和马克思主义的传播创造条件。同时，由于新兴的马克思主义者和共产主义分子在理论上、组织上准备不足，在经费上颇为拮据，故他仍想借助《新青年》北京同人的力量，帮助他摆脱这一难关，因而他特别希望保持与北京同人，特别是胡适、周氏兄弟之间的关系，在这一点上，陈独秀可以说也达到了目的。《新青年》从被中共上海发起组控制，发展到成为中共中央的机关刊物，这对早期中国共产主义事业有着极大的助益。20世纪20年代中期以后，中国没有再出现一份类似《新青年》，或能与《新青年》比肩的期刊。

八、结语

陈独秀是《新青年》的灵魂人物。从在创刊号上发表《敬告青年》一文，到最后一期刊出《世界革命与中国民族解放运动》一文，在《新青年》数百位作者中，他是唯一一位与《新青年》相始终的作者，也是文章数量最多的一位作者。他办刊的基本思想是："凡是一种杂志，必须是一个人一团体有一种主张不得不发表，才有发行底必要；若是没有一定的个人或团体负责任，东拉人做文章，西请人投稿，像这种'百衲'杂志，实在是没有办的必要，不如拿这人力财力办别的急于要办的事。"① 按照这样一种对刊物的设想，他从创刊《青年杂志》，对杂志工作作出明确定位，前三卷吸收皖籍作者；到四至六卷交给同人轮流编辑，转为同人刊物，把《新青年》变成北大教员和学生宣传新思潮的核心阵地；再到七至九卷，办"劳动节纪念号"，设"俄罗斯研究"专栏，开展社会主义讨论，将上海马克思主义研究会和共产党发起组的成员安排进入《新青年》编辑部；最后把《新青年》变为中共中央的纯理论机关刊物，培养一批年青的共产党理论家。在《新青年》这场大剧中，陈独秀集编剧、导演、演员为一身。根据剧目的要求，他不断寻找

---

① 独秀：《随感录七十五·新出版物》，载《新青年》第7卷第2号，1920年1月1日。

演员、选择演员、更换演员。他始终主导《新青年》的剧情发展，将《新青年》步步推进，导演出一幕又一幕壮观的戏剧。陈独秀与《新青年》这种既长且深的特殊关系，使他在《新青年》的各个阶段，都扮演了他人不能替代的重要角色。陈独秀的个人意志对《新青年》编辑的演变和取向起有关键性的作用，这一点在《新青年》从同人刊物转变为中共机关刊物时尤为明显，过去人们对此似估计不足。

在《新青年》从同人刊物向中共机关刊物的转变过程中，陈独秀与胡适的分歧不仅是思想的分歧，即马克思主义与实验主义（自由主义）的区别，这一点为李大钊、陈望道的书信所点明，而且是对《新青年》办刊方向意见不一，他俩对《新青年》控制权的争夺渊源于此。在如何看待《新青年》八卷以后显现的"特别色彩"，《新青年》在北京的同人，甚至包括李大钊在内都不同程度地倾向胡适的意见，并不希望《新青年》完全变成一个宣传俄罗斯和苏维埃"特别色彩"的刊物，这些人有的并不是出于反对马克思主义（如周氏兄弟），而是基于对《新青年》办刊定位的要求，即希望保持《新青年》原有作为文艺思想刊物的特性；有的则是对马克思主义和苏俄革命持不同意见（如胡适、陶孟和、钱玄同），他们希望《新青年》减少或完全没有苏维埃色彩。这两类人在《新青年》转变为宣传社会主义和俄罗斯革命为主的刊物后，其表现稍有不同：周氏兄弟与陈独秀、陈望道频繁书信往来，继续给《新青年》供稿，保持他们与《新青年》的关系，使《新青年》得以存留"思想文艺"的色彩。钱玄同、陶孟和则基本上没有再给《新青年》

发稿，胡适虽然在《新青年》上继续发表作品，但分量则相对减少。陈独秀、李大钊、陈望道之所以同意减少"特别色彩"，给北京同人保留发表文艺作品的空间，则可能与其对《新青年》的生存和销路的顾虑有关，毕竟胡适、周氏兄弟的文艺作品能够吸引一批读者，持续《新青年》原有的影响力。

《新青年》同人在面临编辑确定和办刊方向分歧时，大家采取书信往来这样一种方式互相交换意见，这显然是一种比较理性，也比较和缓、稳妥的方式。书信毕竟是一种具有私密性的交流方式，将分歧范围限定在同人圈子里，绝不同于公诸报端、撕破脸皮的公开论争或相互攻讦，这说明《新青年》同人对已经结成的情谊仍存一份温馨的记忆，大家不愿因为思想分歧而伤害彼此的感情。《新青年》同人对势必发生的分裂采取这种好说好散的解决方式，显示了他们的君子风度和做人雅量，这样的情形在近代中国的思想斗争中实为罕见。因此，我们对于这场思想分歧，不宜作过高的政治化的估价。没有永远的敌人，也没有永远的朋友，这是政治层面的判断和运行规则。但在个人交谊上，人们却会根据其他一些原则作出超越政治层面的选择。当《新青年》北京同人看到各自的思想分歧无法弥隙时，他们或要求停办（陶孟和语），或选择"宣告退席"（钱玄同语），或"以力之所及，自然仍当寄稿"（周作人语）。

胡适与陈独秀面对思想分歧并没有进行过多的辩论，而是选择分道扬镳、各奔前程。在以后的路程中，他们对各自所抱持的思想主张和政治信仰，互存一种"容忍"的态度。在同文化保守主义的斗争中，如在"科学与人生观"论战中对玄学派的斗争，在历次东西文化论战中对东方文化派、本位文化论者的斗争，他们虽各持己见，但还维持了同盟关系和统一战线。在《努力周报》创刊时发表的由胡适起草《我们的政治主张》，内中还有李大钊、高一涵的签名。胡适对一些落难的共产党员及其家属，如李大钊、瞿秋白、蔡和森等伸出援助之手给予帮助，这些史实已为学界所知，在此不再赘述。

有意思的是，胡适与陈独秀、李大钊在思想上分道扬镳后，他的思想倾向仍受到陈独秀、李大钊相当的制约。这表现在胡适创办《努力周报》时，对陈炯明与孙中山的离心倾向的评判，由于李大钊来信的忠告，[①]其态度有一定的调整。在善后会议上，由于陈独秀和共产党人的批评，胡适不得不与北京政府保持一定距离。这里我们不妨引用1925年2月5日、2月23日陈独秀为胡适参加善后会议事，对胡适去信殷殷相劝，敦促胡适续办《努力》的两封信（《新发现的一组书信》之十四、十五）：

> 适之兄：
>
> 久不通信了，听孟翁说你问我果已北上否，我现在回答你，我如果到京，无论怎样秘密，焉有不去看适之的道理，我近来本想以内乱犯的资格到北京去见章总长，但因琐事羁身，不能作此游戏。
>
> 现在有出席善后会议资格的人，消极鸣高，自然比同

---

① 《李大钊致胡适》，收入《胡适的日记》，（香港）中华书局，1985，第442页。

流合污者稍胜，然终以加入奋斗为上乘（弟曾反子民先生不合作主义以此）。因此，兄毅然出席善后会议去尝试一下，社会上颇有人反对，弟却以兄出席为然。但这里有一个重要问题，就是兄在此会议席上，必须卓然自立，不至失去中国近代大著作家胡适的身份才好。

近闻你和政府党合办一日报，如果是事实，却不大妥。在理论上现政府和国家人民的利益如何，在事实上现政府将来的运命如何，吾兄都应细心考虑一下，慎勿为一二急于攫取眼前的权与利者所鼓惑所利用；极彼辈之所为尚可攫得眼下的权与利，兄将何所得？彼辈固安心为杨度、孙毓筠，兄不必为刘申叔！

弟明知吾兄未必肯纳此逆耳之言，然以朋友之谊应该说出才安心。行严为生计所迫，不得不跳入火坑，吾兄大不必如此。弟前以逆耳之言触孙毓筠之怒，此时或又要触兄之怒，然弟不愿计及此也。此祝

著安！

弟仲孚白　二月五日

适之兄：

顷读你十日夜回信，十分喜慰。前函措词冒昧，特此谢罪。惟此次来函说"一时的不愉快"，此语虽然不能完全做逆耳解，或不免有点逆耳的嫌疑罢，一笑。我并不反对你参加善后会议，也不疑心你有什么私利私图，所以这些话都不必说及，惟有两层意思，还要向你再说一下。

（一）你在会议中总要有几次为国家为人民说话，无论可能与否，终要尝试一下，才能够表示你参加会议的确和别人不同，只准备"看出会议式的解决何以失败的内幕来"，还太不够。（二）接近政府党一层，我们并不是说你有"知而为之"的危险，是恐怕你有"为而不知"的危险，林、汤及行严都是了不得的人物，我辈书生，那是他们的对手！你和他们三位先生合办一日报之说，是孟邹兄看了《申报》通信告诉我的，既无此事，我们真喜不可言。又《申报》《新闻报》北京通信都说你和汤、林为段做留声机器，分析善后会议派别中且把你列在准安福系，我们固然不能相信这是事实，然而适之兄！你的老朋友见了此等新闻，怎不难受！

我说了这一大篇，然而有何方法解决这问题呢？我以为只有继续办《努力周报》，以公布你的政治态度，以解释外面的怀疑。

《努力》续出，当然也不能尽情发挥，但在可能的范围内说几句必需要说的话，现在在你的环境还可以做得到，似不可放过此机会，因为此机会势不能长久存在也。

匆匆，不尽所欲言。

弟仲甫上　二月廿三日

在一些重要政治关头，陈独秀、李大钊都会向胡适通报共产党的政治态度，对胡适施加他们的政治影响力，这对胡适的政治态度自然构成一种约束。南京国民政府成立之初，胡适在"人权论战"中不仅称赞杀身成仁的共产青年，而且发表《新文化运动与国民党》，明确指出"国民党里面有许多思想在我们新文化运动者的眼里是很反动的"。[①]凡此种种，都说明在"五四"以后相当长一段时间，胡适在政治上并不与陈独秀、李大钊这些共产党老朋友为敌，而是与之保持了一定程度的友情关系。

1935年12月23日胡适致汤尔和信中说："前所欲查的一个日子，乃是八年三月廿六夜，先生记在次日（廿七）。此夜之会，先生记之甚略，然独秀因此离去北大，以后中国共产党的创立及后来国中思想的左倾，《新青年》的分化，北大自由主义者的变弱，皆起于此夜之会。独秀在北大，颇受我和孟和（英美派）的影响，故不致十分左倾。独秀离开北大之后，渐渐脱离自由主义者的立场，就更左倾了。此夜之会，虽有尹默、夷初在后面捣鬼，然子民先生最敬重先生，是夜先生之议论风生，不但决定北大的命运，实开后来十余年的政治与思想的分野。此会之重要，也许不是这十六年的短历史所能论定。"[②]这里的"三月廿六夜"会议，是指1919年3月26日蔡元培与汤尔和、沈尹默、马叙伦等开会议决"辞去陈独秀问题"，胡适把这看成是陈独秀向"左倾"转变的一个起点，他很不谅解汤尔和、沈尹默、马叙伦借陈独秀"私德"问题，背后"操盘"逼迫蔡元培"辞去陈独秀"。如果说，陈独秀在北大期间的确受到胡适、陶孟和这些英美派自由主义者的影响，崇信西方（特别是

---

① 胡适：《新文化运动与国民党》，载《新月》第2卷第6、7号，1929年9月10日。

② 《胡适致汤尔和》（稿），收入《胡适来往书信选》中册，（香港）中华书局，1983，第281—282页。

法国式）民主政治。他离开北大，迅速走上共产主义道路后，与胡适仍保持私谊、继续往来，内心深处存留民主政治思想的因素，对苏俄模式有所保留甚至后来还出现反省，这也构成他与新一代完全陷身"苏联经验"的左倾教条主义理论家们之间的区隔。至于胡适，由于与陈独秀、李大钊继续往来，20世纪二三十年代这一段时间发表了一些同情共产党和"左倾"思想的言论，政治上与当政者保持距离，基本上保持了一个知识分子的独立人格。从这个意义上说，《新青年》同人之间的情谊和互动对他们各自以后的人生道路仍是一个不应被忽略的积极、正面因素。

《新青年》同人非常重视他们在"五四"时期的人生经历和交谊关系，这种情感常常在他们遭受重大变故时表现尤为突出。1927年李大钊遇害后，1930年9月亚东图书馆出版《胡适文存三集》时，胡适在扉页上特别题写"纪念四位最近失掉的朋友"，李大钊被置于首位，时值国民党统治之时，胡适丝毫不畏惧公开自己与这位共产党亡友的密切关系。1933年5月鲁迅为《守常全集》出版撰写题记，表达自己对这位《新青年》同人的敬重之情。20世纪30年代陈独秀被捕下狱期间，胡适在北大公开演讲《陈独秀与文学革命》（1932年10月29日），大力表彰这位老朋友对"文学革命"的"三个大贡献"。鲁迅则在《我怎样做起小说来》一文中，特别感念陈独秀对自己文学创作的提携之功。1934年7月14日刘半农去世，鲁迅特作《忆刘半农君》，沉痛悼念这位《新青年》的战友。胡适挽曰："守常惨死，独秀幽囚，新青年旧日同伙又少一个。拼命精神，打油风

趣，老朋友当中无人不念半农。"周作人挽曰："十七年尔汝旧
交，追忆还从卯字号。廿余日驰驱大漠，归来竟作丁令威。"钱
玄同挽曰："当编辑新青年时，全仗带感情的笔锋，推翻那陈腐
文章，昏乱思想；曾仿江阴四句头山歌，创作活泼清新的扬鞭
瓦釜。回溯在文学革命旗下，勋绩弘多，更于世道有功，是痛
诋乩坛，严斥脸谱。"陶孟和挽曰："训诂字别著新书，乘世应
谐无韵谱。教育界共推名宿，问天何夺出群才。"①大家记忆最
为深刻的还是《新青年》这一段交谊。1936年10月19日鲁迅逝
世，钱玄同发表《我对周豫才（即鲁迅）君之追忆与略评》，陈
独秀发表《我对于鲁迅之认识》，还原鲁迅在《新青年》中的
历史形象，高度肯定鲁迅的文学创作成就。而当苏雪林致信胡
适，借此机会谩骂鲁迅，没料到胡适的回复竟是："凡论一人，
总须持平。爱而知其恶，恶而知其美，方是持平。鲁迅自有他
的长处。如他的早年文学作品，如他的小说史研究，皆是上等
工作。"②劝阻苏雪林的不当行为。这些纪念、悼念文字，见证
《新青年》同人之间耐以存在的情谊，编撰《新青年》这一人
生经历已成为他们难以割舍的群体记忆。

1935年《新青年》创刊二十周年之际，《新青年》由亚东图
书馆、求益书社重印，蔡元培、胡适分别在卷首题词：

> 《新青年》杂志为五四运动时代之急先锋，现传本
> 渐稀，得此重印本，使研讨吾国人最近思想变迁者有所依

---

① 挽联参见徐瑞岳《刘半农评传》，上海文艺出版社，1990，第316—323页。
② 《胡适致苏雪林》（稿），收入《胡适来往书信选》中册，第339页。

据，甚可喜也。

《新青年》是中国文学史和思想史上划分一个时代的刊物，最近二十年中的文学运动和思想改革，差不多都是从这个刊物出发的。我们当日编辑作文的一班朋友，往往也不容易收存全份，所以我们欢迎这回《新青年》的重印。①

停刊不到十年，《新青年》即获如此殊荣和高度肯定，当年为此刊编辑、撰稿的同人功德无量，他们的英名永彪史册。

---

① 汪原放：《回忆亚东图书馆》，学林出版社，1983，第184页。

"五四"前后的蔡元培与南北学界

陈以爱

一、前言

在中国近代高等教育史及北京大学校史上，蔡元培往往被描述为一位划时代的人物。这样的历史叙述，自然是因为蔡元培自1917年接掌北大校长以后，即根据其教育理念改造了这所全国最高学府，不但引进新思潮、新观念，更使北大学生从此关心国家大事，在历次政治运动中扮演重要角色。蔡元培主持北大期间（1917—1923），其个人声望的高峰，无疑是在1919年"五四"事件爆发后，他先是在5月9日闪电辞职出京，终在同年9月20日以英雄式姿态回任，最引起举国瞩目及景仰。尤其蔡元培在安福系控制下的北京回任，对方即便对他嫉视甚深，却也不敢动其一根毫毛，更凸显出这位北大校长的崇高地位及声望。一介书生，竟足以傲视政府及军方，上演了中国近代历史上戏剧性的一幕，难怪历来叙述这段历史的人，无不津津乐道，乃至于讴歌不绝了。

然而从历史发展的细部来看，从1919年5月9日蔡元培辞职出京，到他在9月20日凯旋，中间实存在不少暧昧不明的部分，当年即令不少局中人感到困惑，多年后仍使部分研究者感到扑朔迷离，觉得应该作出更深入的探讨及分析。所谓扑朔迷离，即指蔡元培出京后，先有好几天行踪不明，正当各界遍寻不获之际，他却忽然出现在上海租界，随即赴杭州隐居。从蔡元培离沪赴杭，至其9月返京，中间历经四个月，他都避免与外间接触，各方消息只透过其委托的几个亲友来居间传达。在这种情况下，1919年7月，忽然有一位来自南方，与北大一向没有渊源的蒋梦麟，声称受到蔡元培委托，作为他的个人代表代理北大校务。到底这位蒋梦麟的来历是甚么？他与蔡元培有何渊源？北大教员对这位陌生人，又为何能迅速承认其地位，使得蒋氏在蔡元培回任前，成为北大的实际主事者，其后也在北大校史上继续扮演一种举足轻重的角色？

上述谜团一般的现象，乃是了解蔡元培个人生命史、北大校史，乃至中国近代高等教育史的重要线索，遗憾的是，迄今却仍未获得周详而合理的解答。本文之撰写，就是想要填补这一空缺，利用各种公开发布的函电、报刊，再辅佐以私人日记、书信、传记资料等史料，参照对读，希望能从细微处梳理、剖解这段历史，以期重新认识"五四"前后蔡元培与南北学界错综复杂的关系。

二、消失在公众视野外的蔡元培

（一）袁电南下（北京—上海）

1919年"五四"学生运动爆发，北大学生经过示威游行以后，经历一连串逮捕及释放的手续，终于在5月8日平安返校。5月9日，蔡元培安抚返校学生后，忽然辞去校长职务，随后不知所踪。北大校长忽然离职，全校师生顿时陷于群龙无首的纷扰中。基于北大校长的特殊地位，其辞职牵动到北京各高等院校的状况，于是北大全体学生代表、北京中等以上学校学生联合会代表、北大全体教职员代表、北京高等学校教职员代表，纷纷前往教育部请愿，要求政府致力挽留蔡元培。当时的教育总长傅增湘，对蔡元培虽表示同情，却因此遭安福系责难。5月11日，傅增湘也辞职出走，同样不知去向，部务由教育次长袁希涛暂行代理。

正值蔡、傅不知去向，北大及北京高校师生纷纷"留蔡"的情势下，5月12日，袁希涛发出密电一通给上海江苏省教育会沈恩孚（信卿），内文说：

> 九日，大学蔡校长辞职，径行出京。直辖各校长，亦递辞职。各校员生，纷起请留。情势急切，部已派商耆，南来挽留。涛昨见首揆，顷谒元首，均嘱部，速留蔡。倘

蔡公抵沪，请先转达。并希转告菊生、梦麟两公为荷。[①]

从袁电可见，在一片情势纷扰下，"留蔡"一时为政府中人的共识，大总统徐世昌、内阁总理钱能训均同此心。袁希涛猜测蔡元培可能南下，遂向上海方面探询蔡元培的行踪。

翌日，即5月13日，焦躁不安的袁希涛又致电沈恩孚，电说：

> 蔡公是否抵沪，请先略复。北京直辖各校长，继续辞职者，因留蔡未有结果，均尚未允回校任事。各校学生代表，每日开会。现状如此，深以多延时日，无法维持为虑。……请速复。[②]

在北京直辖各校长群相辞职的危机下，5月14日，徐世昌以大总统名义下达慰留蔡元培指令。但翌日，徐氏却正式批准傅增湘辞职，以次长袁希涛代理教育总长。

北京政府既公开挽蔡，北京高校诸校长在袁希涛安抚下，一一答允复职。可是，关键人物蔡元培仍去向未明，而诸校校长则群视蔡氏之去留为依归。袁希涛有见及此，15日用密电向

---

① 袁希涛：《致沈信卿密电稿》（1919：5.12），收入中国社会科学院近代史研究所、中国第二历史档案馆史料编辑部编《五四爱国运动档案资料》，中国社会科学出版社，1980，第235页。

② 袁希涛：《致沈信卿密电稿》（1919：5.13），收入中国社会科学院近代史研究所、中国第二历史档案馆史料编辑部编《五四爱国运动档案资料》，第235页。

上海江苏教育会副会长黄炎培探询蔡氏行踪，电文说：

> 政府留蔡指令，已发表。直辖各校长，亦多允仍任职。蔡公已否过沪？倘对于挽留一节，遽仍表示决绝，则风潮难息。牵连教育大局，深可危虑。[①]

袁希涛的焦虑不是没有原因的，因为蔡元培自辞职以后，面对北大内外的挽留声浪，他已数度表明无意回任。[②]如今徐世昌以大总统指令正式挽蔡，如果蔡氏又公开表示不拟回任，局势必定发展至无法收拾的地步。16日，北京高师校长陈宝泉等发出联合密电，致"上海江苏省教育会沈、黄、蒋"三先生，电文是要转给蔡元培的，里面说：

> 公去留关系极大，万勿坚辞，为吾道留一生机。泉等现以时局艰难，暂出维持现状，仍视公为去留。[③]

在各方急切探询蔡元培去向之际，这位北大校长到底人在何处？

---

① 袁希涛：《致黄炎培密电稿》（1919：5.15），收入中国社会科学院近代史研究所、中国第二历史档案馆史料编辑部编《五四爱国运动档案资料》，第236页。此电刊上海《申报》，1919年5月17日，第3页。
② 高平叔：《蔡元培年谱长编》中册，人民教育出版社，1996，第204—206页。
③ 《陈宝泉等挽留蔡元培密电稿》（1919：5.16），收入中国社会科学院近代史研究所、中国第二历史档案馆史料编辑部编《五四爱国运动档案资料》，第236页。

（二）行踪成谜的蔡元培（天津—上海—杭州）

按蔡元培是5月9日离京出走，随后就行踪成谜。当时，各方揣测蔡氏最有可能先前往天津。于是北京中等以上学校学生联合会在10日议决，各校推出代表一人，齐至天津挽留蔡校长。①高平叔征引资料甚富的《蔡元培年谱长编》，引用5月17日上海《时报》所登京津学生挽蔡代表团刊登的广告，说明蔡元培出走后，"京师各校特派代表二十七人赴津挽留，各处探询，未悉踪迹所在"。②就在这时候，亦即5月13日，北京《晨报》忽刊出一篇标题《在天津车站的谈话》的文章，内容详叙蔡元培"辞职真因"，其中泄露蔡氏行藏如下：

> 蔡孑民已于十日乘津浦车南下，登车时，适有一素居天津之友人往站送他客，遇蔡君……询以此后作何计画？蔡曰："我将先回故乡，视舍弟，并觅一幽僻之处，杜门谢客……"③

然而，天津的学生挽蔡代表团似乎另有消息渠道，未在这则报道刊出后即追踪南下，而是在天津又逗留几天，之后才"推出总代表八人、会同津埠各校代表二人南下"。十人代表团

---

① 高平叔：《蔡元培年谱长编》中册，第204页。
② 上海《时报》，1919年5月17日，转引自高平叔《蔡元培年谱长编》中册，第208页。
③ 《在天津车站的谈话》，收入中国蔡元培研究会编《蔡元培全集》第3卷，浙江教育出版社，1998，第629—630页。

于5月16日抵沪，翌日，在上海各报刊大登广告呼吁道：

> 知蔡孑民先生行踪者注意：各报馆、各公团、各教育
> 团体暨与蔡孑民先生有交谊者公鉴：……诸公有知蔡校长
> 行止者，请即通知敝团……①

广告文字刊登如此，大有布下天罗地网，一定要把蔡先生找出
来的意思。然而，广告登出后几天，蔡元培依然下落未明，仍
未出现在公众视野下。

在各方彷徨不定中，5月20日，忽尔有一则电报传出，令
南北学界一时群情大慰，此即蔡元培复北京政府的电文，内
文说：

> 奉大总统指令慰留，不胜愧悚。学生举动，逾越常
> 轨，元培当任其咎。政府果曲谅学生爱国愚诚，宽其既
> 往，以慰舆情；元培亦何敢不勉任维持，共图补救。②

这通表示愿意回任的电文，很快得到北京政府积极回应。同一
天，教育部袁希涛复电，尤其有恳切的表示，希望蔡氏尽速返
京复职。③翌日，追踪到杭州的京、津、沪学生代表方豪等，也

---

① 　上海《时报》，1919年5月17日，转引自高平叔《蔡元培年谱长编》中册，
　　第208页。
② 　蔡元培：《致北京政府电》，上海《民国日报》，1919年5月20日，第3页。
③ 　袁希涛：《复蔡元培电》，收入中国蔡元培研究会编《蔡元培全集》第10
　　卷，第408—409页。

在杭州获得蔡元培接见，情势看起来已全面回稳。

然而，蔡元培究竟是出于怎样的考虑，以致在5月9日辞职出京以后，其间且曾坚决表示无意回任，如今却发生180度的转变，答允回任北大校长了呢？

（三）蔡元培日记中透露的线索

这个问题的答案，最好由《蔡元培全集》卷一六所收"日记"部分来解答。揭开《蔡集》，令人感到庆幸的是，其中收录的蔡元培日记，虽颇有阙略，1919年5至8月初期间，却每天都留下了记录。据日记1919年5月9日至5月20日的记载，蔡元培那段日子的行踪如下：[①]

表1："五四"后蔡元培日记的行踪记录（1919.5.9—1919.5.20）

日期	蔡元培行踪	报刊消息
5月9日	晨五时三十分……启行。到天津，寓新旅社楼房四十一号。	
5月10日	迁法租界大来泰二十一号。	北京学界议决推派代表赴天津探访蔡元培行踪。
5月16日	午前十一时三十分启行。登津浦车。	京津学界十人代表团抵达沪上。
5月17日	午后一时，到浦口，渡江至南京。三时登车……，夜抵上海。寓法租界天主堂街密采里旅馆Hotel de France。	沪上报章遍登寻觅蔡元培行踪的广告。

---

① 蔡元培：《日记》，收入中国蔡元培研究会编《蔡元培全集》第16卷，第71—72页。

续表：

日期	蔡元培行踪	报刊消息
5月18日	午前，蒋梦麟、黄任之、沈信卿、赵厚生来，商发一电于总统、总理、教育总长。	
5月19日	午刻，谷清到，属代赴江苏省教育会，与学生代表谈判。……薄泉来。菊生来。	
5月20日	梦麟来，携示适之一函。	蔡元培发电致北京政府，表示愿意回任。

又据5月14—15日北京《晨报》报道，蔡元培自5月13日在《晨报》刊登文字表明无意回任后，政府在各校代表强烈要求下，已决计慰留蔡元培。[①]相关慰留报道既揭诸报章，而蔡元培犹在5月16日登车南下，可见辞意甚坚。然而，从蔡元培日记看来，他抵达上海翌日（5月18日），"蒋梦麟、黄任之、沈信卿、赵厚生来，商发一电于总统、总理、教育总长"，实是他在5月20日发电允诺回任的背景。可见这次与蒋梦麟、黄炎培等人的面谈，是促使蔡氏愿意回任的关键因素。对照前引袁希涛所发电文三通，也是分别寄给沈恩孚（信卿）和黄炎培（任之）诸人的，到底蔡元培与黄、沈、蒋、赵等几位，除了同属教育界人物以外，是否尚有不为外人所晓得的亲密关系，却是关心"五四"事件及蔡元培和北大校史者所不能不注意的。

再翻阅蔡元培日记，使人感觉其中似尚有许多未被破解的信息，透露出"五四"事件以后，尤其蔡元培南下后，似尚有

---

① 北京《晨报》，1919年5月14—15日，第2页。

一批南方人物在这段纷扰时期对时局的推演扮演过重要角色。其中尤令人感到好奇的，就是一位在蔡氏日记中出现频繁的人物——蒋梦麟。从蔡元培日记看，蒋梦麟在蔡元培隐居杭州时，为他肩负着传递南来北往讯息的重大责任。下面兹整理蔡氏日记中提及蒋梦麟的部分，[①]再佐以《胡适遗稿及秘藏书信》所收史料中透露的蒋氏活动讯息如下：[②]

表2：蔡元培日记有关蒋梦麟的记载（1919.5.21—1919.8.2）

日期	蔡、蒋活动	胡适来往书信的相关记载
5月21日	早车启行赴杭。午刻到。	
5月22日	得梦麟函及北京两电。	黄炎培、蒋梦麟覆胡适函："子公现已离沪返乡。回校任职事，子公已允。此事若不另生枝节，大学可望回复原状……子公在沪时每日相见，此公仍抱积极精神，转告同志……大学情形请时时告我，当转达子公。"
5月23日	得梦麟函……	

① 蔡元培：《日记》，第72—94页。
② 黄炎培、蒋梦麟：《致胡适函》（1919：5.22），收入耿云志主编《胡适遗稿及秘藏书信》第37册，黄山书社，1994，第29—33页。蒋梦麟：《致胡适函》（1919：5.24/1919：5.26/1919：6.13/1919：6.28），收入耿云志主编《胡适遗稿及秘藏书信》第39册，第417—428、461—463页。蒋梦麟、陶知行：《致胡适函》（1919：6.24），收入耿云志主编《胡适遗稿及秘藏书信》第36册，第359页。

续表：

日期	蔡、蒋活动	胡适来往书信的相关记载
5月24日	致梦麟函，并致各校长函稿节本，属登报……昨梦麟函中，言杜威可留华一年，已得哥仑比亚复电。本日又得梦麟函，附来汤尔和函及朱一鹗各一函。	晚，蒋梦麟致胡适函："久不得来书，想忙得很。蔡先生电，学生疑是假冒的……此电由我亲手打出，并写信给你，现在想已明白了。照你看来，大学究竟能否保全？……大学内部什么样？教授会进行如何？要你对我说，我好讲给蔡先生听听……"
5月26日		晚十二时，蒋梦麟致胡适函："久没有你通消息，记念得狠……大学现状给我讲讲。千万千万，我实在记念杀了。"
5月27日	致梦麟快函……得梦麟函。	
5月29日	得梦麟函……致梦麟函。	
5月30日	得梦麟函，告与杨健问答语。	
5月31日	致梦麟、任之函。	
6月3日	得梦麟函，附来胡适之函。同日〔疑日记误书日期〕，致梦麟函。	
6月4日	午后，迁居杨庄……得梦麟函。	
6月5日	得蒋梦麟函，言见寄法文报。	
6月6日	致梦麟函。	
6月7日	得梦麟快函，内有许德珩函。	
6月8日	致梦麟函。	

续表：

日期	蔡、蒋活动	胡适来往书信的相关记载
6月13日		蒋梦麟致胡适函："学潮已告一段落，以后不知道什么样？上海因工人相继罢工，几乎闹大乱子。我吃了不少苦，倦极了……"
6月15日	得梦麟函。	
6月24日		蒋梦麟、陶行知致胡适函："麟今晨自杭归……"
6月27日	致梦麟函，并还适之函。	
6月28日		蒋梦麟致胡适函："你的长信来，我刚在杭州。我于24日回来……蔡先生来了快信［按：指6月27日蔡致蒋函］，表示有回校的意思。照我看来，他终回来的……"
6月30日	得梦麟函。	
7月3日	得梦麟函，附来广西省议会、北京教育会各一电，得梦麟所寄《新教育》杜威号。	
7月4日	致梦麟函。	
7月7日	得梦麟函，并附来适之函。	
7月8日	致梦麟函，附还适之函。	
7月13日	谷弟来，携教育部十二日电，催病愈速往……致梦麟快函……知梦麟已到，约到此一谈。	
7月14日	偕梦麟游花坞，遇雨……梦麟、尔和在此晚餐，决请梦麟代表，到校办事。	

续表：

日期	蔡、蒋活动	胡适来往书信的相关记载
7月15日	尔和、梦麟来……致幼轩快函（告梦麟事）。	
7月16日	尔和、梦麟来。梦麟本日赴上海。	
7月17日	致蒋梦麟……快函。	
7月18日	致梦麟快函。	
7月20日	得蒋梦麟十九日快函。	
7月22日	得谷弟电："报载校内情形，蒋代似欠斟酌，速电蒋缓接。"发一电："北京医学专门学校汤校长转蒋梦公：争端又开，请勿接办。"……得幼轩及仲玉十九日函，均不以倩蒋代办为然。	
7月24日	得梦麟二十一日函。	
7月26日	致尔和、梦麟快函。	
7月27日	得北大评议会、教授会宥电："蒋君代表公来，同人至为欢迎。一切事宜，已与会商进行。痊复仍乞速驾，以慰群望。"得梦麟二十四日快函，述自二十一日至二十四日经过状况。	
7月28日	致梦麟快函，附去李石曾、郑阳和、张廷济各函。……得梦麟快函（二十五日）。	
7月29日	致蒋梦麟电。	

续表:

日期	蔡、蒋活动	胡适来往书信的相关记载
7月31日	得梦麟二十七日函。	
8月1日	致尔和、梦麟快函。	
8月2日	得梦麟二十七、二十八日报告，二十九日函。	

　　由上表的记载可知，蒋梦麟是蔡元培避居杭州时期的一个对外联络窗口。可惜上表所记两氏往来函电，未被收入《蔡元培全集》。可以想见，这批史料若尚存人间，一旦公开披露的话，必可揭示许多精彩内幕。不仅如此，稍为浏览上表可知，蒋梦麟与胡适也有密切关系，双方通函涉及的许多内情，是迄今尚未被阐明的隐讳历史，必须另文详探。回来论蔡、蒋关系，综览上表可知，1919年7月14日起，蒋梦麟被蔡元培委以重任，代表他主持北大校务，从此成为各方瞩目的要角，一跃成为中国教育界的核心人物。[①]然则蒋梦麟与蔡元培的关系为何？再据蔡元培日记"7月14日"条下记：

　　　梦麟、尔和在此晚餐，决请梦麟代表，到校办事。[②]

是则蒋梦麟与汤尔和似亦有密切关系，而汤氏在蒋氏出任蔡元

---

① 关于蒋梦麟的研究成果尚少，可参杨翠华《蒋梦麟与北京大学，1930—1937》，《"中研院"近代史研究所集刊》第17期下册（1988：12），第261—305页。
② 蔡元培，《日记》，"1919年7月14日"条下，第86页。

培个人代表一事上，是一位重要的知情者兼参与者。然则汤、蒋关系如何？汤、蔡关系又是怎样？

三、蒋梦麟代理北大校长的台前幕后

（一）汤尔和日记中"留蔡助蒋"的记录

据蔡元培《我在教育界的经验》回忆，蒋梦麟是他早年任绍兴中西学堂监督时"第一斋的小学生"。[①]至于汤尔和，蔡元培在其《自写年谱》及马叙伦在《我在六十岁以前》一书中记述，是蔡元培早年在杭州养正书塾的学生。也就是说，蒋、汤与蔡元培都有师生情谊。[②]到了1917年初，蔡元培初掌北大校长，汤尔和正出任北京医学专门学校校长。蔡氏主持北大时，汤氏多次为他出谋划策，是蔡元培极为倚重的智囊。1919年5月9日，蔡元培辞职出走，汤尔和随后南下杭州。蔡、汤南下之际，汤尔和对促成蒋梦麟出任蔡氏个人代表发挥过关键的作用。至20世纪20年代，汤氏数度入阁，出任北京政府教育总长等要职。他在1940年逝世时，职务为华北政务委员会常务委员兼教育总署督办。像这样一位重要人物，却因私人资料的下落不明，其在近代史上所扮演过的角色，迄今未受后人充分了

---

① 蔡元培：《我在教育界的经验》，收入氏著《蔡元培全集》第8卷，第505页。
② 蔡元培：《自写年谱》，收入氏著《蔡元培全集》第17卷，第443页。

解，^①史料有阙，对历史知识造成的缺憾，委实令人无可奈何。然而，研究者若能辅以周边史料，或许也能拼凑出这段历史的大致轮廓，使我们对蔡、汤、蒋三人的关系，得出一个较为清晰的了解。

在解开"蒋代"谜团一事上，最令人感到庆幸的，是蔡、汤、蒋于1919年7月14日达成"蒋代"共识后十七年（1935年），一位当年远在北京的"局外人"，为了解开心中疑惑，特地向汤尔和借得1919年日记，为这段鲜为人知的"蒋代"内幕，留下重要的历史纪录，此人即上表出现过的胡适。下面略按胡适摘录的汤氏日记中有关"蒋代"一事的记录，^②以之与蔡元培日记所记作一对照，^③呈现1919年夏蔡、汤、蒋三人互动的情形：

表3：汤荐蒋代的原委经过

日期	蔡元培日记的记述	胡适摘录的汤尔和日记	教育界大事
6月3日	得尔和函，有"来而不了，有损于公；来而即了，更增世忌"等语。		
6月4日	午后，迁居杨庄。……致尔和函。		
6月12日	得汤尔和、沈尹默……诸君函。		

①　就本人孤陋所及，目前只有一本汤氏后人"幼松"撰写的《汤尔和传》（1942年出版），对汤氏的生平作了故事性的叙述，该书叙事简略，且无充分的史料佐证。

②　《胡适选抄汤尔和日记及跋语》，收入耿云志主编《胡适遗稿及秘藏书信》第13册，第285—291页。

③　蔡元培：《日记》，第74—94页。

续表:

日期	蔡元培日记的记述	胡适摘录的汤尔和日记	教育界大事
6月18日			新上任的教育次长傅岳棻致蔡元培电,表示:"学潮渐息,大学校务仰赖维持。"
6月20日	得尔和函(十六日),言将偕尹默来杭。		蔡元培回傅岳棻电:"奉职无状,理宜引退。"
6月21日	得尔和快函。		
6月26日	晤尹默。		
6月28日			中国代表拒绝在巴黎和会条约上签字。
6月29日	尔和来,在此午餐。	晨八时买舟至杨庄,晤鹤庼先生,历述〔五月〕九日以后情形,为言此后出处之策。鹤公有言必听。在云山隐约之中,推襟送抱,亦一乐也。	
6月30日	进城,晤尔和、尹默。		
7月1日	尔和来,言明日赴沪,寓三马路上海旅馆。		
7月4日	见尔和致谷弟函及维白复电。致梦麟函。致尔和函。		
7月8日	致尔和函。		

续表：

日期	蔡元培日记的记述	胡适摘录的汤尔和日记	教育界大事
7月9日			蔡元培致电全国学生联合会、北京学生联合会、北京大学学生干事会，表示放弃辞职之意。同日，蔡氏致电教育部，表示同意"暂任维持，共图补救"。
7月10日	得读汤尔和致谷弟函…… 得全国学生联合会复电："佳电敬悉。学生等此后自当循轨报国，力学爱国，借答我公至意。惟请早日返职，以慰群校。"	蔡先生覆电及学生电已见报。此事大约不致中变。与梦麟谈及"遗代"问题。余劝梦兄半年留京，半年在沪，可兼顾而不至偏废……梦兄颇以为然。	
7月12日	谷弟及尔和来。		
7月13日		与尹默谈鹤公北上时期，所见略有不合。余之观察稍周密，既为鹤公采用，亦不必辨。余劝其出洋，亦以为是。将来当为力图。	
7月14日	偕梦麟游花坞，遇雨……梦麟、尔和在此晚餐，决请梦麟代表，到校办事。		
7月15日	尔和、梦麟来。		

续表：

日期	蔡元培日记的记述	胡适摘录的汤尔和日记	教育界大事
7月16日	尔和、梦麟来。梦麟本日赴上海。	晨九时至杨庄。前夕（十四）谈及鹤公代理问题，鹤公属意梦兄，而苦于手续繁重。为一一疏解，鹤公恍然，遂定议。余约梦兄二十日同行。	
7月17日	进城，晤沈尹默。		
7月18日	马夷初及陈、洪、金、王四校长各致尔和电，均催我速往……得本届毕业学生代表……函，催速往或指定代理人。		
7月20日	得尔和十九日晚十二时函。得梦麟十九日快函。致尔和快函（北京）。		
7月22日	得谷弟电："报载校内情形，蒋代似欠斟酌，速电蒋缓接。"发一电："北京医学专门学校汤校长转蒋梦公：争端又开，请勿接办。"……致尔和快函。		

续表：

日期	蔡元培日记的记述	胡适摘录的汤尔和日记	教育界大事
7月24日		傅（岳棻）即派秘书来言，胡仁源已由部呈总统请示办法，并言，蔡校长病已就愈，先派蒋教授来京维持校务云云。又拟直接以公文致蒋君，请其执行职务。余大加称赏……部中盛气已馁，而对余个人之戒惧，均可推知。	
7月25日		尹默昨自南归，午约在西车站便饭。余故作疑阵戏之，谓我久主张送君出洋，故与鹤公言之甚力。今自知此说不能成立，自愿取消。渠信以为实，为之色变。乃探得其对于梦兄态度，知无他故，乃复允之。	

续表:

日期	蔡元培日记的记述	胡适摘录的汤尔和日记	教育界大事
7月26日	致尔和、梦麟快函。致尔和电。	函鹤公，双行密书尽四纸。大旨述……梦兄之来，某所以赞同者，实以学生心理梦兄深知，其学问手腕足以服人。学生心安，其余可迎刃而解。今则不出所料。所惜者，未与尹默一商耳。沈君谓梦兄之来纯由某所主持，其故则为江苏省教育会出力……昨谈此节，裴子断定沈素来利用鹤公，今见梦兄负重命来此，陡生吃醋之意，又恃部中奥援，故敢放肆。人心蠼蠼，可胜慨叹！	
7月27日	得尔和二十四快函，言如有要事，用密电，每码加三字。		

续表：

日期	蔡元培日记的记述	胡适摘录的汤尔和日记	教育界大事
7月28日		大学自蒋博士来后，各方面均有宁息之象。教育部以范静生先生一言，降心相从。一面明文呈总统，以胡仁源调部任用，一面训令大学，承认蒋君代蔡校长主持校务。安福一方面亦缓中上攻击。仅以无名小卒请愿恢复工科。	
7月29日	得尔和勘电，又得二十七日函。		
7月30日	致尔和快函。	昨晚梦麟〔、〕裴子来共谈大学事……梦兄……一切均措置得宜，余极称之。裴子亦谓行有余力。天假此缘，使梦兄挥其健腕，不独外得众心，而内部亦消灭许多反侧。其发挥力诚足使人起敬也。	
7月31日	得梦麟二十七日函。得尔和二十八日两函。得夷初二十八日函。		
8月1日	致尔和、梦麟快函。		
8月2日	得尔和三十日函。得梦麟二十七、二十八日报告，二十九日函。		

《蔡元培全集》所收1919年蔡氏日记只记录到8月2日，不过胡适摘录的汤尔和日记也只记录到7月30日，大约"蒋代"一事，至此已告一段落，局面大致底定。按蔡元培日记的记载，已清楚显示出"蒋代"过程中，汤尔和扮演十分关键的角色。其中尤值得注意的，是6月3日至6月底，汤尔和对蔡元培是否回任，态度出现过一番转折，原因则不太明朗。唯一可以清楚知道的是，一旦国内外局势已有利蔡氏回任，汤尔和在"蒋代"一事上，从一开始就扮演了重要的推手角色。上表的记载便显示，"蒋代"一事的确立，关键日期在7月14日。当天蔡元培日记只记载一句话："梦麟、尔和在此晚餐，决请梦麟代表，到校办事"，令人不太明了个中原委。好在汤尔和日记"7月10、16日"条下，有较蔡氏日记详细得多的记载，使人了解到此事原来出于汤氏献策，其策略则分别为蒋、蔡两氏所采纳。7月14日，蔡、汤、蒋三人会谈，则为此事确定下来的关键日期。对于这天的决议，蔡元培另有致老友蒋维乔函（1919年7月30日）述及此事说：

　　　　梦麟之事，……弟接校中来函，言"主持无人，迫不及待"，因有电部请蒋代理之提议，而梦麟坚不肯承认。适与尔和泛论，始知医专等校有代表签行办法，乃商之梦麟，承其允诺，是十四日午后六时事。[1]

---

① 蔡元培：《覆蒋维乔函》（1919：7.30），收入高平叔、王世儒编注《蔡元培书信集》上册，浙江教育出版社，2000，第439页。

可见"蒋代"的确切办法，是在7月14日午后六时议定。据上函所记，汤尔和实是此事的直接促成者。

虽然汤尔和是"蒋代"的关键推手，但以蔡元培日记及蔡函记述之简略，若非《胡适遗稿及秘藏书信》保存下汤氏日记，后人难以推知汤尔和"留蔡助蒋"的诸种细节。当年胡适摘录完汤尔和的日记后，便不禁留下下面几段按语：

> 此册记"五四"风潮，六三，挽蔡孑民，用蒋孟邻代理北大，等等，都最详，是很好的史料。
>
> 尔和先生是当日操纵北京学潮的主要人物，他自命能运筹帷幄，故处处作策士，而自以为乐事。①

胡氏尚有一段按语，内容则说：

> 尔和爱护蔡先生，自是诚意；其推崇孟邻，似也是出于诚心。尔和自是好事者，然八年夏秋之间他于北大是有功的。他拔出梦麟，亦有造于梦麟，不然，他也许被黄任之诸人完全毁了。②

胡氏按语中提到的"黄任之"，即前面所述与蒋梦麟关系密切的江苏教育会副会长黄炎培。再者，胡适摘录汤氏日记完毕，其于1935年12月13日所作致汤尔和函中，又明白地表示：

---

① 《胡适选抄汤尔和日记及跋语》，第285页。
② 《胡适选抄汤尔和日记及跋语》，第291—292页。

> 八年五四之后，留蔡之事，先生用力最勤，而梦麟
> 兄之来北大尤为先生第一大功。倘梦兄不北来，他也许要
> 被任之兄一班人毁了。故梦兄北来之举，先生实大有造于
> 他，亦大有功于北大。[1]

胡函除了肯定汤尔和"留蔡助蒋"以外，再一次提起"任之兄一班人"，以此对照上表所列7月26日汤尔和日记中所说：

> 沈〔尹默〕君谓梦兄之来纯由某所主持，其故则为江
> 苏省教育会出力。

此江苏教育会即黄炎培主持的南方教育机构，今观汤氏转述沈尹默语如此，而胡适复直言黄、蒋关系密切，到底蒋梦麟与黄炎培关系如何？蒋梦麟北上代蔡，是否确如沈尹默所说，与黄炎培一系有密切关系，其目的则是"为江苏省教育会出力"呢？

（二）蒋梦麟与江苏教育会

按蒋梦麟和江苏教育会的关系，沈尹默在他的晚年回忆文章《我和北大》一文中，有颇为详细的追述。沈尹默写道：

> 蒋梦麟本是蔡元培的学生，后由黄任之送他去美国学

---

① 胡适：《致汤尔和函》（1935：12.13），收入耿云志主编《胡适遗稿及秘藏书信》，第20册，第106页。

教育，目的当然是为江苏教育会系统培养人才。蔡先生到北大后，增设教育系，在评议会提出，聘蒋梦麟为教育系主任，大家同意，就打电报到美国去，要蒋梦麟回来。

不料过了几天，蔡先生对我说："不好了，黄任之大发脾气，说我抢他的人，那就算了吧。"其事遂寝。蒋梦麟由美归国后，我们也就不提此事了。[①]

照这样看来，蒋梦麟与黄炎培的深厚关系，是建立在长久情谊之上。但沈尹默为反对"蒋代"之一人，他的说辞需要辅以其他史料，始能断定其真伪虚实。

可庆幸的是，南方与蒋梦麟、黄炎培关系密切的张元济，即蔡元培5月9日出京之后，5月12日袁希涛密电所提及的"菊生、梦麟两公"中的张元济（菊生），其个人所留下的日记资料，其中便有不少蒋、黄关系的记载，可以看出所谓蒋氏为江苏省教育会所培养的人才，并非空穴来风之说。下面整理张元济日记及张元济年谱有关黄炎培、蒋梦麟事迹如下：[②]

---

① 沈尹默：《我和北大》，收入王世儒、闻笛编《我与北大》，北京大学出版社，1998，第80页。杨翠华在1988年发表的论文中，就已引用沈氏的这段回忆，指出蒋梦麟与江苏教育会的密切关系。杨翠华：《蒋梦麟与北京大学，1930—1937》，第263页。后来几种有关北大校史的论著，却都未特别注意沈尹默的这段回忆文字，殊为可惜。

② 张人凤整理《张元济日记》上册，河北教育出版社，2001，第150—151、154、182、360、363页。张树年主编《张元济年谱》，商务印书馆，1991，第142—143页。

表4：张元济日记及年谱中有关黄炎培、蒋梦麟的记载

日期	黄、蒋活动
1916年8月29日	黄任之、郭洪声来商，蒋君梦麟有博士学位，提出论文，欲托本馆印刷……本日晤洪声，询知蒋君汉文甚好，英文不甚高，译书最相宜。余云，拟由本馆聘用……
1916年8月30日	致洪声信，为延聘蒋梦麟事……
1916年9月4日	昨访黄任之，谈及蒋梦麟事……
1916年11月15日	黄任之前数日交来蒋梦麟信……
1917年8月28日	蒋梦麟来。任之来言，[中华]职业教育社要蒋兼办社事。需分时间三分之一……
1917年8月29日	晚与高梦旦约徐甘棠、蒋梦麟、黄炎培等在一枝香商定恢复晚餐会，每月两次，约在[商务馆]三所会议一、二日之前举行。
1917年8月30日	致黄任之信，为蒋梦麟事。

上表数次提及的"郭洪声"，与黄、蒋关系密切，即南高校长郭秉文，则也是江苏教育会培养的重要人才。[1]郭秉文与蒋梦麟一样，毕业于美国哥伦比亚大学教育系。郭氏出国较早，回到中国不久，就被委以南京高等师范学校校长职务。这个简称"南高"的学校，也是江苏教育会支持的一所南方最高学府。蒋梦麟在黄、郭两氏引荐下，一回国便进入中国最重要的文化机构——商务印书馆。黄、郭如此安排，自然是考虑到学校与出版事业的互惠互利关系，才安排"自己人"进入商务印书馆工

---

① 吕芳上师在1994年发表的论文中，便已指出郭秉文是江苏教育会中坚人物。详参吕芳上《"学阀"乎？"党化"乎？——民国十四年的东南大学学潮》，"国父建党革命一百周年学术讨论会"会议论文，台北，1994年11月19—23日，第16页。

作。然而到了1917年5月6日，黄炎培大力推动下成立的新机构中华职业教育社，在上海江苏省教育会成立。黄炎培眼见社务繁忙，特商请张元济允许蒋梦麟兼办社事。从这些安排来看，蒋梦麟确实是江苏教育会大力栽培的重要干部。蒋氏与郭秉文两位，堪称黄炎培在"五四"前后特别倚重的年轻左右手。

需要指出的是，蒋梦麟作为哥伦比亚大学校友，不但与"南高"的哥大毕业生郭秉文、陶知行等人交情深厚，与同属哥大校友、其时执教于北大的胡适，也有密切关系。张元济日记"1917年10月29日"条下，特别记录蒋梦麟这一人际关系说：

> 胡适，号适之，与梦麟甚熟。[①]

果不其然，翻检《胡适遗稿及来往书信》，其中收录一封1917年11月18日蒋梦麟致胡适函，就提及他在商务印书馆的近况。其中最值得注意的是，蒋梦麟道及自己与江苏省教育会的关系：

> 江苏省教育会办事颇有精神，弟与黄炎培、沈恩孚二先生意见甚洽。一礼拜中四日在商务，二日在教育会。[②]

蒋梦麟身兼两职，即是张元济日记中所记载的"任之来言，职业教育局要蒋兼办社事"的协调结果。照此看来，蒋氏与黄、

---

① 张人凤整理《张元济日记》上册，"1917年10月29日"条下，第395—396页。
② 蒋梦麟：《致胡适函》（1917：11.18），收入耿云志主编《胡适遗稿及秘藏书信》第39册，第407—412页。

沈等江苏教育会的亲密关系，是毋庸置疑的。1919年5月16日，北京高校校长陈宝泉等挽留蔡元培的密电，寄给"上海江苏教育会沈〔信卿〕、黄〔炎培〕、蒋〔梦麟〕先生"，[①]可证蒋氏在该会的核心地位，可谓南北皆知。

如今，这一位由江苏教育会长期栽培，而黄炎培本人也十分倚重的蒋梦麟，竟在1919年5月17日蔡元培南下后，担负起为蔡氏联络的角色。同年7月，复因汤尔和的大力推荐，竟作为蔡元培的个人代表，代表蔡氏主持北大校务。难怪沈尹默对于"蒋代"一事如此敏感，认定这代表江苏教育会势力伸展进入北大了！

正因北大内部对蒋梦麟颇抱疑虑，蒋梦麟于1919年7月21日晚上，由汤尔和陪伴下抵达北京后，随即与校中主要势力的代表洽谈。这夜谈话完后，蒋氏立刻写信给蔡元培，密报当晚商谈过程：

> 今晚九时半到京，寓医校。即晚十时半，适之、夷初、士远三君来谈校事，约定明日下午五时开教职员干事会。……明晨赴教育部谒傅次长，……当一一解释之：（一）系教授资格；（二）系蔡先生个人代表。……总之，持之以静，处之以公，断之以明，言之以和，则不致有甚意外事发生也。[②]

---

① 《陈宝泉等挽留蔡元培密电稿》（1919：5.16），第236页。
② 蒋梦麟：《致蔡元培函》（手札，1919：7.21），收入高平叔《蔡元培年谱长编》中册，第229页。

胡适、马叙伦（夷初）、沈士远三位，分别代表北大内部的主要势力，也是蔡元培掌校期间支持蔡氏改革的主要人物。惟蒋梦麟与胡、马、沈几位商讨后，翌日教职员会议上仍出现一番争执。经过一段折冲洽谈的过程，北大教员方才接受蒋梦麟的代理身份。7月23日《北京大学日刊》上刊登一则《校长启事》，内文说：

> 本校教职员诸君公鉴：元培因各方面督促，不能不回校任事。惟胃病未瘳，一时不能到京。今请蒋梦麟教授代表，已以公事图章交与蒋教授，嗣后一切公牍均由蒋教授代为签行。校中事务，请诸君均与蒋教授接洽办理。特此奉布，并颂公绥。
>
> 蔡元培谨启[①]

同一天，北大学生也举办了欢迎蒋梦麟的大会。[②]7月24日北大召开北大评议会与教授主任会联席会议，胡适以评议会书记身份担任会议主席，会上正式确定了"蒋代"的身份，说明蒋梦麟是以北大教授资格作为蔡元培个人代表主持校务。[③]

除了胡适以外，马叙伦也是支持"蒋代"的一位北大资深

---

① 《校长启事》，《北京大学日刊》，1919年7月23日，第1页。
② 高平叔：《蔡元培年谱长编》中册，第231页。
③ 《北京大学评议会记录（一）》，收入中国蔡元培研究会编《蔡元培全集》第18卷，第295—297页。至于北京教育部同意"蒋代"的训令，则在1919年5月25日发布。《教育部训令第306号》，《北京大学日刊》，1919年8月9日，第1页。

教授。马氏后来在《我在六十岁以前》中，特别记载这次"蒋代"的曲折过程如下：

> 五四风潮虽告结束，蔡先生却回了绍兴，不肯再做北大的校长。……教育部和校长团、教联会、学联会都派代表南下挽留，蔡先生还不肯回校，终究由校长方面挽留蔡先生的代表汤尔和替他出上一个主意，叫他的学生正在江苏教育会办事的蒋梦麟做代表，替他回校办事。可是，蒋梦麟先生在北大里毫无根辫，拿什么资格来替蔡先生代办校长的职务？北大里原有几位怕江苏教育会来抢北大的，便放了空气；可是，蒋梦麟先生已经到了北京。假定不让他来做代表，连蔡先生也不回来了，仍就妨碍了大局，又是我在里面疏通疏通。幸而蒋梦麟先生很识相，在某晚出席教职员会上很谦虚地说："蔡先生派他来代捺捺印子的，一切请各位主持。"因此，大家也没有怎样他，只得在评议会上通过了聘他做教授，担任总务长，从此蔡先生离开学校的时候，蒋梦麟先生就代理校长了。[①]

马叙伦书中忆述的"北大里原有几位怕江苏教育会来抢北大的"这句话，证实了沈尹默的晚年回忆。照这样看来，"蒋代"一事的顺利通过，其间既有胡适、马叙伦的从中疏通，也有蒋

---

① 马叙伦：《我在六十岁以前》，引自王世儒、闻笛编《我与北大》，第64页。值得一提的是，1990年台北龙文出版社印行马叙伦《我在六十岁以前》，脱漏了整整一页面，其中包含这个重要的段落。

梦麟的机智善言，这才平息下众人的疑虑，为蔡元培的回任铺定道路。

在胡适、马叙伦支持下，再加上蒋梦麟善于应对，北大内部局势渐渐趋向稳定。"蒋代"既然站稳阵脚，蔡元培也就不急着北上。于是遂有1919年8月9日蔡元培答马叙伦函，说明稍缓北行之期说：

> 五四以后，承公苦心维持，北大得以保存，众口同声，弟闻之不胜钦佩。奉前月二十八日惠书，恳切周详，令人感泣。……北行之期不能不稍缓。[1]

马叙伦给蔡元培的信函，原是为了敦促蔡元培早日返京。但蒋梦麟的阵脚既然站稳，蔡元培也就不必汲汲于北返了。

（三）袁、蒋一系

蒋梦麟与江苏教育会的关系，既然略如上述，致使外界群视蒋氏的进入北大，为江苏教育会势力拓展的表征。另外尚有一值得注意的线索，就是前引1919年7月30日蔡元培致蒋维乔信函，其中透露当年推荐蒋梦麟于蔡元培者，除了汤尔和以外，还另有其人。而且此人荐蒋的时间点，还在汤氏推荐之前。蔡元培函说：

---

[1]　蔡元培：《致马叙伦函》（1919：8.9），收入高平叔、王世儒编注《蔡元培书信集》上册，第441页。

> 梦麟之事，自经公函告后，适尔和亦以此为言，不约
> 而同。……梦麟进行既顺利，弟亦放心……[①]

可见蒋维乔是更早荐蒋于蔡者。然则这位蒋维乔又是甚么背
景？他与蔡元培的关系为何？为何竟于此时"不约而同"荐蒋
于蔡？

首先，按蔡元培日记所记，蔡氏离沪后，蒋维乔几次去函
蔡元培，可见两人关系非比寻常。再据蔡尚思所写《蔡元培学
术思想传记》，其中说他造访过蒋维乔，并据蒋氏的追述记载
蒋、蔡两氏有多年交谊，忆当年民国初建，蔡元培被委任教育
总长时：

> 先往访蒋维乔，说："因久在欧洲，对于近来国内教
> 育情形，多所隔膜，现拟将一切事务，全权托君为我规
> 划。"于是偕蒋氏和会计员共三人，初到南京组织教育
> 部，以后每遇特别情形时，都只留此最初的三个人。[②]

至1912年7月，蔡元培与袁世凯不睦，辞去教育总长。蒋维乔为
老上司谋，代蔡筹款赴欧留学。1913年夏北京大学发生风潮，
蒋维乔又建议蔡元培出任校长，是因袁世凯反对才作罢。[③]随后
蒋氏便脱离教育部，转任上海商务印书馆职务，而仍时时为蔡

---

① 蔡元培：《致蒋维乔函》（1919：7.30），第439页。
② 蒋维乔：《民国教育部初设时之状况》，收入氏著《我的生平》，转引自蔡
　尚思《蔡元培学术思想传记》，台北：蒲公英出版社，1986，第58页。
③ 蔡尚思：《蔡元培学术思想传记》，第92、145、418页。

氏设法，如请其为商务编写教科书，以济其贫。高平叔编注的《蔡元培书信集》及《蔡元培年谱长编》两书，收录蔡、蒋来往信函多通，其中讨论的事项包括：代筹款项留学、教育部次长职务更迭、北大校长聘任、为商务编书等事。[①]可见两人关系甚密，交谊至厚。

此外，与蔡、蒋两位都有交谊的张元济，其于1916—1917年所写日记、书信，复透露蔡元培出任北大校长以后，曾想借重蒋维乔的资历和经验，邀请蒋氏到北大帮忙。[②]只是蒋氏有要务在身，才婉拒了老上司的邀请。蒋维乔不肯帮忙的原因，张元济在日记"1917年3月17日"条下记：

> 竹庄来，言鹤卿又来约，拟不往，但部有事，如何措置？余言：鹤处公私皆不宜，部事却有关系，似不宜却。竹言下月拟偕任之同入京报告，顺便面复蔡君。缘写信回绝，殊难措词也。[③]

就张元济日记来看，蒋维乔与南北学界的几位要角，都有非比

---

① 蔡元培：《致蒋维乔函》（1912：6.27/1912：8.4/1912：12.26/1913：8.26/1913：12.27/1914：4.27/1914：10.2/1915：4.27），均收入高平叔、王世儒编注《蔡元培书信集》上册，第158、162、169、171、178、197—198、210—211、225—227、243—244页。并参蒋维乔《致蔡元培函》（1913：7.4/1913：12.17），均收入高平叔《蔡元培年谱长编》上册，第516—517、531、537—539、547、564页。
② 张人凤整理《张元济日记》上册，"1916年12月27日"条下，第195页。张元济：《致蔡元培函》（1917：1.1），收入中国蔡元培研究会编《蔡元培全集》第14卷，第446页。
③ 张人凤整理《张元济日记》上册，"1917年3月17日"条下，第247—248页。

寻常的关系。张氏日记所提到的几个人：竹庄（蒋维乔）、鹤顾（蔡元培）、任之（黄炎培），以及记述者张元济本人，分别代表北京政府教育部、北京大学、上海江苏教育会、上海商务印书馆几个团体。他（它）们之间错综复杂的关系，乃是所有想了解1917年前后中国教育界所必须注意者。而从张元济日记来看，蒋维乔和这几个机关的主持者，都有相当的渊源。他后来进教育部，复与民初即同任部员的次长袁希涛，建立密切的合作关系。据张元济日记，蒋维乔在教育部期间，不但与张元济维持联络，俨然是商务印书馆驻北京的联系人，且每月更收受商务津贴若干。1919年9月4日，袁希涛被免职后，蒋维乔更主动替袁氏说项，请商务每月发送二百元津贴，委托袁氏调查各省学校用书，以济其困。[①]

不但如此，蒋维乔以教育部元老身份，亦与北京医专校长汤尔和交谊匪浅。沈尹默《我和北大》一文，忆述他南下杭州寻觅蔡元培踪迹之时所遭逢的情况，如下：

> 五四运动结束后，蔡先生离京，不知何往，北大评议会议决，由我和马裕藻（幼渔）、徐森玉（时任职北大图书馆）、狄膺（学生代表）到杭州去找汤尔和，目的是迎蔡先生回来。汤尔和因北京各学校在五四运动中罢课，尔和即回杭州。我们不知蔡先生的行踪，但肯尔和是一定知道的，因此，直诣杭州。

---

① 张人凤整理《张元济日记》上册，"1918年8月30日、1919年9月4日"条下，第580、851页。

到杭州后，先由我一个人去找汤尔和。我一到门口，尔和就迎出来，说："我昨天就知道你来了，蒋竹庄从北京来电报说：'某某阴谋家到杭州来了，你要注意！'"我听了也不答腔，先问他蔡先生在何处，他说："我明天陪你去看蔡先生。"

翌日，尔和偕我到西湖上某庄子……见到蔡先生……①

观沈尹默一离开北京，蒋维乔就打电报给汤尔和通风报信，可见双方关系密切。而蒋氏不属沈尹默一系，于此亦可得见。

不仅如此，沈尹默在回忆文字中，叙及蔡元培出任北大校长的往事时，还对蒋维乔的角色有隐隐约约的暗示：

蔡先生到北大后，尽管我们帮他的忙，但教育部袁希涛对蔡很不好，遇事掣肘。袁是江苏江教育会系统黄任之的左右手，时蒋维乔亦在教育部，他们就派教育部的秘书、蔡元培的连襟陈任中每天上午十一时挟着皮包坐在北大校长室监视蔡先生，遇事就横加干涉。蔡先生曾经很不痛快地对我说："这真是岂有此理，连我派的管账的人（黄幼轩）他们都要干涉，并且派陈任中监视我，干涉学校行政。"②

照沈尹默的叙述，袁希涛为江苏教育会安插在北京的耳目，蒋

---

① 沈尹默：《我和北大》，第80页。
② 沈尹默：《我和北大》，第79页。

维乔与这班人形同一系。且袁、蒋以教育部主管身份，常常干涉北大校务，还引起过蔡元培的不快，然则沈氏的话是否属实？是否足以相信？

先说明蒋维乔和蔡元培的关系。根据前引蒋维乔、蔡元培来往信函，可知两人关系素深。以两氏的老成持重来看，似不太可能出现沈尹默所说的紧张关系。反而与沈尹默同属一系的周树人（鲁迅），[①] "五四"前后任职教育部，其1927年6月12日致章廷谦函上论及蔡元培用人，所论却与沈尹默不太相符。周树人道：

> 其实，我和此公［按：指蔡元培］，气味不投者也，民元以后，他所赏识者，袁希涛、蒋维乔辈……[②]

周氏以教育部资深僚属身份，指出袁希涛、蒋维乔同为蔡元培所赏识，恐怕是相当可靠的记述。观1930年袁希涛逝世时，蔡元培回忆两人早年的关系道：

> 予与袁先生有同寅之雅，论交可称莫逆。犹忆曩年供职教部时，深资臂助。[③]

---

① 据沈尹默在《我和北大》所列"我们"自己人的名单，包括下列诸人："马幼渔、叔平兄弟，周树人、作人兄弟，沈尹默、兼士兄弟，钱玄同、刘半农等，亦即鲁迅先生作品中引所谓正人君子口中的某籍某系。"第75页。

② 周树人：《致章廷谦函》（1927：6.12），收入氏著《鲁迅全集》第11卷，人民文学出版社，1995，第547页。

③ 蔡元培：《袁观澜追悼会开会词》（1930：9.20），收入氏著《蔡元培全集》第6卷，第541页。

所言可证周氏之说。从蒋维乔、袁希涛、蔡元培有多年交谊看，长期患难相济下，彼此情谊恐非沈氏等是蔡元培出任北大校长后始识所能比拟。

因此，沈尹默在《我和北大》一文中对袁、蒋的批评，恐怕得从他下面所述，方能明白双方交恶的原因。此即两个阵营的共同点，都是想"包围"和"利用"蔡元培。沈尹默写道：

> 教育部对蔡先生掣肘的详细情况我不得而知。袁希涛对蔡不好，在我想来，是江苏教育会已隐然操纵当时学界，想包围蔡先生为江苏教育会所用，而蔡先生被我们包围了，因此他们就捣蛋……①

沈氏上述说法颇为直白，与前引汤尔和日记所记邵长光（裴子）的话："沈〔尹默〕素来利用鹤公。"恰可互相佐证。

虽然，沈尹默文对袁、蒋、蔡关系的说法，恐怕不是那么准确；除了这一部分以外，沈氏回忆中的其他段落，例如指出袁、蒋与江苏教育会关系密切，倒是揭示出重要的历史真相。

就袁希涛与江苏教育会的关系而言，黄炎培晚年的自传《八十年来》，便为沈氏之说提供了明确佐证。黄炎培写道：

> 清朝末年，各地兴学的风气大开，新旧思想复杂……酿成种种纠纷。江苏省有江宁提学使，有江苏提学使，一

---

① 沈尹默：《我和北大》，第79页。

驻南京，一驻苏州，同是管辖全省学务，时时发生职权上的争执，在这种情况下，一九〇五年很自然的产生江苏学务总会（后改名江苏省教育会），主要成员沈恩孚（信卿）、姚文枬（子让）、袁希涛（观澜）、杨廷栋（翼之）、雷兴（继兴）、方还（惟一）、刘垣（厚生）、孟昭常（庸生）和我，这一群人推张謇为会长……①

可见袁希涛不但与江苏教育会的两巨头黄炎培、沈信卿有长久交谊，而且根本就是这个团体的早期核心成员之一。沈尹默所谓"袁是江苏江教育会系统黄任之的左右手"之说，不是无根据的说法。事实上，民初袁希涛进入教育部，即是出于黄炎培向蔡元培的推荐。②袁希涛从此进入教育部，一方面与蔡元培建立僚属关系，一方面作为江苏教育会耳目，时时为该会提供部中消息。③

今揭《严修年谱》收录的一通袁希涛电文，更显示袁希涛与江苏教育会在"五四"前后，实有许多不足为外人道的频繁电报往来。《严修年谱》"1919年5月7日"条下记：

① 黄炎培：《八十年来》，文史资料出版社，1982，第48—49页。
② 黄炎培回忆："民国既建，中央政府创立于南京。吾师〔按：指蔡元培〕归，就第一任教育总长职，电招往助……荐袁先生希涛以代。"黄炎培：《吾师蔡孑民先生哀悼辞》，收入陈平原等编《追忆蔡元培》，中国广播电视出版社，1997，第116页。
③ 袁希涛和江苏教育会的密切关系，容另文详探。吕芳上师考察江苏教育会的历史演变，曾指出袁希涛为该会中坚人物。参见吕芳上《"学阀"乎？"党化"乎？——民国十四年的东南大学学潮》，第6页。

午后，江苏教育会副会长沈信卿来，以教育部袁希涛次长电示先生，意谓牵于五四风潮，恐北京大学校长蔡元培地位动摇，欲先生速返北京维持。先生托沈复袁电，蔡地位不至动摇，一时不能入京。[1]

袁希涛发出电文之日，大抵即5月7日。这一天，北京政府内部刚作出撤换蔡元培，以马其昶掌北大校长的决定，"蔡元培地位动摇"之说，并非空穴来风。后来，蔡元培也是因听到相关传言才决定自行辞职，免遭撤职之辱。[2]等蔡氏离职出京，袁希涛复又有密电南下，问江苏教育会副会长黄炎培道：

严范老已否北回？[3]

严修作为北洋教育界名宿，与大总统徐世昌私交甚厚，袁希涛正是为了保住蔡元培的地位，才积极邀请严氏北返；且在蔡氏

① 严修自订、高凌雯补、严仁曾增编《严修年谱》，齐鲁书社，1990，第415—416页。
② 《由天津车站南下的谈话》，第630页。
③ 袁希涛：《致黄炎培密电稿》（1919：5.15），第236页。

离职之后，犹探询严氏行止如何。①

再者，前引《五四爱国运动档案资料》一书，也收录袁希涛致黄炎培密电一通，发电日期为1919年5月29日，内文说：

> 勘电悉……大学情形极复杂，日内子老来，恐亦难处理，尔和意见相同，适之赴津，俟回与商，如尚有方法，当再电告。特此密复。涛。②

这封信函透露一个讯息，即袁氏与江苏教育会的关系实远远超出一般人的想象。袁氏在电文中所关切的，是蔡氏出京后北大内部的复杂状况，并担忧蔡元培即便回京，或许亦未能有效稳定大局。这通电文提到汤尔和与胡适，显然是这段非常时期与袁氏来往颇密，而江苏教育会也同时能信任的两个人。此通电文，也解释了何以5月20日蔡元培电告北京政府愿意回任后，却又在5月26日电复北京政府改口表示："卧病故乡，未能北

---

① 等到蔡元培辞职出京，京中教育界大大动荡之际，袁希涛复在5月15日致黄炎培密电中，询问："严范老已否北回？"袁希涛：《致黄炎培密电稿》（1919：5.15），第236页。过去论者不察，据袁希涛在蔡元培南下后所发电文，以为是"军阀政府""玩弄阴谋"的表现，"企图以暂时挽蔡来平息学生运动"。参见梁柱《蔡元培与北京大学（修订本）》，北京大学出版社，1996，第259页。其实不然。反倒是彭明的《五四运动史》指出，袁希涛所发密电"反映了他的焦虑心情"。彭明：《五四运动史（修订本）》，人民出版社，2000，第302页。彭氏所论颇确，按诸史实，袁希涛确是真心挽蔡。

② 《袁希涛关于限令上课期满部持冷静态度密电稿》（1919：5.29），收入中国社会科学院近代史研究所、中国第二历史档案馆史料编辑部编《五四爱国运动档案资料》，第238页。

上。"①再者，这通电文也使我们了解到，何以前引表3"1919年6月3日"条下，汤尔和致蔡元培函上表示不赞成蔡氏返京，原来是考虑到北大的复杂内情。对于当年袁希涛维持调停的苦心，当事人蔡元培倒是一直了然于心。袁希涛去世时，蔡元培在一篇纪念文中表示：

> 五四学潮起，大有风雨满城之势，教部适当其冲，颇难应付。幸赖袁公周旋其间，奔走各方，不辞劳瘁……②

所言完全符合袁希涛当年所起的历史作用。

总之，上面数通不为研究者所注意的袁希涛电文，在显示出"五四"事件爆发以后，袁希涛发往上海地区的电报，恐怕尚有不少未被外界洞悉者，而其中实包含了重要讯息。从袁电屡次南下看，当年北京—上海地区消息畅通的程度，远远超出一般人想象之外。

话说回头，到了1919年6月5日，北京学潮始终有增无已，且扩大成全国性反政府风潮，北京政府内阁会议作出决议：批准代理教育总长袁希涛辞职，由傅岳棻继任。同日，北京政府也批准北京大学校长蔡元培辞职，由胡仁源继任。袁、蔡"命

---

① 蔡元培：《覆国务总理教育总长电》（1919：5.26），收入高平叔、王世儒编注《蔡元培书信集》上册，第417页。
② 蔡元培：《袁观澜追悼会开会词》，第541页。

运相连"，从一个侧面证明江苏教育会一系确是真心挽蔡。[①]至于袁希涛的被免职，则可视为江苏教育会的一次重大挫败。袁氏遭免职消息传出，翌日严修在日记中评论此事道：

> 学界风潮日甚一日，昨日遂有袁（希涛）次长免职，授傅岳棻以教育部次长，代理部务之令。外交无丝毫之补救，教育有根本之推翻。彼倡始者，安知结果之竟至如此也。[②]

严修这段评论所涉及的内情十分复杂，关系到江苏教育会在"五四"事件期间所扮演的角色，非本文所能详论。至严氏所谓"教育有根本之推翻"一句话，所指恐不止北京教育界的局面，而更牵涉该系在全国范围的布局。由此一句话，可见袁氏去职的影响之深且广；江苏教育会在南北学界的广泛影响力，于此亦可窥见一斑。

再论蒋维乔与江苏教育会的渊源。如前所述，蒋氏与商务馆张元济本有密切联系。他与黄炎培、袁希涛两氏，也有多年的合作关系。20世纪20年代中，东南大学（南高改组后成立的大学）发生严重学潮，蒋维乔被南方人士举为该校校长，即可知他与江苏教育会关系之佳。1927年北伐期间，国民党人列举江苏教育会要角时，复明白列出下面诸氏姓名：

---

① 周策纵的《五四运动史》一书，搜罗史料颇备，却也误判袁希涛的角色。Chow Tse-tsung, *The May Fourth Movement* (Cambridge: Harvard University Press, 1960), p.158—159.
② 严修自订、高凌雯补、严仁曾增编《严修年谱》，第419页。

> 江苏著名学阀黄炎培、郭秉文、袁希涛、沈恩孚、蒋维乔，……把持全国教育及文化事业……[1]

是则沈尹默所谓袁、蒋一系，要皆江苏教育会驻北京的重要棋子，是有相当事实为依据，不能径以"敌对派"的诋毁之词轻忽视之。

总括来说，蒋维乔和汤尔和的先后荐蒋，恐非蔡元培致蒋维乔函上所谓"不谋而合"，而根本是一种细心筹划下的"共谋"之举。蒋、汤两位，一居南，一在北，函电、面商之际，分别荐蒋梦麟于蔡元培；彼此之间，又函电商讨，共拒"阴谋家"沈尹默；其间对蔡元培所形成的"包围"之势，恐怕有过于蔡氏及外界所能知晓者。蒋维乔与汤尔和的区别是在于，汤较蒋更胆大心细，又知"医专等校有代表签行办法"，遂向蔡元培建议让蒋梦麟以蔡氏个人代表身份代理北大校务。蒋氏则较老成持重，对于这样的做法不无疑虑而已。[2]

（四）杭州西湖杨庄的访客

不但如此，在沈尹默《我和北大》中复有一段耐人寻味的叙述，使人恍然于江苏教育会在"蒋代"一事上，实有极其细密的安排。按沈尹默追述他在杭州会晤蔡元培，曾发生一段插

---

[1] 上海《民国日报》，1927年7月2日，转引自高平叔编《蔡元培年谱长编》，下册（1），第61页。
[2] 蒋维乔对"蒋代"办法的保留态度，可从蔡元培致蒋氏信函的措辞可以揣摩而知。详参蔡元培《致蒋维乔函》（1919：7.30/1919：8.10），第439、442页。

曲如下：

> 到杭州后，……翌日，尔和偕我到西湖上某庄子（大约是刘庄），见到蔡先生，正在谈话时，尔和走开了（打电话之类的事），蔡先生对我说："很奇怪，尔和昨天来告诉我，你们来了，要我回去，但尔和劝我不要回去。我说，不回去怎么办呢？他说要蒋梦麟代替我去做校长，你说奇怪不奇怪？"蔡接着讲："我对尔和说，当初评议会通过办教育系，要梦麟来，任之大吵，你现在要梦麟代我当校长，要通过任之才行。尔和说，任之昨天在杭州，现在到厦门讲学去了，不必告诉他了。"蔡先生又说："你说怪不怪，当初不同意，现在连讲都不必和他讲了。"①

这一段话有几点奇特之处，需要在此稍加说明：第一，按蔡元培日记记载，蔡、沈在杭州初次会面，时在1919年6月26日。那一天，蔡氏的日记非常简略，涉及沈氏的部分只有寥寥三个字："晤尹默。"②所以，若只读蔡氏日记，会以为当天在场的只有蔡、沈两人，殊不知汤尔和原来也在现场，且是很重要的"第三者"。第二，沈尹默说他面见蔡元培之前，汤尔和已荐蒋于蔡。如今细味沈尹默转述的蔡、汤对话，辅以上文所言种种情状，可知汤尔和荐蒋于蔡一事，即便不是黄炎培采取主动，

---

① 沈尹默：《我和北大》，第80页。考沈尹默造访蔡元培居所，应是杨庄而非刘庄。
② 蔡元培：《日记》，"1919年6月26日"条下，第81页。

至少也是先获得黄氏同意。第三，沈尹默文章提到汤、蔡对话之际，汤尔和忽尔冒出的一句话："任之昨天在杭州。"这一句话，实透露出一个重要线索。

按沈氏所谓"昨天"，指1919年6月25日。这天蔡元培日记未有关于时事的记载，但此前一天，亦即6月24日，蔡元培收到北京教职员联合会的康宝忠、马叙伦来电，电文表示：

> 号电闻部已代复，仍坚挽留，勿再辞，君默、幼渔枒日南谒，当能接洽。宝忠、叙伦。[①]

翌日（25日），蔡元培等候沈尹默（君默）、马裕藻（幼渔）来杭，在一片阴雨中出门观赏雨中景色，回来后赋诗一首，头两句说：

> 高下诸峰若竞争，偶然均势白云横。
> 横看成岭亦殊妙，漫说看山喜不平。[②]

就在这一天，沈尹默、马裕藻在阴雨中抵杭。沈尹默更马上出门，前往拜访汤尔和。同一日，也许是在沈、马抵达杭州以前，人在杭州的黄炎培却动身到厦门去。黄炎培居杭期间，蔡元培对他的动向似无所知，而日记中也未有提及蔡、黄晤面。就蔡、黄的关系而言，这是不寻常的事。因为蔡元培《我在教

---

① 蔡元培：《日记》，"1919年6月24日"条下，第80页。
② 蔡元培：《日记》，"1919年6月25日"条下，第80页。

育界的经验》记载，黄炎培是他的早年学生，是他任南洋公学特班教习时的高材生。^①"五四"以后，蔡元培南下上海，黄炎培是他密商谋略的少数人之一。如今黄氏抵达杭州，却未与蔡氏见个面，实在不太寻常。反之，黄炎培却是与汤尔和见面晤商过，双方达成了"蒋代"的共识。等到沈、马抵杭之时，黄、汤合议已达成，黄炎培自然不必再留杭了。

沈尹默见过汤尔和后，汤尔和答应翌日带沈见蔡。然而，他随即出门，乘舟到西湖杨庄向蔡元培面报沈尹默诸人已到，将劝他复职北上。随后，汤尔和向蔡元培提出，根据他的观察，蔡元培暂不宜北上，最好由蒋梦麟出面代理。等到大局稳定后，再北上复职不迟。这时候蔡元培提出，蒋梦麟是黄炎培的人，此事要先获黄炎培同意，汤尔和回答说不必了。蔡元培不知"蒋代"一事，根本就是汤、黄的"共识"乃至"共谋"，自然不必再问黄氏。接下来的，只是具体进行办法而已。

汤、蔡面谈翌日，即6月26日，沈尹默在汤尔和陪同之下，于一片晴空下乘舟到西湖杨庄。舟行之际，他可能还盘算要如何措辞，如何劝蔡氏返京，却不知"蒋代"一事，此时已略成定局。多年以后，沈尹默回想起这一幕，忍不住透露心底的不满与不解：

> 总之，蔡先生就答应了［汤尔和］。蔡先生对汤尔和如此信任，任其摆弄，我始终不解其故。^②

---

① 蔡元培：《我在教育界的经验》，第505—506页。
② 沈尹默：《我和北大》，第80页。

其实，正如沈尹默所坦承的，他们一系何尝不是力图影响蔡元培？只是沈氏阵营与汤尔和、蒋维乔等与蔡元培的情谊，本来就有明显的亲疏之别。而沈尹默在谋略上，也远不如汤、蒋、黄等老谋深算。从汤尔和在7月13日劝沈尹默出洋，再到他在7月25日以此试探沈氏，终得到沈氏"色变"的反应。沈尹默一派在这一役的全面败北，可说已成定局。

四、小结

本文所述1919年5月9日至9月12日，蔡元培从辞职出京到复职所经历的种种曲折内幕，若依蔡氏所撰《自定年谱》，其叙述如下：

> 我自出京后，寓天津数日，即赴杭州，寓从弟国亲家，后又借寓西湖杨庄，满拟于读书之暇，徜徉湖山。奈北大纠纷未已，代表迭来，函电纷至，非迫我［回］京不可。经多次磋商，乃于七月十四日，与蒋君梦麟面商，请其代表到校办事。蒋君于十六日赴北京，又经函电商讨，我直至九月十日启行，十二日到北京，重进北大。①

上面简略的叙述，从未提汤尔和、蒋维乔乃至江苏教育会所扮演的角色，容易使后人误以为上述发展是顺理成章，不免忽略

---

① 蔡元培：《自写年谱》，第480页。

了其间的多少曲折和内幕。

关于蔡元培的为人处事，沈尹默在《我和北大》一文中，曾有一段综括评价如下：

> 蔡先生的书生气很重，一生受人包围，民元教育部时代受商务印书馆张元济（菊生）等人包围（这是因为商务印书馆出版教科书，得教育部批准，规定各学校通用，就此大发财），到北大初期受我们包围（我们，包括马幼渔、叔平兄弟，周树人、作人兄弟，沈尹默、兼士兄弟，钱玄同、刘半农等，亦即鲁迅先生作品中引所谓正人君子口中的某籍某系），以后直至中央研究院时代，受胡适之、傅斯年等人包围，死而后已。[①]

这一段话，实综括了蔡元培在民元以后的一生大概。其实，在蔡元培掌北大期间，也一度也受江苏教育会中人的"包围"。1919年夏"蒋代"进入北大以后，江苏教育会的南北布局，复有全面重振乃至扩张之势，其影响所及，牵引带动了20世纪20年代南北教育界的发展演变。

至于江苏教育会在"五四"前后的势力范围及南北布局，则为一重大而复杂的课题，必须另文详探。本文以题旨所限，仅集中探讨蔡元培去职至回任期间，该会所扮演的鲜为人知的"推手"角色，略为揭示蔡元培及北大校史上的重要一幕。

---

① 沈尹默：《我和北大》，第75页。

向来论及"五四"前后的中国教育界，鲜少人注意到江苏教育会的广泛影响力。然而，胡适在1918年6月20日致母亲函上所言，颇可使人了然于此辈势力之盛。胡适写道：

　　　　昨日有一位朋友蒋梦麟先生从上海来，我约他在中央公园吃饭。到了晚上，他来了，还带了一位客，问起来始知是江苏教育总会［副］会长黄炎培先生。黄先生是当今教育界一个最有势力的人，我们几次想相见总不曾见着。今晚才遇着他，两人都很欢喜。①

　　胡适所谓黄炎培"是当今教育界一个最有势力的人"，这话过去未曾引起研究者充分注意。即便偶有人注意及此，但限于史料不足之故，仍未能作出深入探索及分析。

　　另一方面，江苏教育会中人的行事风格，也使他们在历史上所扮演的角色不容易为外人知晓。关于这一点，胡适日记"1924年1月5日"条下的一段记载，可以使人得悉其中关键所在。胡适写道：

　　　　与梦麟同访罗钧任。钧任有友人卢毅安先生，……看相颇多奇验。钧任请他给梦麟看相，他说的话有"多在黑幕中掌大权，在黑幕中操的权比独当一面时大的多"。这

① 胡适：《致母亲函》（1918：6.20），收入耿云志主编《胡适遗稿及秘藏书信》第21册，第267页。

话颇奇中。①

蒋梦麟倾向"在黑幕中掌大权"的领导风格，又或是他即使是"独当一面"，仍以"在黑幕中操的权多"的作风，也显示在黄炎培、蒋维乔、汤尔和等人身上。这一批人几乎都善于运筹帷幄，喜居幕后而不站台前，以致人们容易忽略其重要性。这种状况在百年过后，若是他们所留下的史料未经披露，又或是他们根本未留多少史料，自然也造成后人研究的特殊困难。

的确，至目前为止，我们对于过去历史的理解，包括对"五四"前后中国教育史乃至政治史的了解，都随记录有无及多寡为依据。留下丰富史料的历史人物，其在历史演进上所曾扮演的角色，往往在不知不觉中被放大；留下极少史料或其史料被有意无意毁去者，生前即便起过举足轻重的作用，身后也很容易遭后人低估或忽略。当然，历史发展的"失败者"或"失位者"，其原本所曾发挥过的历史作用，也总是不容易得到恰如其分的评价。上述诸种情形，几乎都呈现在学界过去对"五四"前后中国教育史的认识上。于是，论及教育界的发展，便集中焦点于蔡元培及北大一校；相形之下，南方一班人所扮演过的角色，每每为人轻忽。②然而，本文对"五四"前后蔡元培历史面貌的澄清，显示出研究者若能就各种相关史料尽

---

① 胡适：《胡适的日记》第5册（手稿本），"1924年1月5日"条下，台北：远流出版公司，1989，无页数。
② 王信凯已屡屡指出此种偏向，并力图加以纠正。参王信凯《现代中国教育专业化之形成过程》，《东方人文学志》第2卷第3期（2003：9），第187—190页。

力爬梳，并检视记录者的个性及其相关性，未始不能由直接、间接史料的反复验证，逐渐建立起一个较近真实而复杂得多的"过去"。

谁的"五四"？
——论"五四文化圈"

　　五四新文化运动90周年的纪念一点都不能减少今天围绕它的种种争论，尤其是在文化保守主义声名鹊起的当下，关于"五四"激进的判断似乎早已盖棺论定了。问题在于，这些判断和争论究竟在多大的意义上立足于对历史事实的把握，论辩的双方又是否具有了文化研讨所必需的思想认同的平台。

　　先不论我们对所谓"激进""偏激"本身的认识是否完整，一个更初级的问题是：我们所假定的这样一个可供质疑和批判的"五四"是否就是真实可靠的？"五四"的知识界究竟是怎样构成的？在现代中国的历史长河中，"五四"遗产真正包含了哪样一些内容？

一

　　今天，但凡人们举证五四新文化运动的"问题"，都要反复引述这样的材料：

陈独秀《再答胡适之》有云："必不容反对者有讨论之余地，必以吾辈所主张者为绝对之是，而不容他人之匡正也。"[1]

汪叔潜《新旧问题》说的是："新旧二者，绝对不能相容。折衷之说，非但不知新，并且不知旧；非直为新界之罪人，抑亦为旧界之蟊贼。"[2]

这样的言论的确相当的"偏激"，如果"五四"文化界就是由这样的思想与行动所组成，可能早就将传统文化毁灭得千疮百孔、体无完肤了。但问题在于，这样的言论和行动足以代表"五四"文坛的完整格局吗？经过五四新文化运动冲击的现代中国社会与文化都接受了此等的"革命"洗礼，沿着"二元对立""非此即彼"的方向不断前进吗？

"五四"，究竟属于谁？

如果考察一下"五四"的词语史与解说史，我们就不难发现：关注"五四"，不断提及"五四"，需要借"五四"说话的决非就是在《新青年》上发表过"偏激"言论的人们，在很大程度上，它已经成为现代中国诸多阶层"发声"的基础。

这里有北京大学的青年学生，如罗家伦。就是他发表于《每周评论》上的文章第一次使用了"五四运动"一词；[3]这里有更年长的近代学人，如梁启超。在1920年他的《五四纪念日感言》一文中，第一次出现了"五四"一词。[4]

顾颉刚1920年毕业于北京大学，随即就职于北京大学图书

---

① 见《中国新文学大系·建设理论集》，上海良友图书公司，1935，第56页。
② 原载《青年杂志》第1卷第1号，1915年9月15日。
③ 毅（罗家伦）：《"五四运动"的精神》，载《每周评论》，1919年5月26日。
④ 梁启超：《五四纪念日感言》，载《晨报》，1920年5月4日。

馆，对中国历史文化深具学术兴趣的这位青年学者，在这一年发表了《我们最要紧着手的两种运动》，[1]另一位在大学课堂旁听的自学成才的青年学人郭绍虞，也在同一期的报纸上发表了《文化运动与大学移殖事业》，他们共同使用了"新文化运动"这一基本概念，在"五四"的言说史上，这也是第一次。

远在美国留学的吴宓也多次在日记里提到他对新文化运动的反应，他为这个运动的"邪说流传"而痛心和绝望，甚至悲观地想到了自杀。[2]

从青年学生到青年学者，从置身"偏激"阵营的新文化运动的倡导者、反对者到旁观的思想前辈，都充分意识到了"五四"与自己的人生世界的联系。到后来，左翼的"激进"的中国共产党人从"新民主主义革命开端"确定了"五四"的革命意义（尽管从创造社、太阳社的"革命文学"到"民族形式讨论"，他们一度想超越"五四"），亲历"五四"的毛泽东在《五四运动》一文中提出："二十年前的五四运动，表现中国反帝反封建的资产阶级民主革命已经发展到了一个新阶段。五四运动的成为文化革新运动，不过是中国反帝反封建的资产阶级民主革命的一种表现形式。"[3]而在一个相当长的时期内，除了蒋介石20世纪40年代初的批评言论外，相当多的国民党人也愿

---

① 顾诚吾（顾颉刚）文，载《晨报》，1920年5月4日。
② 吴宓：《吴宓日记》第2册，生活·读书·新知三联书店，1998，第148—154页。
③ 毛泽东：《五四运动》，见《毛泽东选集》第2卷，人民出版社，1991，第558页。

意肯定和认同所谓的"五四精神"，①也就是说，"五四"不仅属于"左"，在某种程度上也属于"右"，它就是现代中国诸阶层、诸文化的共同的思想平台。

二

属于现代中国诸阶层、诸文化的共同思想平台的"五四"很难根据其中某种思想的单一的表现来加以界定，甚至我们的褒贬好恶也不能以后来官方主流的"权威阐释"为基础。例如，今天我们对五四新文化运动"偏激"的印象其实是来自于1949年以后激进革命的话语。对五四新文化运动的激进革命的观点的竭力突出就成了题中之义，这样的阐释一方面单一地突出了陈独秀"必不容"的决绝，将他视为五四运动几乎唯一合法的"总司令"，而另一方面则将另外一位文化领袖胡适忽视了，我们清除掉的不仅仅是"资产阶级文人"的胡适，也是一位在文化态度上比陈独秀更为复杂的存在——政治上的保守与文化上的某种激进并存，而文化上的所谓激进也与陈独秀前述的"必不容"判然有别：胡适既是"文学革命"的主导人，又是"整理国故"倡议者。一个省略了胡适的"五四"当然是很不真实的"五四"。

林毓生提出了"五四""激烈的反传统主义"问题："就我

①　蒋介石在1941年7月的一次题为《哲学与教育对青年的关系》的讲演中，称新文化运动"实在是太幼稚、太便宜，而且是太危险"（见周策纵《五四运动史》，岳麓书社，1999，第483页）。

们所了解的世界史中，社会和文化改革运动而言，这种反传统的、要求彻底摧毁过去一切的思想，在很多方面都是一种空前的历史现象。"①20世纪90年代以后，中国也四处响起了质疑"五四"的声音，郑敏先生的著名判断就是极具代表性的："我们一直沿着这样的一个思维方式推动历史：拥护–打倒的二元对抗逻辑。""这种决策逻辑似乎从五四时代就是我们的正统逻辑，拥有不容置疑的权威。""从'五四'起中国的每一次文化运动都带着这种不平凡的紧张，在60年代史无前例的'文化大革命'中则笔战加上枪战，笔伐加上鞭挞，演成一次流血的文化革命。"②这样的结论往往立足于"五四"时期的一些情绪化色彩浓厚的片言只语，而置其他更丰富复杂的历史事实于不顾。例如，作为"发难者"的新文化先驱与作为创造者的新文化人之间的重要差别问题。正如有学者指出的那样："五四文学作者无不确认着自己站在'新'的一面的立场和态度，却很少像发难者们那样看重新/旧、传统/现代之间对抗的尖锐性。"③而五四新文化运动，并非就是由发难者及其情绪化的发难之辞所构成，它是由挑战、质疑、批判和引进、转化、创造、开拓等一系列文化行为组成的全过程，以在今天倍受争议的初期白话新诗为例，事实很清楚，无论我们能够从胡适、陈独秀等人那里找到多少表达"二元对立"的绝对化思维的言论，我们都

---

① 林毓生：《中国意识的危机——五四时期激烈的反传统主义》，穆善培译，贵州人民出版社，1986，第6页。
② 郑敏：《世纪末的回顾：汉语语言变革与中国新诗创作》，《文学评论》1993年第3期。
③ 刘纳：《二元对立与矛盾绞缠》，《中国现代文学研究丛刊》2003年第4期。

不得不正视这样的一个重要事实：中国新诗并没有因为这些先驱者简单的新/旧二分而变得越来越简单，在1949年以前的历史中，胡适或者其他的任何一位诗人都无法实现个人单一艺术风格之于诗坛的控制和垄断，从20世纪初到40年代，中国新诗早已经摆脱胡适式的朴素单一的写实追求，在开创中国式的浪漫主义、现代主义与古典主义方面各有建树，国统区诗歌的政治呐喊与生命探索、解放区诗歌的革命理想与民间本色都获得自己生长的天地，在作为艺术主流的新诗之外，旧体诗词的创作并没有遭遇到任何新文化力量的障碍和禁止。

以《新青年》为阵地的新文化运动的倡导者被我们称为"五四新文化派"，除了这一派，或者说除了这一派别中某些"曾经"偏激的重要人物外，同样存在于"五四"的知识分子群体是否还有其他？他们是被历史排斥在外了呢？还是有机地构成了历史的一部分？作为现代中国的共同思想平台，是否也有不同倾向的文化人的参与？除了积极致力于新文化运动的人们，我们是否还存在一个更大的参与时代主题的知识分子群落——姑且称之为"五四文化圈"？我想答案是肯定的。比如前文提到的梁启超。

在一般人印象中，戊戌失败后流亡异邦的梁启超曾经大力学习西方文化，倡导了中国文学与文化在一系列领域的改革，对中国传统价值观念进行大胆的批判，然而1918年底，梁启超赴欧，在接触了解西方社会的许多问题和弊端之后，却转而宣扬西方文明破产论，主张光大传统文化，用东方的"固有文明"来"拯救世界"，思想趋于保守，对五四新文化运动多有批评，甚至就是五四新文化运动的敌对者。其实，欧游归来的梁启超虽然确有思想上的重要变化，但对这一场正在导致中国变革的文化运动却抱有很大的热情和关注，甚至认为它们从总体上符合了他心目中的"进化"理想："曾几何时，到如今'新文化运动'这句话，成了一般读书社会的口头禅。马克思差不多要和孔子争席，易卜生差不多要推倒屈原。这种心理对不对是另一问题，总之这四十几年间思想的剧变，确为从前四千余年所未尝梦见。比方从前思想界是一个死水的池塘，虽然许多浮萍荇藻掩映在面上，却是整年价动也不动，如今居然有了'源泉混混，不舍昼夜'的气象了。虽然他流动的方向和结果，现在还没有十分看得出来，单论他由静而动的那点机势，谁也不能不说他是进化。"①针对当时一些守旧人士的怀疑指摘，梁启超提出："有人说，思想一旦解放，怕人人变了离经畔道。我说，这个全属杞忧。若使不是经、不是道，离他、畔他不是应该吗？若使果是经、果是道，那么，俗语说得好：'真经不怕红炉火。'有某甲的自由批评攻击他，自然有某乙某丙的自由批评拥护他，经一番刮垢磨光，越发显出他真价，倘若对于某家学说不许人批评，倒像是这家学说经不起批评了。所以我奉劝国中老师宿儒，千万不必因此着急，任凭青年纵极他的思想力，对于中外古今学说随意发生疑问，就是闹得过火，有些'非尧舜，薄汤武'，也不要紧。他的话若没有价值，自然无伤日月，管他则甚？……若单靠禁止批评，就算卫道，这是秦始皇

---

① 梁启超：《五十年中国进化概论》，《饮冰室合集》第39卷，中华书局，1989，第39—48页。

'偶语弃市'的故技，能够成功吗？'"至于罪恶的发现，却有两个原因：第一件，是不受思想解放影响的。因为旧道德本已失了权威，不复能拘束社会，所以恶人横行无忌。你看武人、政客、土匪、流氓，做了几多罪恶，难道是新思想提倡出来的吗？第二件，是受思想解放影响的。因为提倡解放思想的人，自然爱说抉破藩篱的话，有时也说得太过，那些坏人就断章取义，拿些话头做护身符，公然作起恶来。须知这也不能算思想解放的不好，因为他本来是满腔罪恶，从前却隐藏掩饰起来，如今索性尽情暴露，落得个与众共弃，还不是于社会有益吗？所以思想解放，只有好处，并无坏处。我苦口谆劝那些关心世道人心的大君子，不必反抗这个潮流罢。"[1] "凡一个社会当过渡时代，鱼龙混杂的状态，在所不免，在这个当口，自然会有少数人走错了路，成了时代的牺牲品。但算起总账来，革新的文化，在社会总是有益无害。因为这种走错路的人，对于新文化本来没有什么领会，就是不提倡新文化，他也会堕落。那些对于新文化确能领会的人，自然有法子鞭策自己、规律自己，断断不至于堕落。不但如此，那些借新文化当假面具的人，终久是在社会上站不住，任凭他出风头出三两年，毕竟要屏出社会活动圈以外。剩下这些在社会上站得住的人，总是立身行己，有些根柢，将来新社会的建设，靠的是这些人，不是那些人。"[2] "革新的文化，在社会总是有益无害。"梁启超的这个重

---

[1] 梁启超：《欧游心影录节录》，见《梁启超选集》，上海人民出版社，1984，第718—737页。

[2] 梁启超：《辛亥革命之意义与十年双十节之乐观》，见《梁启超选集》。

要结论，保证了他作为现代中国知识分子对新文化发展的大致肯定，因此，他理当地被划入"五四文化圈"。

那么，那些在"五四"时期对新文化运动激烈反对的人们又怎样呢？例如被文学史描绘已久的五四新文化运动的三大反对势力——学衡派、甲寅派与林纾。

人们长期以来追随新文化运动主流（"五四新文化派"）人物的批评，将学衡派置于五四新文学运动的对立面，视之为阻挡现代文化进程的封建复古主义集团，甚至是"与反动军阀的政治压迫相配合"的某种阴暗势力。其实，吴宓、胡先骕、梅光迪、刘伯明、汤用彤、陈寅恪、张荫麟、郭斌和等都是留洋学生，学衡派中的主要成员都接受过最具有时代特征的新学教育，目前也没有证据表明他们与反动军阀如何勾结配合，《学衡》竭力为我们提供的是它对中西文化发展的梳理和总结，是它对中西文学经验的认识和介绍。全面审视《学衡》言论之后我们就会发现，学衡派诸人对于五四新文学的态度其实要比我们想象的复杂。这里固然陈列着大量的言辞尖锐的"反潮流"论述，但是，除了这些被反复引证的过激言论以外，"学衡"诸人其实也在思考着新文化和新文学，探讨着文化和文学的时代发展路向，他们并不是一味地反对文学的创新活动，甚至在理论上就不是以"新文化""新文学"为论争对手的。正如吴宓自述："吾惟渴望真正新文化之得以发生，故于今之新文化运动，有所訾评耳。"①这就是说，他所批评的不是新文化和新文学，

---

① 吴宓：《论新文化运动》，《学衡》第4期。

而是目前正以"不正确"的方式从事这一运动的人，支持它的文化学说的现实动力也并不来自对传统的缅怀，而是一种发展中的西方文化理想。吴宓表白说："世之誉宓毁宓者，恒指宓为儒教孔子之徒，以维护中国旧礼教为职志。不知宓所资感发及奋斗之力量，实来自西方。"[1]由此观之，学衡派其实应当属于现代中国知识分子中的一个思想文化派别，同倡导"文学革命"的"五四新文化派"一样，他们也在思考和探索现代中国文化和文学的发展道路，他们无意将中国拉回到古老的过去，也无意把中国文学的未来断送在"复古主义"的梦幻中。在思考和探讨中国现代文化的现实与未来方面，学衡派与其说是同各类国粹主义、复古势力沆瀣一气，还不如说与五四新文学运动的倡导者们有更多的对话的可能。[2]

今天我们对甲寅派的描绘最为笼统和不真实，其实在日本创办《甲寅》月刊的章士钊恰恰在政治文化的理论探索方面完成中国传统结构的根本突破，《甲寅》月刊无论是思想追求还是作者队伍都为《青年杂志》(《新青年》)的出现奠定了坚实的基础。1922年正值新文化运动中的胡适对此是感念甚多的，他《五十年来中国之文学》一文中首先提出了"甲寅派"这一名词，"甲寅派的政论文在民国初年几乎成为一个重要文派"，并称高一涵、李大钊、李剑农三人都是"甲寅派"主将。[3]到后来

---

① 吴宓：《吴宓诗集》卷末，《空轩诗话》，中华书局，1935，第197页。
② 关于学衡派和五四新文化运动的复杂关系，请参阅拙文《论"学衡派"与五四新文学运动》，《中国社会科学》1998年第6期。
③ 胡适：《五十年来中国之文学》，见《胡适文存》第2集，黄山书社，1996，第184页。

章士钊任职北洋政府、《甲寅》以周刊形式在京复刊，其反对新文化派的种种表现并不能扭转《甲寅》月刊曾经通达新文化运动这一重要历史过程，而在总结新文化运动历史的后人眼中，也依然承认落伍的《甲寅》周刊"若是仅从文化上文学上种种新的运动而生的流弊，有所指示，有所纠正，未尝没有一二独到之处，可为末流的药石"。[①]

至于1919年的林纾，虽然在上海《新申报》上发表《荆生》《妖梦》，以人身攻击的方式引发了新文化阵营的口诛笔伐，以至有当代学者提出了"是文化保守主义还是文化专制主义"的严厉批判。[②]不过，这也不能改变正是林译小说开启了西方文学大规模进入中国、从而改变文化生态，最后走向新文学运动与新文化运动的重要现实，"一言以蔽之，从小说与思想学术变迁的层面看，不管他自己和新文化诸人是否承认，林纾可以说是个新人物"，[③]是五四文化圈的组成部分。

与《新青年》"新文化派"展开东西方文化的大论战的还有《东方杂志》。作为"东方文化派"的一方，如杜亚泉等人同样具有现代文化的知识背景，同样是现代科学文化知识的传播者，他早年曾在上海开设亚泉学馆，创办了中国第一个综合性自然科学刊物《亚泉杂志》，积极向国人介绍西方自然科学知识。在商务印书馆任职期间，杜亚泉还翻译、编纂了大量自然科学教科书、工具书。

---

① 陈子展：《最近三十年中国文学史》，上海古籍出版社，2000，第305页。
② 王富仁：《林纾现象与"文化保守主义"》，见张俊才《林纾评传》，中华书局，2007。
③ 罗志田：《林纾的认同危机与民初的新旧之争》，《历史研究》1995年第5期。

梁漱溟的《东西文化及其哲学》曾被视作"五四"东西文化论战中最有分量的理论著作，但就是这样一本著作却包含了"五四"文化选择时期最复杂的信息。就努力揭示西方文化负面意义、维护中国传统文化的道德价值而言，梁漱溟显然与五四新文化派有异，然而有意思的却在于，他最后为中国文化发展开出的药方却依然是"全盘承受"西方文化，[①]这里无疑又包含了论者对于中国文化衰弱现实的深刻体会。深刻介入"五四"话题的梁漱溟，显然是主动进入了"五四文化圈"。

今天，在重新评价"五四""文化保守主义"倾向的时候，人们不断将揭示西方文明弊端的美誉赐予这些传统文明的辩护者，好像在这一点上五四新文化派都一律"偏激"，一律因为"崇洋"而缺乏对异域文化的严肃审视。其实早在日本留学时期，像鲁迅这样的新文化先驱就充分意识到了西方文明的物质主义问题，1907年的《文化偏至论》就一针见血地指出："递夫十九世纪后叶，而其弊果益昭，诸凡事物，无不质化，灵明日以亏蚀，旨趣流于平庸，人惟客观之物质世界是趋，而主观之内面精神，乃舍置不之一省。重其外，放其内，取其质，遗其神，林林众生，物欲来蔽，社会憔悴，进步以停，于是一切诈伪罪恶，蔑弗乘之而萌，使性灵之光，愈益就于黯淡：十九世纪文明一面之通弊，盖如此矣。"[②]

一个传统文明的辩护者（如梁漱溟）主张的是对西方文化

---

① 梁漱溟：《梁漱溟全集》第1集，山东人民出版社，1989，第528页。

② 鲁迅：《文化偏至论》，《鲁迅全集》第1卷，人民文学出版社，1981，第33页。

的"全盘承受"，一个大力倡导"拿来主义"的新文化主将（如鲁迅）同样也是西方文明之弊的洞察人，这就是"五四"，一个中外文化视野混合、"新""旧"交错的时代。居于这个时代的许多知识分子同样出现了思想的交错与混合，尽管他们彼此有那么多的意见分歧，但同时也有着那么多的共同话题，而就是这样或显著或潜在的共同关怀促使了一个更为广阔的"五四文化圈"的存在。有学者指出："新文化运动的一个重要时代意义，就在于其迫使所有的中国士人对中国传统（虽然当时并不用这个词）进行全面的反思。不论新派旧派，都必须面对中国在世界上日益边缘化（中国在士人的心目中经过了一个从世界的中心到世界的一个组成部分再到世界的边缘的历程）这一不容忽视的事实。新旧两边实际上都想要找到重新回到中央，或至少是达到与西方平等的地位这样一条路径。这是中国最根本的问题，两派的认识其实并无大的分歧。"①

总之，所谓"五四文化圈"就是指这样一个同时存在于"五四"时期，共同关心新文化问题的由不同观念和价值理想所组成的知识分子群落，他们各自属于不同的同人群体，具有不同的知识背景，占据不同的出版传播媒介，拥有不同的读者队伍，在如何建设新文化，如何对待传统文化与西方文化方面产生了不同程度的意见分歧，甚至出现了激烈的论争。但是，所有这一切，都不能否定他们同样作为现代知识分子关注民族文化的现代命运这一基本的事实，不能否认他们在现代世界的

---

① 罗志田：《林纾的认同危机与民初的新旧之争》，《历史研究》1995年第5期。

巨大背景上面对"中国问题"的基本倾向，这都从根本的意义上将他们与前朝旧臣、乡村遗老严格区别开来，这些现代中国的知识分子不管观点还有多大的差异，都一同站在了"五四"历史的起跑线上，组成了色彩斑斓的"五四文化圈"。

这里——

有总体上相对激进群体，包括《新青年》《新潮》知识分子，其中，他们各自的"激进"程度、方向和阶段却又并不相同，所谓的新文化派内部分歧也大，不仅有具体问题的认知差异，也有中心与边缘之别，如一直自居边缘的鲁迅。就其中的"文学革命"而言，也就《新青年》同人的首开风气之举，又有创造社所谓的"文学革命第二阶段"，对于"第二阶段"的郭沫若来说，其狂飙突进的气概与他对孔子等先秦文化传统的赞美又相伴而生。

有总体上相对保守的群体，包括《学衡》《东方杂志》与林纾等，但他们各自"保守"的程度、方向和阶段同样并不相同。

有前后变动群体，如《甲寅》从月刊、日刊到周刊。

还有更多的个体，或许在某些方面倾向于前者，又在另外的方面倾向于后者，有时候，简单的"激进"或"保守"概念很难对他们加以准确定义，如梁启超、梁漱溟。

在"五四文化圈"存在的更广阔的背景上，对"五四"的任何笼统的谈论包括对它的"激进""偏激"的指摘，都不得不首先回答一个问题：我们所讨论的究竟是谁的"五四"？

三

提出"五四文化圈"的问题，并不意味着我们企图将"五四"时期的一大堆毫无相干的历史人物与思想勉强揉捏到一起，作为历史的混杂的背景；也不意味着我们试图通过引入一大批矛盾丛生的事件，以此形成对新文化方向的刻意的模糊与干扰。实际上，这些看似分歧、矛盾的不同思想倾向的存在恰恰证明了现代中国文化自"五四"开始的一种新的富有活力的存在，矛盾着的各个方面的有机的具有张力性的组合其实保证了现代文化发展的内在弹性和回旋空间，而在思想交锋中坎坷成长的新文化也就尤其显示了自身的韧性，经受住了来自方方面面的质疑和挑战，这难道不正是现代中国文化、不是现代中国文化之中扮演拉动力的五四新文化最富魅力的所在？在这样的丰富、复杂的文化环境中蓬勃向上的中国文化不就与中国古代文化形成了最显著的"结构性"的差别吗？

正是来自"五四文化圈"的复杂声音锻炼了现代文化主导力量——五四新文化派——的基本心态与精神气质：一种兼具情感的激烈与理性的宽容现代品格。今人为了证明五四新文化派是如何的偏激独断，往往反复纠缠于陈独秀"必不容"的激烈，殊不知《新青年》、新文化派同人那里同样体现着另外一种理性的魅力，《新青年》通信栏中不时刊登读者的批评与质疑，还有编者如胡适等的自律性告白，就是声称"本志同人大半气量狭小，性情真率，就不免声色俱厉"的陈独秀也会表示骂人

"本是恶俗"，"本志同人自当有则改之，无则加勉，以答足下的盛意"。①我们常常又只看到了"五四"文化论争中水火不容的态势，却没有发现论争并没有妨碍新文化人士与其反对派的交谊，没有注意到论争进行与论争结束后他们给予对手的公正的评价和肯定。胡适与章士钊就白话文学发生论战，却各自以撰写对方擅长文体唱和打趣，章士钊有云："你姓胡，/我姓章；/你讲什么新文学；/我开口还是我的老腔。你不攻来我不驳，/双双并坐各有各的心肠。/将来三五十年后，/这个相片好作文学纪念看，/哈，哈，/我写白话歪词送把你，/总算是老章投了降。"反对白话文学的章士钊将白话诗题写在照片上送给胡适，还附言道："适之吾兄左右：相片四张奉上，账已算过，请勿烦心。"主张白话文学的胡适却以旧体诗歌作答："但开风气不为师，龚生此言吾最喜。同是曾开风气人，愿长相亲不相鄙。"②陈独秀在与梁启超、章士钊、张君劢和梁漱溟激烈论战的同时坦率表示："我虽不认识张君劢，大约总是一个好学沉思人，梁任公本是我们新知识的先觉者；章行严是我的二十年好友；梁漱溟为人的品格是我所钦佩的。"③

也正是"五四文化圈"的复杂存在催生了一个更富有包容性的现代知识分子的生存空间，而就是这个相对宽敞的生存空间给现代中国的诸种文化创造提供了可能。

古典时代结束以后，大学与出版传媒是中国现代知识分

---

① 真爱、独秀：《五毒》，《新青年》第6号，1918年12月15日。
② 见《中国新文学大系·文学论争集》，上海良友图书公司，1935，第204页。
③ 陈独秀：《精神生活与东方文化》，《前锋》第3期，1924年2月1日。

子的两大生存场所。在前者，我们看到了容纳不同学说与思想的北京大学，见识了以"兼容并包"闻名的大学校长蔡元培，与其说是蔡元培个人的仁厚接纳了形形色色的思想人物，毋宁说就是"五四文化圈"多重思想倾向并存的现实扩展了这位现代管理者的思维空间。正如蔡元培在致傅斯年、罗家伦的信中所述："校中同人往往误以'天之功'一部分归诸弟……在弟个人观察实并不如此，就既往历史而言，六七年前，国内除教会大学而外，财力较为雄厚者惟北大一校，且校由国立而住在首都，自然优秀之教员、优秀之学生较他校为多，重以时势所迫，刺激较多，遂有向各方面发展之势力。然弟始终注重在'研究学术'方面之提倡，于其他对外发展诸端，纯然由若干教员与若干学生随其个性所趋而自由伸张，弟不过不加以阻力，非有所助力也。即就'研究学术'方面而论，弟旁通多，可实未曾为一种有系统之研究，故亦不能遽有所建设。现在如国学研究所等，稍稍有'研究'之雏形者，仍恃有几许教员、几许学生循其个性所趋而自由伸张，弟亦非有所助力也。"[1]的确，随其个性所趋而自由伸张，这就是"五四"时代一批精英知识分子生存的方式。

在"五四"知识分子生存圈的背后，是历经清政府衰弱、军阀政权频繁更迭的社会政治乱局，就是这样的乱局使得从1906年《大清印刷物专律》到1914年袁世凯颁布的《出版法》试图实施的出版传媒控制常常出现了较多的"空隙"，而近代以

---

[1] 见高平叔、王世儒编《蔡元培书信集》上册，浙江教育出版社，2000，第708页。

后中国逐渐形成的出版传媒的民营体制格局与民国法律在"法理"上保护民权的相互结合，更给言论自由的存在创造了比较宽松的条件，所有的这些相对有利的因素都在"五四"前后的知识分子生存中聚集起来，成为传达自由思想、形成多元化舆论阵地的重要基础。"五四"前后中国的出版传媒呈现为两个特点，首先是数量激增，郑振铎说："中国的出版界，最热闹的恐怕就是1919年了！虽然不能谓之'绝后'，而'空前'却已有定论了！"[①]罗家伦感叹说："中国近来杂志太多，不能全看。"[②]其次是各种不同的追求——政治的、商业的、消闲娱乐的、学术的、文学的、激进的、保守的——都能够找到自己的市场和空间，不同的文化思想获得了各自的发布渠道，北京大学既有新文化派的《新青年》《新潮》，又有研究传统文化的《国故》以及以"增进国民人格，灌输国民常识，研究学术，提倡国货"为宗旨的新旧派都能够接受的《国民》。这些刊物对内号称尊重同人的个性（《新青年》宣言谓："社人各人持论，也往往不能尽同。"《新潮》发刊旨趣书称："本志主张，以为群众不宜消灭个性；故同人意旨，尽不必一致。"）对外则透过论争形成思想的互动，从而推进社会文化的发展，罗家伦《今日中国之杂志界》一文便将商务印书馆主办的各种杂志骂得体无完肤，最终导致了该方一系列杂志机构的大改组，而像沈雁冰接掌《小说月报》更是直接推动了现代中国小说的繁荣。

---

① 郑振铎：《1919年的中国出版界》，见宋放原主编《中国出版史料》（现代部分），山东教育出版社、湖北教育出版社，2001，第382页。
② 罗家伦：《今日中国之杂志界》，见宋放原主编《中国出版史料》（现代部分），第393页。

如此——既营造了知识分子生存空间又借助思想论争（而不是政治干预）的方式推进文化建设——可以说正是在五四新文化的倡导、论争和扩展中形成的现代文化的运行模式，它和蔡元培"兼容并包"的大学理念一起最终构成了保证文化与文学发展的"民国机制"，中国现代文化与现代文学的繁盛，便得益于这一"机制"，"五四"则是该机制的第一次自然形成的历史见证。

就是在这个意义上，我认为"五四"的意义虽然是以新文化派的文化创造为标志的，但又并不是这种主流的文化思想所能够完全囊括的。在五四新文化派活跃的背景下，有着我们所谓的更大的"五四文化圈"。就在这个色彩斑斓的文化圈中，展开了现代中国各种思想砥砺、碰撞的宏大图景，中国知识分子从独立思考出发，自由进行如此多方向的关于"现代"中国社会文化建设的设计，在整个中国的历史上，只有春秋战国时代能够相比拟，而在中国现代的历史上，则是第一次由此而形成了中国现代思想多元格局的基础，既是中国现代知识分子参与文化建设的心理基础和思维基础，又是现代中国社会如何容忍不同观点发生和发展的"体制"基础。所以说，"五四"多元思想的存在与《新青年》知识分子的思想挑战一样具有重大的意义，"五四"中国社会开始形成的对不同意见与文化形式的心理容忍与一些思想先锋的锐意探索一样地难能可贵，而作为在此期间形成的具有弹性的文化发展机制（"民国机制"）与当时出现于思想界的各种观点一样地值得珍视——所有的这一切，从观念、心理、氛围到机制，共同构成了我们宝贵的"五四遗产"。

面对这样丰富的遗产，任何望文生义、以偏概全的指摘都无济于事，当我们试图"解构"五四、"超越"五四的时候，恐怕还需要首先反问一下，我们所说的究竟是"谁的五四"。

地方精英、学生与新文化的再生产

——以"五四"前后的山东为例

季剑青

1919年5月4日在北京发生的学生抗议运动，伴随着对山东问题的普遍关切，很快扩展为一场全国性的运动。通常认为，这场后来被称为"五四运动"的学生运动是一个分水岭，此前在《新青年》《新潮》等杂志上展开的有关新思想和新文学的讨论，主要局限于少数知识分子和北大等教育机构，而在五四运动之后，一方面新文化在全国范围内得到扩展，而在另一方面，以行动为旨归的社会激进主义在新文化中开始扮演越来越重要的角色，并最终改变了运动的性质。"五四"之后的这一全国性的运动被称为"新文化运动"，无论是在内涵还是在展开的方式上，它都与先前以《新青年》为中心的文化运动有着很大的不同。事实上，"新文化运动"的提法最初主要出现在1919年10月至1920年初《晨报》的各地"特约通讯"中，这一命名本身便是对运动的全国性质的确认。[①]因此，为了完整地把握五四

---

① 参见袁一丹《"新文化运动"发生考论》，北京大学硕士学位论文，2008，第2页。

运动和新文化运动的历史图景，地方的视角乃是必不可少的。德里克曾经指出："把五四运动只当作其少数知识分子领袖的或只是在北京、上海发生的运动，而把其他地区视为它的消极接受者的看法是错误的。如果五四运动的一般内涵需从社会关系的关联方面来理解的话，同样也应该从它最初的，不仅被吸引进运动，而且积极参与了其创造的参加者方面去理解。"[①]新文化在地方最初的接受者和参与者是谁？他们的目的、策略和依托的资源为何？这些仍是有待回答的问题。[②]

为了对这些问题进行尝试性的探讨，本文选择"五四"前后的山东为个案，并借鉴历史社会学中的地方精英理论，以期从具体的分析中提炼出具有普遍性的观点。地方精英（local elites）理论是20世纪中叶起美国中国学界引入社会学理论后发展出的成果，特别是在中国近代史的研究领域中，"地方精英"较之传统的"士绅"（gentry）概念往往更为有效，更具包容性和弹性。伴随着科举制度的废除和现代性的展开，日益多元

该文对"新文化运动"概念的形成及背后的历史动力做了相当精细的分析。另外，王奇生《新文化是如何"运动"起来的——以〈新青年〉为视角》（《近代史研究》2007年第1期）一文亦指出，"新文化运动"在五四运动后才开始在全国范围内流行。

① 德里克：《五四运动中的意识与组织：五四思想史新探》，王跃、高力克编《五四：文化的阐释与评价——西方学者论五四》，山西人民出版社，1989，第65页。

② 叶文心（Wen-hsin Yeh）有关浙江五四运动的出色研究，是这方面研究的重要收获，见 "Middle County Radicals: The May Fourth Movement in Zhejiang," *The China Quarterly*, No. 140（Dec. ,1994）: 903–925; *Provincial Passages: Culture, Space, and the Origins of Chinese Communism*（University of California Press, 1996）。国内学界对这一问题似乎仍不够重视，最近出版的凌云岚《五四前后湖南的文化氛围和新文学》（北京大学出版社，2008）是不多见的成果之一。

化、职业化的精英群体，在许多层面上都已代替了传统士绅的位置。而且，地方精英理论更看重精英与地方社会的关系，而不像士绅概念那么强调士绅与国家的关系以及士绅在国家与地方之间扮演的中介功能。这也符合晚清以来中央权威衰落和地方势力崛起的趋势。[①]地方精英在地方社会举足轻重，就本文选择的对象——山东——而言，与通常的印象不同，在五四运动及其后新文化的再生产过程中，最初是地方精英而非学生起着主导性的作用。

之所以使用"再生产"而非"传播"或"扩展"这样的说法，是因为本文所讨论的"新文化"，不仅仅是一套思想观念或话语，同时包括关系网络、团体、教育模式等制度性的存在，归根结底则是主动的、行动着的人——革命党人、教育家、激进学生和新诗人，他们既是新文化的接受者也是新文化的生产者。在观念的层面上我们很难精确地衡量新文化在地方上的影响力，或者很容易得出相对消极的结论，然而只要新文化不断

---

① 关于地方精英理论的发展和主要内容，参见Joseph W. Esherick and Mary Backus Rankin（eds.），*Chinese Local Elites and Patterns of Dominance*（University of California Press, 1990）。中文文献见李猛《从"士绅"到"地方精英"》，《中国书评》1995年第5期，第93—107页。此外需要说明的是，周锡瑞和冉枚烁将"地方精英"界定为在县或县以下的地方"行使支配权力的个人或家族"（p.10），在省一级的层面上有些学者使用"省籍精英"（provincial elites）的概念，见David D. Buck，"The Provincial Elites in Shantung during the Republican Period: Their Successes and Failures," *Modern China*，Vol.1, No.4（Oct., 1975）：417–446。事实上正是这一点使得"地方精英"概念在一些中国学者那里备受争议，王先明《士绅构成要素的变异与乡村权力——以20世纪三四十年代的晋西北、晋中为例》（《近代史研究》2005年第2期）一文就指出，在乡村一级，士绅比"地方精英"概念更加真实有效。本文在较为宽泛和相对的意义上使用"地方精英"概念，指主要在省一级或省级以下的舞台上活动的精英。

地再生产出它自身的生产者，它就可以持续地作用于它置身于其中的社会现实，并最终改变它。

一、政治精英：新文化与激进政治

（一）学生运动对地方政治精英的挑战

五四运动因山东问题而起，山东地方精英早在"五四"之前就做出反应。1918年秋，时任第二届省议会副议长的王鸿一发起成立"山东各界外交后援会"，王乐平、聂湘溪任干事。两人均为省议员，王乐平时任省议会秘书长。不久，山东省立工业专门学校学生李开文等发起组织"山东学生外交后援会"，1918年11月中旬成立，会址就设在山东各界外交后援会内，这个"五四"之前全国范围内第一个学生运动组织，是在省议会的协助下成立的。[①]

"五四"期间省议会成为山东爱国运动的领导机关。五四运动第二天，当时在北京的山东省议会两位副议长张公制和王鸿一，便与参众两院的山东议员商讨营救被捕学生办法。[②]5月7日，国耻纪念大会在省议会召开。6月上旬，省议会同山东省

---

① 田少仪：《五四时期的山东学生爱国运动》，《山东文献》第1卷第1期，1975年6月20日。《民国山东通志》（台北：山东文献杂志社，2002）第1册第6卷《政党志》中所记略有差异，为"山东国民外交后援会"，并指出此为"首开五四运动先河之民众团体"，见第570—571页。

② 胡汶本、田克深编《五四运动在山东资料选辑》，山东人民出版社，1980，第255页。

地方精英、学生与新文化的再生产——以"五四"前后的山东为例　399

学生联合会、教育会等团体连日在省议会开会，于18日推选出赴京请愿代表83人，王乐平、聂湘溪等当选为议会代表。[①]在当时的舆论看来，"省议会为外交问题出力甚大，处处在学生前面"，[②]后来的研究者对省议会的领导作用也给予了充分的肯定。[③]

省议会中聚集了山东的地方政治精英，议员主要由以王鸿一为领袖的"王派"和以张公制为代表的"张派"两大派系构成，王鸿一及其派系中的王乐平均为国民党人，[④]张公制则属进步党。这一格局自民国初年即已奠定。1914年2月，在袁世凯的授意下，时任山东督军的靳云鹏解散了省议会，国民党和进步党均停止了活动。然而，地方政治中的政党更多是基于地缘或家族等个人关系网络而非共同的革命理念才得以结合的，前者比后者往往更为牢固。王鸿一派别中的成员多来自鲁西的曹州地区，尽管政党活动被取消，但"曹州团体"依然存在。[⑤]地方政党的"派系化"为它们的重新集结提供了基础。1916年袁世凯死后，被解散的省议会恢复活动，两派议员亦重新聚集。

地方政党在省议会选举中相互竞争，同时与代表北洋军阀

① 胡汶本、田克深编《五四运动在山东资料选辑》，第254、312—314页。
② 《山东安福部之捣乱与被捣》，《晨报》，1919年7月25日。
③ 刘永明《国民党人与五四运动》（中国社会科学出版社，1990）中即指出："山东省议会在日益奋起的山东各界民众中是最积极救国的，因而起到了带动、组织作用。"见第339—340页。又见王续添《论五四运动中的省议会》，《中共党史研究》1999年第4期。
④ 1912年8月同盟会改组为国民党，1913年"二次革命"失败后被袁世凯宣布解散，逃往日本的流亡党于1914年在日本成立中华革命党。1919年10月10日，孙中山宣布将中华革命党改为中国国民党。为论述方便起见，本文统一使用"国民党人"或"国民党员"指代以上三个阶段的革命党人。
⑤ 《济南十日见闻记》（二），《晨报》，1920年12月12日。

系统的军事势力展开斗争。省议会恢复活动后，两大派别曾经取得暂时的妥协，组织"地方政治讨论会"，着手地方事务，避免因自身的分裂而给军事势力以可乘之机。然而在1918年的第二届省议会选举中，"王派"和"张派"重新为争取选票而竞争，结果督军张树元利用两派矛盾，推举同乡郑钦担任议长，王鸿一和张公制则当选为副议长。[1]这些上层政治派别之间的派系斗争，目标是为了争夺地方事务的控制权。而五四运动则为地方政治精英提供了新的机会。省议会——特别是其中的"王派"——表现极其活跃，在军事势力对学生运动采取极力压制态度的情形下，[2]省议会的活动为自身树立起地方民意机关的形象。1919年12月，省议会对督军张树元提出弹劾，指控他贪污军饷300多万元，最终张树元被弹劾去职。[3]

然而，学生运动这一集体政治形式也对地方政治精英提出了严峻的挑战，它与地方政治精英熟悉的派系政治完全不同。作为律师公会代表参加赴京请愿代表团的鲁佛民后来回忆说，山东省学生联合会开始组织时，"由山东省议会议员多人参加，讨论交还山东青岛问题，迨后学潮渐次扩大，形成真正群众运

---

[1] 张公制：《张公制自传》，政协安丘市委员会文史资料委员会编《安丘文史资料》第11辑，政协山东省安丘市委员会文史资料委员会，1995，第3页；胡汶本、田克深编《五四运动在山东资料选辑》，第431页。

[2] 陈志让分析说，五四运动之所以能在北京取得成功，"跟北京军警当局缓和的态度很有关系"。相比较而言，地方学生——包括山东学生——则没有这么幸运，"真正用军警压制学生运动的全是皖系和拥护皖系的军阀——长沙的张敬尧、济南的马良、西安的陈树藩、上海的卢永祥、杭州的杨善德、安庆的倪嗣冲、福州的李厚基"。见陈志让《军绅政权——近代中国的军阀时期》，广西师范大学出版社，2008，第114页。

[3] 吕俊伟等：《山东区域现代化研究（1840—1949）》，齐鲁书社，2002，第218页。

动时，议会人士均藏匿不见"。①面对大规模的集体政治，地方政治精英并未做好准备。1919年7月21日，山东各界人士在省议会召开各界联合救国大会，主席王鸿一致开会辞时便遭致听众质问和诟骂，只得退出会场，王乐平继续发言，也遭到斥骂，随之遁去。②原因是安福系在山东建立地方组织"路矿维持会"，王鸿一参与其中，事为学生侦悉并公布于众，才有上述一幕的发生。③王鸿一的行动表明，他仍然遵循着派系政治的规则，试图与各方政治势力建立关系，然而在新的集体政治面前，这种政治行动的模式已经受到了极大的冲击。

事实上，王鸿一对学生运动一直持保留态度。1920年1月，北大学生、新潮社成员徐彦之（山东郓城人）回乡考察，他在济南拜访了王鸿一，王鸿一明确反对当时的学生从事办杂志、结社团的活动，认为是"务外"，荒废学业，在他看来，"求学是自治，作修身的工夫"。④他对发源于北大之"新潮流"也表示怀疑，虽经徐彦之介绍晤见蔡元培、李石曾，然"谈许久不得要领，始知两先生虽居北大中坚地位，其实是莫名其妙"。⑤此后，王鸿一在反对山东督军兼省长田中玉的斗争中失败，被迫离开山东，依靠与国务总理、前任山东都督周自齐的个人关系，从事西北垦殖事业，并与梁漱溟携手鼓吹"村治"理论，

---

① 胡汶本、田克深编《五四运动在山东资料选辑》，第241页。
② 方传桂、王群演：《砸昌言报馆始末》，中国社会科学院近代史研究所编《五四运动回忆录》下册，中国社会科学出版社，1979，第705—706页。
③ 胡汶本、田克深编《五四运动在山东资料选辑》，第418页。
④ 徐彦之：《济南两周见闻记》（二），《晨报》，1920年1月24日。
⑤ 王鸿一：《三十年来衷怀所志之自剖》，《山东文献》第3卷第2期，1977年9月20日。

基本上告别了地方政治舞台。[1]

面对大规模的学生运动和集体政治，地方政治精英必须发展出新的策略，而伴随学生运动而来的"新潮流"，也成为难以回避的一股力量。

（二）以新文化"运动学生"

1919年秋，从北大国文系毕业的傅斯年回山东办理官费留学事宜，亲眼目睹山东省腐败黑暗的政治和教育状况，不过他还是看到了"一件很可乐观的事，就是有了所谓的新旧之争，而第一师范就是争的场所"，新派教员以王祝晨、刘次箫最为有力，他们遭到《新齐鲁公报》的大肆攻击，同时"王乐平的齐鲁通讯社在济南销新思想的出版物，很有些力量"。[2]有趣的是，《新齐鲁公报》并非军阀或保守势力的报纸，而是国民党在山东的机关报，并且支持学生运动，表现颇为引人注目。[3]从整体上看，山东的国民党人似乎尚未充分认识到新文化的意义及其与学生运动的关联，不过王乐平等部分国民党人已经开始着手于新文化的介绍和传播了。

五四运动后不久，王乐平便召集部分同人创办齐鲁通信社，"一方作通信事业，传达到外边去，一方代派各处新出版物为

---

① 谌耀李：《同盟会员王鸿一生平纪略》，山东省政协文史资料委员会编《山东文史资料选辑》第31辑，山东人民出版社，1991。
② 孟真：《济南一瞥记》，《晨报》，1919年12月23日。
③ 山东省地方史志编纂委员会办公室编《山东省图书馆馆藏山东地方史志文献选目》，山东省图书馆，1983，第300页；胡汶本、田克深编《五四运动在山东资料选辑》，第254页。

介绍思潮改良社会的先声"，当时便引起官方注意，被明令取缔通信社所售《建设》《解放与改造》两种杂志。[①]从一开始齐鲁通信社便似乎不脱政党色彩。通信社中负责销售新出版物的贩卖部原只是附设部门，但短短两个月的时间"已经有了骇人的效果了。《新青年》《新潮》《少年中国》《新教育》诸报，销数都在百份左右。其他如《解放与改造》《建设》《星期评论》等期刊销数亦都不少"，[②]一年下来成绩颇为可观，便于1920年9月正式成立齐鲁书社，由王乐平任社长，聂湘溪任副社长，并公开召集股东，招股简章中表示"本社以传播文化为宗旨"，"不纯粹以营利为目的，而以促进社会文化的进步为主要目的"。[③]齐鲁书社是当时济南唯一一家销售新文化出版物的书店，受到青年学生的欢迎，营业额逐年增长，为此甚至受到同行的嫉妒。[④]

在后来的历史叙述中，齐鲁书社被看作是"五四"时期山东新文化运动的中心，同时又是山东国民党的秘密活动机关。[⑤]据担任过齐鲁书社经理的王立哉回忆，在公开销售书报的门市部后面，另有厅房三间，陈设桌椅及桌球台架等，供青年学生驻足休息和各方人士联络开会，从事政治活动。[⑥]文化的"幕

---

① 《济南特约通信·山东的文化运动》，《晨报》，1919年12月28日。
② 徐彦之：《济南两周见闻记》（四续），《晨报》，1920年2月1日。
③ 《山东新文化与齐鲁书社》，《晨报》，1920年10月7日。
④ 王立哉：《九十忆往》（二），《山东文献》第11卷第4期，1986年3月20日。
⑤ 参见成湘舟《关于齐鲁书社的沿革略记》，《山东出版志资料》第1辑，山东人民出版社，1984；《齐鲁书社的创办及活动》，刘大可主编《山东重要历史事件》（北洋政府时期），山东人民出版社，2004。丁惟汾主编《山东革命党史稿后编》（一），台北：山东革命党史编纂委员会，1971，第1页。
⑥ 王立哉：《九十忆往》（二），《山东文献》第11卷第4期，1986年3月20日。

后"是政治，这提示我们注意"五四"后期新文化与政党政治之间的紧密关系。新文化在青年学生中的巨大市场，意味着它可能为政党政治提供新的资源。

王乐平在五四运动中相当活跃，与王鸿一不同，他主动接近青年学生并介入到学生运动中，曾在山东女师驱赶校长周干庭的运动中发挥作用，为此受到学生的信任。[①]事实上，早在"五四"之前，王乐平便意识到青年学生可能会成为重要的政治力量。1916年10月，王乐平的诸城同乡学生在济南成立诸城旅济学生会，王乐平亲自祝词："峨峨青年，摩厉以须。异日宣劳，实为国柱。"[②]

在王乐平传播新文化和动员学生的活动中，基于同乡和家族关系的网络构成了他最初的资源。王乐平属诸城王姓大家族，辛亥革命期间他常常往返于济南和诸城之间。王乐平的表弟范予遂回忆说："在他每次回到诸城时，都向我们讲述天下大势，宣传孙中山关于推翻君主专制建立民主共和的主张。"[③]范予遂1917年考入北京高师，在校期间参加了五四运动，热心于无政府主义和工学主义，参与创办《工学》杂志。[④]范予遂同时还是《曙光》杂志的撰稿人，这是主要由中国大学学生创办的

---

① 隋灵璧：《回忆王乐平》，五莲县政协文史资料委员会编《五莲文史资料》第3辑，1992。

② 王钧五、臧任堪：《王乐平传略》，政协日照市文史联谊委员会编《日照文史》第7辑，1999，第54页。

③ 范予遂：《辛亥革命对我的影响》，山东省政协文史资料委员会编《文史资料选辑》第12辑，山东人民出版社，1981，第68页。

④ 范予遂：《九十回顾》，山东省政协文史资料委员会编《文史资料选辑》第16辑，山东人民出版社，1985，第4页。

一份新文化杂志，成员中多是山东人，其中主笔王统照、王晴霓也都属诸城王氏家族。《曙光》从一开始就把山东读者作为主要的接受对象，在济南、烟台和东京的山东侨胞中均设有代派处，而在山东的代派处便是齐鲁书社。[1]

济南省立一师的部分学生也常常在齐鲁书社活动，他们于1920年10月成立了励新学会，并出版《励新》杂志。学会常借齐鲁书社为活动场所，王乐平经常出席。励新学会的发起人之一王尽美也是王乐平的同乡（王尽美是莒县人，毗邻诸城，现已划归日照市），且有远亲，交往甚密。学会中王翔千、王志坚、王象午、李祚周等均为诸城人。[2]

1920年下半年，《曙光》杂志已经表现出明显的社会激进主义的倾向，用大量篇幅介绍苏俄。主编宋介〔山东滋阳（今兖州）人〕后来成为北京共产主义小组的成员，他和王晴霓经常回山东活动，与王乐平、王尽美、邓恩铭（励新学会的另外一名成员）讨论马克思主义。[3]大约同时，王尽美和王翔千等在济南也组织了"马克思学说研究会"。

1919至1921年间，围绕着王乐平和齐鲁书社的青年学生，逐渐形成了"诸城—济南—北京"的地缘关系网络，激进的新思潮不断扩大着自己的影响范围，同时开始以社团的形式寻

---

[1] 见余世诚、刘明义《中共山东地方组织创建史》，石油大学出版社，1996，第85、102页。

[2] 《五四时期的王乐平》，徐善来、伊光彩、范凤学主编《五莲》，山东省出版总社潍坊分社，1988，第59页；丁龙嘉、张业赏：《王尽美》，河北人民出版社，1997，第25页。

[3] 田永德、葛凤春：《王乐平与中共山东党组织的创建》，戴维政主编《文博研究》第2辑，文物出版社，2002，第370页。

求社会实践和政治活动的空间。"马克思学说研究会"很快发展为共产主义小组，王尽美成为中共一大代表。1922年春，王乐平在王尽美的帮助下，于齐鲁书社设立平民学会总会，于各县设立分会，吸收青年学生及工人，经过训练后加入国民党。齐鲁书社事实上已成为省党部机关。[1]1924年5月，借助"五一""五四"和"五七"纪念的机会，各校学生中的国民党员恢复了沉寂多时的山东省学生联合会，标志着国民党掌握了学生运动的领导权。[2]

当山东五四运动的两名学生代表于1920年3月赴上海参加全国学生联合总会时，他们避而不见孙中山，认为"学生搞爱国运动就行了，不想参加其他政治活动"；[3]四年后，学生运动已经和政党政治难舍难分。在1924年5月4日济南"五四"纪念大会上发布的《山东国民党宣言》中，"五四"后学生运动的沉寂被归咎于"脱离了政治运动"和"没有主义的信仰"：

> "五四"运动，纯是热烈感情的作用，并没有一坚确的主义信仰。所以事过境迁，空气消失，又那恶劣的环境和社会，威吓诱惑，遂不知不觉的把"五四"的精神完全失掉了。现在要改革政治，领导群众向民治途径上走的是谁？——"中国国民党"。他有主义的，——三民主义——的确是一个学生运动的指导者。可爱可敬的学生同

---

① 丁惟汾主编《山东革命党史稿后编》（一），第1页。
② 《山东省党部报告（1926年1月）》，中国革命博物馆党史研究室编《党史研究资料》第2集，四川人民出版社，1981。
③ 胡汶本、田克深编《五四运动在山东资料选辑》，第230页。

志们！赶快起来，认识认识国民党的主义和党纲，作有统系的运动，恢复五年前的"五四运动"的精神，勇气，和荣誉。打倒我们群众的仇敌，列国帝国主义者和国内的军阀。①

国民党是"有主义"和"信仰"的政党，这是它区别于其他政治势力并对青年学生产生吸引力的关键所在。这里的"三民主义"显然是指1924年1月国民党一大重新阐释过的"新三民主义"，它已然吸收了新文化中社会激进主义思潮的若干成分。②新文化中的社会激进主义本身就包含了对政治的新的理解，它提供了对集体政治这一新的政治行动模式的理论说明，并通过社团等形式为集体政治创造了实践空间。五四运动作为一场由外交问题引发的"纯粹"的爱国运动，在形态上和之前的学生运动并无本质不同，③它本身并未提供新的政治内容，以及对集体政治的新的理解，后者是由随之而来的新文化完成的。国民党人敏锐地把握到了这一点，成功地将学生运动转化为了现实的政治力量。

　　由于材料的限制，我们尚无法清晰地了解王乐平如何看待新文化与集体政治之间的关联，并将其运用于动员学生的活

①　《五四纪念大会》，《平民日报》，1924年5月5日。
②　参见吕芳上《革命之再起——中国国民党改组前对新思潮的回应，1914—1924》，台北："中研院"近代史研究所，1989。
③　"五四"学生采用的集会、游行、请愿、罢课等形式，早在晚清民初的学生运动就已出现。参见桑兵《晚清学堂学生与社会变迁》，广西师范大学出版社，2007，第9—10页。

动之中。然而有一点可以肯定，他以新文化来"运动学生"的事业获得了成功，在此过程中，他自己对政治也获得了新的认识。1921年，王乐平"默察军阀专政，代议政治难裨国是；而苏俄甫推翻帝俄，新政权成立，或有可供借镜参考之处"，于是和王尽美一道"赴俄考察"，参加莫斯科远东会议，"返国赴沪，谒总理报告视察所得，被派回鲁省主持党务"。①社会激进主义带来的崭新视野，使得王乐平超越了地方议会政治中的派系斗争，成为深得孙中山信任的国民党山东负责人。1925年秋，齐鲁书社被张宗昌反复搜查，旋遭封禁，王乐平也被迫离开济南，但他仍然积极地活跃在政治舞台上，并且在大革命中成为国民党改组派的领袖人物。

（三）作为文化资源的马克思主义

在被社会激进主义吸引的山东青年学生中，王尽美是特别突出的一个。他是省立第一师范的年轻学生，同时又是济南共产主义小组的创立者、中共一大代表和中共在山东的早期负责人。从他身上我们可以看到，新文化中的社会激进主义思潮是如何和具体的政治实践相结合的。

1918年4月，王尽美考入山东省立第一师范预科，五四运动中他以山东省学生联合会代表的身份积极参与各种活动。大概也正在此时，他与同乡兼远亲的王乐平来往颇为密切，通过齐鲁书社接触到大量的新思潮读物。尽管出身贫寒，阶级和财富

---

① 王志信：《王乐平》，《传记文学》第57卷第6期，1990年12月。

上的差距并未成为王尽美和王乐平交往的障碍。事实上，当陈独秀函约王乐平在济南组织共产党支部的时候，正是王乐平把正在研究马克思主义的王尽美介绍给了陈独秀。①在早期共产主义者的结合过程中，往往是同乡和家族关系而非共同的阶级利益，成为关系网络建构的最初资源。

王尽美接触马克思主义的另外一个途径则是由五四运动本身创造的。"五四"前后王尽美作为山东省学生联合会代表来到北京，结识了罗章龙等北大学生。1920年初，罗章龙等秘密酝酿组织马克思学说研究会，王尽美知道后也参与了进来，成为北京马克思学说研究会在山东最早的通讯会员。②此后他经常往来于北京、济南之间，并且在1920年下半年和邓恩铭、王翔千等人组织成立了济南马克思学说研究会。

最初只是在少数知识分子中间流传的马克思主义，显然是作为新思潮的一部分和一种新的文化资源出现在王尽美面前的，这种文化资源往往是通过和地方精英（王乐平）或中心城市教育机构（北大）的关系来获得。对王尽美来说，马克思主义首先是一种有待吸收的新文化。"马克思学说研究会"刚成立时原名"马克思主义研究会"，后来"觉得研究主义不如研究学

---

① 中共诸城县委、山东大学历史系编《王尽美传》，山东人民出版社，1981，第21页。王乐平与陈独秀似乎之前就认识，《新青年》和齐鲁书社关系密切，齐鲁书社是《新青年》在济南的经销处，《新青年》也为齐鲁书社刊登广告进行宣传。见田永德、葛凤春《王乐平与中共山东党组织的创建》，戴维政主编《文博研究》第2辑。《新青年》上的齐鲁书社广告，见《新青年》第8卷第2号，1920年10月1日。
② 罗章龙：《回忆王尽美光辉的一生》，《王尽美传》，第166页。

说方便"，才改为此名。①通常认为这是出于掩护实际政治斗争的需要，然而更可能的原因是，王尽美和他的朋友确实是将马克思主义作为一种学说来加以研究，他们首先需要马克思主义为他们打开新的视野，而不是立刻将其付诸政治实践。②

从王尽美1920年下半年写的几篇文章来看，他当时关心的主要是乡村教育和平民教育问题，文章中如果说有马克思理论观点的话，那也是相当粗糙的。③王尽美"眼光向下"的姿态和对农民的关切，使得他很容易接受马克思主义中的阶级观点，不过就文章本身而言，他似乎还没有放弃以教育（特别是师范教育）弥合阶级鸿沟的观点。直到1921年冬，王尽美在学校的壁报栏上写了一篇题为《饭碗问题》的文章，讽刺学校教职员只顾自己的饭碗，不敢过问政治，被学校开除之后，王尽美才彻底脱离学生生活，走上职业革命家的道路。④

即使在王尽美从事政治实践的过程中，马克思主义在某种程度上仍然保持着文化资源的面目。马克思主义对"五四"

---

① 胡汶本、田克深编《五四运动在山东资料选辑》，第509页。

② 这样对待马克思主义的"研究"态度，在马克思主义的早期传播过程中可能是一种普遍现象。周策纵谈到北大学生的"马克思学说研究会"时便指出："该会用'学说'而不用'主义'命名，表明该会的成员对马克思主义在一定程度上持一种超然的、冷静的、学者式的态度。需要指出的是，那时人们所说的马克思主义或者马克思学说，其涵义要远比后来共产党的教条中的马克思主义丰富得多。"见周策纵《五四运动史》，陈永明等译，岳麓书社，1999，第77页。考虑到山东"马克思学说研究会"本来就是受北京"马克思学说研究会"的影响而创办的，更有理由得出这样的结论。

③ 见《乡村教育大半如此》《我对于师范教育根本的怀疑》《山东的师范教育与乡村教育》等文，均收入《王尽美传》。

④ 中共诸城县委、山东大学历史系编《王尽美传》，第24页；王云生口述《一九二一年至一九三三年山东党的活动片断情况》，《山东省志资料》1961年第3期。

后的集体政治提出了新的要求：和民众结合。但马克思主义不只是政治行动的纲领，它本身包含着一套可以被民众理解的理论话语（如阶级观念），而这套话语一旦被民众掌握便可以成为改变现实的力量。马克思主义中蕴含着文化与政治相互转换的巧妙机制，在王尽美动员民众的政治活动中，向民众宣传马克思主义理论往往是必不可少的一部分，罗章龙回忆说："每到一地，尽美同志都积极向工人群众宣传马克思的学说和理论。"[1]1923年5月，王尽美以"平民学会"的名义在济南主办马克思诞辰105周年纪念会，他四处张贴和散发宣传品，并且亲自画了一张约一米高的马克思的炭画像，悬挂在主席台的中央。[2]这既是文化资源的传播，同时亦是政治动员。

为了使这种传播和动员更为有效，王尽美充分展示和运用了他的文化才能。他给家乡农民熟悉的曲调谱写了新词，为济南的工人、店员和士兵编写歌谣。[3]王尽美掌握了传统士绅所必需的各种文化技巧，"他能书善写，既能作一手好文章，也会赋诗填词；他精于汉字书法，能挥笔作画，也善下棋对弈"，对于音乐"更为精湛娴熟"，[4]这为他接近民众并赢得他们的信任创造了条件。作为职业革命家的王尽美，同时也扮演着"文化人"的角色。这非但没有阻碍他和民众的结合，反而使得这种

---

① 罗章龙：《回忆王尽美光辉的一生》，《王尽美传》，第166页。
② 中共诸城县委、山东大学历史系编《王尽美传》，第56页。
③ 中共诸城县委、山东大学历史系编《王尽美传》，第14、63页。
④ 中共诸城县委、山东大学历史系编《王尽美传》，第55—56页；蒯树基：《和王尽美同志在一起的时候》，政协山东省济南市委员会文史资料研究委员会编《济南文史资料选辑》第2辑，1983。

政治实践成为可能。

裴宜理（Elizabeth J. Perry）对中国早期共产党人的研究指出，这些青年知识分子"并没有掩盖他们作为知识精英、社会精英的身份，而是利用这样一种身份。他们就是以一种领导阶层的姿态，以一种知识精英的姿态，出现在老百姓面前"。他们"充分利用传统中国社会所赋予他们的领导者的角色"，让民众在接受他们作为"社会精英"和"领导阶层"的身份的同时，接受他们宣传的理念。[①]这个分析也适用于王尽美。1922年7月，王尽美编辑的中国劳动组合书记部山东支部的机关刊物《山东劳动周刊》创刊，"出版宣言"中表示该刊的目的是"促一般劳动者的觉悟"，为此首先需要通过"平民教育"来"增进劳动者的知识"。[②]王尽美学生时代对平民教育的关切，在他后来的政治实践中保留了下来。在动员民众的活动中，他在很大程度上仍然是以"教育者"的身份出现的。

如果说新文化中的社会激进主义为王尽美打开了新的、普遍性的理论视野的话，传统的文化才能则在他具体的、地方性的政治实践中扮演了重要角色。两者之所以能够统一，是因为它们都帮助建构了一种新的文化身份，这种文化身份在将革命者和民众区别开来的同时，也推动了他们之间的结合，从而创造出了新的激进政治。

[①]　裴宜理：《中国革命中的知识精英与底层教育》，许纪霖主编《公共空间中的知识分子》，江苏人民出版社，2007，第198页。

[②]　《山东劳动周刊宣言》，中共中央马克思恩格斯列宁斯大林著作编译局研究室编《五四时期期刊介绍》第2集下册，生活·读书·新知三联书店，1959，第543页。

二、教育精英的新文化事业

（一）教育界的形成及其对新文化的反应

山东的新式教育始自晚清袁世凯担任山东巡抚时期，1905年停废科举后又有了长足的发展。新式学校培养出的大批人才，逐渐成为一支重要的社会力量。民国成立后，在各级议会议员的选举方面，受新式教育者已经占据优势地位，旧功名出身者则退居次席。前者已经逐渐取代后者，"成为各级政府用人的主要来源"。[①]

新式教育正在成为一种新的权势，投入新式教育也变成有利可图的事业。事实上，自停废科举之后，不少丧失了向上流动途径的地方士绅便转而投身于新式教育，试图以此继续维持其在地方上的影响力，这也构成了新式教育发展的最初动力。王尽美后来便指出，当时山东地方上办学的人物，"差不多是奔走官衙的绅士。他办的学也没有什么宗旨，不过因为办学是很名誉的事，很受官厅奖励的，很受士大夫欢迎的，更想为子弟打算个出身。科举已早停了，就不得不走这条路，是他们之视学堂，实是升官发财的佳舍"。[②]鲍德威（David D. Buck）对近代山东教育的研究也表明，"1905年以来，教育的真正权力掌握

---

① 张玉法：《中国现代化的区域研究：山东省（1860—1916）》，台北："中研院"近代史研究所，1982，第668—674页。

② 王尽美：《乡村教育大半如此》，《王尽美传》，第85页。

在地方士绅领导层手中"。而民国建立之前参与新式教育的经历，则成为他们在民国初年加入省级领导层的社会资本。①

袁世凯称帝期间，省议会被都督靳云鹏解散，许多政治精英离开省城，回到自己的家乡办学。王鸿一便是一个例子，民国建立后他出任山东第一任提学使，后来回到家乡曹州担任省立六中校长。由于受到这些地方精英的抵制，袁世凯推行的复古教育在地方并未获得成功。地方精英通过教育，进一步巩固了他们在地方上的影响力，即使在他们离开后也是如此。②

与此同时，新式教育培养出的学生在新式教育系统内部也占据着支配地位。清末至民初山东受新式教育者大多毕业于本省学校，留学者只占5%。其中习师范者仅次于习法政者，在数量上位居第二。③这些在本省师范学校中毕业的学生，又成为各级新式学校的师资。据时人观察，直至20世纪20年代初期，山东省各级教育（特别是中等教育），基本上都被"把持"在"旧师范人物"（师范团）手中。④

在经历了短短十几年的时间后，一个由地方精英（地方士绅和新式学校毕业生）组成的教育共同体（教育界）逐渐形成了。他们一方面把新式教育作为维持其地位和影响力的资本，

① David D. Buck, "Educational Modernization in Tsinan, 1899—1937, " in *The Chinese City Between Two Worlds* , ed. Mark Elvin（Stanford University Press, 1974）, p. 187.

② Ibid, pp. 189—190.

③ 张玉法：《中国现代化的区域研究：山东省（1860—1916）》，第669—672页。

④ 《济南教育界不振之原因》，《晨报》，1921年1月26日；陈汝美：《山东教育界应有的觉悟》，《励新》第1卷第2期，"山东教育号"，1921年1月。

另一方面又试图维持共同体自身的"独立性"，以抗拒外部势力的侵入和干扰。这个教育共同体在五四运动中显示了他们的力量，成为学生运动的领导者之一。1919年5月23日，山东省教育会召集各教育机关开会，提出四项行动，"定期开联合大会"，"致电政府转电陆专使万勿签字"，"教育界每星期开会三次（二四六）"，"由联合会派员赴各县联络一致进行"，最后议决各校学生次日罢课。[1]1920年元旦，济南各校学生在大舞台排演新剧，筹备学生会活动经费，警察厅长金荣桂派大批军警入场，加以禁阻，双方发生冲突，学生多人受伤。济南各校教职员随即召开会议，决定"一律停止职务"，以示抗议，直至省政府给予回复并表示"反省"之后才恢复职务。[2]

尽管教育界在五四运动中表现积极，与省议会一起成为支持学生运动的重要力量，然而伴随五四运动而来的新文化也给他们带来了冲击。当齐鲁通讯社销售的新出版物逐渐传播开来时，济南各校校长"更是慌起来了，怕学生中了新文化的毒，于自己饭碗有碍，遂召集了一个会议，商量对待办法"。[3]当时全国教育会联合会已经议决"推行国语以期言文一致案"，有人"主张中等学校也用白话文"，"且说自己也没受过白话文底训练，无论教授或是编辑教科书都不敢冒昧，提议向外省延聘一个白话文教习"，因为涉及"饭碗问题"，引起充任某校教员的

---

① 胡汶本、田克深编《五四运动在山东资料选辑》，第210页。
② 《元旦济南大舞台之惨剧》，《晨报》，1920年1月6日；《山东教职员停止职务宣言》，《晨报》，1920年1月10日；《山东教职员回复职务宣言书》，《晨报》，1920年1月21日。
③ 《济南特约通信·山东的文化运动》，《晨报》，1919年12月28日。

"前清底举人"们的大恐慌。[①]

由此可见，新文化对教育界的冲击，观念的冲突还在其次，主要的矛盾却在"饭碗问题"，而感到恐慌的也不只是"前清的举人"，更多的可能还是占多数的受新式教育者。正如当时人已经看到的，白话文的教授是一种有待训练的新技能，地方的教育精英尚不具备掌握的条件，不能不乞灵于"外省"，这对共同体来说无疑是一个挑战。1921年7月，毕业于北京大学英文系的顾随受聘担任山东职业女子中学国文教员，当时他便注意到："现在山东专门学校毕业的学生，而有充当教员资格的，多半是数理、英文；国文一门实在是缺乏的很，所以我改行了。"[②]顾随在班上讲授白话文和新文学，颇受学生喜爱。后来发生学潮，某教员便在省籍上做文章，声称："山东即缺乏教员，何至求及外省"，顾随为免生事端，提出辞职。[③]在省界意识颇为浓厚的山东教育界，外来的新文化、新的教育理念乃至新教员，已经对他们的利益构成了威胁。

然而，新文化不仅仅是文化而已，同时也构成了一种制度性的力量，1919年10月全国教育界联合会第五次会议通过的"推行国语以期言文一致案"，不久便于1920年1月转化为教育部的正式部令，要求在全国范围内推行。包括白话文在内的新文化，由此获得了某种代表国家的权威性质。这在对地方教育界构成挑战并遭到抵拒的同时，也给另外一些地方教育精英提

---

① 《济南特约通信》，《晨报》，1919年12月14日。
② 1921年8月1日致卢伯屏，《顾随全集》第4卷，河北教育出版社，2005，第113页。
③ 《鲁省学潮迭起》，《晨报》，1924年6月3日。

供了机遇，他们利用这种或许只是象征性的权威，扩展了自己的资源，巩固乃至提升了自己的地位。作为新文化在地方的代理人和实践者，他们为自己赢得了新的资本和声望。

（二）全国性资源与地方资源

傅斯年提到的省立一师教员王祝晨便是这些人中杰出的一位。实际上，傅斯年之前便与王祝晨有所来往。1918年前后，王祝晨在东昌（今属聊城）省立二中任校长时，便认识了籍贯本地的北大学生傅斯年，并曾邀请他到学校做过演讲。[①]1919年7月，傅斯年和杨振声赴济南参加官费留美考试，曾与王祝晨就新文化运动做过一番畅谈，王祝晨有感五四运动后山东的沉寂现状，颇思有所作为，得到傅、杨两位的赞赏，并"与他们商定了提倡新文化的办法"，随即又邀请两位到省立一师和一中演讲。[②]1919年9月他担任省立一师附小教导主任兼省立一师教员，大力推行白话文教学，一时教育界为之哗然，《新齐鲁公报》也大肆攻击。[③]到了年末，山东的新文化运动渐有起色，然而非议和排斥的声音仍然不少，王祝晨"为与守旧派斗争起见，特邀请杜威博士、胡适博士，来济讲演，以助声势"。[④]于是便联合省议会中王乐平、聂湘溪及一师教员刘次箫等人，趁

---

① 王恒：《王祝晨传》，政协齐河县文史资料委员会编《齐河文史资料》第4辑，1996，第33页。
② 张默生：《王大牛传》，东方书社，1947，第34页；王恒：《王祝晨传》，《齐河文史资料》第4辑，第38—39页。
③ 王恒：《王祝晨传》，《齐河文史资料》第4辑，第40页。按：原文记王祝晨1920年9月起担任一师附小主任兼一师教员，误，应为1919年9月。
④ 张默生：《王大牛传》，第34页。

傅斯年进京之便，托他和胡适及杜威交涉，约定于12月24日到济。胡适与杜威夫妇如期抵达，于25日至29日在济南共演讲五次，每次听讲者"均在二三千人左右"，杜威讲"教育原理"和"新人生观"，杜威夫人讲"妇女教育"，胡适讲"国语的文学"和"研究国学的方法"。[①]

杜威一行抵济前，督军张树元曾试图发电报拒绝，省议会亦有议员提出异议。等到杜威到后，张树元又派代表表示欢迎。离开济南前，中小学教职员开谈话会招待杜威一行，教育厅长袁道冲发言，对"新"的讲演不以为然，并云"旧的不可尽废"，遭到胡适的驳斥，袁道冲一时"大难为情，很觉得自己失言"。[②]面对来自中心城市乃至海外的新人物，地方势力显得进退失据，至少从表面上看，新文化的权威在地方得到了尊重。

新文化的"声势"为王祝晨的事业提供了动力。1920年暑假期间，王祝晨约省城各小学教员赴南京高师暑期学校听讲，这是陶行知为提升中小学教员素质而创办的学校，胡适应邀在课上讲授"白话文文法"。[③]王祝晨从会上带回许多白话文教育材料，在各小学中分发。此后，他又派附小教员赴北京"国语讲习会"听讲，并请黎锦熙来附小示范教学。[④]1924年夏，时任省立一师校长的王祝晨，以"一师讲学会"的名义，邀请周作

① 《济南特约通讯》，《晨报》，1920年1月6日；徐彦之：《济南两周见闻记》（四续），《晨报》，1920年2月1日。

② 徐彦之：《济南两周见闻记》，《晨报》，1920年1月23日；徐彦之：《济南两周见闻记》（二），《晨报》，1920年1月24日。

③ 余子侠：《山乡社会走出的人民教育家：陶行知》，湖北教育出版社，1999，第109—111页。

④ 王恒：《王祝晨传》，《齐河文史资料》第4辑，第39、41页。

人、沈尹默、朱谦之等到校演讲。[①]

显然，在王祝晨推进白话文教学和新文化传播的事业中，他凭借的主要是全国性的教育资源。值得注意的是，甚至在"五四"时期全国范围的学生运动和学生组织出现之前，就已经出现了全国性的教育团体和教育网络。"推进国语以期言文一致案"首先是在全国教育会联合会第五次会议上通过后，才被转化为教育部令在全国施行的。它的"国家权威"与其说来自中央政府的权力，不如说来自全国教育会联合会所体现得更广泛的代表性。成立于1915年的全国教育会联合会由各省代表组成，每年都召开年会。它的出现意味着投身于新式教育事业的新知识分子的广泛联合（其背景是他们因袁世凯专政而对政治感到失望，期待教育承担起国家建设的重任）。事实上，教育部之所以能够在动荡不安的民初政局中依然运转良好并较为有效地推行其政策，正是依赖于它和这类全国性的教育团体和教育网络的密切关系，这使得它比较容易获得地方教育界的支持。[②]全国性的教育团体和教育网络在五四运动后得到了进一步的加强，并且为新文化运动的扩展提供了渠道。

不过在五四运动之前，这类全国性的教育团体和教育网络似乎并未和山东教育界发生过密切的关系。山东教育界比起其他省份要显得更为封闭和保守。王祝晨民国初年拟定的《普及教育意见书》，1912年和1916年两次上呈山东教育行政部门，均

---

① 《山东教育界近事》，《申报》，1924年4月3日；张默生：《王大牛传》，第40—41页。

② David D. Buck, "Educational Modernization in Tsinan, 1899—1937, "in *The Chinese City Between Two World*, ed. Mark Elvin, p. 192.

未蒙采纳。①也正因为如此，五四运动之后，王祝晨便积极主动地寻求全国性资源的帮助。这类全国性的教育网络也开始在山东发挥作用，1922年7月和10月，中华教育改进社第一次年会和第八次全国教育会联合会均在济南召开，胡适等新文化人通过演讲等形式，进一步扩大了新文化的影响力。又如前述王祝晨设立的"一师讲学会"，也有教育部的部令可依。1915年教育部召开的全国师范学校校长会议，便议决师范学校当为本学区开设讲习会，以便"新知识之输入"。②

王祝晨积极寻求全国性的资源，并不意味着地方资源对他无关紧要，事实上后者对他也相当重要。他能够担任一师附小教导主任，随后又出任一师校长，都与他在山东教育界的关系网络有关。王祝晨本人便是"师范团"中的一员，1910年毕业于山东优级师范学堂。凡民元以前毕业于该校者，被称为"优级系"，是"师范团"中势力最大的一派。③属于该系者，除王祝晨外，尚有鞠思敏、于丹绂等人。1913年王祝晨曾与鞠思敏等人创办正谊中学，鞠思敏任校长。民国初年，鞠思敏先后担任山东高等师范学校、省立一师校长。1917年继鞠思敏出任一师校长者则为于丹绂。王祝晨正是应于丹绂之聘任一师附小教导主任兼一师教员。鞠思敏对王祝晨传播新文化的事业亦表示支持，曾与王祝晨创设"尚学会"，协助其编辑《文化新介

① 张默生：《王大牛传》，第30页。
② 璩鑫圭、童富勇、张守智编《中国近代教育史资料汇编 实业教育 师范教育》，上海教育出版社，1994，第822、834页。
③ 《山东教育界派别之今昔观》，《晨报》，1922年9月16日。

绍》。[1]因此，尽管王祝晨备受攻击，但却一直职位无忧。1922
年11月，省立一师学生因为不满于校长思想守旧，滥用权威，掀
起学潮，于丹绂被迫去职。王乐平等国民党人参与到学潮中，
背后指挥操作，推出了代表国民党的候选人，而省长熊秉琦也
想安插自己的人选。在各方势力争夺不下的僵局中，一师教职
员因为担心外部政治势力的侵入和"师范团"的破裂，最终选
择王祝晨继任校长职。地方教育界维持其团结和"独立"的考
虑，把王祝晨推到了校长的位置上。王祝晨在传播新文化方面
的表现，也使他得以被学生接受，[2]从此掀开了他教育生涯中最
有光彩的一页。

（三）新文化的"普及"与"提高"

王祝晨出任省立一师校长后，继续推进新文化事业。除了
请新文化人来校演讲外，他还聘请外省新文化人（如担任国文
专修科教员的杨晦）来校任教，并给予优厚待遇，其他教员乃
至校外人士虽有意见却也无可奈何。他甚至向全校同学建议，
只要财力允许，希望每个人都买一部《胡适文存》第二集。为
了学生接受新文学知识的方便，他帮助学生成立书报介绍社，
代售新文学书刊，参与其事的就有邓广铭。一时省立一师成为

---

① 李弬：《鞠思敏先生事略》，《济南文史资料选辑》第7辑，1986。
② 《王祝晨先生手迹》，《齐河文史资料》第4辑；《山东一师又闹校长风潮》，
  《晨报》，1922年11月9日；《鲁省一师风潮解决原因》，《晨报》，1922年11
  月28日。

"山东新文学新文化传播的中心"。[1]

王祝晨不仅仅是传播新文化而已，他对白话文和新文化一直都有自己的思考，贯穿于其中的则是他的教育理念。1919年秋，王祝晨与傅斯年、杨振声"商定提倡新文化的办法"，决定选择新文化出版物中各类文章编辑成书，后来成《文化新介绍》"文学号""教育号""哲学号"三册，分别于1920年1月、4月、9月出版，发行甚广，"文学号"尤为畅销，后来由上海文化书社以《新文学评论》为名再版。[2]这虽然是一个选本，但却能看出王祝晨关注新文学的教育层面的取向，这与新文化人主流其实有相当差异。王祝晨选了施畸（施天侔）的一篇《文学的批评》，便引起了傅斯年的批评。王祝晨的解释是：

> 《文学的批评》很多误会的地方，我因他有些中国和西洋底历史材料，把他选上。——当时傅孟真先生，很不以为然，问我怎么不选罗志希底《什么是文学》？我说："我注意点在一般中等以上学生，小学以上教员，想叫他有点历史底见解！不敢过于高谈。"[3]

① 褚承志：《褚承志先生自订年谱》，《山东文献》第13卷第1期，1987年6月20日；邓广铭：《漫谈我和胡适之先生的关系》，《邓广铭全集》第10卷，河北教育出版社，2005，第263页；《我与胡适》，《邓广铭全集》第10卷，第292页。
② 张默生：《王大牛传》，第34页。
③ 《文化新介绍·文学号》，1920年1月，第3页，北大图书馆馆藏。

施畸当时是京师第四中学的国文教员，[①]《文学的批评》一文1919年9月8日至9月30日连载于《晨报》，为作者课堂讲义，大体上是一篇普及新文学观点的文章，不为傅斯年所看重并不奇怪，但却正与王祝晨的思路相合，即为"中等以上学生，小学以上教员"说法，重在普及和教育。王祝晨所选文章分为新文学的"辩论"和"实行"两部，"实行"又分为"报纸方面""教科方面""诗歌方面""小说方面"和"戏剧方面"五类，而"教科方面"分量最重，选了六篇文章，占了一半的篇幅。考虑到全国教育会联合会已经议决"推行国语以期言文一致案"，对于地方教育精英而言，如何教授白话文的问题已经成了当务之急，一时各地都有讨论。王祝晨也从外地的学校汲取经验：

> 浙江第一师范国文教授，——浙江《教育潮》一卷五期沈仲九《对于中等学校国文教授的意见》狠可参考——我以为在这个时候是很适当的一种办法，因为中等以上学生，和小学以上教员，受文言文底余毒，思想材料都很枯窘。用这种方法，改革他的思想，开拓他的材料，是第一步工夫；再用胡适之先生，教授国语方法，整齐他的形式，是第二步工夫；所以这书可以说是"白话文教科书"或"白话文自修参考书"。[②]

---

① 见冯至《自传》，徐州师范学院《中国现代作家传略》编辑组编《中国现代作家传略》上集，四川人民出版社，1981，第141页。冯至是施畸在京师第四中学的学生。

② 《文化新介绍·文学号》，1920年1月，第6页。

沈仲九的文章较之全国教育会联合会的议案走得更远，他主张不仅小学国文当改国语，即中等学校也应全部用国语。王祝晨编这本"白话文教科书"，不仅是给小学以上教员看，也给中等以上学生看。因为他所在的省立一师，正是以培养小学师资为任务。这是一本"眼光向下"的"白话文教科书"，与新文化人希图借助"国语的文学"以创造"文学的国语"的宏大目标看来相差甚远。

　　王祝晨在山东的地方教育精英中对白话文表现得如此热心，与他一直以来注重平民教育和乡村教育的关怀不无关系。早在民国初年，他在《普及教育意见书》中就提出普及乡村教育的方案，强调"农民有文化知识"的重要性，[①]但如前所述，他的意见并未被教育当局重视。1915年他任聊城省立二中校长，要求学生放假后回乡做乡土调查，搜集材料以备编写乡土教材。但是他的教育思想不能为当地士绅所了解，实施起来阻力甚大，只得辞职。不久他又回齐河老家，创办私立强恕小学，实行半工半读的乡村教育，最后仍以失败告终。[②]

　　王祝晨的教育成就主要是在省城济南取得的，他在省立一师附小和省立一师积极推行白话文教学的成绩，也有机会让他——通过培养小学教员——实践乡村教育的理想。这种反差似乎进一步印证了下面的观点：新式教育主要是一种城市教育，最有可能在城市特别是大城市取得成功。那么，在城市中推行的白话文教育，能够为乡村教育提供推动力么？与此同时，王

---

① 王恒：《王祝晨传》，《齐河文史资料》第4辑，第24页。
② 王恒：《王祝晨传》，《齐河文史资料》第4辑，第31—32、34—35页。

祝晨还必须回应城市精英的质疑：如果白话文只是一种普及的工具，一种用于平民教育的粗浅文体，它如何能够取代文言文的位置呢？

这样的疑虑并不是多余的。当王祝晨在一师附小贴出第一份白话布告的时候，便引起全校的震动。当时在该校就读的李长之对此印象深刻："这是我们第一次被惊醒了，白话文原来也可以有登大雅之堂的资格，所以对那布告的印象特别深。"[①]可见即使是当时的小学生，也认为白话文难登大雅之堂。《新齐鲁日报》则在社论中提出质疑："古文历代沿袭相传，文风已定，岂能为粗浅之言而取代。"王祝晨似乎早已意识到这样的攻击，在第一堂白话文课上就明确宣称：

> 白话文并不是大白话，而是现今最进步的文学语言。[②]

王祝晨表示，白话文不只是普及教育的工具，同时也是一种新的精英文体，从而维护了白话文的地位和价值。普及与提高或许是一对矛盾，但在教育家那里却可以兼顾。王祝晨在省立一师大力引入新文学和新文化的空气，并非单纯着眼于白话文的教学，同时也包含着这样的用意：让地方学生能够"眼光向上"，获得新的资源和视野，为此他甚至鼓励学生从事新文学的创作。他在省立一师开设国文专修科，便有这方面的考虑。

---

① 李长之：《社会与时代》，《李长之文集》第8卷，河北教育出版社，2006，第372—373页。
② 王恒：《王祝晨传》，《齐河文史资料》第4辑，第40页。

按照1922年全国教育会联合会第八次会议的议案，师范学校得设两年期的专修科，是为了"补充初级中学教员之不足"，[①]而王祝晨的目的则是"为适应学生要求发展个人所长起见"，[②]于是他聘请新文学作家杨晦为教员，指导学生建立文学社团和发表创作。臧克家回忆说："文艺专修科的同学，文艺修养都相当高，有的同学常在《洪水》等大刊物上发表作品。学校里每周出版一张校刊，发表一些文艺创作。"这成为臧克家"逐步走上文艺创作道路的鼓舞力量之一"。[③]

按照新式知识分子的设计和教育部的规定，师范学校与一般重在升学的中等学校不同，是"以造就小学校教员为目的"，[④]而小学教员是实行平民教育和乡村教育的主体，因而师范学校曾一度被寄予厚望："要想使大多数的国民都有真正的觉悟，必得有促进国民自觉的真正人材；促进国民自觉的真正人材，就是将来的小学教员；将来的小学教员，就是现在的师范生。"[⑤]然而新式教育事实上进一步加剧了近代以来城乡分离的趋势，这使得师范学校的最初目标难以实现。陶行知指出当时乡村教育之"不发达""已达极点"，"现在师范学校都设在城

---

① 《全国教育联合会之第三幕》，《晨报》，1922年10月23日。
② 张默生：《王大牛传》，第39页。
③ 臧克家：《溯往事，六十年——追忆杨晦先生》，《臧克家全集》第6卷，时代文艺出版社，2002，第41—42页。
④ 朱有瓛主编《中国近代学制史料》第3辑下册，华东师范大学出版社，1992，第436页。
⑤ 《新山东》，《五四时期期刊介绍》第3集上册，生活·读书·新知三联书店，1959，第174页。

市，连教授方面，也是重城轻乡"，①教育部也早就注意到，由于小学教育为清苦职业，毕业生多不愿往，为此在1918年专门通令各省教育厅，师范生毕业后限令服务小学教育。②

山东省立一师的情形也是如此。王尽美在1921年的一篇文章中指出，省立一师不过是"中校式挂上师范的招牌"，教师并不教授"师范生应该特具的学问知识"，办学者目的只在升学，并不考虑平民教育和乡村教育的发展，"山东的师范教育自师范教育，乡村教育自乡村教育，其间并不发生关系"。③

"乡村小学教师，用不着什么文学家、教育家"，这是王尽美的针砭之言。但是，对山东省立一师的学生来说，做"文学家""教育家"却比"乡村小学教师"更具有吸引力，而新文化运动毫无疑问为他们提供了难得的机会。王祝晨为省立一师的学生开拓了新的视野和上升空间，越来越多的学生由此从地方走上了全国性的舞台。很难说王祝晨的"普及"和"提高"两方面的工作究竟何者更有成效，但显然后者带来的社会后果更为引人注目。邓广铭后来现身说法，表彰王祝晨"提高"一面的功绩，最能说明这一点：

其时肄业于第一师范的学生，不论是专修科或本科的，既全都能够和国内国外的许多学者名流相接触，他们的眼界遂得以无限地扩大，知识也得以急遽地增高。……

① 陶行知：《师范教育之新趋势》，《中国近代教育史资料汇编 实业教育 师范教育》，第862页。
② 朱有瓛主编《中国近代学制史料》第3辑下册，第461页。
③ 王尽美：《山东的师范教育与乡村教育》，《王尽美传》，第99—101页。

那时的师范学校，学生一体公费待遇，课程方面则对英文、数学极不重视，只是以造就小学师资为目的。但师范毕业生如愿升学，在那时却是不受限制的。山东一师的学生，受了国内外的学者和大教育家们的启迪诱发，在心里大都已激荡起一种高飞远举的念头，他们仰慕私淑这一辈人，他们也暗自立志要做成这一辈人的模样。①

（四）"新文学家"：城市中的新精英

1923年，当臧克家考入省立一师时，新文学的氛围已经相当热烈，购买新文学书报在学生中形成一种风尚。"《创造》《洪水》《语丝》《沉钟》……每人总有一份，我的更多，杂志之外，新书有好些，特别是诗集。"②臧克家"对于有名的新文艺作家，羡慕而又崇拜，特别是大诗人郭沫若更使我奉若神明，五体投地"，他从杂志上剪下郭沫若的照片，悬诸案头，并题字"郭沫若先生，我祝你永远不死"！③在短短的几年时间内，新文学已经推出了自己的文化英雄，他们对青年学生产生了强大的吸引力。一个以青年学生为主体的广阔的新文学市场已经形成。

重要的是，青年学生不仅是这个市场的消费者，同时也是生产者。文化英雄引起模仿的冲动，模仿者由此把自己想象为

---

① 邓广铭：《记一位山东的老教育家——王祝晨先生》，《邓广铭全集》第10卷，第398页。

② 臧克家：《我的诗生活》，《臧克家回忆录》，中国工人出版社，2004，第14页。

③ 臧克家：《诗与生活》，四川人民出版社，1981，第52页。

他们中间的一员，从而形成一种新的身份意识。文学专修科的一名同学，"到处投稿，而且发表出来一些，于是俨然以新文学家自许，留着长头发，生活浪漫，还有时去逛'妓院'"，[①]"新文学家"的身份允诺了新的生活方式和自由，而且似乎并不必付出太大的代价就能获得。早期新文学维持其再生产的关键是，生产者不必积累文化资本，模仿不必经过训练。臧克家觉得模仿郭沫若写新诗是很容易的事，可以"放荡自由，无拘无束，写景抒情，一挥而就"。[②]杨贤江曾经批评"五四"时期的学生染上虚荣和享乐的习气，表现之一便是热衷于创作新文学："他们所欢喜干的，却是做短篇小说、做新诗，特别地做小诗"，理由只是"不费力、容易出风头罢了"，[③]在新兴的新文学市场中，不必投入太多便能获得相当的回报。

新诗的门槛若是如此之低，就难免引起那些受过传统文化训练的精英的质疑和嘲笑。臧克家回忆说：

> 还有位守旧的国文教师，反对白话文、白话诗。他说，白话诗，直口白说，我一天可以作几十首。有的同学说，请老师作首我们看看，他不加思索，立即出口成章："鹊华桥上望望，大明湖上逛逛，掉下去湿了衣裳，拾起了晾晾。"惹得全班哄堂大笑。[④]

① 臧克家：《诗与生活》，第52页。
② 臧克家：《关于〈罪恶的黑手〉》，《臧克家全集》第12卷，第125页。
③ 杨贤江：《十年来的中国与学生》，《杨贤江全集》第1卷，河南教育出版社，1995，第785页。
④ 臧克家：《诗与生活》，第55页。

这位国文老师对新诗的讥讽并非毫无意义。在传统士绅那里，文化是一套复杂的技艺，需要通过刻苦的训练才能获得，他们也借助于文化技艺建构起自己作为"士"或"读书人"的精英身份，既把自己和民众区别开来，又获得了教化民众的权力。卜正民（Timothy Brook）在对明清宁波士绅的研究中发现，文学成就在精英群体及其象征性地位的形成中起到了关键作用。[①]而对于这位国文老师来说，"直口白说"的新诗并不具备这样的功能，因而也无法得到他的尊重。

这可能是新文学早期的通病，它对于新文学迅速扩展其影响力和市场自然功不可没。但是新文学要成为一项真正值得尊重和付出的事业，就必须建立起自身的规范和秩序。事实上新文学的精英们已经开始这样做了。臧克家的文章和回忆录中多次提及的族叔臧瑗望，便是这种规范和秩序的牺牲品。这个新文学的失败者的故事意味深长。

臧瑗望，字亦蓬，笔名一石。20世纪20年代初就读于中国大学预科，受到新文化的影响，开始从事新诗创作：

> 抱着诗集，抱着一颗求赏识的忐忑的心去请教胡适先生，胡先生顺手翻开诗本子，眼睛恰巧落到一首叫作《夜过女子师大》的小诗上。"想那些异性的同胞们，都已蒙胧入睡了。"胡先生吟咏着这两个句子笑着问他："人家睡了，关你什么事？"听了这两句话，他便抱着诗本子，

[①] 参见卜正民《家族承续性与文化霸权——1368—1911年的宁波士绅》，收入许纪霖编《公共空间中的知识分子》。

抱着一怀冰，回到了自己破烂的小公寓，颓然地倒在床上，床呻吟了一声，他也长吁了一口气。后来，他又出了第二本，第三本。他寄鲁迅先生求教，得到的批评是："太质白，致将诗味淹没。"这个回信他一直保存着，我看过。……他又把集子连上信寄给梁实秋先生了，梁先生的回信中有这样的句子："先生之诗，既违中国诗人温柔敦厚之旨，复乏西洋诗人艺术刻画之功……"①

臧瑗望并不灰心，他觉得他们都有派别的成见，认为自己可以和徐志摩、闻一多、郭沫若并立而无愧色。他还发展出自己的风格：用土语白描。但无论如何，他没有得到承认，只得回到家乡。他继续从事新诗创作，但他那口语化、略带诙谐的新诗，在"封建乡村"更无法为人理解，只被当作笑谈。不为人知的臧瑗望，虽然自费印过两本诗集，终于寂寞地在家乡潦倒终生。②

　　胡适、鲁迅、梁实秋对臧瑗望新诗的拒绝，表明新文学在内容和形式上都已开始形成规范，这种规范构成了一种排斥机制，并建立起了自己的权威。新文学同样是一种精英气味十足的文学。当臧瑗望无法作为一个新诗人获得承认的时候，也就意味着他加入新文学精英群体中的努力失败了。于是他只能回到乡村，更有意味的是，虽然使用的是"土语"和白话，新文学与乡村却完全格格不入，不仅不被接受和承认，反而受到抵

---

① 臧克家：《我的诗生活》，《臧克家回忆录》，第6—7页。
② 臧克家：《诗与生活》，第88—94页；《我的诗生活》，《臧克家回忆录》，第7—12页；《沉重的担负》，《臧克家全集》第5卷，第155页。

触。这或许是臧瑷望更大的悲剧。与之形成对照的是，臧克家的父亲臧统基和族叔臧武平，作为喜欢写作旧诗的地方乡绅，则能与乡村建立较为亲和的关系。[①]

新文学是一种在城市中产生的文学，其影响力往往亦限于城市中的新知识分子和青年学生。作为一种精英文化，新文学所要求的形式和技巧的训练，常常是在城市的学院环境中完成的。臧克家早年"一挥而就"的新诗被他放弃了，等到他就读青岛国立山东大学并师从闻一多时，他才有机会磨炼自己的技巧，并建立起自己"苦吟诗人"的声名。另外一个例子是臧克家的同学李广田，他在省立一师读书时就开始写新诗，但真正创作出有影响的作品，还是在北大英文系接触到更广阔的文化资源之后。

新文学精英并不掩饰他们对城市的向往，正如臧克家写于1933年的一首题为《到都市去》的诗中所写的："他欢喜，仿佛是逃开了灾难。/都市的影子/牵着他的小心飞，/用一枝想象的彩笔，/在上面乱涂些美丽的颜色。"[②]虽然无论是臧克家还是李广田，都写下了大量描写家乡风土的诗篇和散文，并且反复表达他们对乡土的热爱以及自己作为"农民诗人""地之子"的归属感，但是无法否认的是，"乡村"在他们那里只是作为素材而存在的。经过种种形式技巧的"中介"后呈现出的乡村经验，更多是他们主观意识世界的投射。在这个意义上，所谓"乡土文学"乃是新文学精英与乡村疏离的产物，或者是对这种疏离的补偿。

---

① 臧克家：《诗与生活》，第91—93页。
② 见臧克家《臧克家全集》第1卷，第56页。

三、结语：新文化与社会流动

1925年4月，奉系军阀张宗昌担任山东军务督办，开始对新文化运动采取压制态度。此时国民党在青年学生中影响力已经逐渐壮大。王乐平应王祝晨之邀，亲自到省立一师讲演三民主义，"济南一师的同学于是由新文化运动逐渐变为中国国民党领导之下的国民革命运动，读书的趣味亦由新的文学作品与学术论著改为政治经济的著述"，新文化中的社会激进思潮在学生中的影响力大幅上升，并与政党政治结合起来，省立一师成为济南的"党务中心"，到1926年底，本科十八、十九两班六十多人几乎都加入了国民党。①臧克家此时也与同学结伴南行，前往武汉投考"中央军事政治学校"。②

李长之后来说："五四运动的发动是政治，但结果是文化的。"③这是他从山东地方经验中得出的结论，与胡适晚年所谓五四运动是对文化运动的"政治干扰"的说法相映成趣。④从李长之的角度看，"政治干扰"事实上为新文化运动的扩展提供了动力，同时也意味着，新文化运动从一开始就包含着强烈的政治性。新文化中包含着激进政治的吁求，加之国民党人的动

---

① 《褚承志先生自订年谱》，《山东文献》第13卷第1期，1987年6月20日；第16卷第1期，1990年6月20日。

② 臧克家：《诗与生活》，第63页。

③ 李长之：《社会与时代》，《李长之文集》第8卷，第372页。

④ 关于新文化运动与政治运动的关系，参见罗志田《走向"政治解决"的"中国文艺复兴"——五四前后思想文化运动与政治运动的关系》，《近代史研究》1996年第4期。

员，新文学的爱好者很容易转变成国民革命的参与者。

不过与王尽美这样的早期职业革命家不同，对臧克家这样的青年来说，国民革命更像是一种向上流动的社会途径，而非与民众结合的政治实践。当臧克家"心豪气壮"地奔向"光明的结穴处"武汉时，他同样是为一种新的生活方式、一种对未来的想象和允诺所吸引，正如他为新文学所吸引一样。从这个角度来看，国民革命之于他们的意义似乎也更多的是"文化"的而非"政治"的。

有一点可以肯定，无论是王尽美还是臧克家，都是五四新文化之子。作为既包含社会激进主义又包含新文学的复杂的思潮和运动，新文化及其再生产引起了多重的社会后果。新文化为"五四"学生运动提供了政治内容，使得学生运动和政党政治结合成为可能，并推动了动员民众的新型激进政治的产生。新文化为地方上的青年学生提供了新的视野和更多的向上流动的机会，他们由此获得了一个更加宽阔的舞台。

新文化同时也给地方的政治精英和教育精英提供了机遇。周锡瑞和冉枚烁在综合有关近代中国地方精英的研究成果后提出，对变化的适应能力和运用多种资源的灵活性，是近代地方精英的重要特征。[①]新文化为他们提供了外部的社会和文化资源，这有助于维持乃至加强他们在地方上的影响力。

经历了新文化运动之后，地方与全国的关系更加密切了，这迅速扩大了近代中国社会流动的范围。以王祝晨为例，当他

---

① Joseph W. Esherick and Mary Backus Rankin, "Concluding Remarks," *Chinese Local Elites and Patterns of Dominance*, p. 344.

1902年参加科试时，对革命、立宪两派舆论毫无所知。1903年赴省城参加会试，开始接触严复、梁启超的著作。1907年升入山东优级师范本科时，在接触新学书籍时，仍致力于宋明理学和曾国藩的古文。[①]王祝晨属于地方精英中主动趋新者，但视野还是相当有限。新文化运动中，他积极寻求外部的、全国性的资源，但他的事业始终局限于地方舞台。而他在省立一师的学生已经大不相同，新文化极大地拓展了他们的上升空间，使得他们有可能在短短的数年间成长为全国性的精英人物。

但是新文化精英为此付出的代价是，他们日益疏离地方事务，并失去了在地方的影响力。虽然他们有可能回到地方，但地方之于他们只是"在而不属于"的场所，他们属于一个悬浮的、全国性的精英网络。李广田从北大毕业后回到济南，担任省立一中国文教员，但他主要的事业是在北京和上海的新文学杂志上发表作品，目标是"最好能每年有新书出版"，[②]虽然他写的是以家乡风土为题材的散文。

总体而言，新文化仍是一种属于城市的精英文化，主要作用于城市中的青年学生和少数地方精英，与乡村中的民众并无直接关系。当王尽美面对农民和工人进行政治动员时，他使用的主要是诗词音乐等传统文化技巧，比起旨在"与一般人生出交涉"的新文学，传统文化技巧似乎对民众更有亲和力和说服力。虽然同属于精英文化，新文化与乡村的关系看上去相当淡

---

① 王恒：《王祝晨传》，《齐河文史资料》第4辑，第12—20页。
② 李广田：《自己的事情》，《李广田文集》第3卷，山东文艺出版社，1984，第401页。

薄。事实上新文化引起的社会流动，加剧了近代以来城乡分离的趋势。[①]

另一方面，新文化创造出的新的精英群体，对近代中国社会诸多层面都产生了深远的影响，在文学、教育等思想文化领域，新文化通过持续的再生产建立起了自身的传统，在社会变革方面，革命党人亦从新文化中获益良多。新文化及其再生产所带来的社会后果，它的成功和失败，直到今天仍然滋养——同时也困扰着我们。

附录：相关人物简介

王鸿一（1874—1930），山东郓城人，名朝俊，字鸿一，以字行。1901年入日本东京宏文学院，回国后在曹州办理学务。1905年任曹州中学堂监督（校长）。1912年任山东省提学使，袁世凯称帝后辞职，回曹州任省立六中校长。1918年当选为省议会副议长。1921年结识梁漱溟，后约请梁漱溟在曹州办学，倡行村治。1922年辞去议长职，寓居北平，创办《中华日报》，招募贫苦农民赴西北垦殖。1929年以国民革命军高级顾问身份，

---

① 鲍德威的研究表明，从晚清以来，山东的"省籍精英"把他们的重心转到城市和市镇中的慈善事业、商业活动和政治活动上，与此同时切断了他们与乡村的联系，等到他们意识到这一点并设法补救时已经为时已晚。参见David D. Buck，"The Provincial Elites in Shantung during the Republican Period：Their Successes and Failures，"*Modern China*，Vol.1，No.4（Oct.，1975）。郝锦花和王先明则指出，新式教育是造成近代城乡分离和城乡一体的传统文化被打破的重要因素。参见《从新学教育看近代乡村文化的衰落》（《社会科学战线》2006年第2期）、《清末民初乡村精英离乡的"新学"教育原因》（《文史哲》2002年第5期）。

策划冯玉祥、阎锡山联合倒蒋。1930年7月病逝于北平协和医院。遗著有《三十年来夷怀所志之自剖》《东西文化及民族出路序言》《伦理为文化重心案》《建设村本政治》《中华民族自救运动之研究》等。

王乐平（1884—1930），山东诸城人，名者塾，字乐平，以字行。1907年加入同盟会，1909年考入山东法政专门学校。辛亥革命后任省议会议员、《齐鲁日报》主编。1918年当选第二届省议会议员，并任省议会秘书长。1919年创办齐鲁通讯社，积极推动新文化的传播。1922年赴莫斯科出席远东各国共产党及民族革命团体第一次代表大会。1924年1月参加国民党一大，后任国民党山东省党部主任委员和候补中央执行委员。1928年发表《中国国民党的改组与训练》，成为国民党改组派的主要负责人。1930年2月在上海被刺杀身亡。

王尽美（1898—1925），山东莒县（今属日照）人，原名王瑞俊，字灼斋。1918年考入山东省立第一师范学校，积极投身五四运动。1920年联合邓恩铭等人组织励新学会，创办《励新》半月刊，同时成立"马克思学说研究会"。1921年7月在上海参加中共一大，1922年赴莫斯科出席远东各国共产党及民族革命团体第一次代表大会。回国后任中国劳动组合书记部山东支部主任，主编《山东劳动周刊》。1924年11月担任中共山东省地方执行委员会书记，1925年初赴青岛开展国民会议运动和工人运动，同年8月病逝于青岛。

王祝晨（1882—1967），山东齐河人，原名王世栋，字祝晨，以字行。1910年毕业于山东优级师范学堂，1915年任省立二中校长，1919年任省立一师教员兼附小主任，积极推行白话文教育。1922年起任省立一师校长。1926年避难广州，入广州农民运动讲习所听课。1927年加入国民党，1928年起历任省立二师教员兼附小主任、省立三师教务主任、省立一师教务主任、济南中学教员。抗战爆发后带领流亡学生南迁，任国立第六中学（驻四川绵阳）教员。1946年返鲁继任济南中学及齐鲁中学教员。1948年任济南一中校长，1950年被推选为济南市政协副主席，1955年任山东省教育厅副厅长。1958年反右运动中被停职劳教，1967年9月病逝。

臧克家（1905—2004），山东诸城人。1923年考入山东省立一师。1926年赴武汉参加中央军事政治学校。1930年考入青岛国立山东大学，师从闻一多。1933年出版第一部诗集《烙印》。1934—1937年任教于临清中学。抗战爆发后深入前线，1942年到重庆，参加"中华全国文艺界抗敌协会"。1949年到北京，历任华北大学创作研究室研究员、人民出版社编审。1951年加入中国民主同盟，1956年任中国作家协会书记处书记。1957年任《诗刊》主编。"文化大革命"中遭受迫害，下放至湖北咸宁"五七干校"。1976年《诗刊》复刊，担任顾问兼编委。2004年2月病逝于北京。作品辑为《臧克家全集》12卷，2002年由长春时代文艺出版社出版。

"另起"的"新文化运动"

一、"反套"在《新青年》上

20世纪20年代中期，鲁迅将他"五四"前后主要发表在《新青年》上的杂感结集为《热风》，题记中追忆"五四"以后的情形：

> 但那时革新运动，表面上却颇有些成功，于是主张革新的也就蓬蓬勃勃，而且有许多还就是在先讥笑，嘲骂《新青年》的人们，但他们却是另起了一个冠冕堂皇的名目：新文化运动。这也就是后来又将这名目反套在《新青年》身上，而又加以嘲骂讥笑的，正如笑骂白话文的人，往往自称最得风气之先，早经主张过白话文一样。①

这段追述中有两个动词值得注意，一是"另起"，一是"反

---

① 鲁迅：《热风·题记》（1925年11月3日），《鲁迅全集》第1卷，人民文学出版社，1981，第292页。（着重号为笔者所加）

套"。这两个词提醒我重新思考"新文化运动"这个名目与《新青年》的关系。按鲁迅的说法，所谓"新文化运动"不是《新青年》同人的发明，而恰是《新青年》的反对派、革新运动的投机家"五四"以后另起的名目。

一年后为杂文集《坟》写后记，鲁迅又说"初提倡白话的时候，是得到各方面剧烈的攻击的。后来白话渐渐通行了，势不可遏，有些人便一转而引为自己之功，美其名曰'新文化运动'"，不久这类人又"二次转舵"，反过来嘲骂"新文化"。[①] 鲁迅对"新文化运动"一词的理解，偏重于白话文的倡导、传播。在主张白话这一点上，"新文化运动"与《新青年》同人发起的文学革命确有竞争关系。但在鲁迅看来，"五四"以后勃兴的"新文化运动"，其实是文学革命、思想革命之外"另起"的旗号，尽管这个旗号后来又被其发起者背弃，并"反套"在《新青年》身上。

由鲁迅所谓的"另起"与"反套"引出的问题是，谁发明了"新文化运动"这个名目？要理清"新文化运动"的名与实，及其与《新青年》的关系，鲁迅之说还不足为凭，须考虑其他同人对"新文化运动"的态度。我关心的不仅是，对于"新文化运动"，他们说了些什么，更重要的是，为什么会这么说。这涉及《新青年》同人"五四"前后的聚合离散，思想立场的转移，社会地位的升降，尤其是在运动过程中的位置变化。

---

① 　鲁迅:《写在〈坟〉后面》（1926年11月11日），《鲁迅全集》第1卷，第285页。

可以说我最初感兴趣的不是新文化运动本身，而是从鲁迅《热风·题记》以及《写在〈坟〉后面》中读出的"新文化运动"这个命名与《新青年》之间的缝隙。不加引号的新文化运动，是指学界对于新文化运动的既有论述，以1915年《青年杂志》的创办，或者1917年《新青年》北上，作为新文化运动的起点。即将新文化运动看作是由《新青年》同人倡导的，以北京大学为中心的一场文化运动。[1]这个新文化运动，作为事后追溯的历史概念，无须加引号。给"新文化运动"加上引号，意味着由过去完成时回到现在进行时，试图把这个凝固的历史概念，融解为未定型的新名词，在"五四"之后被各种势力界说、争夺、批评。

周策纵梳理五四运动史时曾指出，"新文化运动"这个词出现于1919年下半年，流行于1920年初。[2]但他援引的最初出处并不确切，粗略翻检一下这个时期的报刊，就会发现在《新青年》《新潮》吸纳这一名词以前，"文化运动"或说"新文化运动"已被趋新的舆论界广泛使用。"新文化运动"这个词出现在"五四"以后，至少说明用它来指称"五四"以前《新青年》同人的主张，是一种"反套"。

"新文化运动"风起云涌的年代，同时也是《新青年》同

---

[1] Chow Tse-tsung, *The May Fourth Movement: Intellectual Revolution in Modern China*（Harvard University Press, 1960）。中译本参见周策纵《五四运动——现代中国的思想革命》"导言"部分关于五四运动的定义，周子平等译，江苏人民出版社，1999。

[2] 周策纵：《五四运动——现代中国的思想革命》，第七章《新文化运动的扩展》，七"对新文化运动不断加强的支持"。他认为"新文化运动"一词出自《新潮》第2卷第2号（1919年12月1日）上的"记者答读者问"。

人风流云散的两三年。北京虽然是五四运动的策源地，倒显出"寂寞荒凉的古战场的情景"。[①]鲁迅这种"寂寞荒凉"的感受，再次暗示了以北京为阵地的《新青年》与"五四"后扩散开去的"新文化运动"在时空上的错位。"新文化运动"确实延续了《新青年》同人的基本主张，但已超出一家一派的掌控，成为各方势力争相攘夺的旗号。

"五四"以后《新青年》同人也卷入关于"什么是新文化运动"的话语争夺。被封为新文化运动总司令的陈独秀，1920年初在上海的一次演讲中，提出他对"新文化运动"的定义，然而只回应了"文化"是什么，忽略了何谓"新……运动"。[②]陈独秀这篇演说与《文学革命论》的语调截然不同。前者多复述当时思想界的共识，后者作为文学革命的纲领性文件，完全是老革命党的口吻，"愿拖四十二生的大炮，为之前驱"云云，尽管有煽动的嫌疑，却正符合他身为主将的立场。[③]无论文学革命，还是新文化运动，可能都不是陈独秀关注的重点，但他在这两场运动中的位置感是不一样的。

对于"五四"后流行的"新文化"，胡适的态度前后不一。他起初极力撇清与"新文化运动"的关系，曾在1920年度北大开学典礼上声明，自己"无论在何处，从来不曾敢说我做的是新文化运动"，北大也称不上是运动的中心。胡适以为"现在

---

① 鲁迅：《〈中国新文学大系〉小说二集序》，《鲁迅全集》第6卷，第245页。

② 陈独秀：《新文化运动是什么》，1920年3月20日在青年会征求会员大会闭幕典礼上发表的演讲，原载上海《民国日报》，1920年3月21日，收入《新青年》第7卷第5号，1920年4月1日。

③ 陈独秀：《文学革命论》，《新青年》第2卷第6号，1917年2月1日。

并没有文化，更没有什么新文化"，只有一种新动机、新要求，"并没有他们所问的新文化运动"。[1]从何时起，他们所谓的新文化运动变为"我们的"？在作于1922年的《五十年来中国之文学》中，胡适已将文学革命、思想革命与五四事件、新文化运动合二为一："民国八年的学生运动与新文学运动虽是两件事，但学生运动的影响能使白话的传播遍于全国"，"况且'五四'运动以后，国内明白的人渐渐觉悟'思想革命'的重要"，"文学革命的运动因此得自由发展"。[2]胡适给"文学革命"加上"运动"的后缀，又称为"新文学运动"，在构词法上也有向"新文化运动"靠拢的趋势。

在解读陈独秀、胡适关于"新文化运动"的发言姿态时，须考虑到从某种意义上说，二人经"五四"而暴得大名，其实是"新文化运动"的直接受益者。正如一位北京学生给胡适写信说，"自来谈新文化的人，必要连带想到提倡的人，而阁下与陈君（独秀）之名，亦随借此发达。但新文化之胚胎虽在五四之前，而文化之进步确在五四之后"，所以陈、胡二人自然要替"五四"张本、替新文化辩护。[3]

与被视为领袖的陈独秀、胡适不同，周氏兄弟到"新文化"的势头过去以后才发言。1924年周作人给《晨报副刊》的编辑孙伏园去信"反对新文化"。作信的缘由本只是北大内部

---

① 《胡适之先生演说词》，陈政记，《北京大学日刊》，1920年9月18日。
② 胡适：《五十年来中国之文学》（1922年3月），《申报》五十周年纪念刊《最近之五十年》，1923年2月。
③ 1922年2月17日铁民致胡适信，《胡适来往书信选》上册，中华书局，1979，第141页。

的男女纠纷，周作人却取了一个骇人听闻的题目，以致孙伏园在编者按中解释这个题目是来信原有的，"其中'新文化'似应作'所谓新文化'解"。在这封信的末尾，周作人道出他"反对新文化"的题意："中国自'五四'以来，高唱群众运动社会制裁，到了今日变本加厉，大家忘记了自己的责任，都来干涉别人的事情，还自以为是头号的新文化，真是可怜悯者。"[①]

周作人反对的"新文化"，是群众运动与社会制裁的别名。他以为"五四是一种群众运动，当然不免是感情用事，但旋即转向理知方面发展，致力于所谓新文化的提倡，截至民国十年，这是最有希望的一时期。然而自此以后感情又大占优势，从五四运动的往事中看出幻妄的教训，以为（1）有公理无强权，（2）群众运动可以成事"，而将思想改造、实力养成置于脑后。[②]从这段议论可知，周作人并非真的反对"新文化"，相反，对"五四"以后"感情用事"的群众运动转向诉诸理智的文化运动，他是寄予厚望的。在周作人看来，"五四"诚然造就了"新文化"，其中非理性的道德激情又潜伏着对"新文化"的反动。

1949年后，周作人更倾向于将"五四"与新文化运动、文学革命区别对待，反对胡适所谓的"五四的精神是文学革命，不幸转化而成为政治运动"。周作人认为"五四从头到尾，是

---

① 陶然（周作人）：《一封反对新文化的信》，《晨报副刊》，1924年5月16日；收入《谈虎集》上卷，北新书局，1928，第170页。
② 益惕（周作人）：《五四运动之功过》，《京报副刊》，1925年6月29日；《周作人集外文》（1904—1925），陈子善、张铁荣编，海南国际新闻出版中心，1995，第720页。

一个政治运动，而前头的一段文学革命，后头的一段新文化运动，乃是焊接上去的"。①这种"旁观者"的视角，有助于拆穿"五四–新文化运动"的融贯性。周作人晚年在回想录中也称五四运动"本来是学生的爱国的一种政治表现，但因为影响于文化方面极为深远，所以或又称以后的作新文化运动"。②胡适后来强调"五四"与文学革命精神上的承继性，而周作人则将文学革命、"五四"与新文化运动切割开，突出"五四"的异质性以及强大的吸附力。问题的关键是，依照周氏的说法，"后头的一段新文化运动"与"前头的一段文学革命"是如何通过五四"焊接"在一起的？这不单是日趋激烈的主义之争的产物，以"五四"为焊缝的历史拼接从20世纪20年代初就已经开始了。

二、"五四"："文化"还是"武化"

在《新青年》与加上引号的"新文化运动"之间隔着一个"五四"。关于新文化运动的既有论述，不仅以《新青年》为起点，还强调其与五四运动的同一性，用政治与文化互为因果的锁链，将二者勾连起来，于是有"五四–新文化运动"之说。而事件发展的逻辑与史家的逻辑是逆向的，只有充分意识到"五四"与"新文化"的异质性，才可能还原"五四–新文化"

---

① 王寿遐（周作人）：《北平的事情》，《子曰丛刊》第6辑，1949年4月1日。此文为主客问答体，作于周作人出狱前后。
② 周作人：《知堂回想录》，一一六"蔡孑民二"，香港：三育文具图书公司，1980，第333页。

作为运动的貌似同一性是如何形成的。

从政治运动到文化运动的转向，关键在于"五四"的合法性。"五四"的合法性，我们今天看来，当然是毫无疑问的，但在20世纪20年代初，还是悬而未决的问题。"五四"为什么会发生，它的精神是什么，从中可以得出怎样的经验教训，这些都是敌友之间以及同盟内部争执不休的话题。[①]"五四"的权威正是在反复的辩难、修正中确立起来的。

运动发生的即刻，就连陈独秀这样激进派也未能立刻辨认出"五四"与寻常的学生风潮迥异的面目，更没有意识到这一事件的"伟大"意义，及其蕴藏的社会能量。他的第一反应竟然是"学生闹事"！陈独秀给南下迎接杜威的胡适通风报信，描述"五四"当天的混乱情形，接着说："京中舆论，颇袒护学生；但是说起官话来，总觉得聚众打人放火（放火是不是学生做的，还没有证明），难免犯法。"[②]

梁漱溟对学生事件的表态，直指"五四"的不合法性。梁氏以为几千年的专制养成国人要么"扬脸横行"、要么"低头顺受"的习惯，得势时明明犯禁却倚仗民意，不愿接受法度的裁判，他主张学生集体自首，遵判服罪。[③]梁漱溟这种论调在当时狂热的空气中，显然是不合时宜的。因为"五四"的合法性并

---

① "五四运动"一词诞生初期的诠释史，参见徐佳贵《从"五七"到"五四"——"五四运动"诠释的发生及其初期演变》，《史林》2020年第2期。

② 1919年5月7日午后4时陈独秀致胡适信，《胡适来往书信选》上册，第42页。

③ 梁漱溟：《论学生事件》，原载北京《国民公报》，转引自"对于北京学生运动的舆论"，《每周评论》附录，1919年5月18日。

非建立在法理基础上，要解决这一问题，只能依靠舆论引导，尽量淡化、被除"五四"的"非法"色彩，将突然崛起的学生群体导入平和的方向。《晨报》发起的"五四纪念"，就含有这样的意图。

《晨报》是舆论界与"五四"渊源最深的，虽有党派背景，还一度被誉为学生的机关报。《晨报》为"五四"举办生日会，有社会仪式的意味，不是单纯的党派行为。参与"五四"纪念的作者群大致可归为三类：一是"五四"的亲历者——学生运动的骨干；二是社会名流，以北大教授为主；三是《晨报》所属的研究系的头面人物——梁启超及他周围的报馆主笔。纪念者的身份自会影响其对"五四"性质的界定。

学生内部争执的焦点是："五四"究竟是文化运动，还是"武化"运动？作为学生运动的骨干分子，罗家伦拟定的方针包括社会运动与文化运动两方面。所谓社会运动不光是群众的表演，还要重新唤起对个人的重视，而文化运动的目的可与思想革命的计划合二为一，并"以思想革命为一切改造的基础"。[①]罗家伦想把"五四"后学生运动的走向纳入《新青年》一派未竟的事业中。燕京大学的学生领袖瞿世英也紧扣着五四运动与文化运动的关系做文章，称"五四""奉着新文化运动的使命而来"，其功绩"不独在拒签德约，不独是罢免国贼，不独是街上添了几次学生的游行，也不独是多发了几次传单"，而

---

① 罗家伦：《一年来我们学生运动底失败成功和将来应取的方针》，《晨报》"五四纪念增刊"，1920年5月4日，转载于《新潮》第2卷第4号。

"是给中土一个有力的新文化运动的动机"。①

　　尽管学生运动的领袖极力要将"五四"扭到文化运动的轨道上去，仍不能消除"无知"小民对学生"打人"的印象。当年还是北大学生、后来执掌《晨报副刊》的孙伏园就听老辈议论说"五月四日是打人的日子，有什么可以纪念呢"？在他看来，"五四"以前的宣传活动即《新青年》同人的主张，"很有点像文化运动"，却未能引起国人应有的注意，"直到青年不得已拔出拳头来了，遂大家顶礼膜拜，说这是文化运动，其实这已是武化运动了"。②

　　学生运动的激进分子声称五四运动所以可贵，正在学生肯起来打人。"'五四'以前虽已有新思潮的呼声，然只是理论上的鼓吹，对于实际的政治问题，还未见发生什么影响。"唯有"五四"，学生"认真拔出拳头，实行与外力及民贼宣战"，这种举动"比文化运动更有效果"。所以五四运动的真价值，就在不用"笔头"而用"拳头"，不是"文化"而是"武化"！③

　　北大教授关注的问题，也是整个"五四纪念"的核心议题：学生应否干预政治？1920年的纪念文章中，胡适、蒋梦麟称"五四"为变态社会里"不得已的事"，希望将街头、广场的学生运动收束为校园内部的学生活动。④"五四"被视作"出

----

① 瞿世英：《五四与学生》，《晨报》，1921年5月4日。瞿世英1918年入燕京大学哲学系，与郑振铎、瞿秋白等合办《新社会》杂志；1919年五四运动中任北京学生联合会代表，赴上海参加全国学生联合会；1921年参与发起文学研究会。
② 伏庐（孙伏园）：《五四纪念日的些许感想》，《晨报》，1921年5月4日。
③ 张维周：《我主张学生要干预政治》，《晨报》，1922年5月4日。
④ 蒋梦麟、胡适：《我们对于学生的希望》，《晨报》，1920年5月4日。

轨"的运动，这里的"轨"不是国家的法轨，而是教育者预设的思想进程。到第二年的"五四纪念"，胡适对"五四"的态度陡转，借清初大儒黄宗羲之口，表彰学生干政是"三代遗风"！理想的学校应是"一个造成天下公是公非的所在"。他希望以学校为纠弹政治的机关，国立大学要行使国会的职权，地方学校要执行郡县议会的职权。①这种官师合一、政教合一的理想，折射出胡适20世纪20年代初在"讲学"与"议政"、谈政治与干政治之间的摇摆。②他借"黄梨洲论学生运动"，不只是论证学生干政的合理性，所谓"三代遗风"其实是为士阶层参政议政寻求历史依据。③

《晨报》及其副刊上的"五四纪念"，虽不是纯粹的党派行为，但也不是为别人搭台唱戏。1920年"五四"一周岁诞辰之际，《晨报》在纪念增刊之外，发布社论《五四运动底文化的使命》，为纪念活动定下基调。主笔陈博生称"五四"不是高等流氓的政治活动，也不是偏狭的国家主义运动，而是社会运动、国际运动，如此才配在文化史上占据一席之地。④从文化史上为"五四"定位，是《晨报》20年代初期的舆论导向。

为首届"五四纪念"打头阵的是研究系的精神领袖梁启超。在开场白中，他进一步确立了五四运动与文化运动互为因

---

① 胡适：《黄梨洲论学生运动》，《晨报》，1921年5月4日。

② 参见胡适《我的歧路》，《努力周报》1922年第7期。

③ 高一涵在同年《晨报》的"五四纪念"上呼应胡适的论调，他梦想发明一种"思想界的飞行器"或说"社会进化的缩时法"：以教育机关为立法机关、清议机关，以教育界的评判为公是公非的标准（《将来学生运动的责任》，《晨报》，1921年5月4日）。

④ 渊泉（陈博生）：《五四运动底文化的使命》，《晨报》，1920年5月4日。

果的关系。梁启超承认"五四"本身不过是一场局部的政治运动，但这场政治运动以文化运动为原动力，继而又促成了澎湃于国内的新文化运动。此后若要保持增长"五四"之价值，"宜以文化运动为主而以政治运动为辅"。[①]以文化运动为政治运动的根基，是梁启超1917年底淡出政界后形成的思路。民初梁氏在政治上种种希望相继落空，使其有"废然思返"之意，觉得"社会文化是整套的"，决不可能"拿旧心理运用新制度"，"渐渐要求全人格的觉悟"。[②]

1918年欧游去国前，梁启超与同人相约舍弃政治活动，"要从思想界尽些微力"。[③]梁氏同党将民初政治活动的失败，归因于"迷信一人万能"，以为依傍一二伟人就能救中国；当此种政治迷梦破灭后，诸人商定"任公于十年以内绝对不近政权，专从文化方面，另造一种新势力，改党造党"。[④]"五四"以后，研究系着力"培养新人才，宣传新文化"，但其从事文化运动的目的仍是为了"改党造党"，开拓新政治。[⑤]因此梁启超所谓的文化运动，骨子里仍是一种泛政治的，或者说为政治重新"起信"的运动。

---

① 梁启超：《"五四纪念日"感言》，《晨报》，1920年5月4日。
② 梁启超：《五十年中国进化概论》，《申报》五十周年纪念刊《最近之五十年》，申报馆，1923。
③ 梁启超：《欧游心影录节录》，中华书局，1936，第39页。
④ 1919年3月2日熊正理致张东荪信，《时事新报·学灯》，1919年4月12日。
⑤ 1920年5月12日梁启超致梁伯强、籍亮侪等诸先生书，丁文江、赵丰田编《梁启超年谱长编》，上海人民出版社，1983，第909页。"五四"前后梁启超诸人转向文化运动的过程，参见周月峰《另一场新文化运动：梁启超诸人的文化努力与五四思想界》，台湾《"中研院"近代史研究所集刊》第105期，2019年9月。

即便打出文化运动的旗帜，梁启超仍未能忘情政治，声称无论广义还是狭义的文化，都不可能将政治驱除在外。他坚持过渡时代的政治运动，或是"为排除文化运动、社会运动种种障碍起见，以辅助的意味行政治运动"，或是"为将来有效的政治运动作预备工夫起见，以教育的意味行政治运动"。[①]到1925年《晨报》组织的"五四纪念"谢幕时，梁启超将学生应否干政的问题，置换为如何再造政治运动的地基。他以为中国目前并没有政治，以政治家自居者从事的都不是政治活动，号召青年"造出十年后的政治土台，在自己土台上活动"。[②]梁启超对现实政治的否决，与胡适20年代初声称没有文化，更没有什么新文化的口气如出一辙。

"五四"要成为一个大写的日期，面临着激烈的竞争，前有"五一"，后有"五七"，真是"每逢五月便伤神"。[③]任何纪念都不是全民的、自发的，哪一天更值得纪念，哪些人在纪念（谁是主角，谁跑龙套；谁是真心，谁在敷衍），用多大版面、什么文体纪念（是特刊还是补白，是社论、时评还是新诗、随感），以及纪念文章的先后顺序，都可能有组织、有分工、有讲求，暗示着新与旧、新与新、政与教、不同代际之间的合纵连横。同是趋新的报纸，《晨报》偏爱"五四"，《益世报》则侧重于国耻纪念；同属支持学生运动的党派言论，国民党一系的《民国日报》对"五四"的反应就较为冷淡；即便同

---

① 梁启超：《政治运动之意义及价值》，《改造》第3卷第1号，1920年9月15日。
② 梁启超：《学生的政治活动》，《晨报副刊》，1925年5月4日。
③ 汪典存（汪懋祖）：《每逢五月便伤神》，《晨报副刊》，1925年5月4日。

在研究系的阵营，上海张东荪主持的《时事新报》也对大肆操办"五四"纪念不以为然；[①]而同是《晨报》发起的纪念活动，"五一"的风头很快盖过了"五四"。

"五四纪念"就是不断转义、不断正名的过程，以纪念的名义，给"五四"添加新的意义，同时抹去不合时宜的界说。[②]20世纪20年代中期五四运动逐渐被大众淡忘，以致"笃于念旧"的《晨报》也放弃了一年一度的纪念活动。纪念的枯竭缘于社会心理的变迁，也跟学生群体的身份转变与志业选择有关。20年代前期的文化运动，包含着新势力的培植与旧势力的重组，其实是失去民意的政党政治恢复声誉、积蓄能量的过程。学运分子加入党籍是文化运动过渡到政治运动的转辙器，戳穿了文教事业与政党政治表面上水火不容，事实上水乳交融的关系。[③]

三、研究系与北大派："争个你偏我正"

《晨报》组织的"五四纪念"，将"五四"的象征意义收编

---

① 张东荪认为纪念"五四"不是纪念其已往的功绩，而是提醒未来的责任；过誉"五四"的意义，与将白话文体的改革谓为文学革命一样，有刻意鼓吹之嫌。(《五四之回顾》,《时事新报》,1920年5月4日)

② 参见陈平原《波诡云谲的追忆、阐释与重构：解读五四言说史》,《作为一种思想操练的五四》,北京大学出版社，2018。关于"五四"的概念史及纪念政治，参见陈建守《作为集合事件的"五四运动"：五四的概念化与历史书写》,黄克武主编《重估传统·再造文明：知识分子与五四新文化运动》,台北：秀威资讯科技，2019。

③ 1925年《晨报副刊》"五四运动纪念号"上，张维周从局内人的视点检讨学生运动失败的原因，如废学、没有领袖等，但关键在于学生加入党籍。(《噫，五四运动！》)

进研究系对文化运动的总体规划中。梁启超等将五四运动与文化运动"焊接"在一起，既缓解了"五四"的合法性问题，又顺带为自家的文化事业扩充声势。"五四"之前，研究系个别成员，如蓝公武等基于个人兴趣，以通讯或论争的形式加入《新青年》同人发起的话题当中。[①]这种附和性的发言方式没有发挥研究系的言论机关——《晨报》《国民公报》及《时事新报》作为一个整体引导舆论的功能。这时期北方的《晨报》，尤其是《国民公报》与《新青年》关系较好。《新潮》记者称"月刊的《新青年》，周刊的《每周评论》，日刊的《国民公报》——虽然主张不尽一致，精神上却有相通的质素：对于中国未来之革新事业，挟一样的希望"。[②]傅斯年在《〈新潮〉之回顾与前瞻》中也称《新青年》《每周评论》之外，"若《国民公报》常有和我们思想同流的文章"。[③]

《国民公报》及《晨报》"五四"前的言论博得了北大方面的好感，而张东荪主持的上海《时事新报》却与《新青年》《新潮》纠纷不断。就"五四"前后的《时事新报》来说，有两个不可忽视的人物，一是主笔张东荪，一是研究系的首脑梁启超。后者的作用基本上是象征性的，张东荪才是《时事新报》

① 蓝公武，字志先，笔名知非。清末留学日本，就读于东京帝国大学哲学系。经张东荪介绍，结识梁启超。民初成为研究系重要成员，时人称他和张君劢、黄远庸为梁启超门下"三少年"。1917年7月接任《国民公报》社长。参见唐纯良、文继乐《蓝公武传略》，《北方论丛》1987年第1期。
② 《新潮》第1卷第3号"书报介绍"，1919年3月1日。
③ 傅斯年:《〈新潮〉之回顾与前瞻》，《新潮》第2卷第1号，1919年9月。1918年12月20日胡适致许怡荪函，称"《国民公报》之蓝公武竟做了好几篇白话文章，还有极力赞成我们的议论。我们又征服了一块地盘了"！（《胡适许怡荪通信集》，上海人民出版社，2017，第91页）

舆论走向的操控者。此人在民初言论界占有一席之地，其在哲学文艺上的造诣匪浅，与蓝公武一样具备与《新青年》同人对话的能力。[1]

《时事新报》与北大的纠纷，起因于1917年实社事件。[2]《时事新报》当时发布一则要闻，题为《北京大学之无政府主义：教育部其知之乎》。文中转引实社章程，称以研究无政府主义为范围，联络处设在北大。《时事新报》记者以为实社的主张已脱离学理的探讨，入于实行的问题，北大这样的教育机构公然提倡无政府主义，当局对此应加以注意。[3]"无政府主义"是政治上高度敏感、常借来造谣中伤的标签，因为一般人对"无政府"的理解就是反政府。实社原只是少数人发起的地下团体，与北大本身未必有直接关联，《时事新报》做截搭题的伎俩，以及向当局献策的口吻，自会招致北大派的反感。

《时事新报》因实社事件与北大结下"宿怨"，若非研究系转向后与《新青年》争新文化的正统，可能不会旧事重提。相对于北京的《晨报》《国民公报》，位居上海的《时事新报》受舆论环境的限制，介入思想文艺的讨论较晚。在其与《新青年》《新潮》的纠纷中，走在前面的《国民公报》《晨报》正好起到穿针引线的作用。1919年初《时事新报》头版论说栏"破例"

---

① 参见高波《追寻新共和：张东荪早期思想与活动研究（1886—1932）》，生活·读书·新知三联书店，2018年。

② 实社是1917年5月在北大出现的无政府主义小团体，出版不定期刊物《实社自由录》，撰稿人有黄凌霜、区声白、李震瀛、华林等。参见《五四时期期刊介绍》第3集上册，生活·读书·新知三联书店，1979，第214—215页。

③ 《北京大学之无政府主义：教育部其知之乎》，心声《无政府主义》（时评），《时事新报》，1917年10月11日。

刊出蓝公武的一篇"文艺论"，并附有张东荪的题记：

> 从来日报上的论说没有不谭政治的，但既有时评限于谭政治，又把论说限于谭政治，似乎太呆笨了。所以本报先破这个例，论说不限于谭政治，勿论何事都可以论。不过记者多忙，不能一一论究，不得已先拿敝友蓝志先的一篇来，做为先导。[1]

蓝公武这篇论说截取自他之前发表在《国民公报》上的长文，论戏剧在近代文学上的位置，[2]张东荪借来为自家的"文艺论"鸣锣开道，可视作《时事新报》正式加入广义的文学革命的信号。

从"谭政治"到"谭文艺"，对于在政治上几起几落的研究系来说，不无"城头变幻大王旗"的意味。1915年《大中华》发刊之际，梁启超自称"惟好攘臂扼腕以谭政治，政治谭以外，虽非无言论，然匣剑帷灯，意固有所属，凡归于政治而已"。[3]从1905到1915这十年确实是"政治谭"的黄金时代。然而按胡适的说法，"民国五年以后，国中几乎没有一个政论机关，也没有一个政论家；连那些日报上的时评也都退到纸角上去了，或者竟完全取消了"。[4]政论文的退潮，一方面可归因于

---

① 蓝公武：《文艺论·近代文学之特质》，《时事新报》，1919年1月14日。
② 蓝公武：《近代文学上戏剧之位置（上）》，《国民公报》，1919年1月8日。
③ 梁启超：《吾今后所以报国者》，《大中华》第1卷第1期，1915年1月20日。
④ 胡适：《五十年来中国之文学》，《申报》五十周年纪念刊《最近之五十年》，1923年2月。

复辟与反复辟致使言论势力失信于民，国人"厌倦舆论，厌倦议会，厌倦政府，厌倦一切政谈"；[1]另一方面也与政论家的无力感有关，雄肆的"政治谭"在现实政治的反复面前，全成了忏悔录的材料。[2]以政党为旨归的舆论政治陷入绝境以后，政论家唯一的出路就是面向社会，对一般人说话。较之高深的"政治谭"，浅近的新文艺或是与民众沟通的捷径。[3]具备文学素养的政论家中，既潜伏着新文艺的同盟军，如蓝公武；也可能产生顽固的反对党，如主持前后《甲寅》的章士钊。正反两方面的势力构成，恰好说明"政治谭"与"文艺论"的转承关系。

　　蓝公武的"文艺论"还算是《新青年》一派的回声，张东荪随后抛出的《白话论》就开始跟文学革命唱对台戏了。他翻出"白话与文章孰优"的旧案，认为就文法的疏密繁简而论，"白话""文章"（即文言）实处于同一等级上。张氏承认白话的可能性，却不认可《新青年》的"尝试"，他推崇梁启超的白话文，对胡适的白话诗却不以为然。[4]张东荪的《白话论》是呼应此前《时事新报》上陆续刊载的梁启超的"讲坛文"。1918年10月该报预告"承梁任公先生每来复撰寄修养谭及思想评论，

----

① 黄远庸：《论人心之枯窘》，《论衡》1913年第2期。
② 参见远生（黄远庸）《忏悔录》，《东方杂志》第12卷第11号，1915年11月10日。
③ 黄远庸致信章士钊谓"居今论政，实不知从何处说起"，根本救济"当从提倡新文学入手"，"当使吾辈思潮如何能与现代思潮相接触，而促其猛省。而其要义须与一般之人，生出交涉。法须以浅近文艺，普遍四周。史家以文艺复兴，为中世改革之根本，足下当能语其消息盈虚之理也"（《甲寅》第1卷第10号，1915）。胡适在《五十年来中国之文学》中将黄远庸这封信追认为"中国文学革命的预言"。
④ 张东荪：《白话论》，《时事新报》，1919年1月17日。

因于学灯栏中，另立一门，用以发表"。①任公"讲坛"开张不久，学灯栏随即提倡"言文一致"的白话文：

> 近来梁任公先生做了几篇言文一致的讲坛，不但是提倡新思想新道德，而且是改良文艺，所以一班青年读了，总有些感动。从前有个《新青年》杂志，他亦提倡白话，虽他以白话做诗，不免矫枉过正，然拿白话来达理，我是很赞成的。②

《时事新报》试图利用晚清以降梁启超在文坛上的威信，在白话文运动中别树一帜，引起《新青年》一派的猜疑。

《新潮》主将傅斯年将张东荪的《白话论》读解为"别人却不算回事，只有我们梁任公先生做白话文的第一天，是中国文学史上的新机；只有我们主张革新是独立的，是正宗的，别人都是野狐禅"。革新的事业、思想的更张，傅斯年认为不是某个人发明的，都是"时候先生"发明的。时候到了，自然有革新的动机，趋新者不必"争这个你先我后，争那个你偏我正"，因新文化尚处于萌芽期，还不到决赛的时候，"若是争历史上的位置，至少须有十年的预备"。③

努力为《时事新报》洗脱党派色彩的张东荪指出，傅斯年的猜疑"虽非出于先天的党见，然亦流露于一种心理，以为对

---

① "本报特别启事"，《时事新报》，1918年10月28日。
② 好学：《言文一致之提倡》，《时事新报》，1918年11月16日。
③ 傅斯年：《答〈时事新报〉记者》，《新潮》第1卷第3号，1919年3月1日。

手方存有先天的党见也，且于其后加以驳正"。张氏呼吁革新者抛弃先天的党见，若主张不同就正面辩论，只要主张相同，可以不问之前的党籍协同作战，不然，研究系已死，意欲改嫁的《时事新报》还得为其守寡。[1]这仅是张东荪一厢情愿的想法，《时事新报》从政党报向营业报转型的过程中，不时受到党派背景的困扰。借用处子与妓女的譬喻，《新青年》《新潮》这样倚靠大学、自由结合的同人杂志，"纯洁如白鸽"，为维系其处子的身价，自然要持守"不谈政治"的戒律；而《时事新报》就像决心从良的妓女，即便脱离了勾栏生涯，也难免不被问起当年的出身。[2]

由张东荪《白话论》引发的猜疑与辩解已进入正面对垒阶段，《时事新报》与《新青年》最初的交锋，是从戏剧改良问题荡开的涟漪。《新青年》1918年6月"易卜生号"上登载北大学生张厚载来信，指出胡适、刘半农、钱玄同诸人在旧剧评议上的一些失误。《新青年》同人的回应，除胡适外，语气都很强硬，多少逾越了旧戏本身的是非。此事尚未完结，《新青年》又

---

[1] 东荪：《疑猜与党见》（时评），《时事新报》，1919年3月21日。

[2] 1921年1月18日李大钊致胡适信中称："现在我们大学一班人，好像一个处女的地位，交通、研究、政学各系都想勾引我们，勾引不动就给我们造谣；还有那国民系看见我们为这些系所垂涎，便不免引起点醋意，真正讨嫌！"1922年胡适拉拢蔡元培、李大钊、陶孟和、梁漱溟等人发布"好人政府"的宣言（《我们的政治主张》）时，研究系的人觉得遭到有意的排挤，林长民说："适之我们不怪他，他是个处女，不愿意同我们做这妓女的人往来。但蔡先生素来是兼收并蓄的，何以也排斥我们？"罗钧任解释这全是一班大学的人，并无排斥研究系之意。胡适不愿与研究系联手，因"研究系近年作的事，着着失败，故要拉我们加入"，相比之下，大学的一班人还是得社会信仰，占上风的。见1922年4月27日、5月14日胡适日记，《胡适日记全编》（3），安徽教育出版社，2001，第645、666—667页。

刊出刘半农与钱玄同8月间的通信。刘氏听闻《时事新报》上有位马二先生为张厚载抗辩，预备撰文还击。钱玄同称《时事新报》上的文章不值一驳，什么"黑幕""剧评"不过是上海一班"脑筋组织不甚复杂"的"鹦鹉派读书人"发明的玩意儿。钱玄同看不惯胡适与张厚载之流周旋，称《新青年》"是给纯洁的青年看的，决不求此辈'赞成'"。①

就在钱玄同痛诋张厚载之时，他的战友胡适却在《晨钟报》（1918年底改名《晨报》）"剧评"栏，与张氏就旧剧"废唱用白"的问题往复辩论。胡适和张厚载通信，并非真要在唱工和说白上争个高低，不过是想借此表明一种包容的态度。胡适认为张厚载"受了多做日报文字和少年得意的流毒"，故想挽救他，使他转为《新青年》阵营所用。②钱玄同等人对张氏一味乱骂，有损《新青年》的形象。③1918年9月《晨钟报》被查封，张厚载投靠马二先生冯叔鸾，借《时事新报》的"剧坛"继续发布他改良旧戏的主张。④被钱、刘奚落的马二先生，趁机拉张氏合演一出双簧戏。冯叔鸾称自己为张厚载帮腔，只是学理的研讨，钱、刘自命为头脑复杂的文学改良家，没看原文便臆断不值一驳，两人的通信不过是场双簧戏。⑤张厚载回信说"双

① 刘半农、钱玄同：《通信·今之所谓"评剧家"》，《新青年》第5卷第2号，1918年8月7—8日。
② 胡适致钱玄同信，《胡适来往书信选》上册，社会科学文献出版社，2013，第9页。
③ 《评剧通信》，《晨钟报》"剧评"，1918年8月22、23、24、25日。
④ 《缪子戏园改良之主张》，《时事新报》"剧坛"，1918年10月27日。参见马二先生（冯叔鸾）《改良剧园谈》，《时事新报》，1918年10月30日。
⑤ 马二先生（冯叔鸾）：《评剧通讯·致缪子书》，《时事新报》，1918年10月31日。

簧"二字形容得妙，这种串通好的表演，空洞而无着落，"统括他的意思，不过是不屑于跟我们说话而已"。①

《时事新报》对《新青年》的回应，从冯叔鸾主持的"剧评"栏，很快蔓延到其他版块。1918年底，"学灯"栏主笔批评北大学风，称"最近大学中有一班乱骂派读书人，其狂妄乃出人意表，所垂训于后学者，曰'不虚心'，曰'乱说'，曰'轻薄'，曰'破坏'，以此为模范，诚不如其无"。②所谓"乱骂派读书人"主要针对钱玄同，不久"学灯"栏又以读者来函的方式，两次对钱玄同的极端论调，特别是以国语罗马字代汉字的主张大加针砭。③

"学灯"栏批评《新青年》，想在白话文运动中与北大派争正统的这段前史往往被剪裁掉，文学史记取的是它"五四"后被誉为新文化"四大副刊"之一的荣光。"学灯"栏的前身是《时事新报》"教育界"，以新闻为主，几乎不掺杂报社的意见。1917年双十节，《时事新报》扩充了原属"报余丛载"的"新闻屑"，以有趣的"新闻屑"取代枯燥的"教育界"，将教育新闻并入"要闻"栏。④1918年初，报社登出"学灯"栏的预告，变相恢复了被取缔的"教育界"。⑤从该年3月份起，"学灯"栏每值周一揭载，与"新闻屑"同一版面，他日仍为"内

① 《评剧通讯·鐻子答马二先生书》，《时事新报》，1918年11月10日。
② 好学：《教育小言·模范》，《时事新报·学灯》，1918年10月31日。
③ 聊止斋（张厚载）：《来函·对于〈新青年〉之批评》，《时事新报》，1918年11月27日。张崇玫：《来函·致北京大学教授钱玄同先生书》，《时事新报》，1918年12月2日。
④ 《本馆启事》，《时事新报》，1917年10月10日。
⑤ 《本报特设学灯一栏预告》，《时事新报》，1918年1月16日。

外要闻"。①"学灯"栏早期定位不明晰，一面延续"教育界"的功能，一面开始关注文化动向，并提供议论商榷的空间，"为社会学子立说之地"。②11月7日，与"学灯"栏并列的"新闻屑"搬回"报余丛载"，"文苑""杂俎"迁与"学灯"为邻。此时的"学灯"仍未形成自家面目，包括"科学丛谈""西国掌故""欧战丛谈"等，与"报余丛载"趣味相近。尽管如此，讲求新知的"学灯"栏还是广受欢迎，发刊次数在一年之内上调三次。

1919年2月"学灯"扩充为两页，板块设计更为活泼：有以名人著述代演说的"讲坛"，有抒发记者感想的"小言"，有众声喧哗的"青年俱乐部"，还有象征性的"新文艺"。扩充后的"学灯"栏，明确了自家的文化立场："对于原有文化，主张以科学解剖之，不以谩骂为了卸能事"；"对于西方文化，主张以科学与哲学调和而一并输入之，排斥现在之皮相论"。③"学灯"栏的转向，亦反映在刊头的变化上：原为明月照松涧的古典意境，继以伏案执笔的人物剪影，最后化身为解缚的普罗米修斯，高擎火炬，背插理想之双翼，脚踏"改造的动机"。

作为"学灯"栏的调剂，1918年底《时事新报》创设星期增刊"泼克"。④"泼克"（puck）之名取自莎士比亚《仲夏夜

---

① 《本馆启事》，《时事新报》，1918年2月27日。
② 《时事新报》设立"学灯"栏的宗旨："一曰借以促进教育、灌输文化，二曰屏门户之见，广商榷之资，三曰非为本报同人撰论之用，乃为社会学子立说之地。"张东荪：《学灯宣言》，《时事新报》，1918年3月4日。
③ 《宣言·本栏之大扩充》，《时事新报》，1919年2月4日。
④ 《特别通告》，《时事新报》，1918年12月15日。

图1

1919年1月5日上海《时事新报》漫画，讽刺钱玄同废弃汉文，沈泊尘绘

之梦》中狡狯善谑的精灵，有以游戏笔墨彰善惩恶之意。①《时
事新报》"泼克"增刊特辟"敢问录"栏，用于挑剔《新青年》
同人论说中的逻辑漏洞及修辞不当。除文字讥讽外，讽刺画也

① 记者：《泼克》，《上海泼克》（ *Shanghai Puck*，又名"泊尘滑稽画报"）第1
卷第1号，1918年9月。参见毕克官、黄远林《中国漫画史》，第三章《五四
运动时期的漫画》，第三节"沈泊尘与《上海泼克》"，文化艺术出版社，
1986。

成为《时事新报》向《新青年》挑衅的武器。配合"学灯"栏批驳钱玄同废弃汉文的主张,"泼克"主笔沈泊尘推出一组讽刺画。画中西装革履的新学家,脚踩线装书,改习罗马文字,不得其门而入,于是向外国医士求助。医士称其"脏腑不脱华气,对于西方文字未免生种种阻碍",唯一的良方就是换罗马狗心。手术后新学家试读罗马文字,闻之竟为犬吠。[1]沈泊尘的讽刺画激起《新青年》同人的反击,关注美术的鲁迅慨叹外来的"泼克"由针砭社会痼疾的利器堕落为人身攻击的工具,由此可知改良后的《时事新报》皮毛虽新,心思仍旧。[2]

随着双方矛盾的激化,《时事新报》开始对北大派施行离间计。张东荪表扬《新潮》的作者"个个都有诚实的态度和研究的精神,不像《新青年》一味乱骂","《新潮》居然不受《新青年》的传染,真是可喜可敬的了"。[3]借着评论《新潮》,张东荪道出他对《新青年》的不满:思想如衣裳,要换掉旧装,先要裁成新衣,《新青年》只会凭打骂的手段,强人脱掉旧装,却不亲手制作新衣裳。[4]张东荪将思想界比作装满旧空气的瓶子,不输入外界的新空气,终日晃动这个瓶子,污浊的旧气是出不去的。[5]《新潮》主将傅斯年对《时事新报》的表彰并不领情,他认为张东荪的譬喻"似是而非,不通的很"。傅斯年也用瓶子打

---

① 　《时事新报》,1919年1月5日,"泼克"画。
② 　鲁迅:《随感录(四三)》,《新青年》第6卷第1号,1919年1月;唐俟(鲁迅):《随感录(四六)》,《新青年》第6卷第2号,1919年2月。
③ 　张东荪:《〈新潮〉杂评》,《时事新报》,1919年1月21日。
④ 　张东荪:《〈新潮〉杂评》(续),《时事新报》,1919年1月22日。
⑤ 　张东荪:《小言·新……旧》,《时事新报》,1918年12月14日。

图2

1919年2月9日上海《时事新报》漫画，讽刺傅斯年

比方，称一个装满浑水的瓶子，只有先倒去里面的浑水，才能注入清水。新旧道德、思想、文艺，占据同一个空间，不把旧的除去，新的如何进来？傅斯年声明《新潮》不是主张破坏了事，长久的破坏必兼以适当的建设。①

对于破坏与建设的先后问题，傅、张二人后来各有让步，承认建设与破坏不过是目的与手段的差别，用譬喻来说理终归是不贴切的。②虽然在主义上达成共识，张东荪又抓住傅斯年

---

① 傅斯年：《破坏》（1918年12月17日），《新潮》第1卷第2号，1919年2月1日。

② 张东荪：《破坏与建设是一不是二》，《时事新报》，1919年2月6日。傅斯年：《答〈时事新报〉记者》，《新潮》第1卷第3号，1919年3月1日。

对他的评语——"似是而非，不通的很"，回到态度的问题上，劝告傅斯年勿要以洋人为护法，应摒弃"骂人派"的恶习，将"诚实""忠爱""虚心"奉为美德。[①]张东荪的劝诫被敷衍成"泼克"上的滑稽画：某文学家读古今一切著作，皆以为"似是而非""狠不通"，又常以新文艺炫人，与之辩论便抬出外国偶像；此文学家若要成为可造之才，当手捧张氏所赐之训诫，脱离"骂人派"的故辙。[②]

被漫画化的傅斯年也不甘示弱，用文字替洋场少年"一般自以为的文艺家、美术家、评剧家"做了幅写生："生就一副滑头面孔，挟着一副鸽子英文，买到几本炭铅画帖，运用几部肉麻的骈文诗词，去赚不够用的钱，欠还不清的嫖账；又是一天吃到晚，神经细胞都起变态，好比背上驼着狠长的一个石碑，喘气不得，还有什么工夫去'思想'，去'进步'，去作正义的讽刺？"[③]傅斯年指出《时事新报》这次之所以大动干戈，无非是因为自己的评语过于直接，北大学生对张东荪也无需客气，《时事新报》原就是和北大惯作对头的，譬如当年的实社事件。[④]

张东荪、傅斯年的争论本是围绕破坏与建设孰先孰后的问题展开，但愈辩论，论题愈模糊，从主义之争滑向态度之争，纠缠在立言的分寸及过往的恩怨上。这是典型的中国式辩论，蓝公武给胡适写信谈及"革新家之态度问题"，称"在欧美各

---

① 张东荪：《破坏与建设是一不是二》。
② "泼克"画（四幅），《时事新报》，1919年2月9日。
③ 傅斯年：《随感录（四）》，《新潮》第1卷第5号，1919年5月1日。
④ 傅斯年：《答〈时事新报〉记者》。

国，辩论是真理的产婆，愈辩论真理愈出；而在中国，辩论是呕气的变相，愈辩论论旨愈不清楚，结局只能以骂人收场"。①蓝公武眼里态度有问题的革新家暗指《新青年》同人，《新青年》"通信"栏中甲乙对骂的笔墨及刘半农的"作揖主义"正是他厌恶的辩论方式。无怪乎张东荪将蓝公武这封信转载在《时事新报》上。

只看到《时事新报》与《新青年》《新潮》之间的唇枪舌剑，难免夸大双方的矛盾，若将研究系与北大派的纷争放到"新旧思潮之冲突"中考察，就会发现他们的立场又是相当接近的。诚如张东荪从思想论争中得出的一条公律："愈是小不同反而愈争执得厉害，至于大不同却反而可以容忍。"②在新旧之争中，张东荪主张站在新思想一方，不当为第三者作壁上观。但《时事新报》的责任不是和旧派打仗，而是对新思想的深加工：

> 现在流行的新思想是单调的，我们应当将他化为复调的。现在流行的新思想是浅薄的，我们应当将他化为精深的。现在流行的新思想是偏激的，我们应当将他化为正中健强的。③

《时事新报》奉学术为新文化运动的明灯，借"学灯"栏从事

① 蓝公武：《革新家之态度问题》，《时事新报》，1919年2月28日、3月1日。
② 张东荪：《思想与社会》，第七章《西洋的道统（上）》，商务印书馆，1946，第140页。
③ 东荪：《我辈对于新思想之态度》，《时事新报·学灯》，1919年4月7日。

"积极的、基础的、稳固的、建设的"文化运动。[1]张东荪认为新文化运动的使命在建设而非破坏，应"以新思想为目的，而去加工制造；不是以旧思想为的鹄，而去攻击破坏"。[2]与其投身于疾风骤雨的思想革命，不如从事细水长流的文化事业，通过翻译、讲学使文化运动"不像那七八月间的阵头雨"，而像"深出大谷里的泉水一般"，源源不绝，滚滚长流。[3]

1919年3月初《申报》传出一则电文，称北大教授陈独秀、胡适等四人因《新青年》上宣传无政府主义的言论而被驱除出校，舆论界一片哗然。次日《时事新报》"学灯"栏在张东荪授意下为陈、胡诸人鸣不平，从思想自由、学说自由的立场，谴责当局对大学的压迫。[4]不同于实社事件中《时事新报》记者以倡导无政府主义为北大定罪，并向当局进言的姿态。虽然驱除陈、胡的传闻并未成为事实，由此造成新旧对立的态势——与其说是新旧对立，不如说是新派内部的互相支持——却成为"五四"前夕舆论转向的契机。

在这次声援北大的过程中，《时事新报》站在《新青年》的一边。但张东荪致胡适信中声明《时事新报》在新旧之争中的立场，与它此前对《新青年》的批评，精神上是一贯的。他强调《时事新报》与《新青年》的分歧不是主义的分歧，而是

---

[1] 《学灯栏宣言》，《时事新报》，1920年1月1日。
[2] 东荪：《我辈对于新思想之态度》。
[3] 共学社征稿启事，《时事新报》，1920年7月7日。
[4] 匡僧：《为驱逐大学教员事鸣不平》，《时事新报》，1919年3月5日；匡僧：《革新家之勇气》（3月6日），匡僧：《大学教员无恙》《大学陈胡诸教员受侮确闻》（3月7日）。

态度的分歧。①胡适也承认即便双方的主义有所异同，《时事新报》立异的目的在于求同。②

钱玄同私下批评胡适"对于千年积腐的旧社会，未免太同他周旋了"，③胡适替自己辩护道：

> 我所有的主张，目的并不止于"主张"，乃在"实行这主张"。故我不屑"立异以为高"。我"立异"并不"以为高"。我要人知道我为什么要"立异"。换言之，我"立异"的目的在于使人"同"于我的"异"。（老兄的目的，惟恐人"同"于我们的"异"；老兄以为凡赞成我们的都是"假意"而非"真心"的）④

为保持《新青年》内部的纯洁，钱玄同反对同旧势力太过周旋，而以国人导师自命的胡适则不得不在自立与化人之间周旋。《时事新报》与《新青年》的态度分歧，亦可视作《新青年》同人内部矛盾的外化。⑤偏至的钱玄同容易成为外界攻击的靶

① 张东荪：《答胡适之书》，《时事新报》，1919年3月15日。
② 《通讯·胡适致张东荪》，《时事新报》，1919年3月24日。
③ 钱玄同致胡适信，《胡适来往书信选》上册，第25页。《书信选》标明此信写于1919年2月下旬，有误。因为钱氏信中称："《新青年》五卷二号，准明晨交仲甫去寄。三号系半农编辑。你如有大稿，请早日交给他（三号极迟九月十五一定要寄出）。"《新青年》第5卷第2号标注的出版时间为1918年8月15日，此信应写于1918年8月中下旬。
④ 胡适致钱玄同信，《胡适来往书信选》上册，第27页。耿云志《胡适年谱》及《胡适书信集》（北京大学出版社，1996）将此信系于1918年夏间。
⑤ 吴宓指出所谓"新文化运动"并非铁板一块，"亦仅就其大纲，合为一体而言之耳。其中人之所主张，固互有不同之处，而前后亦多改变，不可不知"（《新文化运动之反应》，《中华新报》，1922年10月10日）。

子，胡适面对外界对《新青年》的质疑时往往充当调停者的角色。

正当的"立异"皆所以"求同"，是胡适理想的论辩规则。即便与《时事新报》针锋相对的傅斯年也认为"对于不同调的，总要给他个'逃杨归儒'的机会，并且用'归斯受之'的待遇。若果不然，一味的快意而谈，可以接近的，也弄得上了千里之外，还能有什么功效？还能化得甚人"？[1]"五四"后钱玄同深感此前《新青年》上的文章，充斥着"直观的感情的论调"于青年无益。他"觉得要是拿骂王敬轩的态度来骂人，纵使所主张新到极点，终之不脱'圣人之徒'的恶习"。钱玄同检讨《新青年》同人"实在中孔老爹'学术思想专制'之毒太深，所以对于主张不同的论调，往往有孔老爹骂宰我，孟二哥骂杨、墨，骂盆成括之风"。[2]钱玄同"五四"后的自我检讨，反而接近张东荪标举的"不骂主义"。[3]

"五四"前《时事新报》在白话文、破坏与建设以及革新家的态度问题上，无论是与《新青年》故为"立异"，还是有意"求同"，都为研究系"五四"后名正言顺地鼓吹"新文化运动"埋下伏笔。由此可知，鲁迅在《热风·题记》与《写在〈坟〉后面》中暗讽的，《新青年》的反对派、投机的革新家、日后的转向者以及"新文化运动"这个名目的发起者，就是《时事新报》背后的研究系。

---

① 傅斯年：《破坏》，《新潮》第1卷第2号。
② 1920年9月25日钱玄同致周作人信，《钱玄同文集》第6卷，中国人民大学出版社，2000，第32—33页。
③ 张东荪：《不骂主义之胜利》，《时事新报》，1919年3月20日。

四、学衡派的张冠李戴

1922年学衡派的出现，使新文化的拥戴者有些不安。一位"新青年"写信给胡适批评东南大学的几位学者"思想不清"：

> 他们反对新文化运动，可不肯指出新文化运动是甚么。据我所想，他们脑中的新文化运动不过是白话文，新式标点，直译的课文，写实派文字，新体及无韵诗，各派社会主义等，其实都看错了。新文化运动是对过去思想文化的反动。他的价值就在反动这一点，或如先生说，另换一个态度。至于他们所想各事，乃是各个人于觉醒后所试走的路，与新文化运动的本体无关。[①]

学衡派以反对"新文化运动"的名义，讨伐《新青年》同人尤其是胡适、陈独秀倡导的文学革命。至于为何会将"新文化运动"的名目"反套"在《新青年》身上，还得从学衡派的集结讲起。

学衡派的两位中心人物吴宓与梅光迪相识于美国。1918年吴宓从弗吉尼亚大学转入哈佛大学，友人施济元告知清华公费生梅光迪在哈佛进修，治文学批评，造诣极深。梅光迪"原为胡适之同学好友，追胡适始创立其'新文学''白话文'之说，

---

① 1922年10月16日于鹤年致胡适信，《胡适来往书信选》上册，第167页。

又作'新诗'，梅君即公开步步反对，驳斥胡适无遗。今胡适在国内，与陈独秀联合，提倡并推进所谓'新文化运动'，声势煊赫，不可一世。故梅君正在'招兵买马'，到处搜求人才，联合同志，拟回国对胡适作一全盘之大战"。[1]

施济元以为吴宓的文学观念与思想态度，正合乎梅光迪的标准，推测梅氏必来拉拢吴宓。在施济元引介下，梅光迪果然来拜访吴宓，屡次长谈，"慷慨流涕，极言我中国文化之可宝贵，历代圣贤、儒者思想之高深，中国旧礼俗、旧制度之优点，今彼胡适等所言所行之可痛恨。昔伍员自诩'我能覆楚'，申包胥曰：'我必复之。'我辈今者但当勉为中国文化之申包胥而已"。吴宓十分感动，当即表示愿追随梅光迪，与胡适、陈独秀作战。[2]

吴宓在哈佛读书期间，可谓身在曹营心在汉，终日与中国人聚处周旋，"所谈论者，皆中国之政治、时事以及中国之学术、文艺"。[3]1920至1921年间他尤为关注所谓"新文化运动"，"虽身在美国留学，实不啻已经回国，参加实际之事业、活动"。[4]吴宓对新文化运动的了解，主要靠报刊及国内友人的来信。如1920年2月接梅光迪、张贻志函，"述国中邪说风靡之情形"。[5]同年7、8月间梅光迪来信"述国内教育近况及新潮情

① 吴宓：《吴宓自编年谱》，吴学昭整理，生活·读书·新知三联书店，1995，第177页。
② 吴宓：《吴宓自编年谱》，第177页。
③ 同上书，第175页。
④ 同上书，第209—210页。
⑤ 1920年2月18日吴宓日记，《吴宓日记》第2册，吴学昭整理，生活·读书·新知三联书店，1998，第130页。

形，不尽感愤之意"。①

　　张贻志主编的《民心周报》，"系留美学生及国内学者素具言论救国之志愿者所创办"，吴宓也参与组稿，可视为《学衡》的前身。②吴宓谓《民心周报》自始至终"除小说及一二来稿外，全用文言，不用所谓新式标点。即此一端，在新潮方盛之时，亦可谓砥柱中流矣"。③张贻志对文学革命早有不满，曾在《留美学生季报》上发表《嘲白话诗》暗讽胡适："白话编成韵，人人会做诗。纵非俚曲比，亦属竹枝词。文字本多体，泥名毋乃痴。羊蒙以虎皮，得不谓君欺。"④《民心周报》创刊号上，张贻志以旁观者自居，调停新旧文学之争。面对"五四"以后白话文风行之势，张贻志认为文学革命家与其急于用俗语取代文言，不如先做"白话革命家"，通过统一方言、普及教育来改良白话。⑤

　　张贻志留美期间也曾主张以白话代文言，后"觉不可能，思

---

①　1920年7月2日至8月31日吴宓日记，《吴宓日记》第2册，第178页。

②　张贻志，字幼涵，1890年生，安徽全椒人。美国哥伦比亚大学科学硕士，中国科学社成员，曾任《留美学生季报》《民心周报》总编辑。吴宓和《民心周报》的关系，参见张仲民《新文化运动的"五四"起源》，《五四新文化：现场与诠释》，上海古籍出版社，2020，第26—27页。

③　吴宓：《新文化运动之反应》，《中华新报》，1922年10月10日。

④　据《留美学生季报》第3卷第4号（1916年12月）载"本报职员表"，张贻志任编辑部总编辑，胡适是编辑之一；1917年胡适任《季报》总编辑。张贻志：《嘲白话诗》，《留美学生季报》第5卷第3号，1918年9月。心理学家张耀翔《答某君嘲白话诗》："编韵是一艺，编文又一艺。编韵必编文，这又为那起。况意在脑中，原具白话体。何苦写他时，要翻做文理。"（《留美学生季报》第6卷第1号，1919年3月）

⑤　张贻志：《平新旧文学之争》，《民心周报》第1期，1919年12月6日。

反其说，而以文言代白话"。[1]在他看来，文学只是文化事业之一小部分，留学生归国后不宜群趋于政治及教育两途，应各守其学，各尽所能。[2]文学革命的前史及在留美学界的反应，张贻志多少有所耳闻。这种先入之见致使他将归国后目睹之"新文化运动"溯源于《新青年》主张的文学革命。在《评新青年之论留学生》一文中，张贻志称"某君之所谓近来的新文化运动，吾不知其所指，以吾所揣想，殆指近来之所谓文学革命潮而言"。[3]

吴宓承认"新文化运动之发轫及其大盛之时，吾皆旅学美国，远道事实隔阂，而书籍报章所见亦不多，未能遍览周知"。[4]不管他再怎么留心国内状况，也只是"隔岸观火"。对于"新文化运动"的发生史，吴宓毕竟缺乏近距离的观察及切身感受。再加之梅光迪、张贻志的影响，使其将"五四"后勃兴的新文化运动上溯至文学革命，把胡适、陈独秀认作罪魁祸首：

　　　　此间习文学诸君，学深而品粹者，均莫不痛恨胡、陈

---

① 张贻志：《年会感言》，《留美学生季报》第3卷第4号，1916年12月。张贻志关于文白问题的看法，参见季剑青《留美学生围绕语言改革的讨论及实践与文学革命的发生》，《文艺争鸣》2020年第9期。
② 张贻志：《告归国留学生》，《留美学生季报》第3卷第1号，1916年3月。
③ 张贻志：《评新青年之论留学生》，《民心周报》第1卷第6期，1920年1月10日。张氏此文是针对《新青年》第7卷第1号（1919年12月1日）上发表的陈独秀《留学生》。这则随感录批评留学生未担负起自己的文化使命，陈独秀认为："西洋留学生除马眉叔、严几道、王亮畴、章行严、胡适之几个人以外，和中国文化史又有什么关系呢？这班留学生对于近来的新文化运动，他们的成绩，恐怕还要在国内大学学生中学学生的底下（至于那反对新文化的老少留学生，自然又当别论）。"
④ 吴宓：《新文化运动之反应》，《中华新报》，1922年10月10日。

之流毒祸世……盖胡、陈之学说，本不值识者一笑。凡稍读书者，均知其非。乃其势炙手可热，举世风靡，至于如此，实属怪异……经若辈此一番混闹，中国一线生机，又为斩削。前途纷乱，益不可收拾矣。呜呼，始作俑者，其肉岂足食乎？[1]

吴宓以文学为毕生志业，[2]担心自己学问未成，胡、陈之"流毒"如白话文学、写实主义、易卜生主义已遍布中国，他纵使习得良方，民众为庸医所误未必信服。[3]吴、梅相约归国后共办学报，以"持正论而辟邪说"，[4]除"谋道"外不无"谋食"的焦虑。

吴宓原拟就聘北京高师，但念及"胡适、陈独秀之伦，盘踞京都，势焰熏天。专以推锄异己为事"，梅光迪回国后未能在京立住阵脚，恐怕北京高师亦非自己安栖之地。[5]归国前夕，吴宓接到梅光迪来信，拉他去南京高师主持编撰《学衡》杂志。吴宓向其师白璧德（Irving Babbitt）报告：

> 梅君的策略是我们能在中国的高等教育机构站稳脚

---

[1] 1920年3月28日吴宓日记，《吴宓日记》第2册，第144页。

[2] 关于择业，参见1919年11月13日吴宓日记，《吴宓日记》第2册，第91页。

[3] 1920年4月6日吴宓日记，《吴宓日记》第2册，第148页。

[4] 1920年3月4日吴宓日记，《吴宓日记》第2册，第134页。

[5] 1920年5月1日吴宓日记，《吴宓日记》第2册，第161页。北京高师寄赠的出版物，用白话文、英文圈点，学生之言"无非杜威之唾余，胡适之反响"，更动摇了吴宓进京的念头。（1920年10月25—27日吴宓日记，《吴宓日记》第2册，第188页）

跟，而不是在北京大学。他强烈地反对我们中的任何人去北京大学，或受北大影响控制的北京其他大学。梅君为了实施他的策略，催促我们迅速回国。他写到，不应错失任何机会，不应继续允许文化革命者占有有利的文化阵地。[1]

吴宓依从梅光迪的策略，往赴南京筹办《学衡》。学衡派的缘起，可视作胡适在《逼上梁山》中讲述的文学革命域外发生史的续集。

按吴宓的说法，创办《学衡》杂志，远因是梅光迪与胡适的宿怨，近因则是胡先骕《评〈尝试集〉》一文"历投南北各日报及各文学杂志，无一愿为刊登"。[2]《学衡》发刊之初，专攻胡适的《评〈尝试集〉》最引人注目。[3]胡先骕评《尝试集》，意在颠覆文学革命的理论前提，不止于新旧诗之争。《学衡》诸人等着胡适还击，胡适却按兵不动，只诌了首打油诗："老梅说：/'《学衡》出来了，老胡怕不怕？'（迪生问叔永如此）/老胡没有看见什么《学衡》，/只看见了一本《学骂》！"[4]这种轻慢的游戏笔墨，也是他日后应付《甲寅》派的策略。胡适虽未正面应战，却颇关注舆论界的反应，日记中称："东南大学梅迪生等出的《学衡》，几乎专是攻击我的。出版之后，《中华新报》（上海）有赞成的论

<hr>

[1] 1921年5月24日吴宓致白璧德信，吴学昭编《吴宓书信集》，生活·读书·新知三联书店，2011，第13页。

[2] 吴宓：《吴宓自编年谱》，第229页。

[3] 胡先骕：《评〈尝试集〉》，《学衡》1922年第1、2期。1922年2月14日沈定一致信胡适问："《学衡》一、二两期载有《评〈尝试集〉》一篇妙文，先生也曾匀出工夫过目么？"（《胡适来往书信选》上册，第103页）

[4] 1922年2月4日胡适日记，《胡适日记全编》（3），第549页。

调，《时事新报》有谩骂的批评，多无价值。"唯有《晨报副刊》上署名"式芬"的《评〈尝试集〉匡谬》颇有中肯之言。[1]替胡适迎战的"式芬"，即其文学革命的战友周作人。

要从学理上挑剔受过西学训练、又有一定国文修养的《学衡》诸人，并非易事。吴宓以为"自新文化运动之起，国内人士竞谈'新文学'，而真能确实讲述'西洋文学'之内容与实质者则绝少"，在北大讲授"欧洲文学史"的周作人可算其一。[2]然而，细察周氏之"匡谬"，也有不顾对方主旨，"蹈瑕寻疵，深文入罪"之嫌。[3]胡先骕对《尝试集》的批评，着眼于诗的声调、格律、音韵等，顺带涉及文白之争。而周作人挑出的谬误，基本与诗体无关，主要针对文白问题。

胡适为文学革命确立的参照系是文艺复兴时期欧洲民族语言的崛起，"以希腊拉丁文以比中国古文，以英、德、法文以比中国白话，以自创白话文以比乔塞（Chaucer）之创英国文学，但丁（Dante）之创意国文学，路德（Luther）之创德国文学"。[4]胡先骕指出这种类比是不确切的，因为拉丁文之于后起的国语是外国文，而文言、白话都是本国的书写语言。拉丁文之于英、德、法文，类似于汉文与日文的关系，日本人废弃汉

---

[1] 1922年2月4日胡适日记，《胡适日记全编》（3），第546—547页。

[2] 吴宓：《吴宓自编年谱》，第222页。

[3] 吴宓：《再论新文化运动：答邱昌渭》，《留美学生季报》第8卷第4号，1921年12月。

[4] 胡先骕：《评〈尝试集〉》，四"文言白话用典与诗之关系"，《学衡》1922年第1期。程巍认为胡适用来作为文学革命旁证的"欧洲各国国语史"，是他误读厄迪丝·薛谢儿（Edith Sichel）《文艺复兴》一书获得的伪证。（《胡适版的"欧洲各国国语史"：作为旁证的伪证》，《北京第二外国语学院学报》2009年第6期）

文理所当然，但与胡适主张用白话取代文言不是一回事。精通日文的周作人反驳道："日人提倡用日本文作文学，不但是废弃汉文，乃是废弃日本的古文而用日本的白话！"[①]且不论三人在历史比较语言学上孰是孰非，周作人急于匡正的不是诗法的谬误，而要捍卫白话作为国语的地位。

面对学衡派的挑战，新文学阵营中第二位出马的是鲁迅。他认为学衡派没有从学理上"匡谬"的必要，只要推敲一下字句，即可估出对手的铢两。寻章摘句，略加戏仿，只攻一点，不及其余，是鲁迅杂文惯用的战术。"文且未亨，理将安托"，鲁迅以为《学衡》诸公"于旧学并无门径"，还不配抨击新文化。[②]

周氏兄弟相继迎战后，胡适应申报馆之邀作《五十年来中国之文学》，论及"五四"后文学革命的反响，没忘记捎上专攻他的学衡派。胡适从《评〈尝试集〉》中摘录的段落，正是周作人着力匡正的部分。对于胡先骕的指摘，胡适认为外国文与本国文的差别不成其为问题，他仍用文字的死活来论证白话之于文言的优越性。胡适宣称《学衡》的讨论大概是"反对文学革命的尾声"，文学革命已过了讨论期，反对党均已破产，此后完

---

① 式芬（周作人）：《评〈尝试集〉匡谬》，《晨报副刊》，1922年2月4日。2月9日郑振铎致信周作人："先生署名式芬的一篇杂感，极有力量，我想叫《学灯》转载，《小说月报》通信上也想转抄一下。"

② 风声（鲁迅）：《估〈学衡〉》，《晨报副刊》，1922年2月9日，收入《热风》。关于学衡派与《新青年》同人的论争，瞿骏提醒应留心"灯下黑"的材料，注意历史人物的有限性，充分考虑到信息的滞后性、不对称性、不完整性，从而摆脱"两军对垒"的思维，同情地理解历史的方方面面。（《再思"学衡"》，《读书》2020年第5期）

全是新文学的创造期。①

学衡派随着刘伯明的过世，梅光迪、胡先骕的退却而散场，但《学衡》杂志并未因胡适的宣判而"破产"，在吴宓的苦心经营下，一直维持到20世纪30年代。1925年钱玄同寄给胡适一期《学衡》，他知道胡适对学衡派抱有"不值一驳"的轻敌之心。但眼见思想界的昏沉，钱氏不胜愤懑，自比为"银样镴枪头"，心有余而力不足，希望"思想学问都很优越"的胡适出马回击。钱玄同说：

> 虽然我们近来所发表的文章不能使你满意，但我们实在希望你也来做"思想界底医生"。……我希望你做《中国哲学史》、我希望你做《中国佛学史》、我希望你做《国语文学史》，但我尤其希望你做《评东西文化及其哲学》《科学与人生观序》这类性质底文章。②

"我们近来所发表的文章"指《语丝》上钱玄同及周氏兄弟的杂感。20世纪20年代前期，胡适忙于"整理国故"，时而朝政治

---

① 胡适：《五十年来中国之文学》，《申报》五十周年纪念刊《最近之五十年》，1923年2月。

② 1925年4月10日钱玄同致胡适信，《胡适论学往来书信选》下册，河北人民出版社，1998，第1127页。附考：《胡适论学往来书信选》中此信的落款日期是"一九二五，五，十"，有误。钱玄同写给胡适的前一封信，落款日期为"一九二五，霉，二"。"霉"是英文五月May的音译。胡适回信的日期是"十四，四，三"，开头说："你要'霉'，可惜用早了一个月，真成了'倒霉'了！（这一个月叫做'阿不利'）"由此可知钱氏上封信写于1925年4月2日。那么钱玄同"一九二五，五，十"的来信，据胡适回信的日期"十四，四，十二"，实际写于1925年4月10日。

方面"努力"，疏远了"不讨好"的思想革命，而《语丝》同人则承续了《新青年》的志业。胡适给钱玄同回信说，他未尝不想向《学衡》开战，但"有点爱惜子弹"，"不大愿意做零星的谩骂文章"。思想界的"膏肓之病"不是几篇小品文能医治的，胡适主张"补泻兼用"，输入新知同时整理国故。①

吴宓认为"五四"以后"纯事守旧者，已无其人。虽有新旧之争，国粹欧化之争，实皆皮相虚名。吾国今日真正之争，乃在文化建设之材料方法耳"。②中西之争在20世纪20年代已转换为以中国为战场的西西之争。③吴宓、梅光迪诸人以西学正宗自居，试图以反对派的姿态，为"新文化"正名。在学衡派看来，新文化乃西方文化之别名，所谓"新文化运动"输入的不过是现代西方文化的支脉，不足以代表西方文化的全体。④从这个意义上说，学衡派与《新青年》同人的论争，并非新旧之争、国粹欧化之争，而是新派内部的正统之争。

学衡派所以与《新青年》势不两立，正因为双方在自我定位及势力范围上较为趋同。《新青年》高举"文学革命"的旗帜，而文学批评正是《学衡》诸人的看家本领。梅光迪抨击胡适等人神道设教、迎合群众的手腕，⑤若干年后却悔恨没有利用

---

① 1925年4月12日胡适致钱玄同信，《鲁迅研究资料》第9辑，天津人民出版社，1982，第84—86页。
② 吴宓：《新文化运动之反应》，《中华新报》，1922年10月10日。
③ 参见罗志田《西方的分裂：国际风云与五四前后中国思想的演变》，《中国社会科学》1999年第3期。
④ 吴宓：《论新文化运动》（节录自《留美学生季报》），《学衡》1922年第4期。
⑤ 梅光迪：《评今人提倡学术之方法》，《学衡》1922年第2期。

运动的名义，把新人文主义升华为一种"包含了宗教中所有痴迷和悲怆"的信仰。梅光迪脱离《学衡》后感叹，他们这代人风急火燎地相互伤害，只是想用同样的方法，建造一座同样的大厦。[①]学衡派的张冠李戴——将胡适、陈独秀诸人认作"新文化运动"的罪魁祸首——把本与"新文化运动"这个名目保持距离的《新青年》同人如周氏兄弟，逼入回护"新文化"的阵营。"新文化运动"这一"另起"的名目就这样被"反套"在《新青年》身上。

---

① 梅光迪：《人文主义和现代中国》，《梅光迪文录》，辽宁教育出版社，2001，第221页。

老新党与新文化
——"五四"大风笼罩下的地方读书人

瞿　骏

五四运动是一个已有无数研究的大题目，但迄今仍不乏进一步的讨论空间供研究者腾挪深入。近十余年来对于此课题研究的推进，在笔者看来大致有两种趋向值得注意：

一种是"重审政争史"的趋向。在此趋向下，这一时期的政潮、学潮、民潮和思潮是"如何运动起来的"成为此研究趋向的中心问题。王奇生、冯筱才、邓野等学者都围绕这一中心问题做了非常出色的研究。他们的成果充分证明了在这场运动背后存在诸多政治、经济与文化上的控制和操弄力量，这些力量间的缠斗、博弈与争夺虽然隐晦，在幕后却异常激烈，远远超过以往史学界研究的简单认知。①

另一种是"将思想史与生活史"联结考察的趋向。此趋向

---

① 参见王奇生《新文化是如何"运动"起来的——以〈新青年〉为视点》，《近代史研究》2007年第1期；冯筱才：《政争与"五四"：从外交斗争到群众运动》，《开放时代》2011年第4期；邓野：《巴黎和会与北京政府的内外博弈——1919年中国的外交争执与政派利益》，社会科学文献出版社，2014。

关心的是"五四"大风带来的新思想究竟是如何进入地方社会的，它如何改变了当地读书人乃至一般人的观念和认同，进而新思想怎样与他们的生活世界互动等重要问题。①

无疑，这两种研究趋向均提示着"五四"研究进一步深入的可能性，这体现在："五四"自有来源于共产党、国民党和其他各家所诠释的独特意义，但这些"意义"大多并非是从"五四"的历史过程中自然生长出来的，而是各种政治、文化力量为论证自身的合道性而层层叠加上去的。虽不能简单地将这些"意义"命名为历史神话，毕竟它们都或多或少揭示并解释了"五四"的历史过程，但对照上文提及的两种研究倾向，其至少有两大局限：一个是过于强调和关注"五四"的"独特"，而忽略了"五四"其实既在晚清的各种延长线上，又是日后国民革命乃至共产革命无法绕过的"既存状态"，因此必须在30年乃至60年的历史过程中考察"五四"，当然这种长程考察并不意味着简单地前后连接和彼此附会。另一个是"五四"的"独特"衍生出"五四"新人物与新思想的"独尊"和"放大"。"独尊"和"放大"使得"五四"的思想系谱与人物脸谱往往显得简单而干瘪。尽管十余年来有许多出色的研究使其丰

① 参见王汎森《五四运动与生活世界的变化》，香港《二十一世纪》2009年6月号；王汎森：《中国近代思想文化史研究的若干思考》，《新史学》第14卷第4期，2003；许纪霖：《重建社会重心——现代中国的知识分子社会》，《大时代中的知识人》，中华书局，2012；罗志田：《近代中国社会权势的转移：知识分子的边缘化与边缘知识分子的兴起》，《权势转移：近代中国的思想与社会》，北京师范大学出版社，2014；章清：《五四思想界：中心与边缘——〈新青年〉及新文化运动的阅读个案》，《近代史研究》2010年第3期；张仲民：《种瓜得豆：清末民初的阅读文化与接受政治》，社会科学文献出版社，2016，第287—316页。

富立体了许多，但仍嫌不足。这特别体现在清末民初那些半新半旧、似新实旧、不新不旧的人物和其思想仍较少得到关注，正如夏济安所说："光与暗一类的对比恐怕永远也道不全那个时代的真意，因为光暗之间还有无数深浅的灰。好比暮色里藏匿着鬼影、私语、异象与幻影，稍不注意，它们便消逝在等待黎明的焦躁中。"①

因此如何处理这批人物和其思想与"五四"的关联互动就成了一个以往讨论较少，但又饶有趣味的论题。其中一类就是被称为"老新党"的那批读书人。这里先要对"老新党"这个概念做一简单梳理。

"老新党"的提法源自"新党"，"新党"一词又与"康党"密切相关。1895年后清廷变法，康有为的弟子与康的支持者被反对人士归类于"康党"。康有为等则将"康党"一词视之为反对派强加于他们的"恶谥"。戊戌政变后，康有为一系自归其类为"新党"，转而在其主办的报刊中试图强摁一切与之意见不合者入"旧党"之列，以期占领"以新凌旧"的制高点。1903年左右，广东、浙江等地"革命党"大起。他们除联合会党在帝国边陲频频发动"起义"外，还纷纷往东京、入上海、赴南洋做"志士"乃至"烈士"，为争夺话语权与实际利益，屡与康有为一系大起冲突。"革命党"为显示其更"新"，遂亦自命为"新党"，而径自改称康有为一系为"保皇党"或"老新

---

① 夏济安：《黑暗的闸门：中国左翼文学运动研究》，香港：香港中文大学出版社，2016，第141页。

党"。①此为清末的大致情形。

　　进入民国后新文化大潮涌动，胡适、钱玄同诸公一边在文章中压抑清末新学，以凸显自身做的是前无古人之工作，一边又屡屡称曾朴、王照等人为"老新党"，以展示他们的趋新源来有自。因此常惹起这类被强行归入"老新党"诸公的愤愤之感，常期盼有一群"新新党"出现来反制胡适等人。②至20世纪20年代末，"新新青年"果然将胡适、鲁迅等也归入"老新党"，甚至是"三代以上之人"，③足见"老新党"为一变动不定之称呼，颇能映射近代中国新旧随时更易之形势。但撇开名称，究其实际，则自清末开始一直到20世纪30年代，"老新党"确为一股对国家和地方都有大影响的重要势力。比如张謇、张元济、黄炎培等就是有全国影响力的著名老新党，在地方上则活跃着更多名不见经传的老新党。他们基本都"食科举制度之赐"，④但功名实不甚高，一般限于秀才、举人，偶有进士。这

---

① 参见贾小叶《"新党"抑或"逆党"——论戊戌时期"康党"指涉的流变》，《近代史研究》2015年第3期。

② 曾朴即说自己的《孽海花》"赚得了胡（适）先生一个老新党的封号"。"大概那时那胡先生正在高唱新文化的当儿，很兴奋得自命为新党，还没想到后来有新新党出来，自己也做了老新党，受国故派的欢迎他回去呢！"（曾朴：《孽海花代序——修改后要说的几句话》，《孽海花》，真美善书店，1928）

③ 1928年常乃惪说：鲁迅是"一个足踏在新旧过渡线上的老新党"。他这尊偶像"阻碍了前进的路线，摧折了新时代发生的动机，将中国民族永远留在迟疑、徘徊、消极、破坏"的路上（燕生：《越过了阿Q的时代以后》，《长夜》1928年第3期）。1932年比梁启超小近二十岁的刘半农则听陈衡哲说他们都被学生认作是"三代以上的人了"（刘半农：《〈初期白话诗稿〉序目》，文明国编《刘半农自述》，安徽文艺出版社，2014，第88页）。

④ 杨昌济：《余归国后对于教育之所感》，《杨昌济集》（1），湖南教育出版社，2008，第52页。

些人基本未能有黄炎培一样的运势从地方攀上省界精英和全国精英的门槛，但在地方上他们还是颇有号召力的。这批人的相似经历是都在清末的时势推动下走上了趋新之途，一般很爱读《清议报》《新民丛报》《国风报》等报刊，热烈地崇拜过梁启超等清末名士，在地方上亦曾借新政显过身手，如举办新学、参与宪政、筹备地方自治等，同时又有一定的旧学根底。谢觉哉就曾为湖南宁乡老新党的特点做归纳，说他们"本是些新人物，忽然不新了"。①

　　这是一句颇值得玩味的话，提示我们：在"五四"那个大时代中，除了"最主要和最高"的那个思想层次，也有地方读书人的那个思想层次。"五四"大风如何在地方四处蔓延？在蔓延的过程中地方上与"五四"大风竞争或竞合的力量有哪些？如何展现？这些问题均需重新来梳理和解释。本文就主要以地方老新党为切入点，以地方读书人与"五四"大风间的交缠关系为中心对上述问题做一个初步讨论。

一、"五四"大风何以蔓延

　　对于"五四"大风蔓延的原因，从历史因果来分析，其风势起于清末以降人心、思潮和社会条件的巨大变化；②大风中心位于学生云集的北京和报馆、出版机构林立的上海；其鼓荡来

---

① 谢觉哉：《谢觉哉日记》上卷，"1921年11月21日"条，人民出版社，1984，第69页。
② 王汎森：《思潮与社会条件》，《中国近代思想与学术的系谱》，台北：联经出版事业公司，2003，第241页。

自胡适、陈独秀、蔡元培、李大钊等具有全国影响力的巨型知识精英。但一场大风若要有持续的扩张态势和膨胀能力，则不能缺少来自四方的众声呼应。这些呼应的主体首先是那些介于上层读书人和不识字者之间，但又想上升到精英层次的边缘知识青年，对此前贤有相当多的精彩论述，在此不赘。[①]不过边缘知识青年的兴起虽然非常重要，但同样值得注意的是民国肇建后，可能与新文化主流势力相竞争的几种集团性力量的持续衰落，且这些力量之衰落未必起始于同新文化竞争，而是有着从民国建元开始自身的发展逻辑。

这几种集团性力量按梁启超的分类大致为旧官僚、旧革命党与旧立宪派。李大钊将之区分为"军权系统""政治系统中的温和系统"和"政治系统中的激进系统"。在李氏看来，"洪宪皇帝之威灵"败亡后，"军权系统"骤失其中心而呈崩离之象，不能"复反于壮盛"，[②]由此可能与新文化主流势力相竞争的有以孙中山、汪精卫、戴季陶、胡汉民、章太炎、章士钊等为代表的旧革命党即民党势力，以梁启超、康有为等为代表的旧立宪党势力和以林纾等为代表的清末文学名士之势力。

以民党势力论，吴芳吉（1896—1932）因1913年"二次革命"的缘故已认为："彼革命元勋，及一般伟人，皆民贼也。"[③]

---

① 罗志田：《近代中国社会权势的转移：知识分子的边缘化与边缘知识分子的兴起》，《权势转移：近代中国的思想与社会》，北京师范大学出版社，2014。

② 李大钊：《中心势力创造论》（1917年4月23日），杨琥编《中国近代思想家文库·李大钊卷》，中国人民大学出版社，2014，第170页。

③ 《吴芳吉日记》，"1913年8月11日"条，傅宏星编校《吴芳吉全集》下册，华东师范大学出版社，2014，第993页。

征诸其他读书人的材料，这种"革命元勋实为民贼"的看法在他们的言论中比比皆是。吕芳上就指出："二次革命后……革命党人与'暴民'两个名词的含义，几乎等同。"[①]

到了"五四"时期，民党虽然有办报、设刊、交好新文化同人的努力，但除了个别人物外，似并未改变当时读书人对民党的整体观感。[②]1919年浙江一师的学生陈范予因孙中山致电徐树铮"多有拍马"，就感慨道："噫！中山！你也算革命的人物，是卓卓的人物，你岂还要求势力，和卖国贼交口。这真不值得至极了！无他！这是头脑烘烘的缘故！"[③]1920年吴芳吉读了汪精卫发表在《建设》上的文章后说，"回忆十年以前，在《民报》所读他的文章，与今日再读他的文章，其所生感想，判若天渊"；又说"民党中书生似觉胡汉民较为健拔，汪精卫与章行严则毫不长进，且有退化之势"。[④]1922年吴氏的议论矛头指向章太炎，说其是"惟小学可称，何有于文"。[⑤]1921年郭沫

①　吕芳上：《革命之再起：中国国民党改组前对新思潮的回应（1914—1924）》，《台北"中研院"近代史研究所专刊》（57），1989，第38页。
②　金毓黻即说："前《民权报》记者戴天仇，以善作论文，精辟隽爽，风靡一时。后《民权报》被封，闻戴氏东渡，随孙中山游，四年以来，未读此君大作矣。近《建设》及《星期评论》两报署名戴季陶者，高谨言谓即天仇，不知确否？然其著作，亦足风靡一世，较《民权》时，有过之无不及焉。"（金毓黻：《静晤室日记》第1册，"1920年12月5日"条，辽沈书社，1993，第169—170页）这段话一方面说明了戴季陶等借办报创刊在"五四"时期的声名再起，但另一方面也印证了民党之声光在"五四"前数年中断，其历史的重塑需要机缘和时间。
③　坂井洋史整理《陈范予日记》，"1919年11月28日"条，学林出版社，1997，第154页。
④　《吴芳吉日记》，"1920年1月6日"条，傅宏星编校《吴芳吉全集》下册，第1250页。
⑤　《吴芳吉致邓绍勤》（1922），傅宏星编校《吴芳吉全集》中册，第627页。

若游览完西湖的革命烈士祠后则揶揄道："参拜了一些英雄英雌的坟墓，没有感受着多大兴趣便折回旅馆去。"[1]1922年陈独秀更直接说国民党"在广东以外之各省人民视之，仍是一争权夺利之政党，共产党倘加入该党，则在社会上信仰全失（尤其是青年社会），永无发展之机会"。[2]这些都可看出1911年革命后十余年间国民党在人心中是何位置。

以清末的文学名士而言，1915年身处温州瑞安的张棡（1860—1942）就说，林纾之文笔"太冗长可厌"！"近竟称雄于小说界"！"然皆文过其质，可以惊心悦目者，则寥寥也"。因此张氏认为林氏在清末译书尚可，但"后来所译之小说皆无佳处"；"而近来震其名者，林书出即崇拜之，绝不察其内容如何，宜乎小说之价格日低也"。[3]这种说法较之胡适所说"琴南早年译笔还谨慎，不像现在的潦草"早了大约五年。[4]在无锡一隅的钱基博除了认为林纾"不晓时变，姝姝守一先生之言"外，亦不满林纾与"北洋军人魁桀，盗国之钧"——徐树铮走得太近，说："徐树铮军人干政，时论不予；而纾称为儒将，或者以莽大夫扬雄《剧秦美新》比之，惜哉！"[5]从张棡、钱基博等对林纾的评价可见，连地方老新党都对林纾的行事与文字相当不满，

---

[1]　郭沫若：《学生时代》，人民文学出版社，1979，第81页。
[2]　《陈独秀致吴廷康的信》（1922年4月6日），中央档案馆编《中共中央文件选集》（1），中共中央党校出版社，1982，第15页。
[3]　《张棡日记》，"1915年9月14、27日"条，未刊打印稿，温州图书馆藏。
[4]　胡适：《中学国文的教授——胡适之先生在本校附属中学国文研究部的演讲辞》，《北京高师教育丛刊》第2集，1920年3月，第4页。
[5]　钱基博：《现代中国文学史》，华中师范大学出版社，2011，第172、173、176页。

何况边缘知识青年乎？

而且林纾虽然经常发表攻击新文化的文章，但是若从地方读书人的阅读来看，这些文章的接受度并不算高。无论对《新青年》认同或反对，"新青年"三字至少频频出现于地方读书人的笔端。相比之下，发表林纾文章的报刊和林氏著作如《公言报》《新申报》《畏庐文钞》等在笔者所见的地方读书人的记录里几近全无痕迹。而仅1919年《每周评论》第17号上转载的反林氏的文章有14人16篇之多，据此有论者称"对林纾批评几乎形成全国性的言论围剿"。[①]

"全国性言论围剿"之说实略嫌夸张，但至少说明在"五四"大风兴起的同时乃至更早，曾红极一时的林纾既不能凭借报刊之力扩大其声光，又与原本甚相得的出版机构如商务印书馆之关系日渐冷落。同时自1913年林氏被迫从北大辞职后，他在吸引边缘知识青年最重要的空间——大学里失去了位置，以致其反新文化时，所能倚仗之人物不过是一随时可被北大退学的学生张厚载。更要命的是作为一前清举人，其因功名的限制，在代表新文化对手方的资格上就输人一筹。[②]因此表面上看

---

① 张旭、车树昇编著《林纾年谱长编》，福建教育出版社，2014，第328—329页。参见《对于新旧思潮的舆论》，《每周评论》第17号特别附录，1919年4月13日。

② 罗志田：《林纾的认同危机与民初的新旧之争》，《道出于二：过渡时代的新旧之争》，北京师范大学出版社，2014。罗氏更特别指出"各类新派实际上长期有着'以资格论人'的旧习气"（罗志田：《见之于行事：中国近代史研究的可能走向》，《近代中国史学十论》，复旦大学出版社，2003，第242页）。像谢觉哉将家乡那批反对新文化，提倡读经的读书人称为"乡里圣人"，说他们"不出户庭，最近之学术潮流，当然鲜所接触"（谢觉哉：《谢觉哉日记》上卷，"1922年10月8日"条，第103页）。吴稚晖则说章士钊

林氏乃反新文化的一大主力，但实则影响极其有限。钱基博曾指出："胡适之学既盛，而信纾者寡矣。"①其实不必"胡适之学盛"，"信纾者"已寡也。类似的情形同样表现在梁启超、康有为等旧立宪一派的形象与口碑上。

1929年朱希祖曾为梁启超生平作一总结。在朱氏看来：一方面，梁启超"创《新民丛报》，余个人及全国志士皆受其振发，颇多影响，此不可不推为有功之人"；但另一方面，"其在民国时代，一入政界，时而党帝制，解散议会；时而党革命，推翻帝制。其后，又排斥革命，依附北洋军阀。此则其最不满人意者"。②

朱氏对梁氏有功之处和进入民国后的"不满人意"之处清晰地反映在张棡等地方老新党对梁氏的印象变迁里。在清末梁启超是这些"趋新人物"的崇拜对象。张棡看《新民丛报》，会说"是报均系梁任公主笔，议论精警，识见透到，洵中国近来报界之巨擘，细阅为之爱不释手"。读《现今世界大势论》和《灭国新法论》，则认为两书是"痛切之谈"，可以让"石人下泪"！③读《新中国未来记》，张棡觉得此书"尤有无穷新理，不得与寻常小说一例观也"。阅《德育鉴》，则以为其"字字皆切理餍心，发人猛省，洵保粹之兴奋剂也"。而看到《大陆报》上

"尽是村学究语"（吴稚晖：《章士钊—陈独秀—梁启超》，张若英编《中国新文学运动史资料》，光明书局，1934，第262页）。

① 钱基博：《现代中国文学史》，第176页。
② 《朱希祖日记》，"1929年2月17日"条，中华书局，2012，第133页。
③ 《张棡日记》，"光绪二十八年三月初七日"条，"光绪二十八年七月廿三日"条。

攻击梁启超和《新民丛报》的文字，张楅会不屑地认为这些言论"语皆皮毛，不足损梁氏之价值也"。①

但入民国后梁启超的影响力发生了不小变化。这种变化首先体现在梁氏的政治形象上。读书人在民国和在清代参与政治的最大区别是：清代读书人参与政治有其作为"士"的路径与准则，至少不会轻易动自己来做皇帝的念头，而共和时代讲民权，于是"人人皆有总统之望"，这意味着人人都有踏民意之阶梯通向高位，甚至爬到顶峰之可能，梁启超对此既不能免俗，亦恐怕不乏此雄心。②因此梁氏参与政治说是"想化官僚"，但"结果终是官僚化"，这直接影响了梁氏的政治形象。③张楅在1915年底看到《申报》上登载的梁启超辞职消息后就说：

> 见参政梁任公有辞职之表，骈四俪六，颇见高尚。然共和立国本非任公平素宗旨，而幡然出山，受袁氏之爵禄，已未免贬其丰节。此次为国体变更，违其言论，因之托病辞职，虽较杨皙子、刘师培等识高一筹，然视其师康

① 《张楅日记》，"光绪三十二年六月三十日"条。《大陆报》第六、七、八等期上曾有多篇文章与《新民丛报》论战。
② 王季烈：《罗恭敏公家传》，孙彩霞编《民国人物碑传集》，四川人民出版社，1997，第558页。因为"人人皆有总统之望"的乱象，有人提出民国宪法宜规定总统资格，继任总统由现任者选举三人，交国会审查通过，非有绝对不合格之事实，不得否认。至三人中，孰为总统，孰为副总统，当在国会请总统亲临，用钤签法定之，不得参一毫私意于其间。而爱身份者要以争夺总统为耻〔王清穆：《救国罪言》（1923），《农隐庐文钞》，周惠斌、郭焰整理，上海社会科学院出版社，2015，第4、5页〕。
③ 吴稚晖：《章士钊—陈独秀—梁启超》，张若英编《中国新文学运动史资料》，第257页。

南海之超然远引，则抱愧多多矣。①

这段话说明在亲历从清末鼎革到袁氏称帝这一过程的读书人眼里，不同世代之人大概看法迥异。新青年中不少人执着于帝制到共和的"国体"进化而对梁氏"反对帝制"的态度拍手称快，却未必细察梁启超"只问政体，不问国体"之宏文究竟说了些什么。②年纪更大一些的老新党则沿用士大夫要有"值得敬仰和效法的人格"为标准考量梁氏的行动，③于是梁启超关于"国体问题"的暧昧表达不但在老新党处难得肯定，反而被视作他进入民国干了政治后，时而"党帝制"，又时而"党革命"的诡谲表现。康有为即说："生戊戌以来，以保皇自矢；迄事势稍变，生遂卖畴昔所主以迎潮流。癸丑，生赞袁氏，违叛民意。迄袁氏积怨已深，又卖袁氏，贪天之功为己力。"④如果说康有为是因师生之嫌隙而作过分之词的话，那么章士钊是先认同梁氏为"富有主义之政家大党"，无"贬节丧义之嫌"，然后

① 《张棡日记》，"1915年12月10日"条。
② 舒新城说："及梁任公先生《异哉所谓国体问题》发表，不独他的论据正是一般青年所欲说而不能说的；且能引经据典地说出，无异替青年们伸一口气。最可贵者，是他本是倡言君主立宪的，今亦深切反对改变国体。是共和之成为天经地义……我们阅报室内的阅报者陡增数倍，且有情愿不吃晚餐（因岳麓山交通不便，长沙城当日的报纸，要等上午派遣出去的信差于下午五六时带回）而专读该文的，我于读后并为抄存，那时一般青年对于所谓帝制的心理是可以概见的。"（文明国编《舒新城自述》，安徽文艺出版社，2013，第90页）这里值得注意的是舒新城对于"青年"反对帝制的认同和对梁启超"善变"的肯定，恰和老新党形成对比。
③ 余英时：《陈寅恪与儒学实践》，《现代危机与思想人物》，生活·读书·新知三联书店，2005，第421页。
④ 康有为：《与梁启超书》，姜义华、张荣华编校《康有为全集》第10册，中国人民大学出版社，2007，第428页。

特别指出：

> 世之抵排梁先生者，仍嗷嗷不已。而其说倾巧善陷，一若足以动庸众之听者，何也？呜呼，如是者有本有原，则梁先生入民国来，一言一动，俱不免为政局所束缚，立论每自相出入，持态每危脆不宁，实有以致之然也。夫当共和立国之日，身为辅导共和之人，而乃不恤指陈共和之非，其言又为一时所矜重，岂有不为人假借遂其大欲之理，殆既见之，则又废然。此四年间，观其忽忽而入京，忽忽而办报，忽忽而入阁，忽忽而解职，忽忽而倡言不作政谈，忽忽而著论痛陈国体，恍若躬领大兵，不能策战，敌东击则东应，西击则西应，苍黄奔命，卒乃大疲。盖已全然陷入四面楚歌之中，不能自动，而与其夙昔固有之主张，相去盖万里矣。呜呼，补苴之术，岂可久长，有谋而需，乃为事贼，梁先生自处有所未当，八九归诸社会之罪恶，即过亦为君子之过，谁肯以小人之心度之，惟以其人于中国之治乱兴衰，所关甚切，如是之举棋不定，冥冥中堕坏国家之事，不知几许。[①]

因此在第一次复辟里，一方面"开历史倒车"的称帝给新青年们带来大失望，另一方面梁启超因其多变和善变而给民初仍旧存在的"士林"带来了不少口诛笔伐之资。此时反倒是康有为

---

① 章士钊：《评梁任公之国体论》（1915年10月1日），章含之等主编《章士钊全集》第3卷，文汇出版社，2000，第621页。

以其"一以贯之"的反袁表现而颇得"士林",甚至新青年的赞许。①常熟的前清进士徐兆玮就认为康有为"较梁任公辈葬身政客生涯中终高出一筹"。②毛泽东好友张昆弟则在日记中说:"康氏素排议共和,今又出面讥帝制,真所谓时中之圣,斯人若出,民国亦之幸矣。"③

到两年后的二次复辟,康有为和梁启超都因介入甚深而在政治上大大失分。从此师徒二人不要说在新青年处,即使在老新党那里都基本失去了清末发言辄能搅动天下人心之地位。张楣就说:

> 复辟之事已声销影灭,张勋辫子军溃散,康有为逃遁,张勋亦遁……噫!视国事如儿戏,置一君如弈棋,而其病皆由希荣求宠而来,吾不为张勋惜,吾窃为数十年好为经济,自命圣人之康南海惜也。段祺瑞讨逆文,洋洋数千言,闻是梁任公笔墨,以最相契之师弟,忽反颜而为仇敌,亦儒林中之怪现状也。④

这段评点一方面说明康有为参与复辟事之甚不得人心,亦甚不

---

① 大致来说"士林"关注的不是共和、帝制之争,而是在此政治大变动的关口,读书人是否能不苟且、有气节。理想境界当然是"信道之笃,守道之严",较低要求也需言行一致。若一日三变,顺势劝进则很可能为士林非议。

② 李向东等标点《徐兆玮日记》第3册,"1919年3月3日"条,黄山书社,2013年,第1957页。

③ 《张昆弟日记》,"1916年4月28日"条,转引自刘万能编著《张昆弟年谱》,湖南人民出版社,2015,第31页。

④ 《张楣日记》,"1917年7月17日"条。

合时宜，①但另一方面也映射出地方读书人对以公开檄文"谢本师"，以通电讽刺康氏的梁启超也并无好感。他们与用"后跻马厂元勋列"诗句讽刺梁氏的陈寅恪遥相呼应。在陈氏看来通电"诋及南海，实可不必，余心不谓然"。②这种"心不谓然"的缘由当然很复杂，但有一点与第一次复辟类似，即"不谓然"于梁氏实际参与政治后的不断"反复"。

因为行动的反复叵测和诡谲的时势不予，进入共和后，梁启超和康有为的"干政治"实都不太成功。康、梁在政治上的"不成功"又直接影响了他们在文化运动上的影响力。

1918年张榭读康有为的《共和平议》，说此书虽然"多诋共和之谬，民国之乱，颇觉悚惕人心"，但联系康有为的实际政治表现，则"自复辟变后，颇不满于人意"，由此"言虽切，恐不能如《清议报》《不忍杂志》之可以鼓励人也"。③同样，梁氏主办的报刊"魔力"也在减退。1902年周作人在南京江南水师学堂读《新民丛报》是"看至半夜，不忍就枕"，④到1915年杨贤江在浙江第一师范虽然仍读《新民丛报》，但已是"阅《新民丛

---

① 康有为介入"复辟"事的详情仍有相当大的史实讨论空间，余绍宋即听人说："康圣此番甚不得意，盖事前大帅绝不与商量，突然发表，又仅得一弼德院副院长也。"(《余绍宋日记》第1册，"1917年7月1日"条，中华书局，2012，第23页)另可参见谢亮《历史记忆的建构及其被误读——康有为"虚君共和"思想与"丁巳复辟"辩》，《宁夏大学学报（人文社会科学版）》2006年第4期。

② 陈寅恪：《王观堂先生挽词并序》，刘梦溪主编《中国现代学术经典·陈寅恪卷》，河北教育出版社，2002，第849页。

③ 《张榭日记》，"1918年8月8日"条。

④ 《周作人日记》（影印本）上册，鲁迅博物馆藏，"壬寅七月初三日"条，大象出版社，1996，第344页。

报》三页而寝"或"寝前阅《新民丛报》数页",①已不见周氏十几年前的心潮澎湃。同年，张棡看《大中华杂志》直接发议论说：

> 是报亦梁任公主任撰述，论述宗旨与《庸言报》相仿佛。惟内载蓝公武所撰《辟近日复古之谬》一论，直谓礼节孔教皆为今日不急之务，议论乖谬，形同狂吠，中国有此等谬论，令人读而发指，而梁任公公然选之登报，吾不知其是何肺肝也。②

作为僻处温州乡间的读书人，张棡有此疑问十分正常，因为他不知道蓝公武与梁启超关系十分密切，被称为梁氏"门下三少年"之一。不过即使张棡清楚二人交情，同样是趋新文字，出现在清末梁氏主持的报刊里时被张棡等如饥似渴地阅读，而到民初则被质问成"是何肺肝"，足见其吸引力的降低。

当然相较康有为，老新党们从清末开始一路更受梁氏文字之哺，"受其振发，颇多影响"，③因此对梁氏的著述总有一种抹不去的情结在。这或也是1920年后梁氏的部分作品仍受人瞩目，销路畅旺，为地方读书人所阅读的原因所在。但这些作品要么是《中国历史研究法》《清代学术概论》等谈国史、论学术

---

① 《杨贤江日记》，"1915年6月1、2日"条，《杨贤江全集》第4卷，河南教育出版社，1995，第69、70页。
② 《张棡日记》，"1915年3月22日"条。
③ 《朱希祖日记》，"1929年2月17日"条，第133页。

的书，要么是所谓"最低限度的国学书目讨论"，[①]按照郑振铎的说法是进入了"谨慎的细针密缝的专门学者的著作时期"。[②]而梁所著的那些试图吸引新青年的政论与时论则似有一定影响，却无法拓展出清末时的巨大声势。这表面上源于梁启超此时"抛弃了他所自创的风格而去采用了不适宜于他应用的国语文之故"，[③]但深层的原因则如舒新城所言："梁先生等握着南北的两大言论机关——北京《晨报》及上海《时事新报》——鼓舞着一般青年，同时也想把握着一些青年，以期造成一种新的势力。不过他们对于新文化之努力，不完全是由于内心苦闷所发出的呼号，而有点'因缘时会'，所以在言论上是附和的，在行为上则不大敢为先驱。这不是他们有意如此，是被他们的'士大夫'集团先天条件规定得不得不如此。"[④]

舒新城作为梁氏集团的大将，对于自家圈子"士大夫"特质的把握相当准确。正是因为梁氏自己和其左右难脱这种特质，同时他们的实际行动又经常悖离这种特质，这种吊诡的情形遂使得梁启超和他的朋友们难以达到让新文化运动"另起炉灶"或别建正统的目的。[⑤]

总之，无论是民党势力，还是以康梁为代表的前清立宪党

---

① 即使是颇热闹的"国学书目讨论"，1935年钱穆指出："但不幸这十几年来，梁氏那一篇《书目及其读法》，也并不为时人所注意。"（钱穆：《近百年来诸儒论读书》，《学龠》，九州出版社，2010，第136页）

② 文明国编《郑振铎自述》，安徽文艺出版社，2013，第295页。

③ 文明国编《郑振铎自述》，第296页。

④ 文明国编《舒新城自述》，第198页。

⑤ 关于此可参看袁一丹《"另起"的"新文化运动"》，《中国现代文学研究丛刊》2009年第3期；高波：《在民主的天命下——张东荪传（1886—1932）》，北京大学博士学位论文，2012。

势力，或是以林纾等为代表的清末名士势力，他们自民国建立后都给时人造成了和现实政治撇不清关系的污浊形象。诚如李大钊所说，"温和、激进二派，所以日即销沉者，一以系统中之分子，泰半皆为专门政治的营业者，恒不惜以国家殉其私欲与野心，此种行为，渐以暴白于社会，遂来［致］国民之厌弃；一以其为专门政治的营业者，故其所为，毫不与国民之生活有何等之关系，因而无国民之后援"。①

这段话正充分提示着五四新文化崛起的背景正是由于民国建立后政治问题持续地难以解决，遂转向全盘文化问题的解决，同时也点明了"五四"是以文化运动的方式来澄清政治，造社会的特殊面相。

二、老新党对新文化的适应

在初步了解了"五四"大风强势崛起的背景后，地方读书人如何应对新文化骎骎乎来袭的局面就成了一个值得重新考察的问题。边缘知识青年基本上是努力地在接受、传播乃至利用新文化，相较他们，老新党们的情形更加复杂，他们与新文化互动时会出现不少诡谲而多歧的历史面相。

"五四"大风无远弗届，无论读书人本身的意愿如何，都要或有意，或无奈地对新文化做出适应乃至呼应。《小时报》上就说叶德辉"晚岁之眼光线最注射新文化，凡海上著译之籍无

---

① 李大钊：《中心势力创造论》（1917年4月23日），杨琥编《中国近代思想家文库·李大钊卷》，中国人民大学出版社，2014，第171页。

不搜觅入目，每于搦管时亦复羼入新名词一二，其溶化力不在任公下"。[1]

连当年激烈对抗康梁新党，"杀人翼教"的叶德辉都如此，曾是清末新人物，如今是老新党的读书人就更不可能与新文化完全绝缘。以张㭎为个案，他身为国文教员，又在新学校教书，因此当新文化的各种因子如潮水般涌向地方上的学校时，他就不得不调整自己的教学和阅读以适应这股潮流。

从教学来看，1915年12月张㭎即感到"学校之课国文，与家塾则微有不同"，因为"学校科学多而功课杂，重普通不重专门，使第步趋桐城，讲求义法，讽诵骚选，宗尚练词。教者既无此时间，听者亦不免厌倦"；"似不若侧重实用一边，取其词达理举，可以得行文之常识"。[2]这段品评文字一方面源自张㭎的文章趣味，但另一方面则明显是由学校制度倒逼而来，其应对思路已不免和新文化主潮反对"桐城文章"，倡导语言文字"实用"之趋向暗合。1916年张㭎更是应学生要求创作"教育新剧"，剧本"用白话之体"，内容为"科举时代教育腐败，一老秀才聚徒讲学，适丁科举之废，新学朋兴，而老生不服调查，大起冲突，卒由提学使行文斥退，择开通士绅数人，改良兴办学堂而后了结"。此剧后来虽然因"校长不大赞成，外界亦啧有繁言"而作罢，但张㭎此时仍在趋新之途可见一斑。[3]

到1920年"五四"大风渐渐席卷地方，张㭎开始将一些古

① 李向东等标点《徐兆玮日记》第4册，"1927年5月26日"条，黄山书社，2013，第2915页。
② 《张㭎日记》，"1915年12月30日"条。
③ 《张㭎日记》，"1916年10月21日"条。

文翻为白话文来教授，他特别挑出元代逸出儒、释、道"三教之外"的邓牧《君道》一文译成白话，以此来"促学生古今的比较观念"，①这种挑选传统中的"异端"入教材的做法与钱穆好友——"新青年"朱怀天在无锡地方上的尝试几近一模一样。

为了教学之需要，张棡还研习过"注音国语新体字"，亦和同侪研究过"国语注音事"，还读过商务印书馆出版、范祥善编写的《国音浅说》。不过当时浙江省派到温州地区的国语演讲员似各说各话，常令地方上的一线教员产生混乱。张棡日记中就说："叶君木青来校课国语。据其言论，声母上十二字，应以入声呼之，方合鼻音。与前月周蓬在瑞所教之音为平声，又似两歧。"②1923年张棡更进一步选择了几篇常识语体文作为中学生课本，不过他选择的"常识文"仍不脱老新党痕迹，文章出自《国风报》。③

从阅读来看，张棡虽不经常但会找一些新文化巨子最轰动和最著名的作品来读，而且对他们的观点不乏认同。如他从1920年9月中旬起开始读胡适的《中国哲学史大纲》，陆续读到10月中旬止，大致可见他对于此书的兴趣。尽管他评点《大纲》是"信口诽谤，悍然反古，足见近日之思潮惑人深也"，但另一方面他也觉得《大纲》"取周秦、老、孔、杨、墨各学

---

① 《张棡日记》，"1920年5月19日"条。
② 《张棡日记》，"1920年7月3日、8日，8月17日，9月16日"条。不过这种"混乱"情形比起江苏省的"国音""京音"之争似还平和些（参见黎锦熙《国语运动史纲》，商务印书馆，2011，第153页）。
③ 《张棡日记》，"1923年8月25日、9月14日"条。

派，均以西洋哲学系统方法，条分件系，颇觉新颖"。①这种看法实已看到胡适此书最吸引新青年之处。同年他称赞何仲英发表在《教育杂志》上谈国文教育的文章"义精而透。非深悉国文甘苦者，决不能道一只字，此君洵今之名手也"。②而何仲英的这些文章其实是对胡适名篇《中学国文的教授》的观点呼应和内容拓展。③1923年他从《太平洋杂志》上读到过吴稚晖的名文《新制宇宙观与人生观》，说吴氏"思想议论颇恢诡奇辟可诵"。④

从张棡和友人的聊天讨论中也能发现他对新文化并不陌生。夏承焘曾告诉张棡："西国罗素先生新来中华演说，其主张则劝中国宜以保粹为主义，新文化潮流总觉太急躁也。"听到这个消息张棡的反应是"此说与杜威博士不同"，足见他对流行西哲学说的关注。⑤

更值得注意的是张棡对周边新文化人物的态度是因人而异。1920年他读朱隐青翻译，刊登在温州"新文化"代表刊物《新学报》上的《德谟克拉西主义》时会说"词甚精切"，这自然和朱氏当时为其任教的温州十中校长有关，⑥但亦和朱氏治校

---

① 《张棡日记》，"1920年9月19日"条。
② 《张棡日记》，"1920年6月25日"条。
③ 按：《张棡日记》误"何仲英"为"何其英"，同时所谓"国文述见"非指一篇文章，而是何氏1920年在《教育杂志》上发表的一组文章。
④ 《张棡日记》，"1923年12月18日"条。原题为稚晖《一个新信仰的宇宙观及人生观》，连载于《太平洋杂志》第4卷第3、5号。此文被陈源（西滢）列入《新文学运动以来的十部著作》之列。
⑤ 《张棡日记》，"1920年10月21日"条。
⑥ 《张棡日记》，"1920年6月25日"条。应题为朱隐青《德谟克拉西之三大要素》，《新学报》第2号，1920年6月，第13—17页。

有"理学气"有关。①1922年省视学来校演说，谈到中学生"须具有世界的眼光、练习组织的能力、科学的智识、强健的体魄和充分的自动力"时，张㭴也未表示反感，反而觉得"其词有系统，意含恳切，视学如此公洵有不负责任者也"。②这一点最明显的反映是在他对于周予同和朱自清的不同态度上。

周、朱二人均为典型的新青年。不过张㭴对周予同的评价是"此等少年略拾胡适之、陈独秀唾余，便自矜贯通教科，而语章总不免蹈轻薄之病，且崇奉胡、陈二人学说如金科玉律。噫！学风之坏，出此厄言，亦吾国文教之一阨也"。③而对于同样上课"颇注重白话"的朱自清，张㭴在1923年写给朱氏的赠诗中却形容为"语翻科曰宋儒录"，还表示要"名山著述吾衰矣，鹿洞从君学步趋"。对另一位同事用新标点课《项羽本纪》，张㭴亦赞其"文搜马史精标帜"。④尽管这可能仅仅是场面上的客套话，⑤又或者是张㭴大致能接受朱自清对传统诗学的理解，⑥却不太能认同周予同反对"读经"的激烈态度。⑦

---

① 张㭴曾听说朱氏"约束诸生外似严，而内极亲爱。凡诸生有不守规则者，暂行记过，旋引至训话室中令观条规。盖室内遍帖'悔过'、'良心天理'及'自觉改良'诸字，命犯者自指认某字，即不予记过，以观后效"（《张㭴日记》，"1920年4月3日"条）。

② 《张㭴日记》，"1922年12月13日"条。

③ 《张㭴日记》，"1922年3月13日"条。

④ 《张㭴日记》，"1923年5月17日"条。

⑤ 在朱自清1924年的日记中似只字未提他与张㭴有何来往，却多次提到他和周予同的交往（《朱自清日记》，"1924年8月18、19日"条，朱乔森编《朱自清全集》第9卷，江苏教育出版社，1998，第7、8页）。

⑥ 曹聚仁就曾意味深长地说过："朱师的'新诗'写作，时期并不很久；当他的门徒，追随着写新诗的时期，他自己已经跳出那一圈子了。"（曹聚仁：《我与我的世界》上册，北岳文艺出版社，2001，第150页）

⑦ 关于此可参见周予同《中等以下的学校为什么不应该设读经科》，《新学报》

以上均可说明在"五四"大风的笼罩之下老新党对新文化的适应，这种适应会时时在他们的日常生活中有不经意的显现。如张棡见到他的旧门生，会认为"二人皆肄业北京大学，不日可以毕业，真吾门后起之秀也"；[①]听到友人"语纯北音"，会立刻想到"尤为今日新设国语课本相宜"；[②]看到学生翻译的白话文也会觉得"极畅达可喜"。[③]在他的日记中也会不时跳出几个时新名词，如担心其子毕业后成为"高等游民"，[④]指责他人"无意识"之类。[⑤]

不过行文至此必须强调老新党们虽有延续清末趋新之路，努力适应"五四"大风的那一面，但就其整体表现而言，他们对于新文化的认同颇有限，更突出的另一面是他们对于新文化的排拒。这种排拒或表现为积极的反抗，或体现在消极的排斥，不一而足。

三、老新党对于新文化的排拒

从老新党对新文化的积极反抗这一面来说。他们经常会借日记、诗作等对与新文化有关的人和事进行直接的抱怨乃至

1920年第1号；周予同：《僵尸的出祟——异哉所谓学校读经问题》（1926年9月），《经学和经学史》，朱维铮编校，上海人民出版社，2012，第44—53页。

① 《张棡日记》，"1916年9月5日"条。
② 《张棡日记》，"1923年8月25日"条。
③ 《张棡日记》，"1920年9月23日"条。
④ 《张棡日记》，"1925年2月5日"条。
⑤ 《张棡日记》，"1927年3月6日"条。

漫骂。

像张棡从1920年起就在日记中说《新青年》是"扰乱文学界的怪物"；①胡适、陈独秀等是"妄人"；②蔡元培的字"陋劣之至"！质疑他如何能跻身翰林之列？进而点评云："此君素负虚名，且久为北京大学校长，而书法乃如此丑陋。可见其平日胸无学问，徒仗空名，所以主张白话，推翻中文，迎合新青年心理，而终蹈欺世小人之辙也。"③

1922年10月张棡写的诗钟里又有"革新文体太矜奇"和"万般世态尽趋新"等句。④1923年5月张棡的另一首诗里则说："时衰大道裂，学坏歧途趋。卮言日簧鼓，文字委沟渠……老夫性迂拙，久与世龃龉。经史稍涉猎，甘作蠹书鱼。"⑤6月他为毕业生撰"五古诗计四十八韵"。在张棡看来这些诗"于近日语体文，极意诋斥，不顾骇俗，亦犹骨鲠于喉，不得不吐之也"。⑥1925年12月张棡读了温州乐清读书人陈电飞编写的《潜龙读书表》一书后，又写成了《读乐成陈氏〈潜龙读书表〉书后》的长诗来痛詈新文化，云：

近今学校盛，学子何莘莘。观其所讲贯，功课非不勤。

---

① 《张棡日记》，"1920年5月1日"条。
② 《张棡日记》，"1921年5月29日"条。
③ 《张棡日记》，"1920年5月1日"条。关于蔡元培字的优劣可参看毛子水《对于蔡先生的一些回忆》，毛子水著，傅国涌主编，钱阳薇编《毛子水文存——一个历史学家的公共情怀》，华龄出版社，2011，第126页。
④ 《张棡日记》，"1922年10月16日"条。
⑤ 《张棡日记》，"1923年5月21日"条。
⑥ 《张棡日记》，"1923年6月3日"条。

问有心得否？读如不读云。毕业竞出洋，勇可掣鲸鳞。

数年赋归欤，稗贩东西文。鲁莽译外籍，新奇傲典坟。

分布诸生习，俨为圭臬遵。顿教吾国粹，弃掷等埃尘。

经史束高阁，论孟当刍薪。有书不必读，读此必多闻。

况复逞怪诞，反古语斷斷。俚言当学说，谣谚师村民。

青年饮狂药，敬礼比河汾。校校皆读此，声势哄如狷。

恨不遇秦皇，尽付烈炬焚。永无谬种传，庶可慰苍旻。[1]

    徐兆玮则在日记中直接说："自《新青年》提倡新体诗，潮流所及，波动一时，其实破坏文体，不值一粲也。"[2]接着徐氏连续引用他所读报纸上对"新体诗"的各种冷嘲热讽来作自己观点的佐证。[3]刘绍宽的诗作里亦有"泯梦世局已如斯，被发伊川早识之。异说乾嘉开钜子，末流洪猛甚今时"之类的句子。[4]

    除了日记、诗作之外，老新党们也经常利用各种地方上的重要时刻，如纪念日、学生刊物创办、新文化人物到当地演讲等，发表自己的言论或著述来显示自己和新文化主潮对立的态度。

    1920年江苏省立第三师范学生创办学生刊物，邀钱基博写发刊辞。钱氏就在文章中对新文化的两个关键词——"自觉"和"解放"作了一番特别的解读，说："自五四运动以还，新思潮

---

① 《张棡日记》，"1925年12月20日"条。

② 李向东等标点《徐兆玮日记》第3册，"1919年3月29日"条，第1966页。

③ 李向东等标点《徐兆玮日记》第3册，"1919年3月29日、30日"条，第1966、1967页。

④ 刘绍宽：《六十书怀》，转见张禹、陈盛奖编注《王理孚集》，上海社会科学院出版社，2006，第40页。

弥漫，'自觉''解放'之声，洋洋焉盈耳。曰：'此欧化之所以日进无疆者也。'……孔子何尝不言'自觉'？何尝不言'解放'？'克己复礼'之谓'自觉'；'仁以己任'之谓'解放'……信道不笃者不能'自觉'，执德不宏者不能'解放'。"①

同年，钱基博在听了杜威的演讲后又写长文抒发感慨，其中说：

> 今日听美国博士之言而称道"平民教育""试验主义"者，异日听德国博士日本博士之言何不可以主张"军国民教育""黩武主义"也耶！何也？以其自我无意志，只随人脚跟为转移也。乌呼！自我无意志，只随人脚跟为转移。而国人今日遂不忠于所学，以学术思想为投机：今日"国粹"，明日"新文化"。其实不过揣迎时好，弋猎声誉，作一种投机事业而已，非真有所主张有所研究云尔也。卒之随波逐流，而思想陷于破产，转徙流离，怅乎如丧家之狗，莫适所届。②

1921年9月孔圣诞日，张楣在学校举办典礼时上台演说，直接批评几位同仁不懂孔学，言辞悖谬，乱发议论。进而发挥道：

①　钱基博：《〈宏毅日志汇刊〉颂言》，《弘毅》第1卷第1期，1920，收入氏著《序跋合编》，华中师范大学出版社，2014，第309—310页。
②　钱基博：《我听杜威博士演讲之讨论》，《江苏教育公报》（1920），转引自钱基博《精忠柏石室教育文选》，华中师范大学出版社，2014，第37页。

今日圣诞抱崇拜严肃主义，决不可离题发论，且孔教今已定为国教，其根本盛大绝无可以推翻地步。况中国诸帝王崇拜孔子不待言矣，既如胡元、满清，以外人入主中国，亦于孔子无一毫非议。可惜近日国教不明，从夏变夷，以致凌替不振，更何可拾外人唾余扬波，而陷害国粹耶！[1]

1922年9月在女子学堂开学式上，他又告诫台下学生："万勿自恃文明，蹈近来出洋女子放荡之恶习，则自然身修家齐，而治国平天下一以贯之矣。若一味言爱国，而不先修其身，先宜其家，于父兄、夫妇之间道犹有缺，尚无论乎爱国耶。"[2]

1922年10月，钱基博在江苏省立第三师范的建校纪念日上说：

民国六七年间，新文化者蜂起；其说：重创作而薄因袭；人生当向前进，不当向后瞻顾。信如是说，则世间种种纪念，均属多此一举；人类之历史，亦将毫无意义！虽然，人生果可一意创作，而不事因袭；迈往前进，而不许向后瞻顾耶？曰：否！否！不然！新知识者，从旧知识中融化而来。新人生者，从旧人生中脱胎而出。于旧知识之经验中，汰除不适宜者，选择其适宜者，斯为新人生。人

① 《张棡日记》，"1921年9月28日"条。
② 《张棡日记》，"1922年9月5日"条。

生不能一日离经验，即不能一日离旧文化。[①]

就消极排斥这一面看，前述张楣尚还读过《新青年》《中国哲学史大纲》等"新潮书刊"，在有些老新党的记述中这类"新潮书刊"就要少得多，而有些则根本没有任何"新潮书刊"的影子，他们有自己阅读的选择。

他们选择的第一类资源是各种古书、旧籍、野史笔记。在老新党看来自己身处一个"举世赴新学，古籍等刍狗。千载四部书，掉头不上口"[②]的时代，因此他们需要重新阅读古书旧籍，并在阅读过程中用抄录、评点等形式曲折地表达自己与新人物相左的意见。

像徐兆玮读《清瘦生漫录》会特别注意到"中国前代女子已有自由权"，然后追问"谁谓中国古时妇女专以闭塞为事哉"？[③]读焦循的《易余籥录》，徐氏则趁机借其论断提出八股文中的"出挑文章"实不逊色于新人物看重的汉赋、唐诗，乃是"一代传文自有真"。[④]张楣读蒋瑞藻编的《新选古文辞类纂》，虽嫌其选文"未免近滥"，但仍以为"当此国粹沦落

---

① 钱基博：《纪念之意义——在江苏省立第三师范学校十一纪念会演讲》，《无锡新报·思潮月刊》（1922年10月16日），转引自钱基博《精忠柏石室教育文选》，第50页。
② 李向东等标点《徐兆玮日记》第4册，"1924年6月16日"条，第2587页。
③ 李向东等标点《徐兆玮日记》第4册，"1924年11月9日"条，第2628页。
④ 李向东等标点《徐兆玮日记》第3册，"1920年9月6日"条，第2137页。同样读焦循之书，新文化人物如周作人读出的是完全不一样的脉络，足见传统的整体性打散后，其不同元素的多元附着性（参见林分份《知识者"爱智之道"的背后——一九三〇、四〇年代周作人对儒家的论述》，《文学评论》2013年第2期）。

之秋，则此书亦朝阳一凤也"。①甚至他读金圣叹点评的《水浒》，也不忘批评一下新文化，说："金批实能条分缕析，爽人心目。近日妄人胡适、陈独秀自诩别裁，用新标点法刊行《水浒》，而删去金批，究其批评寥寥，亦无甚奥妙处，不值识者一噱也。"②

第二类是他们认知中能为其提供"反新文化"资源的那些"新"文章和"新"书刊。1920年张棡读到刘冠三（贞晦）发表在《时事新报》上的《新旧文商量》一文就说："语语中肯，又就《易》《书》《诗》各古义发明新理警告新青年，亦大有见地，此君真可爱才也。"③1922年张氏读梁启超的《清代学术概论》，亦联系到新文化，说"是书于学术沿革，颇能言之了了，而议论亦和平可喜，不似新派之主张白话者，一味尊己而詈人也"。④同年有朋友赠送张棡《学衡》杂志第1期。他读完后马上认为"中间评驳新文化及胡适之《尝试集》，皆持之有故，言之成理，可谓一壶千金矣"。⑤此后《学衡》就进入了他定期阅读杂志的名单，基本不辍。不仅如此，之后与《学衡》立场类似的《文哲学报》、《甲寅》周刊、《国风》等亦被张棡不断增补进其常购报刊之列。⑥到1934年张棡见到柳诒徵时仍会强调"《学

---

① 《张棡日记》，"1922年12月1日"条。
② 《张棡日记》，"1921年5月29日"条。
③ 《张棡日记》，"1920年6月3日"条。
④ 《张棡日记》，"1922年3月18日"条。
⑤ 《张棡日记》，"1922年2月24日"条。
⑥ 像1923年10月17日，张棡晚赴府前书坊看新书，"见有《文哲学报》一册，系第二期，内容颇与《学衡》相似，其末幅'随便谈谈'一门中，驳白话及新标点与注音字母，语甚直捷，痛快！亟携回录之，作好趋新者对症之

衡》《国风》各杂志中议论，均切理餍心之作"。①

和张㭎相似，刘绍宽也与《学衡》上的文章颇为投缘，当他读到《学衡》中评点进化论的内容就感到"皆予数年前所欲言而不敢出者。盖欧战之后，欧洲学说变迁，始敢昌言而排挤之。自达尔文等说出，酝酿数百年，而成欧战，创深痛巨，始觉其谬。而我孔孟之说幸未澌灭，或可因此而流入欧洲，普遍世界，此亦天不丧斯文之一征也"。②温州平阳的王理孚则说他虽然与章士钊素不相识，却极爱读章氏文字，《甲寅》周刊停办后"惘惘如有所失"。③徐兆玮到30年代还抄录过《青鹤》杂志上痛骂胡适的文章，并认为"虽诋諆不无太过，而评哲学史之谬则中肯"。④

在自己阅读的同时，老新党们会在自家朋友圈中传阅寄赠反新文化的书籍，进而借用序跋、题诗、议论等形式形成一种对抗"五四"大风的意见传递和心声共鸣。

1917年掌温州第十师范的姜琦写了《中国国民道德概论》一书，刘绍宽为其作序道："自共和之说兴，秦汉以来尊君抑民之制，论者皆咎之儒术，而府狱于孔子，欲尽废其说以为快……至谓孔道为个人或家族道德，而非国民道德，书亦微辩其说……今世之奔走于国家社会者，吾见之矣。高掌远跖，而羞言个人

药"。1926年4月4日张㭎看《甲寅》周刊，觉得"其通讯部内有数则驳新文化白话，语语中肯，应另录之"。

① 《张㭎日记》，"1934年6月16日"条。
② 刘绍宽：《厚庄日记》，"1925年5月1日"条。
③ 张禹、陈盛奖编注《王理孚集》，第53页。
④ 李向东等标点《徐兆玮日记》第5册，"1933年3月22日"条，第3606页。

之道德，于其归也，颠陷倾覆，乱国亡家相随属，是知圣贤之言，有必不可变易者。诚无庸骛新奇骇异之说，自丧所守以随之，而终归于祸乱也。且所谓新奇骇异者，第猎其枝叶，剥其肤泽，辄嚣然以炫于庸众，而于其根柢命髓之所在，则未尝致察焉，是于新者无所得，而旧者尽所弃，不至率天下而陷于狂邪愚瞽不止也。"①这些话都明显是针对着《新青年》中陈独秀的《孔子之道与现代生活》等文章而发。

1920年1月徐兆玮的好友，一贯提倡复古读经的孙雄（师郑）完成了一本与新文化大唱反调的著作——《读经救国论》。他立即写信给徐氏说此书"均为二十年中对病发药之言。盖今日种种诡异之学说、变乱之祸征，求之于群经中，皆有驳正之论，挽救之方，信乎至诚之道，可以前知也……庶几稍挽浇漓之俗乎？学生、教员为政潮所利用，可笑可悯，于邻国何所损"？徐兆玮回信说《读经救国论》"对病发药，实为起死良方。惜愦愦者多，未足与言耳"。到2月孙氏又寄来《读经救国论》的样本，请徐氏为书写序、题诗。徐兆玮读后感慨："得读《读经救国论》样本，语重心长，有关于世道人心匪浅也。"8月底孙氏寄给徐兆玮两册《读经救国论》样本，徐氏收到后马上转寄给同侪好友陆枝珊和王葆初，并抄录《读经救国论》中的诗作，赞其"用古如己出"。在给陆氏信中，徐氏认为《读经救国论》"针砭近人，颇足发聋振聩……但与新思潮殊凿枘耳"。在给王氏信中则担心此书"恐与新潮流不相容也"。不久陆枝珊回信徐兆玮说

---

① 姜琦：《中国国民道德概论》刘绍宽序，丙辰学社发行，1917，第1、3页。

《读经救国论》"援古论今，深具补偏救弊之心。惟值此新学潮流，堤防冲溃，所谓狂澜既倒，非只手所能挽也"。得此呼应徐兆玮自然如遇知音，没几日，徐氏又特别将《读经救国论》的正式印本转赠陆氏，谓之"古调独弹，不堪为新人物见也"。[1]

同年钱基博给《无锡县立图书馆乡贤部书目》写序言云："呜呼！今日之新文化，日长炎炎，固所以策吾人之日进文明而为特殊化之社会力矣。然而先圣昔贤之所阐明者，在时贤或且苴视之，其在当日，何必不为特殊之新文化也。自巴氏'特殊化植基于普遍化'之说论之，则旧知必非与新知枘凿，而汲古不深者，新知亦无自瀹发。时贤如蔡元培、胡适之伦皆卓卓负时望，慨然引新文化为己任，何莫非学古有获者也。盖新文化云者，非唾弃国故之谓，而刷新国故之谓。"[2]

而前文已述及的陈电飞《潜龙读书表》一书，其书各序言的作者就包括了张宗祥、刘绍宽、符璋、吕渭英等一干温州乃至浙江省内的大小老新党。张宗祥在序言中特别指出："窃叹国粹沦亡，雅道丧时，人汩于功利之浅说，失魂落魄，举国若狂，士之生斯世，能坚己独行，不为流俗所移者希矣。"[3]

在阅读的选择和交流之外，这些老新党中不少人占据着中

---

① 李向东等标点《徐兆玮日记》第3册，"1920年1月13日、17日，2月26日，3月7日，5月17日，8月24日、25日，9月10日、11日、28日、30日"条，第2061、2063、2076、2080、2102、2133、2134、2138、2139、2144、2145页。

② 钱基博：《〈无锡县立图书馆乡贤部书目〉序》（1920年6月），《序跋合编》，第167页。

③ 陈电飞：《潜龙读书表》张宗祥序，温州美本印刷公司代印，1924，天2页。

小学教席，因此他们在平日教学亦会对新文化有所抵制。

张楣经常会给师范学生出《忠孝节义由良知不由学术论》《女子学问以修身齐家为要说》《士立志尤贵立品说》《清明祭扫为人生根本之观念说》《男儿爱国宜先爱本国文字说》《君子思不出其位说》等隐然与新文化作对的题目。[①]刘绍宽出的高小作文题目则基本都是《我之求学目的》《记蜂蝶》《拿破仑论》《春山观云记》《平阳第一高等小学校舍记》《论平阳文化不及苏杭一带之故与所以补救之法》《中学生旅行来校寄宿记》《自述历年在校所得之成绩》等被新青年称为"变相八股"之题。[②]

同时，他们在对学生作业的批点中也会流露出否定"新文化"的态度。1920年左右钱基博就通过为一篇名为《儒家智识阶级的"同盟罢业"》的学生作业做点评来表达自己对于"学潮"的看法：

> 现在中国的学生罢学，受损失的，是学生自己的学业。教师罢教，受损失的，是受教学生的课业。在学生一方面说，自己罢学，是"自暴自弃"；在教师一方面说，既然不能制止学生罢学，自己反要罢教，是"怠废职务"是"误人子弟"。照这样说：究竟还是减损恶政府和恶社会作恶的势力呢？还是堕损我们自己在社会上作善的能力和信用呢？……而今我中国的智识界，既然不能教人不作

---

① 《张楣日记》，"1921年11月24日、12月17日，1922年3月10日、3月31日、11月28日，1923年12月21日"条。

② 刘绍宽：《厚庄日记》，"1921年3月5日、12日、19日、26日，4月16日、23日、30日，6月28日"条。

恶，自己又不肯向善，拼命的闹罢学罢教，当作一件惊天动地大事业做。你道可叹不可叹呢！①

初步梳理了地方老新党们对于新文化的适应和排拒后，我们接着要问何以他们对新文化会表现出如此态度？这个问题需要从他们的观念世界和生活世界两个层面来进行考察。

四、老新党的观念之滞与生活压力

从地方老新党的观念世界出发，他们的思想大致由两个层次交错结构而成，一个层次是以孔孟儒学为主体的传统层次，另一个层次是他们曾醉心以求的清末新学。

就第一个层次而言，地方老新党自幼束发读书，四书五经、八股诗赋是他们从小就读得滚瓜烂熟的东西，其中不少人也都有或大或小的功名。因此他们时常会表现出对幼时旧学的一些眷恋，像1924年张棡读旧日用功过的八股文集——《江汉炳灵集》，就"犹觉青灯有味似儿时"。②他们也时常会依靠儒学伦理来评论世风，③提出救世的药方，④更会用之以垂训家人，维

① 钱基博：《题庞生文后》（原刊于《语体文范》，1920年7月），《序跋合编》，第371页。

② 《张棡日记》，"1924年12月28日"条。

③ 1921年张棡感慨于"近日报上屡载逆伦之案"，说："道德沦丧，纲纪崩坏。此正孔圣所谓君不君，臣不臣，父不父，子不子之世界也。世风如此，中国安得不亡乎？"（《张棡日记》，"1921年4月5日"条）

④ 王清穆就说："欲平学潮，当自明人伦始，欲明人伦，当自补读经书始。"转见李向东等标点《徐兆玮日记》第4册，"1923年8月10日"条，第2508页。

系亲情。①

　　不过这些眷恋、感慨、药方和垂训读来虽然痛心疾首，触人至深，但在20世纪20年代却大多变成为老新党的自言自语，并不足以对强势的"五四"大风构成真正的回应与挑战。费侠莉（Charlotte Furth）曾指出："五四时期的保守主义者当中，没有一位是全然生活在古老的中国里，他们也不准备以那些传统提供的武器来护卫过去的传统。"②其实不是他们不准备拿起传统的武器，而是传统的武器基本已毁在他们自己手中，实在拿不起来了。孔孟之道的"传统"在清末已被老新党自己用"新学"拆卸得支离破碎，成为缕缕游魂，正如钱玄同所说："孟（子）老爹的话，二十年前的梁任公已经将它驳倒。"③

　　那么第二个层次——清末新学又如何呢？清末新学对老新党的影响不可谓不大，在20世纪20年代老新党的思想中会时时显现出清末新学的影响，并在有意无意中试图以此来平衡新文化。像张棡编写国文讲义时就会习惯性地去找《国粹学报》，认为其中刘师培写的《教育学史》《文学史》《名学史》诸篇，"皆博大精深，可以作教科资料"；④或者去朋友那里借林传甲的《文学史》，配合自家收藏的《新民丛报》和古城贞吉与笹川种郎的两种《文学史》来作参考。⑤

---

① 《张棡日记》，"1924年11月28日"条。
② 周策纵：《五四与中国》，周阳山主编，台北：时报出版公司，1979，第272页。
③ 《钱玄同日记》，"1922年12月29日"条，杨天石等整理，北京大学出版社，2014，第490页。
④ 《张棡日记》，"1920年8月10日"条。
⑤ 《张棡日记》，"1922年10月8日"条。

在教子课读时，他并不挑选传统的经书典籍，亦不选择与五四新文化相关的读物，而是特地捡出梁启超《饮冰室文集》内的文章来诵读。在张㭎看来，"近来在校诸生大半诵习西文，摸索科学，以陋劣鄙琐之教科书为南针，以粗解之无之讲师为圭臬。虽此种十余年前《（新民）丛报》中最流利之文，亦未能诵之增意味，何怪其读古文、古书如嚼蜡耶！此可为世道深忧者矣"。①

以上都可看出对"老新党"来说清末新学确是其用之顺手的观念武器。但运用此种武器的尴尬在于：五四新文化和清末新学之间真有那么大的距离吗？其实胡适等代表的新轨和梁启超当年的旧轨有非常多的相似之处。金毓黻就说胡适、梁启超"皆新学巨子"也。②胡适也说："我们的成绩完（全）是从……《新民丛报》等有系统、有兴味的文章得来的。"③所以老新党这种重拾"清末新学"的努力或许只不过是他们对其光辉岁月的缅怀和对新文化之敌意的放大而已。他们就像一列火车在原来的轨道上跑得太久，并不容易转辙。他们崇拜的梁启超等又是经常今日之我与昨日之我战，变化得太快，遂导致老新党们在观念上常处于无所适从之状态中。

就实际生活世界而言，民国建立后有些老新党虽不断在日记、文章中自怨自艾，感叹世风日下，时势不予，但实际上他们在地方的各级议会、教育会、学校；各种局所、宗族产业、

①　《张㭎日记》，"1922年1月16日"条。
②　金毓黻：《静晤室日记》第2册，"1923年7月11日"条，辽沈书社，1993，第843页。
③　《中学国文的教授——胡适之先生在本校附属中学国文研究部的演讲辞》，《北京高师教育丛刊》第2集，1920年3月，第5页。

慈善机构中都大有势力。丁晓先就指出共和以后，各地有所谓"新绅士"，"各地方的劝理员、教育界领袖、商会总董，大半受绅士的支配"。[1]因此他们很多是地方上的有实力者。而"五四"大风除了带来观念思潮的冲击外，更重要的是和清末一样，它又一次引发了地方实际权势结构的转移。如果说新文化运动前数年老新党们和新青年是在观念世界竞争的话，到20年代他们在实际生活中亦开始处于竞争之中，在这一竞争过程中老新党凭借着其既有势力尚不处于下风，在内陆僻地还占相当的优势。有湖南常德第二师范的学生就描述当地情形说：

> 我校在湘西要算最高学府了。湘西二十九县的学生在此校肄业的很多。……但指导者不良——国文教员皆是举人进士——学生常年读的是《原道》……一类的文章，因为教员嫉恶白话文，所以学生也受了同化，左袒教员说白话文不好的人实在多的了不得！下面几句话，是一个同学对我说了数次的："……白话文吗，我家里做工的都晓得那样做；白话诗吗，简直不及那些耕田老唱的山歌。唉！"记得民国九年学校初次恢复，来的教员都是受过新文化洗礼的。有一个教员被学生气极了，说一句"我到这里来开荒"的话。后来荒未开着半点，教员却被学生赶跑了。[2]

---

① 丁晓先：《新时代的危机》，《时事新报·学灯》，第4张第1版，1920年1月4日。
② 《杨贤江全集》第4卷，第485页。

可是老新党之势力虽不像其文字中描述得那样低落，但从长程趋势看，1905年科举废除后考上大学，赴日本、欧美留学、进入全国性报刊已然成为读书人掌握权势的新原点。而地方上的老新党恰恰在这方面处于劣势，由此而倍感压力。这种压力在20年代初最突出地表现在以下几个方面。

第一是由全国性报刊塑造的舆论引发了老新党形象的崩塌。20年代全国性的报刊如《小说月报》《学生杂志》等不少都掌握在新青年手中。其主办者经常通过通信、问答等方式与全国乃至海外之读者产生联系，而在这些通信、问答栏目中老新党基本都是以"刁绅劣衿"的面貌呈现在社会舆论之中。比如《学生杂志》就有各地新青年的来信，有的说："我是个中等学校才刚毕业的学生，现已入了社会的深处。想投身教育，教育却被那些老学阀狼狈为奸的占领了。"有的说："我乡因交通不便，新颖智识难以输入，所以到现在还是一班老学究和一般为虎作伥的堕落青年横行直走，武断一切。他们压迫劳动界的手段，比前清的圣旨还要利害得多。"又有说："我乡有个如狼似虎的老学究，他到社会上专以淆乱是非、掠取人家的钱财为业。"①

这些话看似是由通信、问答的形式表现出来，但通信与问答双方均不容老新党置喙和发声，而是共同塑造了那些在地老新党的不堪形象，此种认知一旦形成一种全国性的普遍认知，其对老新党的压力可想而知。

---

① 《杨贤江全集》第4卷，第650、928、976页。

第二，清末留学大潮兴起后读书人中已有"西洋一品、东洋二品、中国三品"之说。①到1926年著名历史学家何炳棣的父亲何寿全就深有感触地说："这种年头，如不能出洋留学，就一辈子受气！"②这些话说明当年老新党能在地方上崭露头角，法宝大概有三，一是新政大势，二是秉持新学，三是留日速成。而到20年代大势已经不予，新学已成旧学，留日速成不及正规留日，更不用说抗衡欧美一派。更可怕的是若连留日速成的经历都没有，则境遇就更加尴尬。这在张棡身上表现得非常明显。

1921年张棡所在学校新到一位国文教员。据张说此人年仅十八九岁，"新自东洋大学毕业回。别科学不得知，其对于国文必功夫浅薄，毫无经验可知，而居然冒昧来十中任教，亦太视四甲学生之无常识矣"。另一位老新党说得更为激动，认为："此种乳臭子若能任教国文，则予等于国文直无须加以研究，虽足趾夹笔亦可以改削国文。"③但这些均只能是他们私下发的牢骚，并不能改变学校中新青年渐趋上位的现实。

这一现实让张棡哀叹："仆自恨少年株守旧学，不解趋新，无东西洋留学之资格，为当道所契重，无北大、南大毕业之招牌，为同辈所倾襟，又无英算各科之新智识，为诸校生所景仰，而徒年年橐笔，白首依人，虚拥皋比，空谈文字，钟点甫毕，改课叠来，每值星期，总无闲暇，以有限之精神，困无

---

① 文明国编《舒新城自述》，第82页。
② 何寿全是个廪生，科举废除时紧跟潮流去日本学法政，之后在宁波法院里担任检察官，又在金华办过小学，是个典型的老新党（何炳棣：《读史阅世六十年》，广西师范大学出版社，2009，第6、9页）。
③ 《张棡日记》，"1921年9月29日"条。

形之钟点，寻常之薪水，不能肥家，徒耗精力，垂老之光阴，负匕矢人，两无所得。此中苦况，惟老于国文者知之，亦惟老于国文者能言之。"①转过年去，当他看到校长选任教师时更悲哀地发现"凡老年教授者，均不延聘，而新请者皆是新少年"。②1924年8月张棡学校人事变动，但新校长选人的目标却并不改变，要手持新文凭，能教新文化方能在此获得一席之地。③

而且从20年代初开始新文化已不再局限于同人的几本杂志和几套新的理论，其开始与政府权力密切挂钩。白话文、标点符号、国音等都是在教育部部令的名义下加以推广。这种态势足令老新党感到面对"五四"大风的无能为力。张棡就发现，"校内新到国文同事两人……均三十左右，年纪很轻，其所课白话居多"；"近来教育趋势，注重语体，旧课国文，几如附赘，学生既不暇听之，教者亦无从灌输之，于是弟等老学究旅进旅退于其间，钟点既稀，辛俸自减，入不足以肥家，出不足以糊口，真古人所谓鸡肋食无味，弃可惜者也"。④

第三，老新党不似新青年，有条件成为独存于社会的个体，他有错综难离的家庭关系。面对"五四"大风，老新党自己尚还能在一定程度上抱残守缺，但其家人特别是子女一辈却未必能理解他们的坚持，同时也不会遵从他们的想法来亦步亦趋地行事。钱穆就指出："（中国）家庭的父兄长老早已失去他

---

① 《张棡日记》，"1923年9月23日"条。
② 《张棡日记》，"1924年2月13日"条。
③ 《张棡日记》，"1924年8月13日"条。
④ 《张棡日记》，"1923年6月30日、9月27日"条。

们指导子弟后生的权威。"①这一点徐兆玮的好友孙雄就是特别典型的个案。

孙雄之女名孙炳镛，孙氏向以旧法教之，"读四子书，《毛诗》，《左传》及正、续《古文观止》"，而且孙雄因为"深恶近日学校浮嚣之习"，所以不让女儿入学堂，亦不令学洋文，"甘为弃材，冀以保存旧道德"。但让他没想到的是其女"惑于报纸种种新学说，坚欲出外读书或工作"。孙雄屡次禁止约束，置若罔闻。到1929年9月其女"留字数行，不别而行"，这让孙雄感到"新学说、新潮流之误人乃如此哉"。②徐兆玮回信安慰孙氏，同时指出"新潮之贻害，近见亲友家中类此者已有数人，礼教大防不足御狂流之湍急，此亦世运使然，非吾辈所能臆测也"。③这些话都可见老新党们仅仅在自己的家庭生活中就已在面对"五四"大风带来的巨大压力。

五、余论

对于"五四"大风的理解若只从1919前后的几年来看，大概能稍见明星读书人的制造风势，新青年的鼓荡风势与不少人的顺风而行和被裹挟而行，而不太能见以下诸端：第一，若把"五四"放在晚清的延长线上，那么使得"五四"风势强

---

① 钱穆：《悼孙以悌》，《史学论丛》1934年第1期。
② 《孙雄致徐兆玮》，李向东等标点《徐兆玮日记》第5册，"1929年9月19日"条，第3183—3184页。
③ 《徐兆玮致孙雄》，李向东等标点《徐兆玮日记》第5册，"1929年10月8日"条，第3191页。

烈的动因除了那些目的论的解释外，还有哪些？第二，若将
"五四"与国民革命相联系，那么这种联系该如何更好地解
说？而这些不太能见之处大概从老新党与新文化的互动上能看
到一些可能的线索。

老新党面对新文化时经常产生的感慨是"潮流变迁，莫知
所届"，①但这种"莫知所届"的局面却不由"五四"开始，而
是由清末启其端。政治、法律、风俗、信仰等等的"无遵循"
从清末到"五四"一直在不断绵延，这是一个波波相及的变化
过程。从此意义上说"五四"风势的强烈很大程度上源于清末
新党的分途。

1919年罗家伦曾说："十年前的'新党'，有几个不是《新
民丛报》造的；十年前的'革命党'，有几个不是《民报》造
的？"②这句话有不确之处，"革命党"除了由《民报》制造外，
亦由《新民丛报》所制造，其真确之处在罗氏将清末新党区别
为"新党"与"革命党"正提示着"五四"青年相当明了清末
新党的"分途"。③与"新党"转化而来的老新党的无所适从
相比，基本由"革命党"转化而来的"五四"巨擘们好像总是
能在"无遵循"中找到他们的机会，立于潮头而不倒。这批人

---

① 《商务印书馆董事会议录》（三），周武主编《上海学》第3辑，上海人民出
版社，2016，第388页。
② 罗家伦：《今日中国之杂志界》，《新潮》1919年第4期。李璜亦提示老新党
是"年纪在四五十上下，论学问是会做几篇八股策论文章，论功名是清廷
举人、进士，或至少是秀才，论阅历曾经到日本去速成过来，或甚到欧美
去考察或亡命过来，论事业曾经举办新政或提倡革命"（李璜：《国家主义
者的生活态度》，《醒狮周报》1928年第191期，第14页）。
③ "分途的清末新党"由中国人民大学高波博士提示，特此致谢。

如蔡元培、陈独秀、胡适等常常一边展示着当年发动革命和追随革命的资本，一边借国立北京大学和新式报刊掌握了更大的权势，对青年的影响力曾煊赫一时。但他们对于北京政府和南方政府的政治影响实在有限。因此，虽然他们作为一种集团性力量因其他集团性力量的同时衰落而显得一枝独秀，但却只能选择以"新"文化的方式来试图收拢久已不在轨道的政治、法律、风俗与信仰。由此说来，他们与老新党缅怀中国传统的政治关系、社会关系和伦理关系实在是一个硬币的两面。前一种努力面对的是一个只能画出理想愿景，实际上却不可能短时完成和由他们完成的任务，而后一种努力则面对的是那些已然不在，难以弥合的碎镜与残花，两者看似对立，但其困惑一定会有渐渐趋同之处。这种困惑正如1920年鲁迅所言："旧状无以维持，殆无可疑；而其转变也，既非官吏所希望之现状，亦非新学家所鼓吹之新式：但有一塌胡涂而已。"①

在现状一塌糊涂的同时，新一代青年的力量正由孱弱而渐趋积蓄，由积蓄而近于勃发。他们原来是"五四"巨擘的追随者，又是著名老新党和地方老新党的腹诽者。但到20世纪20年代，随着他们年龄渐长，羽翼渐丰，却被此多重力量压制难得上升，心中充满了怨气、怒气和戾气。于是他们对于"五四"巨擘的追随就变为了刻意的区隔与寻机的挑衅。他们对老新党则由腹诽变为愈演愈频的直接挑战，虽然仍经常碰壁。

更重要的是欧战结束后，旧的帝国主义势力在中国重又抬

---

① 《鲁迅致宋崇义》（1920年5月4日），《鲁迅全集》第11卷，人民文学出版社，2005，第383页。

头，新的列宁主义势力亦强势进入，同时北洋集团又呈一盘散沙之状态，赋予国人"大失道"的印象。在此合力作用下，新青年清晰地意识到以文化方式重建秩序之不可能，遂纷纷走向"政治的解决"。因此所谓五四新文化运动大致可分为两段，前一段可视为分途的清末新党之间跨越清末民国的持久互斗，而后一段则可视为分途的清末新党与新青年之间的一团混战，这一过程到1927年革命大致暂告尘埃落定，新的风开始吹起。

"五四"与"新文化"如何地方化
——以民初温州地方知识人及刊物为视角

徐佳贵

作为历久弥新的学界热点，近年五四新文化的研究已有从某些中心地域或人群向"地方"视角转移的趋势。一些成果关乎传播学与欧美"阅读史"径路，基于地方上新文化支持者（主要是青年学生）的史料与视角，梳理该风潮在非中心地域的传布情形。①而最近，也已有论者引入地方上反对者的视角，使五四新文化的在地形态开始呈现其应有的、较为纷繁多歧的面貌。②

上述径路诚是一种突破，唯笔者以为，此间尚有两个问

---

① 较重要的论述，见季剑青《地方精英、学生与新文化的再生产——以"五四"前后的山东为例》，《现代中国文化与文学》2009年第2期，第33—56页；章清：《五四思想界：中心与边缘——〈新青年〉及新文化运动的阅读个案》，《近代史研究》2010年第3期，第54—72页；张仲民：《种瓜得豆：清末民初的阅读文化与接受政治》，社会科学文献出版社，2016，第287—316页。

② 瞿骏：《新文化运动的"下行"：以江浙地方读书人的反应为中心》，《思想史》第6辑，台北：联经出版事业公司，2016，第48—87页；瞿骏：《老新党与新文化："五四"大风笼罩下的地方读书人》，《南京大学学报（哲学社会科学版）》2017年第1期，第79—97页。

题。其一是现今多数的考察，似仍可被定性为全国意义上的五四新文化运动史在某些非中心地域的"投影"。而"地方史"自身的脉络，仍会被此"国史"的投影裁割成若干掐头去尾的残片，尤其是地方本身的"头"，是否总能被默认为为之后成为时代风潮的"受体"打"基础"、作"铺垫"，实可商榷。二是若将"五四"取狭义（即指反日爱国运动），则其与"新文化"有何关联，乃至可否连称"五四新文化"（也即所谓"广义"的"五四"能否成立），时人与后人本有不同意见；相应地，"地方"其时对于二者关联建构的参与度究竟如何，也应纳入今人的反思检视之列。如周作人后来引一位燕京大学出身者所言："由我们旁观者看去，五四从头至尾，是一个政治运动，而前头的一段文学革命，后头的一段新文化运动，乃是焊接上去的。"[1]本文之意，即在探讨基于相对边缘性的视角，此说能否成立，若成立，这一"焊接"行为又如何作用于个案化的、因而脉络较为完整的"地方史"，造成不同辈分或价值取向的知识人在大致同一边缘地域范围内的互动与博弈。

而选取温州地区为个案，[2]是因其可大致反映这样一种"地方"类型：在行政与文教上向处"边缘"，可地方本身实际不甚"闭塞"。晚清开埠以后（1877），位处浙江省东南隅的温州虽

---

[1] 周作人：《北平的事情》，钟叔河编订《周作人散文全集》（9），广西师范大学出版社，2009，第762页。

[2] 此处的"温州"，指原清代温州府，1914年与其西部的处州府并为瓯海道，1927年废道制，1932年后在行政督察区制下名称几经变更，但除泰顺县于1932—1933年间曾短暂划离，在全面抗战爆发前，"温州"所指地域范围大致稳定（即永嘉、瑞安、平阳、乐清、泰顺、玉环六县）。

长期属于东南商贸水平偏低的"小口岸"，但因埠际轮船海运、近代邮政、电报先后兴起，向地方的知识信息传输已无甚大碍（尤其在城区）。[①]由此可以保证此番讨论不至为"无米之炊"；而更重要的是，所谓时新书刊的密集出版与阅读、知识信息传输的"近代化"等现象，在晚清即已出现，绝非"五四"前后的新生事物，那么地方在"晚清"与在"五四"（广义）的因应之道，是否必会受此相似的地理交通、信息流通要素左右而一以贯之，便同样需要作一审慎的评估。[②]

职是之故，本文不复详论某些中心城市"名刊"的地方传播，而是转以民元至"五四"时期的几份办于地方内部之行政与文教中心（即永嘉县城，原温州府城）、编撰者众多，故相对最具"代表性"的"地方"刊物为线索，着重揭示地方自身的相关"语境"及知识人的"能动性"。这当然不是说，其他各处的情形必与温州完全一致，而是要暂且摆脱常见的多地片断式举例，给出五四新文化之地方形态的一种较完整的"可能性"。至于"地方知识人"，指本文考察时段内或事件中居于或言行关涉乡里的读书人，包括单有科举功名（生员及以上）而未入学堂/学校求学的"士人"（通常为老辈），也包括无论有无科名的

---

① 如民初瑞安人陈怀（陈黻宸佢）所作《东瓯日报》发刊辞（1912，月日不详，温州市档案馆藏，档案号：Z01-36-1）即称："我瓯与杭、甬为浙省通商三口岸，人耻顽旧。"

② 如董丽琼《地方读书人的代际联合与新旧嬗递——新文化运动新探》（《历史教学问题》2017年第3期，第20—27页），以温州为主案例，但呈现的仍是从晚清知识人到"五四"学生辈在趋新之路上高歌猛进的图景，并将与此议题略有关系的地方人物全部归入"五四新文化"阵营，而未察觉其内部的种种歧异。

晚清或民初"学生"。"五四"若无特别说明，则均取前述的狭义；另除非在引用时人或后人之话语的意义上，笔者不会自行使用"五四新文化（运动）"这一连称。

一、地方的"五四"前史

首先，略论温州地方的"五四"前史。因现今对"五四"之前的思想史考察，往往明确带有为"五四"（广义）找根源的目的性，本节尽量避免这种先入为主，以对民初以降地方知识人的思想概况作一回顾。

民国肇建后，与浙省多数府县地区类似，温州地区新老"知识"精英作为"地方"精英的权势地位，较之前清似乎未被削弱。[①]除一部分出外升学、为官、为议员外，或是在乡任政府职员，或入县议会，或仍在学校，以"政党"活动之名，行地方"派系"权争之实。不过，也正由于精英们在学校、官场或议会中的互争益形激烈，加以通过亲友传闻与外界书报阅读得知举国政局亦颇纷扰，一些居乡者对此由"乡"及"国"之政情的观感，已开始趋于负面。如1915年瑞安县廪贡张棡（1860—1942）即曾感叹："光复以还，政尚共和，天下方喁喁望治。乃两年来选举竞争，学堂倾轧。宦途庞杂，士习浇凌。综其弊端，盖较满清科举尤甚矣。"[②]1916年左右永嘉县廪贡王

---

① 参见沈晓敏《处常与求变：清末民初的浙江咨议局和省议会》，生活·读书·新知三联书店，2005，第一至三章。

② 张棡：《本房养贤田规书序》，张钧孙等编《杜隐园诗文辑存》，香港出版社，2005，第401页。

毓英（1852—1924）亦谓："专制无制，共和不和，学堂无学，此关于有治法无治人，哀哉！"①值得注意的是，其时科举已废十余年，"学堂"与"选举"、"士"与"宦"却仍有逻辑上自然的并列乃至递进关系。不仅如此，上述言说揭橥的"政""学"两栖意味，对于更年轻的地方知识人仍可产生"示范"性的意义，如瑞安岁贡洪炳文（1848—1918）即曾形容："东瓯亦有新人物，一出堂来便做官。"②

当然，以上是身为"他者"的地方老辈对于乡里后进的评断。而1916—1917年间办于永嘉县城（即原温州府城，时已取消府制，为瓯海道治所）的《瓯海潮》周刊，则可集中呈现地方青年学子自己的声音。该刊是现存民元至"五四"以前温州地区参与编撰者最众的刊物，③1916年12月创办于永嘉县城洗马桥仁济医院内。经理人系仁济医院创办人吴劲（字或号性健、旸湖，永嘉人），由乐清举人钱熊埰（伯吹，1867—1931）为该报作序。供稿者以原温属永嘉、瑞安两县人士为主，其间老辈，有永嘉陈祖绶（墨农，1856—1917，进士）、陈寿宸（子万，1857—1929，举人）、瑞安王岳崧（啸牧，一作筱木，1850—1924，进士）、洪炳文、乐清朱鹏（味温，1873—1933，廪生）等；晚清民初学生辈，有永嘉郑猷（薑门，1883—

① 王毓英：《继述堂文钞·家训》，卢礼阳编校《王毓英集》，中国文史出版社，2011，第18页。
② 洪炳文：《东嘉新竹枝词》，《瓯海潮》第13期，1917年7月1日，温州市图书馆藏。
③ 温州市图书馆藏《瓯海潮》周刊，共17期，首期标为1916年12月24日，第17期标为1917年11月（日期不详）。

1942）、陈闳慧（仲陶，1895—1953，陈寿宸子）、梅雨清（冷生，1895—1976）、瑞安宋慈抱（墨庵，一作墨哀，1895—1958）等。栏目先论政后论文（旧体诗文），为首的"言论"栏目，分"社论""时评""杂评"诸目，除相对次要的"杂评"属文化杂谈外，"社论"与"时评"基本为政论，19世纪八九十年代生人为撰者之主力。

这些"政论"主要关乎"国"政，兼及"省"政，而甚少聚焦于温州或浙南本地；主题则包括府院之争、南北政争、中国加入一战等时局热点。身处边缘之乡里的知识人，尤其是年轻辈据此实现了"处士横议"，而论"国"远多于论"乡"，所论基调亦与前引老辈近似。如1917年时年23岁的梅雨清言及府院之争中浙省独立事，称："脱离中央，宣告独立，此何等事！"而"吾民耳鼓中漠然若不闻者，良以政治不修，生灵困顿，……纵不有议员先生、督军大人们乱七八糟，而吾民叶落归根，亦同至于尽，复何言哉"！①第17期周报中，且登出"征求选举鬼域［蜮］录"广告，欲借省议会改选之机，特辟此栏，"凡灼知此中黑幕，确而有征者"，无论长短，皆所欢迎。

以上正反映了某种对于时"政"极度失望的情绪。然在另一面，这些年轻的报文作者对于"议员""督军"之流，也并非仅余鄙夷之情。因当时地方本身的政治与文化运作，很大程度上乃是晚清官场士林交往形式的一种顺延；科举废后，新式学堂/学校升学渠道始终狭窄（且往往又多一经济门槛），前途所

---

① 冷生：《痛言》，《瓯海潮》第12期，1917年6月10日。

系，这些尚未功成名就的地方学子似亦未从根本上质疑这一旧有运作形式的后续效用及相应的合理性。如永嘉陈闳慧，于鼎革后自浙省高等学堂卒业回里，为瓯海关监督冒广生（鹤亭，1873—1959）协理文案（并代永嘉吉士小学校长之职），借此与这位身为清初著名"遗民"（冒辟疆）后裔，且系瑞安进士黄绍第（1855—1914）之婿的官员兼"名士"频相酬唱，订交立谊。[1]梅雨清、宋慈抱早年所读或为私塾，于民初就读于永嘉进士徐定超（班侯，1845—1918，清监察御史，民初返乡主持温州军政分府）所"私立"的"东瓯法政学校"，之后二人投身地方报务，即可被认为是他们在"乡"自谋出路、并与"国"建立某种补偿性的精神联系的一条取径。而1917年夏秋之际，宋慈抱且与在中学毕业后（宣统二年毕业自瑞安县私立中学堂）入读浙省法政专门学校，却因"膏伙不继"返乡的瑞安人薛钟斗（储石，1892—1920）同受冒广生之邀，进入设于永嘉的冒氏瓯隐园中继续攻书。[2]可见"学生"与"士"亦未截然两分，传统上"外官"与"乡绅"（或"乡里士子"）的交谊形式，直至此时对于某些地方新辈知识人的"安顿"，仍可产生无可忽视的意义。

除却前清官场中人，民初出外发展的晚清学生亦有返乡"联络"之举。1917年，国会众议员黄群（溯初，1883—1945，属进步党–研究系，平阳县籍，久居永嘉，晚清留学早稻

---

① 吴景文：《陈师仲陶先生事略》，吴景文编《陈仲陶遗编》，温州开元文化企划，2012，第133—135页。
② 薛钟斗：《寄瓯寄笔序》《送如皋冒先生诗序》，收入氏著《寄瓯寄笔》卷一，1918，温州市图书馆藏。

田大学政治科）、洪彦远（岷初，1879—1958，瑞安人，晚清留学东京高师数学科）等回温联络士绅，在永嘉成立一"丁巳俱乐部"，后又改"浙江求是社瓯括分社"。[①]而《瓯海潮》对此亦有报道，称黄群"自京回籍，一时瞻仰丰采者户限为穿"，后"以政党竞争旗鼓相当，深有赖夫群策群力"，故将俱乐部改瓯括分社，"联名发启者"达60余人，徐定超、余朝绅（1855—1917，乐清进士，久居永嘉）、吕渭英（1857—1927，永嘉举人）等地方"三大老"均表赞成。[②]亦即当涉及具体的本乡政治人物，该报便又转成一赞许鼓吹的口吻。

总之，基于其时某些"地方"知识人的视角，20世纪10年代中后期亦可谓一个"人心思变"的年代；唯所思之"变"，大体集中于其作为居乡之"士"对于"国政"的关怀忧思，而结合学生辈自身的言与行，地方内部新老辈在思想上的"代际"对立，实际并不显著。

二、"五四"的地方理解

在前论基础上，接下来探讨1919年"五四"风潮发生后，温州地方知识人所给予的"理解"（而非地方运动过程的"细节"）。[③]1919年5月4日北京"五四"事件后，5月12日，杭州

---

① 张棡：《杜隐园日记》，"1917年4月28日、5月1日，1918年3月10日"条（丁巳三月初八、十一日，戊午正月廿八日），温州市图书馆藏。
② 《组织求是分社志盛》，《瓯海潮》第11期，1917年4月22日。
③ 地方运动之细节今人所述已详，参见胡珠生《温州近代史》，辽宁人民出版社，2000，第281—288页。

各中等学校举行游行，钱塘道其他地区（嘉兴、湖州）、会稽道（宁波、绍兴、台州）、金华等属亦纷起响应。[①]而除北京、上海、杭州等地的温籍活跃分子外，旧温属永嘉、乐清、瑞安等处师生亦于5月22日起陆续发表宣言、组织罢课游行。6月初（日期不详），一些温州知识人于永嘉创办《救国讲演周刊》，以利在地的"救国"宣传。[②]

《救国讲演周刊》，社址位于永嘉县城华盖山双忠祠内，系之前参与《瓯海潮》报务的永嘉人陈闳慧主办，时为永嘉膺符区学务委员的《瓯海潮》同人郑猷等亦参与其中。[③]该刊主题虽因爱国反日而较集中，但刊载的部分诗文仍与学潮无关，应纯系填充篇幅之用。除却温州本地师生与未在学校的读书人，另有个别假期回乡的高校生，如返自北京铁路管理学校的郑振铎（1898—1958，原籍福建长乐，生于永嘉，文稿中署名"铎"）。而主编本意，也未将地方老辈排除在外，如第2期所登《征文启事》称："吾瓯江山雄杰，人文蔚然，凡耆儒英俊、名媛闺秀，其有杜陵忧时之什、贾生痛哭之书，幸惠然见遗，以充篇幅。"

当然，之后"充篇幅"的多半仍是学生辈的稿件。然而其论议基调，却大体是晚清即已成形的、为地方新老辈所共享的

---

① 中共浙江省委党校党史教研室编《五四运动在浙江》，浙江人民出版社，1979，第2—3、8—9页。
② 温州市图书馆藏《救国讲演周刊》仅见4期（1919年6—7月）。据称共有6期，但后两期笔者未见。参见王希逸《五四运动中温州的〈救国讲演周刊〉》，《温州文史资料第15辑·温州文史精选集》，2001，第201—203页。
③ 《杭州快信》，《申报》，1919年1月20日，第7版。

内外交侵之时局观感，及相应之"救亡图强"话语的一个自然延续。首先是自撰之文字。如地方各界祝词，显见晚清进化论与梁启超之"新民体"的痕迹，如"一纸飞腾弥天演""驱风雷，决江藻，周行大地，作我中华庄严璀璨之自由神"等；[①]而如永嘉县第一高等小学全体学生祝词（第2期），乃通篇出以四言："咄尔三岛，翼自皇朝，敢忘厥本，遽称天骄。……冀其觉悟，一例取销。瞻彼泰岱，终古岩峣。"首期陈闳慧所作"宣言"，则是上述两类资源的混合，谓："天祸中华，佞臣肆奸，睡狮未醒，国是日非。……天下兴亡，匹夫有责，中流击楫，新亭堕泪，岂竟无人。……报纸之效，固十万毛瑟比也。"[②]后引林则徐烧鸦片事，比拟学生焚烧日货；[③]继在评论中称，当前国之危情系"外则强邻狙伺""内则佞臣在朝"。[④]待曹、陆、章被解职，陈的理解也是"奸佞"终得果报，称北京政府"为学生所感而觉悟"，遂"免佞臣职，以谢天下"。[⑤]周刊也登载了一些白话演讲稿，多出在校学生之手（包括郑振铎），可内容也仅是宣扬"为国家鞠躬尽瘁""若没有国，那里还有家"，除却对学生自身游行及查烧日货的记述，与清季地方知识精英在乡开演说会、向民众鼓吹为"国"之兴亡担起责任的论调，未见多少

---

① 《章安病侠祝词》《菫门祝词》，《救国讲演周刊》第1、2期，1919年6月。

② 剑公（陈闳慧）：《宣言一》，《救国讲演周刊》第1期，1919年6月。

③ 剑公（陈闳慧）：《烧毁》，《救国讲演周刊》第1期，1919年6月。

④ 剑公（陈闳慧）：《敬告国人勿一得自足》，《救国讲演周刊》第2期，1919年6月。

⑤ 剑公（陈闳慧）：《李厚基残虐学生》，《救国讲演周刊》第3期，1919年6月。

分别。①

其次是转载之外界文字。其中篇幅最大的，亦是原刊于《新民丛报》的梁启超《匈牙利爱国者噶苏士传》（周刊中称"录自《饮冰室丛著》第九种外史鳞爪"，第1—4期连载）。另有《杨蓉初先生甲午十月致政府书》，即瑞安前清名绅孙锵鸣之婿台州人杨晨于光绪甲午年（1894）的上书（周刊第2—3期），以及马君武译于1905年的斐伦（拜伦）《哀希腊》（节选，周刊第2期）诗等。还有南社名宿陈去病《鉴湖女侠秋瑾传》（第2期）、《轩亭吊秋文》（第3期）、《徐自华传》（第4期），及徐自华的诗，这或是陈闳慧早先在浙江高等学堂时曾师事陈氏、自己亦入南社之故（见第四节），其间固有作于民国者，但所叙大体皆清末之事。

显然，以上两个方面，其意主要在激扬"国""族"意识，激扬之法，则在对于"晚清"知识思想资源的直接挪用。而1915年日本"二十一条"引致的"五九（或五七）国耻"纪念，亦可被认为是清季"救亡"话语在民初的一个自然延续。彼时的北京政府及全国教育会联合会迅速将5月9日定为"国耻纪念日"，且以提倡"国货"、弘扬"国粹"为之鼓吹；②而1919年，杭州之江大学也是于5月9日于浙省首建"劝用国货会"（同日又成立杭州学生联合救国会），嘉、湖、宁、绍等地中等学校

---

① 痴生：《还我目的》，《救国讲演周刊》第2期，1919年6月；景贤：《说人民宜爱国》，《救国讲演周刊》第3期，1919年6月。
② 参见马建标《历史记忆与国家认同：一战前后中国国耻记忆的形成与演变》，《近代史研究》2017年第2期，第115—116页。

学生于5月9日集会，本亦是为纪念"国耻日"。[1]具体到温州，1915年5月底地方已成立一"国货经售处"；[2]该年及之后该经售处在《申报》等报上均登有告白，至"五四"时期，经售处又作为《救国讲演周刊》除永嘉维新书局（或称书药局）以外的另一分售点，在《周刊》上大登五洲大药房药品、商务印书馆书本文具、南洋烟草公司香烟及其他日用品等"国货"目录与广告。

总体而言，1919年5、6月间温州地方的学生运动，基本出以游行、演说（相应生成面向地方民众的白话演讲稿）、抵制仇货（同时提倡国货）等形式，这些形式在晚清地方均已出现；而《救国讲演周刊》所表达的地方对于"五四"的响应，亦是建立在"晚清"与民初"五九"的延长线上，其独立的所谓"时代意义"，并未显露。在周刊同人外，如瑞安宋慈抱此期的诗中也仅是称："强邻曰欧美，国际兴怨讟。蠢尔岛夷邦，垂涎中原鹿。……文学咸阳焚，征税猛虎酷。一切政治尚，咄咄惊心目。"[3]又如永嘉籍晚清学生刘景晨（贞晦，1881—1960），民初在浙江缙云县知事任上因故入狱，在金华狱中尚可阅读书报，其对金华地方的五四运动亦持肯定态度，具体理解则是"外患内忧日相逼，马牛奴隶祸燃眉""国不自强天所弃，痛哭炎黄将

---

① 中共浙江省委党校党史教研室编《五四运动在浙江》，第2、8页。
② 《国货销售处之发起》，《申报》，1915年8月15日，第10版；《温州国货界之近况》，《中华国货月报》第1卷第2期，1915。
③ 宋慈抱：《赠洪幼园（锦龙）茂材》，收入氏著《寥天庐诗钞》，1929，温州市图书馆藏。

不祀"。①此外则作诗称："间涉新学说，慎辨防伤莠；窃叹风雅衰，六经已覆瓿。"②这类情况也非温州的特例，如1919年9月，上海《时事新报》刊载张东荪在苏州学生联合会的演讲记录，其中张氏称"五四"关乎"新思想"，系一"新运动"，但有听者依据自身观感强调"五四"（及"六五"）的大部分还是"国家主义的实现""竞争主义的结果"，"简直可以说是旧思想的新运动"。③

除此以外，时任瓯海道尹黄庆澜（涵之，1875—1961，上海人），似因系北京政府任命的非浙籍浙省省长齐耀珊推荐到任，④故也受到了地方"在野"人士依托刊物发起的攻击。⑤不过，黄虽据称因为听闻《救国讲演周刊》对其未能遏止温州"漏海"（即偷运米粮或商货出海）的讥讽，而将此刊查封，⑥却也曾明言各属学生"以爱国名义步武北京大学后尘，原未可以厚非"。⑦而群趋"爱国"，且是"民气"的彰显，此类"民

---

① 刘景晨：《金华学生在府庙排演时事新剧，观者填座，因作七律三首以赠之》《和平笔放歌》，卢礼阳、李康化编注《刘景晨集》，上海社会科学院出版社，2006，第184、187页。《和平笔放歌》，原载《申报》，1919年9月29日，第14版。
② 刘景晨：《厚庄先生以诗文集致郑君孟达转赠，作五言长句以报之》，卢礼阳、李康化编注《刘景晨集》，第189页。
③ 张东荪演说，王志瑞笔记，丁晓先述评《"新思想"与"新运动"》，《时事新报》，1919年9月2日，第3张第3—4版。
④ 黄庆澜：《瓯海观政录》，沈铭昌序，《近代中国史料丛刊续编》第31辑，台北：文海出版社，1976，第5页。
⑤ 剑公（陈闳慧）：《烧毁》，《救国讲演周刊》第1期，1919年6月。
⑥ 王希逸：《五四运动中温州的〈救国讲演周刊〉》，《温州文史资料第15辑·温州文史精选集》，第203页。
⑦ 黄庆澜：《呈省长请示永嘉商学界自由行动应如何办理文》（1919年8月5日），收入氏著《瓯海观政录》，第139页。

气"尚可被另一些已离校（或未曾入校受学）的知识人导引向一直在进行中的地方权力斗争。

如5月4日北京学潮爆发后，时在北大任教的瑞安籍晚清学生林损（1891—1940），对此事的最初反应亦是"民气不死，可见一斑，然未免出之卤莽，非老成持重者所肯为，抑亦非老成持重者所能为也"，而未将之与其痛恶的北大新派建立何种联系。①之后，他便"代表"旧温属瑞安县劝用国货会全体会员（基本为学生）作致会长书，称有日煤偷运入温，被学生查扣，而这批日货的收受方，正是浙江省议员兼国货维持会总经理瑞安人项川（荫轩）。文称："项川身列议席，兼倡国货，饕美名而犯道家之忌，居下流而为众恶所归；责人则重以周，待己则轻以约，不恕不仁，莫此为甚！"项川系瑞安名绅项湘藻堂弟，清季宣统年间，以项湘藻为首的项氏家族与同县陈黻宸等因县公立中学存废、省谘议局议员选举等事酿成难解的矛盾，身为陈黻宸外甥的林损便是要借此次项川身为国货会长带头贩运日货之事"运动"学生，打击项家的在地权势。②

而瑞安士人张棡，1919年5月间当其返自永嘉县城的亲属告以"郡城演剧之妙，及抵制日货之学生等并将大街东洋堂俱一律捣毁"时，他亦评论称："未知此后日人有如何交涉否？然日人平日藐视我中国已甚，故此次风潮仍日人自取之，于中国何尤也。"不久后他在致时居杭州的同乡木节（幹斋，1883—

---

① 林损：《与林尧民书》第4通，陈镇波、陈肖粟点校《林损集》下，黄山书社，2010，第1530页。
② 林损：《为瑞安劝用国货会全体会员致会长书》《再为劝用国货会会员上会长书》，陈镇波、陈肖粟点校《林损集》中，第1090—1094页。

1951，宣统二年浙江优级师范毕业生）的信中提及："今日教育有江河日下之势，观于抵日风潮，全国学界已一律停课，则莘莘学子殆无求学思想。"可随即笔锋一转，点出作信本意，是因省立第十师范校长王镇雄（俊生，浙江台州人）之前未续聘张氏为该校教师，此时张便要请木节助其扳倒王氏。[①]1919年末，复有十师学生主动联络张棡，张向其引介温州《大公报》办事员沈潜（墨池，一名沈翔，《瓯海潮》政论与文稿作者），后又自作讨伐王氏的宣言登于该报。12月底，十师爆发大规模学潮，王镇雄终在学生罢课与张棡等配合之地方舆论的双重压力下倒台。[②]

综上可见，温州地方在"五四"当时对于"五四"的理解，基本属于在时政观感上的"继往"，而无关文化上的"开来"。因外交连带内政问题，"五四"时的"民气"在各方舆论操作下有总爆发之势，致北京政府为"千夫所指"，而在此"千夫"之中，亦有非中心地域新老知识人的主动参与。上街者诚然以地方学生为主，但地方上的鼓动者、撰文支持者大有人在，地方"五四"的"群众"基础堪称广泛。其间，虽有外界学生回乡或到温，但这些人的作用谈不上不可或缺，晚清以降地方人士既有的观念基础与书刊信息渠道，即可促成地方对于

---

① 张棡：《杜隐园日记》，"1919年5月25日、6月8日"（己未四月廿六、五月十一日）条。

② 张棡：《杜隐园日记》，"1919年12月15、17—20、27日"（己未十月廿四、廿六至廿九、十一月初六日），"1920年1月30日"（己未十二月十日）条；黄庆澜：《代电省长齐陈办理第十师校罢课案经过情形文》（1919年12月27日），收入氏著《瓯海观政录》，第459—460页。

"五四"的响应。同时，基于参与者身份及新老辈份之别的对于运动的理解差异，也并不突出。此一理解与参与，本自晚清以降亦新亦旧的"救亡"话语，且可在当时及稍后被用以强化既有的地方权争；但与后来人所指称的五四"新思潮"或"新文化"，则未见有何关系，[①]据此，"五四"学生运动"就是新文化运动所孕育出来"之类的提法，[②]若放到个别中心城市的中心群体以外，或要打不小的折扣。至于老辈，如张棡在王镇雄倒台后不久，即从木节处获知新任十师校长杨文洵（效苏，浙江江山人）请永嘉人姜琦为"顾问官"，"凡王镇雄平日所用之人，姜君皆代为淘汰之"，张氏为之称快。1920年4月25日，十中、十师等校师生就山东问题在温开全体大会，演说至晚8点而学生未有去意，张棡（时已转至十中任教）亦称其"可谓热心国事矣"。[③]此时姜琦等人的"新文化"背景（见下节），张棡则未有认识；至同年5月1日，他"赴（永嘉）府前日新书局看《新青年》报"，以胡适等为"扰乱文学界"的"怪物"，似乎才意识到更"新"也更令其反感的文学与文化潮流也已经被"运动"起来，并在各地蔓延之中。[④]

---

① 按：参办《救国讲演周刊》的省立十中学生（1918年被开除）游侠在《我是怎样和佛教发生关系的》一文中忆称郑振铎要游氏"在刊物上注意介绍新思潮"（转引自胡珠生《温州近代史》，第288页），但笔者遍检现存《救国讲演周刊》第1—4期，未见其中文章有能被确定系"新文化"之内容者。而这一在回忆中将自己趋新的时间点或多或少提前的状况，在笔者所见地方史料中实际甚为常见。

② 罗志田：《体相和个性：以五四为标识的新文化运动再认识》，《近代史研究》2017年第3期，第17页。

③ 张棡：《杜隐园日记》，"1920年2月28日、4月25日"（庚申正月初九日、三月初七日）条。

④ 张棡：《杜隐园日记》，"1920年5月1日"（庚申三月十三日）条。

三、新学会与《新学报》：地方"新文化"之发端

显然，在张棡等人有所感知之前，"新文化运动"实已波及温州地方。但这一波及的时间点也未格外靠前，如迄今为止，笔者尚未发现在"五四"事件以前，温州居乡知识人中有阅读《新青年》等新文化"名刊"的确据。可这也绝不是说这些刊物难以流传至此，相反，早在清末光绪丙申至戊戌（1896—1898）年间，温州地区订购《时务报》等时新刊物，数量即曾在全国位列前茅。[1]且清季以降的京、沪等地均有温籍人士（包括学生）的活动，他们也应有面向地方的书刊信息传递。所以应存在一种可能性，即此期多数居乡学子及在外活动者，尚未认识到《新青年》等的"名刊"地位；其时温州新老知识人所普遍分享的，亦是《小说月报》《东方杂志》等全国各地流行的一些杂志。且如论者所指出的，20年代初知识界所认知的"新文化运动"，多非以《新青年》创刊为起始，而是以"五四"为端绪；由此可以理解，即使曾读《新青年》，也并不意味着其必有特地记录或向人"宣称"的需要，这尤其在"五四"之前，应非一种个别的现象。[2]

换句话说，能否接触到某些知识思想资源，与是否认识到这些资源具有别样的价值乃至可以汇合成一种新的汹涌的"运

---

① 廖梅：《汪康年：从民权论到文化保守主义》，上海古籍出版社，2001，第75页。

② 参见王奇生《新文化是如何"运动"起来的——以〈新青年〉为视点》，《近代史研究》2007年第1期，第22—25、35页。

动"，本是两个不同的问题。而近年学者已大致公认，"五四"事件之后至1919年末、1920年初，才是"新文化"经由部分北大、国民党、研究系及江浙省教育会中人的导向作用，得以在全国范围内"运动"起来的一个关键时期（这同时也是"新文化"与"五四"建构紧密关联的关键期）。①具体到温州，早先地方刊物中也曾出现"新文化"一词，如1917年2月，平阳《教育杂志》的《论孔教会发起事》一文中即提到"吾国一般学者"直以中土旧学"为新文化之障碍"。②但此处应近于晚清的意义，即"新"加"文化"，笼统指代彼时较新的一切知识文化资源。至1920年1月的永嘉《新学报》首期，始有可以大部归入"新文化运动"的文学、伦理、教育、社会等方面的内容（多数文稿作于1919年10月及以后）。6月的第2期刊发郑振铎《新文化运动者的精神和态度》（作于1920年4月25日）一文，"新文化运动"一词才开始被频繁地使用；同期周邦楚（上海同济医工专门学校学生）《创办永嘉通俗教育馆的商榷》（作于1920年4月26日），始将"五四"同时视作"群众运动和文化运动"的起点。③该刊有一配套的"新学会"，于1919年7月25日成立于永嘉城内的省立十中大礼堂，后曾迁入城内道后乙种蚕业学校，

① 欧阳军喜：《国民党与新文化运动——以〈星期评论〉〈建设〉为中心》，《南京大学学报》2009年第1期，第72—84页；袁一丹：《"另起"的"新文化运动"》，《中国现代文学研究丛刊》2009年第3期，第75—89页；桑兵：《"新文化运动"的缘起》，《澳门理工学报（人文社会科学版）》2015年第4期，第5—19页。

② 思闲：《论孔教会发起事》，《教育杂志（平阳）》第17期，1917年2月1日，温州市图书馆藏。

③ 同期复有一篇叶震（溯中，1902—1964，永嘉人，似为北大学生）的小说《一个新文化运动家》。

再后复迁回十中校内。据称该会"前几年就有人商议了几次，不过因为种种困难，没有去办"；[①]然其开初的活动，基本只是"夏令卫生""传染病预防"之类的演讲宣传，[②]其在《新学报》创刊前曾否自称参与"新文化运动"，则迄今未见确据。

新学会中人，与前述的地方"报人"显然不是一拨（有个别例外，见下节）。在《救国讲演周刊》作者中，郑振铎作为返乡学生仅是个例（且言说未见有异于居乡学子之处），而到新学会与《新学报》，他已"融入"规模可观，且开始自居新"潮流"诠释者的高学历"外来者"群体之中。该会初有会员41人，至1919年8月10日已增至64人，其中学校教职员14人（温州地方学界12人，包括十中、十师教员10人、十中校长1人、永嘉县教育会会长1人）、从医5人、经商3人、法政界2人，以及在政学两界兼职者3人，其余大半，则基本是新近在外深造的大专学生。最高学历（包括在读）所在院校，北京有18人（北大11人，清华1人），江苏21人（其中上海10人），浙江16人（杭州13人，宁波斐迪2人，温州艺文1人），香港（港大）1人，日本8人。[③]而《新学报》首期刊于1920年1月，第2、3期均刊于6月，似也表明了其主要系外地学生供稿，并于假期在乡编辑的性质。[④]且《新学报》三期分别系北京财政部印刷局、北京公记印书局、

---

① 《附录·永嘉新学会的宣言》，《新学报》第1号，1920年1月，温州市图书馆藏。

② 《附录·本会一年来的略史》，《新学报》第3号，1920年6月。

③ 胡珠生：《永嘉新学会和〈新学报〉》，《鹿城文史资料》第2辑，1987，第76—84页。

④ 另有报道明言，永嘉新学会系"永嘉旅外专门学校以上学生同专门学校已毕业学生"发起成立，见《永嘉新思潮之萌芽》，《申报》，1920年1月15日，第7版。

上海商务印书馆印刷，而非如《瓯海潮》《救国讲演周刊》《慎社》《瓯社》等系于温州本地印刷，故对于该报，乡里地方作为"立足点"的意味相对较淡。《新学报》首期所登会员录，计73人。学报作者计约35人，背景目前可考者以北大最多（8人）；有12人在学会名录中未见，这或是因入会者均系永嘉籍，或其时居于永嘉城内（如十中校长青田人孙如诒、隶籍福建的郑振铎），《新学报》作者则不受此限制。而早期新学会64人中的非"校内"人士，除温州中国银行会计主任、新学会编辑部会计刘孔钧（复中）在第2期刊发《温州金融业之观察》一文外，似均未为学报供稿，该报与大中学校系统的紧密关联，于此可见一斑。

至于体例，该报首期明言："本报文词以浅近文言或国语为限。"文稿之间掺有诸多外界报刊广告，而至第2期末所介绍的"新刊"中，《新青年》《新潮》已赫然居首，"新文化"在思想派系上的所指开始明确。相应地，学报自身向外推广的欲望亦颇强烈，代售点有北京、上海、吴淞、南京、天津、苏州、杭州、厦门、香港、温州等处，不过除北大、北高师、上海《时事新报》馆、[①]群益书社（第3期无群益书社，增商务印书馆、泰东图书局）及温州"各书坊"外，均系在外师生个人的通讯地址。《新学报》且在《北京大学日刊》上登有出版告白；[②]1920年3月，复有沪报报道称新学会在温仿效上海、南京

---

① 按：永嘉人徐寄庼、乐清人张烈曾为上海《时事新报》经理，民初温州地方刊物选录外界新闻社论，多选及《时事新报》，或与这一层联系有关。
② 《〈新学报〉第二号已出版了》，《北京大学日刊》，1920年5月24日、6月7—9日，均为第1版。

等地组织学术讲演会，时任十中、十师校长均在演讲者之列。[1]

新学会的牵头者与"干事长"，系永嘉籍晚清留日学生姜琦（伯韩，1885—1951，晚清入东京高等师范，未卒业）。事实上，民国肇建时姜氏与不少同乡留学生一样，本有意跻身"政坛"，曾入原浙省谘议局议长瑞安陈黻宸自杭回温后所设之"民国新政社"。该社旋因陈与浙省革命党的矛盾，被省政府下令解散（后又被并入民主党）；不久姜又入浙省同盟会，旋赴日本，留学于明治大学及东京高等师范（卒业）。[2]1915年，回国出任永嘉省立十师校长。[3]1917年，他加入研究系在温组织的"丁巳俱乐部"，复以十师校长的身份作意见书，欲在社会教育中提倡"孔道"（即孔子之道），得到浙省当局的嘉许。[4]同年姜氏又请平阳老辈刘绍宽为自己的《国民教育概论》作序，其中姜对当时较激进的"孔教"非"国家道德"之说不以为然，[5]这便引起了刘绍宽莫大的"共鸣"，后者乃至在序中对"今世之奔走于国家社会者"摒弃孔孟之道，作了一番语气极为强烈的抨击。[6]可见至此，姜氏与地方老辈尚颇有共同语言，其亦未见对《新青年》等作出何种"超前"的积极反应。但之后他卸任十中校

---

[1] 《学术演讲会纪略》，《申报》，1920年3月6日，第7版。
[2] 参见贾逸君编《中华民国名人传》下，北平文化学社，1933，第7页。
[3] 《师范校长定期晋京》，《申报》，1915年7月19日，第7版。
[4] 《批浙江省立第十师校校长姜琦拟呈社会教育上孔道教养方法应予留备采择》；姜琦：《社会教育上推行孔道教养方法之意见书》，《教育公报》第4卷第9期，1917。
[5] 按"孔教"非"国家道德"之说可能本自陈独秀《孔子之道与现代生活》，见《新青年》第2卷第4号，1916年12月1日。
[6] 刘绍宽：《〈国民教育概论〉序》，收入氏著《厚庄文钞》卷三，温州市图书馆藏。

长，外任南京高师教员、暨南学校教务主任，并于1919年为江苏省教育会及北大、南高师等高校联合发起之新教育共进社的刊物《新教育》撰稿，由是开始探知全国范围内的"新潮"所向。之后，他便开始在各大报刊上大力传扬新文化；对此，尚较他年轻6岁的林损曾讽刺道，姜氏"前于民国新政社，颇为吾党服役，含毫落纸，时嫌其钝，近亦知趋风气，作为白话文字以扬杜威。士别三日，便当刮目相待，岂不信耶"？[1]揶揄之间，颇有视其为"吾党"之"叛徒"的意味。[2]

《新学报》的发刊辞，即出于姜琦之手。不过，该文的调门实际不甚尖锐，仅是主张将本乡的历史学术资源（"永嘉经制之学"）与"近今美国之'实用主义'（Pragmatism）"相调和，因永嘉之学仍"不免陷于墨守成法之弊"，故当采"实用主义"，"以药我'永嘉学派'之病"。[3]可见姜氏与其接触较多的苏省新文化鼓吹者近似，尚属"预流"者中较为温和的一翼。但其他刊文作者或温和或激烈，论调并不一致。如首期泰顺吴孝乾（江冷，之江大学学生，可能于1919年8月入南京高等师范教育科）[4]《说新》一文中，虽称"新之于旧全相反对"，故而必然"争斗"，可下文复称新旧不可相对独立，且彼此无一定

---

① 林损：《致陈桢臣》，陈镇波、陈肖粟点校《林损集》下，第1489—1490页。
② 按：姜琦在温州地方可能根基较浅，他后来担任暨南大学校长，据说回乡时"亲友不理会""永嘉县长也不曾拜访"；而在上海经商与办报的黄群回乡，则有"地方官绅纷纷拜谒，宴无虚日"。见曹聚仁《听涛室人物谭》，生活·读书·新知三联书店，2007，第296页。
③ 姜琦：《发刊词》（一名《永嘉学术史略》），《新学报》第1号，1920年1月。
④ 《南京高等师范学校录取新生通告》，《申报》，1919年8月28日，第3版。

界限。[1]而供稿者中毕竟以身在北京者居多，故表现出明确的攻击性者颇有人在。如同期周蘧（予同，1898—1981，以下均称周予同）《中等以下的学校为什么不应该设读经科？》，其矛头已直指本乡老辈，称其尽管主张尊孔、守旧，旧学水准却极低，在教学中连《古文尚书》篇章为伪都不知道，[2]这便与他之前在外发表的旧体诗文中所引知识资源，及其在记述在乡从学经历时表现出的些许"温情"形成了鲜明的对比。[3]永嘉梅祖芬（思平，1896—1946，北大学生）作《中国学校国文教授之研究》，亦称现时国文教员"大半是科举时代的八股老先生，他们实在没有研究过教育原理，亦不甚明白中等学生学国文的目的"。[4]第2期永嘉高卓（觉敷、荦夫，1896—1993，原在北高师，后入港大）[5]作《中学四年的回顾》，回忆从民元至民国四年自己在省立十中的学习情况，更是将校中课程从国文、英文到数学通统数落一过；而老辈教员每每告以"学校里的科目以国文为最要紧"，遂致"中学四年的光阴，换不得一点科学的知识"，之后更令他"觉得有无限的悔恨"。由此，晚清以降地方教育的"成绩"几遭全盘抹煞，而那些在清季以降面目还不甚可憎的老辈教员，便被这些刚在外获得"新"资源的乡里后进

---

① 吴孝乾：《说新》，《新学报》第1号，1920年1月。
② 周蘧：《中等以下的学校为什么不应该设读经科？》，《新学报》第1号，1920年1月。
③ 周蘧：《登江中孤屿》，《北京高等师范学校校友会杂志》1917年第3期；周予同：《海王村记游诗序》，《学生》第6卷第5期，1919；周予同：《寓庐题额记》（1917），《学生》第6卷第6期，1919。
④ 梅祖芬：《中国学校国文教授之研究》，《新学报》第1号，1920年1月。
⑤ 高卓：《高觉敷自传》，《晋阳学刊》编辑部编《中国现代社会科学家传略》第4辑，山西人民出版社，1983，第308页。

重新归为中"科举的毒"的"老先生"，遭到了集体性的奚落与否定。①

整体来看，《新学报》所标举之"新"与当时外界对"新文化"的一般诠释近似，主要包括白话新文学、新的"教育原理"及西方伦理、社会思潮等内容。而细究之下，在此"立"的一面或不免言人人殊（与中心城市新文化派内部的重点差异近似，或专注新文学，或主倡新教育，或倾心社会改造，兹不详论），而在"破"的一面，立场、态度或许才更为统一。换言之，正是到《新学报》，"新""旧"之两立才在地方内部陡然凸显，乃至如上引表述反映的，二者的高下分野，亦开始空前明确地与地方新老"辈分"之别划上等号。

之后，更多新文化社团始在温州蔚起，而这一与之前的地方刊物旨趣明显有异的刊物样式亦开始风行。尤其是中等学校的"校刊"层见叠出，加上语体文教授及壬戌学制等制度上的变革，"后五四"时代的地方学生确乎开始了与其学生前辈颇为不同的知识文化养成。限于主题，此方面的详情不拟展开。唯须指出，笔者遍检20世纪20年代温州本地自办的刊物，其中多由地方师生发起，而其投稿简章与实际录稿，基本都是文白皆可（当然总趋势是白话文占比扩大）。②从更宽泛的意义上讲，尽管1920年即有办于北京、面向乡里、大力攻击旧文化与旧伦

---

① 高卓：《中学四年的回顾》，《新学报》第2号，1920年6月。
② 包括《浙江十中期刊》（1921）、《东瓯杂志》（1923）、《会文学社刊》（1925）、《晨钟》（1925）、《浙江十中中学部期刊》（1925）等，均为温州市图书馆藏。

理的半月刊《瓯海新潮》行世，[①]但至1928年，温属瑞安县立中学校刊《瑞中》的发刊辞仍称"五四"以降的地方尚且外于全国蓬勃的"新文化"潮流，是"死一般的文化落后"，"一般扰扰攘攘的醉生梦死之徒，那一个不是沉浸于宗法的思想，流恋着残余的礼教呢"？[②]问题在于，所谓"文化落后"的主因或非地方"闭塞"，前述地方对于"五四"本身的响应可以较为迅速敏锐，即为一则反证。因此我们尚须将目光移出当时的校内趋新群体，对大致同一地域空间内其他知识人的后续言与行的历程，作一集中的探讨。

四、慎社与瓯社："晚清"的延续

1920年，与《新学报》创刊同年，永嘉县又成立一"慎社"。其主要发起人为永嘉梅雨清，而早先介入地方报务的永嘉吴劲、陈闳慧、郑猷、李骧（仲骞，1897—1972）、瑞安宋慈抱，与梅氏交好的永嘉夏承焘（瞿禅，一作瞿禅，1900—1986）、瑞安薛钟斗（曾为瑞安中学教员，时任瑞安县公立图书馆馆长）、李笠（雩臣，一作鹤臣，又字雁晴，1894—1962）、李翘（孟楚，1898—1964，曾刊发作品，但非社员）、郑闳达（剑西，1901—1958）等人均有参与。在背景可考的年轻学子中，大都是新近未能出外升入大专学校者。如周予同的中学同

---

① 　《瓯海新潮》由周予同等创办，在温州市图书馆仅见第1卷第3期（1920年6月1日）、第4期（1920年6月16日）、第2卷第1期（1921年1月1日）。
② 　胡哲民：《发刊辞》，《瑞中》1928年第1期，月份不详，温州市图书馆藏。

学郑闳达，在瑞安县中学毕业后未能升学，遂于1916年受前清科举望族瑞安黄家之托，至黄家在瑞安的藏书楼蒉绥阁编校书目，次年又往教私塾，第三年始执教于本地小学与中学。[①]与新学会中的郑振铎一样，慎社成员如夏承焘、陈闳慧、郑猷、李骧等也都参与了地方上的"五四"反日运动；[②]可这并不意味着这些人必是、或将成为"新文化"的拥趸。如1916年毕业于省立十师的夏承焘，1919年"五四"前后在永嘉乡区高小任国文教员，据其学生忆述，夏的教法虽较"新颖"，但教的基本是《古文观止》，而这也并不妨碍他积极倡导高小学生走出校门，组织面向当地乡村民众的"救国"宣传活动。[③]

　　具体到慎社，其早在数年前已有筹设之动议。约在1917年，薛钟斗作信回复梅雨清在永嘉筹建"瓯社"的倡议，已称"朴学沦胥，国故坠地，振起宗风，责在吾辈"，会社之结，正是为保存"国粹"。他早先曾借鉴晚清寓居瑞安的乐清县人陈虬组织的"布衣会"，及近时冒广生发起的"瓯隐园社"，[④]发起一"晦鸣社"于杭州；而此番在温设社，且以"瓯"名，便更应"注重乡邦"。现今"吾瓯学术之粹，亦几中绝矣；故保存一郡之粹，尤急于一国之粹也"。因瓯江一名蜃江或慎江，他又提议

---

① 郑闳达：《我的自传》，《温州市图书馆藏日记稿钞本丛刊》（48），中华书局，2017，第31—32页。
② 李骧见：《永嘉膺符区青年救国联合会启》，《救国讲演周刊》第3期，1920年6月。
③ 林天游：《忆永嘉县立第四高等小学》，《瓯海文史资料》第2辑，1988，第106页。
④ 参见冒广生、符璋、徐定超等《瓯隐园社集》，年份不详，温州市图书馆藏。该社中人以地方老辈官绅居多。

"瓯社"应改称"慎社","既动乡国之情,又作垂绅之诚",这一意见终为梅雨清所采纳。[1]

此外,薛钟斗且是"南社"中人。[2]据南社《社友姓氏录》,南社中浙江籍226人,含温州10人,薛属于其中填写入社书最晚者。10人中有未填入社书者3人,其中则有永嘉陈闳慧。[3]如前所述,陈在浙省高等学堂时师从陈去病,后陈去病且数次致信陈闳慧,邀其投赠诗文稿以供编集。[4]梅雨清虽然未入南社,据他后来忆述,他与南社领袖柳亚子(1887—1958)等亦本有书信来往,[5]故南社也应是慎社的仿效对象之一。

1920年5月间,慎社成立于永嘉城内道前街。其基本活动形式与传统士人结社(包括南社)无甚差别,均是在地"雅集"之后汇刊旧体诗文,同时也接纳另行投赠的诗文。[6]社员开初多为青年学子,首期"慎社交信录"中,似仅永嘉廪贡王毓英一人为老辈"名士";之后,永嘉举人吕渭英自广东省银行卸去行长之职归来,经王毓英介绍加入,后平阳刘绍宽、王理孚、姜

---

① 薛钟斗:《答瓯社同人书》,收入氏著《寄瓯寄笔》,1918,温州市图书馆藏。

② 1918年,薛钟斗复加入南社社友江苏金山人高燮(吹万,1878—1958)等所设之"国学商兑会",并为该会集刊《国学丛选》供稿。

③ 柳亚子:《南社社友姓氏录》,柳无忌编《南社纪略》,上海人民出版社,1983,第181—232页。

④ 陈去病:《答陈仲陶简》,《瓯海潮》第16期,1917年10月。

⑤ 梅冷生:《慎社与瓯社》,潘国存编《梅冷生集》,上海社会科学院出版社,2006,第93页。

⑥ 永嘉慎社编《慎社》第1—4集,1920—1922,温州市图书馆藏。因梅雨清之后北上杭州,1922年的最后一集(第4集)改由永嘉严文辅(一作文虎,字号客星、琴隐)主持出版。另按《慎社》诸集本系不定期出版,被后来的温州《蓉绥年刊》定性为"专刊",见梅之芳《二十年来温州杂志简表》,《蓉绥年刊》1937年第1期。

会明（啸樵，拔贡）、黄光（1872—1945，生员）及永嘉举人陈寿宸等亦先后加入，因"这些人均系各县大绅士"，"慎社声誉鹊起，要求入社者顿增"。[1]第1—3集中的"交信录"也反映了这一点，首集社计39人，至第2集时骤增至73人，第3集时又增至87人（永嘉42人，瑞安14人，平阳6人，乐清2人，另有原处州府属县籍10人）。足见居乡老辈，至此在地方仍有着跨越"辈份"的强大号召力。社员中还有一些非瓯海道籍人氏，如余杭人王渡（梅伯），系温属清理官产处处长，湖北汉阳人龚均（雪澄）为其幕僚；安徽休宁人汪莹（楚生），永嘉县知事，后去嘉兴莅任，[2]浙江吴兴人林鹍翔（铁尊），为瓯海道尹。1921年，梅雨清、王渡等复提请林鹍翔依之前冒广生在瓯海关署内所设之永嘉诗人祠堂，及杭州西溪两浙词人祠堂之例，建一永嘉词人祠堂，并在此另立名为"瓯社"的词社。后瓯社社刊所载姓氏录，社中有慎社社员夏承焘、郑猷、梅雨清、龚均、王渡、黄光等15人。[3]词社作品还曾通过林鹍翔，寄赠寓居沪上的朱祖谋（彊村）、况周颐（蕙风）等词坛老辈审阅。[4]可见两社的活动，皆明取传统"官""绅"交游的形式，乡里后进一直厕身其间，并扮演主动积极的角色。

其时已是"五四"学潮之后，"新文化"勃兴之时。《慎

---

① 梅冷生：《慎社与瓯社》，潘国存编《梅冷生集》，第93—97页。
② 郑猷：《送汪楚生之任嘉兴序》，《慎社》第3集，1921年春。
③ 《瓯社词钞姓氏录》，《瓯社词钞》，温州同文印书馆，1921，温州市图书馆藏。按：此为二卷本，温图馆藏另有一温州翰墨林版《瓯社词钞》，后者所收词较少，但作者中有永嘉沈翔，为前者所无，未详何故。
④ 参见李艺莉《瓯社研究》，华东师范大学硕士学位论文，2016。

社》首集中余杭王渡所作的序即称："慎社同人手无寸铁，欲凭三寸毛锥支楷风雅，扶翼文教，……况值此新思潮腾地涌跃之际，移宫换羽，国粹式微，千钧系于一发，危矣哉！"永嘉王毓英，以"慎"字古作上"真"下"心"立论，以"真伪"为切入点，径称："时际二十世纪之交，名为共和，实甚专制，国体伪也。虽曰地大物博，其实外强中干，政治伪也。学说簧鼓，横议滔天，废孔背经，人道几绝，学术伪也。慎何有哉！真心何有哉！"对时局乱象的描述由"政"及"学"，开出的药方则由"学"及"政"，标出从小学、经、史到理学的"读书次第"，"由此著为词章，发为经济，乃为有用之学"；至于"其学之自外噱人者，用其学适足以乱国而有余"。①之后王毓英及林鹍翔、吕渭英、浙江镇海人胡振霖（药农）等所登诗文，亦均称当前乱象根源在于"士风嚣张""醉心欧化"，而应以尊孔、读经、宣扬本土固有之学理文教以拯救之。②而年轻学子的刊文，论调亦可与老辈如出一辙。如1897年生人的永嘉陈珩（字或号纯白、志冲，1897—1964），感于"近世道德沦丧"，乃作文抨击新说，倡言妇女的"三从四德"。③生于1895年的宋慈抱，且将晚清瑞安名儒孙诒让本意在印证西政西学之合法性的《周礼政要》（1902年刊行），"曲解"为意在抨击"新学自负，裂冕

①　王毓英：《慎社第二集叙》，《慎社》第2集，1920年秋。
②　王毓英：《瓯城兴彩舫后十日天大风雨六种皆湮因作长歌慨之》，《慎社》第2集，1920年秋；林鹍翔：《慎社第三集序》、胡振霖：《赠叶君廼衡旋定序》、吕渭英：《文庙纪略序》，《慎社》第3集，1921年春；王毓英：《黄君心耕惕庐续记》，《慎社》第4集，1922年春。
③　陈珩：《陈伯瑜先生传》《新妇谱跋》，《慎社》第1、2集，1920年春、秋。

毁冠"的著作。①而对于当下的趋新者，宋则以叔孙通、法正目之，并引原出《礼记·儒行》的"儒以忠信为甲胄，以礼义为干橹"，为自己的不愿预此"新潮"辩护。②

再如瓯海道龙泉县人（原属处州府）吴嘉彦（梓培，清贡生）作《读〈浙江新潮〉》组诗，分"非《非孝》""刺废婚姻""刺刺孔"数首，中称："咄咄新文化，魔王诋孔丘，……何怪东厂臣，配享期千秋？"③明言攻击的是"新文化"，不过这仅是个例。这是因为集中的一些文稿或系旧作，而此时投赠编集，可能更多地还是反映了这些人重又依托密切联结"学"与"政"的思维方式，将新近之新潮添入晚清以降的趋新"大势"之内，以塑成一"世风日下"的线性意象。④结合首节分析，这些地方知识人对于时"政"可能同样一贯心怀不满，但对于"学"或文化之变的必要性与向度，其意见可以与新文化人大相径庭，乃至将设想之敌推到敌方自身所反对的一方去（如"军阀"），视为肇乱祸国的"一丘之貉"。

但是，再换个角度，这里的地方老辈，也并未纯以"守旧"自居。如语气相对最激烈的王毓英，对于晚清以降的外来

① 宋慈抱：《孙氏遗书总序》，《慎社》第1集，1920年春。
② 宋慈抱：《释诮》，《慎社》第2集，1920年秋。
③ 吴嘉彦：《读〈浙江新潮〉》，《慎社》第2集，1920年秋。按：吴为第二届浙江省议员，在1919年5月杭州的议教冲突中受辱，曾曾列名意在查禁《浙江新潮》、扳倒经亨颐的省议会质问书，见《省议员朱文等人的质问书》，《浙江省立第一师范学校校友会十日刊》第8号，1919年12月20日。
④ 此方面有更明确的例证，如永嘉人项承椿（1863—?，晚清留学弘文学院速成师范科）1922年为同县王毓英的文集作序，便将晚清变制、辛亥革命与近期的伦理与文体变革缀成一线。见项承椿《〈继述堂三刻文钞〉叙》，卢礼阳编校《王毓英集》，第126页。

思潮，尤其是近代欧美教育思潮实亦有不少的了解与肯定。①
今有学者已注意到此类人的思想状况，引当时的称呼，谓之曰
"老新党"；②问题在于"老新党"实可不甚"老"，地方"新
党"在"新文化"广播之前是"老"是"少"也不见得必然会
成为一个问题。实际上，即便在《慎社》汇集中，亦屡见晚清
意义上的"新"内容，如首期永嘉郑猷刊登演剧社广告，将中
国古戏剧与摆伦（拜伦）、莎士比亚并举；③瑞安木节刊发《天
体发微序》，大谈"天演进化""星地交通"之理，申论万物应
在竞争中求统一。④只是民国代清后，一些老辈便开始将时局乱
象归因于时人趋"新"太过、对国家"妄施以新奇之险剂"。⑤
而年轻如宋慈抱，亦称"耶稣、摩罕默德之道德，柏拉图、孟
的斯鸠、伯伦知理之理想，我国学者固可以服膺拳拳，补旧说
所未及"，可仍应"以孔教为国教，而力求推广之，砥柱尚足以
障狂澜，一发尚可以维于钩［千钧？］，否则茫茫浩劫直归诸尽
已"。⑥薛钟斗虽据称与宋"学术不同，器识又异"，⑦但在支持
地方革新之余，亦认可林纾"后日或延东洋人而授中学，斯则

---

① 王毓英：《继述堂文钞·教育学提要》《继述堂中西教育合纂》，卢礼阳编校
　　《王毓英集》，第43—44、208—232页。
② 参见瞿骏《老新党与新文化："五四"大风笼罩下的地方读书人》，《南京大
　　学学报（哲学社会科学版）》2017年第1期，第79—97页。
③ 郑猷：《学界筹赈演剧社启代》，《慎社》第1集，1920年春。
④ 木节：《天体发微序》，《慎社》第3集，1921年春。
⑤ 王毓英：《致中学堂毕业生某弟书》，卢礼阳编校《王毓英集》，第161—
　　162页。
⑥ 宋慈抱：《论中国务本之政策（续）》，《瓯海潮》第4期，1917年1月19日。
⑦ 宋慈抱：《薛储石家传》，收入氏著《墨庵二十以后古文》，1921，温州市
　　图书馆藏。这可能指宋慈抱多言"孔教"，而薛钟斗则多言"国粹"，而对
　　新学的肯定也较宋更多一些。

至可悲之事，吾不能不预为防之"之言，并对冒广生谓"甲午中日之战，犹未足为国耻，若五十年后学术不振，聘日人为教师，此真国之大耻也"，深以为然。[①]据此而论，民初以降地方新老辈的观念异同，或本在一以折衷新旧为正道的"晚清"语境的延伸范围之内；而接上"五四"的"新文化"在地方可能只是新促成了两种"联合"：一为新近在外密切接触"新潮"者与部分地方在校师生的联合，一为其他久居乡里者中新辈与老辈的联合——后一联合中本可能有的一些思想分异，遂反而在此新文化的反衬下，在一个延长了的"晚清"语境中归于淡化甚或消泯。[②]

再结合第二、三节所述，可以说，"五四"固可较自然地接续在地方之"晚清"语境的延长线上，可"新文化"的地方进程，却只可说是清季以降地域意义上的"中心"与"边缘"之间思想文化分异的进一步发展，而不见得是早先地方自身思想文化歧异的顺理成章的发展。不单如是，另有一些温州知识人，且有意自行理解"新文化"，可理解的结果，或也不尽合乎外界公认的某些新文化"领袖"的期许。如慎社与新学会在人员上尚有个别交集，永嘉谷旸（寅侯，1894—1975）、陈闳慧

---

① 参见薛钟斗《寄瓯寄笔》卷三，笔记。
② 另如林损，后来似因"新潮"影响，对以爱国为名的"学潮"观感亦趋负面，见林损《与某君书》《致蒋育平信》第9通，陈镇波、陈肖粟点校《林损集》下，第1497、1546页。

就同时参加了两个团体。[1]但陈仅为慎社与瓯社供稿，在1921年《浙江十中期刊》等刊物上乃是登载旧体诗作，之后亦始终以旧诗称名。另如1921年由上海新文化书社出版的《中国文学变迁史略》，作者或即永嘉刘景晨（贞晦），他在金华出狱后，经人介绍去厦门大学任教，此或为其厦大白话讲义，文中开始正面介绍白话新文学。可他仍大力肯定保存"国粹"的一方，且称旧文学亦可包"新学理"，而该"新学理"，实指《天演论》《群学肄言》等清季严复译著。[2]再后，他固曾作诗吹捧同乡姜琦"脑根扫陈想，学府导新术"，[3]可他本人几乎只写旧体诗文，而未见与此"新文化"再发生何种交集。[4]

进一步讲，不少今人研究业已指出，除却以白话为尊的新文学、杜威学说等方面，"新文化"在内容上或也未必真有许多在晚清资源以外另起炉灶的意味；其某些时候着力加强的，也仅是对于预设之对象及对象所认可之"旧"的"攻击性"而已。这些对象诚然众说纷纭，但公认的应有两类，一为"军阀"或被认为倚仗军阀的"官方"，另一即为各地士绅（尤其是

---

[1] 《附录·本会一年来的略史》，《新学报》第3号，1920年6月。按：梅雨清后来忆称："那时永嘉已成立'新学会'，主要会员系北大、南高师两校学生，我也不再邀请他们参加慎社，只有谷旸（寅侯）两个团体都参加。"未及陈闵慧。见梅冷生《慎社与瓯社》，潘国存编《梅冷生集》，第94页。

[2] 刘贞晦：《中国文学变迁史略》，闻野鹤编《中国文学变迁史》，新文化书社，1921，第70—72页；另见卢礼阳、李康化编注《刘景晨集》，第39—40页。

[3] 刘景晨：《姜伯韩兄有美洲之行，因手刻两印，兼为此诗赠之》，卢礼阳、李康化编注《刘景晨集》，第209页。

[4] 按：在在校生一面，尚有一些在新旧之间浮动的情况。如乐清籍浙江省立十师学生陈化熙（初白），系"五四"时东瓯中等学生救国联合会的会长，之后为《瓯海新潮》地方上的代售者，却又系慎社社员。

老辈士绅）。如瑞安张棡所敏感与反感的，很大程度上便是通过《新青年》等书报接触到的陈独秀、胡适、周予同等人言论的"攻击性"。且如上节所述，此种与"攻击性"相应的新旧"界别"建构，也已开始空前地深入地方内部。由此，这些地方老辈亦愈发强化对此"新文化"之"名"的恶感，在双方表述的共同作用下，某种立场、态度更为决绝，但具体内容界线仍不一定有多清晰的新的壁垒分野遂得以愈趋显明。①

据笔者所见，温州地方似乎从未出现如吴虞、吴稚晖、高凤谦（梦旦）一般力倡新文化的"老英雄""老少年"。而上述张棡、刘绍宽、王毓英等老辈均系晚清地方文教革新的积极参与者（且在清季"新政"十年间他们也已届中年），故可推测，新文化在地方知识人中的"群众"基础，也只会小于尚未坐实新老"代际"对立的晚清新风。相形之下，民初的地方学生辈对新文化的攻讦似要少一些，且此后在地方文教事业中（如瑞安知行社、籀廎学会），亦偶有不拘新旧的合作。只是关于他们的进身出处，"新文化"长期也仅是选项之一，而并未挟此"潮流"之威，转化为其间多数人士自我实现的"必由"之路。

1922年后，慎社解散（具体时间不明）；至于瓯社，1925年永嘉仍有以之为名的"诗钟"活动。②总的来看，两社虽然为期不长，但对参与者而言还是留下了一笔重要的遗产。如梅雨

① 张棡：《杜隐园日记》，"1922年3月14日"（壬戌二月十六日）条。围绕张棡的例子已有较详细的讨论，参见瞿骏《新文化运动的"下行"：以江浙地方读书人的反应为中心》，《思想史》第6辑，第48—87页。
② 梅冷生：《慎社与瓯社》、《劲风阁日记》（1925），潘国存编《梅冷生集》，第95—96、230—233页。

清后来忆称，其组织慎社的动机之一，即是"冀能爬上绅士地位"。[①]当时亦有趋新的省立十中学生作小说抨击此一现象，称有学生"程度太低"进不了大学，但可以做地方的"大绅士"，"今日见道尹，明日拜知事，专门替别人家作禀递呈，种种卑劣的行为"。[②]大致说来，在地新发展出的"官""绅"交谊，且可继续协助青年出外谋前程，如梅雨清即通过慎社与瓯社奠定的人际网络，经林鹍翔等大力支持，成功当选为第三届浙江省议员。[③]

其他社员中的多数，应是继续居乡，以课徒（学校或塾馆）、行医、卖字画为生。而如陈闳慧，之后与1924年代理瓯海道尹的张宗祥（1882—1965，浙江海宁人）频相酬唱往来，再后又与寓居苏州的耆老陈衍结交，从习诗学。[④]郑闳达因之前为瑞安黄氏蓬绥阁编书目的经历，受北京电话局总工程师黄曾铭（述西，1887—1934，瑞安进士黄绍第子）之邀赴京，在交通部电政司任办事员，因部门清闲，他得以有时间精力发展传统"文学艺术"（主要是戏曲）上的专长（当然也曾参与戏曲改良）。[⑤]宋慈抱曾于1922年任瓯海道尹林鹍翔的秘书，并"客胡惟贤瓯海关监督署"，1924年因孙（传芳）卢（永祥）战事

---

① 梅冷生：《慎社与瓯社》，潘国存编《梅冷生集》，第93页。
② 沈翔：《谁的罪》，《浙江十中期刊》第1期，1921年10月10日。此沈翔应为另一人，不大可能是前述沈潜的别名。
③ 梅冷生：《慎社与瓯社》，潘国存编《梅冷生集》，第96页。
④ 张宗祥早先在浙省高等学堂任教，与陈同样有师生之谊。见吴景文《陈师仲陶先生事略》，吴景文编《陈仲陶遗编》，第136页。
⑤ 郑闳达：《我的自传》，《温州市图书馆藏日记稿钞本丛刊》（48），第32—33页。

回瑞，之后主要在乡从事著述，曾投稿给章太炎旧派弟子主持的《华国》等刊物。[①]夏承焘1921年夏经同县陈珩之邀，赴京任永嘉籍国会众议员林卓（立夫）主办的《民意报》副刊编辑，不久又受林之荐，随陕西省教育厅长沙明远去西安，初在教育厅，后执教西安诸中校。夏自承"在陕五年，治宋明理学"；[②]之后复回浙省，在宁波省立四中、严州省立九中等处继续执教中学。在严州，他主攻词学，而因身处中校，对白话新文学亦屡有接触，对之褒贬参半，并无成见。且曾有一段时间他有意尽弃旧学，而转向"新文学"。[③]然而到1930年，他已与其同乡瑞安李笠、李翘，及江苏无锡人钱穆（1895—1990）近似，未有高等学历而正式入大学执教（之江大学），自是以研治"旧学"为终身志业。

五、结语

以上以浙南温州地区为个案，以地方刊物为线索，将"五四"与"新文化"指代的时代风潮之发端，置入具体的"地方史"脉络作了一番考察。其意非仅在于重申"五四新文化"在一般地方的接受度可能有限，而是要析论这一情形可能的"地方"形成机制。简言之，此机制的一大要点正在于

---

① 宋炎：《宋慈抱年谱》，1962，上海图书馆藏。
② 夏承焘：《天风阁诗集·前言》，《夏承焘集》（4），浙江教育出版社、浙江古籍出版社，1997，第4页。
③ 夏承焘：《天风阁学词日记》（"1929年5月12日、10月15日"条），《夏承焘集》（5），第94、123—124页。

"五四"与"新文化"的衔接处：一方面，对于"五四"反日风潮，相对边缘之地的知识人可以依托前已形成的、面向地方的书报信息渠道与观念基础，较为主动地作出反应，并给出偏于正面的理解；尽管科举制已于清末"新政"中期废除，可联结"学"与"政"、"士"与"宦"的行动与思维方式，至民初仍有显见的惯性与跨越代际的传承能力，"五四"的地方回应，很大程度上即是既往士人身在"草野"而心系"魏阙"之传统与清季近代意义上的"国族"话语的混合物在民国阶段的一个延伸。但另一方面，对于"新文化"，则须在外密切接触"新潮"者重点借助大中学校系统，另行实现地方的响应。于是，与1915年的"五九"不同，"五四"时的新老地方知识人在时政观感上共同参与拉开了一个大豁口，里面却冲出了他们多未预判到的、实被"焊"进豁口中的思想文化"潮流"。事后他们中的一部分人反将此潮流补入时局乱象的"根源"之内，可也已难掩盖其早先在"五四"现场的"当局者迷"。由是而论，并非揭示面向边缘之地的书刊流通情况，即可充分解释五四新文化的地方进程；"五四"与"新文化"二者之传播机制本有不容抹煞的差异，该差异及地方对于二者关联建构之参与度的有限性，从边缘之地本身的视角看，应可较从个别"中心"城市或群体的视角看得更为分明。①

　　换言之，在通常宏观的五四新文化的形成脉络之下，依然

---

① 与此相关，今人惯称科举出身的"士人"与学堂出身的"学生"在知识构成与思想观念上存在重大区别，但"学生"内部的区别是否必不如其总体上与"士人"的区别那般"重大"，尤其是晚清民初学生是否总能与"后五四"时代的学生混作一处讨论，实可商榷。

可能涌动着一个延长了的"晚清"（而非单纯的"旧"或"传统"）；这个"晚清"攸关的言行逻辑较顺遂地促成了某些不甚闭塞之地对于"五四"的反应，[①]可地方的"五四"若要再接上"新文化"，尚须借助外力另行建构此一关联（且建构的参与者与"五四"的地方参与者并不一致），视二者为自然衔接乃至推出"广义"的"五四"，即是对于这层建构之新增性质的一种涂饰与遮蔽。"五四"与"新文化"的地方化渠道及在地方知识人中的参与者本有不同，此后地方的思想观念版图更形分裂，便在情理之中。相应地，之后某些人的未能"预流"，也已绝非耻辱，这便与清季庚、辛（1900—1901）以后某些地域近于"无一人敢自命守旧"的情形，形成了颇为显明的对比。[②]今有学者在析论近代以降四川的思想学术时指出："道咸时期是蜀学承'新'而起，20世纪二三十年代的蜀学则在一定程度上以'旧'为荣。"[③]结合本案例，并从更宽泛的意义上理解，在晚清以趋时为荣、到20世纪20年代之后一定程度上反以不够"新"为荣的，似也不会仅仅是一个"蜀学"。[④]

---

① 按：限于材料，本文讨论较多的是温属各县城区（尤其是永、瑞两县）的情形，而其他一些乡区的情形，或更多受制于其客观上的"闭塞"问题。

② 梁启超：《读十月初三日上谕感言》，《饮冰室合集·文集之二十五上》，第145页。另冉玫烁（Mary B. Rankin）对清季浙江地方精英的考察亦有类似的结论，见Mary B. Rankin, *Elite Activism and Political Transformation in China：Zhejiang Province, 1865—1911*（Stanford University Press, 1986），p. 227.

③ 王东杰：《国中的"异乡"：近代四川的文化、社会与地方认同》，北京师范大学出版社，2016，第112页。

④ 往大了讲，清季科举之废，只是终止了一条理论上公平且随时可以继续上攀的进身之路，而未杜绝一切上升之路；亦"政"亦"学"的既有之"官""绅"网络对年轻辈的"边缘知识分子"仍有一定的吸引力，只是这些被旧网络吸引的学子甚少进入现今民国"思想史"的视域而已。

再作稍许引申，可以说，从晚清到"五九""五四"再到"五卅"，近代的"国""族"意识本身对于各地各种辈分与价值取向的知识人，或一直存在相当的吸引力；只是思想文化的"新旧"之辩，不时与此"国族"议题相缠结，其具体的缠结方式或正或反，也比今人一般想象的更为多歧，值得结合"地方"角度作进一步的清理。而至于上述的"分裂"是否会因新文化重点借助学校教育系统实现的深化而渐趋弥合，尚须详论20世纪20年代初之后（尤其是国民政府时期）地方政学的变迁，当俟另文展开。不过，如慎社之后，温州地方尚有达社、戊社、云江吟社、瓯风社等文/学社继之而起；[①]在温州以外，旧式诗文及学术结社，乃至办刊之风习至全面抗战爆发前亦从未歇绝。20世纪30年代中期，复有呼声颇高的"中小学文言运动"与学校尊孔读经之议，引致胡适等人的强烈不满。[②]除却国府当局自身的因素，这也应有相当的"地方"基础，即连上"五四"的"新文化"虽每每自称大势所趋，但可能也从未在寥寥数个中心点以外的边缘地方知识人群体之中（而不仅是普通民众），取得何种普遍的、风行草偃式的"成功"。

———————————

① 《达社不日成立》，《新闻报》，1922年3月8日，第3张第2版；王理孚等：《戊社汇刊》，陈正印点校，中州古籍出版社，2013；宋炎：《宋慈抱年谱》。瓯风社由瑞安陈黻宸侄孙陈谧（1890—1970）、陈谧妹夫林志甄（1905—1946）等于1934年发起于瑞安县城内，有一配套的《瓯风杂志》，共24期（1934年1月至1935年12月），初为月刊，第15—16期起改双月合刊。该刊明言仿清季"《国粹学报》例"，其间"全无语体之作"。见《〈瓯风杂志〉发刊词》《〈瓯风杂志〉凡例》，《瓯风杂志》第1期，1934年1月20日；《本社纪事》，《瓯风杂志》第7期，1934年7月20日。

② 胡适：《所谓"中小学文言运动"》，《独立评论》第109期，1934年7月15日，第2—6页。

"五四"期间杜威与中国的一段"交互经验"

彭姗姗

关于杜威访华的研究已为数颇众。[①]但因资料所限，访华事件的部分史实却一直未能厘清。《杜威通信集》(*The Correspondence of John Dewey*) 的出版为重新考察这一事件奠定了基础。[②]以往学界使用较多的1920年版《来自中国和日本的信件》仅收录了杜威夫妇1919年2月至8月4日的书信，且内容颇

---

① 相关学术史参见拙著《民主、科学与教育的难题：杜威访华的再考察》，2015年中国社会科学院近代史研究所博士后报告，2015，第8—11页。关于杜威访华的代表性研究参见元青《杜威与中国》，人民出版社，2001；张宝贵：《杜威与中国》，河北人民出版社，2001；陈文彬：《五四时期杜威来华讲学与中国知识界的反应》，复旦大学博士学位论文，2006；等等。既有研究多数是围绕"杜威影响—中国接受"的思路来组织的，只有王彦力和王清思注意到了杜威与中国的相互影响，但对史料的挖掘和分析仍嫌不够。参见王彦力《走向"对话"：杜威与中国教育》，教育科学出版社，2008；Wang, Jessica Ching-Sze, *John Dewey in China: to Teach and to Learn* (State University of New York Press, 2007)。

② 当前对各类中英文报刊的方便检索也让我们可以进一步了解杜威的活动，充分发掘前人较少使用的在华英文报刊 (如《教务杂志》《上海泰晤士报》《北华捷报》《密勒氏评论报》)、地方报刊 (如《福建教育行政月刊》《江苏省教育会月报》《安徽教育月刊》《广东省教育会杂志》) 的相关资料。

有删削；[1]而《杜威通信集》则收录了杜威一生与家人、朋友、同事之间的全部往来书信，包括第1卷（1871—1918）、第2卷（1919—1939）、第3卷（1940—1953）。其中，第2卷收入了杜威访华期间全部信件的完整内容，甚至包括相关人物的信件，如中国学生与罗素的通信。[2]

据新资料可知，杜威在中国生活了两年零三个月（1919年4月30日至1921年7月29日）。足迹所至，遍及沿海、沿江的12省和京兆地方这一特别区域，与大学教授、中小学教师、青年学生、官员、革命家、军阀、士绅、古董商人乃至贩夫走卒都有所交往。杜威就在中国之中——他参与并形塑了"五四"之后的这段历史。按杜威的说法，这是一种交互经验，"呈现为有生命的存在者与其物理环境和社会环境之间相互作用的事件"。[3]此间的杜威与中国都是变量。一方面，"五四"后的中国本身是复杂多元的，处在急速变化与重新整合的过程之中；另一方面，杜威自身亦非固定不变，而一直在探究、回应着中国的新经验。与此同时，杜威与中国之间的交互经验又处于变动不居的

---

① Dewey, John and Dewey, Alice Chipman, *Letters from China and Japan*（E. P. Dutton & Co., 1920）；中译本参见伊凡琳·杜威编《杜威家书：1919年所见中国与日本》，刘幸译，北京师范大学出版社，2016。

② Larry Hickman, Barbara Levin, Anne Sharpe, and Harriet Furst Simon（eds.）, *The Correspondence of John Dewey*（Electronic edition, Inte Lex Corporation, 1999—2004），阅读所及，只有王清思利用过此书，但未能结合国内史料进行深入分析。本文所引信件，未标出处者，均出于此，不再一一注明。

③ 杜威：《哲学复兴的需要》，《杜威全集·中期著作》第10卷，华东师范大学出版社，2012，第5页。笔者对译文略有修改。Dewey, "The Need For A Recovery Of Philosophy," *The Middle Works of John Dewey*, Vol.10（Electronic edition, Inte Lex Corporation, 2003），p.7.

世界局势之中。

　　五四运动前夜的中国正处于关键转折期。1919年5月3日，杜威在信中写道："他们都认为现在是中国教育和智识发展上的关键时期。长期看来，一位西方特别是美国思想的代表在此时比其他任何时间都能更有帮助。"[1] "他们"指胡适、北京和南京的一些教育界人士；所谓"教育和智识发展上的关键时期"，指正在进行之中的新教育改革和新文化运动。很大程度上，杜威在华的系列讲演本身就是作为这两项运动的有机组成部分而被策划和设计出来的。他的讲演活动具有双重性质，既是一种"输入学理"的专业学术交流，又是一种普及知识的群众教育活动。[2] 新文化运动最激烈的批评者之一梅光迪就评论杜威和罗素的讲演是"以群众运动之法使其讲学"。[3] 《字林西报》的记者也认为，杜威演说最大的优点是"宣传"。[4]

　　比起一般的学术讲演，杜威在华的系列讲演活动要复杂得多，可以视为哥伦比亚大学、各家邀请接待方、听众、媒体、各级政府及杜威的主观愿望和工作相互协调的结果，并深受美国国内形势及世界局势的影响。在此框架之下，本文以杜威的讲演活动为中心，来重建"杜威与五四之中国"之间错综复杂的交互经验，一方面展现杜威与国内各界的双向互动如何使这

---

①　1919.05.03（04068）：John Dewey to Nicholas Murray Butler.
②　1920.05.30（04095）：John Dewey to Albert C. Barnes.
③　梅光迪：《评今人提倡学术之方法》，《学衡》第2期，1922年2月，第7页。
④　"Education in China"，"Our Own Correspondent，" *The North-China Herald*, May 17, 1919; "Prof. John Dewey's Visit to China，" *Millard's Review of the Far East*, May 17, 1919.

些讲演呈现如今的面貌，另一方面也期望借此一窥新文化运动的分层、分期、分地域及最终分化的多重面向。

一、关于民主、科学与新教育的讲演

访华前的两三年，杜威在事业、身体和私生活方面都陷入了一种消沉的境地。在事业方面，杜威支持美国参战，招致了以伯恩（Randolph S. Bourne）为代表的一批自由主义知识分子的激烈批评，使其在思想界的领袖地位颇受质疑。在身体方面，杜威一度脖子僵硬，眼睛不适，陷入抑郁，甚至到了无法著述的地步。在私生活方面，杜威与女作家安西娅·耶泽尔斯卡（Anzia Yezierska）展开了一段爱情纠葛，感到身心俱疲。[①]此时，杜威的密友巴恩斯（Albert C. Barnes）建议他完成1918年秋在伯克利的客座教学后，赴日进行一次四到五个月的访问。[②]杜威十分心动，随即联系了东大的福崎教授，希望获得学术邀请。[③]在接下来的数月里，杜威夫妇做了一系列准备。他们会见日本朋友，"借来了所有图书馆中关于这一主题的全部书籍……孜孜不倦地研究日本"。[④]

[①] 斯蒂文·洛克菲勒：《杜威：宗教信仰与民主人本主义》，赵秀福译，北京大学出版社，2010，第309—368页。

[②] 1918.07.13（02159）：John Dewey to Alice Chipman Dewey.

[③] 1918.10.30（03841）：John Dewey to Albert C. Barnes；1918.07.26（02174）：John Dewey to Alice Chipman Dewey.

[④] 1918.12.02（02289）：John Dewey to Evelyn Dewey；1919.01.11, 18（03865）：Alice Chipman Dewey to Evelyn Dewey；1918.12.29（02316）：Sabino Dewey to Lucy Dewey.

1919年年初，陶行知、胡适等人得知杜威在日本，遂起意请他访华。杜威虽表同意，但迟迟没能得到哥大校长准许休假的回复，故于4月30日抵沪后，仍感到"不再像在日本那样知道将来的安排"。[1]稍后又因讲演经费没有着落、蔡元培辞职等问题，致其在华行程迟迟未定。杜威完全未曾料到将在中国生活如此之久，并通过他持续而广泛的演说在这个陌生的国度留下难以磨灭的印记。

从杜威的角度看，访华很大程度上是一次偶然事件。就像他在给孩子们的信中所言，中国就像是"火星"一般的存在，他"从未期望去那里，也从不知道那里正在发生的任何事情"，[2]故与以往的认知相反，杜威对所讲内容几乎毫无准备。这也在一定程度上解释了他在东大和北大的讲演为何截然不同：前者的成果是深思熟虑、体系严密、深具洞见的原创性著作《哲学的改造》；而后者基本是对杜威以往思想的简略概述，或者是关于某一新主题的尚显粗糙的思考。初至上海时，杜威就希望听听前来接待的年轻人谈谈中国的教育状况，得些讲演的主意。这些年轻人包括胡适、陶行知和蒋梦麟。[3]后来，杜威逐渐意识到胡适在中国已享有巨大的声望，[4]也越来越重视胡适的建议。

---

[1] 1919.05.01, 02（03898）：John & Alice Chipman Dewey to Dewey children. 实际上，哥大校长早已回电同意杜威的休假。参见1919.04.15（04067）：Frank D. Fackenthal to John Dewey。

[2] 1920.04.01（03593）：John Dewey to Dewey children.

[3] 1919.05.01, 02（03898）：John & Alice Chipman Dewey to Dewey children；《杜威博士到沪》，《申报》，1919年5月1日，第3张第10版。

[4] 1919.08.01（05019）：John Dewey to Wendell T. Bush.

从中国的角度看，杜威访华虽由其弟子倡议发起，却几乎得到了整个新知识界的支持，是官方和民间的一次联合行动。北大、南京高师和江苏省教育会首先发出邀请，教育部和浙江省教育会随即也加入欢迎的行列。之后因经费困难，与北京政府关系更密切、在文化上不那么激进的研究系名下的尚志学会、新学会等机构慷慨资助了杜威在华的活动。①教育部的积极参与尤需注意。早在蔡元培出任第一任教育总长时，杜威的思想就已渗入到教育部的政策制定中。②虽然此时国人所理解的实用主义教育与杜威真正的教育主张差距颇大，但无论如何，在杜威来华之前，归于他的名下的教育主张便已经在教育部的提倡和推行下风靡一时。杜威访华期间，教育部的历任首脑袁希涛、傅岳棻和范源廉都十分支持杜威讲演一事。③杜威1919年在北京的两个重要讲演《美国之民治的发展》和《教育哲学》即被安排在教育部会场，对于扩大杜威讲演的影响来说意义重大。

杜威未抵华前，其讲演的基本框架已由邀请者们初步确

---

① 王剑：《胡适与杜威的中国之行》，《社会科学研究》2003年第1期，第120—124页。

② 蔡元培：《对于新教育之意见》，原载《民立报》，1912年2月8—10日，又以《教育部总长蔡元培对于新教育之意见》为题转载于《东方杂志》第8卷第10期，1912年4月；《教育部公布教育宗旨令》，《教育杂志·法令》第4卷第7期，1912年10月，第5页。

③ 袁希涛、傅岳棻和范源廉的任职情况，参见钱实甫编著《北洋政府职官年表》，华东师范大学出版社，1991，第18、19页。支持杜威讲演事，参见《胡适教授致校长函》，《北大日刊》1919年5月8日，第3、4版；*Letters from China and Japan*，第255—256页；胡适：《致蔡元培》（1919年6月22日），耿云志、欧阳哲生编《胡适书信集》，北京大学出版社，1996，第208—209页。

定。1919年4月，《新教育》出版"杜威专号"，发表了一系列介绍杜威学说的文章，分别是《杜威哲学的根本观念》（胡适）、《杜威之论理学》（刘伯明）、《杜威之伦理学》（蒋梦麟）、《杜威的道德教育》（作者不详）和《杜威的教育哲学》（胡适）。杜威对讲演并无太多"主意"，他后来的讲演主题基本是依照这组文章而设计。①

杜威的讲演可分为五类。第一类是实验主义②的思想方法及其由来，包括《试验论理学》（Experimental Logic，10讲）、《思维术》和《思想的派别》（8讲）。第二类可视为实验主义在伦理方面的应用，包括《伦理讲演纪略》（15讲）及各种人生观讲演。第三类可视为实验主义在教育方面的应用，包括在北京和南京的两次《教育哲学》（各16讲）讲演和大量关于各种教育问题的讲演。第四类可视为实验主义在社会政治方面的应用，包括《社会哲学与政治哲学》（16讲）及各种关于"民治"的讲演。第五类是哲学史方面的一般性介绍，包括《哲学史》（10讲）和《现代的三个哲学家》（3讲）。前三类讲演都呼应着"杜威专号"上的文章；《社会哲学与政治哲学》讲演是杜威在胡适的建议下，首次系统阐述实验主义的社会政治哲学，因而没能先期介绍。③第五类讲演则与杜威本人的思想关系不大。《哲

---

① 杜威对心理学有长期研究，并有大量著述。但邀请者们对此缺乏兴趣和关注，杜威也就没能深入介绍他在这方面的发现。

② 实验主义，是当时及今天通行的对杜威派哲学的译名。当时亦有实利主义、实用主义、实际主义和试验主义等译名。本文用"实验主义"，但引文各依其旧。

③ 《杜威博士讲演录：社会哲学与政治哲学》之"引言"，《新青年》第7卷第1号，1919年12月，第121页。

学史》讲演是在南高开设的课程，只是对希腊哲学的一般性介绍；而《现代的三个哲学家》则是为柏格森和罗素访华做准备而临时增加的。各种系列讲演是杜威头一年在北京和南京高师所做的，分量最重，影响也最大。在北京的讲演主要由胡适策划和安排，[①]1920年春季在南京高师的系列讲座则由南京高师和江苏省教育厅联合商定。[②]

上述各类讲演共同构成了一个相对完整的理论体系。虽名类各异，却都在阐述同一些主题——民主、科学与教育。论理学讲演揭示了实验主义这一科学方法及其相应的平等、自由的宇宙观。伦理学讲演将道德理解为一种类似于科学的理性探究，并从人性的角度阐述了实行民主的合理性。政治哲学讲演论述了如何用实验的方法来解决社会纷乱，并认为最好的社会即最能发展"共同生活"——杜威意义上的民主——的社会。教育哲学讲演讨论了科学对教育及共和制度的影响，并认为教育尤其是学校教育乃社会改造的最优手段。简单地说，发展共同生活（民主）是人的目的，教育是进行社会改造、实现这一目的之手段，而科学为民主和教育提供了最基本的技术条件、思想方法以及精神上的勇气与信心。在杜威看来，目的与手段实际是相互转化的：民主是持续不断的广义上的教育，而狭义

---

① Barry Keenan, *The Dewey Experiment in China*：*Educational Reformand Political Power in the Early Republic*（Harvard University Press，1977），p. 23.资料据秦博理（Barry Keenan）1968年5月2日对陪同访华的杜威女儿露西的访谈。
② 《文牍：致教育厅请通令省立各学校校长及管理员各县教育行政人员赴宁听杜威讲演书》，《江苏省教育会月报》，1920年4月，第1页。

的学校教育便是要将学校变成一个民主的小社会。可以说，杜威的讲演给中国民众传达的主要信息，是普及、提高教育，发展、应用科学（包括技术与方法），以实现真正的民主。值得注意的是，虽然民主、科学的观念早在清末就已传入中国，新教育的理念在民初也已被广泛宣传，但杜威从实验主义的角度对这些观念做出了新的阐释，最突出的一点便是更强调三者之间的密切联系，从而为民主的实行提供了一条新的道路——除了政治民主之外，持续的社会教育和学校教育本身就可能成为一种民主。从内容上看，杜威的讲演与两大运动密切相关。通过杜威的讲演，新文化运动所倡导的民主与科学的口号被赋予了新的内涵，得到广泛的宣传与讨论；也是通过杜威的讲演，新教育观念的影响得以上达各级政府，下至广大一线教师及青年学生。

　　虽然讲演的主题大体是由邀请者们选定的，但最初几个月的观察使得杜威对在中国发展民主、科学与教育的重要性和实用性有着相当的认同。五四运动让他看到了中国"真正的觉醒"，[1]一般国民对一战后如何处理德国殖民地青岛的反应让他看到了真正的共和国精神。[2]他认为"中国人在社会上是一个非常民主的民族"，中国知识阶层对教育的热情也让他深为感动。[3]因此，这一时期，杜威期许中国能逐渐"养成民主生活和

① 1919.07.04（10769）：John Dewey to Dewey children.
② 杜威：《共和国之精神》（1919年5月），袁刚等编《民治主义与现代社会：杜威在华讲演集》，北京大学出版社，2004，第22页。
③ 1919.06.10，17（03910）：John Dewey to Dewey children；1919.05.09（03903）：John Dewey to Dewey children.

思想的习惯"，"洞悉之所以造成西方进步的那些原理、观念和理智"，从而真正获得新生。[1]

此外，杜威并未照本宣科地讲演实验主义的学说，而是根据中国的现实情况作了相当的调整。比如，在伦理学讲演中，杜威并未过多强调实验主义伦理学的特色，反而将重点放在了讨论理智与感情的关系、个人与社会的关系上。这是因为杜威试图纠正学生运动中所表现出来的"感情用事"的弊病，尝试引导学生"有更远大的目的"，"发展社会精神或博爱精神"。[2]

第一年的讲演大获成功，使杜威摆脱了消沉的情绪，激发了他新的智慧和热情，[3]也在中国产生了广泛而持续的影响。除了具有全国性影响力的《晨报》《民国日报》《密勒氏评论报》《北华捷报》等大报的持续报道之外，许多地方刊物、学生刊物也选择性地刊载了杜威的演说。后者往往不是转载大报的报道，而是登载该刊作者所独立记录的杜威演说。这充分显示了国人对杜威演说的浓厚兴趣和高度热情。就在杜威访华期间，他的讲演陆续被结集成册出版，除了各种常见的讲演集，当时还出版了"各种小讲演录……几乎数也数不清楚了"。[4]杜威讲演集异常畅销。以晨报社版的《杜威五大讲演》（1920）为例，

---

① 杜威：《中国心灵的转化》（1919），《杜威全集·中期著作》第11卷，第178、176页。

② 杜威：《伦理讲演纪略》，《晨报》，1919年10月15日至1920年4月1日连载；袁刚等编《民治主义与现代社会：杜威在华讲演集》，第193页。

③ 简·杜威：《杜威传》，单中惠编译，安徽教育出版社，1987，第50—52页。

④ 胡适：《杜威先生与中国》，《东方杂志》第18卷第13期，1921年7月10日，第121页。

这部近500页的厚部头据称每版印刷10000本，到1921年杜威离开北京时发行过10版，到1923年时已发行了14版。[1]这意味着这部讲演集或已售卖了140000本，以当时传阅书刊的习惯，实际的读者数应远超于此。之后数年中，此书仍不断再版。时人都承认杜威在中国影响巨大，[2]后来的研究者也认为杜威成为一种时尚热潮（a fad）。[3]然而，这一热潮也在急剧变动的国际和国内局势中不断分裂和转向。

二、全球红色浪潮下的转折时刻

对于第一年的成功，杜威本人的反思颇值得玩味：

> 我无法再重复这一年的成功了……一些人说我已经激起了相当的兴趣，……就好像当你从来没有在火星呆过，从未期望去那里，也从不知道那里正在发生的任何事情，但你被告知说，你讲的东西已经在火星上激起了兴趣。我并不假设我传达了观点；……因为人的自负通常是反响的一个部分——如果有任何反响的话，你情不自禁地会想象自己与据称你应当要完成的东西有关。[4]

---

① 胡适：《杜威先生与中国》；Hu, H.C., "The Intellectual Awakening of Young China," *The Chinese Recorder*, Aug. 1, 1923。

② 胡适：《杜威先生与中国》；T. H. K., "Confucius and John Dewey: The Bankruptcy of the East and the West," *Chinese Students' Monthly* 16, no. 8（Jun. 1921），p. 539；聚仁：《杜威先生》，《涛声》1931年第12期。

③ Barry Keenan, *The Dewey Experiment in China*, p.34.

④ 1920.04.01（03593）：John Dewey to Dewey children.

这段话出自杜威写给孩子们的信，所传递的情愫是相当私密、真切的。对自己在"火星"上的成功，杜威表现出相当的怀疑。这种怀疑与此信的写作时间1920年4月1日密切相关。

"五四"后各种风潮不断，学生以罢课为手段组织运动，渐成常态。1920年2月初，北京学生反对就山东问题进行中日直接交涉的举动，又一次引发了全国性的罢课风潮。2月4日，北京学生在市街讲演，与警察产生冲突。杜威评论说：

> 事情已经非常糟糕，没有讲演能持续两周。没有真正的罢课，但也没有有秩序的课堂。他们每天都开会讨论是否要罢课。负责的人越试图阻止它，发热的头脑就越想要抗议殴打、逮捕学生，抗议应日本政府的要求解散学联。学生中支持政府的间谍也在鼓动罢课……上周的形势如此紧张，这里和天津的警察及军队公然采取行动，逮捕了学生。[1]

4月14日，中华民国学生联合会总会正式宣布罢课。随后，12省30余地的学生响应，展开了全国性的罢课。[2]愈演愈烈的学潮大概会令杜威怀疑，自己那些关于"民主、科学与新教育"的讲演对中国来说真是切题的吗？

几乎同一时期，即1920年2月到4月，杜威也在考虑北大的

---

① 1920.02.11（03583）：John Dewey to Dewey children.

② 参见吕芳上《从学生运动到运动学生》，台北："中研院"近代史研究所1994，第43—45页。

邀请——在中国再留一年。学潮所引发的局势动荡让杜威颇为犹豫，第一年讲演所获得的巨大成功也让他倍感压力："我已经做了我能做的所有一般性讲座，说了所有能说的一般性的话，而且它们已经在整个中国出版了——记住是4亿人，我无法在接下来的一年把同样的事情再讲一遍了。"[1]内心里，杜威渴望回到祖国，渴望回家。[2]尽管如此，就在写4月1日的那封信之前，杜威还是打电报给哥大再请一年假。[3]我们将看到，杜威多少是迫不得已才留在中国，因而，他在这封信中所流露出来的沮丧心绪就容易理解了。到4月22日，杜威已确定会继续留在中国。他给出了三个理由：首先，中国的生活十分舒适，而据目前的报道来看，美国的生活则不大有吸引力；其次，他还想进一步了解头一年所发生的事情的进展；最后，他想去中国南方看看。[4]后两个理由都不够充分，因为杜威此前明确说过"我个人认为我现在已经了解了我能够从在这里的一段逗留中所能了解的一切"。[5]让杜威决定留下来的最重要的原因，并不在于中国的情形，而在于美国国内的动荡局势。

随着苏俄布尔什维克政权在十月革命后站稳脚跟，布尔什维主义不仅在欧洲国家迅猛发展，在美国也有所传播。俄国革命使得美国工人阶级和自由知识分子阶层中出现明显的倾向社

---

[1]　1920.02.11（03583）：John Dewey to Dewey children；1920.04.01（03593）：John Dewey to Dewey children.

[2]　1920.02.11（03583）：John Dewey to Dewey children.

[3]　1920.04.01（03593）：John Dewey to Dewey children.

[4]　1920.02.11（03583）：John Dewey to Dewey children.；1920.04.22（04884）：John Dewey to Dewey children.

[5]　1920.02.11（03583）：John Dewey to Dewey children.

会主义的潮流，也使得美国占据主流地位的保守势力中恐苏情绪蔓延。1919年2月6日至11日发生了美国历史上第一次由不同行业的工人共同参与的总罢工——西雅图总罢工。这一切导致了美国局势在1919年初开始动荡。种族冲突、劳工反抗、美国共产主义政党的成立及左翼力量的发展，进一步加剧了社会不安。美国政府采取了一系列应对措施，却适得其反地引发了更多的纷乱。最终，1920年年初司法部长帕尔默（Mitchell Palmer）主导的、驱逐激进分子的大搜捕，使得整个社会的动荡不安达到顶点。直到1920年底，美国的局势才逐渐稳定下来。在长达两年的动荡局势之中，与杜威关系密切的《新共和》杂志被归进了"革命性"出版物的范畴，杜威本人也被认为是"对年轻人最具危险"的人物。[①]所以，1920年2月，也即美国局势最为动荡不安时，胡适告诫杜威说，他如果现在回国，会遭到驱逐。杜威记录了他与《芝加哥论坛报》（*Chicago Tribune*）的记者弗雷泽·亨特（Frazer Hunt）的对话："我问他是否美国的每个人都疯了，他说，他估计百分之九十至九十五的人疯了。"[②]于是，杜威选择留在中国。

自4月1日起，杜威离京南下讲演。虽然全国学潮汹涌，但杜威在南京的讲演仍如期举行，并受到了热烈欢迎。杜威4月11日的家信中描绘了一次讲演的盛况："星期天下午，我向南京所

---

① 参见刘祥《第一次红色恐惧研究（1919—1920）》，《近代国际关系史研究》2013年第2期，第21—79页。艾伦：《浮华时代——美国20世纪20年代简史》，上海财经大学出版社，2008，第34—55页。

② 1920.02.11（03583）：John Dewey to Dewey children；1920.02.20（03587）：John Dewey to Dewey children.

有的学生讲演……事实上有1500人，讲我有名的关于新人生观的演说。"①

杜威完全没料到中国的形势也会急转直下。1920年6月，杭州的青年学生开始抱怨杜威演说的智识性不够。这与杜威头一年在杭州讲演时所受到的热烈欢迎形成了鲜明对比。所谓智识性不够，实际是青年学生已不再满足于杜威教育改革的主张了。这时，杭州学生在杭州学联的领导下，正在进行驱逐省长和教育厅厅长的斗争。学生认为两人是摧残教育、压制新文化运动的罪魁。在倾向于斗争的学生看来，杜威的主张过于温和了。而在杭州当权者眼中，杜威却被视为激进的布尔什维克。面对整座城市的抵制，杜威在告别讲演中说，"中国需要的不是关于社会主义的理论，而是切实教导人民如何改进农业、棉花、丝绸，尤其是改进他们自己的生活"。②

对杜威讲演不满的并非只有杭州的青年学生。前人未曾充分注意到，1920年4—6月是中国近代思想史上的一个重要的时间转折点。俄国革命及随之而来的布尔什维主义在欧洲和美国蔓延的同时，也深刻地影响了中国。或可将这股由俄国革命引发，几乎同时在欧洲、美国和中国蔓延的思潮称之为红色浪潮。1920年2月时，杜威就观察到："无疑，布尔什维主义在中国成长得非常迅速——并非指作为专门术语的苏维埃主义，而

---

① 1920.04.11（03916）：John Dewey to Dewey family.中文稿参见《杜威博士在本校之演讲》，《少年社会》第2卷第3期，1920年5月，第17—20页。

② 1920.06.13?（03937）：Alice Chipman Dewey to Dewey family.《杜威在杭之演讲：科学与人生之关系》，《民国日报》，1920年6月20日，第7版；6月21日，第6版。

是这样一种信仰：革命是解决日本威胁和政府自身难题的有效办法，而利用俄国革命的帮助就能带来这种革命。"[1]4月，苏俄宣布放弃沙俄在华特权的《加拉罕宣言》传到了中国，"感动了无数的中国青年学生，而所谓'过激主义'，也开始在知识界流行了"。[2]杜威4月1日那封转折性的家信也注意到了这件事。到1920年9月时，杜威宣布：

> 学生的兴趣已经自然地从对教育扩大到了一般的社会问题，而去年他们对教育有着浓厚的兴趣。……年轻一代的整体性情是革命的，他们对旧体制如此厌恶以至于他们假定任何改变都会更好——变革越极端，越全面，就越好。在我看来，他们似乎对任何结构性变革途中的困难毫无所知。

在他看来，许多青年学生的兴趣点已经从自己转向罗素，从去年的教育转向如今的社会革命，"罗素的著作比其他任何人的都更流行……据说英文版的《到自由之路》已经在日本卖出了15000册，而他在中国是激进思想的伟大英雄"。[3]1920年10月，罗素刚到中国，便收到一位自称为学生代表的信。该信毫不隐讳地表达了对杜威的不满：

---

① 1920.02.17（03586）：John Dewey to Dewey children..
② 吕芳上：《从学生运动到运动学生》，第46—47页。
③ 两段引文俱自1920.09.12（04102）：John Dewey to Albert C. Barnes。

杜威博士在这里虽然是成功的，但是我们大多数学生并不满意他的保守学说。因为我们大多希望得到关于无政府主义、工团主义、社会主义等等的知识；一句话，我们亟欲求得关于社会革命哲学的知识。……我们希望您来纠正杜威博士这位美国哲学家的学说。[①]

随着红色浪潮的逐渐兴起、青年学生兴趣点的转变以及"过激主义"的流行，杜威的讲演在某些新文化兴盛之地开始遭受来自青年和官方的双重质疑。但另一方面，在镇江、松江、南通、嘉兴这样的小城市以及更为边远的一些省份，杜威仍受到了热烈的欢迎。

三、老话题与新探究

　　按原计划，杜威第二年不再从私人团体支薪，而改从北大支薪；主要工作是在北京的大学从事教学。[②]但1919年年底，北京爆发了大规模的罢教索薪风潮。自1920年4月起，北大的教员们就没有收到工资，自然也包括杜威。[③]

　　政府欠薪打乱了杜威的教学计划。地方政府和地方教育

---

① 罗素：《罗素自传》第2卷，陈启伟译，商务印书馆，2003，第199—200页。英文原件收入《杜威通信集》，1920.10.06（05029）：Johnson Yuan to Bertrand Russell。

② 1920.04.22（04884）：John Dewey to John Jacob Coss；1920.09.12（04102）：John Dewey to Albert C. Barnes；《杜威致联席会议教职员诸君函》，中国社会科学院近代史研究所藏胡适档案，档案号：1958—002。

③ 1920.09.12（04102）：John Dewey to Albert C. Barnes.

会取代前一年的几大邀请机构，成了杜威讲演活动的实际组织者和资助者。这一年，杜威先后访问了湖南、江西、湖北、安徽、福建和广东。正是由于美国的动荡局势和北京的罢教索薪风潮，杜威的讲演才能从北京、上海这样的新文化运动的中心城市扩展到其他城市和地区——武昌及汉口、南昌、福州和厦门及广州。在公开讲演中，杜威基本上仍重复着"民主、科学与新教育"的老话题。但在私人书信及面向美国公众的文章中，杜威对于中国的处境及未来已有了不同的思考。随着中国局势的日益恶化——军阀割据混战，各地风潮不断，教育经费欠缺，北方遭遇四十年未有之饥荒，[①]杜威对中国的观察也越来越深入。他逐渐意识到，"民主、科学和新教育"的主张缺乏相应的制度背景。在1920年9月12日的信中，他写道："我以前从未意识到我们所无意识携带的、作为批评标准的背景的意义。这里缺乏任何现代制度相关的背景、缺乏自由主义者相关的背景，所以任何事情都可能像其他任何事情——只要它是不同的——一样真实和宝贵。"[②]但"民主、科学与新教育"系列讲演的目的不正是希望在中国培养和建立起相应的文化和制度吗？第二年的经历令杜威意识到，中国当时的经济状况根本付不起他所宣讲的那种"民主、科学与新教育"的成本。在离华前夕，杜威感慨万千地评论："这里另外一个奇怪的矛盾是，他们又没学校又没钱，但讨论教育的兴趣比任何别的国家都要大。"[③]

---

① 《四十年未有之奇灾》，上海《民国日报》，1920年9月14日，第3版。
② 1920.09.12（04102）：John Dewey to Albert C. Barnes.
③ 1921.07.25（03964）：John Dewey to Dewey family.

由于改从北大领薪，杜威开始对政府财政有了"个人兴趣"。[1]他的关注重心因此逐渐转向了中国的经济。杜威认为，只有通过国际控制才可使中国免于经济崩溃。[2]所谓国际控制，指美国发起的新四国银行团计划。在某种程度上银行团计划意味着剥削，杜威意识到了这一点，但仍认为银行团并不全都是坏的。从政治上看，银行团能使中国免于被列强瓜分或完全被日本控制；从经济上看，银行团的国际监管总比日本赤裸裸的经济掠夺要好些。[3]杜威很清楚，对中国来说新银行团只是一种没有办法的办法，因而也是一个不便于提出来跟中国公众直接对话的话题。

　　杜威曾对"青年中国"寄予厚望。所谓"青年中国"，即以留学生为主体的、深受西方文化影响的中国青年知识分子群体。但现在他不得不承认，知识阶层"规模较小"，他们"实际影响很小"，"而且也不大注重自我组织"。[4]留学生们"不接触中国，又没有真正吸收西方的文化和科学，不愿从底层做起"，[5]而学生阶层普遍缺乏苦干实行的愿望和能力。[6]杜威所倡导的"民主、科学与新教育"绝非空洞的理念，而要求每个人身体力行的践履。但令他失望的是，邀请他来的中国知识分子

---

①　1920.09.12（04102）：John Dewey to Albert C. Barnes.

②　1920.05.30（04095）：John Dewey to Albert C. Barnes；杜威：《老中国与新中国》（1921），《杜威全集·中期著作》第13卷，第85—86页。

③　1920.05.30（04095）：John Dewey to Albert C. Barnes.

④　杜威：《布尔什维克主义在中国》（北京，1920年12月1日），《杜威全集·中期著作》第12卷，第193页。

⑤　1920.12.05（04113）：John Dewey to Albert C. Barnes.

⑥　1920.04.05（03595）：John Dewey to Dewey family.

"太耽于理论了"。①

杜威对"民主、科学与新教育"方案的隐忧、关于中国经济的观察和思考、对"青年中国"群体的批评，在他的大部分讲演中都未曾涉及。最直接的原因在于他的中国之行是一次"火星之旅"——他对中国有着一个从陌生到熟悉、从不甚了解到同情洞察的逐步探究的过程。"五四"后的中国又恰恰处于关键的转折期。局势的变幻推动杜威在第二年才开始思考这些问题，但他这一年到中南部数省访问，往往受教育家名声束缚不得不应邀就教育问题发表讲演。更深层的原因或是杜威对中国人心理的理解阻碍了他将负面的观察和评论宣之于口。杜威相当严肃地看待中国人爱面子的心理。当《少年社会》的编辑请他建议一些话题时，杜威的建议即爱面子带来的损害。②杜威断定，对中国人而言，"'面子'的影响比外在事实的后果更加重要"。③这样，越是形势危急，杜威就越不便将负面的观察直接讲出来，尤其是在他看不出这些评论能起到什么实际作用的情况下。

唯有在访问广东时，杜威透露了一些这方面的思考。1921年4月28日至5月3日在广州期间，杜威就道德、教育、西方对东方的贡献、自由与权利、社会组织之法、西洋社会的发展问

---

① 1920.12.05（04113）：John Dewey to Albert C. Barnes.

② 1920.04.24（03921）：John Dewey to Dewey family.

③ 杜威：《是什么阻碍了中国》（1920），《杜威全集·中期著作》第12卷，第42、46页。

题做了六次讲演。①话题之广泛，颇为罕见。杜威告诫说，政治民主是粉饰的，若不以经济民主相助，实难收效，"解决政治问题，非先解决经济问题不可"。②杜威还提出了三方面的批评："有学识的人，只顾西洋种种理想学说，而不注重科学方法"；一般国人太爱面子；③缺乏爱群的道德。④杜威之所以在广东吐露这些，很大程度上是因为他在广东看到了新的希望。杜威访粤正值陈炯明主政。在他看来，陈兴办实业，发展教育，革新陋俗，令省内气象一新。杜威评论说，广东政府在中国是独一无二的，因为它不腐败，具有真正的改革精神和公共精神，⑤"广东的行政机关要是能延长下去，中国教育前途或者有点希望"。⑥

中国最终的前途会怎样？1921年的杜威变得不那么肯定了。⑦似乎在中国待得越久，了解越深入，杜威就越难以清晰

---

① 《杜威博士第一次讲演录：动作道德重要的原因》《杜威博士第二次演讲录》《杜威博士第三次演讲录》，均参见《广东省教育会杂志》第1卷第1期，1921年7月，第116—119、120—122、123—126页；《杜威博士第四次讲演录》《杜威博士第五次讲演录》《杜威博士第六次讲演录》，均参见《广东省教育会杂志》第1卷第2期，1921年8月，第275—277、279—282、283—286页。后五次讲演《民国日报》未转载，为前人所忽视。

② 《杜威博士第六次讲演录》，《广东省教育会杂志》第1卷第2期，1921年8月，第283页。

③ 《杜威博士第三次演讲录》，《广东省教育会杂志》第1卷第1期，1921年7月，第125页。

④ 《杜威博士第五次讲演录》，《广东省教育会杂志》第1卷第2期，1921年8月，第281页。

⑤ 《杜威博士粤游的印象》《新建设的中国》，上海《民国日报》六周年纪念增刊，1922年1月22日。

⑥ 杜威：《南游心影》，上海《民国日报》觉悟副刊，1921年6月22日，第1、2版。

⑦ 杜威：《中国的新文化》（1921），《杜威全集·中期著作》第13卷，第96—106页。

地指出中国的具体出路在哪里。杜威的许多听众因此而失望。杜威陈述邀请他来的中国知识分子的意图说，他们"想要某个人，能提供关于特定的教育改革、管理方法等具体主题的确定知识，而这些知识能产生实际的结果"。①杜威未做评论，但字里行间都透露出不赞同。实验主义不再像传统认识论那样把知识视为对稳定、完整实在的反映，而是把它理解成能够预言和引导情境变化进程的实践性事件。换句话说，实验主义者将知识理解为探究（inquiry）。所谓探究，即遵循困惑、预测、调查、进一步假设、检验这五个步骤所进行的实践。②杜威为中国提供的正是实验主义意义上的知识。

如果我们把发展民主、科学和教育视为一项具体的改革建议，那么，杜威本人对这一建议在中国的可行性早就提出了质疑。我们尚无法判断，与杜威交往密切的少数中国精英知识分子（比如胡适）是否了解杜威的这种忧虑和质疑。如果我们真正领会了杜威哲学的精神，把"民主、科学和教育"视为一种杜威意义上的探究，那么，杜威在这趟"火星之旅"中通过对中国现实的观察和分析、不断推翻自己、尝试找寻解决之道的过程才揭示了他真正的建议——通过知性选择朝前走。这不是某种具体的改革建议，而是一种思想和行动的方法。这一方法是民主的，要求每个社会成员的主动参与；这一方法是科学的，要求一种实验的态度；这一方法是教育的，要求不断地从经验

① 1920.12.05（04113）：John Dewey to Albert C. Barnes.
② 杜威：《民主与教育》，《杜威全集·中期著作》第9卷，第125页。Dewey, *Logic：The Theory of Inquiry*, in *The Later Works of John Dewey*, Vol.12, p. 109.

中学习。总之，这一方法显示出对人的"创造性智慧"（Creative intelligence，杜威语）的尊重。对于"五四"时期的中国来说，漫漫前路又何尝不是一次并不存在现成解决方案的"火星之旅"呢？

另一场新文化运动

——梁启超诸人的文化努力与"五四"思想界

周月峰

一、引言

钱锺书常用"一束矛盾"来形容自己。[1]事实上，新文化运动[2]正是非常典型的"一束矛盾"。林同济看到的"五四新文化运动，内容本甚丰满，甚复杂"，"以至矛盾"，"实百花争发的初春，尽眩目熏心之热致"。[3]如此情状，正似余英时所说，"五四始终是、也仍旧是很多不同的事物"，有多重面相和多重方向的特点，当时的思想世界"由很多变动的心灵社群所构成"，"不仅有许多不断变动又经常彼此冲突的'五四'方案，而且每一

---

① 杨绛：《钱锺书对〈钱锺书集〉的态度》，收入钱锺书《七缀集》，生活·读书·新知三联书店，2002，第2页。

② 本文使用"新文化运动"时，如无特别说明或加双引号，则是在一般的、广义的、宽泛的意义指代"五四"前后的革新运动；在特指"梁启超诸人"和其他特定群体的新文化运动时，则加引号以为区别。

③ 林同济：《廿年来中国思想的转变》（1941年5月4日），收入江沛、刘忠良编《中国近代思想家文库：雷海宗·林同济卷》，中国人民大学出版社，2014，第577页。

方案也有不同的版本"。[1]

有意思的是，在时过境迁之后，人类对复杂的时代常常会有"集体健忘"，把"千头万绪简化为二三大事，留存在记忆里"。[2]我们所熟悉的五四新文化运动，便是一件被简化了的大事。沟口雄三注意到很长时期学术界存在左、右两种"五四"叙述：第一种"只是抽出了倾向于马克思主义、与中国共产党的创立有关的陈独秀、李大钊所代表的道路"，是"被作为新民主主义革命的起点，与中国革命的历史相连接的反帝反封建运动"；第二种是"胡适等后来走上与中共对立道路的人士的轨迹"。他继而认为，在二者之外，梁漱溟（1893—1988）就体现了"另一个'五四'"。[3]

沟口雄三所说的"五四"实为广义的五四新文化运动，且"五四"还不只有"另一个"，[4]情状或许更为丰富。在陈独秀（1879—1942）、李大钊（1889—1927）、胡适（1891—1962）或梁漱溟之外，本文"另一场新文化运动"是指梁启超（1873—1929）、张东荪（1886—1973）、蓝公武（1887—1957）、张君劢（1887—1969）、蒋百里（1882—1938）等人（以梁启超为核心的一个读书人群体，以下简称"梁启超诸

---

① 余英时：《文艺复兴乎？启蒙运动乎？——一个史学家对五四运动的反思》，收入余英时等著《五四新论——既非文艺复兴，亦非启蒙运动》，台北：联经出版事业公司，1999，第25—26页。

② 钱锺书：《中国诗与中国画》，《七缀集》，第3—4页。

③ 沟口雄三：《另一个"五四"》，收入小岛毅主编《中国的思维世界》，孙歌等译，江苏人民出版社，2006，第618页。

④ 其实时人已注意及此，故也有"又一种文化运动"的提法。一真：《哲学研究社之大扩展》，《京报》，1921年2月25日，第3版。

人"①）的新文化主张与实践，即这是在左右之外、几乎被遗忘的以梁启超诸人为主角的"另一场新文化运动"。

这一群体有其自身的"新文化运动"，在当年具有重要影响，其目标和方式都与北大师生辈有所不同（不仅限于我们熟知的"民主"与"科学"）。他们希望"以解放求改造"，创造一种既不同于中国文化也不同于西方文化的"新文化"，实现"再造文明"。但该群体又并非既存言说中新文化运动的外在对立物，也不仅是在一种声音之外加入了另外一种声音，而是参与了时代的思考，形塑了时代的思潮，在新文化运动风气转变过程中，有着不容忽视的影响。

关于梁启超（或"研究系"）与"五四"学生运动的关系，尤其是揭示"研究系"在幕后发动学生运动，是近年研究的热点，新论迭出。②相较于此，对梁启超一派与广义的五四新文化运动关系的讨论仍有不足。与早期学界多以《新青年》的声音概括、代替全部新文化运动不同，周策纵、胡绳较早注意到梁

①　这一群体的主要成员因多与宪法研究会有关系，且梁启超更是宪法研究会的领袖，所以时人和后世研究者也有以"研究系"指称的，如彭明的《〈五四〉前后的研究系》，《历史教学》1964年第1期，第25—32页。然而，就"五四"前后梁启超一系的文化活动而言，一般被认为属于"研究系"的人未必参与这些事业，而参与者也多否认是"研究系"中人或有"研究系"这一团体。所以，由于"研究系"这一称谓容易与宪法研究会成员混淆，以及其在历史上所具有的贬抑色彩，为避免误解，本文仍以"梁启超诸人"来指代在"五四"前后梁启超周围所形成的群体。

②　冯筱才：《政争与"五四"：从外交斗争到群众运动》，《开放时代》2011年第4期，第28—41页；李达嘉：《五四运动的发动：研究系和北京名流的角色》，收入李达嘉编《近代史释论：多元思考与探索》，台北：东华书局，2017，第119—180页；马建标：《暧昧的联合：五四时期的北京大学与研究系》，《复旦学报》2018年第5期，第61—81页。

启超等人与新文化运动的关系，然均点到即止。①张朋园侧重于梁启超在新文化运动中的活动，而未涉及其新文化方案。②此外，由于梁启超诸人在"五四"前后的言行与《新青年》同人的"新文化运动"有许多相似处，故自20世纪90年代开始，有学者认为梁启超"紧跟时代潮流"，其言行"与五四新文化运动的主题、内容完全合拍"，"研究系与新文化运动有相当关系"，"是新文化运动的辩护者而非敌对者"。他们虽注意到了《新青年》之外的群体，却仍受整体论影响，心中多有"新文化运动"的特定图像，以此为标准，规范、选择甚至裁剪其他方案与行动，削足以适履，反而忽视了梁启超诸人自身新文化方案、实践的独特性，也未能进一步呈现他们展开"新文化运动"的故事。更重要的，以往研究均未在互动中充分展现他们对新文化运动的具体影响。③

---

① 周策纵较早注意到梁启超一系的《国民公报》《晨报》《时事新报》在"五四"时变成了"新文化运动的先驱"；胡绳晚年特别强调"中间力量"的存在，也承认"梁启超、张东荪反对当时搞社会主义革命，主张先发展资本主义，也不能说是反动的，因为资本主义在当时是进步事物"。周策纵：《五四运动：现代中国的思想革命》，周子平等译，江苏人民出版社，1996，第96页；"从五四运动到人民共和国成立"课题组：《胡绳论"从五四运动到人民共和国成立"》，社会科学文献出版社，2001，第18页。

② 张朋园：《梁启超与五四时期的新文化运动》，《中央图书馆馆刊》新第6卷第1期，1973年3月，第1—15页；张朋园：《梁启超与民国政治》，上海三联书店，2013，第128—152页。

③ 崔志海：《梁启超与五四运动》，《近代史研究》1997年第1期，第190—206页；彭鹏：《研究系与五四时期的新文化运动——以1920年前后为中心》，中山大学出版社，2003；郑师渠：《梁启超与新文化运动》，《近代史研究》2005年第2期，第1—37页；元青：《梁启超与五四新文化运动》，《南开学报（哲学社会科学版）》2005年第2期，第44—51页；董德福：《梁启超与五四运动关系探源》，《江苏大学学报（社会科学版）》第8卷第6期，2006年11月，第29—36页。李茂民近年的研究已注意到梁启超新文化建设方案的独特性，"既不同于激进主义方案，也不同于保守主义方案"，"而是一种更为

历史上的人与事通常是一个更宽广的历史整体之片断。诚然，吾人考察的往往只是事后截取的历史片断，然而，若只见树木不见森林，忽视其为周流变动的关联性结构之一部分，或在关联性结构中的具体位置，则即使考察之后，具体的人与事变得清晰（实际也未必），但有时对历史整体的了解不仅未能推进，反有可能更加模糊。研究新文化运动亦然，若仅关注一人一派，即使重要如《新青年》同人，仍将"不免于隘"。[①]相较而言，对于理解历史上的新文化运动而言，相互关系可能更为关键，尤其要注意"整个结构中各局部间的相生相成的综合功用"。[②]梁启超诸人与运动中"各局部间的相生相成"正是重要却未被足够重视的论题。故本文在简要论述梁启超诸人有"另一场新文化运动"之后，将侧重讨论他们在新思想界的自我定位、与其他新文化群体之关系，以及在互动中所发挥的实际影响。期望通过对梁启超诸人"新文化运动"的梳理，丰富对广义新文化运动的整体认识——即"另一场新文化运动"的第二层

稳健和富有建设性与可行性的方案"。但作者将梁启超"五四"时期的新文化思想抽离于历史语境做静态考察，未必真是"回到五四"，故也未真能了解梁启超之所欲言。参见李茂民《在激进与保守之间：梁启超五四时期的新文化思想》，社会科学文献出版社，2006，第27、34—35页。

①　蒙文通说："事不孤起，必有其邻。"又说因唐代新经学、新史学、新哲学、新文学"一贯而不可分"，故"由新文学之流派以见一般新学术之流派则可，惟论新文派以及其思想，而外一般新学术，将不免于隘"。蒙文通：《评〈学史散篇〉》，收入蒙默编《蒙文通全集》第2卷，巴蜀书社，2015，第472页。

②　林同济曾将"相互关系"视为"观察万物的'入道之门'"，认为研究历史的要旨便是"谈'关系'，谈互动的，相对的关系"，"谈整个结构中各局部间的相生相成的综合功用"。林同济：《第三期的中国学术思潮——新阶段的展望》（1940），《中国近代思想家文库：雷海宗·林同济卷》，第572、576页。

含义：它不仅仅是某个特定群体的运动，而是多群体、多方案混流并进的过程，呈竞合相，这些形形色色相互竞流的群体，构成了层次丰富、色调极其含混复杂而又像漩涡般交互杂糅的动态图景——能包含各种新文化方案、相生相成的，更接近历史原貌的广义新文化运动。

二、梁启超诸人的"新文化运动"

近代中国古今、中西交汇，社会变化速度及思想和心态发展又不同步，致使存在多个世界及众多群体，其中"不新不旧"的人与事，以及新旧阵营中表现不那么极端或积极的群体，在既有研究中多半处于一种"失语"的状态。[①]"五四"时期的梁启超诸人正是不那么极端的群体，虽非完全失语，但相对于他们在当时的地位和影响而言，研究显然仍非常不足。与这一群体的失语相关联的，是他们所从事的文化运动一并被误解或遗忘。

这是一群徘徊于政治与学术之间的读书人，有着国士的关怀与抱负。该群体以梁启超为领袖，成员多为梁氏清末民初（特别是护国运动期间）事业上的同志和新旧门生，或因理念相近、或基于师生之谊、或有共事经历，在1918年前后逐渐汇聚，形成一松散的文化、政治团体，没有严格的组织，边界模糊。

---

① 参见罗志田《新旧之间：近代中国的多个世界及"失语"群体》，《二十世纪的中国思想与学术掠影》，广东教育出版社，2001，第259—263页。

他们所举办的文化事业主要包括：其一，办报，包括《时事新报》《晨报》《国民公报》，尤其是它们的三种副刊——一般认为新文化运动四大副刊中，《学灯》与《晨报副刊》便占了半壁江山。其中，胡适将《国民公报》比作新文化运动中"一颗大星"，而《晨报》被认为"对于新文化运动，的确有很大的功绩"，《学灯》更是"为一般新学界所欢迎"，甚至"有左右学术界的势力"。[1]其二，创办了在"五四"时影响极大的《解放与改造》杂志。1919年前后在中国讲学的杜威（John Dewey，1859—1952）观察到，当时有三份"发挥着重大影响"的刊物成为"新文化运动喉舌"，除了《新青年》《新潮》之外，便是梁启超一派的《解放与改造》。[2]其三，成立共学社，出版"共学社丛书"，在当时被称为"研究系文化运动之一别动队"。[3]其四，成立讲学社，邀请罗素（Bertrand Russell，1872—1970）、杜里舒（Hans Driesch，1867—1941）、泰戈尔（Rabindranath Tagore，1861—1941）等人讲学。这一机构影响亦大，在当时曾形成一种讲学之风，转变学风，激起新潮。青年学生王凡西对新文化运动的印象是"从杜威、罗素、柏格森到泰戈尔"等等的大名，[4]而这些人恰恰又多是讲学社介绍或邀请到国内的。

---

① 胡适：《一颗遭劫的星》（1919年12月17日），收入季羡林主编《胡适全集》第10卷，安徽教育出版社，2003，第113页；张静庐：《中国的新闻记者与新闻纸》下编，现代书局，1932，第32页；张静庐：《中国的新闻记者与新闻纸》上编，第63页。

② 杜威：《中国的新文化》（1921），《杜威全集·中期著作》第13卷，第104页。

③ 茅盾：《周、杨姻缘之一幕》，《茅盾全集·散文二集》第12卷，人民文学出版社，1986，第98页。

④ 王凡西：《双山回忆录》，东方出版社，2003，第7页。

其五，接办中国公学，创办自治学院，梁启超等人陆续讲学清华、南开、东南大学等，在教育界成为一股重要力量。

大致而言，就他们发动的事业观之，此群体中居于核心地位的，为梁启超、张东荪、蓝公武、张君劢、蒋百里等数人而已。其他如徐新六（1890—1938）、林长民（1876—1925）、黄溯初（1883—1945）、丁文江（1887—1936）、舒新城（1893—1960）、徐志摩（1897—1931）、宗白华（1897—1986）、俞颂华（1893—1947）、茅盾（1896—1981）、郑振铎（1898—1958）等都在不同时期不同程度参与过他们的事业。成员多数在梁启超影响最大的时期成长，深受任公文字的"洗礼"。[1]

此群体的核心成员自清末开始便为政治改革奔走呼告，鼎革之后，也多参与实际政治。民初数年本是"一个政治热绝顶的时代"。[2]杨杏佛曾称之为"有政无学时期"，"昔日在野鼓吹改革之学者，皆身亲政治"，[3]两度出任总长的梁启超是其中之一，其他如张君劢、蒋百里、蓝公武等也常随任公身居要职，或参选议员。[4]但在1914、1915年之后，政局即进入了一个"黑暗时代""分崩如故"。[5]张东荪于护国之役后入京，经过数月观

---

[1] 如舒新城便说自己少年时期一度对"一部旧《湘学报》""爱不忍释"，尤其是其中梁启超所订的"时务学堂的十条学约"，他"更照着学约所指示的去律己，于我后来治学治事的效益很大"。舒新城：《我和教育》上册，台北：龙文出版社，1990，第65页。

[2] 常乃悳：《中国文化小史》，中华书局，1928，第172页。

[3] 杨铨（杏佛）：《民国十三年之学术观》，《申报》国庆纪念增刊，1924年10月10日，第10版。

[4] 护国之役后，张君劢先后任国际政务评议会书记长、总统府秘书，蒋百里任黎元洪总统府顾问，蓝公武任议员。

[5] 语出常乃悳《中国文化小史》，第173页；杨铨（杏佛）：《民国十三年之学术观》，《申报》国庆纪念增刊，1924年10月10日，第10版。

察，认定此后政局将是"不死不生之形态"，①除"无办法"三字外，"不足以状现时之中国"，且"无办法"已是"一时流行之辞"。②

随着政局每况愈下，梁启超一派的政治境遇也近乎山穷水尽。1917年底，国务总理段祺瑞辞职，内阁中"研究系"人物梁启超、汪大燮、汤化龙、林长民、范源廉、张国淦等均辞职。曾经希望凭借该党精英入阁"树政党政治模范"，"引他党于轨道"，"实现吾辈政策"③的尝试再一次挫败。结果则是该派"业经风流云散，毫无作用"，④就党势言，已"毫无组织，党已不党""若存若亡"。⑤

追随梁启超一起去职的人中，有张君劢、徐新六，蒋百里也于蔡锷去世后赋闲京师。他们随梁启超在政治上的失意而失意，加上之前受命主持《时事新报》和《国民公报》的张东荪、蓝公武，形成了这一群体的核心。

政治失意，使他们"废然思返，觉得社会文化是整套的，要拿旧心理运用新制度，决计不可能，渐渐要求全人格的觉悟"，⑥遂决定从政治努力转向文化努力，想要"从思想界尽些

① （张）东荪：《归来杂话》（二续），《时事新报》，1917年4月5日，第2张第3版。
② （张）东荪：《勿堕落》，《时事新报》，1917年4月10日，第1张第2版。
③ 《北京电》，《申报》，1917年7月30日，第1张第2版。
④ 刘以芬：《研究系之来龙去脉》，《民国政史拾遗》，上海书店出版社，1998，第13页。
⑤ 本炎：《评国民党及研究系》，《孤军》第2卷第5、6期，1924年10月10日，第15页；一卒：《中国政党小史》，《孤军》第2卷第5、6期，1924年10月10日，第61页。
⑥ 梁启超：《五十年中国进化概论》，《饮冰室合集·文集之三十九》，中华书局，1989，第45页。

微力"。^①其实，类似的计划从未间断，如1917年初梁启超便曾"拟下三年苦功"周历讲演，希望"从后台下手改良"，造"十年后作种种活动之人物"；^②1918年上半年又曾计划发起松社"为讲学之业"，"提倡风气"，以及创办"专言学问，不涉政论"的杂志。^③但最后均未果行。蓝公武后来曾总结，对文化事业，虽同人也都"常想做这事业"，"可都是误于政治活动，从未切实做去"。^④实际上，这种从政治到文化的转变或许并没有梁启超自己所说的那么界线分明，他们更多时候是在两者之间犹豫与徘徊（或想两者兼顾）。

他们这一次想从思想界尽力的具体计划大约在梁启超等人赴欧前形成。据梁启超后来追述，在1918年底去国之前，"和张东荪、黄溯初谈了一个通宵，着实将从前迷梦的政治活动忏悔一番，相约以后决然舍弃，要从思想界尽些微力"，并说这一席话让他们"朋辈中换了一个新生命了"。^⑤这一决定并非草率形成，稍早之前张君劢、张东荪、蓝公武就曾"论中国前途，常

① 梁启超：《欧游心影录节录》（1918—1919），《饮冰室合集・专集之二十三》，第39页。
② 《梁任公今后之社会事业》，长沙《大公报》，1917年2月8日，第6版。
③ 张君劢：《致任公先生书》（1918年1月12日），收入丁文江、赵丰田编《梁启超年谱长编》，上海人民出版社，1983，第859页；梁启超：《致陈叔通君书》（1918），《梁启超年谱长编》，第863页。
④ 蓝公武：《革新家之态度问题——蓝公武答胡适之书》（续），《时事新报》学灯副刊，1919年3月1日，第3张第3版。蓝公武此信极长，从1919年2月11日起开始在《时事新报》连载（《国民公报》从1919年2月7日起连载，至26日止），后删节后刊登于《新青年》第6卷第4号（1919年4月）。
⑤ 梁启超：《欧游心影录节录》（1918—1919），《饮冰室合集・专集之二十三》，第39页。

以为必经思想革命一阶级"。①稍后熊正理从美国覆信张东荪，
印证了梁启超所言，信中说：

> 左右与君劢、志先诸公商定任公于十年以内绝对不近
> 政权，专从文化方面，另造一种新势力，改党造党。②

当时梁启超一派是否真打算决然舍弃政治活动，尚待考证，但
"在思想界尽些微力"已是他们一个付诸行动的重要选项。他
们的三份机关报在此前后纷纷改革，如张东荪在《时事新报》
上誓言"对于文化思想的鼓吹，当唯力是视"，《国民公报》
也将此后论述旨趣设定为"对于政教艺术，誓有以革今日之陋
俗，而使吾国思想界，辟一新境界焉"。③待梁启超一行归国，
又重申"对于现实的各方面（尤以政治方面为最）皆一概绝
缘"，④在上海见到五四运动中的学生领袖，也仍"慨叹他二十
余年从事政治运动徒劳无功，表示今后对政治已无兴趣"，并
"提出一个五十年文化的大计划，希望青年学者赞助"。⑤除了
"十年"变"五十年"之外，前后思虑十分接近。这一决定成

---

① （张）君劢：《论国家前途书》，《时事新报》，1918年7月17日，第1张第
  2版。
② 熊正理：《熊正理致张东荪书》（1919年3月2日），《时事新报》学灯副刊，
  1919年4月12日，第3张第4版。熊正理为熊纯如之子，时留学美国，后曾任
  东南大学教授等职。
③ （张）东荪：《精神生活与舆论政治》（下），《时事新报》，1918年12月19
  日，第1张第2版；毋忘：《本报重刊之旨趣》，《国民公报》，1918年10月21
  日，第2版。
④ 《梁任公抵沪后之谭［谈］话》，《申报》，1920年3月7日，第10版。
⑤ 张国焘：《第一次会晤孙中山先生》，《我的回忆》第1卷，现代史料编刊
  社，1980，第70页。

为他们此后数年事业之指导。

1918年底的决定或能视为梁启超诸人此次从事文化运动之开始，也赋予他们新的定位。"五四"学生运动之后，张东荪是"文化运动""新文化运动"两个名词最早的使用者之一，他认为那时的各项事业中，"以文化运动为最要"。[①]他将这篇题为《第三种文明》的文章作为机关刊物《解放与改造》创刊号的社论，具有开场锣鼓之意味。几个月后，《时事新报》同人因认为文化运动是"解决中国问题的初步的方法"，故趁新年之机再次宣言，"愿意把这张小小的报纸公开做全国文化运动的机关"。[②]

此种自我定位为国内同人与旅欧诸人所分享，当时随梁启超赴欧的张君劢曾给国内同人一信，商讨归国后的团体事业，其中包括中比贸易公司、中比轮船公司、月报及印刷所、大学、派留德学生诸事，并说印刷所是"拟为文化运动计，创刊小丛书"所必需。[③]正如他们在欧洲所计划的，梁启超诸人归国后创办共学社，开宗明义即说：

> 培养新人才，宣传新文化，开拓新政治，既为吾辈今后所公共祈向，现在即当实行着手，顷同人所立共学社即

---

① （张）东荪：《第三种文明》，《解放与改造》第1卷第1、2号，1919年9月，第4页。关于"新文化运动"一词的产生与流行情况，可参见周月峰《五四后"新文化运动"一词的流行与早期含义演变》，《近代史研究》2017年第1期，第28—47页。

② 《我们的宣言》，《时事新报》，1920年1月1日，第2张第1版。

③ 张君劢：《与溯初吾兄书》（1920年1月12日），《梁启超年谱长编》，第896—897页。

为此种事业之基础。①

将"宣传新文化"视为"吾辈""同人"的公共祈向。因此即
使是梁启超在当时偶有发表政论，仍会引起同人质疑，使他不
得不自辩绝无政治活动。②这无疑最能说明他们的"新文化运
动"是有计划的、有群体意识的行为。随着他们文化事业的展
开，这一团体的成员既有新加入者，也有离开者，各时期稍有
不同。

在推行事业过程中，他们常常用心寻找、培养同道。茅
盾在投稿《学灯》数次之后，张东荪便在报纸上约其"常常来
馆，以便接谈，藉请教益"。后来茅盾回忆时也说，由于常在
《学灯》投稿，"张东荪办《解放与改造》时就约我写文章"，
"认为发现了一个人材，就有意要拉我到《时事新报》工作"。
双方一度十分亲近，张东荪离沪外出时甚至请其代理《时事新
报》主笔。③又如，蒋百里在读到梁漱溟《东西文化及其哲学》
一书后，认为其"结末之告白，大与吾辈自由讲座之宗旨相
合"，故致信梁启超建议拉拢，梁启超欣然同意，表示"能找得
梁漱溟最佳"。所以才有梁漱溟记忆中梁启超"偕同蒋百里、林

① 梁启超：《致伯强亮侪等诸兄书》（1920年5月12日），《梁启超年谱长编》，
第909页。
② 梁启超对同人自辩说："偶作两文，亦非对于现状见猎小［心］喜，实欲借
此刺激，为政治教育一种手段耳。"梁启超：《与东荪书》（1920），《梁启
超年谱长编》，第923页。
③ 《通讯·张东荪致雁冰》，《时事新报》，1919年9月25日，第3张第4版；茅
盾：《商务印书馆编译所》《文学与政治的交错》，《茅盾全集·回忆录一
集》，人民文学出版社，1997，第34、148、273页。

宰平两先生移尊枉步访我于家"一事。①

对此，舒新城曾注意到，为了这一系列事业，"他们很想从所谓新进作家中延揽一批人，以为文化努力"；又说："八年梁等致力于文化运动，很想吸收一批人才，造成一种新势力。"舒新城自身便是被发掘的同道之一。为聘请其担任中国公学中学部主任，蒋百里"曾过舍相访，说明公学之种种情形，我之教育主张亦概被接收"。②舒氏加入中国公学后，同样担负了延揽人才的任务，他曾表达"颇感人才困难"，故主动请缨，计划"赴南高、北高、北大作学生数月，或者当较有补益，盖仅在纸上相见，终止知其一面，无由窥其人格之全豹也"。③

可以说，除核心成员外，这是一个以事业为聚合的群体。并且，他们对于新加入者甄选严格。在办理教育时，蒋百里曾草拟一份名单以供延揽，张东荪看后即表示："单上诸人，仍当以有无决心为标准，再淘汰一次。以荪所知，止舒新城一人确有决心，与吾辈共甘苦也。"④可见他们对于新加入者的慎重，

① 蒋百里：《与任师书》（1921年11月26日），《梁启超年谱长编》，第941页；梁启超：《致东荪百里新城三君书》（1921），《梁启超年谱长编》，第945页；梁漱溟：《纪念梁任公先生》，收入夏晓虹编《追忆梁启超（增订本）》，生活·读书·新知三联书店，2009，第221页。

② 舒新城：《我和教育》上册，第149、165—166页。

③ 舒新城：《致任公先生书》（1921年11月23日），《梁启超年谱长编》，第939页。

④ 张东荪：《致蒋百里书》（1920年10月），《梁启超年谱长编》，第925页。此外，他们也曾注意到毛泽东的"湖南自修大学不易成立"，希望物色"彼中良份子分一二位来此"，直到舒新城指出"毛与独秀颇相得，且只在第一师范毕业，未必能来，即来亦无何种效用"而作罢。梁启超：《致百里东荪新城三公书》（1921），《梁启超年谱长编》，第943页；舒新城：《致任公先生书》（1921年11月23日），《梁启超年谱长编》，第940页。

即梁启超所说必须为"气味相投之人"。①

　　同时，亦有人离开梁启超诸人群体。例如，在梁启超欧游期间，张东荪曾以《学灯》《解放与改造》为平台，吸引了像茅盾、周佛海（1897—1948）等众多"五四"青年。但当梁启超他们回来之后，重新树立文化方针，其他意见相左且人际关系上渊源较浅者，如俞颂华、茅盾、周佛海等人，或疏远或彻底离开。茅盾便记得在周佛海加入共产党之后，特意在《民国日报》上发一启事，"谓共学社丛书中有渠所译克鲁泡特金之《互助论》一书，但此为售与共学社者，除此售稿关系而外，渠与共学社别无关系"，盖因理念已不同，故划清界限。②

　　其实，梁启超一派对于自己在从事新文化运动并无疑义。当有外人批评新文化运动时，张东荪会自觉解释、辩护，他说："文化运动本为公开，并他人之加入而不拒绝，安有拒绝他人批评之理。"又说："我侪虽学浅力薄，然以良心之督责，尽其所能，以从事于文化，亦深感不足。苟有异军蹶起，分肩此巨责，岂不甚善？"③从中依稀可见他自居文化运动主人的姿态，盖如果自身是客，又如何能以主人的姿态欢迎批评与欢迎"分肩此巨责"？且视他人为"异军"，则隐然以"正军"自命。近20年后，《时事新报》在追述自身历史时，稍退一步，但仍认为自己在"五四"时期"虽然不是思想界的主潮，可是做了新文

---

① 梁启超：《致东荪百里新城三君书》（1921），《梁启超年谱长编》，第944页。

② 茅盾：《周、杨姻缘之一幕》，《茅盾全集·散文二集》第12卷，第98页。

③ （张）东荪：《文化运动之批评者》，《时事新报》，1920年9月21日，第2张第1版。

化的鼓手"。①这是在时过境迁之后的论定，不过，在新文化运动进行阶段，他们确实有着与《新青年》一较高下，"争那个你偏我正"②的努力。

梁启超诸人的"新文化运动"分前后两个阶段：1918年底梁启超、张君劢、蒋百里游欧，国内文化事业由张东荪、蓝公武主持，又以张东荪为主导，这一状况持续到1920年初；③之后梁启超、蒋百里归国，亲自主导他们的"新文化运动"，对此前的事业与方针均有重大调整。故新文化方案也可分为前后两种：前期侧重社会改造，"主张先改造一个新社会，由新社会的力量来刷新政治"；④后期侧重文化与政治，一面努力"文化运动"，一面"以政治运动与之辅行"。⑤前期具有彻底的革命性，"主张解放精神、物质两方面一切不自然不合理之状态"，"以为改造地步"，⑥来"一个真正的大革命"；⑦后期则只强调"思想解放"。⑧前期将改造事业分成"总解决"和之前"不是短期

①　《复刊辞》，重庆《时事新报》，1938年4月27日，第1张第2版。
②　傅斯年：《答〈时事新报〉记者》，《新潮》第1卷第3号（1919年3月），第529页。本文引用的《新潮》为上海书店1986年影印版。
③　张东荪当时被视为"研究系"在上海的"代言人"。张国焘：《第一次会晤孙中山先生》，《我的回忆》第1卷，第70页。关于张东荪在"五四"前后的新文化运动方案，可参见周月峰《五四运动与张东荪"总解决"方案的形成》，《华中师范大学学报（人文社会科学版）》第58卷第1期，2019年1月，第118—127页；周月峰：《"革命"的文化运动："五四"后张东荪的新文化方案》，《天津社会科学》2019年第3期，第139—149页。
④　（张）东荪：《政治意识》，《时事新报》，1919年1月20日，第1张第2版。
⑤　梁启超：《政治运动之意义及价值》，《改造》第3卷第1号，1920年9月，第9页。
⑥　《本刊启事一》，《解放与改造》第1卷第1、2号，1919年9月，无页码。
⑦　（张）东荪：《各自改造》，《时事新报》，1919年9月26日，第1张第1版。
⑧　梁启超：《欧游心影录节录》，《饮冰室合集·专集之二十三》，第25页。

的"培养阶段，[①]在"大改造"之前的预备中，"以文化运动为最要"；[②]后期不再提"总解决"。前期以社会主义为改造蓝图；后期强调"决非先有豫［预］定的型范"，[③]基本放弃原先的社会主义改造趋向。

在文化层面，前期主张从中西文化中解放，认为"不应该再提倡第二种文明的知识和道德，而应该专从第三种文明去下培养工夫"；[④]后期虽也认同从中西文化解放，但又宣导倾向东方文化的"以复古为解放"。[⑤]在后期，梁启超为未来中国（甚至世界）拟就了再造一个新文明的办法：

> 第一步，要人人存一个尊重爱护本国文化的诚意；第二步，要用那西洋人研究学问的方法去研究他，得他的真相；第三步，把自己的文化综合起来，还拿别人的补助他，叫他起一种化合作用，成了一个新文化系统；第四步，把这新系统往外扩充，叫人类全体都得着他好处。[⑥]

在这一设计中，中国文化已是主体，西方文化则处于辅助地位。前后方案自具系统，且与同一时期《新青年》、国民党人等

① （张）东荪：《势力与决心》，《时事新报》，1919年9月24日，第1张第1版。
② （张）东荪：《第三种文明》，《解放与改造》第1卷第1、2号，第4页。
③ 大泉：《铜器时代——本志表装图案的解说批评》，《改造》第3卷第1号，1920年9月，第3页。
④ （张）东荪：《第三种文明》，《解放与改造》第1卷第1、2号，第5页。
⑤ 梁启超：《前清一代中国思想界之蜕变》，《改造》第3卷第3号，1920年11月，第6页。
⑥ 梁启超：《欧游心影录节录》，《饮冰室合集·专集之二十三》，第37页。

方案各不相同却又相互交错（详后）。

梁启超诸人的"新文化运动"持续数年，在1923年之后，中国逐渐进入"政治上狂风暴雨的时代"，①尤其是"五卅"后，"所谓新文化运动的领袖，除去一二人参加政治争斗外，其余也都渐渐的没落"。②同样，梁启超诸人也多已感觉"不能不管政治"，并且这是"多人凝〔拟〕议"的结果，认定"早晚是不能袖手"。有意思的是，梁启超此时已开始认为"这几年来抛空了许久，有点吃亏"。③将"不近政权"的文化努力视为"抛空"，正可见他们此时态度的转变。在此前后，张君劢、蒋百里受孙传芳聘，林长民受郭松龄聘，此派人物越来越深地参与到实际政治之中，兴趣与精力都有所转移，文化事业逐渐式微。

他们之后虽认为不近政权、政治的文化事业为抛空，但并不稍减他们此前在新文化运动中的影响。常乃惪甚至将梁启超与胡适并列为"新文化运动的健将"。④然而，同为新文化运动健将的胡适，却又称其为"敌人"，⑤则提示出梁启超诸人与《新青年》同人虽共处新文化运动之中，关系却仍十分紧张。

① 陈伯达：《论五四新文化运动》（1937年4月29日），《认识月刊》创刊号，1937年6月，第68页。

② 天行（周予同）：《第四期之前夜》，《一般》第6卷第1号（1928年9月，实际出版于1929年1月），第9页。

③ 梁启超：《给孩子们书》（1925年7月10日），《梁启超年谱长编》，第1048页。

④ 常乃惪：《中国文化小史》，第178页。

⑤ 《胡适致陈独秀（稿）》（1920年底或1921年初），收入中国社会科学院近代史研究所中华民国史研究室编《胡适来往书信选》上册，社会科学文献出版社，2013，第87—88页。

三、"调节其横流"：在潮流追随与反对之间的文化追求

相较于《新青年》同人，梁启超诸人是新文化运动的后来者，他们加入新文化运动时，《新青年》创刊已四年，距胡适提出《文学改良刍议》亦有近两年，当时的《新青年》一派正意气风发，成为思想界之中心，"把握着思想界的权威"，"新说既出，一部分人从风而靡，遂成社会上一问题"。[①]蓝公武也有类似观察，他致函胡适：

> 在这几年中，就这《新青年》诸君猛力进行，没有好久，居然有许多赞成的、反对的，令一般人把诸君所说的话，都成了一个问题研究。这真是诸君开拓思想界的大功。[②]

在此情况下，梁启超诸人一入思想界，首先要面对的即是当时思想界的问题，而这些问题却恰恰多是由《新青年》"鼓吹"而成。所以，参与讨论这些话题之时，对《新青年》同人赞成抑或反对，成为首先要考虑的问题。经过短暂交锋之后，他们很

---

① 天行（周予同）：《第四期之前夜》，《一般》第6卷第1号，第9页；惕若：《新思潮》，《时事新报》，1919年4月8日，第2张第1版。
② 蓝公武：《革新家之态度问题——蓝公武答胡适之书》（续），《时事新报》学灯副刊，1919年3月1日，第3张第3版。

快便决定站在新派一边。①在面对思想界的新旧之争时，张东荪旗帜鲜明地认为"应当立在新思想的一方面，不当为第三者作壁上观"。②

并且，在当时的主要论题上，梁启超一派确实常常有相似的主张，故张东荪对胡适说：

> 若论起学问内容来，我们与贵同人并没有甚么不合。贵杂志不佞也常看见，除了改文为白话的主张以外，也有曾经是不佞说过的，就是白话，不佞狠［很］是赞成，并且主张加文法的要素，仿欧文的构造，早在敝报上发表。这次蓝君志先告我，说先生与我主张一致，可见彼此对于学术内容上的意见实在没有甚么不同。③

张东荪说双方"没有甚么不同"，并非仅是当事人的自抬身价，陶菊隐也观察到："张东荪在上海主持《时事新报》，蓝公武在北京办《国民公报》，陈博生也在北京办《晨钟报》（《晨报》前身），都成了新文化运动的同路人。"④

不过，值得注意的是，张氏或有"争历史上的位置"的心

---

① 关于早期双方的关系，可参见周月峰《从批评者到"同路人"：五四前〈学灯〉对〈新青年〉态度的转变》，《社会科学研究》2015年第6期，第197—204页。
② （张）东荪：《我辈对于新思想之态度》，《时事新报》学灯副刊，1919年4月7日，第3张第3版。
③ （张）东荪：《答胡适之书》，《时事新报》，1919年3月15日，第1张第1版。
④ 陶菊隐：《蒋百里传》，中华书局，1985，第51页。

态，①故只说双方没有甚么不合，而不提自己一方是后来者，实际有响应《新青年》的因素。在时人看来，梁启超诸人的举动无疑是受到北京大学新风气所影响。高一涵在1918年底时便对胡适说，《国民公报》"近来极力赞成我们的主张"，②"极力赞成"正是一种响应，并且是"近来"才有的事。当时该报更在《新青年》《新潮》上刊登广告："现在力图顺应世界潮流，将内容大加改良。采访中外新闻，务极灵确。主张正大，以期促政治之改进，谋思想之革新。"③刊登广告本身就显示了主办者清楚知道改良以后的报纸与《新青年》《新潮》有更多类似处，面对同样的读者群。在这一时期，《国民公报》甚至每天或转载《新青年》文章，或公开致信《新青年》同人。这也是胡适后来说的"《国民公报》响应新思潮最早"。④有国民党人稍后也注意到这一派"竭力跟着新潮流走，富于革新趋味"。⑤所谓"新潮流"，实际便是《新青年》引领的潮流。

例如，白话文学运动一直被认为是新文化运动中的重要方面，而梁启超一派的几份日报正是最早的响应者，除北大自身的《新青年》《每周评论》《新潮》外，"北京蓝公武主持的一个研究系的机关报——《国民公报》，首先起而响应"，随后《时

---

① 傅斯年：《答〈时事新报〉记者》，《新潮》第1卷第3号，第529页。
② 《胡适之先生来信》，《国民公报》，1919年2月7日，第5版。
③ 《国民公报广告》，《新青年》第5卷第6号，1918年12月，无页码。
④ 胡适：《一颗遭劫的星》（1919年12月17日），《胡适全集》第10卷，第113页。
⑤ 无射：《真觉悟吗？》，上海《民国日报》，1919年8月13日，第1张第3版。

事新报》也起来积极拥护。①故傅斯年（1896—1950）说他们"居然用白话做文"。在胡适看来，蓝公武当时连续"做了好几篇白话文章，还有极力赞成我们的议论"，是北方对《新青年》"赞成者更多"的表现，更将《国民公报》视为自己一派"又征服了一块地盘了"。②立场偏于反对白话文的李肖聃也观察到，当时胡适"力主以语体代文言，号新文化"，李肖聃等希望梁启超欧游归后"有以正之"，没想到"梁著《欧游心影录》，乃效胡体为俚语"，于是大失望，认为是"欲谀闻动众"之手段。章士钊甚至宣言于众曰："梁任公献媚小生，随风而靡。"③

在其他话题上，梁启超诸人也常居响应的位置。梁启超的老友周善培曾说："胡适之流偶然有一篇研究一种极无价值的东西的文章，任公也要把这种不值研究的东西研究一番，有时还发表一篇文章来竞赛一下"，故劝梁："论你的年辈、你的资格，应当站在提倡和创造的地位，要人跟你跑才对，你却总是跟人跑。"④

后来梁漱溟更明确地指出，梁启超他们是"随着那时代潮流走了"，他说：

民国八九年后，他和他的一般朋友蒋百里、林长民、

---

① 李小峰：《新潮社的始末》，收入中国社会科学院近代史研究所编《五四运动回忆录（续）》，中国社会科学出版社，1979，第206页。

② 胡适致许怡荪（1920年1月20日），收入梁勤峰、杨永平、梁正坤整理《胡适许怡荪通信集》，上海人民出版社，2017，第91页。

③ 李肖聃：《星庐笔记·梁启超》，《追忆梁启超（增订本）》，第38页。

④ 周善培：《谈梁任公》，《追忆梁启超（增订本）》，第136页。

蓝志先、张东荪等，放弃政治活动，组织"新学会"，出版《解放与改造》及共学社丛书，并在南北各大学中讲学，完全是受蔡先生在北京大学开出来的新风气所影响。[1]

梁启超诸人确有追随《新青年》同人一面。蓝公武自己便曾对胡适自陈："此后自当追诸君之后，努力做一个革新思想的机关。"[2]后之研究者也常据此论证梁启超一派与新文化运动"主题、内容完全合拍"。[3]然而，如果梁启超诸人的"新文化运动"，仅仅是追随《新青年》，胡适或不至视其为敌。瞿秋白（1899—1935）在"五四"时期便已注意到，新文化运动初起时，是"集中于'旧'思想学术制度，作勇猛的攻击"，不过，"等到代表'旧'的势力宣告无战争力的时期"，新派思想之中，原本潜伏的矛盾点便"渐渐发现出来"，"于是思潮的趋向就不像当初那样简单了"。[4]梁启超诸人与《新青年》同人在面对旧的势力时，都属于新派阵营，但其实潜伏着矛盾，正因双方同在新文化运动之中，本有竞赛，而新文化方案又有重要不同，且前者时时欲调节后者，才使胡适一方如临大敌。

梁启超一派整体倾向于新派，但对"五四"思想界，尤其是《新青年》同人所主导的倾向，有自觉且持续地"调节其横

---

① 梁漱溟：《纪念梁任公先生》，《追忆梁启超（增订本）》，第218页。
② 知非（蓝公武）：《答胡适之先生》，《国民公报》，1919年2月7日，第5版。
③ 元青：《梁启超与五四新文化运动》，《南开学报（哲学社会科学版）》2005年第2期，第44—51页。
④ 瞿秋白：《饿乡纪程》，《瞿秋白文集·文学编》第1卷，人民文学出版社，1985，第29页。

流"之努力。尚在"五四"学生运动之前，张东荪即表明：

> 现在流行的新思想是单调的，我们应当将他化为复调的；现在流行的新思想是浅薄的，我们应当将他化为精深的；现在流行的新思想是偏激的，我们应当将他化为正中健强的。所以我辈对于新思想的态度是内在的，不是外表的，就是以新思想为目的，而去加工制造；不是以旧思想为的鹄，而去攻击破坏。①

当时思想界新旧之争正急，此派同人中出现分歧，"有人主张旁观，有人主张加入战团，帮新派一臂之力"，而张东荪认为，"应当立在新思想的一方面"，在新旧两派之间选择新派，却又不帮新派"乱打"旧派，反倒是要对"新派加工"，以此影响新思想的整体性质，使其成为复调的、精深的、正中健强的。这恰是一种既跟着跑又调节，边跟着跑边调节的状态。他同时也对胡适表示，自己一方"对于贵同人却不是反对，实是'劝告'"。②蓝公武在表明追随胡适诸君之后，也批评《新青年》以"轻佻刻薄的话来攻击个人"，"令人看了生厌"。③稍后《学灯》宣言将"建中国的未来文化"时，也清楚强调是"做我们

① 张东荪：《我辈对于新思想之态度》，《时事新报》学灯副刊，1919年4月7日，第3张第3版。
② 张东荪：《答胡适之书》，《时事新报》，1919年3月15日，第1张第1版。
③ 知非（蓝公武）：《答胡适之先生》，《国民公报》，1919年2月26日，第5版。

积极的、基础的、稳固的、建设的新文化运动"。①"我们"对应的恐怕仍是以《新青年》为主的"他们"，而表述中"积极""基础""稳固""建设"的潜台词，针对的则是新文化运动中流行的浅薄、偏激、破坏等趋向，而这些词汇恰恰是此前他们批评《新青年》的常用语。②

蒋百里在1920年欧游归国，接手原本由张东荪主编的《解放与改造》杂志，有所整顿，并更名《改造》，整顿后第一期的主题便是"新文化运动"，他解释说："吾辈对于文化运动本身可批评，是一种自觉的反省，正是标明吾辈旗帜，是向深刻一方面走的。"在蒋百里看来，之所以可以批评文化运动，是因为"自觉的反省"，则批评成了自我批评，说明他们正是自我定位在新文化运动之中。不过，这一解释，仍说明自身有顾虑，担心被人误会是批评他人，意识到"调节其横流"的姿态可能引起反击。盖新文化运动中不只他们一家，故蒋又补充解释，说"文字上用诱导语气亦不致招人议论"。③在共学社的启事中，梁启超一派确实用了诱导语气，自我定位为："对于文化运动，有两种意味：一种是扩延到普通，一种是追求到精深"，总之"要使文化运动，不像那七八月间的阵头雨，一阵一阵的，是要样［像］那深山大谷里的泉水一般，一滴一滴的，可是源源

---

① 《宣言》，《时事新报》学灯副刊，1920年1月1日，第4张第1版。
② 在此之前，《学灯》上便有文章批评北大同人，说："最近大学中有一班乱骂派读书人，其狂妄乃出人意表，所垂训于后学者，曰不虚心，曰乱说，曰轻薄，曰破坏。"好学：《模范》，《时事新报》学灯副刊，1918年10月31日，第3张第1版。
③ 蒋百里：《致任师书》（1920年7月2日），《梁启超年谱长编》，第911—912页。

不绝，滚滚长流"。①语气虽委婉，但试图将阵头雨的文化运动
调节成泉水之用心，依然明显。

梁启超一派对新文化运动的调节是多方面的。即使在被章
士钊目为"献媚小生"的白话文学方面，梁启超一派亦非全是
追随。他们转向思想界之初，张东荪虽宣称"我也是赞成白话
的人"，并一度"颇想拿白话来译高深的哲理书"，但很快"对
于白话的观念渐渐移转了"，认为"白话与文章同在一个阶级
上，没有甚么进步"，故"只把文章改为白话是不能满足的"。
他对"现在的改良文学家只改用白话，便以为尽了能事"很不
以为然，主张"吾们必定于白话、文章以外，另求一个进步的
言语"。除不满足只改用白话之外，他也反对"专从文学（指小
说剧曲）上着眼"。②其立言中提到"现在的改良文学家"，无
疑指向《新青年》同人。傅斯年曾将此讽刺为争"正宗"，③但
除去争胜之外，仍是赞同与修正兼具的意态。其实，早在1917
年初，梁启超便指出"言文不一致，足以阻科学之进步"，号召
"乘此时机，造成一种国语"。④但他并未如胡适那样主张"白
话文学之为中国文学之正宗"。⑤并且，在白话诗方面，梁启超
有更多不同意见，他曾致信胡适，说："超对于白话诗问题，
稍有意见，顷正作一文，二三日内可成，亦欲与公上下其议

① 《共学社广告·征稿启事》，《时事新报》，1920年7月7日，第1张第1版。
② （张）东荪：《白话论》，《时事新报》，1919年1月17日，第1张第2版。
③ 傅斯年：《答〈时事新报〉记者》，《新潮》第1卷第3号，第528页。
④ 梁启超：《在教育部之演说（中国教育之前途与教育家之自觉）》（1917年
   1月），收入夏晓虹辑《饮冰室合集·集外文》卷中，北京大学出版社，
   2005，第670页。
⑤ 胡适：《文学改良刍议》，《新青年》第2卷第5号，1917年1月，第10页。

论。"①胡适以此视梁"已收回从前主张白话诗文的主张"：

> 任公有一篇大驳白话诗的文章，尚未发表，曾把稿子给我看，我逐条驳了，送还他，告诉他，"这些问题我们这三年中都讨论过了，我很不愿他来'旧事重提'，势必又引起我们许多无谓的笔墨官司"！他才不发表了。②

梁启超此文或因听从胡适劝告而未发表，但他之后《中国韵文里头所表现的情感》《中等以上作文教学法》两文均替文言、韵文辩护。例如他在讲授作文法时，一再强调"文言白话随意""但看内容，只要能达，不拘文言白话"。③他们所主办的《解放与改造》杂志征稿亦是"文言白话，听作者自便，均以朴实洁净为主"。④

钱基博曾观察到，当时"少年有绩溪胡适者，新自美洲毕所学而归，都讲京师，倡为白话文，风靡一时"，在此情形下，梁启超"大喜，乐引其说以自张，加润泽焉"，故新青年多说"梁任公跟着我们跑"；不过，钱基博同时指出，梁启超"亦时有不'跟着诸少年跑'，而思调节其横流者"，其表现为：

---

① 梁启超：《与适之老兄书》，《梁启超年谱长编》，第922页。
② 《胡适致陈独秀（稿）》（1920年底或1921年初），《胡适来往书信选》上册，第88页。
③ 梁启超：《中等以上作文教学法》（1922），《饮冰室合集·集外文》卷中，第899页。
④ 《本刊启事一》，《解放与改造》第1卷第1、2号，无页码。

诸少年排诋孔子，以"专打孔家店"为揭帜；而启超则终以孔子大中至正，模楷人伦，不可毁也。诸少年斥古文学以为死文学；为骈文乎，则斥曰选学妖孽；倘散文乎，又谥以桐城谬种；无一而可。而启超则治古文学，以为不可尽废，死而有不尽死者也。[1]

这从侧面说明梁启超一派即使在追随时，亦常常有调节以《新青年》一派为主导的时代横流的努力，白话文如是，在民主与科学之外强调哲学如是，其他如社会主义、整理国故诸方面亦复如此。在陈登原的观察中，那时的梁启超"喜与胡适辈浪相角逐"。[2]他们两派之间的关系确实是追随、角逐，又有调节。然而，在新文化运动中人看来，这样一个强势的后来者，即使不存心挑战，也是一种针对。蒋百里未能顾虑到，他们此种诱导语气的态度，仍招人议论。胡适的切身感受便是明证，当陈独秀指责胡适与梁启超一派接近时，胡适反驳：

你难道不知他们办共学社是在《世界丛书》之后，他们改造《改造》是有意的？他们拉出他们的领袖来"讲学"——讲中国哲学史——是专对我们的？……你难道不知他们现在已收回从前主张白话诗文的主张？……你难道不知延聘罗素、倭铿等人的历史？[3]

① 钱基博：《现代中国文学史》，岳麓书社，1986，第401—402页。
② 陈登原：《无据谈往录·梁启超》，《追忆梁启超（增订本）》，第275页。
③ 《胡适致陈独秀（稿）》（1920年底或1921年初），《胡适来往书选选》上册，第88页。

在胡适眼中，无论是共学社、《改造》，还是讲学、讨论白话诗文、讲学社延聘西方哲人，无一不是针对己方。

邓中夏（1894—1933）看到新文化运动"一帆风顺""称霸一时""定于一奠〔尊〕"时，"惹人侧目而视侧耳而听"，"愤愤的抱不平"，那时梁启超等人"不能不出来抛头露面的说话"，"明目张胆的作战"，他称之为"反动派"。梁启超一派所要调节的恐怕正是称霸一时、定于一尊的横流。不过，与此前卫道者不同，他们"面子上却满涂着西洋的色彩"。[1]正如茅盾的观察，梁启超诸人最初虽以"反对新青年派的态度出现"，不过：

> 他们这反对的立场，不是封建势力的立场，他们也是主张着新青年派所宣传的"新文化"，然而他们一面还是反对新青年派。

他已看到梁启超他们对新文化反对与赞成兼具，对此吊诡现象，认为是由于他们"对于新青年派之战斗的态度感到过激，又一半也是有点醋意，因为新青年派当时在青年界的影响太独占的了"。[2]甚至在旧礼教问题上，"研究系知识分子也同意于新青年派之反对旧礼教"，只不过不赞成谩骂的态度，"以新青年派之'斗争的气氛'为适足以偾事"。[3]茅盾与双方都有密切关

---

[1]　邓中夏：《中国现在的思想界》（1923年11月24日），《邓中夏全集》卷上，人民出版社，2014，第288页。

[2]　茅盾：《"五四"运动的检讨——马克思主义文艺理论研究会报告》，《茅盾全集·中国文论二集》第19卷，人民文学出版社，1991，第238页。

[3]　茅盾：《关于"创作"》，《茅盾全集·中国文论二集》第19卷，第269页。

系，深悉内情，故能洞若观火。

此种挑战，与其说是反对，不如说是两种（多种）新文化方案的竞争。事实上，新文化运动中的竞争非常普遍，张东荪就曾说当时"干文化运动的人没有一个团结"，而"团结是竞争的反面"，他"对于现在文化运动最不能满意的一点就是出版物很多，好像是互相竞争"。①张东荪虽反对竞争，但有意思的是，在傅斯年看来，他们就是最主要的竞争者。傅斯年曾敏锐地指出，梁启超一派是在"革新的事业，思想的更张"中与《新青年》"争这个你后我先，争那个你偏我正"，实际是争以后历史上的位置；又奉劝他们大可不必，因为"中国思想界的新事业，现在只有小小的一个芽，若是争历史上的位置，至少须有十年的预备。努力预备罢！决赛的时候早着哩"！②傅斯年所说"争那个你偏我正"，至少说明梁启超诸人确实具有与《新青年》一方争正偏之资格；而"至少须有十年的预备"，表明傅斯年觉得短期之内双方可以共存，但最终仍要决一胜负，在他看来，双方的区别仍是根本性的，不可调和，并非仅是态度的区别。

梁启超诸人绝非仅仅是为了竞争而立异以为高，实有所抱负。胡适在友善时称他们是"立异以求同"，③形容或更准确。

---

① （张）东荪：《现在的文化运动是否应得修正？》，《时事新报》，1919年11月26日，第1张第1版。
② 傅斯年：《答〈时事新报〉记者》，《新潮》第1卷第3号，第529页。
③ 孙几伊：《胡适之先生谈片》，《时事新报》学灯副刊，1919年2月17日，第3张第3版。胡适对张东荪也说："我尝说你们'立异'的目的在于'求同'。"胡适致张东荪信（1919年3月20日），见《张东荪胡适之通信》，《时事新报》学灯副刊，1919年3月24日，第3张第3版。

对于梁启超诸人而言，所谓立异，实际是有着不一样的文化追求，而求同则是试图通过批评、对话，"使人'同'于我的'异'"，[①]让自己的主张影响对方，甚至影响整体的时代潮流，再造一个自己理想中的新文明。

正因为他们前后期均有自己独特的文化追求，方式、目标异于时流，故与其他方案时相冲突。比如他们前期侧重社会，虽与国民党人相近，但与胡适所主导的"纯粹文学的、文化的、思想的一个文艺复兴运动"[②]不同；即使是均侧重社会，却又因主张在预备期"少管小事""养精蓄锐""不要做零碎的牺牲"，[③]而被运动中的学生及主张"去作大破坏与大建设的工夫"[④]的国民党人责难。[⑤]他们后期的文化方案虽调整为多谈思想、学术，却因东方文化的倾向与《新青年》对立，又因放弃了社会主义及具有革命性的社会改造方案，而常与国民党人及后来的共产党人为敌。所以，在旁观者看来，张东荪与李汉俊这样的新文化人实在是"跑在一条路上"，有人质问两人："你们两个人，跑在一条路上，为什么大家要像煞不是'异趋同归'？"并希望"我们既然在一条路上走，跑法尽可不同，用

---

① 《胡适致钱玄同》（约1919年2月底），《胡适来往书信选》上册，第11页。

② 胡适：《"五四"运动是青年爱国的运动》（1960年5月4日），《胡适全集》第22卷，第807页。

③ （张）东荪：《零碎解决与总解决》，《时事新报》，1919年9月22日，第1张第1版。

④ 先进（李汉俊）：《时局怎么样？》，《星期评论》第16号，1919年9月21日，第2页。

⑤ 当时即有人意识到，"于施行总攻击的前，先得有长期的预备。所以难免有人责难说，假使在预备总攻击的时候，无声无臭的过日子，未免不被人压服到不能攻击的地步"。庆邦：《零碎攻击与总攻击》，《时事新报》，1919年11月21日，第1张第1版。

脚用车用飞机，多可不管。只要各自抱定目的，向上前去可以了。否则因为跑法的不同，自淘里起了争执，岂不是又多一重障碍吗"？并解释说，"所谓自淘里，就浑称新文化运动"。这里虽特指张东荪与李汉俊，基本也适用于梁启超诸人与其他新文化派别的关系，同是新文化运动，但又因跑法不同，常起争执，"像煞不是'异趋同归'"。李汉俊则回复说："现在所谓新文化，要素很复杂，主张资本主义的也有，主张军国主义的也有，主张社会主义的也有，……宗旨完全相反的很多。把他们都拉到'自淘里'去，未免不妥。"[①]其潜台词是，即使都在新文化运动的一条路上，也未必就是"自淘里"，不妨起争执。不过，他也不否认不同宗旨的主张都属于所谓新文化。实际上，这正是当时新文化运动的真实情状，常常是"自淘里起了争执"。

梁启超诸人因怀抱以自己的理想调节时代潮流，故在当时的思想界与其他势力常处于时而追随、时而竞争、时而合作、时而对立的交错、动态的关系之中，深刻影响着五四新文化运动的走向。

四、形塑新文化运动的建设性力量

在"五四"学生辈曹聚仁的印象中，"研究系梁启超派所

---

① 乐勤：《通讯·致张东荪、李汉俊》，《时事新报》学灯副刊，1920年5月19日，第4张第2版；李汉俊：《自由批评与社会问题》（1920年5月30日），收入《李汉俊文集》，中共党史出版社，2013，第181页。

创办的北京《晨报》和上海《时事新报》的《学灯》，其在文化上所尽的大力，远在国民党的上海《民国日报》的《觉悟》之上"，正因他们"站在新文化运动的激进线上"，使他们成为"领导五四运动的文化人"。[①]此处的"五四运动"当指广义的新文化运动。那么，梁启超诸人又是在何种意义上影响甚至领导了新文化运动呢？

从1918年底开始的数年中，"文化运动"一直是梁启超诸人事业的重要一环。仅就在舆论界、出版界的势力而言，梁启超诸人拥有当时最有影响的几大报纸，跟国内最大的出版机构商务印书馆的关系最好，其势力远在北大一方，甚至国民党之上，无怪乎被认为"包办"了文化事业。事实上，这也是他们的雄心，例如，在教育界的布局中，他们有自己的大学（中国公学）且影响数所重要学府（清华、南开、东南）。梁启超常视清华、南开为其关中河内。[②]所谓关中河内，自然是希望据此逐鹿中原。对此，舒新城说得更为明白，他曾计划由他与张东荪等办理中国公学，张君劢、徐志摩在南开讲演，梁启超、蒋百里在东南大学设自由讲座，"如此鼎足而三，举足可以左右中国文化，五年后吾党将遍中国"。[③]

再以"共学社"为例来说明梁启超一派在文化界之能量。1920年3月，梁启超、蒋百里等一归国，便与商务印书馆商定

---

① 曹聚仁：《五四运动》，《文坛五十年》，东方出版中心，2006，第113页。
② 梁启超：《致百里东荪新城三公书》（1921），《梁启超年谱长编》，第943页。
③ 舒新城：《致任公先生书》（1921年12月11日），《梁启超年谱长编》，第942页。

合作。新文化运动初兴时，商务印书馆未能及时参与，被视为"有些暮气""十余年来不见出几部有价值的书"，在文化界的核心地位有所动摇。张元济显然感受到了威胁，亦在谋求改变。①可以说，这是一次新文化运动的局外人与新文化运动后来者的合作。梁启超他们计划"集同志编辑新书及中学教科书"，并"拟成一团体公司"，以图"译辑新书，铸造全国青年之思想"。当时商务便决定"拨两万元预垫版税，先行试办一年"，后又增加一年。②正因为有商务印书馆的支持，共学社才能如此迅速成立。有意思的是，在与梁启超达成合作之前，商务印书馆本已有意与胡适合作，拟"以重薪聘胡适之，请其在京主持"，"专办新事"，"每年约费三万元，试办一年"。而在与梁启超一派接洽之后，则改为梁启超、胡适双方各两万元一年，并特意说明"胡适之一面，亦如此数。属任公不必约彼"。③张元济之所以要特意叮嘱不必约胡适，很可能是由于梁启超曾透露要纳胡适于麾下的意图，盖因其方才归国，对当时国内思想界的格局与胡适如日中天的地位不很了解。同时，这一变动本身便颇具意味，象征着原本新派中只胡适一方独大，而梁启超归

---

① 《沈泽民致白华函》（1920年1月19日），《宗白华全集》第1卷，安徽教育出版社，1994，第161页；宗白华：《评上海的两大书局》（1919年11月8日），《宗白华全集》第1卷，第89页。面对新文化运动中各出版物的竞争，商务印书馆曾计划将《东方杂志》减价，"一面抵制《青年》《进步》及其他同等之杂志，一面推广印，藉以招徕广告"。《张元济日记》，"1918年12月25日"条，《张元济全集》第6卷，"日记"，商务印书馆，2008，第458页。

② 《张元济日记》，"1920年3月13日"条，《张元济全集》第7卷，"日记"，第194页。张元济：《与任公同年兄书》（1920年4月10日），《梁启超年谱长编》，第904页。

③ 《张元济日记》，"1920年3月8日"条、"1920年3月13日"条，《张元济全集》第7卷，"日记"，第192、194页。

来后，变为了双峰并峙，所以胡适才会对"他们办共学社是在《世界丛书》之后"感到介意。

"共学社丛书"持续十数年，出版各类著作八十多种，且绝大多数为译著，影响深远。陶希圣清楚记得在1920年时要"买新书来读"，便需去松公府的共学社，"比如克鲁泡特金的《互助论》，考茨基的《阶级斗争》，又如拉马克的《生物学》之类"。①

一个松散的群体，在短时间内举办如此多的事业，在当时绝无仅有。在展开文化事业之同时，此派又发起或介入了"五四"思想界中几乎所有的思想论争，包括新旧思想之争、问题与主义之争、社会主义论战及人生观论战等。正是这些事业和论争，让他们深入参与当时的新文化运动。

梁启超诸人在"五四"时期的文化努力，一直为人所关注。尚在1919年初，傅斯年便注意到：

> 几个月事［以］来，为着暴乱政潮的反响，受了欧战结局的教训，中国的思想言论界，渐渐容受新空气了。什么民本主义，一齐大谈特谈。有几家政党作用的报纸，居然用白话做文，居然主张自由思想，居然登载安那其主义克鲁泡特金的《自叙传》。②

---

① 陶希圣：《北大法律系的学生——从民九到十一》，《潮流与点滴》，中国大百科全书出版社，2009，第51—52页。
② 孟真（傅斯年）：《破坏》（1918年12月17日），《新潮》第1卷第2号，1919年2月，第348页。

此处所说"有几家政党作用的报纸",即是指梁启超一方的《国民公报》《晨报》与《时事新报》。①这是他们从事文化运动的起始阶段,时人已经注意到转变。让傅斯年连用三个"居然",也可见这一派转变之明显。到1919年下半年时,有人便看到"研究系近来亦颇研究世界思潮,其在京所出之《晨报》《国民公报》甚好",并将"陈独秀敢言敢行与耽玩禅悦之研究系"对比,认为"大异其趣"。②所谓大异其趣,除风格外,亦兼宗旨;不过,如此对比,便已是一种平起平坐,表明具竞争之资格。

从当年青年学生的直观感受看来,这一派在新文化运动中的身影也随处可见。"五四"青年许钦文便记得,"《新青年》、《新潮》、北京《晨报副镌》和后来上海出版的《学灯》《觉悟》《青光》,都为好学的青年所注意"。这些报刊虽然"已经翻阅得破破碎碎了",仍在青年中"邮寄来,邮寄去"。③许钦文印象中的六种刊物,《晨报副镌》和《时事新报》副刊《学灯》,便是梁启超诸人的重要文化阵地。当年尚是浙江省立甲种工业学校学生的夏衍则观察到,"《新青年》《解放与改造》等杂志,《觉悟》《学灯》等报纸上的副刊,不仅在青年学生中起了巨大

---

① 《时事新报》自1919年1月9日开始连载《无政府主义领袖俄人科洛扑秃金自叙传》,见《时事新报》学灯副刊,1919年1月9日,第3张第1版。
② 《吴虞日记》,"1919年7月11日"条,中国革命博物馆整理、荣孟源审校《吴虞日记》,四川人民出版社,1984,第471页。
③ 许钦文:《"五四"时期的学生生活》(1959),《学习鲁迅先生》,上海文艺出版社,1959,第7—8页。

的启蒙作用，而且还逐渐地把分散的进步力量组织起来"。[①]后来谢彬（1887—1948）更是这样概括："五四运动而后，研究系三字大为一般人士所注目，盖彼暂舍目前政权之直接争夺，而努力文化运动，谋植将来竞争之稳固地盘者也。"[②]

梁启超诸人的新文化运动，就举措言，时人所说"为新文化运动大卖其力气"，"努力文化运动"，可谓有目共睹；就效果言，"大为一般人士所注目"，绝非默默无闻。对其成绩，谢彬更说："（研究系）三年以来，多方进行，颇具成绩，青年学子被罗致者亦不乏人，其潜势力之继长增高，未有艾也。"[③]可说成效显著。其中，梁启超的影响尤大，蓝文征后来回忆："当五四新潮后，提倡科学的呼声，响彻云霄；同时整理国故，也被世人所重视。梁任公先生于民十及十一两年，应北京、天津、济南、南京、上海各大学及教育团体的邀请，连续讲演中国文化学术，不下二百次，学子景从，风气大开。"[④]梁启超赴各地演讲，本为他们所计划之文化运动的一部分，"学子景从"表明有人气，"风气大开"表示有影响。在那个争夺青年的"五四"时期，谢彬与蓝文征都注意到梁启超他们对青年或学子的吸引力，从侧面说明这是一个面向青年的运动，而梁启超一派延揽青年的努力也有所回报。

---

① 夏衍：《懒寻旧梦录（增补本）》，生活·读书·新知三联书店，2006，第26页。
② 谢彬：《民国政党史》，中华书局，2007，第178页。
③ 谢彬：《民国政党史》，第178页。
④ 蓝文征：《清华大学国学研究院始末》，收入张杰、杨燕丽选编《追忆陈寅恪》，社会科学文献出版社，1999，第78页。

由以上数段观之，梁启超诸人似乎确有以新文化运动主人、正军自命的底气。正如李锡五在1923年时说的，梁启超从欧洲回来后的作为，"大可自豪于新文化运动领袖之林"；恽代英在转述时人的话时，也说"研究系"曾在新文化上面出过锋头。①

　　进而言之，梁启超诸人并非仅仅增大了新文化运动的势力，即他们对于新文化运动的贡献，不仅是量的增加，更可能是质的改变。他们希望借自身之影响力"左右中国文化"，故他们才会有意识地调节新派。实际上，他们也确实影响了《新青年》同人。傅斯年主编《新潮》时，便曾听取了张东荪对《新潮》的批评，于是才改变编辑方针，主张"批评少下去，介绍多起来"。②同样，也正因为有《时事新报》同人与《新青年》派关于"外国偶像"与"固有文化"的争论，才使得傅斯年、胡适调整表述，促使他们使用更折中、开放的口号——"重新估定一切价值""整理国故"来回应对方质疑。③茅盾后来回忆说，"在五四期以后新时代的展开的当面，新青年派落伍了"，而"在新青年派落伍了的时候"，他们与"研究系"（梁启超诸人）"才更沆瀣一气"，因为"新青年派接受了资产阶级的命令而取消了自己早年的斗争精神"。需要注意的是，他同时又说，"研

---

① 李锡五：《致梁启超之一封书》，广州《民国日报》，1923年8月3日，第7版；恽代英：《告因学潮退学的人们》，《中国青年》第38期，1924年7月5日，第11页。

② 李小峰：《新潮社的始末》，《五四运动回忆录（续）》，第217页。

③ 周月峰：《折中的"重估"：从"重新估定一切价值"的提出看五四新文化的多重性》，《近代史研究》2020年第3期。

究系"是"百分之百地代表了中国新兴资产阶级"。①这似乎暗示了新青年派正是接受了梁启超诸人的命令，才"取消了自己早年的斗争精神"。以"命令"来解读，无疑将双方的复杂关系简单化了，但至少从上述《新青年》与《新潮》的例子来说，他们虽不是直接接受命令，但显然是受到调节。

梁启超一派加入新文化运动，除对《新青年》的影响外，他们所提出的观念、话题，常常直接影响思想界，甚至改变新文化运动的风向。最明显的便是将思想界关注的焦点从思想文艺转向社会、政治、经济，尤其是在传播社会主义方面发挥极大作用。

社会主义被认为是新文化运动中最重要的潮流。《晨报》从1919年2月7日起，增加介绍"新修养、新智识、新思想"的《自由论坛》和《译丛》两栏，开首第一篇即为李大钊的《战后之世界潮流》，介绍俄国的社会革命。②《时事新报》上更曾发起题为社会主义的征文，赞成说、反对说与译述均可。③在他们的机关刊物《解放与改造》中，宣扬"第三种文明是社会主义与世界主义的文明"，且认为当时的文化运动应"专从第三种文明去下培养工夫"。④事实上，《解放与改造》几乎每一期均以广义的社会主义为主题：工团主义、布尔什维主义、基

---

① 茅盾：《"五四"运动的检讨 —— 马克思主义文艺理论研究会报告》（1931），《茅盾全集·中国文论二集》第19卷，第238页。
② 《本报特别启事》，《晨报》，1919年2月7日，第2版；李大钊：《战后之世界潮流》，《晨报》，1919年2月7日，第7版。
③ 《本栏征文》，《时事新报》学灯副刊，1919年4月28日，第3张第3版。
④ （张）东荪：《第三种文明》，《解放与改造》第1卷第1、2号，第2、5页。

尔特社会主义、无政府主义等林林总总，无所不包。故罗家伦曾认为《解放与改造》有两个特长，即注重社会主义和注重介绍一切新学说。并说"社会主义的精神，最重要的就是解放的精神：所以在《解放与改造》里谈社会主义，是狠〔很〕合宜的事"。①梁启超一派后来更组织翻译《马克思研究丛书》，拟定的书目包括：《资本论解说》（柯祖基著）、《文化史上底马克思》（柯祖基著）、《唯物史观解说》（郭泰著）、《马克思派的社会主义》（纳肯著）、《空想的与科学的社会主义》（燕格士著）、《马克思社会主义理论的体系》（河上肇著）、《马克思传附燕格士传》（堺利彦、山川均著）、《马克思呢？康德呢？》（格华尼芝著）、《修正派社会主义》（柏伦修泰因著）。②

与梁启超诸人政治立场不同的邓中夏观察到《时事新报》对社会主义的鼓吹："当新文化风动全国时，该报记者张东荪亦曾为新文化运动大卖其力气，并鼓吹社会主义，当时青年颇为向往。"③国民党人也认为，他们在鼓吹社会主义方面功不可没，冯自由说：

> 旧进步党人经过历年政治的教训，近来似有一番大大的党悟，他们所办的上海《时事新报》、北京《晨报》、北京《国民公报》，都极力发挥社会主义，中国人年来鼓吹这种主义报纸，以他们所办的为最多，著论及译述等文

① 志希（罗家伦）：《解放与改造》，《新潮》第2卷第2号，1919年12月，第360—361页。
② 《〈马克思研究丛书〉广告》，《时事新报》，1920年6月12日，第1张第2版。
③ 邓中夏：《上海的报纸》（1924年2月23日），《邓中夏全集》卷上，第403页。

件也很不少，这真是社会主义的功臣。

他甚至承认这"是我们最早提倡社会主义的革命党人所不及的"。①

更重要的，梁启超一派加入思想界后，甚至使得思想界成了一个"新舆论界"。五四运动的发生，使得整个新文化运动的基调开始激进，倾向革命，梁启超一派不只身处其中，更推动了这一转向。"五四"学生运动是一场瞬息变化的政治运动，在每天都需要传递讯息的运动中，日报的地位骤升，甚至连胡适、陈独秀、傅斯年等人也常常需要借助《时事新报》《晨报》和《国民公报》发声。故张东荪、蓝公武等当时在多份报纸及《解放与改造》上介绍社会主义、讨论社会问题，一时蔚为风气。此种变化受当时学生运动及舆论影响，又反过来影响学生运动与舆论。

胡适虽被认为是新思潮之领袖人物，但"五四"之后文化运动的发展显然已超出他的预想。当时的舆论界使胡适"大失望"：

> 一班"新"分子天天高谈基尔特社会主义与马克思社会主义，高谈"阶级战争"与"赢余价值"；内政腐败到了极处，他们好像都不曾看见，他们索性把"社论""时评"都取消了，拿那马克思——克洛泡特金——爱罗先珂的

---

① 冯自由：《中国社会主义之过去及将来》，《民国日报》觉悟副刊，1920年1月16日，第13版。

附张来做挡箭牌，掩眼法！

胡适直言："对于现今的思想文艺，是很不满意的。孔丘、朱熹的奴隶减少了，却添上了一班马克思、克洛泡特金的奴隶；陈腐的古典主义打倒了，却换上了种种浅薄的新古典主义。"他认为当时的舆论界成了"高谈主义而不研究问题"的"新舆论界"。①

不仅是"主义"，其实话题的侧重点也在转变。胡适在1919年底曾标举十类"新思潮"——孔教、文学改革、国语统一、女子解放、贞操、礼教、教育改良、婚姻、父子、戏剧改良，几乎全是五四学生运动之前的话题。其实，他当时也注意到"现今的人爱谈'解放与改造'"。②一年后，他更承认"五四"后更为流行的恰是"解放、改造、牺牲、奋斗、自由恋爱、共产主义、无政府主义"等名词，③在话题上与"五四"前的十类"新思潮"迥异，从"纯粹思想运动变成政治化"，真可以说思想界在"五四"之后"变了质"。并且，他认为，这完全是由国民党、共产党、"研究系"造成。④胡适说这话时已是1960年，故多注意国共两党，实际上，上引材料中，反复出现的取消社论、

---

① 胡适：《我的歧路》（1922年6月16日），《胡适全集》第2卷，第468—469、471页。
② 胡适：《新思潮的意义》（1919年11月1日），《胡适全集》第1卷，第693、699页。
③ 胡适：《提高与普及》（1920年9月17日演讲），《胡适全集》第20卷，第67页；《北京大学开学演说词》（1920年9月16日），收入曲士培主编《蒋梦麟教育论著选》，人民教育出版社，1995，第202页。
④ 胡适：《"五四"运动是青年爱国的运动》（1960年5月4日），《胡适全集》第22卷，第807—808页。

时评的"他们",或者一再点到的"解放""改造"均是指张东荪、蓝公武等人。

在周作人看来,以"五四"事件为界,前头的一段是"文学革命",后头的一段才是真正的"新文化运动"。[1]无论从"文学革命"到"新文化运动"变质的过程中,或者"五四"后的"新文化运动"中,梁启超诸人实有重大影响,甚至不亚于胡适。在鲁迅看来,连"新文化运动"一词,本身就是梁启超一派所"另起"。他说,五四运动后,革新运动表面上有些成就,于是主张革新的人也渐多,这里面"有许多还就是先讥笑、嘲骂《新青年》的人们,但他们却是另起了一个冠冕堂皇的名目:'新文化运动'","后来又将这名目反套在《新青年》身上,而又加以嘲骂讥笑"。他又说:"记得初提倡白话的时候,是得到各方面剧烈的攻击的。后来白话渐渐通行了,势不可遏,有些人便一转而引为自己之功,美其名曰:'新文化运动。'"[2]

需要指出的是,在1920年之后,梁启超诸人的"新文化运动"有一明显转向,然即使转向稳健之后,其势力及影响仍不容小觑。毛泽东在1921年初观察到,当时国内对于社会问题的解决,"显然有两派主张","一派主张改造",便是陈独秀诸

---

① 周作人:《北平的事情》(1949年4月1日),收入钟叔河编订《周作人散文全集》第9卷,广西师范大学出版社,2009,第762页。

② 鲁迅:《热风·题记》(1925年11月)、《写在〈坟〉后面》(1926年11月),《鲁迅全集》第1卷,人民文学出版社,2005,第308、301页。此段论述参见罗志田《历史创造者对历史的再创造——修改"五四"历史记忆的一次尝试》,《四川大学学报(哲学社会科学版)》2000年第5期,第99页。

人；另"一派则主张改良"，即为"梁启超、张东荪诸人"。①此时梁启超归国已近一年，在毛泽东看来，梁启超、张东荪诸人仍是可以和陈独秀诸人分庭抗礼的一方。胡适后来便回忆说，到1919—1920年间梁任公先生发表他的《欧游心影录》，科学方才在中国文字里正式受了"破产"的宣告。②伍启元则说在那一时期的国故整理上有最大贡献的，"仍要推梁启超"。③无论是对科学的反思，对整理国故的提倡，抑或人生观论战和东西文化的讨论，梁启超诸人均是其中的要角，都直接影响新文化运动之走向。

有意思的是，胡适本是新文化运动中当之无愧的灵魂人物之一，在1920年时却感觉到"时时刻刻"在梁启超一派"包围之中"，胡适列举该派的事业包括"办共学社"、"改造《改造》"、梁启超"讲学"、"延聘罗素、倭铿等人"。④稍后孙伏园则看到"现在的文化事业，被任公包办去了"，并替胡适"可惜"，希望胡适仍旧致力文化事业。⑤在新文化运动中，梁启超一派虽是后来者，却逐渐居上，能对《新青年》一方形成"包围"，最能说明梁启超他们的"新文化运动"规模有多庞大；且无论"包围"或"包办"，多少占领、取代了胡适一方原有的

① 《新民学会会务报告（第二号）》（1921年夏），收入中国革命博物馆、湖南省博物馆编《新民学会资料》，人民出版社，1980，第17页。
② 胡适：《科学与人生观·序》（1923），收入亚东图书馆编《科学与人生观》，上海亚东图书馆，1932，第3页。
③ 伍启元：《中国新文化运动概观》，现代书局，1934，第57页。
④ 《胡适致陈独秀（稿）》（1920年底或1921年初），《胡适来往书信选》上册，第87—88页。
⑤ 季融五致胡适信，见《胡适日记》，"1922年8月13日"条，曹伯言整理《胡适日记全编》（3），安徽教育出版社，2001，第757页。

地位，这也是为何孙伏园要替胡适"和任公吃醋"。①甚或可以说，在一定时期，梁启超诸人的"另一场新文化运动"正是新文化运动的"正军"。如果说之前是张东荪、蓝公武要调节《新青年》同人所引领偏向思想、文艺，反传统的横流，而此时梁启超一派之主张已渐渐得势，"高谈主义而不研究问题"的"新舆论界"甚至把胡适"激出来"发表《问题与主义》试图调节，不过已自认"提倡有心，创造无力"。②

正如时人所观察到的，在新文化运动中"《新青年》杂志最初把握着思想界的权威"，但后来：

> 研究系的梁启超、张东荪、张君劢等也组织了共学社，出版了《解放与改造》杂志；国民党的胡汉民、戴季陶、沈定一等也抱着改组党务的意见，出版了《建设》及《星期评论》杂志；与自由派的《新青年》，成为鼎足的形势。

"五四"前是"全部文化改造"，"五四"后"偏重政治与经济"。在这过程中《新青年》《每周评论》"只能徘徊于前期，而不能顺应中国特殊的环境，以跃入于后期"，故"渐渐黯淡，渐渐失了青年们的崇奉"，甚至"不能与研究系及国民党争衡"。③此或是作者有《春秋》责贤者之意，对研究系与国民党的地位

---

① 季融五致胡适信，见《胡适日记》，"1922年8月13日"条，《胡适日记全编》（3），第757页。
② 胡适：《我的歧路》（1922年6月16日），《胡适全集》第2卷，第471页。
③ 天行（周予同）：《第四期之前夜》，《一般》第6卷第1号，第9页。

过于抬高，但不可否认，"五四"学生运动以后，梁启超等人与国民党在新文化运动中的影响力确已有极大提升，足以与《新青年》分庭抗礼，在竞争与合作中，共同形塑着新文化运动。

值得注意的是，梁启超诸人参与并影响了五四新文化运动，原本并无疑义。然而，到1923年中国共产党提出思想上的联合战线，尝试以阶级分析法重新划分思想界时，梁启超诸人的地位开始变得模糊。瞿秋白将新文化运动分成"士绅资产阶级的民族主义"、"小资产阶级的浪漫革命主义"、"无产阶级的社会主义"（共产派）三派，其中，张东荪、梁任公等人即代表"资产阶级的民族主义"。①瞿秋白虽认为新文化运动的最终胜利必定在无产阶级一方，但在其划分中，梁启超诸人仍具有三分天下有其一之地位。陈独秀则认为"蔡元培、梁启超、张君迈〔劢〕、章秋桐、梁漱溟"等虽"号称新派的"，其实"仍旧一只脚站在封建宗法的思想上面，一只脚或半只脚踏在近代思想上面"，并提出："适之所信的实验主义和我们所信的唯物史观，自然大有不同之点，而在扫荡封建宗法思想的革命战线上，实有联合之必要。"②在此叙述中，梁启超诸人仅是半新半旧，即使不被扫荡，大概也不能代表新文化。而邓中夏则明确将梁启超、张君劢、张东荪等归为"东方文化派"，认为是"假新的，非科学的"，是新文化运动"新兴的反动派"。"科学方法派"和"唯物史观派"是"真新的，科学的"，需要"结成联合

① 瞿秋白：《自民权主义至社会主义》（1923年9月23日），《瞿秋白文集·政治理论编》第2卷，人民出版社，2013，第215页。
② 陈独秀：《思想革命上的联合战线》（1923年7月1日），《陈独秀著作选编》第3卷，上海人民出版社，2009，第102页。

战线，一致向前一派进攻、痛击"。①在历史叙述中，梁启超一方的形象终从"新文化运动领袖"变为了新文化运动"新兴的反动派"。正是从这一时期开始，因梁启超诸人在激进的时代常常持渐进的态度，故逐渐淡出了新文化运动的历史记忆（或仅以反对者的形象留存）。②

五、结论：多元互动中形成的新文化运动

罗志田指出，一个同质性的"五四"形象"并非仅仅是在无意中'形成'"，也包括当时人及后人的有意"构建"，"在定型中模糊了原型，失去了鲜活"。③五四新文化运动原本盘根错节、此呼彼应，化约后的叙述，不一定错误，但时或不够准确，遮蔽了史事纷繁的一面。

"五四"时期谋求改造的新文化群体、方案众多，因各自不同的"历史上学术思想的渊源，地理上文化交流之法则"，从而形成不同的新文化方案，这些方案独特，却不孤立，在同一舞台上面临相同的问题，一贯而不可分；但同时又山头林立，错综复杂，各群体"各自站在不明了的地位上，一会儿相攻

① 邓中夏：《中国现在的思想界》（1923年11月24日），《邓中夏全集》卷上，第288—291页。
② 梁启超诸人淡出新文化运动历史记忆的初步探讨，参见周月峰《五四后"新文化运动"一词的流行与早期含义演变》，《近代史研究》2017年第1期，第28—47页。
③ 罗志田：《体相和个性：以五四为标识的新文化运动再认识》，《近代史研究》2017年第3期，第26—27页。

击，一会儿相调和"，①在这一过程中，也在不同程度地形塑对方且同时被对方形塑。所以，即使仅仅是为了更好理解我们所关注的《新青年》同人的"新文化运动"，也应该同时将注意力扩展到他们思想与社会上的四邻——无论追随者、反对者、竞争者或合作者；如果没有了竞争者与听众，它很可能也将变成另一种样态。

进而言之，正是这众多的群体与改造方案汇聚在一起，才形成了广义的新文化运动。蒋梦麟在"五四"时期认为"凡天下有大力的运动，都是一种潮"，当时的新文化运动是"愈演愈大，愈激愈烈，就酿成新文化的大潮"，"奔腾长流""澎湃腾涌"。②正如梁启超所说，在民族混化社会剧变的时代，"思想界当然像万流竞涌，怒湍奔驰"。③当时的参与者好似汇入这一潮流的百川之水。他们是否有统一蓝图，是否完成，都不是第一位的，重要的是这些参与者的存在本身对于作为整体的新文化运动有构成作用，众多群体"交互影响，承递婵绵，而共以构成一活动的全体者也"。④其实，新文化运动正是这许多想的不一样的人和群体，"走到一起而共同创造历史，形成一个'会合的历史运动'"。⑤它不是一个预先的设计，而是不断变动中的各

---

① 瞿秋白：《饿乡纪程》，《瞿秋白文集·文学编》第1卷，第29—30页。
② 蒋梦麟：《新文化的怒潮》（1919年9月），《蒋梦麟教育论著选》，第128—129页。
③ 梁启超：《评胡适之〈中国哲学史大纲〉》（1922），《饮冰室合集·文集之三十八》，第67页。
④ 缪凤林：《研究历史之方法》，《史地学报》第1卷第2期，1922年4月，第2页。
⑤ 罗志田：《体相和个性：以五四为标识的新文化运动再认识》，《近代史研究》2017年第3期，第5页。

方力量在互相竞争中形成了一个新文化运动。

梁启超诸人的"新文化运动"便是这百川之水中极重要的一支。他们不是既存言说中新文化运动的外在对立物，也不是新文化运动中的一支独立势力，而是在"纵贯横通之联络"中，表现个性、共性，成为构成新文化运动活动的全体的建设性力量。[①]梁启超一派与革命党人在清末的旧怨，"研究系"在民初政治中与国民党人的激烈竞争，胡适对梁启超的崇拜与竞争，都是塑造新文化运动的历史性力量。过于简单的"整体论"描述，或许不仅仅抹去其文化观点与作为，也湮没了他们在参与、论争、游走与互动中推动、形塑新文化运动的过程。

更重要的，众多群体、方案共存的思想界，并非仅是乱哄哄、思想紊乱摇荡的状态，在持续、众多的追随、攻击、调节中，促使思想界不断演变，不一定是按照某一方的既定方向，而是在共力的作用下，一步一步前进。只有尽可能充分梳理"五四"时期更多的群体与方案及相互竞合的具体过程，才能呈现新文化运动纷纭错综、复杂万状的生态，也才能更好理解"五四"思想界的形成与走向。

---

① 柳诒徵注意到，虽然"一时代有一时代之中心人物"，不过"各方面与之联系，又各有其特色，或与之对抗，或为之赞助"，并且"妙在每一事俱有纵贯横通之联络，每一人又各有个性共性之表见"。柳诒徵：《国史要义》，华东师范大学出版社，2000，第106—107页。

五四新文化的"运动"逻辑

张武军

一、引言：哪个五四？谁的五四？

历经百年的历史变迁和风云激荡，"五四"始终是一个绕不开、说不尽的话题。随着时间的推移，"五四"的有些方面反而越来越清晰，越来越简明，"五四"俨然已成众所皆知的历史常识和不言自明的固化符号，人人都在谈论它；而有些细节则越来越含混，越来越复杂，"五四"仍然是尚未完成的历史叙事和不断增删改写的文本，人人都在重塑它。看似符号化的"五四"，其内涵和外延至今依然聚讼纷纭，莫衷一是。正如有研究者指出："关于'五四'的讨论，往往首先碰上的问题，就是：你说的是哪一个'五四'？是指1919年5月4日学潮引发的一系列的政治、社会运动？还是以1915年《新青年》创办（或1917年移京造成'一校一刊'）为起点的'新文化运动'？"① 以系统研究"五四"著称的周策纵也有类似的追问："关于五四

---

① 杨早：《第三个"五四"："新文化"怎样流播？》，《文艺争鸣》2018年第9期。

运动的范畴，还有一个更严重的问题，即五四运动一词是否应当一方面包括学生和知识分子的社会、政治运动，另一方面也包括1917年就开始的新文学、新思想运动，即后来被称为'新文化运动'的运动呢？"①其实更为重要的是，当我们讨论五四时，正如有学者所提示那样："还需要首先反问一下，我们所说的究竟是'谁的五四'？"②

二、"新文化运动"与"五四运动"：孰因孰果？

具体到1919年5月4日那天的上街游行及其后一系列抗议示威活动，被后人推崇为"新文化运动"主将的《新青年》同人，几乎少有参与。陈独秀请辞文科学长待在家中，胡适正在上海迎接并陪同访华的杜威夫妇，鲁迅忙于寻找房子、筹划搬家，周作人则远赴日本。"五四"期间除了校长蔡元培介入颇多，北大教师群体中直接参与的屈指可数，然而，蔡氏也并非主动为之，多少有些被迫无奈之举。③5月4日之后，蔡元培一边向政府交涉，要求释放被捕学生，另一边又得安抚学生，劝止

---

① 周策纵：《"五四"运动史》，陈永明、张静等译，世界图书出版公司北京公司，2016，第2页。
② 李怡：《谁的五四？——论"五四文化圈"》，《中国现代文学研究丛刊》2009年第3期。
③ 后来不少人的回忆录如叶景莘、许德珩等都提及，蔡元培通知或者召集学生代表传达巴黎和会失败和政府即将签约的消息，由此引发学生5月4日的罢课和游行。类似叙述也被蔡元培的各种传记年谱以及诸多研究者采用，有不少人不加辨析地引用这些回忆录，并据此有意无意地视蔡元培为"五四"事件的策划者和后来"五四运动"的发动者。不过，各种回忆录时间地点都不一致，甚至相互抵牾，有的说5月2日，有的说5月3日，有的

学生的进一步行动。政府和学生两头之间，他疲于奔命，身心疲惫的他很快就心生倦意。5月7日，被捕学生获释后，蔡元培迅即向教育部和大总统提交了辞呈，"近日本校全体学生又以爱国热诚激而为骚扰之举动，约束无方，本当即行辞职"。[1]"即行辞职"是有意说给教育部和政府听，但"爱国热诚"和"骚扰之举动"的矛盾用词，足见蔡元培左右为难的处境。5月10日，《北京大学日刊》登载了《蔡元培启事》，这是他对辞职的公开解释和真情表露，尔后各大报刊竞相转载。颇有意思的是，这一启事并非新式白话写就，而是用典故委婉传达。"我倦

说下午，有的说晚上，有的说是林长民透露给蔡元培，有的说汪大燮专门找蔡元培商议。有关"五四"的回忆参见陈占彪编《五四事件回忆：稀见资料》，生活·读书·新知三联书店，2014。另可参见中国社会科学院近代史研究所1979年编的3册《五四运动回忆录》。蔡元培5月3日召集北大学生代表（学生领袖）罗家伦、傅斯年、康白情、段锡朋等商议，由此爆发了五四运动，此种说法流传最广，最初引自曾在国民外交协会任职的叶景莘的后来回忆。叶景莘：《五四运动何以爆发于民八之五月四日》，《大公报》，1948年5月4日；叶景莘：《巴黎和会期间我国拒签合约运动的见闻》，中国社会科学院近代史研究所编《五四运动回忆录》，中国社会科学出版社，1979，第105—113页。但这种叙述很不可靠，其一，有关巴黎和会外交噩耗，5月1日已经传到北京，《晨报》5月2日、3日已经公开刊登，并有警告和批评政府的言论，除非学生两耳不闻窗外事，很显然这样的消息完全用不着蔡元培在"五四"的前一天当做秘密来通知学生；其二，蔡元培召集的所谓几个学生代表，都是后来人的视角，5月4日之前他们是没法并一起被当作学生领袖，段锡朋是在事件的后续发展中逐渐凸显出来，而罗家伦和傅斯年在"五四"具体行动中并非学生领袖，他们在"五四"期间的学生组织中没有担任过什么重要职务；其三，1936年蔡元培自己也有《我在五四运动时的回忆》，其中解释了自己为何不赞同学生上街运动，也解释了自己作为校长不能阻止学生。详情参见蔡元培《我在五四运动时的回忆》，《中国学生》第3卷第9期，1936年12月23日。此外，张国焘的回忆录中有"五四"当天蔡元培在大学校门口阻拦学生，可印证蔡元培自己的回忆和描述。由此可见，蔡元培一开始就是反对和阻止学生上街游行，当然是否全力阻止则另当别论。

[1] 《校长辞职呈文全文》，《北京大学日刊》第380号，1919年5月17日。

矣（杀君马者路旁儿）（民亦劳止汔可小休），我欲小休矣，北京大学校长之职已正式辞去，其他向有关系之各学校各集会，自五月九日起一切脱离关系。特此声明，惟知我者谅之。"①学生们一时不知蔡校长是何意，社会上也多有误解，认为"君"指政府，"马"指曹章，"路旁儿"指各校学生。学生纷纷求教擅长"旧"文的老师，北大文科教授程演生以公开信方式答复学生，他解释了启事中的典故出处和意蕴所指，把握住了蔡元培的"自伤之情"和倦怠之意，指出蔡元培"明哲保身"的同时，也劝慰学生蔡校长并未"忍重责于学生"。②《晨报》记者也应读者要求"以普通意义代为解释"，"蔡先生引这几句话，大概是说不愿把自己可贵精力，来讨旁人的好，况且人也很劳了，应该休息休息"。③由此不难看出，"五四"对蔡元培来说，确实是一个棘手的事件，扩展成"运动"的"五四"，绝非作为北大校长的他和其他教师所期望，更非由他们谋划和主导，而是要极力避免的。既然无法迎合学生的期许，亦不能也无法劝阻学生的进一步行动，蔡元培索性只好抽身离去，随后提出辞职的还有教育总长傅增湘、北京各大高校的校长。

不过，原本和"五四"游行示威较为疏离的北大教师，参与了后来成为运动的"五四"的诸多纪念和历史诠释，建构了

---

① 《蔡元培启事》，《北京大学日刊》第374号，1919年5月10日。原启事中，"路"误作"道"，"汔"误作"汽"。另，启事原无标点，引文标点为笔者添加。
② 相关内容和阐释见《通信·文科教授程演生答学生常惠书》，《北京大学日刊》第375号，1919年5月12日。
③ 《答一山君》，《晨报》，1919年5月13日。

他们与"五四运动"的因果关系，这尤以胡适最为典型。1935年，胡适发表了著名的《纪念"五四"》，后人阐述"五四"的不少观点都由此生发。这篇经典文献是从《每周评论》杂志中摘抄材料，但有意思的是，胡适的摘抄和择选并非随意为之，而是有意删选。他首先摘抄二十一期（5月11日）署名亿万的《一周中北京的公民大活动》，但只摘出了第三部分"四日的示威事件"的学生活动部分；接着摘抄二十五期（6月8日）"国内大事述评"版块下《军警压迫中的学生运动》，也只单独摘出了第三部分"军队包围北京大学的情形"。这样一步步聚焦和凸显北大学生活动的内容，构成了胡适对"五四运动"的历史叙述。更有意思的是，有关"五四运动"这一概念的来源，胡适同样强调出自《每周评论》："'五四运动'一个名词，最早见于八年五月二十六日的《每周评论》（第二十三期）。一位署名'毅'的作者——我不记得是谁的笔名了——在那一期里写了一篇《五四运动的精神》，那篇文章是值得摘钞在这里的。"[1]"五四运动"的纪念文章中，胡适专门选用自己熟悉的《每周评论》来叙述和界定，他一方面强化北大学生的地位和作用，另一方面却含糊其词地说忘了"署名'毅'的作者"是谁。当然，我们今天都知道"毅"是北大著名学生罗家伦的笔名，可以胡适和《每周评论》的关系，他回到北京后和傅斯年、罗家伦的密切交往和积极互动，[2]怎么可能不知道或忘记"毅"是罗家伦的笔名？胡适的确

---

[1] 胡适：《纪念"五四"》，《独立评论》第149号，1935年5月5日。

[2] 傅斯年、罗家伦1917年致敬段锡朋、许德珩、陈剑修、黄日葵的信中提及，星期一即5月26日："下午偕狄、刘两君先到文科同胡适之、陈百年、沈士远、刘半农四先生同赴警厅，交涉'五七'被捕同学事。直至八时……"

是在陈独秀被捕后第二十六期（6月15日出版）才开始单独主编
《每周评论》，他刻意扭转了杂志之前对"五四"和山东问题的
过分关注，转而介绍杜威的讲演和思想。就算胡适这时不曾注
意之前的作者，但到1920年"五四"一周年时，他应该对"毅"
乃是罗家伦的署名印象深刻。《晨报》当时曾创设"增刊"专门
纪念"五四"，收录有胡适和蒋梦麟的《我们对于学生的希望》
和罗家伦的《一年来我们学生运动底成功失败和将来应取的方
针》，此外还有梁启超、蔡元培、黄炎培、朱希祖、陶孟和、顾
颉刚、郭绍虞的文章。罗家伦在这篇文章开篇就指出："当时我
在二十三期的《每周评论》上（五月二十六日出版）做了一篇
《五四运动的精神》，其中就声明我们运动的价值……"①这一
组文章在当时产生了广泛影响且被不少杂志转载，胡适对此不可
能不关注，不可能不印象深刻。唯一合理的解释就是胡适有意为
之，②一方面他试图遮蔽1920年"五四"纪念的言说，另一方面
他有意模糊"五四"的真正"运动"逻辑，并把五四运动的焦点

这封信可说明，胡适至少在5月26日已经回到北京，并非不少传记和年谱中
所说的6月初才回京，也可说明，一回到北京的胡适就和傅斯年、罗家伦等
密切交往并积极介入学生运动的后续事件。见王汎森、潘光哲、吴政上编
《傅斯年遗札》，台北："中研院"历史语言研究所，2011，第9—13页。

① 罗家伦：《一年来我们学生运动底成功失败和将来应取的方针》，《晨报》，
1920年5月4日。

② 最近有学者提出胡适1917年到1919年日记的缺失是胡适有意毁弃，"胡适
写了《纪念'五四'》，将自己树为'新文化运动领袖'。发现日记中有关
'五四'的记载评论，与自己要扮演的'五四运动的核心人物'绝不相
容，只好将1917年7月11日至1919年7月9日两年的日记毁弃"。详见欧阳健
《从日记的缺失看胡适对"五四"运动的态度》，《内江师范学院学报》
2017年第11期。这样的观点确实有些大胆，还需进一步的材料来小心求
证，但无疑胡适后来对"五四"期间自己真实的言行的确有意遮蔽太多。

转移到教师群体的新思想新文化层面。这篇经典文献紧接着这些摘抄材料的就是胡适自己对"五四"成为"运动"的源流阐述："追叙这个运动的起源，当然不能不回想到那个在蔡元培先生领导之下的北京大学。蔡先生到北大，是在六年一月。在那两年之中，北大吸收了一班青年的教授，造成了一点研究学术和自由思想的风气。在现在看来，那种风气原算不得什么可惊异的东西。但在民国七八年之间，北大竟成了守旧势力和黑暗势力最仇视的中心。"①沿此逻辑，胡适自然追溯到特别以《新青年》群体为核心的新思想和文学革命。1947年，胡适在《"五四"的第二十八周年》中又提到："五四不是一件孤立的事。五四之前，有蔡元培校长领导之下的北京大学教授与学生出版的《新青年》《新潮》《每周评论》所提倡的文学革命，思想自由，政治民主的运动。"②

乍一看，胡适的逻辑合情合理，这也是今天被学界普遍认可的历史叙述。先有以《新青年》或者"一校一刊"结合为标志的"新文化"运动和潮流，启发了学生的新思想新观念的产生，老师影响了学生，继而觉醒的学生投入之后的五四运动。当然，后来胡适又曾说起"五四运动"是对新文化运动、中国文艺复兴运动的政治干扰。"在1919年所发生的'五四运动'，实是这整个文化运动中的，一项历史性的政治干扰。它把一个文化运动转变成一个政治运动"，"就是说从新文化运动的观点来看——我们那时可能是由于一番愚忧想把这一运动，维持成一个

---

① 胡适：《纪念"五四"》，《独立评论》第149号，1935。
② 胡适：《"五四"的第二十八周年》，《书报精华》第29期，1947年5月15日。

纯粹的文化运动和文学改良运动——但是它终于不幸地被政治所阻挠而中断了！"①胡适前后的表述出入不小，甚至自相矛盾，既说新文化运动引发了五四运动，又说"五四"中断了"新文化运动"，后来的研究者也都把目光集中于此，争辩以救亡为标识的"五四"究竟有没有干扰或压倒以启蒙为主导的"新文化"。但这恰恰陷入胡适所建构的"五四"的运动逻辑里，模糊了真正的焦点。因为不管是"新文化"引发了五四运动，还是"五四"干扰、压倒了"新文化"运动，内在的"运动"逻辑是相同的，即"新文化"的运动之前因和"五四"的"运动"之后果，这一因果关系的背后更深层的逻辑则是新旧文化叙事。先有胡适等北大教师新文化、新文学的提倡，影响越来越大，自然而然就扩展成了运动，这正是不少研究者对新文化"运动"起来的过程描述。胡适等正是认可和利用了这样的逻辑，重新建构了"五四"和"新文化"运动的历史叙述，他的《纪念"五四"》就是作为"经典"的例证，他在其他很多场合也有类似的论述。胡适在《五十年来之中国文学》中专门论述过北大内部的新旧，"同时北京大学的学生傅斯年、罗家伦、汪敬熙等出了一个白话的月刊，叫做《新潮》，英文的名字叫做*The Renaissance*，本义是欧洲史上的'文艺复兴时代'。这时候，文学革命的运动已经鼓动了一部分少年人的想象力，故大学学生有这样的响应。……但响应的多了，反对的也更猛烈了。大学内部的反对分子也出了一个《国故》，一个《国民》，都是

① 胡适：《胡适口述自传》，唐德刚译，华文出版社，1992，第206、209—210页。

拥护古文学的。校外的反对党竟想利用安福部的武人政客来压制这种新运动"。①胡适的叙述中，北大学生群体中《新潮》和杂志社同仁代表着"新"，是他后来建构的新文化、新文学运动的坚定拥护者；而《国民》《国故》杂志社代表着守旧的一方，是新文化和新文学运动的反对者。

然而，作为"运动"的"新文化"和"五四"，孰先孰后，是我们讨论彼此因果关系的基本前提。

首先来看"五四运动"这一概念的出现和流行。过去，因为胡适《纪念"五四"》这一经典文本的缘故，很长时间以来，大家都据此把罗家伦1919年5月26日的《"五四运动"的精神》，视为"五四运动"这一名词的最初来源。后来周策纵在其著名的《五四运动史》中提出："'五四运动'这个名词最早出现在'北京中等以上学校学生联合会'1919年5月18日致其他社团的电报《罢课宣言》里。"②近些年，又有学者提出，"五四运动""是在北京中等以上学校学生联合会于5月14日发布的《致各省各团体电》中首先提出的"，③这份电文中的确两次出现"五四运动，实为同忾心之激发"。④这份电文登载于5月19日上海《民国日报》，电文后以"寒"为标示的韵母代日，表明发电日期为5月14日。实际上还有更明确的证据表明5月14日以前，"五四运动"就已经被公开使用，比如，康白情5月14日投稿到

---

① 胡适：《五十年来中国之文学》，《胡适文存二集》第2卷，中央编译出版社，2014，第201页。
② 周策纵：《"五四"运动史》，第372页。
③ 杨琥：《"五四运动"名称溯源》，《北京大学学报》2006年第2期。
④ 《再接再厉之北京学生·致各省各团体电》，《民国日报》，1919年5月19日。

《晨报》的《北京学生界男女交际的先声》一文中，多次使用了"五四运动"这一加注引号的专有名称。①当然，康白情这篇文章公开发表是在5月20日，同日《晨报》刊登的北京中等以上学校学生联合会的《罢课宣言》，也公开使用了"五四运动"，即周策纵所说的最早出处，这比5月19日上海《民国日报》的《致各团体电》的公开发表的确晚了一天。

根据笔者搜寻，"五四运动"一词最早公开见诸报刊，是1919年5月16日《晨报》上的《来函照登》，这封函件同样是北京中等以上学校学生联合会所呈，写作日期为15日，是一封公开澄清函。"日内北京发现一种单，内以鄙会名义，鼓吹无政府主义，阅之殊深诧异，查无政府主义，以世界为旨归，首先破除国家界限，鄙会发端于'五四运动'之后，为外交之声援，作政府之后盾，实寄托国家主义精神之中……"②这封来函，不仅是"五四运动"这一语词最早见诸报刊的证明，也明确传达了"五四运动"和国家主义紧密相连的精神。

不难看出，"五四运动"这一概念最早被使用都和北京中等以上学校学生联合会有关。该联合会5月6日成立，由北京各高校选派代表组成干事部和评议部，负责开会讨论学生运动的方针、政策，对外的宣言和电文。诚如经常参加讨论会的康白情所说，"拟不完的文牍，打不完的电报"，联合会对外的宣言和

---

① 这篇文章开篇就表明，北京学生和《晨报》正积极展开"妇女问题"的讨论，"遇着'五四运动'的发生"，"'五四运动'之后，产生了个北京中等以上学校学生联合会，就中女学界也不少参加入内的"。康白情：《北京学生界男女交际的先声》，《晨报》，1919年5月14日。
② 《来函照登》，《晨报》，1919年5月16日。

电文都需经过各校代表一起讨论通过。康白情14日的文章提供了一个非常重要的线索，学界几乎没有人注意到，13日"北京中等以上学校学生联合会开会"，在会上发生了一场"刺刺不休"的争执，原本有女校学生参与，会场秩序还算严整，"嗣后为发布一种稿件，引起了大家的辩论，又因为某君误说出两个不妥帖的字眼，更挑动了彼此的争彼，于是会场顿呈了一个不安静的样子"。①究竟是哪两个字眼，学生们不顾女校学生在场争执不休呢？康白情没有明说，根据之后两天"五四运动"一词的整齐出现，这两个字眼应该和"运动"的定位有关。结合13日、14日的报刊舆论，笔者推测某君大概误用了"暴动"或"骚动"之类的字眼，由此挑动了在场学生的神经。就拿支持学生的《晨报》来说，13日的重点报道"雨暗风凄之北京教育界""教育总长出走之详情""专门校长亦相继辞职"；14日有"教育界之人心皇皇""傅总长踪迹不明""各校长辞职续志"的报道。13日《晨报》登载了所谓蔡元培和友人交谈的《蔡元培辞去校长之真因》，文中多次使用了"暴动""骚动"的字眼；14日《晨报》的时评文章《再论学生事件和国家法律问题》，就是针对社会的"暴动""骚动"指责，为学生辩护。②蔡元培、傅增湘以及各校校长的相继辞职和离去，整个教育界陷入停顿和无序状态，无疑给学生造成了很大压力，且北京指责学生的舆论也愈渐增多，政府内部也愈发强硬，接连颁发训令，指责

---

① 康白情：《北京学生界男女交际的先声》，《晨报》，1919年5月20日。
② 相关报道和文章内容详见《晨报》，1919年5月13日、14日。

学生"破坏秩序，凌蔑法纪"，"名为爱国，适为误国"。[①]学生内部的恐慌可想而知，罗家伦后来的回忆也印证了这一点，"蔡先生去了以后，北京大学自然是第一个恐慌的，为维持北京大学，北大学生不得不继续闹下去，而且不能不联合旁的学校学生一同闹下去"。[②]可以推测，如何应对教育界的大动荡和高校的混乱，如何回应社会上对"暴动"和"破坏"的指责，如何给自己的行为一个准确的评定，是学生联合会13日讨论的重点议题，也是当时社会舆论界的焦点话题。某君当天两个"字眼"的争执，以某君收回和道歉而告终，最后学生领袖们应该是达成初步的共识，因此有了一个大家都认可的称谓——"五四运动"。这就不难理解，第二天即14日，康白情的文章和联合会《致各团体电》中同时出现了"五四运动"的概念，此后联合会的电文和宣言等正式文告中，都采用加注引号的专有称谓"五四运动"。"五四运动"这一说法由此开始迅速传播，尔后从学生群体扩展到媒体和社会各界，成为流行概念。可见"五四"事件进展到"五四运动"，起主导作用的只能是学生自己，因为这个时间点恰恰是各高校陷入混乱的时刻，"五四运动"既是学生针对"骚乱"和"暴动"的自我辩护，也是未来继续"动"起来的自我打气。

相较"五四运动"，"新文化运动"这一概念的出现则晚了很多。周策纵指出："'新文化运动'这一名词，在1919年5月4

---

① 《五月十四日大总统令》，瞀盦编《学界风潮纪》下编（文件），中华书局，1919年，第1页。

② 罗家伦口述，马星野（伟）笔记《蔡元培时代的北京大学和五四运动》，王云五、罗家伦等：《民国三大校长》，岳麓书社，2015，第91—110页。

日以后的半年内逐渐得以流行。"①最近，学者郑师渠和周月峰对"新文化运动"一词的出现和流行进行了非常细致的考察，郑师渠认为，"至少在1919年9月傅斯年、李大钊与戴季陶已分别使用了这一概念"，综合两人的考察和我们目前所能搜寻到的史料，大致在1919年8月底9月初，"新文化运动"这一专有名称才开始出现。有关这一语词的流行时间，周月峰认为是1919年10月底，而郑师渠则认为真正流行当晚到1920年初。②不过，郑师渠的说法并不严谨，戴季陶确实使用了"新文化运动"，但傅斯年在《新潮之回顾与前瞻》使用的是"文化运动"而非"新文化运动"，并且这也不是傅斯年"文化运动"的最早出处。

三、向外"国民运动"，向内"文化运动"

"新文化运动"以"新"来标识，望文生义，那么之前应该有"文化运动"或者与之完全相对的"旧文化运动"。事实上，还真有"文化运动"这么一个名词，它出现的时间点恰好是在"五四运动"和"新文化运动"中间，这一关键词非常重要，它上承由学生们创造的"五四运动"，下接"新文化运动"。但是，大多数研究者都没有仔细辨析"文化运动"这一概念的意义和作用，只是笼统地把它置于"新文化运动"的范畴中来理解。

---

① 周策纵：《"五四"运动史》，第195页。
② 参见郑师渠《"五四"后关于"新文化运动"的讨论》，《北京师范大学学报》2010年第4期；周月峰：《五四后"新文化运动"一词的流行与早期含义演变》，《近代史研究》2017年第1期。

6月27日傅斯年、罗家伦给段锡朋、许德珩、陈剑修、黄日葵的公开信中首次使用了"文化运动"这一词。和"五四运动"一样，"文化运动"同样和学生的自我定位、学生领袖内部的讨论有关，收信的正是北京中等以上学校学生联合会的重要负责人。此外，8月底傅斯年赴英留学之前的《〈新潮〉之回顾与前瞻》，又一次使用了"文化运动"。傅、罗致学生领袖的信中说道："自五月五日起，吾辈定'北京学界打头阵，将来发展不限北京，更不限学界'之大政方针，又分半副精神维持吾校，使其不为无代价之牺牲。此种经过，苦极倦极。自此而后，当闭户读书，努力为文化运动之一前驱小卒。惟学问可以益人益己，学本无成，出而涉世，本无当也。"①这封公开信是"五四""六三"之后，傅罗以"苦极倦极"的当事人姿态，对五四运动的反思和重新审视，并由此提出重回校园致力学业的"文化运动"。但他们这样的反省，以及对转换方向的"文化运动"的期许与表态，恰恰说明"五四"从发起到之后的运动，都并非定位为学生自己的运动，其内容也不是文化运动所能涵括的。那么"五四"一开始是什么样的运动？仅以一部分人的事后反思来界定，显然很是偏颇。因此，有必要回到当时的舆论现场，看看社会各界究竟是怎样看待和定位"五四"。

　　5月6日，《晨报》刊登了涵庐（高一涵）的评论文章《市民运动的研究》，这是最早对"五四"进行定性并从理论上进行分析的文章。"四号下午，北京的地方，对于外交问题忽然发见

━━━━━━━━━━

① 《傅斯年罗家伦致同学书》，《时事新报》，1919年7月4日，另见王汎森、潘光哲、吴政上编《傅斯年遗札》，第9—13页。

了市民的运动。据报纸传说，云是'学生界的运动'，其实据我亲眼看见，参与其事的有许多工人，许多商人，和许多须发皓然的老青年。说一句老实话，这完全是市民的运动，并不单是学生运动。这件事顺着世界新潮流而起，狠不可轻易看过，说他们是'五分钟的热心'。"高一涵结合各国历史和国家理论，认为市民运动的原因有三，而"五四"属于第三种原因，"因为政府不中用，或国家又弱又小，被强权迫压住了。所以国民才起来运动……"①"市民运动""国民运动"，这是作为北大教授的高一涵，对"五四"发生的理论解释和明确定性，他也是用"运动"来概括"五四"的第一人。之后不久，同是北大教授的顾孟余于5月9日在《晨报》发表评论文章《一九一九年五月四日北京学生之示威运动与国民精神的潮流》，文章指出："一国之生存或重要的利益有危险时，旧秩序不能维持保护之，……于是此旧秩序与法律，毫无存在之价值。社会之分子，得人人自由用其腕臂之力以从事建设新秩序，且铲除其阻碍，此乃国民最高的义务。"②"国民精神"作为"青年精神潮流"的新趋向，这是顾孟余将"五四"定性为运动的同时对"五四精神"的最早概括。5月11日，针对前一日北京《国民公报》上梁漱溟的《论学生事件》，高一涵在《晨报》上发表回应文章《学生事件和国家法律的问题》。梁漱溟认为学生爱国固然重要，但不能违反国家法律，"梁漱溟要求惩罚五四事件中的肇事学生，乃是

① 涵庐（高一涵）：《市民运动的研究》，《晨报》，1919年5月6日。
② 顾孟余：《一九一九年五月四日北京学生之示威运动与国民精神的潮流》，《晨报》，1919年5月9日。

醉翁之意不在酒，他的真实意图是反对学生干政，反对学生逾越读书人的身份，去从事国民运动"。①而高一涵则依据国家是国民的国家，回应说："像这样国家和法律，不许人谈爱国，不许人谈正义……就是对他革命也不妨……"②蓝公武在《国民公报》也有回应文章《评梁漱溟君之学生事件论》："公众的示威运动，在现今的文明国，是国民法律上应有的权利，并且还是历史上流血挣来的一种权利"，"故所以不讲法律道德则已，讲到法律道德，就不能拿扰乱治安、目无法纪这些罪名加到国民示威运动的头上来了。"③不难看出，争辩双方的重心和焦点是"国民"和"国家"的关系，这一系列文章都曾被作为专门的"舆论"收录在5月18日的《每周评论》。

　　"国民运动"也是《每周评论》对"五四"事件的定位和报道，"五四"之后即5月11日那一期《每周评论》整整两版综合报道的题目就是《一周中北京的公民大活动》，前文论及胡适的摘抄就只是凸显了学生群体部分，而有意无意忽略丰富的"公民""国民"活动报道和定位。5月26日《每周评论》上罗家伦的《"五四运动"的精神》被很多人拿来讨论，但几乎少有人注意到罗家伦"国民"意义的阐述，"五四运动"，"这是中国学生的创举、是中国教育界的创举、也是中国国民的创举"，这场运

① 马建标：《学生与国家：五四学生的集体认同及政治转向》，《近代史研究》2010年第3期。
② 涵庐（高一涵）：《学生事件和国家法律的问题》，《晨报》，1919年5月11日。
③ 蓝公武（知非）：《评梁漱溟君之学生事件论》，《每周评论》第22期，1919年5月18日。

动中学生和国民"这样的牺牲精神不磨灭，真是再造中国的元素"。①"国民创举"和"再造中国"的"五四"精神和意义之总结，和高一涵、顾孟余的评论与定性大致相同，且昭示了未来"革命"走向的可能。但这一点在胡适的《纪念"五四"》中完全未被提及，罗家伦后来也一再淡化。

只要我们稍微查阅"五四"期间的各种宣言、电报、公开书、呈文、演讲，"国民"是出现频率最高的语词之一。4月底巴黎和会上的不利消息频频传来，北京学生曾致电各报馆和各会，"青岛归还，势将失败，五月七日在即，凡我国民，当有觉悟。望于此日一致举行国耻纪念会"。②由此看来，"五四"是个意外提前了的行动，因为恰逢周末学生便于集会活动的缘故，学生们提前行动。但国民运动的性质和目标未改，许德珩为5月4日当天游行起草的宣言，开头即是"呜呼国民"的呼吁，结尾则是召开国民大会的倡议，"则开国民大会，露天演讲，通电坚持，为今日之要着。至有甘心卖国，肆意通奸者，则最后之对付，手枪炸弹是赖矣"。③学生示威游行的现场向北京民众分发的传单由罗家伦起草，后人都记住了名句"外争主权，内惩国贼"，可这句前面正是"设法开国民大会"，④这也是游行示威运动的目的所在。"五四"之后，各地也都是以召开国民大会的

---

① 罗家伦（毅）：《"五四运动"的精神》，《每周评论》第23期，1919年5月26日。

② 督盦：《学界风潮纪》（上编），中华书局，1919，第6页。

③ 《北京学生界宣言》，中国社会科学院编《五四爱国运动》（上），中国社会科学出版社，1979，第309—310页。

④ 传单由罗家伦起草，传单内容参见《山东问题中之学生界行动》，《晨报》，1919年5月5日。

形式来声援和响应"五四"，尤以上海5月7日的国民大会最为盛大，且对后来一系列运动产生了重要影响。"国民大会在全国各地如雨后春笋般发展，北京、天津、上海、浙江、江苏、福建、湖南、广西等地的国民大会不仅要求收回山东主权，还要求惩办与签订'二十一条'有关的当事人及镇压爱国运动的当事人"。①

学生是国民运动的先锋，五四运动则是一场伟大的国民运动，这一角色和定位学生们后来曾多次论及。但也正是由于学生的提前"行动"，北京政府当局加紧了防范，因而5月7日在北京中央公园的国民大会未能成功召开，尤其相比上海等地，声势上要逊色很多。同时，当时北京各高校和教育部及政府交涉的结果，被捕学生于5月7日获准释放，但作为条件，学生得结束罢课回到学校，且不能以学校和学生名义参加国民大会。②随后蔡元培的辞职及其教育界一系列的动荡，使得"挽蔡"和恢复教育界秩序成为重要议题，也使得时人和后人把焦点移到学界和教育界。这些因素综合起来，造成了后人对"五四运动"定位的偏移，忽略了最为本质的"国民运动"。

蔡元培和胡适等北大教师，为了恢复教育秩序，极力把学生从"国民"定位拉回到"学生"身份，把向外的"国民运动"扭转到向内的文化事业和学术研究上来。的确，不论是5月份的蔡元培，还是6月份的胡适等人，都曾为营救被捕学生积极

---

① 李斌：《废约运动与民国政治（1919—1931）》，湖南人民出版社，2011，第31页。
② 参见《教育部之训令》，《晨报》，1919年5月7日。

奔走，不遗余力，也都曾发表对学生"国民运动"的理解。例如蔡元培辞职后的《告学生书》中也坦承，"仆深信诸君本月四日之举，纯出于爱国之热诚。仆亦国民之一，岂有不满于诸君之理，惟在校言校，为国立大学校长者，当然引咎辞职"。[1]胡适和蒋梦麟后来也曾用"简单一句话"来概括"五四"，"在变态的社会国家里，政府太卑劣腐败了，国民又没有正式的纠正机关（如代表民意的国会之类），那时候，干预政治的运动一定是从青年的学生界发生"。[2]不过，对"在校言校"的校长和教师来说，理解是一回事，认可和支持则是另一回事，而让学生回归校园、回归学业则是他们的责任。"六三运动"之后，胡适积极引导学生回归校园，蔡元培则以学生回归校园作为他复职北大校长的条件。"蔡因鉴于各方面劝驾之殷，允即北上；惟提出二条：（一）校外会集，以后谢绝参与。（二）要求今后学生行动，服从指挥。"[3]7月份，蔡元培决定回归北大，他写了一封《告北京大学学生暨全国学生书》，诘问学生："诸君以环境之适宜，而有受教育之机会，且有研究纯粹科学之机会，所以树吾国新文化之基础，而参加于世界学术之林者，皆有赖于诸君。诸君之责任，何等重大！今乃参加大多数国民政治运动之故而绝对牺牲之乎？"[4]颇有意思的是，蔡元培在此提出了"新文化"的目标，很多研究者也就此认为蔡元培此时亦赞同"新

---

① 《蔡孑民告学生书》，《晨报》，1919年5月12日。
② 胡适、蒋梦麟：《我们对于学生的希望》，《晨报》，1920年5月4日。
③ 瞀盫：《学界风潮纪》（上编），第47页。
④ 《蔡校长告本校学生暨全国学生书》，《北京大学日刊》第421号，1919年7月23日。

文化运动"，但很显然，这"新"并非为了对应"旧文化"，而是以"文化"来区别政治的国民运动。正如蔡元培自己所说，"余在大学，对于学生新思想，虽极力提倡；然纯为学术的研究，其范围固未尝出大学校门一步"。[①]

　　1919、1920年北大的开学典礼，蔡元培、胡适、蒋梦麟等不仅进一步强化了向内转的方向，并且对学生热衷"运动"的模式有意冷却。1919年9月20日，回到北大的蔡元培校长主持开学典礼并致全体师生训词，颇有用意地谈到外界对北大的误解，"外面颇有谓北京大学学生专为政治运动，能动不能静的"，"一到研究学问的机会，仍是非常镇静的，外边流言，实是误会"。[②]蔡元培这里对"运动"极力淡化，实在是为了扭转"五四"之后到处都在"动"的局面。"五四"之后，蔡元培常常告诫学生的就是，多组织研究之类的学会，多待在学校实验室研究室，不要以为学生万能，运动万能，这是"流弊"。"不求学，专想干涉校外的事，有极大的危险。国家的事不是学生可以解决的，学生运动不过提醒外界的人，不是能直接解决各种问题。所以用不着常常运动"。[③]1920年9月11日的开学典礼，代替即将赴法的蔡元培主持北大校务的总务长蒋梦麟，和胡适默契"配合"，对着全校师生讲演了他们对于已经流行的"新文化"和"运动"的"否定"。蒋梦麟起头道："我们现在不是天

①　督盦：《学界风潮纪》（上编），第47页。
②　《本校纪事·二十日之大会纪事》，《北京大学日刊》第443号，1919年9月22日。
③　《蔡先生湖南第六次讲演·对于师范生的希望》，《北京大学日刊》第815号，1921年2月24日。

天讲新文化运动吗？那天在胡适之先生那儿谈天，他说现在的青年连一本好好的书都没有读，就乱叫乱跳地自以为做新文化运动，其实连文化运动都没有，更何从言新。"①原本不演说的胡适说："但蒋先生偏偏提出我的谈话的一部分，偏偏把'且听下回分解'的话留给我说，所以我不能不来同诸位谈谈。"胡适讲演谈到外人如何恭维他为"新文化运动"的领袖，外界如何视北大为"新文化运动"的中心，但胡适列举北大学术研究和图书杂志出版的凋敝，极其尖锐地指出："像这样学术界大破产的现象，还有什么颜面讲文化运动？"②胡适演讲中同样期望学生从"运动"模式回到沉静的学术和研究中来。这也是胡适这一时期提出"新思潮的意义"之目的，在于"输入学理""整理国故"等，即倡导"学院"和"学术"之内的解决。③蔡元培、蒋梦麟和胡适等对"文化运动"尚且存有疑虑，对"新文化运动"更是激烈否定，极尽挖苦讽刺之能。这无疑表明，和"五四运动"一样，"新文化运动"起初亦非蔡、胡等北大教师所倡导，或者说，和他们后来所重新叙述的"新文化运动"有很大差别。

如果说，蔡元培、胡适、蒋梦麟等开学典礼上的讲演，及其北大内部一系列引导学生回归校园的举措，只是作为"在校言校"的校长和老师对学生的规劝和期待，那么，1920年5月4日《晨报》的一周年纪念，则是师长辈联合社会名流及受他们

① 《蒋梦麟总务长演说词》（陈政记），《北京大学日刊》第694号，1919年9月16日。
② 《胡适之演说词》（陈政记），《北京大学日刊》第694号，1919年9月16日。
③ 参见胡适《新思潮的意义》，《新青年》第7卷第1号，1919年12月1日。

影响的学生，对"五四"进行整体反思和社会舆论导向重塑。

五四运动中起过重要作用的《晨报》，第一个周年纪念日办得非常隆重，头版头条的"论评"是署名"渊泉"的《五四运动底文化的使命》，同时，当天专门增设一大张四版的"五四纪念增刊"，其中收录梁启超的《"五四纪念日"感言》、蔡元培的《去年五月四日以来的回顾与今后的希望》、胡适和蒋梦麟的《我们对于学生的希望》、顾颉刚的《我们最要紧着手的两种运动：教育运动、学术运动》、罗家伦的《一年来我们学生运动底成功失败和将来应取的方针》、郭绍虞的《文化运动与大学移植事业》。一大张四版的版面明显不够，报纸正常的第7版还登载有黄炎培的《五四纪念日告青年》、陶孟和的《评学生运动》、朱希祖的《五四运动周年纪念感言》。此外，上海实业家穆藕初的《实业界对于学生之希望》原本也是"五四纪念增刊"的一篇，因为文稿4日才寄到，所以《晨报》把这篇文章放在5月5日最重要的"论评"版。

《晨报》这一系列纪念文章显然是提前策划和安排的结果。"渊泉"是总编陈博生的笔名，梁启超被视为《晨报》所代表的研究系的中坚人物，甚至很多人认为梁启超是《晨报》的创办人之一。[①]蔡元培、胡适、蒋梦麟、陶孟和和朱希祖都是北大校务的重要负责人或者知名教授。罗家伦、顾颉刚都是北大学生，郭绍虞则是北大的旁听生，他们三人都参加了"新潮社"，

---

① 有研究者认为，梁启超创办《晨报》说并没有切实可靠的材料支撑，梁启超之于《晨报》，"只有象征的意义"。参见李雷波《抗战前北京〈晨报〉编辑出版系统演变考实》，《民国研究》2014年第1期。

这一社团和胡适关系较为密切。穆藕初则是上海工商界名流、"棉纱大王","五四"之前和蔡元培、黄炎培、蒋梦麟等交往颇多,曾参与发起中华职业教育社。

《晨报》五四运动一周年纪念的总基调是"文化运动"定位,这和一年前"国民运动"评定相比,无疑是个巨大的转向。论评《五四运动底文化的使命》,堪称代表着报社意见的社论或者说首席评论,虽然文章开始表态说,"五四运动""从我们国民运动史上看来,从我们文化史上看来,都是有很重大意义的",[1]但整篇评论只是从文化意义和文化使命上来阐述五四运动。梁启超的感言中同样把"五四运动"向"文化运动"的方向导引,"一年来文化运动盘礴于国中,什九皆'五四'之赐也,吾以为今后若愿保持增长'五四'之价值,宜以文化运动为主而以政治运动为辅"。[2]蔡元培则再一次语重心长地告诫学生,"无论何等问题,决不再用自杀的罢课政策。专心增进学识,修养道德,锻炼身体"。[3]胡适、蒋梦麟态度和蔡元培一致,"我们对于学生的忠告是:单用罢课作武器是下下策,可一而再再而三的么……把五四和六三的精神用到学校内外有益有用的学生活动上去"。[4]朱希祖也善意提醒学生不要老执着于"罢课"这样的"兴奋剂",这样的运动不经济不合理,"学生

---

① 陈博生:《五四运动底文化的使命》,《晨报》,1920年5月4日。
② 梁启超:《"五四纪念日"感言》,《晨报》,1920年5月4日。
③ 蔡元培:《去年五月四日以来的回顾与今后的希望》,《晨报》,1920年5月4日。
④ 胡适、蒋梦麟:《我们对于学生的希望》,《晨报》,1920年5月4日。

的学课，就是国家的滋补品，就是一种最大的运动"。①江苏省
教育会的黄炎培态度稍显微妙，他希望学生能平衡读书和救国
的关系，"救国不忘读书，读书不忘救国"。直接参与了五四运
动的学生辈，强调学生运动的意义和价值的同时，也以总结和
反省的态度提出了运动的"文化转向"，顾颉刚的《我们最要紧
着手的两种运动》一文还有个副标题或者说主旨概要——"教
育运动、学术运动"，这已经说明了他的态度，"我们要改造中
国，我们要实现理想的中国，这不是换到一个政府、逐调几个
官吏所能成功的。也不是学生界所能一手经理的。全国的国
民、各有他的人格，便各有他的责任；这并不是我们所能代劳
的"，文章最后，顾颉刚呼吁同学们："伴侣呀！我们的运动，
不可不改变方向了。"②罗家伦援引自己曾经对"五四运动"
的精神论述，但再未提当初"国民运动"和"再造中国"的定
位，这篇主旨也落在总结经验教训和未来采取的方针上，"在现
在最重要不过的根本问题，可以说是文化运动了！我们这次运
动的失败，也是由于文化运动的基础太薄弱的缘故"。③工商名
流穆藕初代表实业界对学生提出希望，"青年当求学时代，故
青年最大之爱国表示尚在来日，而来日最大表示之豫备在乎专
心向学"。④之后他设立巨资资助教育和学术，以实际行动引导

---

① 朱希祖：《五四运动周年纪念感言》，《晨报》，1920年5月4日。
② 顾颉刚：《我们最要紧着手的两种运动：教育运动、学术运动》，《晨报》，
   1920年5月4日。
③ 罗家伦：《一年来我们学生运动底成功失败和将来应取的方针》，《晨报》，
   1920年5月4日。
④ 穆藕初：《实业界对于学生之希望》，《晨报》，1920年5月5日。

学生，段锡朋、罗家伦、康白情、汪敬熙、周炳琳、孟寿椿等五四运动中的风云人物都是由他资助出国留学，当中不少人都在学术和教育领域做出了巨大贡献。

1920年是"五四"一周年，"新文化运动"已经甚为流行，然而，《晨报》的一系列纪念文章，似乎刻意回避了这一称谓的使用，都整齐划一地选用"文化运动"。[①]这再一次表明，"新文化运动"这一概念的发明和使用，起初和胡适、蔡元培等北大教师关联不大，和学生群体中"新潮社"的关系也不大。同时也表明，"新文化运动"和向内转"文化运动"之间有着一条清晰的界线，但很显然，这一界线并非"新文化"与"旧文化"的区分。

实际上，新旧文化之别不是"五四"前后的重要议题，尤其对学生们来说，新旧从来就不是个问题。或也可以这样说，新旧文化思潮是晚清以来一直都存在的命题，"五四"时期，这一问题并不比别的时期更加凸显。如果我们把"新文化"作为中心语汇，从"新文化运动"这一概念中单独剥离出来，进行知识考古，自然而然会追溯到晚清，并有诸多相关联的语词，如新文学、新小说、新诗、新教育、新思潮等等，且都很流

---

① 准确地说，恰恰是北大旁听生身份的郭绍虞，他的《文化运动与大学移植事业》中有一处使用了"新文化运动"，事实上，郭绍虞和其他人观念上稍有不同，他强调向外扩而并非向内转的运动方向，"五四"的意义是"供给大多数国民趋向'觉悟之路'的曙光"，转向文化运动也应该从国民运动上做起。"所谓文化运动，便是在这大多数的国民上运动起，并不是单向知识阶级发行集中定期出版物，鼓吹鼓吹什么主义，标榜标榜什么学说，算为文化运动的能事已尽。"也正是在这个意义上，他使用了"新文化运动"。参见郭绍虞《文化运动与大学移植事业》，《晨报》，1920年5月4日。

行。实际上，"五四"之后"运动"才是中心语，"运动"的走向才是焦点议题，新旧最多是个副题。"新文化运动"并非"新文化"的"运动"这样的定中关系，而是"新"的"文化运动"这样的偏正结构，或可直接简化为"新"的"运动"。

时人和后人对"新文化运动"的误解正在于此，把"国民运动"和"文化运动"向外向内的不同走向，导向了新旧文化思潮之别，把原本倡导向内转的"文化运动"等同为"新文化运动"。因此，我们实在有必要沿着"运动"的轨迹，重新探究作为"国民运动"的"五四"如何发生、发展，进而演变为"新文化运动"。

四、被新旧文化叙事遮蔽的《国民》杂志社和《国民》

基于新旧文化之别的叙述逻辑，《国民》杂志社和《国民》实在不值得一提，但从运动的角度，尤其是国民运动的层面，怎么强调其重要性都不为过。

和同时创刊的《新潮》相比，《国民》杂志不使用白话文，对《新青年》和陈独秀、胡适等人也不以为然，且拉来黄侃、刘师培等做导师，怎么看都像不折不扣的"守旧"杂志。因此，《国民》杂志也很少被视为独立的研究对象，大家总是在分析比较北大学生刊物时才会提及它，例如杨早的论文《五四时期的北大学生刊物比较》，王巨川的论文《新旧之间：北大"三刊"与五四新文化运动》等。①不过，这些研究肯定了《国民》新的一面，进步的一面，介乎于《新潮》的"新"和《国故》的"旧"之间，较之于胡适的"大学内部的反对分子"定位，是有不小的推进。但实际上，《国民》杂志和这一社团的地位和意义仍然被大大地低估了。

把《国民》杂志社视为北大学生社团，把《国民》杂志视为北大学生刊物，这本是极大的误解。《国民》杂志社的成员构成不只是北大学生，也包括京城其他高校的学生，如北京高师的俞劲、向大光、陈宏勋、常乃德等后来在五四运动中的风云人物，还包括不少留日归来的学生，如曾琦等人。《国民》杂志社的组织大纲中一再声明，"本杂志社系由学界青年组织而成，并为一般青年学子公共言论机关"，②诚如组织大纲中所言，《国民》杂志乃当时全国性的学生团体"学生救国会"的机关刊物。为了反对《中日共同防敌军事协定》，1918年5月，罢课回国的留日学生救国团和北京学生串联，发动了被称为"五四运动"预演的"五·二一"请愿活动，这次请愿活动中诞生了学生救国会。当年暑假，学生救国会委派学生代表许德珩、易克嶷等以及返乡的学生分赴各地联络动员，使之发展成全国性的学生组织，同时还和上海中华革命党人、江苏省教育会等重要政治团体接洽。后来，学生救国会为了统一组织宣传，这才有了机关刊物《国民》的出炉以及《国民》杂志社的形成。1918

---

① 参见杨早《五四时期的北大学生刊物比较》，《中国现代文学研究丛刊》2002年第1期；王巨川：《新旧之间：北大"三刊"与五四新文化运动》，《求是学刊》2012年第1期。
② 《国民杂志社组织大纲》，《国民》第1卷第1号，1919年1月。

年10月20日，《国民》杂志社正式成立，与会社员80多名，"来宾有蔡孑民、徐伯轩、邵飘萍、徐彬彬诸先生"，[①]后面这三位都是新闻界的活跃分子，徐彬彬还是上海《申报》《时报》的驻京记者，长期为两报撰写北京的通讯报道。

1919年1月《国民》杂志创刊，全都使用文言文，但如杂志名称所示，刊物的焦点是国民性问题，主旨是为国家塑造国民，再造国民。创刊号的《杂志例言》亮出了刊物宗旨，"本杂志由学界同志组织而成，抱定左（下）列四大宗旨：（一）增进国民人格，（二）灌输国民常识，（三）研究学术，（四）提倡国货"。[②]这四大宗旨在不少地方被反复提及，前两条明显是强调对国民的塑造和改造，第四条是培养国民对国家的认同，第三条研究学术其真正目的也是贡献国民。《国民》杂志社成立前一天即1918年10月19日，《北京大学日刊》登载了《国民杂志社启事》，除了提前公布的《例言》和四大宗旨之外，前面还有一段目的阐述，国内外潮流变迁，"国民智识不足以资为因应，实为国家前途之一危象，爰集同志组织一月刊杂志，名曰国民，以增进国民智识为主旨，本研究之所得贡献国民"。[③]

国民性一直是现代文学研究中的重要话题，尤其是围绕着鲁迅和国民性的论著不计其数。但学界更倾向于把它作为一个理论命题来处理，有从启蒙现代性角度给予肯定的，有从"后学"角度来质疑的，可是，很少有人从民国现实政治层面来探

---

① 《国民杂志社成立会纪事》，《国民》第1卷第1号，1919年1月。
② 《国民杂志例言》，《国民》第1卷第1号，1919年1月。
③ 《国民杂志社启事》，《北京大学日刊》第275号，1918年10月19日。

究，从民国国民运动的历史脉络来梳理。《国民》杂志的国民性批判、国民性改造，其目的都是为了现实的国民政治动员，是总结"五·二一"请愿活动失败教训的反思，为下一场国民政治运动做准备。诚然，"国民"一词晚清就已出现，"甲午前，其意思多指外国人民"，"把中国人称为'国民'发生在甲午后"，[①]出现了一系列以"国民"为名的报刊，如《国民报》《国民日日报》等，但这一时期的"国民"更多是作为"观念"层面，是和现代国家意识的兴起与讨论相关。据统计，中华民国建立，"国民"这一语词出现的频次降至低谷，直到袁世凯称帝后，"国民"一词的出现频率又开始上涨。[②]和晚清作为观念的"国民"论说相比，《国民》杂志重点关注的是国民和成立了已有七八年的中华民国的关系，这是他们发动和展开国民运动的法理基础。

中华民国成立已很长时间，但国民意识的匮乏，国家观念的淡漠，仍是个大问题，中华民国的内忧外患皆缘于此。攖宁在《国民之自觉与勉励》一文中对此有深入的分析："吾国何幸而为民国邪，吾民何幸而为民国之民邪"，"民国者，国属于民之谓"，"国民者，民属于国之谓，古有国土而无国民"，"国民既同享有国家之主权，斯对国家各有效忠之分义，不为纳税服兵而已。"[③]梅僧的《国民浅说》对国民概念进行了界定："国民

---

① 金观涛、刘青峰：《观念史研究：中国现代重要政治术语的形成》，法律出版社，2009，第85页。
② 统计详见金观涛、刘青峰《观念史研究：中国现代重要政治术语的形成》，"图2—1"，第85页。
③ 攖宁：《国民之自觉与勉励》，《国民》第1卷第3号，1919年3月20日。

二字之意义有二，一为狭义的，一为广义的，狭义之国民，指有选举权且得被选举之人而言。广义之国民，凡居住于一国之人，苟非隶籍于外国者皆是"，接着是对国民的权利和义务的详细阐述，国家是国民的国家。[①]

因为没有真正意义上的国民，袁世凯就曾以国民公意的名义当上了皇帝，各省"国民代表"纷纷向袁世凯递呈《推戴书》，其中都有一句"谨以国民公意推戴今大总统袁世凯为中华帝国皇帝，并以国家最上完全主权奉之于皇帝"，[②]袁世凯因此可以一己之私接受并签订丧国的"二十一条"；因为没有真正意义上的国民，重新恢复了形式的共和仍然经不住一次小小的复辟。所以，杨昌济在《国民》创刊号上发表《告学生》，希望学生把握"学问与政治有密接之关系"，致力于"唤起国民自觉而已"，"今日大多数之国民，毫无知识，无思想，故无舆论，无清议，无组织政治之能，无监督官僚之势，遂使少数之人垄断政权，人民脂膏尽饱私囊橐，公众权利断送将尽，彼少数之人信有罪矣？彼大多数之国民醉生梦死待毙无罪乎？有不良之国民，斯有不良之政府"。[③]蔡元培在给杂志的序中也坦承，"而我国大多数之国民，方漠然于吾国之安厄"。[④]

《国民》杂志国民性批判的现实针对性，更多集中在

---

① 梅僧：《国民浅说》，《国民》第1卷第2号，1919年2月10日。
② 各省各方国民代表一致同意君主立宪的投票数，共计1993票，参见1915年12月12日《政府公报》。另各省《拥戴书》参见1915年11—12月《政府公报》，几乎每期都有。
③ 杨昌济：《告学生》，《国民》第1卷第1号，1919年1月。
④ 蔡元培：《国民杂志》序，《国民》第1卷第1号，1919年1月。

"二十一条"和《中日共同防敌军事协定》等卖国条约上，大多数国民对这些卖国行径并不在意，学生救国会1918年"五·二一"请愿活动响应者寥寥无几，迅速以失败而告终。作为学生救国会机关杂志的《国民》，总结上次活动的经验教训，一边对国民昏睡进行了猛烈的批判，一边寻求唤醒和改造国民的途径与方法。创刊号首篇文章是许德珩的《吾所望于今后之国民者》，作者痛批道："呜呼，国民于国家之生死，尚犹梦耶"，"人之以纸空文恫喝我，欲奴隶而鱼肉我者何限，吾惟俯首以听之。"①许德珩的另一篇《外交与民气》中，再次揭批了国民的昏睡，卖国条约"几置我无立足地，而酣睡者犹是，其嚣嚣然不自觉也，悠悠长梦，忍随古国之沉沦，茫茫九州，竟任他人之驰逐"。②周长宪（邦式）在《国家主义与中国》中"痛恨我国民之无国家也"，"我国人素不知国家主义为何物，国民爱国心之薄弱，世界殆无其匹，因之国权之丧失，领土之割让，一般国民，乃如秦人视越人之肥瘠，而毫无所动于中，日惟醉生梦死，以度其无聊之生涯，甚或图一己之福利，虽卖其国而不之惜（惜之）"。③

"增进国民人格"是杂志首要宗旨，如何增进，《国民》杂志社成员提出了不少设想和途径。首先是个人独立精神的培养。"贵我者，乃谓各人宜自有主张之意"，"必有独立之思想，始能有独立之人格，必国家中多如斯独立之人格，然后此国家对

①　许德珩：《吾所望于今后之国民者》，《国民》第1卷第1号，1919年1月。
②　许德珩：《外交与民气》，《国民》第1卷第3号，1919年3月20日。
③　周长宪：《国家主义与中国》，《国民》第1卷第4号，1919年4月。

于世界可成为一独立之国家"。①国民人格的培养，在于自我的觉醒和发现，"国民人格之高下，各由我之观念发展之程度"。②其次是国民教育的普及。创刊号上吴稚晖就曾一针见血指出："政象之倒行，民业之停滞，原因虽多端，而其总因，智识问题，变言之，则教育问题而已。"③更进一步地说，教育问题的根底不只是在于学校教育，更在于社会教育，国民教育。最早的平民教育国民教育发起人余日章演讲道："校教育既未发达，而社会教育，更罕有人注意，顾方今世界大势，既趋重于国民，则国民教育之普及与否，实为国家兴衰存亡所关。"④除了理论探究，塑造《国民》最重要的举措乃是走出校园的实践。1919年3月，北京大学的《国民》杂志社成员又发起组织北京大学平民教育讲演团，走上街头，深入民众中间展开唤醒国民的演讲，一直延续到"五四"期间，演讲的题目和主题大都是"国民与民国的关系""国民自决""国民现时应持之态度""国民快醒""国民与民国的关系""国家和我们""国民的责任""民与国的关系"等，⑤一时间成为"五四"时期最为活跃的社团。

可以说，"五四"之前，以全国救国会为依托的《国民》杂志社，和京沪报刊界、中华革命党人、江苏省教育会等政治团体有着密切的互动关系，广泛联络和动员了以京津沪高校为主

① 杨昌济：《告学生》，《国民》第1卷第1号，1919年1月。
② 撄宁：《人格与我》，《国民》第1卷第4号，1919年4月。
③ 吴敬恒：《欧化枝谭》，《国民》第1卷第1号，1919年1月。
④ 许广武（记）：《余日章先生在北京社会实进会演讲记略》，《国民》第1卷第3号，1919年3月20日。
⑤ 相关演讲题目及消息参见1919年3月之后的《北京大学日刊》。

的全国各地中等以上学校学生，积极策划和动员国民运动的展开，因此具备了领导和发动"五四"的能力。

五四运动究竟是谁领导和发动的？这一直是个含混不清的问题，过去学界笼统地表述为"具有初步共产主义思想的知识分子"所领导，近些年来有些学者提出五四运动是由研究系国民外交协会的梁启超、林长民、汪大燮和北大校长蔡元培联合发动和领导。前文已经详细指出，蔡元培并非五四运动的策划者和领导者，梁、林、汪等研究系成员的确在"五四"中起到了推动作用，他们的影响力超过了被我们过去认可的陈独秀、李大钊和胡适等人，但舆论的扩散和实际的动员、组织还不完全是一回事。"五四"是一个意外提前的国民运动，"周末"是学生提前运动的主要原因，不用罢课，不用向学校和老师请假。而意外提前和临时准备的学生运动能迅即形成，这就不能不提及《国民》杂志社超强的动员和组织能力。5月2日"'《国民》杂志社'循例举行社务会议"，"议程也只是讨论杂志的出版事物"，结果学生谈到巴黎和会失败就越说越气愤，于是决议由《国民》杂志社发起一次游行示威活动，并决定第二天邀请各校学生代表前来商议，张国焘和许德珩的回忆都有类似的记述。①5月3日在《国民》杂志社廖书仓、黄日葵、许德珩、易克嶷等组织动员下，各大高校1000名学生齐聚北大开会，布置了第二天游行的方案，五四运动由此而发。罗家伦在《北京大

---

① 参见张国焘《我的回忆》（一），东方出版社，1991，第49页。许德珩的回忆录证实5月2日《国民》杂志社的会议，但如前文所辨析，他回忆录中所谓蔡元培传达巴黎和会失败消息并召集学生领袖的说法并不可靠。

学与五四运动》中也证实了《国民》杂志社发动了这场运动，5月3日，他和新潮社骨干前往清华大学参观纪念典礼，晚上9点才回来，"看见他们会也要开完了，什么决议都已经定好了"，①他虽埋怨提前改期，也只好签名并参与了当夜的准备活动。5月4日当天的学生领袖和后来被捕的30多名学生中，基本上都是《国民》杂志社的成员，除了大家熟知的北大学生领袖外，还有像北京高师《国民》杂志社成员向大光、陈宏勋等。尔后成立的北京中等以上学校学生联合会，即上文详述主导"五四"成为运动的学生组织，基本上由《国民》杂志社成员构成，如段锡朋、许德珩、黄日葵、易克嶷、张国焘等。5月下旬南下上海及各地联络进一步扩大运动的也是段锡朋、许德珩、黄日葵等《国民》杂志社骨干，因为他们的联络动员和主导推进，全国中等以上学校学生联合会、中华民国全国学生联合会相继成立。经常出席北京学生联合会议的康白情，以及5月运动中表现积极的罗家伦，他们的确是新潮社成员，但他们二人同时也是《国民》杂志的重要作者，在杂志上发表的文章比一般成员还要多。罗家伦后来的回忆中虽不免有把《国民》和《新潮》杂志对立起来叙述的意思，但他也坦承，"《国民》杂志里的人，多半是实行的人；新潮杂志社的人，多半是偏重于学术方面的人"，他自己"对于《国民》杂志，只算是一个赞助者吧"！②先前和《国民》杂志社联系不多的陈独秀也称赞说"'五四'运

---

① 罗家伦口述，马星野（伟）笔记《蔡元培时代的北京大学和五四运动》，王云五、罗家伦等：《民国三大校长》，第91—110页。
② 同上。

动诸君出力独多",①"独多"的评价可见《国民》杂志社实乃五四运动的发动者和领导者。李剑农后来在《中国近百年政治史》中亦高度评价《国民》杂志社主导的学生组织,"我敢大胆地说一句——此时候已经有了长久历史的国民党的组织,其和党员间的联络指挥,恐怕还不如这个新成立的全国学生联合会组织的完密,运用得活泼灵敏"。②

五、作为国民运动的"五四"和走向国民革命的"新文化运动"

1920年北大开学典礼上,胡适公开谈论道:"现在所谓新文化运动,实在说得痛快一点,就是新名词运动。拿着几个半生不熟的名称,什么解放、改造、牺牲、奋斗、自由恋爱、共产主义、无政府主义……这种事业,外面干的人很多,尽可让他们干去,我自己是赌咒不干的,我也不希望我们北大同学加入。"③姑且不论胡适把"新文化运动"等同于"新名词运动"的定位和批评是否贴切,值得关注的是胡适的"外面"新文化运动之说,这显然是从内外之别而非新旧文化差异来评判。而胡适"不希望我们北大同学加入"的劝诫,暗示了学生怎样的态度呢?

被胡适视为"反动分子"的《国民》杂志社,"五四"之后

---

① 一觉(记):《本社成立周年纪念大会纪事》,《国民》第2卷第1号,1919年11月。
② 李剑农:《中国近百年政治史》下册,中州古籍出版社,2016,第554页。
③ 《胡适之演说词》(陈政记),《北京大学日刊》第694号,1919年9月16日。

依然坚持向外国民运动，并极力传播和宣扬胡适所嘲讽的"新名词"，这从第2卷的《国民》杂志就可明显看出，如杨亦曾的《社会为什么要改造》、费觉天翻译的《世界的国家主义》、李泽彰翻译的《马克思和恩格斯〈共产党宣言〉》，周炳琳的《社会主义在中国应该怎么样运动》，还有他翻译的《鲍尔锡维克主义底研究》、易家钺的《社会改造的意义》、陈国榘的《罗素的将来世界改造观》、周长宪的《社会根本改造运动》……第2卷每期的内容都是社会主义、马克思主义，且都直接指向和中国现实结合的社会解放和国家改造。更值得关注的是，1920年1月4日，由《国民》杂志社成员高君宇、黄日葵、张国焘等主导的学生会创办《北京大学学生周刊》，其编辑群体和《国民》杂志高度重合，堪称是《国民》杂志的承续。和"五四"之后的《国民》杂志一样，《周刊》极力传播胡适口中所谓的"外面"的"新文化运动"，重点议题也都是"解放""改造""马克思主义""社会主义""共产主义""无政府主义"，例如有关"改造"议题的有幼三的《改造社会》，大可的《无猛烈的破坏无彻底的改造》，①有关"解放"议题的有列悲《学生解放问题》《学生解放问题的商榷》《学生解放问题的商榷之商榷》，悲吾的《"解放"与"自决"》、影的《"妇女解放"与"人类解放"》。改造和解放是《周刊》最重要的关键词，妇女解放是《周刊》亮点所在，除了大量的马克思主义社会主义的介绍

---

① 原文标题《无猛烈彻破坏无的底的改造》，显然是排版有误，《北京大学学生周刊》第16号，1920年5月16日。总体来说《北京大学学生周刊》类似的错误不少，排版中出现漏字、跳行等情形非常普遍，不过，整个刊物也彰显着学生的激情。

和宣传外,《周刊》第5号开始逐步成为"无政府主义"的最主要阵地。作为学生会刊物的《周刊》,似乎更能代表北大学生的整体态度,正如创刊号《我们的旨趣》和对"五四"历史总结的《一年之回顾》中所记述:"民国六年冬,我们学生们创办了一个日刊。他是偏重记事的,算是我们大学的机关报。今年春,我们学校又创办了一个月刊。他是重在研究学术,发挥思想,算是我们大学的机关杂志。这两种刊物,虽然我们学生也有份,我们也可以投稿;但他是学校所办的,不是我们学生办的。"① 此外,"旨趣"和"回顾"中都列举了北京大学学生自己创办的三个刊物《新潮》《国故》和《新闻》周刊,但它们只是部分学生的刊物而已,而《周刊》定位是全体学生"公共机关""公共的刊物"。作为对北大学生刊物和社团知根知底的学生会来说,他们从未把《国民》算作北大学生自己的刊物,北大三刊其实应该是《新潮》《国故》和《新闻》,而后人用《国民》替换了《新闻》,显然是新旧文化叙事逻辑的呈现。很显然,《周刊》的定位是有意与北京大学校方和师长辈的立场相对,也强调与新潮社等部分学生态度的区别,坚持向外运动的立场和实际改造的宣扬。比如"我们为什么要念书?念书究竟为什么?国家到这个地步!外交到这个样子!国民到这个情况!我们念的是什么书?干什么用"?② 类似的言论在《周刊》上非常普遍。号召国民直接行动和行为革命的文章也很多,例如第7号上芳雨的《告国民》《告军人》,缪金源的《第三阶段的

---

① 苏甲荣:《北京大学学生周刊》第1号,1920年1月4日。
② 《随感录·这就是爱国么》,《北京大学学生周刊》第7号,1920年2月15日。

革命——行为革命》等文章,"今日固然用墨印刷给国民看,明日就要用血去印刷给国民看了"!①针对师长们所倡导的要静不要动,学生中则反驳说要动不要静,哪怕被称为"暴动"也不怕。"细看中国人所以不自动的缘故,都是看错了'暴动'这两个字,都是根由于受专制毒太深,以为人民反抗政府,不问是非,都是'暴动'。不知道共和国民对于国家大事,无论是非,都要有所表示,这个表示就是动,这个动不必问其暴与不暴,只要问其动机是善抑是恶。"②《周刊》也因此遭受到直隶省长公署、教育部等机构的查禁,③不过这并没有阻止学生们向外运动的热情,北京大学学生会也逐步演化成北京社会主义青年团,他们的运动越来越坚决。

从"五四"之后的《国民》《北京大学学生周刊》来看,学生整体上依然坚持五四国民运动的方向,并希望把这运动持续推进,从事跨出校园的国家和社会改造运动。而这种运动正是胡适所说的"外面"的"新文化运动",那么,这一概念究竟是胡适嘲讽式的概括,还是"外面"真有人倡导基于国家和社会改造的"新文化运动"呢?

近些年,通过对"新文化运动"这一语词的考察和梳理,学界逐渐认可这一概念最早是由国民党人和江苏省教育会使用的。确切地说,1919年8月底,当时还是未改名称的中华革命党

---

① 芳雨:《告国民》,《北京大学学生周刊》第7号,1920年2月15日。
② 仙槎:《非暴动论》,《北京大学学生周刊》第10号,1920年3月7日。
③ 详见《直隶省长公署等查禁〈北京大学学生周刊〉有关文件》,中国社会科学院近代史研究所、中国第二历史档案馆资料部编《五四爱国运动档案资料》,中国社会科学出版社,1980,第637—639页。

人，在其新创办的刊物《星期评论》和《建设》上开始整齐地使用"新文化运动"这一专有名称。到了1919年10月下旬，江苏省教育会亦组织开展"新文化运动"的演讲和宣传，推动了这一概念的流行。

"五四"之前，上海中华革命党人就和学生救国会保持了密切的互动关系，其机关报上海《民国日报》对学生动向一直甚为关注。1919年5月3日，《民国日报》由主编邵力子撰写的"时评"《麻木不仁之国民》，"欧和专使相猜相忌，而国民袖手旁观"，"国法凌夷，外交失败，其咎皆在国民之自身矣。痛哉"！①第二天，"五四"国民运动爆发，邵力子和上海同志备受鼓舞，《民国日报》也全力跟进，称赞和声援这场"国民自决运动"。5月7日国耻日，邵力子等革命党人联合江苏省教育会组织了声势浩大的国民大会。之后，邵力子、戴季陶、吴稚晖、朱执信等相继创设《星期评论》《建设》月刊以及《民国日报·觉悟》，继续从国民运动的角度来评价和引导这场运动，"比起从前，有许多的'进步'，有许多'深刻的意思'，有许多'彻底的觉悟'"，"可以证明这次的'国民自决运动'是全国国民"。②《星期评论》以全体同人的名义赞扬五四运动是"我国从古未有的国民运动"，"中国的多数国民，已经感到非国民自己主张、自己选择、自己努力，不能救国"，"人人晓得做一个自由自主的国民"。③

---

① 《麻木不仁之国民》，上海《民国日报》，1919年5月3日。
② 戴季陶：《中国人的"组织能力"》，《星期评论》第1号，1919年6月8日。
③ 本社同人：《关于民国建设方针的主张》，《星期评论》第2号，1919年6月15日。

6月以后，针对北京各界引导运动向内转的趋势，国民党人针锋相对地鼓吹继续向外国民运动。沈仲九在长文《五四运动的回顾》中明确表态："学生不受学校的束缚，商人不受商店的束缚，至于官厅家族社会种种束缚，更丝毫不受，这种运动，真是本于各人良心上直接行动，可算是尊重各人自己的人格，发挥平等自由互助的真性，实行民治民立民本的精神，这样行动，才可算'人'的行动、'平民'的行动，我要承认'五四运动'是中华民国人民做'人'做'平民'的第一遭，也是'中华民国'名实相近的第一遭。"①台湾学者吴相湘曾高度评价说："《建设》第一卷第三号刊载沈仲九撰《五四运动的回顾》长文，在'五四'以后三个月发表，是国内对'五四'评价公正深刻而且最早公开刊布的长文。"②沈定一半恭维半劝告："中华民国前途的责任，除却青年诸君，更有谁人负担。诸君的真学问，不是仅仅在课本上黑板上几句现成讲义。诸君的人格和责任，不是同暑假一起放得掉。"③这一时期最为活跃的朱执信，更是指名道姓地叫板蔡元培和北大老师辈，批驳他们倡导学生放弃国民身份回归校园的学习。"所谓恢复教育原状者，蔡鹤卿先生暨北京大学诸生，亦既持以相号召矣"，针对此朱执信批驳说："未尝以为学生之故，而丧其国民资格"，"此以学生、校长同为国民，以国民对于国民，固当望其尽力于有益国家社会之事业。抑且国家之有学校，学校之设校长，固亦有一部分目

---

① （沈）仲九：《五四运动的回顾》，《建设》第1卷第3号，1919年10月1日。
② 吴相湘：《中山先生敬重胡适教授》，唐德刚、夏志清、周策纵等：《我们的朋友胡适之》，岳麓书社，2015，第244—263页。
③ 玄庐（沈定一）：《除却青年无希望》，《星期评论》第4号，1919年6月29日。

的，在使其就学者有所资借，以尽其为国民之义务也。则处今日之社会，而以学生为在学校中不宜与国家之事者，非也。学生之资格，可以牺牲，国民之资格，不可以牺牲也。"①正是基于五四运动"'中华民国'名实相近的第一遭"的认知，正是基于学生资格可牺牲国民资格不可放弃的主张，《星期评论》和《建设》月刊相继有意识地提出了新文化运动概念和方案，和向内转的文化运动相区别，相对应。

1919年8月31日的《星期评论》上的特色栏目"随便谈"，有一篇署名"先进"（李汉俊）的《新文化运动的武器》，这篇很简短的"随便谈"基本上都是引用吴稚晖的谈话。"吴稚晖先生说，'中国新文化运动，单靠白话体的文章，效果很小的。那多数不识字的工人，整天要作十来点钟的工，即使有人教他的文字，他那里有学的时间……倘若就地拼音，就可以用注音字母写信了！要他们能够作文字上的交通，然后我们才可以灌输他们的智识'。这件事确是很要紧的。我希望新文化运动者，合力在这上面用工夫。"②文中并未明确道出吴稚晖究竟是什么时候说的，但从题目到吴稚晖的观点，再到结尾作者的呼吁，"新文化运动"这一语词并非随意或者偶然性使用。吴稚晖此时一直致力于注音字母的演讲和推广，他在"五四"之前的《论注音字母书》就谈及其目的在于国民教育，"今日大多数之国民，俱

---

① 朱执信：《学生今后之态度》，《朱执信集》上册，中华书局，1979，第370—376页。
② 先进（李汉俊）：《新文化运动的武器》，《星期评论》第13号，1919年8月31日。

在学龄之外，此等大多数之失教国民，成一立国之要素"，[①]可见吴稚晖的"新文化运动"之义是基于普及的国民教育和国家的根本改造。与此同时，1919年9月1日出版的《建设》月刊，刊登了戴季陶的《从经济上观察中国的乱原》，论文明确把新文化运动界定为"国家及社会的改造运动"，"国家改造和社会的改造已经成了全世界一致的声浪"，"因为中国国家社会组织的缺陷刚才在暴露的正当中，进步的趋向是很明瞭的，助成进步的新文化运动是很猛烈的"，新文化运动的目的则是为了建设新国家，"一种是希望建设的理想——必然到来的运命——新国家"。[②]

国民党人当时普遍认为，"建设""改造"其实都是"革命"的别称，孙中山1919年10月8日在上海基督教青年会国庆会演说中讲到，改造中国的第一步方法"只有革命"，"'革命'两字，有许多人听了觉得可怕的，但革命的意思与改造完全一样的，先有了一种建设的计画，然后去做破坏的事，这就是革命的意义"。[③]因此，国家和社会改造的新文化运动其实就是作为革命内容和革命方法的新文化运动，戴季陶索性把这一点说明白了。他回答北大学生康白情对革命的一些疑惑，公开发表《革命! 何故? 为何?》，系统阐述了这时国民党人的新革命观，"中国国家和社会的改造是革命现在进行的目的"，"普遍的新文化运动是革命进行的方法"，"智识上思想上的机会均等和各人理

① 吴敬恒：《论注音字母书》，《教育杂志》第11卷第3号，1919年3月。
② 戴季陶：《从经济上观察中国的乱原》，《建设》第1卷第2号，1919年9月1日。
③ 《孙中山先生"改造中国第一步"演说》，上海《民国日报》，1919年10月9日。

智的自由发展是新文化运动的真意义","文字及语言之自由普遍的交通和交通器具的绝对普及（如注音字母）是造成理智上机会均等的手段"。[①]此时，他和友人的谈话中，一再明确表述："你以为一定要炸弹、手枪、军队，才能够革命才算是革命，那就错了。平和的新文化运动，这就是真正的革命！这就是大创造的先驱运动。"针对友人新文化运动太过缓慢的质疑，戴季陶断言，要想不亡国，"还是只有猛力做新文化运动的工夫"。[②]浙江当局查禁浙江第一师范学校学生创办的《浙江新潮》，缘由是该杂志主张"改造社会，家庭革命，以劳动为神圣"，[③]《星期评论》刊发沈定一声援文章，并称赞学生这样的新文化运动是值得鼓励的革命行为。"即使全浙江学校里面的新文化运动算是凌灭罄尽，浙江之外，还有新文化运动的。即使北军阀势力范围底下各行省，都被踩蹦平了，西南半壁，一样有新文化运动的立场。"末了，沈定一给学生打气，号召学生勇敢地从事革命和社会改造的新文化运动，"我们青年学生呵！社会上的事，都是我们自身的事"。[④]

　　江苏省教育会倡导的新文化运动，同样是在坚持五四"国民运动"定位的基础上强调国家和社会的改造。1919年10月出版的《江苏省教育会月报》上，刊登有该会的《致中等以上各

---

① 戴季陶：《革命！何故？为何？》，《建设》第1卷第3号，1919年10月1日。
② （戴）季陶：《短评》，《星期评论》第17号，1919年9月28日。
③ 《卢永祥等查禁〈浙江新潮〉等书刊电》，中国社会科学院近代史研究所、中国第二历史档案馆资料部编《五四爱国运动档案资料》，第631—632页。
④ 沈定一（玄庐）：《学生与文化运动》，《星期评论》第93号，1920年2月20日。

学校通知定期举行演说竞进会书》，定于12月22日举办第二次演说竞进会，演说主题为"关于新文化运动之种种问题及其推行方法"，这一函文后面同时附有该会的指导性意见《解释新文化运动》。

本届江苏各校演说竞进会之演题范围已由本会定为"新文化运动之种种问题及推行方法"，兹为简单的解释以备各校参考：一、新文化运动是继续五四运动传播新文化于全国国民的作用，其进行方向在唤醒国民，改良社会，发展个人，增进学术，使我国社会日就进化，共和国体日形巩固。二、新文化运动要文化普及大多数之国民，不以一阶级一团体为限（例如推广注音字母，传播白话文，设立义务学校，演讲团，都是这个意思）。三、新文化运动是以自由思想、创造能力来批评、改造、建设新生活（例如现在各种新思想出版物）。四、新文化运动是要谋求永远及基本的改革与建设，是要谋求全国彻底的觉悟（继续现在的新运动，从基本上着想，使之永远进步也）。五、新文化运动要全国国民改换旧时小的人生观，而创造大的人生观，使生活日就发展（例如从家族的生活到社会的生活）。六、新文化运动是一种社会运动，国民运动，学术思想运动。①

---

① 《致中等以上各学校通知定期举行演说竞进会书》，《江苏省教育会月报》，1919年10月。

之后，江苏省教育会投函各大报刊，宣传演说会主题以及他们对新文化运动的解释，如11月2日《时报》和《新闻报》，都登载《新文化运动之解释》，而同日的《申报》则在"本埠新闻"版以《学术讲演会演说竞进会纪事》为题报道，并附有新文化运动的阐释，基督教刊物《兴华》也在11月12日登载《新文化运动之解释》。"新文化运动是一种社会运动，国民运动，学术思想运动"，这显然不是基于学校学术研究的文化活动，而是新的社会改造运动，普及运动。其实，"五四"之后江苏省教育会一直倡议"今后教育之革新方法案"，强调"今后学校应提倡练习公民自治"，理由是："欲巩固共和基础发挥民治精神，非先从学校生徒养成公民自治之习惯不可，故凡在中等以上学校均可联合全体生徒组织有机的团体，如学校都市，学校共和国之类……"①不过，江苏省教育会的蒋梦麟进入北大后，态度有所变化，从希望学生继续向外运动转为倡导学生回归校园。②

　　把五四运动视为一场"国民运动"的陈独秀，成为《新青年》同人中率先回应和倡导新文化运动的。和北大其他教师群体强调回归校园和学理研究不同，陈独秀号召以"国民""市民"身份积极向外运动，他也亲自走上街头，散发、传播他自己起草的《北京市民宣言》，并因此被捕。这一宣言堪称对五四国民运动的总结和进一步推动，宣言秉承国家是国民的国家，国民可制裁国家的黑暗，倘若政府不愿意满足国民通过和

---

① 《致各省区教育会通知补推全国教育会联合会代表并续提议案书》，《江苏省教育会月报》，1919年10月。

② 详情参见桑兵《"新文化运动"的缘起》，《澳门理工大学学报》2015年第4期。

平方法提出的最低要求，则国民"惟有直接行动，以图根本之改造"。①陈独秀的"直接行动"和"根本之改造"显然是和学生的运动方向一致。他的被捕让他进一步获得学生的认可，社会上也对他多有赞颂，其影响力远远超出北大，他创办《新青年》的意义也因此被更加凸显出来。

9月16日，陈独秀出狱后就敏锐觉察到，先前参与《新青年》的北大教师群体和"五四"之后"运动"方向的背离，他们对新起的文化运动的漠视和疏离，"包括胡适、李大钊、钱玄同、周氏兄弟在内，都没有留意到新文化运动的兴起可能对中国未来产生怎样的影响"。②尽管北大诸友和《新青年》同人为营救他前后奔走，也都争相欢迎他，为他写诗写文章，但这都无法弥合彼此方向上的差异。可以说，陈独秀和学生的方向越来越一致，学生为他举办盛大欢迎会，《国民》杂志社也频频邀请他。10月12日《国民》杂志社周年大会，陈独秀作为重要嘉宾应邀出席并首位发言，就是在这次纪念会上，陈独秀称赞《国民》杂志社诸君"出力独多"的同时，高度评价五四运动，"窃以为此番运动实为国民运动之嚆矢，匪可与党派运动，同日而语，国人及今以至觉悟之时期"。③但另一方面，陈独秀却和北大校方的间隙越来越大，北京大学评议会也趁机正式批准了他辞去文科学长之职。和北大学生社团越走越近，同时和北大教师群体越走越远的陈独秀，开始努力扭转《新青年》的办

① 《北京市民宣言》，《民国日报》，1919年6月14日。

② 桑兵：《北京大学与新文化运动》，《中山大学学报》2017年第5期。

③ 一觉（记）：《本社成立周年纪念大会纪事》，《国民》第2卷第1号，1919年11月。

刊方向，以响应和宣传新文化运动。12月1日，续刊的《新青年》7卷1号刊登了《本志宣言》，"我们主张的是民众运动社会改造"，①宣言虽以杂志同人名义发出，但却更像是陈独秀的个人投身新文化运动洪流的宣言书。正是在这一期的《新青年》，陈独秀特意使用了"新文化运动"这一名词，如他的3篇"随感录"：《调和论与旧道德》《留学生》《段派曹陆安福俱乐部》。此外，从京沪各报摘录汇编的《长沙社会面面观》，"内中有一节标题是'新文化运动'"，"此标题很可能也是陈独秀所拟"。②之后不久，他又接连发表《告新文化运动的诸同志》《新文化运动是什么？》，系统而又全面地阐释新文化运动。陈独秀的确很敏锐，把握住了新文化运动的根底其实不是文化问题本身，而是超越文化的社会改造运动。"我们所欢迎的新思潮，不是中国人闭门私造的新思潮，乃是全人类在欧战前后发生的精神上物质上根本改造的共同趋势。……来做鼓吹这大改造的新思潮新文化运动，或者是起死回生底一线生机。"在此，陈独秀依然谈到了新旧问题，但旨归还是基于国民运动方向的国家和社会改造。向内与向外，提高与普及，沉静与运动，学理研究与实际改造，才是这两篇宣言中更为核心的两种方向和两种态度。陈独秀一再表达了对胡适和北大同人为代表的前一种方向的不满，转而把持后一种立场和态度的引为"同志诸君"。他甚至鼓动他们应该更进一步，"希望在上海的同志诸君，除了办报

① 《本志宣言》，《新青年》第7卷第1号，1919年12月1日。
② 王奇生：《新文化是如何'运动'起来的——以〈新青年〉为视点》，《近代史研究》2007年第1期。

以外，总要向新文化运动底别种实际的改造事业上发展"。①可以说，"直接行动"和"根本之改造"，既是陈独秀对五四国民运动的高度评价，也是他畅谈新文化运动的本质所在。由此可见，学界过去所谓的《新青年》移刊北京，"一校一刊"结合为新文化运动的起源，其实站不住脚。恰恰相反，陈独秀和《新青年》脱离北大，加入上海新文化运动的"同志诸君"阵营，才使得他和《新青年》汇入新文化运动的滚滚洪流。尔后，《新青年》移刊上海又到广州，这正是作为革命方法和革命内容的新文化运动的"轨迹"，陈独秀也逐渐成为这场运动的弄潮儿。

五、结语

通过对新文化运动的历史考察而非依循后人视角的改写，我们不难发现这样一个"规律"：但凡坚持以"五四"为国民运动定位和方向的，后来都成了新文化运动的积极倡导者，如上海国民党人、江苏省教育会、陈独秀以及北京的学生群团，这并非偶然和巧合。新文化运动兴起后，社会上也有诸多类似的认知。1919年11月，署名"进之"的《新文化运动》中提到："国民运动的倾向，已从消极的而变为积极的，已从浮泛的而变为根本的，是政治运动已变为新文化运动了。现在各地所办的义务教育、学术演讲会、注音字母、白话文和那各种出版物、提倡社会解放和改造等等，岂不是新文化运动的起点

---

① 陈独秀：《告新文化运动的诸同志》，《大公报》（长沙），1920年1月11、12日。

么？"[1]正如当时有人所描述的那样，五四国民运动唤醒了各界，"今天此处开国民大会，明天彼处开国民大会，都如大梦初醒，不似以前那种冷静的头脑了"，"现在中国的名称叫'民国'，那么，他的政治自然是'民治'"，"而远大的目的，确在改革国内全部的政治，使符合于真正的民治精神，乃由外交运动更进为政治运动"，"这些举动属于文化运动的范围，于是更由政治运动，再进为文化运动了"。[2]

长期以来，新旧文化之别主导着我们有关五四运动和新文化运动的历史叙述，认为提出新文化、新文学的老师影响了学生，从而有了新文化运动和五四运动，是"新文化"传播逐步演化而成的运动。然而从看似"旧文化旧文学"代表的《国民》杂志和同人出发，我们看到了一幅不一样的新的"运动"图景。"五四"是个"意外"的日期，"新文化"也并非当时的焦点语词，"运动"才是"五四运动"和"新文化运动"中的关键所在和共同之处。从"运动"的逻辑来看，五四运动是由学生主导的走出校园的国民运动，目的是唤醒和再造国民，塑造符合中华民国的国民，五四运动也的确是中华民国"名实相近"的一场国民运动。新文化运动则是在国民运动基础上，坚持向外运动方向而非回到学术和思想文化层面，继续社会和国家改造运动的"真正的革命"。"改造"和"革命"，都意味着重新再造一个国家的指向，正是在五四国民运动的基础上，经由作为革命方法和革命内容的新文化运动，再造民国这一伟大的国

---

① 进之：《新文化运动》，《教育周刊》第39号，1919年11月17日。
② 陈方：《"学生政治"与文化运动》，《新人》第1卷第5号，1920。

民革命才得以展开并最终获得成功。正如毛泽东所评价："没有五四运动，第一次大革命是没有可能的。五四运动的的确确给第一次大革命准备了舆论，准备了人心，准备了思想，准备了干部。"①台湾学者吕芳上用"革命之再起"②来概括五四新文化运动的这一时段，亦可谓经典论断。

---

① 毛泽东：《一二九运动的伟大意义》，《毛泽东文集》第2卷，人民出版社，1993，第250—258页。
② 参见吕芳上《革命之再起——中国国民党改组前后对新思潮的回应》，台北："中研院"近代史研究所，1989。"革命之再起"确实为经典之概括，不过与其说"对新思潮的回应"，毋宁说是对"国民运动"的回应。

来源说明

陈万雄：《五四新文化运动的源流》，载《五四运动与中国文化建设》，社会科学文献出版社，1989。

舒衡哲著，程巍译：《"五四"的"老调子"——知识分子自己的看法》，载《论传统与反传统：纪念五四七十周年论集》，山东人民出版社，1989。

王晓明：《一份杂志和一个"社团"——重识"五四"文学传统》，载《上海文学》1993年第4期。

罗志田：《文学革命的社会功能与社会反响》，载《社会科学研究》1996年第5期。

王汎森：《思潮与社会条件——新文化运动中的两个例子》，载《五四新论——既非文艺复兴·亦非启蒙运动》，台北：联经出版事业公司，1999。

陈平原：《五月四日那一天——关于五四运动的另类叙述》，载《北京文学》1999年第5期；本书使用收入《触摸历史与进入五四》（北京大学出版社，2005）完整版。

王奇生:《新文化是如何"运动"起来的——以〈新青年〉为视点》,载《近代史研究》2007年第1期。

欧阳哲生:《〈新青年〉编辑演变的历史考辨——以1920至1921年〈新青年〉同人来往书信为中心的探讨》,载《历史研究》2009年第3期。

陈以爱:《"五四"前后的蔡元培与南北学界》,载《论民国时期领导精英》,香港:商务印书馆,2009。

李怡:《谁的"五四"——论"五四文化圈"》,载《中国现代文学研究丛刊》2009年第3期。

季剑青:《地方精英、学生与新文化的再生产——以"五四"前后的山东为例》,载《现代中国文化与文学》2009年第2期。

袁一丹:《"另起"的"新文化运动"》,载《中国现代文学研究丛刊》2009年第3期。

瞿骏:《老新党与新文化——"五四"大风笼罩下的地方读书人》,载《南京大学学报》2017年第1期。

徐佳贵:《"五四"与"新文化"如何地方化——以民初温州地方知识人及刊物为视角》,载《近代史研究》2018年第6期。

彭姗姗:《"五四"期间杜威与中国的一段"交互经验"》,载《近代史研究》2019年第2期。

周月峰：《另一场新文化运动——梁启超诸人的文化努力与"五四"思想界》，载《"中研院"近代史研究所集刊》第105期，2019年9月。

张武军：《五四新文化的"运动"逻辑》，载《现代中文学刊》2020年第2期。

主编简介

王　风

　　福州人，北京大学中文系教授，现代文学教研室主任，北京大学现代中国人文研究所副所长、中国昆剧古琴研究会理事。主要研究领域有中国近现代文学、中国学术史、中国文化史。具体涉及的学术分支和课题，包括近代文章，现代散文，周氏兄弟、废名等现代作家，章太炎、王国维等现代学者，古琴史，古琴器等，均有多篇重要论文。出版有《世运推移与文章兴替》《琴学存稿》《琴史与琴器》。编有《废名集》（全六卷），获第二届中国出版政府奖图书奖。主编《曹禺全集》（全十一卷），助理郑珉中先生编写《故宫古琴》。

袁一丹

　　现任北京大学中文系长聘副教授、现代中国人文研究所研究员，主要从事中国现代文学及思想文化研究。著有《另起的新文化运动》（2021）、《此时怀抱向谁开》（2020）；编著《国学浮沉》《王瑶画传》等。其中，《另起的新文化运动》获第十七届文津图书奖推荐图书。曾赴日本东京大学、台湾大学访学，先后在北京大学人文社会科学研究院、浙江大学人文高等研究院驻访。曾获教育部首届博士研究生学术新人奖、北京大学优秀博士学位论文奖、《中国现代文学研究丛刊》优秀论文奖、第五届唐弢青年文学研究奖。

YE BOOK

洞 见 人 和 时 代

官 方 微 博：@壹卷YeBook
官 方 豆 瓣：壹卷YeBook
微信公众号：壹卷YeBook
媒 体 联 系：yebook2019@163.com

壹卷工作室
微信公众号